Springer-Lehrbuch

René Börner

Umweltstrafrecht

 Springer

René Börner
Universität Potsdam
Potsdam, Deutschland

ISSN 0937-7433   ISSN 2512-5214 (electronic)
Springer-Lehrbuch
ISBN 978-3-662-60628-5   ISBN 978-3-662-60629-2 (eBook)
https://doi.org/10.1007/978-3-662-60629-2

Die Deutsche Nationalbibliothek verzeichnet diese Publikation in der Deutschen Nationalbibliografie;
detaillierte bibliografische Daten sind im Internet über http://dnb.d-nb.de abrufbar.

Springer

Springer ist ein Imprint der eingetragenen Gesellschaft Springer-Verlag GmbH, DE und ist ein Teil von
Springer Nature.
Die Anschrift der Gesellschaft ist: Heidelberger Platz 3, 14197 Berlin, Germany

Vorwort

Das vorliegende Buch wendet sich an Studierende der Rechtswissenschaften mit strafrechtlichem Schwerpunkt. Die Darstellung der Deliktsarchitektur sowie des Allgemeinen Teils des Strafrechts festigt und vertieft zugleich den Kernbereich des strafrechtlichen Examensstoffs. An beidem sind die zahlreichen Fallbeispiele und Kontrollfragen didaktisch ausgerichtet. Ferner hat die Darstellung Relevanz und Brauchbarkeit für die Bewältigung der Komplexität realer Umweltstrafverfahren im Blick.

Eine Grundidee der Konzeption besteht darin, den Allgemeinen Teil des Umweltstrafrechts aufzuspannen und möglichst weit auszumessen, so dass die Ausführungen zu den einzelnen Delikten hiervon entlastet werden. Der Besondere Teil entwirft eine Systematisierung der umweltstrafrechtlichen Delikte nach Ordnungsmerkmalen des verwaltungsrechtlichen Umweltrechts. Die dort behandelten Tatbestände gehen daher über das StGB weit hinaus. Der mit einem Lehrbuch gesetzte Rahmen erforderte zu den einzelnen Delikten eine inhaltliche Beschränkung, woraus die Schwerpunktsetzung auf Grundlagen und besondere dogmatische Problemstellungen folgt.

Dieses Buch tritt neben *Küpper/Börner*, Strafrecht Besonderer Teil 1, 4. Aufl. 2017, und ersetzt den dortigen Abschnitt zu Straftaten gegen die Umwelt. Rechtsprechung und Literatur sind bis zum 01.10.2019 berücksichtigt. Für Hinweise und Anregungen bin ich dankbar.

Potsdam, Deutschland   René Börner
Oktober 2019

Einleitung

Umwelt ist eine Beschreibung aus der Perspektive des Menschen. Sie ist die Welt   1
um den Menschen herum, die ohne ihn existieren kann, ohne die der Mensch aber
letztlich nicht auskommt. Ein solcher Blick auf den Begriff Umwelt[1] enthält die
zwei Kernprobleme des Umweltstrafrechts, auf die eine Vielzahl von Einzelproble-
men zurück zuführen ist: Das Rechtsgut und die Komplexität der Regelungsmaterie. Neben alltäglichen Sachverhalten ist das Umweltstrafrecht vor allem auch die
zweite Seite des klassischen Wirtschaftsstrafrechts, indem es die Geschehnisse der
realen Welt als Gegenstück zu der durch Zahlen verkörperten Welt der Vermögens-
werte und Steuern abbildet. Hervorzuheben sind insofern insbesondere das Gewäs-
serschutz-, Abfall- und Immissionschutzstrafrecht. Hinzu kommt das Agrarstrafrecht,
welches nach der Natur der Sache alle drei großen Deliktsbereiche des Umweltstrafrechts anspricht.[2]

Jede Strafbarkeit, die an die Unterscheidung zwischen Mensch und Umwelt an-   2
knüpft, muss die Frage beantworten, ob die Umwelt um ihrer selbst willen Schutz
genießt oder zugunsten des Menschen, der in ihr lebt. Die Antwort auf diese Frage
liegt im Rechtsgut des Umweltstrafrechts. Andererseits schöpft das Wort Umwelt
seinen Sinn aus der Abgrenzung zu dem, was nicht Umwelt ist. Nach diesem negativen Ansatzpunkt ist Umwelt letztlich alles, was nicht Mensch ist, zu dem der
Mensch aber in Beziehung steht. Damit begegnet eine enorme Komplexität. Die
rechtliche Ordnung dieser Komplexität ist in erster Linie Sache des Verwaltungsrechts, während das Strafrecht als *ultima ratio* nur die kleinste Teilmenge erfasst.
Die Rechtgutidee und die Komplexität der Regelungsmaterie Umwelt treten in diesem Punkt miteinander in Beziehung.

Die dem Umweltstrafrecht zugrunde liegende öffentlich-rechtliche Regelungs-   3
landschaft ist unübersichtlich. Es existiert weder ein Umweltgesetzbuch noch ein
Umweltstrafgesetzbuch. Stattdessen hat der Gesetzgeber vielfältige Gesetzeswerke
geschaffen, die jeweils für sich genommen ein hohes Maß an Komplexität aufweisen, aber doch immer nur einen Ausschnitt des öffentlichen Umweltrechts abbilden.

---

[1] Vgl. zur Diskussion nur *Kloepfer*, Umweltrecht, § 1 Rn. 52 ff.; *Saliger*, UmwStR, Rn. 25 f.
[2] S. Rn. 4.

Das Strafrecht wiederum greift aus diesen Einzelkomplexen jene Segmente heraus, die strafbedürftig erscheinen. Das geschieht einerseits im 29. Abschnitt des StGB, Straftaten gegen die Umwelt, und andererseits an vielfältigen Stellen innerhalb und außerhalb des StGB. Es ist daher Sache des Betrachters, aus den vorhandenen Normen ein Umweltstrafrecht als Rechtsgebiet zusammenzufügen. Das verlangt nach klaren Strukturen und einem sich konsistent entwickelnden gedanklichen Gebäude. Die Darstellung beginnt daher mit dem Entwurf eines Allgemeinen Teils, der danach strebt, all jene Dinge zu reflektieren, die der Anwendung der einzelnen Straftatbestände zugrunde liegen. Dieser Allgemeine Teil hat es sich zur Aufgabe gemacht, die abstrakt denkbare Bandbreite der gerade für das Umweltstrafrecht relevanten Problemfelder möglichst umfassend und vollständig darzustellen. Demgemäß fällt dieser Teil vergleichsweise umfangreich aus.

4   Der Besondere Teil des Umweltstrafrechts setzt sich mit den einzelnen Delikten auseinander, soweit dies in Ergänzung des Allgemeinen Teils des Umweltstrafrechts erforderlich ist, welcher nach der Systematik der Darstellung selbstverständlich auch immer Gegenstand der Ausführungen zu der einzelnen Norm ist. Die Straftatbestände werden nach den Regulierungskriterien eines medialen, eines vitalen sowie eines kausalen Umweltstrafrechts systematisiert. Die mediale Betrachtung rückt den unmittelbaren Schutz der Gewässer, des Bodens sowie der Luft als Umweltmedien in den Mittelpunkt (§§ 324, 324a, 325 StGB). Das vitale Umweltstrafrecht richtet sich auf den vom Strafgesetz in den Focus genommenen Schutz von Pflanzen und Tieren einschließlich der Naturschutzgebiete. Beide Betrachtungsweisen setzen also ein Objekt der Umwelt in den Mittelpunkt. Das kausale Umweltstrafrecht hingegen nimmt spezifische umweltrelevante Gefahrenquellen in den Blick. Die Daseinsvorsorge und die Erwerbstätigkeit des Menschen sind vielfältig mit Gefahrenpotenzialen für die Umwelt verbunden. Deshalb greifen gerade hier die Regulierungsmechanismen des öffentlichen Rechts. Die Akzessorietät zum Verwaltungsrecht prägt in besonderem Maße das kausale Umweltstrafrecht. Es handelt sich dabei vor allem um das Abfallstrafrecht, Immissionsschutzstrafrecht sowie das Atomstrafrecht.

Inhaltsverzeichnis

Teil I

Allgemeiner Teil des Umweltstrafrechts

Es entspricht juristischer Methodik, all jene Dinge vor die Klammer zu ziehen, die **1** allgemeine Gültigkeit für das Rechtsgebiet haben. Inhalt und Umfang jedes Allgemeinen Teiles wird wiederum von den Besonderheiten des jeweiligen Rechtsgebietes geprägt. Da auch Umweltstrafrecht Strafrecht ist, gilt der Allgemeine Teil des StGB, und zwar unabhängig davon, ob sich der jeweilige Straftatbestand im StGB selbst oder aber in Strafnormen findet, die als Annex in Spezialgesetzen enthalten sind. Das Interesse richtet sich zunächst darauf, in welchem Gewand die altbekannten Probleme in Erscheinung treten. So stellt sich etwa für die Abgrenzung von Täterschaft und Teilnahme einerseits das Problem der Amtsträgerstrafbarkeit und andererseits die Frage der Verantwortlichkeit in Unternehmen. Darüber hinaus verlangt das Rechtsgebiet Umweltstrafrecht eine Einbettung in die öffentlich-rechtliche Regelungsmaterie. Dazu soll zunächst eine knappe Einführung in das Umweltrecht gegeben werden, um den Hintergrund der später zu behandelnden Straftatbestände zu entwerfen. Ferner sollen die Tatbestandsstrukturen und Schutzkonzepte dargelegt werden, um die in der Normarchitektur verankerten und sich damit wiederholenden Fragestellungen zu verdeutlichen. Das bedeutsamste strukturelle Problem ist die Verwaltungsakzessorietät. Schließlich gilt es, dem Problem des Rechtsguts im Umweltstrafrecht nachzugehen. All das entlastet die Darstellung des Besonderen Teils von Wiederholungen und erlaubt eine konzentrierte Darstellung der Schwerpunkte des jeweiligen Straftatbestandes.

§ 1 Einführung in das Umweltrecht

Die Verwaltungsrechtsakzessorietät ist der prägende Begriff des Umweltstrafrechts. **1**
Bei näherem Hinsehen verbergen sich dahinter aber sehr verschiedene Dinge. Die
einfachste Aussage könnte lauten: Ohne Umweltrecht kein Umweltstrafrecht. Das
besagt für sich genommen aber kaum mehr, als dass sich ein Bereich des Verwaltungsrechts mit der Umwelt beschäftigt und dass das Strafrecht Tatbestände enthält,
welche diesen verwaltungsrechtlichen Bereich betreffen. Die Verwaltungsrechtsakzessorietät ist indes weit konkreter und behandelt die Frage, ob und wann und auf
welche Weise das Strafrecht an Begriffe und Verfahrensergebnisse des Verwaltungsrechts *gebunden* ist. Wer aber von dem öffentlich-rechtlichen Umweltrecht keine
konkreten Vorstellungen hat, wird schwerlich die Einzelfragen der Akzessorietät im
Allgemeinen und anhand des jeweiligen Straftatbestandes im Besonderen beurteilen können. In *diesem* Sinne gilt der Satz: Ohne Umweltrecht kein Umweltstrafrecht. Da kein einheitliches Umweltgesetzbuch existiert, sieht sich der Rechtsanwender mit verstreuten Vorschriften konfrontiert, die aufgefunden und zueinander
ins Verhältnis gesetzt werden wollen. Das wird durch ein Grundverständnis für die
Rechtsgebiete und deren Funktionsweise ermöglicht, was insbesondere für den Bereich des Verwaltungsrechts gilt. Aus der Perspektive des Strafrechts flankiert
§ 330d StGB i. V. m. den jeweiligen Straftatbeständen die zu bewältigende Aufgabe,
indem dort für das Strafrecht bedeutsame Anknüpfungspunkte hervorgehoben und
modifiziert werden. Ein Gesamtbild ergibt sich aus § 330d StGB und den Delikten
aber bei weitem nicht.

Vor diesem Hintergrund soll unter vier Gesichtspunkten eine knappe Einführung **2**
in das Umweltrecht gegeben werden. Dem *materiellen* Umweltrecht steht ein *for-
melles* Umweltrecht gegenüber, das die Verfahrensregeln und Zuständigkeiten enthält. All diese Vorschriften verfolgen typische *Ziele* des Umweltrechts und enthalten *Mittel* zu deren Durchsetzung.

© Springer-Verlag GmbH Deutschland, ein Teil von Springer Nature 2020
R. Börner, *Umweltstrafrecht*, Springer-Lehrbuch,
https://doi.org/10.1007/978-3-662-60629-2_1

I. Das materielle Umweltrecht

3 Das materielle Umweltrecht umfasst alle Bestimmungen, die sich inhaltlich mit der Umwelt befassen. Es gilt, einerseits nach Rechtssubjekten und andererseits nach inhaltlichen Bereichen des Umweltrechts zu differenzieren.

1. Rechtssubjekte

4 Rechtssubjekte sind mit Rechten und Pflichten ausgestattet. Hier begegnen mehrere Differenzierungsmerkmale.

a) Umweltprivatrecht

5 Im **Umweltprivatrecht** treten sich gleichrangige Rechtssubjekte auf dem Gebiet des bürgerlichen Rechts gegenüber. Gegenstände der Auseinandersetzung sind etwa das Eigentum, die körperliche Unversehrtheit und das Leben sowie der eingerichtete und ausgeübte Gewerbebetrieb. Die Begrenzung auf Rechtssubjekte bürgerlichen Rechts schließt einen Schutz der Umwelt um ihrer selbst willen dogmatisch aus. Zentrale Normen und Anspruchsgrundlagen für Beseitigung und Unterlassung finden sich in §§ 903 ff. BGB und § 1004 BGB (analog). Schadenersatz gewährt insbesondere der deliktische Anspruch aus § 823 Abs. 2 BGB. Daneben besteht gem. §§ 1 ff. UmweltHG eine Haftung für Schäden durch bestimmte Anlagen, was mit einer Ursachenvermutung versehen ist und im Übrigen dem Grunde nach nur durch höhere Gewalt begrenzt wird.[1] Flankierend besteht – in Parallele zu § 6 PflVersG – gem. § 21 UmweltHG eine **Strafbarkeit**, wenn vorsätzlich oder fahrlässig gegen die gem. § 19 UmweltHG notwendige Deckungsvorsorge bezüglich des Haftungsanspruchs verstoßen wird.[2]

6 Das bürgerliche Recht steht nicht beziehungslos neben dem öffentlichen Umweltrecht, sondern wird von diesem überformt. Für die Zuführung unwägbarer Stoffe verortet § 906 Abs. 1 S. 2 und S. 3 BGB den Maßstab einer unwesentlichen Beeinträchtigung in den durch Gesetz oder Verordnung festgelegten Grenz- und Richtwerten sowie in den Verwaltungsvorschriften nach § 48 BImSchG. Auch § 907 Abs. 1 S. 2 BGB, § 14 BImSchG sowie § 7 Abs. 6 AtG beschränken privatrechtliche Ansprüche im Interesse der Rechtseinheit mit dem öffentlichen Recht. Andererseits kann sich der Betroffene einer umweltrelevanten Gefahrenquelle präventiv um behördliche Hilfe bemühen, um den Zivilrechtsweg zu vermeiden. Jedoch stellt sich das Problem, ob und in welchem Umfang ein Anspruch gegenüber dem Staat auf effektives Einschreiten besteht. Eine Besonderheit liegt dann darin, dass der Bezug zu einer umweltrelevanten Gefahrenquelle eher zu einem behördlichen Einschreiten Anlass geben wird, als es bei einem singulären Individualinteresse der Fall wäre. Das gilt umso mehr, als die Behördenmitarbeiter für die

---

[1] Schönfelder, Nr. 28.
[2] S. dazu *Hager*, in: Landmann/Rohmer, Bd. 1, UmweltHG § 21 Rn. 1 ff.

Vermeidung von Umweltstraftaten persönlich in der strafrechtlichen Verantwortung stehen können.[3]

b) Umweltverwaltungsrecht

Das öffentliche Recht betrachtet Rechtssubjekte auf drei Ebenen. Auf der ersten **7** Ebene stehen sich Bürger und Staat gegenüber, wobei es sich grdsl. um ein Verhältnis der Über- und Unterordnung handelt. Der Einzelne ist als Rechtssubjekt den Normbefehlen des Staates unterworfen, welche die Exekutive und die Judikative gegen ihn durchsetzen. Andererseits kann der Mensch als Rechtssubjekt mit einem subjektiven Recht öffentlich-rechtlicher Natur ausgestattet sein, das sich gegen den Staat richtet und ebenfalls unter Zuhilfenahme der Judikative durchsetzbar ist. Schließlich kann ein Rechtsverhältnis auch auf dem Gebiet des öffentlichen Rechts durch Vertrag geordnet werden, vgl. §§ 54 ff. VwVfG.[4] Diese Beziehungen zwischen Exekutive und Bürger umfasst das Umweltverwaltungsrecht.

Nicht jede Verletzung des öffentlichen Rechts geht den Einzelnen etwas an. Aus- **8** schlaggebend ist vielmehr die Existenz eines subjektiven öffentlichen Rechtes. Das ist unproblematisch, wenn der Betreffende selbst Adressat einer begünstigenden oder belastenden Entscheidung der Behörde ist. Schwieriger ist es zu beurteilen, wann Normen drittschützenden Charakter haben. Das Grundgesetz enthält – anders als im Ansatz Art. 39 Abs. 2 der Verfassung des Landes Brandenburg[5] – kein Grundrecht auf Schaffung oder Erhaltung einer sauberen und gesunden Umwelt.[6] Ebenso wie im Baurecht stellt sich damit auch für (sonstige) umweltrelevante Planungen und Genehmigungen die Frage nach der Drittbeteiligung. Im Umweltrecht gelten darüber hinaus Besonderheiten. Das Umwelt-Rechtsbehelfsgesetz (UmwRG) räumt bestimmten anerkannten Vereinigungen, denen es nach ihrer Satzung ideell und nicht nur vorübergehend vorwiegend um die Förderung der Ziele des Umweltschutzes geht, gem. § 2 eine Klagebefugnis ein, ohne eine Verletzung von eigenen Rechten geltend machen zu müssen.[7] Flankierend dazu sehen §§ 63, 64 BNatSchG Mitwirkungsrechte und Rechtsbehelfe für anerkannte Naturschutzvereinigungen vor.

Schließlich eröffnet das Umweltinformationsgesetz (UIG) für jedermann grdsl. **9** freien Zugang zu Umweltinformationen, die bei informationspflichtigen Stellen vorhanden sind, ohne ein rechtliches Interesse darlegen zu müssen, vgl. § 3 UIG.[8] Umweltinformationen sind dabei unabhängig von der Art der Speicherung in einem

---

[3] Zur Amtsträgerstrafbarkeit unten § 5 Rn. 15 ff.

[4] Im einzelnen statt vieler *Maurer/Waldhoff*, AllgVerwR, § 14 Rn. 1 ff.

[5] Art. 39 Abs. 2 VerfBbg: „*Jeder hat das Recht auf Schutz seiner Unversehrtheit vor Verletzungen und unzumutbaren Gefährdungen, die aus Veränderungen der natürlichen Lebensgrundlagen entstehen.*", dazu *Kloepfer*, Umweltrecht, § 3 Rn. 10.

[6] Vgl. nur *Erbguth/Schlacke*, Umweltrecht, § 4 Rn. 9; *Gärditz*, in: Landmann/Rohmer, Bd. 1, Art. 20a GG Rn. 67; *Schmidt/Kahl/Gärditz*, Umweltrecht, § 3 Rn. 13 ff.

[7] Näher *Fellenberg/Schiller*, in: Landmann/Rohmer, Bd. 1, UmwRG § 2 Rn. 1 ff.

[8] Im einzelnen *Reidt/Schiller*, in: Landmann/Rohmer, Bd. 1, UIG § 3 Rn. 1 ff.

weiten Sinne sämtliche Daten mit Relevanz für die Umwelt und den Menschen, vgl. § 2 Abs. 3 UIG. Gem. § 6 UIG ist für Streitigkeiten der Verwaltungsrechtsweg eröffnet. Dieses starke Recht gewinnt durch das Gesetz über die Umweltverträglichkeitsprüfung (UVPG) inhaltlich an Gewicht, indem für bestimmte Anlagen wirksame Umweltvorsorge durch behördliche Informationsbeschaffung getroffen werden soll. Die Umweltverträglichkeitsprüfung ist gem. § 4 UVPG unselbstständiger Teil verwaltungsbehördlicher Verfahren, die Zulassungsentscheidungen dienen.

c) Überstaatliches Recht

10   Die zweite Ebene der Rechtssubjekte im öffentlichen Recht beschreibt das Verhältnis von Staaten zueinander. Das Umweltvölkerrecht[9] und das Umwelteuroparecht[10] bezeichnen Pflichten der Staaten und richten sich damit insbesondere an die nationalen Gesetzgeber. Aus Normen dieser Art erwachsen dem Rechtsunterworfenen, individuellen Menschen grdsl. keine Rechte und Pflichten. Im Europäischen Recht kommt es insofern maßgeblich auf den Unterschied zwischen Richtlinie und Verordnung als strikt voneinander zu trennende Rechtsakte der EuropäischenUnion an.

Allein die Verordnung ist gem. Art. 288 Abs. 2 AEUV in allen ihren Teilen verbindlich und in jedem Mitgliedstaat unmittelbar geltendes Recht. Die Richtlinie hingegen ist gem. Art. 288 Abs. 3 AEUV für jeden Mitgliedstaat, an den sie gerichtet wird, hinsichtlich des zu erreichenden Ziels verbindlich, überlässt jedoch den innerstaatlichen Stellen die Wahl der Form und Mittel. Aufgrund dieses noch notwendigen nationalen Umsetzungsaktes handelt es sich grdsl. nicht um unmittelbar für den Einzelnen geltendes Recht. Richtlinien sind aber deshalb für die Anwendung des Strafrechts noch lange nicht bedeutungslos. Materiell-rechtlich stellt sich die Frage der richtlinienkonformen Auslegung, die formell von dem Problem der Vorlagepflicht nationaler Gerichte begleitet wird.

Ferner ist problematisch, wie mit Straftatbeständen umzugehen ist, in welchen sich der nationale Gesetzgeber anstelle einer eigenen Regelung kurzerhand eines Verweises auf Europäisches Recht bedient. In diesen Verflechtungen liegt eines der Hauptprobleme des aktuellen Umwelt- und Wirtschaftsstrafrechts, worauf noch näher einzugehen sein wird.[11] Auf europäischer Ebene besteht keine Kompetenz für die Schaffung innerstaatlich geltender Straftatbestände.

11   Gerade das Umweltrecht hat als europäisches Recht in den vergangenen Jahrzehnten immer stärkere Bedeutung erlangt. Weite Teile des deutschen Umweltrechts sind deshalb von dem europäischen Recht gesteuert und dem damit verbundenen Umsetzungsdruck unterworfen.[12] Dies führt die nationale Legislative an die

---

[9] S. dazu *Durner*, in: Landmann/Rohmer, Bd. 1, UmweltvölkerR Rn. 1 ff.; *Kloepfer*, Umweltrecht, § 10 Rn. 10 ff.; *Schmidt/Kahl/Gärditz*, Umweltrecht, § 1 Rn. 1 ff.

[10] Im einzelnen *Epiney*, in: Landmann/Rohmer, Bd. 1, Art. 191 AEUV Rn. 1 ff.; *Kloepfer*, Umweltrecht, § 9 Rn. 1 ff.; *Schmidt/Kahl/Gärditz*, Umweltrecht, § 2 Rn. 1 ff.

[11] S. unten § 3 Rn. 119 ff.

[12] Zum ganzen statt vieler *Kloepfer*, Umweltrecht, § 9 Rn. 1 ff.

Grenzen ihrer Ressourcen und ist für den Rechtsanwender eine anspruchsvolle Herausforderung. Aber die Verzahnung zum europäischen Recht ist alternativlos. Wer den Schutz der Umwelt – sei es um ihrer selbst Willen oder als Existenzgrundlage des Menschen – ernsthaft verfolgt, kommt um europäische und globale Lösungsansätze nicht herum.

d) Umweltstaats- und Umweltverfassungsrecht

Auf einer dritten Ebene findet die Ordnung des nationalen Umweltrechts statt. Hier **12** treten nationale hoheitliche Rechtssubjekte miteinander in Beziehung. Kompetenzkonflikte treten dabei sowohl für die Legislative als auch für die Exekutive auf. Der Umweltschutz ist gem. Art. 20a GG Staatsziel[13] – ergänzt um umweltschutzspezifische Bestimmungen der Landesverfassungen[14] – und insbesondere gem. Art. 74 Abs. 1 Nr. 1, 24, 28, 29 und 32 GG grdsl. Gegenstand der konkurrierenden Gesetzgebung,[15] weshalb Art. 31 GG zu beachten ist.

Anders liegt es für die Anwendung und Umsetzung der Gesetze, da die Aus- **13** übung der staatlichen Befugnisse und die Erfüllung der staatlichen Aufgaben gem. Art. 30 GG in erster Linie Sache der Länder ist. Durchbrochen wird der darin wurzelnde Grundsatz der Länderexekutive aus Art. 83 GG, wonach die Länder Bundesgesetze als eigene Angelegenheit ausführen, wenn das Grundgesetz nicht etwas anderes bestimmt oder zulässt. Von Bedeutung sind die Bundesaufsicht der Länderverwaltung gem. Art. 84 GG sowie die Bundesauftragsverwaltung durch die Länder gem. Art. 85 GG, bspw. § 24 AtG i. V. m. Art. 87c GG. In beiden Fällen hat der Bund bei der Anwendung der Gesetze Möglichkeiten zur Einflussnahme auf ein konkretes Verhalten der Verwaltung. Darin liegt Konfliktpotenzial zwischen Bund und Land, das staatsrechtlich zu lösen ist.

Zugleich besteht eine strafrechtliche Relevanz. Soweit sich auch Amtsträger der **14** Exekutive wegen eines rechtswidrigen Verhaltens strafbar machen können, erstreckt sich die Verantwortlichkeit bis in die Aufsichtsbehörden hinein.[16] Ein Vorfall in einem Land kann daher insbesondere bei konkreten Weisungen bzw. bei unterlassenen Weisungen nach Art. 84 Abs. 5 S. 1 und Art. 85 Abs. 3 GG zu einer Strafbarkeit auf der Ebene der Exekutive des Bundes führen.

Problematisch ist, ob Gemeinden als potenzielle Umweltkläger in Betracht kom- **15** men. Ein Ansatzpunkt ist die kommunale Planungshoheit als Ausdruck der Selbstverwaltungsgarantie, die ein subjektives Recht nach § 42 Abs. 2 VwGO vermittelt. Notwendig ist dann allerdings eine substanziierte Verknüpfung mit der kommunalen Planungshoheit.[17] Die damit bestehende Schwäche der Gemeinden im Vergleich zur Öffnung des Umweltrechtsschutzes für die betroffene Öffentlichkeit sowie die

---

[13] Vertieft dazu *Gärditz*, in: Landmann/Rohmer, Bd. 1, Art. 20a GG Rn. 1 ff.; *Kloepfer*, Umweltrecht, § 3 Rn. 13 ff.

[14] Im Überblick *Kloepfer*, Umweltrecht, § 3 Rn. 8 ff.

[15] Näher *Kloepfer*, Umweltrecht, § 3 Rn. 163 ff.

[16] S. unten § 5 Rn. 31 ff.

[17] *Kloepfer*, Umweltrecht, § 8 Rn. 79 f.; *Schmidt/Kahl/Gärditz*, Umweltrecht, § 5 Rn. 56 f.

Verbandsklagebefugnis geben Anlass, die Klagerechte der immerhin demokratisch legitimierten Gemeinden als Betroffenenöffentlichkeit der örtlichen Gemeinschaft anzuerkennen. Die kommunale Selbstverwaltungsgarantie aus Art. 28 Abs. 3 S. 1 GG sollte als ökologischer Erhaltungsanspruch der örtlichen Gemeinschaft verstanden werden. Ungesetzliche Umweltbelastungen, die zugleich die territorialen Nutzungs- und Gestaltungschancen einer Gemeinde substanziell beeinträchtigen können, sind die Grundlage dafür, aus dem Selbstverwaltungsrecht auch einen gebietsbezogenen Abwehranspruch abzuleiten.[18] Nach h.M. jedoch ist es den Gemeinden verwehrt, sachwalterisch die Belange von Gemeindebürgern durch Klagen zu vertreten.[19] Umstritten ist ferner, ob sich aus dem gemeindlichen Eigentum eine Klagebefugnis ableiten lässt.[20] Aufgrund des örtlichen Bezuges und des eigenen subjektiv-öffentlichen Rechts bestünde dann aber konsequent in der Erweiterung der Rechte der Gemeinde zugleich auch eine entsprechende **Garantenpflicht**, welche die sachwalterisch überregional tätigen Umweltverbände nicht trifft.[21]

2. Bereiche des Umweltrechts

16   Die unmittelbar für das Strafrecht relevanten Rechtsquellen des Umweltrechts bestehen aus den Normen des Umweltverwaltungsrechts. Hier werden für die jeweiligen Bereiche mit unmittelbarer Verbindlichkeit für den Einzelnen Regelungen getroffen, deren Verletzung die Anknüpfung für das Strafrecht sowie für Ordnungswidrigkeitentatbestände bietet. Das Umweltvölkerrecht, das Umwelteuroparecht und das Umweltverfassungsrecht – mit der Staatszielbestimmung aus Art. 20a GG[22] – bilden grdsl. lediglich den Hintergrund für die Anwendung der unter strafrechtlichen Schutz gestellten Normen des Umweltverwaltungsrechts. Eine Sonderstellung nehmen die Verordnungen i. S. v. Art. 288 Abs. 2 AEUV ein, welche aufgrund ihrer unmittelbaren Geltung in jedem Mitgliedstaat dem von dem nationalen Gesetzgeber geschaffenen Umweltverwaltungsrecht aus strafrechtlicher Perspektive gleichstehen. Hervorzuheben ist beispielhaft die Verordnung (EG) Nr. 1013/2006 über die grenzüberschreitende Verbringung von Abfällen, an welche zunächst § 326 Abs. 2 StGB a. F.[23] anknüpfte und die nunmehr von §§ 18a, 18b AbfVerbrG aufgegriffen wird.

17   Alle Bestrebungen, ein Umweltgesetzbuch zu schaffen, sind bislang gescheitert.[24] Stattdessen setzt sich das Umweltverwaltungsrecht aus einer Vielzahl von

---

[18] Instruktiv *Schmidt/Kahl/Gärditz*, Umweltrecht, § 5 Rn. 58.

[19] Statt vieler *Kloepfer*, Umweltrecht, § 8 Rn. 80 m. w. N.

[20] Dafür mit beachtlichen Gründen *Kloepfer*, Umweltrecht, § 8 Rn. 81 m. w. N.

[21] Zu letzterem unten § 6 Rn. 22.

[22] Näher *Erbguth/Schlacke*, Umweltrecht, § 4 Rn. 4 ff.; *Kloepfer*, Umweltrecht, § 3 Rn. 13 ff.; *Schmidt/Kahl/Gärditz*, Umweltrecht, § 3 Rn. 56.

[23] Im einzelnen *Börner*, NZWiSt 2014, 378 ff.

[24] Im einzelnen dazu *Erbguth/Schlacke*, Umweltrecht, § 2 Rn. 11 ff.; *Schmidt/Kahl/Gärditz*, Umweltrecht, § 4 Rn. 4 ff.

Einzelgesetzen zusammen. Möglich ist jedoch eine Strukturierung. Zunächst gilt es, zwischen Zuständigkeits- und Verfahrensregeln[25] auf der einen Seite und materiellen Regelungen auf der anderen Seite zu unterscheiden. Die materiellen Regelungen lassen sich unter den Gesichtspunkten eines medialen, kausalen, vitalen und integrierten Umweltschutzes ordnen.[26]

Der **mediale Umweltschutz** richtet sich unmittelbar auf die Umweltmedien Boden, Wasser und Luft. Im Zentrum stehen das Bundes-Bodenschutzgesetz, das Wasserhaushaltsgesetz des Bundes nebst der Landeswassergesetze sowie das Bundesimmissionsschutzgesetz.[27] **18**

Der **kausale Umweltschutz** setzt bei der Entstehung von Umweltgefährdungen an.[28] Die relevanten Gefahrenquellen können dabei einerseits überwiegend an Stoffe gebunden sein, vgl. etwa das Chemikaliengesetz. Andererseits können Gefahren aus einer Anlage resultieren, wobei stets komplexe Genehmigungen im Zentrum der Betrachtung stehen. Zu nennen sind hierzu beispielsweise das Atomgesetz, das Bundesimmissionsschutzgesetz sowie das Bundesberggesetz und letztlich auch das Gentechnikgesetz. **19**

Der **vitale Umweltschutz** richtet sich auf den unmittelbaren Schutz von Tieren und Pflanzen, also auf das nicht menschliche Leben.[29] Es geht insbesondere um das Tierschutzgesetz und das Tiergesundheitsgesetz, das Pflanzenschutzgesetz, das Bundesnaturschutzgesetz, die Naturschutzgesetze der Länder, die Fischereigesetze der Länder und auch das Bundesjagdgesetz. **20**

Der **integrierte Umweltschutz** umfasst all jene Normen, bei denen es nicht in erster Linie um den Umweltschutz geht, die aber mit Umweltbelangen in Beziehung stehen.[30] Einerseits handelt es sich um Regelungen, die einen Ausgleich mit dem Umweltschutz erfordern, wie beispielsweise die Raumordnung und Bauleitplanung sowie die Querschnittsklausel des Art. 11 AEUV. Andererseits existieren Normen, die gleichgerichtete Ziele verfolgen, wie beispielsweise das Arbeitsschutzrecht oder das Gesundheitsrecht.[31] **21**

3. Regulierung

Den gesetzgeberischen Maßnahmen zur Verhaltensbeeinflussung im Bereich des Umweltschutzes liegen Leitprinzipien zugrunde, vor deren Hintergrund das rechtlich eröffnete Instrumentarium der Verhaltensregulierung zu betrachten ist. **22**

---

[25] S. Unten § 1 Rn. 41 ff.
[26] *Erbguth/Schlacke*, Umweltrecht, § 2 Rn. 22; *Schmidt/Kahl/Gärditz*, Umweltrecht, § 4 Rn. 3.
[27] *Erbguth/Schlacke*, Umweltrecht, § 2 Rn. 24.
[28] *Erbguth/Schlacke*, Umweltrecht, § 2 Rn. 25 f.
[29] *Erbguth/Schlacke*, Umweltrecht, § 2 Rn. 27.
[30] *Schmidt/Kahl/Gärditz*, Umweltrecht, § 4 Rn. 3 sowie § 2 Rn. 16.
[31] *Erbguth/Schlacke*, Umweltrecht, § 2 Rn. 28.

a) Leitprinzipien des Umweltrechts

23   Die Leitprinzipien des Umweltrechts haben systembildende und interpretationslei-
tende Funktionen, indem sie bei der planerischen Abwägung sowie bei der Ausübung von Ermessens- und Beurteilungsspielräumen zu berücksichtigen sind.[32]
Nach heute allgemeiner Ansicht besteht an der grundsätzlichen rechtlichen Bin-
dungskraft der Kernprinzipien des Umweltrechts kein Zweifel mehr, demgemäß
liegt der Schwerpunkt der aktuellen Diskussion auf den Details der Inhalte der Prinzipien.[33] Tragende Bedeutung haben das Vorsorgeprinzip, das Verursacherprinzip,
das Kooperationsprinzip sowie das Integrationsprinzip.[34] Aus der Perspektive des
Strafrechts können diese Prinzipien Bezugspunkte für den Grund und die Grenze
des strafbaren Verhaltens sein.

24   Das **Vorsorgeprinzip** ist das Gegenstück zu einer bloß reaktiven Umweltpolitik.
Umweltgefahren und Umweltschäden sollen soweit wie möglich vermieden werden
und gar nicht erst zum Entstehen kommen.[35] Der Vorsorgegedanke hat unter ande-
rem in §§ 1, 5 Abs. 1 Nr. 2 BImSchG, §§ 1, 7 BBodSchG, §§ 6 Abs. 2 Nr. 2, 7 Abs. 2
Nr. 3 AtG sowie übergreifend in § 3 UVPG gesetzlich Ausdruck gefunden. Aus dem
Vorsorgeprinzip folgt allerdings ein handfestes strafrechtliches Problem. Strafrecht
hat dem Grunde nach repressiven Charakter und knüpft eine Sanktion an eine
Rechtsgutverletzung. Wenn indes bereits der Verstoß gegen Regeln, welche der
Schadenvorsorge dienen, unter Strafe gestellt würde, dann träte letztlich der Wandel
zu einem reinen **Gefahrenvorsorgestrafrecht** ein. Ob und bis zu welchem Punkt
ein präventiv geprägtes Strafrecht dogmatisch und verfassungsrechtlich legitimier-
bar ist, ist eines der Kernprobleme des modernen Strafrechts. Hier jedoch stellt sich
das Problem in besonderer Schärfe, da die Dogmatik des Umweltrechts die Voraussetzungen der Vorsorge deutlich unterhalb der Gefahrenschwelle des Polizeirechts
verortet. Vorsorge und präventive Gefahrenabwehr sind daher unterschiedliche
Dinge.[36] Zwar ist in Rechnung zu stellen, dass die strafrechtsdogmatische Figur der
abstrakten Gefahr ebenfalls die Schwelle der präventiven Gefahr unterschreiten
mag, doch das materielle Legitimationsproblem bleibt bestehen. Je weiter die Sank-
tionsschwelle von greifbaren Gefahren hin zur reinen Vorsorge abgesenkt wird,
desto weniger ist Raum für eine Schuld im materiell-rechtlichen Sinne und nur eine
solche kann nach dem verfassungsrechtlich verankerten materiellen Schuldprinzip
Grundlage der Bestrafung sein.[37]

25   Das **Verursacherprinzip** weist die Verantwortung für die Beseitigung, Verminderung und den Ausgleich von Umweltbeeinträchtigungen demjenigen zu, welchem diese zuzurechnen sind.[38] Diese Verantwortung umfasst nicht lediglich die

---

[32] *Schmidt/Kahl/Gärditz*, Umweltrecht, § 4 Rn. 21.

[33] S. nur *Kloepfer*, Umweltrecht, § 4 Rn. 18 m. w. N.

[34] *Kloepfer*, Umweltrecht, § 4 Rn. 17.

[35] *Kloepfer*, Umweltrecht, § 4 Rn. 28 u. 22 ff.

[36] Im einzelnen *Kloepfer*, Umweltrecht, § § 4 Rn. 33 ff.

[37] S. ferner unten § 3.

[38] Vertieft *Kloepfer*, Umweltrecht, § 4 Rn. 92 ff.

Kostenlast, sondern enthält auch die materielle Verantwortlichkeit für Vermeidung, Verminderung und Beseitigung.[39] Die Inanspruchnahme ist Ausdruck rechtsstaatlicher Verteilungsgerechtigkeit und beruht auch auf Gründen der Effektivität, weil der Verursacher zugleich der zur Verhinderung und Beseitigung Nächste ist.[40] Die materielle Verantwortung umfasst sowohl die nachträgliche Haftung durch Beseitigung bzw. Kostentragung als auch die Inpflichtnahme zur Vermeidung. Die (potenzielle) Verursachereigenschaft und die Vermeidungslast fallen damit zusammen.[41] Die Bandbreite des Verursacherprinzips von der Vermeidungspflicht bis hin zur Ausgleichs- und Ersatzpflicht findet sich beispielhaft in § 15 BNatSchG.[42] Das Umweltschadensgesetz (USchadG), das der Umsetzung einer entsprechenden Richtlinie dient, statuiert grdsl. eine Gefährdungshaftung für Umweltschäden und unmittelbare Gefahren solcher Schäden die durch bestimmte Tätigkeiten verursacht werden. Das öffentlich-rechtliche Haftungsregime steht neben dem zivilrechtlichen Schutz von Individualrechtsgütern und richtet sich unter behördlicher Aufsicht auf die Feststellung und Durchführung erforderlicher Sanierungsmaßnahmen.[43]

Aus strafrechtlicher Perspektive stehen die auf dem Verursacherprinzip beruhende Pflicht zur Folgenbeseitigung und die Sanktionierung einer zugrunde liegenden strafbewehrten Pflichtverletzung nebeneinander, ebenso wie es bei dem zivilrechtlichen Schadenersatz der Fall ist. Auch prozessual stehen der Strafprozess und das verwaltungsrechtliche oder zivilrechtliche Haftungsverfahren grdsl. nebeneinander. Anders liegt es, wenn mit der Vermeidungslast eine strafrechtlich relevante Pflicht einhergeht. Dabei kann es sich um eine Garantenpflicht i. S. v. § 13 StGB handeln, die darauf gerichtet ist, Schäden zu vermeiden. Insbesondere geht es um die Ingerenz und den Problembereich der Altlasten. Ferner kommt eine Unterlassungspflicht in Betracht. Diese ergibt sich einerseits aus dem präventiven oder repressiven gesetzlichen Verbot und andererseits aus konkreten vollziehbaren Untersagungen, vgl. nur § 327 Abs. 1 und Abs. 2 StGB. Eine weitere Frage richtet sich darauf, wer der jeweilige Verantwortliche ist. Ausgehend von verwaltungsrechtlichen Zuschreibungen geschieht dies durch Sonderdelikte sowie die allgemeinen Grundsätze von Täterschaft und Teilnahme.[44] **26**

Neben das Verursacherprinzip tritt das Gruppenlastprinzip. Hier werden insbesondere Gruppen von Schädigern mit Sonderabgaben als indirekte Form der Verhaltenssteuerung belegt.[45] Das Gegenstück zu dem Verursacherprinzip ist das **Gemeinlastprinzip**. Hiernach werden die Kosten zur Bereinigung oder Vermeidung **27**

---

[39] *Erbguth/Schlacke*, Umweltrecht, § 3 Rn. 11; *Kloepfer*, Umweltrecht, § 4 Rn. 92 u. 94.

[40] *Erbguth/Schlacke*, Umweltrecht, § 3 Rn. 11.

[41] *Kloepfer*, Umweltrecht, § 4 Rn. 97 f. sowie *Erbguth/Schlacke*, Umweltrecht, § 3 Rn. 12.

[42] Freilich unter Kritik im Detail *Kloepfer*, Umweltrecht, § 4 Rn. 99.

[43] Zum ganzen statt aller *Beckmann/Wittmann*, in: Landmann/Rohmer, Bd. 1, USchadG Vorb, Rn. 1 ff.; *Schmidt/Kahl/Gärditz*, Umweltrecht, § 4 Rn. 126 ff.

[44] S. unten § 5.

[45] *Erbguth/Schlacke*, Umweltrecht, § 3 Rn. 11.

von Umweltschäden der Allgemeinheit und damit dem Steuerzahler auferlegt. Das Gemeinlastprinzip soll jedoch auf Ausnahmefälle beschränkt bleiben und das Vorliegen von sachgerechten Gründen voraussetzen.[46] Wo immer weder das Verursacherprinzip noch das Gemeinlastprinzip greift, müssen die Schäden durch Umweltbelastungen von den Opfern von Umweltschädigungen getragen werden. Hinter diesem Geschädigtenprinzip steht der alte Rechtssatz *casum sentit dominus*.[47] Verbunden ist damit aber nicht nur eine Belastung durch den Schaden an sich, also durch erlittene körperliche Beeinträchtigungen oder Wertminderungen. Mitunter ergeben sich auch für den Geschädigten strafrechtlich relevante Pflichten, wie beispielsweise für den Grundstückseigentümer im Falle von Altlasten im Boden, welche das Grundwasser bedrohen.[48]

28   Das **Kooperationsprinzip** begreift den Schutz der Umwelt als eine gesamtgesellschaftliche Aufgabe, die in Zusammenarbeit von staatlichen und gesellschaftlichen Beteiligten zu bewältigen ist. Es ist dogmatisch umstritten, ob das Kooperationsprinzip zu einer mitwirkungsoffenen Gesetzgebung zwingt,[49] was hier auf sich beruhen kann. Die Facetten der Kooperation umfassen neben dem Konsens durch öffentlich-rechtlichen Vertrag auch die Förderung der Akzeptanz der Willensbildung durch Einbeziehung der Öffentlichkeit sowie z. B. staatlich anerkannter Naturschutzvereinigungen gem. § 23 BNatSchG i. V. m. § 3 UmwRG. Ferner erfolgt die Einbeziehung von externem Sachverstand durch Beratungsgremien und interdisziplinär zusammengesetzte Beiräte.[50]

29   Das Kooperationsprinzip zeitigt unter zwei Gesichtspunkten eine erhebliche strafrechtliche Relevanz. Einerseits birgt die Kooperation des Staates mit dem Rechtsunterworfenen tendenziell immer auch die Gefahr, dass das Zusammenwirken und Aufeinanderzugehen letztlich zu Kompromissen auf Kosten der Allgemeinheit und der Umwelt führt, indem wirtschaftliche Gründe einen effektiven Vollzug des erstrebten Umweltschutzes stören oder verhindern.[51] Die zu besorgende schädliche Beeinflussung reicht von der Beteiligung an einem VA über den öffentlich-rechtlichen Vertrag bis hin zu der Kooperation mit dem Gesetzgeber. Der Atomausstieg I beruhte maßgeblich auf einer Vereinbarung zwischen den Betreibern der Atomkraftwerke und der Bundesregierung, die nachträglich lediglich in Gesetzesform gefasst wurde.[52] Ebenfalls bemerkenswert ist das Outsourcing der Gesetzgebung, indem mit der Erstellung von Gesetzentwürfen spezialisierte Rechtsanwaltskanzleien betraut werden.[53] Unter Beachtung aller positiven Effekte, aller Sachzwänge und insbesondere

---

[46] *Erbguth/Schlacke*, Umweltrecht, § 3 Rn. 15 sowie im Einzelnen *Kloepfer*, Umweltrecht, § 4 Rn. 117 ff.

[47] *Kloepfer*, Umweltrecht, § 4 Rn. 125 ff.

[48] Näher dazu unten § 9 Rn. 10.

[49] Krit. *Kloepfer*, Umweltrecht, § 4 Rn. 146 ff. m. w. N.

[50] *Erbguth/Schlacke*, Umweltrecht, § 3 Rn. 20.

[51] Krit. statt aller *Erbguth/Schlacke*, Umweltrecht, § 3 Rn. 21.

[52] Krit. *Schmidt/Kahl/Gärditz*, Umweltrecht, § 4 Rn. 35.

[53] Dazu nur *Schmidt/Kahl/Gärditz*, Umweltrecht, § 4 Rn. 35.

der Redlichkeit der Beteiligten gebietet die forensische Erfahrung dennoch besondere Wachsamkeit, je größer die wirtschaftliche Bedeutung der Sachfragen ist. Neben dem scharfen Schwert der §§ 333 ff. StGB sind auch das kollusive Zusammenwirken und die unvollständigen Angaben i. S. v. § 330d Abs. 1 Nr. 5 StGB[54] sowie der Irrtum der Behörde über die Rechtslage im Auge zu behalten.

Auf der anderen Seite birgt das Kooperationsprinzip zusätzliche strafrechtliche Risiken auf Seiten der Rechtsunterworfenen. Zum Zwecke der betriebsinternen Selbstüberwachung werden gesetzlich vielfach für den Umweltschutz Betriebsbeauftragte vorgesehen, bspw.:

- Abfallbeauftragter gem. §§ 59, 60 KrWG
- Gewässerschutzbeauftragter gem. §§ 64 ff. WHG
- Immissionsschutzbeauftragter gem. §§ 53 ff. BImSchG
- Störfallbeauftragter gem. §§ 58a bis d BImSchG.

Daraus resultiert das Problem der Garantenstellung für das unechte Unterlassungsdelikt gem. § 13 StGB sowie die Frage der Abgrenzung zwischen Täterschaft und Teilnahme einschließlich der Anwendungsvoraussetzungen von § 14 Abs. 2 Nr. 1 und Nr. 2 StGB bei Sonderdelikten.[55]   **30**

Das **Integrationsprinzip** betrifft, anders als das Kooperationsprinzip, nicht die Beziehung zwischen Staat und Bürger, sondern richtet sich auf die hoheitliche und übergreifende Gesamtbewertung und Gesamtberücksichtigung umweltrelevanter Faktoren. Die externe Integration beschreibt die Bestrebung, den Umweltschutz bei der Durchführung der Unionspolitik zu berücksichtigen und findet im EU-Primärrecht mit der Querschnittsklausel des Art. 11 AEUV hervorgehoben Beachtung.[56] Die interne Integration erstrebt innerhalb der nationalen Rechtsordnung den Schutz der Umwelt als ungeteiltes Ganzes mit dem Ziel einer Optimierung der hoheitlichen Schutzgutperspektive, die den Blick auf alle Belastungspfade und alle zu schützenden Umweltmedien in ihrer Wechselbezüglichkeit lenkt, um so die Fragmentierung der Umweltschutzvorkehrungen aufzubrechen. Das vorrangige Ziel besteht darin, die Belastungsverlagerungen von einem Umweltmedium auf das andere zu vermeiden.[57] Der dazu gehörige Normenkomplex wird integrierter Umweltschutz genannt.[58]   **31**

b) Regulierungsinstrumentarium

Die Instrumente des Umweltrechts können anhand ihrer Wirkungsweise gegenüber dem Adressaten unterschieden werden. Aus dieser Perspektive handelt es sich um Planungsinstrumente, Instrumente direkter Verhaltenssteuerung, Instrumente indirekter Verhaltenssteuerung sowie um die staatliche Eigenvornahme.[59]   **32**

---

[54] Zum ganzen § 4 Rn. 43 ff.

[55] Zum ganzen unten §§ 5, 6.

[56] *Kloepfer*, Umweltrecht, § 4 Rn. 153 f.

[57] *Kloepfer*, Umweltrecht, § 4 Rn. 155.

[58] S. dazu soeben § 1 Rn. 21 sowie im einzelnen *Kloepfer*, Umweltrecht, § 4 Rn. 157 ff.

[59] *Erbguth/Schlacke*, Umweltrecht, § 5 Rn. 2.

33   Die hoheitliche **Planung**[60] auf dem Gebiet des Umweltrechts ist Ausdruck des Vorsorgeprinzips und des Integrationsprinzips. Einerseits können Gegenstände des Umweltrechts unmittelbar der Gegenstand der Planung sein. Beispiele dieses *umweltspezifischen Fachplanungsrechts* sind die Landschaftsplanung (§§ 8 ff. BNatSchG), die wasserwirtschaftliche Planung (§§ 82 ff. WHG), die Luftreinhalte- und Aktionsplanung (§ 47 BImSchG), die Lärmminderungsplanung, (§§ 47a ff. BImSchG) und die Abfallwirtschaftsplanung (§ 30 KrWG). Andererseits verlangen *umweltrelevante Fachplanungen* die Einbeziehung der Belange des Umweltschutzes, so etwa die Straßenplanung (§§ 16 ff. FStrG), die Wasserwegeplanung (§§ 13 f. WaStrG) und letztlich auch die bergrechtliche Betriebsplanung (§§ 51 ff. BBergG)[61] sowie die gesamte Raumplanung und Bauleitplanung.[62] Strafrechtlich kommt es insbesondere für die mit § 329 StGB unter Strafe gestellte Gefährdung schutzbedürftiger Gebiete unmittelbar auf Planungsergebnisse an. Es handelt sich dabei um den Immissionsschutz, um Wasser- und Heilquellenschutzgebiete, Naturschutzgebiete sowie um besonders geschützte natürliche Lebensräume von Tieren und Pflanzen. Das wird ergänzt um die besonders schweren Fälle in §§ 330 Abs. 1 S. 2 Nr. 1 und Nr. 3 StGB.

34   Eine **direkte Verhaltenssteuerung** liegt vor, wenn einzelnen Personen ein bestimmtes Verhalten zwingend vorgegeben wird, somit wirken also Gebote und Verbote, die in ihrem Modus grdsl. dem Befehl entsprechen. Es verbleibt den Rechtsunterworfenen mithin rechtlich kein Entscheidungsspielraum und in diesem Sinne ist die Steuerung direkt.[63] Das erfolgt einerseits durch Gesetz, soweit sich hieraus für den Einzelnen verbindliche Handlungs-, Duldungs- oder Unterlassungspflichten ergeben,[64] vgl. auch § 330d Abs. 1 Nr. 4a StGB. Andererseits findet vor dem Hintergrund der allgemeinen Handlungsfreiheit aus Art. 2 Abs. 1 GG sowie der Art. 12, 14 GG eine unterschiedlich abgeschichtete Kontrolldichte statt. Auf der untersten Ebene unterliegt das Verhalten keiner Eröffnungskontrolle, kann jedoch untersagt werden, wenn die Behörde Kenntnis erlangt und die Voraussetzungen einer Untersagung gegeben sind, wie etwa bei § 5 VersammlG für Versammlungen in geschlossenen Räumen.[65] Auf der zweiten Ebene findet eine **Eröffnungskontrolle** statt, die sich wiederum in drei Intensitätsstufen gliedert. Die mildeste Form verlangt eine bloße Anzeige von Tätigkeiten, deren Auswirkungen auf die Umwelt als nicht besonders gefährlich eingestuft werden. Dieses **Verbot mit Anzeigevorbehalt** verschafft der Behörde die notwendige Kenntnis zur Prüfung, ob vielleicht doch eine Genehmigung erforderlich ist oder, wenn dies nicht der Fall ist, besondere Umstände gegeben sind, die zu einer Untersagung oder Reglementierung Anlass

---

[60] Zur Einführung *Maurer/Waldhoff*, AllgVerwR, § 16 Rn. 474.

[61] S. zum Bergrecht unten § 9 Rn. 16 ff.

[62] Vertieft *Kloepfer*, Umweltrecht, § 11 Rn. 1 ff. sowie *Erbguth/Schlacke*, Umweltrecht, § 5 Rn. 3 ff.; *Schmidt/Kahl/Gärditz*, Umweltrecht, § 4 Rn. 50 ff.

[63] *Kloepfer*, Umweltrecht, § 5 Rn. 166 sowie *Erbguth/Schlacke*, Umweltrecht, § 5 Rn. 20.

[64] S. nur *Erbguth/Schlacke*, Umweltrecht, § 5 Rn. 22 ff.

[65] Etwa *Maurer/Waldhoff*, AllgVerwR, § 9 Rn. 55.

geben.[66] Typische Beispiele – unterhalb der Strafbarkeit nach § 327 Abs. 2 S. 1 Nr. 1 StGB – sind die Anzeigepflicht gem. § 23a BImSchG für nicht genehmigungsbedürftige Anlagen sowie die Anzeigepflicht aus § 15 BImSchG hinsichtlich einer nicht wesentlichen Änderung der Lage, der Beschaffenheit oder des Betriebs einer bereits genehmigten und genehmigungsbedürftigen Anlage. Der Verstoß gegen die Anzeigepflicht ist eine Ordnungswidrigkeit, vgl. § 62 Abs. 2 Nr. 1 und Nr. 1b BImSchG.

Eine intensivere Eröffnungskontrolle findet statt, wenn das betreffende umwelt- **35** relevante Verhalten zunächst gesetzlich verboten ist, aber genehmigt werden kann. Insofern findet eine weitere Unterscheidung statt. Die zweite Intensitätsstufe der Eröffnungskontrolle liegt in einem **präventiven Verbot mit Erlaubnisvorbehalt**.[67] Das umweltrelevante Verhalten wird hier nicht als generell unerwünscht untersagt, aber der mit einem vorläufigen Verbot sichergestellten behördlichen Prüfung unterzogen, ob die zur Vermeidung von Gefahren erforderlichen gesetzlichen Anforderungen eingehalten werden.[68] Aus dem Bereich des Strafrechts ist auf § 21 Abs. 1 Nr. 1 Var. 1 StVG zu verweisen. Das Führen von Kraftfahrzeugen im Straßenverkehr ist gesellschaftlich durchaus nicht unerwünscht, sondern (derzeit) eine Notwendigkeit. Im Interesse der Sicherheit des Straßenverkehrs schaltet das Gesetz jedoch eine Erlaubnis vor, auf die unter der Voraussetzung von § 2 Abs. 2 StVG ein Anspruch besteht, und erklärt das Fahren ohne Erlaubnis für strafbar. Die dritte Intensitätsstufe der Eröffnungskontrolle ist ein **repressives Verbot mit Befreiungsvorbehalt**.[69] Hierbei handelt es sich um ein umweltrelevantes Verhalten, das grdsl. sozialschädlich oder unerwünscht ist, weshalb das Verbot den Regelfall bildet und nur in Ausnahmefällen eine Befreiung erteilt werden kann.[70] Im allgemeinen Strafrecht ist hierzu § 315d Abs. 1 Nr. 1 StGB zu nennen, der ein nicht erlaubtes Kraftfahrzeugrennen unter Strafe stellt. Das zugrunde liegende repressive Verbot ergibt sich aus § 29 Abs. 1 S. 1 StVO, mit einem Befreiungsvorbehalt aus § 46 Abs. 2 StVO.[71] Bei einer historischen Betrachtung sollen präventive Verbote tendenziell bei einer Wurzel im Gewerberecht vorkommen (§§ 4, 6 BImSchG, § 7 AtG),[72] während repressive Verbote eher bei einer Entwicklung aus dem Gefahrenabwehrrecht zu erwarten seien (§§ 8 ff., 12 WHG, § 9 BWaldG, §§ 33 Abs. 1 S. 2, 45 Abs. 6 u. 7, 67 BNatSchG).[73]

---

[66] Vgl. nur *Kloepfer*, Umweltrecht, § 5 Rn. 178 ff.; *Maurer/Waldhoff*, AllgVerwR, § 9 Rn. 55; *Schmidt/Kahl/Gärditz*, Umweltrecht, § 4 Rn. 66.

[67] S. dazu nur *Maurer/Waldhoff*, AllgVerwR, § 9 Rn. 52 ff.

[68] Statt vieler *Kloepfer*, Umweltrecht, § 5 Rn. 211 f.; *Schmidt/Kahl/Gärditz*, Umweltrecht, § 4 Rn. 67.

[69] S. dazu nur *Maurer/Waldhoff*, AllgVerwR, § 9 Rn. 56 m. w. N.

[70] Statt vieler *Kloepfer*, Umweltrecht, § 5 Rn. 213 ff.; *Schmidt/Kahl/Gärditz*, Umweltrecht, § 4 Rn. 68.

[71] *Maurer/Waldhoff*, AllgVerwR, § 9 Rn. 56.

[72] Zu letzterem *Kloepfer*, Umweltrecht, § 5 Rn. 217 ff.

[73] So *Erbguth/Schlacke*, Umweltrecht, § 5 Rn. 34.

36   Auch aus strafrechtlicher Perspektive ist die Unterscheidung zwischen dem präventiven Verbot und dem repressiven Verbot von Interesse. Hierin liegt nach dem dogmatischen Ansatz der Unterscheidung ein erheblicher Unterschied im Gewicht des Verstoßes gegen das Verbot. Ungeachtet des Problems, wie das erwünschte und das unerwünschte Verhalten im konkreten Einzelfall voneinander abzugrenzen sind, stellt sich die Frage, ob an dem verwaltungsrechtlich determinierten unterschiedlichen Maß des Unwertes strafrechtliche Differenzierungen ansetzen, was im Zusammenhang mit der Akzessorietät des Strafrechts zum Verwaltungsrecht näher zu betrachten sein wird.[74]

37   Die Eröffnungskontrolle durch Verbot wird an ein **Entscheidungsverfahren** gekoppelt, dessen Procedere sich an dem Umfang des betreffenden Vorganges orientiert. Das nicht förmliche Verwaltungsverfahren nach § 10 VwVfG[75] findet im Umweltrecht kaum Anwendung. Der Schwerpunkt liegt vielmehr auf einem förmlichen Verwaltungsverfahren, das auf einer ausdrücklichen gesetzlichen Anordnung beruht und inhaltlich insbesondere die förmliche Beteiligung Dritter vorsieht, vgl. §§ 63 ff. VwVfG[76] sowie bspw. § 10 BImSchG.[77] Die umfangreichste Prüfung erfolgt in dem Planfeststellungsverfahren[78] als besonderes Verwaltungsverfahren, bspw. Zulassung von Abfalldeponien gem. § 35 KrWG oder Gewässerausbau gem. § 68 Abs. 1 WHG. Flankiert werden diese Regelungen insbesondere durch die Anforderungen des Gesetzes über die Umweltverträglichkeitsprüfung (UVPG) als unselbständiger Teil der verwaltungsbehördlichen Zulassungsverfahren.[79]

38   Schließlich findet nach der Genehmigungserteilung eine **Befolgungskontrolle** statt, bei welcher Auskunftspflichten und Dokumentationspflichten sowie die Duldung von Kontrollen vor Ort auferlegt werden. Verstöße in diesem variantenreichen Segment werden überwiegend als Ordnungswidrigkeit geahndet.[80] Im Falle von Verstößen gegen die erteilte Genehmigung greifen als repressive Instrumente der direkten Verhaltenssteuerung Maßnahmen, durch die ein umweltrelevantes Verhalten oder Vorhaben nachträglich ganz oder teilweise unterbunden wird.[81] Zuwiderhandlungen eröffnen grdsl. den strafbaren Bereich, wobei das dogmatische und praktische Problem des Einzelfalles darin besteht, das Maß der Abweichung von der bestehenden Genehmigung exakt zu bestimmen. Auf dem Boden der strafrechtlichen Tatbestände ist deshalb zunächst zu prüfen, ob das Verhalten noch unter die Genehmigung fällt, ob es eine unwesentliche Abweichung, eine wesentliche Abweichung oder aber ein *aliud* darstellt. Auf dieses Kernproblem wird zurückzukommen sein.[82]

---

[74] S. unten § 4 Rn. 93 ff.

[75] Näher statt vieler *Maurer/Waldhoff*, AllgVerwR, § 19 Rn. 3 i. V. m. Rn. 24 ff.

[76] S. dazu nur *Kloepfer*, Umweltrecht, § 5 Rn. 269 ff.; *Maurer/Waldhoff*, AllgVerwR, § 19 Rn. 4.

[77] *Erbguth/Schlacke*, Umweltrecht, § 5 Rn. 38 f.

[78] Näher *Kloepfer*, Umweltrecht, § 5 Rn. 325 ff.; *Maurer/Waldhoff*, AllgVerwR, § 19 Rn. 5 i. V. m. § 16 Rn. 1 ff.

[79] Zum ganzen *Erbguth/Schlacke*, Umweltrecht, § 5 Rn. 62 ff.; *Kloepfer*, Umweltrecht, § 5 Rn. 598 ff.; *Sangenstedt*, in: Landmann/Rohmer, Bd. 1, UVPG § 1 Rn. 1 ff.

[80] S. nur *Erbguth/Schlacke*, Umweltrecht, § 5 Rn. 75 f.

[81] Vgl. dazu unten § 1 Rn. 51 ff.

[82] Unten § 4 Rn. 87 ff.

Die **indirekte Verhaltenssteuerung** lässt dem Bürger die Wahl zwischen ver- 39
schiedenen, gleichermaßen legalen Verhaltensweisen, möchte aber durch positive
oder negative Anreize die Entscheidung im Interesse der Ziele des Umweltrechts
beeinflussen.[83] Im Zentrum stehen dabei ökonomische Anreize durch Subventionen
einerseits und Steuern, Gebühren, Beiträge und Sonderabgaben andererseits, ergänzt um den Zertifikatehandel zur Sicherstellung von Höchstgrenzen der Gesamt-
emissionen eines Stoffes.[84]

Der Umweltschutz beschränkt sich nicht auf die direkte oder indirekte Verhal- 40
tenssteuerung Privater, sondern findet auch als unmittelbare staatliche Aktivität
statt. Diese **staatliche Eigenvornahme** hat zwei Seiten. Soweit Private nicht in Anspruch genommen werden können und bei Gefahr im Verzug tritt eine subsidiäre
Eigenvornahme im Sinne einer Notzuständigkeit ein. Andererseits bestehen staatliche Umweltschutzmonopole, insbesondere im Entsorgungsbereich, die durch die
Privatisierung hoheitlicher Aufgaben durchbrochen werden.[85] Monopole sind problematisch, da der Wettbewerb um die Lösung umweltpolitischer Probleme vor dem
Hintergrund des Kooperationsprinzips gefördert werden sollte und trotz aller
Schutzbelange auch der umweltschützende Staat eine Staatsmacht ist. Die praktische wie rechtliche Begrenzung und Kontrolle dieser Macht ist eine Kernaufgabe
der rechtsstaatlichen Demokratie.[86] Aus strafrechtlicher Perspektive ist die staatliche Eigenvornahme relevant im Rahmen der Amtsträgerstrafbarkeit in Bezug auf
Eigenbetriebe und Garantenpflichten.

Kontrollfragen
1. Welche Stellung hat der Bürger gegenüber dem Staat im Umweltverwaltungsrecht? (Rn. 7 ff.)
2. Wie sind die Kompetenzen für die Legislative und die Exekutive zwischen
   Bund und Ländern verteilt? (Rn. 12 ff.)
3. Nach welchen Kriterien lassen sich die Bereiche des Umweltschutzes begrifflich ordnen? (Rn. 18 ff.)
4. Welche Leitprinzipien liegen der Regulierung des Umweltschutzes zugrunde? (Rn. 23 ff.)
5. Welche strafrechtlichen Risiken begründet das Kooperationsprinzip?
   (Rn. 30)
6. Welche Regulierungsinstrumente wirken im Bereich des Umweltrechts?
   (Rn. 32 ff.)
7. Welche Fallgruppen der Eröffnungskontrolle sind zu unterscheiden?
   (Rn. 33 f.)

---

[83] *Schmidt/Kahl/Gärditz*, Umweltrecht, § 4 Rn. 102.
[84] Zum ganzen *Erbguth/Schlacke*, Umweltrecht, § 5 Rn. 81 ff.; *Kloepfer*, Umweltrecht, § 5
Rn. 769 ff.; *Schmidt/Kahl/Gärditz*, Umweltrecht, § 4 Rn. 103 ff.
[85] *Erbguth/Schlacke*, Umweltrecht, § 5 Rn. 131; *Kloepfer*, Umweltrecht, § 5 Rn. 1693 ff.
[86] Instruktiv *Kloepfer*, Umweltrecht, § 3 Rn. 62.

II. Das Umweltverfahrensrecht

41 Die Kompetenzverteilung zwischen Bund, Ländern und Kommunen wurde bereits bei Behandlung der Rechtssubjekte angesprochen. Die Arten des Verwaltungsverfahrens waren Thema der Regulierungsinstrumentarien. Im einzelnen kann und muss auf das verwaltungsrechtliche Schrifttum verwiesen werden. Im Zusammenhang mit dem Strafrecht unverzichtbar ist aber eine Orientierung über die öffentlich-rechtlichen Akteure sowie über deren Handlungsformen als Ausgangspunkt eines strafbewehrten Pflichtverstoßes. Soweit tiefergehende Ausführungen erforderlich sind, bleiben diese der späteren Darstellung der jeweiligen Bereiche des Umweltstrafrechts vorbehalten.

1. Verwaltungsorganisation

42 Grdsl. führen die Länder die Umweltgesetze des Bundes gem. Art. 84 Abs. 1 S. 1 als **eigene Angelegenheit** aus, was aufgrund der Konnexität von Aufgaben- und Ausgabenverantwortung gem. Art. 104a Abs. 1 GG zu einer erheblichen Finanzierungslast der Länder führt.[87] Insbesondere im Atomrecht aber handelt es sich gem. Art. 85, Art. 87c GG um Bundesauftragsverwaltung durch die Länder unter der Fachaufsicht der zuständigen obersten Bundesbehörden, Art. 85 Abs. 3 GG. Bei der Ausführung der Bundesgesetze als eigene Angelegenheit regeln die Länder gem. Art. 84 Abs. 1 S. 1 die Einrichtung der Behörden und das Verwaltungsverfahren grdsl. selbst. Vor dem Hintergrund der Föderalismusreform hat der Bund aber gerade im Umweltverwaltungsverfahrensrecht gem. Art. 84 Abs. 1 S. 5 GG abweichungsfeste Verfahrensregelungen geschaffen, vgl. § 73 BImSchG, § 24a UVPG, § 63a KrWG.[88]

43 Der **Einfluss des Unionsrechts** setzt sich auf der Ebene der Exekutive fort. Der Vollzug der unionsrechtlichen Vorschriften erfolgt entweder durch die Organe der EU im unionseigenen Vollzug oder durch die Behörden und Organe der Mitgliedstaaten im mitgliedstaatlichen Vollzug, was im Schwerpunkt der Fall ist.[89] Für das Wie des Vollzuges im Mitgliedstaat ist nach der Bindungswirkung des EU-Rechts zu unterscheiden. Soweit das Unionsrecht durch die Schaffung nationaler Regelungen umgesetzt worden ist, handelt es sich um den Vollzug des deutschen Rechts, mit der unmittelbaren Anwendung der Art. 83 ff. GG.[90] Das unmittelbar geltende Unionsrecht unterfällt zwar nicht dem Wortlaut der Art. 83 ff. GG, da es sich gerade nicht um Bundesrecht handelt, aber seine Wirkung entspricht dem Bundesrecht. Daher sollen Art. 83 ff. GG analog anzuwenden sein, weshalb der Vollzug des unmittelbar geltenden Unionsrechts ebenfalls grdsl. bei den Ländern liegt.[91] Es gilt

---

[87] *Erbguth/Schlacke*, Umweltrecht, § 4 Rn. 55; *Kloepfer*, Umweltrecht, § 3 Rn. 190 ff.
[88] *Kloepfer*, Umweltrecht, § 3 Rn. 186.
[89] *Maurer/Waldhoff*, AllgVerwR, § 22 Rn. 11 i. V. m. § 2 Rn. 51 ff.
[90] *Maurer/Waldhoff*, AllgVerwR, § 22 Rn. 11.
[91] *Maurer/Waldhoff*, AllgVerwR, § 22 Rn. 11.

das deutsche Verwaltungsverfahrensrecht, das allerdings durch das vorrangige Unionsrecht überlagert und modifiziert wird, vgl. bspw. das alte Problem des § 48 VwVfG i. V. m. Art. 107 AEUV für die Rücknahme rechtswidriger Beihilfebescheide.[92] Das Kooperationsprinzip wirkt hier zwischen hoheitlichen Rechtssubjekten, was bei dem Ziel eines europaweit einheitlichen Gesetzesvollzuges eine Herausforderung ist. Ein strafrechtlich relevantes Ergebnis dieses Verwaltungsverbundes ist das europäische Netz „Natura 2000",[93] an dessen Schutzgebiete § 329 Abs. 4 StGB anknüpft.[94] Von Bedeutung sind ferner Zulassungen mit Geltung in den übrigen Mitgliedstaaten, bspw. für gentechnisch veränderte Produkte gem. § 14 GenTG,[95] wobei das Fehlen der entsprechenden Genehmigung mitunter strafbewehrt ist, § 39 Abs. 2 Nr. 1 GenTG.[96]

Indem die Einrichtung der Behörden gem. Art. 84 Abs. 1 S. 1 GG von den Ländern zu regeln ist, begegnen bekanntlich verschiedene **Modelle der Verwaltungsorganisation in den Ländern**. Größere Flächenstaaten lassen einen dreistufigen Verwaltungsaufbau erwarten, während in den kleineren Flächenstaaten die Zweistufigkeit vorherrscht. Die Oberstufe wird insbesondere durch die Landesministerien als *oberste Landesbehörden* repräsentiert, ergänzt um *Landesoberbehörden* (Landesämter). In der Unterstufe tritt der Landrat in seiner typischen Doppelstellung in Organleihe als untere staatliche Verwaltungsbehörde auf, indem er neben seiner Stellung als Verwaltungsorgan des Landkreises auch die Aufgaben der staatlichen Verwaltung in seinem Verwaltungsbezirk, der sich mit dem Gebiet des Landkreises deckt, wahrnimmt. Soweit eine Mittelstufe vorgesehen ist, nimmt der Regierungspräsident alle Aufgaben seines Regierungsbezirkes war, soweit nicht insbesondere Sonderverwaltungsbehörden existieren oder der Landrat zuständig ist. Eine Sonderstellung nehmen die kreisfreien Städte sowie die großen Kreisstädte ein.[97]   44

Die **mittelbare Staatsverwaltung** erfolgt einerseits auf dem Boden von Art. 28 Abs. 2 GG in Selbstverwaltung der Gemeinden und Landkreise unter variantenreicher Verfassung und mit differenzierten aufsichtsrechtlichen Problemstellungen.[98] Hierin wurzeln kommunale Zweckverbände, als Körperschaften des öffentlichen Rechts, aus einem Zusammenschluss von Gemeinden oder Landkreisen zur gemeinsamen Erfüllung einzelner Verwaltungsaufgaben.[99] Umweltrechtlich relevant sind etwa Abwasserzweckverbände. Andererseits erfolgt die mittelbare Staatsverwaltung durch sonstige Körperschaften des öffentlichen Rechts, rechtsfähige Anstalten des öffentlichen Rechts sowie Stiftungen des öffentlichen Rechts.[100]   45

---

[92] *Maurer/Waldhoff*, AllgVerwR, § 22 Rn. 11 i. V. m. § 11 Rn. 53 ff.

[93] *Erbguth/Schlacke*, Umweltrecht, § 4 Rn. 58.

[94] Dazu unten § 13.

[95] *Erbguth/Schlacke*, Umweltrecht, § 4 Rn. 58.

[96] Vgl. zum Gentechnikstrafrecht unten § 16.

[97] *Maurer/Waldhoff*, AllgVerwR, § 22 Rn. 16 ff.

[98] Zum ganzen *Maurer/Waldhoff*, AllgVerwR, § 23 Rn. 1 ff., 23 ff., 30 ff. m. w. N.

[99] *Maurer/Waldhoff*, AllgVerwR, § 23 Rn. 34.

[100] Zum ganzen *Maurer/Waldhoff*, AllgVerwR, § 23 Rn. 36 ff., 53 ff., 62 m. w. N.

Besondere Bedeutung haben die Privatisierung[101] und die Beleihung von privaten Einzelpersonen oder juristischen Personen mit hoheitlichen Befugnissen.[102]

46   Ferner ist der Begriff der **Behörde** zum Verständnis der Verwaltungsstruktur von Bedeutung. Verwaltungsträger sind Rechtssubjekte. Der Staat tritt durch Bund und Länder auf, die jeweils eigenständige Rechtssubjekte sind. Handeln sie selbst, liegt **unmittelbare Staatsverwaltung** vor. Handeln indes andere, untergeordnete Rechtssubjekte, so liegt mittelbare Staatsverwaltung vor.[103] Diese Rechtssubjekte sind keine natürlichen Personen und handeln daher durch ihre Organe und die individuellen Organwalter. Die Behörde hat zwei Bedeutungsvarianten. Behörden im organisatorischen Sinne sind die in die staatliche Verwaltungshierarchie eingeordneten Organe sowie die Vollzugsorgane der nichtstaatlichen Verwaltungsträger. **Behörden im funktionellen Sinne** sind indes nach Maßgabe der Legaldefinition des § 1 Abs. 4 VwVfG alle Stellen die Aufgaben der öffentlichen Verwaltung wahrnehmen.[104] Aus der Perspektive des Umweltstrafrechts ist im funktionellen Sinne die Genehmigungsbehörde bzw. Aufsichtsbehörde[105] von besonderer Bedeutung. Es kommt deshalb darauf an, die so verstandene Behörde einem bestimmten Verwaltungsträger und dessen Strukturen der Verwaltungsorganisation zuzuordnen. Zu unterscheiden sind insbesondere allgemeine Verwaltungsbehörden und Sonderverwaltungsbehörden für spezielle Aufgabenbereiche,[106] welche im Umweltrecht eine besondere Bedeutung haben. Ergänzt werden diese Strukturen durch die in §§ 71a–71e VwVfG zur Vereinfachung des Behördenkontakts installierte Möglichkeit der sog. einheitlichen Stelle.

47   Ferner ist von Bedeutung, was sich hinter dem Begriff **Amt** verbirgt. Im organisationsrechtlichen Sinne bildet das Amt die kleinste organinterne Einheit. Man versteht darunter den institutionalisierten, auf eine Person zugeschnittenen Aufgabenbereich. In dieser Bedeutung besteht das Amt nur intern und hat – anders als die Behörde – keine Außenzuständigkeit.[107] Darüber hinaus wird das Amt aber entweder auch im Sinne einer Behördenbezeichnung gebraucht, bspw. Landratsamt, oder aber zur Benennung eines bestimmten Behördenteils, beispielsweise Ordnungsamt, Bauamt, Gewerbeaufsichtsamt.[108] Organwalter und **Amtswalter** sind individuelle Personen, die zu Inhabern bestimmter Organe oder Ämter bestellt und daher mit der Wahrnehmung der diesen Funktionseinheiten zugewiesenen Aufgaben betraut sind. Sie unterscheiden sich nur nach dem Bezugspunkt und streng genommen ist auch

---

[101] *Maurer/Waldhoff*, AllgVerwR, § 23 Rn. 67 ff. m. w. N.

[102] *Maurer/Waldhoff*, AllgVerwR, § 23 Rn. 62 ff. m. w. N. und § 21 Rn. 11.

[103] Zum Überblick *Maurer/Waldhoff*, AllgVerwR, § 21 Rn. 1 ff.

[104] S. nur *Maurer/Waldhoff*, AllgVerwR, § 21 Rn. 30 ff.

[105] Auch der Begriff Aufsicht ist mehrdeutig, hier geht es nicht um die interne Fach- oder Rechtsaufsicht, sondern um die behördliche Aufsicht über das Handeln der Bürger i. S. v. Gewerbeaufsicht oder Bauaufsicht.

[106] *Maurer/Waldhoff*, AllgVerwR, § 22 Rn. 15.

[107] *Maurer/Waldhoff*, AllgVerwR, § 21 Rn. 37.

[108] *Maurer/Waldhoff*, AllgVerwR, § 21 Rn. 37.

der Organwalter eine besondere Form des Amtswalters.[109] Strafrechtlich wird anstelle des Amtswalters der Begriff des **Amtsträgers** gebraucht, der gem. § 11 Abs. 1 Nr. 2 StGB weit gefasst ist und durch den europäischen Amtsträger (§ 11 Abs. 1 Nr. 2a StGB) sowie den – ohne Amtsträger zu sein – für den öffentlichen Dienst besonders Verpflichteten (§ 11 Abs. 1 Nr. 4 StGB) ergänzt wird. An diese begriffliche Bandbreite knüpfen etwa §§ 331 ff. StGB an.[110]

Die **Verwaltungsorganisation des Bundes** hebt sich gegenüber der Landesver- 48
waltung dadurch ab, dass der Bund keine allgemeinen Verwaltungsbehörden, sondern nur Sonderverwaltungsbehörden hat, und dass der Bund in aller Regel keinen eigenen Verwaltungsunterbau aufweist. Oberste Bundesbehörden sind insbesondere die Bundesregierung, der Bundeskanzler und die Bundesminister. Die Bundesoberbehörden sind den Bundesministerien unmittelbar nachgeordnet und für bestimmte Verwaltungsaufgaben für das gesamte Bundesgebiet zuständig. Ein eigener Verwaltungsunterbau besteht etwa für die Verwaltung der Bundeswasserstraßen gem. Art. 87 Abs. 1 S. 1 GG.[111]

Die Umweltverwaltung wird im Bund und den Ländern als oberste Behörden 49
insbesondere von den Umweltministerien geprägt.[112] Bundesoberbehörden sind im Bereich der Umweltverwaltung insbesondere das Umweltbundesamt, das Bundesamt für Strahlenschutz, das Bundesamt für Naturschutz, das Bundesamt für Infektionskrankheiten und nicht übertragbare Krankheiten („Robert-Koch-Institut") sowie das Bundesamt für Verbraucherschutz und Lebensmittelsicherheit.[113] Das Umweltbundesamt dient in erster Linie der wissenschaftlichen Unterstützung des Bundesumweltministeriums, der Entwicklung von Planungshilfen, der Förderung der Umweltforschung des Bundes sowie der Prüfung der Umweltverträglichkeit von Maßnahmen des Bundes, zudem übernimmt es international rechtlich und EU-rechtlich geprägte Aufgaben.[114] Auch die übrigen Bundesämter werden im Schwerpunkt durch Beratung und Unterstützung der Ministerien tätig. Dem Bundesamt für Strahlenschutz kommen allerdings im Bereich des Atom- und Strahlenschutzrechts auch materielle Genehmigungs- und Überwachungsfunktionen zu;[115] s. ferner das Bundesamt für Verbraucherschutz und Lebensmittelsicherheit im Bereich des Gentechnikrechts.[116] Eine bundeseigene Verwaltung unterhalb dieser zentralen Instanzen existiert mit Ausnahme der Bundeswasserstraßenverwaltung nicht.[117]

In Ländern sind jeweils die Umweltministerien die oberste Umweltschutzbe- 50
hörde, in deren Geschäftsbereich verschiedentlich obere Landesbehörden als

---

[109] *Maurer/Waldhoff*, AllgVerwR, § 21 Rn. 38.

[110] Zum ganzen *Küpper/Börner*, BT I, § 9 Rn. 2 ff.

[111] Im Überblick *Maurer/Waldhoff*, AllgVerwR, § 22 Rn. 35 ff.

[112] Zur etwas zögerlichen Entwicklung *Kloepfer*, Umweltrecht, § 3 Rn. 193 ff.

[113] *Erbguth/Schlacke*, Umweltrecht, § 4 Rn. 56.

[114] Näher *Kloepfer*, Umweltrecht, § 3 Rn. 203 ff.

[115] *Schmidt/Kahl/Gärditz*, Umweltrecht, § 4 Rn. 58.

[116] *Kloepfer*, Umweltrecht, § 3 Rn. 202 m. w. N.

[117] *Schmidt/Kahl/Gärditz*, Umweltrecht, § 4 Rn. 58; *Kloepfer*, Umweltrecht, § 3 Rn. 211.

Landesämter für das gesamte Landesgebiet zuständig sind. Daneben bestehen Landesanstalten ohne hoheitliche Befugnisse, die im Interesse des Umweltschutzes technischen und wissenschaftlichen Aufgaben nachkommen.[118] Die Hauptlast für umweltspezifische Genehmigungen und Überwachungen liegt bei den Regierungspräsidien sowie bei dem Landrat als untere Ebene der Landesverwaltung. Vorrang haben indes, soweit nach Landesrecht vorgesehen, Sonderbehörden mit Zuständigkeit für das gesamte Land.[119] Bei der kommunalen Selbstverwaltung liegt der Schwerpunkt des Umweltschutzes auf der dem Integrationsprinzip geschuldeten Berücksichtigung des Umweltschutzes insbesondere im Rahmen der kommunalen Planungen.[120] Zu beachten ist auch die Abwehr von Umweltgefahren innerhalb der Zuständigkeit der allgemeinen örtlichen Ordnungsbehörden.[121]

2. Handlungsformen

51   Das Strafrecht hat seinen Ausgangspunkt in den direkten Mitteln der Verhaltenssteuerung. In den Strafnormen findet das in der tatbestandlichen Akzessorietät[122] sowie der ergänzenden Begriffsbestimmung des § 330d Abs. 1 Nr. 4 StGB für die verwaltungsrechtliche Pflicht Ausdruck. Im Vordergrund stehen aber die von sich aus für den Einzelnen wirksamen gesetzlichen Gebote und Verbote sowie der Verwaltungsakt. Die Gesamtheit der mit dem VA verbundenen Rechtsfragen kann in dem hier gesetzten Rahmen nicht dargestellt werden, weshalb es mit einem Verweis auf das Allgemeine Verwaltungsrecht sein Bewenden haben muss. Für das Themenfeld der Akzessorietät des Strafrechts sind aber zumindest die Grundzüge des allgemeinen Verwaltungsrechts unerlässlich.

52   Die grundlegenden Fragen konzentrieren sich auf die Bestandskraft des VA[123] und seine Voraussetzungen und Erscheinungsformen, einschließlich der Bedeutung von Nebenbestimmungen und den Gestaltungsformen mehraktiger Verwaltungsakte, worauf ebenfalls im Rahmen der Verwaltungsakzessorietät zurückzukommen sein wird. Damit einher geht die Abgrenzung des nichtigen Verwaltungsakts (§ 44 VwVfG) von dem rechtswidrigen, aber wirksamen Verwaltungsakt.[124] Soweit das Gesetz aus sich heraus ein Verbot statuiert, so dass die betreffende Handlung eine Genehmigung voraussetzt, stellt sich das Problem der formellen Illegalität, indem problematisch ist, wie es sich auswirkt, dass eine Genehmigung hätte erteilt werden müssen.[125] Wenn ein Verhalten entweder bereits gesetzlich erlaubt ist oder aber eine entsprechende Geneh-

---

[118] *Kloepfer*, Umweltrecht, § 3 Rn. 214.

[119] *Kloepfer*, Umweltrecht, § 3 Rn. 214 f.

[120] *Erbguth/Schlacke*, Umweltrecht, § 4 Rn. 57; *Kloepfer*, Umweltrecht, § 3 Rn. 216 ff.

[121] *Erbguth/Schlacke*, Umweltrecht, § 4 Rn. 57.

[122] Im Einzelnen unten § 4.

[123] Vgl. *Maurer/Waldhoff*, AllgVerwR, § 10 Rn. 2 ff.

[124] Vgl. *Maurer/Waldhoff*, AllgVerwR, § 10 Rn. 85 ff. sowie zum ganzen unten § 4 Rn. 10 ff. u. Rn. 29 ff.

[125] S. unten § 4 Rn. 83 ff.

migung erteilt wurde, dann kann ein diesbezüglich gegenläufiger VA zum Anknüpfungspunkt einer Strafbarkeit werden. Je nach Fallgestaltung handelt es sich dann um eine Untersagungs-, Stilllegungs- oder Beseitigungsverfügung.[126] Variiert wird diese Ausgangslage durch die Rücknahme eines rechtswidrigen VA gem. § 48 VwVfG und durch den Widerruf des rechtmäßigen VA gem. § 49 VwVfG.[127] Wurde eine Genehmigung erteilt, muss diese zunächst durch Rücknahme oder Widerruf beseitigt werden. Für die rechtswidrige Genehmigung greift auch im Umweltrecht grdsl. § 48 VwVfG, während für die Aufhebung rechtmäßiger Entscheidungen regelmäßig spezielle Vorschriften bestehen, bspw. § 21 BImSchG. Die repressive Verfügung stützt sich sodann ebenfalls auf spezielle Ermächtigungsgrundlagen, hilfsweise auf die allgemeine ordnungsrechtliche Generalklausel, soweit diese im Einzelfall noch anwendbar ist.[128] Insofern stellt sich die Frage, wie sich ein durchsetzbarer Aufhebungsanspruch gegen den vollziehbaren, belastenden VA auf die Strafbarkeit auswirkt.[129]

Die daran anknüpfende Akzessorietät des Strafrechts wird durch das Verwaltungsprozessrecht variiert. Für jeden VA stellt sich – ebenso wie für jedes Urteil – die Frage, ob dieser bis zu dem Zeitpunkt der Ausschöpfung der Rechtsmittel eine vorläufige Bindungswirkung entfaltet. Für den VA ist damit insbesondere die Problematik der §§ 80, 80a VwGO eröffnet. Aus der Perspektive einer Strafbarkeit ist § 80 Abs. 2 S. 1 Nr. 4 und Abs. 5 VwGO für einschränkende Verwaltungsakte und § 80a VwGO für die seitens Dritter angegriffenen Genehmigungen relevant.[130] Aufgrund des Vorsorgeprinzips erfordert der Ausschluss der aufschiebenden Wirkung aus Gesetz, § 80 Abs. 2 S. 1 Nr. 3 VwGO, besondere Aufmerksamkeit, bspw. § 37 TierGesG und § 23 Abs. 3 ChemG. **53**

Kontrollfragen

1. Welche rechtliche Stellung haben die Länder in Bezug auf den Vollzug von Bundesrecht? (Rn. 42)
2. Wie wird Unionsrecht vollzogen? (Rn. 43)
3. Wie ist die Verwaltung in den Ländern organisiert, im Allgemeinen sowie im Umweltrecht? (Rn. 44 ff.)
4. Wie ist die Verwaltung auf Ebene des Bundes organisiert, im Allgemeinen sowie im Umweltrecht? (Rn. 44 ff.)
5. Was wird mit den Begriffen Behörde und Amt bezeichnet? (Rn. 46 f.)
6. Erläutern Sie Stellung und Funktion des Umweltbundesamtes! (Rn. 49)
7. Was verbirgt sich hinter dem Begriff der Bestandskraft des VA? (Rn. 52)
8. Welche Bedeutung haben §§ 80, 80a VwGO und welche Besonderheit besteht im Umweltrecht? (Rn. 53)

---

[126] S. nur *Erbguth/Schlacke*, Umweltrecht, § 5 Rn. 77 ff.; zu dem daraus folgenden Problem der Abgrenzung zwischen Tun und Unterlassen sowie zur Garantenstellung unten § 5.

[127] Vertieft *Maurer/Waldhoff*, AllgVerwR, § 11 Rn. 1 ff.

[128] Vgl. nur *Erbguth/Schlacke*, Umweltrecht, § 5 Rn. 79 f.

[129] Dazu § 4 Rn. 80.

[130] Zum ganzen statt vieler *Hufen*, Verwaltungsprozessrecht, § 32 Rn. 1 ff.

III. Das Umweltstrafrecht

54 Das Umweltstrafrecht ist mit dem 18. Strafrechtsänderungsgesetz 1980 begrifflich
und als eigener Abschnitt in das StGB gelangt.[131] Diese Übernahme in das Kern-
strafrecht hat den sozialschädlichen Charakter von Umweltstraftaten stärker in das
Bewusstsein der Öffentlichkeit gerückt und einen wichtigen Beitrag zur Vereinheit-
lichung und Übersichtlichkeit der einschlägigen Strafnormen geleistet. Vollständig
wird das Umweltstrafrecht zwar vom StGB bei weitem nicht erfasst, die Einordnung als wesentlicher Kernbestand kann den §§ 324 ff. StGB indes nicht abgespro-
chen werden, ergänzt durch §§ 309, 311, 312 StGB. Seither hat sich das Rechtsgebiet maßgeblich unter europäischem Einfluss stetig fortentwickelt.[132]

55 Das Umweltstrafrecht fügt sich in die Leitprinzipien des Umweltrechts. Die dominierende Bestrafung wegen abstrakter und konkreter Gefahren korrespondiert
dem Vorsorgeprinzip. Die strafrechtliche Sanktionierung entspricht dem Verursacherprinzip und ist ein Instrument der direkten Verhaltenssteuerung, die nicht nur
auf dem Boden der Spezialprävention wirkt, sondern auch unter dem Gesichtspunkt
der positiven und negativen Generalprävention zu betrachten ist. Die forensische
Leistungsfähigkeit des Strafrechts auf dem Gebiet des Umweltschutzes ist freilich
umstritten, jedoch ohne dass ein ernsthafter Anlass zum Rückzug in reine Ordnungswidrigkeiten bestünde.[133] Das ändert jedoch nichts an dem grundlegenden
Spannungsverhältnis zwischen dem verfassungsrechtlichen materiellen Schuldprinzip und dem Gedanken der präventiven Vorsorge, an den ein verwaltungsakzessori-
sches Umweltstrafrecht primär anknüpft.[134] Das Kooperationsprinzip kommt auf
dem Boden der §§ 13, 14 Abs. 2 Nr. 1 und Nr. 2 StGB als Grundlage strafbaren
Handelns zum Tragen.[135]

56 Die Zersplitterung der umweltrechtlichen Strafnormen liegt vor dem Hintergrund der öffentlich-rechtlichen Spezialregelungen letztlich in der Natur der Sache.
Umso interessanter ist die Aufgabe, dem Rechtsgebiet mit strafrechtsdogmatischen
Mitteln eine einheitliche Gestalt zu verleihen. Neben der Differenzierung in einen
Allgemeinen Teil und einen Besonderen Teil des Umweltstrafrechts bestehen verschiedene Möglichkeiten, wie der Besondere Teil zu strukturieren ist. Zunächst
könnte eine Orientierung an den Normen des Kernstrafrechts sowie des Nebenstraf-
rechts erfolgen. Vorzugswürdig erscheint es jedoch, die öffentlich-rechtlichen Bereiche des Umweltschutzes zur Orientierung heranzuziehen, weshalb vorliegend
der Versuch unternommen wird, die Straftatbestände nach den Kriterien des medialen, kausalen und vitalen Umweltschutzes zu ordnen.

---

[131] Dazu *Tiedemann/Kindhäuser*, NStZ 1988, 337 ff.

[132] Zur Entwicklung *Kloepfer/Heger*, UmwStR, Rn. 8 ff. u. R. 22 ff.; *Fischer*, Vor § 324 Rn. 1;
Saliger, UmwStR, Rn. 18 ff.; *Schall*, in: SK-StGB VI, Vor §§ 324 ff. Rn. 1 ff.; *Schmitz*, in: Mü-
Ko-StGB, Vor §§ 324 ff. Rn. 1 ff sowie zum ganzen *Heger*, Die Europäisierung des deutschen
Umweltstrafrechts (2009).

[133] Zum ganzen nur *Heger*, in: Lackner/Kühl, Vor § 324 Rn. 4 f.; *Schall*, in: SK-StGB VI, Vor
§§ 324 ff. Rn. 17 f.; *Schmitz*, in: MüKo-StGB, Vor §§ 324 ff. Rn. 17.

[134] S. § 1 Rn. 24.

[135] S. § 1 Rn. 30.

Die Orientierung des Rechtsanwenders am Umweltrecht ist eine anspruchsvolle   57
Herausforderung. Wie immer im öffentlichen Recht eröffnet sich der Zugang zu den
maßgeblichen Rechtsfragen über die Ermittlung des einschlägigen rechtlichen
Rahmens sowie der zutreffenden Ermächtigungsgrundlage. Aufgrund des verwal-
tungsrechtsakzessorischen Charakters des Umweltstrafrechts geht mit einem Wechsel der öffentlich-rechtlichen Bewertungsgrundlage auch ein Wechsel der einschlägigen Strafnorm einher. Da aber die Anforderungen an eine Strafbarkeit je nach
Tatbestandsstruktur sehr unterschiedlich sein können, hängt der Unterschied zwischen Straflosigkeit und Strafbarkeit mitunter von der öffentlich-rechtlichen Einordnung des Geschehens ab. Das gilt insbesondere für die Frage, ob schon der bloße
Genehmigungsverstoß als abstrakte Gefährdung die Strafbarkeit begründet oder ob
darüber hinaus zumindest auch eine konkrete Gefahr eingetreten sein muss.

Beispiel[136]
A betreibt mit einer entsprechenden Genehmigung einen Kiessandtagebau. Er ist
verpflichtet, den entstandenen Eingriff in das Gelände wieder zu verfüllen, so
dass im Ergebnis wieder eine natürliche Landschaft hergestellt wird. Dabei
wurde ihm gestattet, zur Verfüllung bestimmte Arten von Abfall zu verwenden.
Der A tut das genehmigungskonform, indem er sich die Abnahme der Abfälle
von den Abfallbesitzern entlohnen lässt. Allerdings entschließt er sich aus finanziellen Gründen dazu, ganz überwiegend nicht genehmigte Abfallarten, die den
genehmigten Abfallarten jedoch in der Eignung zur Verfüllung ähneln, anzunehmen und in das Gelände einzubringen. Das Landgericht hatte den A gem. § 327
Abs. 2 S. 1 Nr. 3 StGB verurteilt. Der BGH (BGHSt 59, 45 ff.) hat das Urteil aus
Zweifeln an der Einordnung als Abfälle zur *Beseitigung* aufgehoben und darauf
hingewiesen, dass Abfälle zur *Verwertung* im vorliegenden Falle auch nicht von
§ 327 Abs. 2 S. 1 Nr. 1 StGB erfasst werden. Bei Abfällen zur Verwertung – hier
die zweckentsprechende Verfüllung – handelt es sich nach wie vor um eine bergrechtliche Anlage und nicht um eine Anlage, die dem BImSchG unterliegt. In
Konsequenz daraus scheidet bei Abfällen zur Verwertung im vorliegenden Fall
§ 327 Abs. 2 S. 1 StGB vollständig aus. Stattdessen kommt es auf die bergrechtliche Strafnorm in § 146 Abs. 1 BBergG an. Diese erfordert jedoch – vergleichbar mit § 315c Abs. 1 HS 2 StGB – zusätzlich eine konkrete Gefahr, welche in
dem betreffenden Sachverhalt nicht ersichtlich ist.

Die Bandbreite und Vielfalt des Umweltrechts macht das akzessorische Strafrecht   58
dogmatisch interessant und unterstreicht zugleich dessen Praxisrelevanz. Es geht
gerade nicht nur um Hundehaufen auf der Wiese und Schutthaufen im Wald, sondern vor allem um wirtschaftlich relevantes Verhalten in erheblichen Größenord-
nungen. Das liegt für den gesamten Bereich des Umgangs mit Abfällen auf der
Hand. Zu beachten ist aber auch, dass nahezu jeder produzierende gewerbliche Betrieb sowie der gesamte Bereich der Industrie umweltrelevante Genehmigungen

---

[136] Näher zu diesem Fall unten § 9 Rn. 17 und § 14 Rn. 13 f.

voraussetzt.[137] Hinzu kommt das Agrarstrafrecht. Die Vielfalt der rechtlichen Anforderungen einerseits und die betriebswirtschaftlichen Notwendigkeiten sowie
ökonomischen Chancen andererseits sind Faktoren, die in strafrechtlich relevante
Sachverhalte mit Umweltbezug münden können. Das aus dogmatischer Sicht noch
junge Umweltstrafrecht hat deshalb in der forensischen Realität eine gesamtgesellschaftliche Bedeutung. Diese kann nicht allein durch Kriminalstatistiken[138] zum
Ausdruck gebracht werden, da sich hieraus keine Aussagen über das jeweilige Aus-
maß des strafprozessual zu bewältigenden Sachverhaltes ergeben. Es handelt sich
bei dem Umweltstrafrecht um einen Teil des Wirtschaftsstrafrechts.[139]

Weiterführende Literatur

Bloy, Umweltstrafrecht: Geschichte – Dogmatik – Zukunftsperspektiven, JuS 1997, 577 ff.
Börner, Das illegale Verbringen von Abfällen i. S. v. § 326 Abs. 2 StGB an den Grenzen des Be-
    stimmtheitsgebots und des materiellen Schuldprinzips – Zum Übermaß der Bestimmtheit –,
    NZWiSt 2014, 378 ff.
Erbguth/Schlacke, Umweltrecht, 6. Aufl. 2016
Fischer, Strafgesetzbuch mit Nebengesetzen, Kommentar, 65. Aufl. 2018
Heger, Die Europäisierung des deutschen Umweltstrafrechts, 2009
Hufen, Verwaltungsprozessrecht, 10. Aufl. 2016
Kloepfer, Umweltrecht, 4. Aufl. 2016
Kloepfer/Heger, Umweltstrafrecht, 3. Aufl. 2014
Küpper/Börner, Strafrecht Besonderer Teil 1, Delikte gegen Rechtsgüter der Person und Gemein-
    schaft, 4. Aufl. 2017
Lackner/*Kühl*, Strafgesetzbuch, Kommentar, 29. Aufl. 2018
Landmann/Rohmer, Umweltrecht, Kommentar, Stand Februar 2019 (89. Ergänzungslieferung)
Maurer/Waldhoff, Allgemeines Verwaltungsrecht, 19. Aufl. 2017
Münchener Kommentar zum Strafgesetzbuch, 3. Aufl. 2019
NomosKommentar Strafgesetzbuch, hrsg. v. Urs Kindshäuser u.a., Band 3, 4. Aufl. 2013
Saliger, Umweltstrafrecht, 1. Aufl. 2012
Schmidt/Kahl/Gärditz, Umweltrecht, 10. Aufl. 2017
Systematischer Kommentar zum Strafgesetzbuch, Band VI, 9. Aufl. 2016
Tiedemann/Kindhäuser, Umweltstrafrecht – Bewährung oder Reform?, NStZ 1988, 337 ff.

---

[137] Vgl. insb. § 15 III.

[138] Dazu *Schall*, in: SK-StGB VI, Vor §§ 324 ff. Rn. 12 ff.

[139] Zur begrifflichen Diskussion *Saliger*, UmwStR, Rn. 13 ff. m. w. N. sowie *Kloepfer/Heger*,
UmwStR, Rn. 6 ff.

§ 2 Das Rechtsgut

Das Rechtsgut eröffnet die grundlegende Frage, wo dem Strafrecht Grenzen gesetzt 1
sind. Die Entscheidung dieser Frage obliegt nicht allein den parlamentarischen Mechanismen, sondern bedarf auch und gerade auf der Grundlage des materiellen
Schuldprinzips der verfassungsrechtlichen Legitimation. Keine Strafnorm darf ein
nicht strafwürdiges Verhalten unter Strafe stellen, noch soll ein dringend strafbe-
dürftiges Verhalten sanktionslos sein. Die darin liegende Beziehung zwischen dem
Rechtsgut und der gesetzgeberischen Bindung an das materielle Schuldprinzip ist
freilich eine ebenso elementare wie abstrakte Idee, deren Umsetzung und Beurteilung im Einzelfall mit vielerlei Unwägbarkeiten behaftet ist. Das beginnt schon mit
dem Problem, ob Rechtsgüter überhaupt eine Rolle spielen und falls dem so ist,
worauf sich deren Existenz gründet und nach welchen Maßstäben das statuierte
Rechtsgut im Einzelfall zu schützen ist. Jedenfalls aber eröffnet das Rechtsgut einen
Argumentationsraum.[1]

Zwei **Problemebenen** gilt es dabei im Auge zu behalten. Verfassungsrechtlich 2
wird das materielle Recht am materiellen Schuldprinzip gemessen. Hier geht es
darum, welche Grenze die Verfassung dem Strafgesetzgeber zieht. Dies ist eine –
von den Beteiligten auch als solche deutlich empfundene – Machtfrage zwischen
dem Gesetzgeber einerseits und der Judikative, flankiert von der Wissenschaft, andererseits.[2] Die zweite Problemebene betrifft die konkrete Anwendung einzelner
Strafnormen. Zur fachgerichtlichen [3] und wissenschaftlichen Bestimmung des Nor-
minhaltes im Einzelfall geben das Rechtsgut und die Regelungstechnik Aufschluss
darüber, wo das Strafgesetz die Grenze des Strafrechts zieht.

Im Ausgangspunkt begegnen uns im Umweltstrafrecht zwei Extrempositionen 3
und vermittelnde Standpunkte. Der rein **ökologische Ansatz** schützt die Umwelt-

---

[1] Instruktiv einführend *Kudlich*, ZStW 2015 (127), 635 ff. sowie zum ganzen statt vieler Baumann/
Weber/*Mitsch/Eisele*, AT, § 2 Rn. 7 ff.; *Kloepfer/Heger*, UmwStR, Rn. 35; *Swoboda*, ZStW 122
(2010), 24 ff. und ferner *Sammüller-Grandl*, Zurechnungsproblematik, S. 49 ff.
[2] Anschaulich insofern *Maas*, NStZ 2015, 305 ff.
[3] Zum Verhältnis der Fachgerichtsbarkeit zum BVerfG statt vieler *Küpper*, in: FS Krey, S. 335 ff.

© Springer-Verlag GmbH Deutschland, ein Teil von Springer Nature 2020   27
R. Börner, *Umweltstrafrecht*, Springer-Lehrbuch,
https://doi.org/10.1007/978-3-662-60629-2_2

medien Wasser, Boden und Luft sowie die Tiere und Pflanzen um ihrer selbst willen. Der rein **anthropozentrische Ansatz** hingegen setzt den Menschen in den Mittelpunkt und fragt allein nach dessen Schutz. Aus dieser Perspektive dienen der mediale und vitale Umweltschutz als natürliche Lebensgrundlage allein dem Menschen, einschließlich künftiger Generationen. Die ganz überwiegende Ansicht vertritt einen vermittelnden Standpunkt, der die natürliche Umwelt um ihrer selbst willen und immer auch als heutige und künftige Lebensgrundlage des Menschen schützt, freilich mit unterschiedlichen Schwerpunkten. Damit ist das Bild aber noch nicht vollständig. Indem das Umweltstrafrecht von dem öffentlich-rechtlichen Umweltrecht dominiert wird, sucht der **administrative Ansatz** in eben dieser Verknüpfung nach der Bestimmung des Rechtsguts. Das Schutzgut ist danach die Umwelt als natürliche Lebensgrundlage des Menschen in ihrer Ausgestaltung durch das Verwaltungsrecht, wobei die Einordnung der Funktionsfähigkeit behördlicher Zugangskontrolle als Zwischenrechtsgut der eigentlich geschützten Rechtsgüter besonderes hervorzuheben sei.[4] Schließlich wird die grundlegende Diskussion durch die jeweilige **Gestaltung der einzelnen Strafnormen** variiert, in welchen es in unterschiedlicher Gewichtung um den Schutz von Menschen und den medialen und vitalen Umweltschutz geht.[5] Im öffentlichen Recht wird eine entsprechende Diskussion unter dem Gesichtspunkt des Zweckes des Umweltrechtes geführt.[6]

4   Eine Entscheidung zwischen diesen Standpunkten würde zunächst Gewissheit darüber erfordern, welche Argumente überhaupt beachtlich sind. Dazu wäre insbesondere auf der verfassungsrechtlichen Problemebene zu entscheiden, ob die Maßstäbe des Rechtsgutes der Verfassung selbst und damit insbesondere Art. 20a GG zu entnehmen sind oder aber, ob die Rechtsgüter in einer ungeschriebenen Sphäre dem Recht vorgegeben sind und vor allem nach welchen Maßstäben derlei Gegenstände zu beurteilen wären. Auf der zweiten Problemebene, die sich rechtsmethodisch mit der konkreten Anwendung der Strafnorm befasst, kommt es hingegen selbstverständlich auf das öffentliche Recht – soweit das Strafrecht darauf Bezug nimmt – und die einzelne Strafnorm an.

5   Die Diskussion um das Rechtsgut ist in der Rechtsanwendung **praktisch von Bedeutung**. Für die Deliktsnatur stellt sich die Frage der Unterscheidung zwischen abstraktem Gefährdungsdelikt und Erfolgsdelikt. So kann die Gewässerverunreinigung i. S. v. § 324 StGB nur unter der Bedingung, dass ein Gewässer (auch) als Umweltmedium selbst strafrechtlichen Schutz genießt, als Erfolgsdelikt verstanden werden. Wer § 324 StGB hingegen rein anthropozentrisch als abstraktes Gefährdungsdelikt hinsichtlich der Lebensgrundlage des Menschen begreift, muss die verfassungsrechtliche Vereinbarkeit mit dem materiellen Schuldprinzip kritisch hinterfragen. Zudem kann die (abstrakte) Frage nach einer teleologischen Reduktion bei

---

[4] *Heghmanns*, Schutz von Verwaltungsrecht, S. 172, 353 *passim*.

[5] Zum ganzen statt aller *Bloy*, JuS 1997, 577/578 ff. *Rengier*, BT II § 47 Rn. 9 ff.; *Saliger*, UmwStR, Rn. 27 ff.; *Schall*, in: SK-StGB VI, Vor §§ 324 ff. Rn. 19 ff.; *Schmitz*, in: MüKo-StGB, Vor §§ 324 ff. Rn. 18 ff.

[6] Vgl. dazu *Erbguth/Schlacke*, Umweltrecht, § 1 Rn. 8; *Kloepfer*, Umweltrecht, § 1 Rn. 60; *Schmidt/Kahl/Gärditz*, Umweltrecht, § 4 Rn. 17 ff.

völliger Ungefährlichkeit für Menschen gestellt werden.[7] Ferner kommt es im Rahmen der Rechtswidrigkeit jenseits der Verwaltungsakzessorietät für §§ 32, 34 StGB sowie für die rechtfertigende Einwilligung auf die Art des jeweils verteidigten oder geschützten Rechtsgutes an.[8] Schließlich tritt der Rechtsgutträger im Zusammenhang mit dem Täter-Opfer-Ausgleich gem. § 46a StGB sowie den Opfer- bzw. Verletztenrechten im Strafverfahren in Erscheinung, was jedoch nur bei einem Delikt gegen ein Individualrechtsgut in Betracht kommt.[9] Davon zu unterscheiden ist die Frage, ob kriminologisch von Opfern die Rede sein kann.[10]

Ein Problem ragt jedoch heraus. Immer, wenn das umweltrelevante Verhalten eine behördliche Genehmigung erfordert und der Straftatbestand – wie etwa § 327 StGB – allein an das Fehlen der Genehmigung anknüpft, ist problematisch, worin der Strafgrund liegt. Betroffen ist also in erster Linie die fehlende behördliche Eröffnungskontrolle, die ein wesentliches Instrument der direkten Verhaltenssteuerung repräsentiert. Nicht die Gefahr aufgrund der Handlung steht dann also im Mittelpunkt des Strafens, sondern die nicht herbeigeführte Möglichkeit der behördlichen Überprüfung, ob von der Handlung eine materiell missbilligte Gefahr ausgeht. Darauf stützt sich insbesondere der administrative Ansatz, der auch die behördliche Präventivkontrolle als Schutzgut ansieht.[11] Dies steht unter dem Gesichtspunkt des reinen Verwaltungsungehorsams in der Kritik.[12] Darauf wird im Rahmen der Verwaltungsakzessorietät mit der hier vertretenen **Anspruchstheorie** zurückzukommen sein.[13]

Weiterführende Literatur

Baumann/Weber/*Mitsch/Eisele*, Strafrecht Allgemeiner Teil, 12. Aufl. 2016
Erbguth/Schlacke, Umweltrecht, 6. Aufl. 2016
Floren, Der Opferbegriff im Wandel, Ein Vergleich PKS/Kriminologie/Viktimologie hinsichtlich des Umweltstrafrechts, Kriminalistik 2019, 437 ff.
Heghmanns, Grundzüge einer Dogmatik der Straftatbestände zum Schutz von Verwaltungsrecht oder Verwaltungshandeln, 1. Aufl. 2000
Kloepfer, Umweltrecht, 4. Aufl. 2016
Kloepfer/Heger, Umweltstrafrecht, 3. Aufl. 2014
Kudlich, Die Relevanz der Rechtsgutstheorie im modernen Verfassungsstaat, ZStW 2015 (127), 635 ff.
Küpper, Zum Verhältnis von Verfassungs- und Strafgerichtsbarkeit, in: Festschrift für Volker Krey zum 70. Geburtstag am 9. Juli 2010, hrsg. v. Knut Amelung u. a., Stuttgart 2010, S. 335 ff.

---

[7] S. dazu *Saliger*, UmwStR, Rn. 46 sowie unten § 3 Rn. 36 f.

[8] Zum ganzen unten § 7 Rn. 34 ff.

[9] Zutr. gegen ein Klageerzwingungsverfahren bei §§ 324, 326 StGB angesichts abstrakter Gefährdung OLG Karlsruhe NJW 2019, 2950 f.

[10] S. dazu *Floren*, Kriminalistik 2019, 437 ff.

[11] *Heghmanns*, Schutz von Verwaltungsrecht, S. 172, 353; *Rengier*, BT II § 47 Rn. 11 sowie auch *Kloepfer*, Umweltrecht, § 7 Rn. 12.

[12] S. nur *Schmitz*, in: MüKo-StGB, Vor §§ 324 ff. Rn. 27.

[13] S. unten § 4 Rn. 35 u. 83 ff.

Maas, Wann darf der Staat strafen?, NStZ 2015, 305 ff.

Münchener Kommentar zum Strafgesetzbuch, 3. Aufl. 2019

NomosKommentar Strafgesetzbuch, hrsg, v. Urs Kinshäuser u. a., Band 3, 4. Aufl. 2013

Rengier, Strafrecht Besonderer Teil II, Delikte gegen die Person und die Allgemeinheit, 20. Aufl. 2019

Saliger, Umweltstrafrecht, 1. Aufl. 2012

Systematischer Kommentar zum Strafgesetzbuch, Band VI, 9. Aufl. 2016

Swoboda, Die Lehre vom Rechtsgut und ihre Alternativen, ZStW 122 (2010), 24 ff.

Sammüller-Grandl. Die Zurechnungsproblematik als Effektivitätshindernis im Deutschen Umweltstrafrecht, 2014

§ 3 Tatbestandsstrukturen

Der Schlüssel zum Strafrecht ist seine Struktur. Die Struktur determiniert Denk- **1** muster und Argumentationsräume, die in sehr unterschiedlichen Straftatbeständen immer wieder von Bedeutung sind. Es erscheint deshalb sinnvoll, typische tatbestandliche Fragen abstrakt vorab im Rahmen des allgemeinen Umweltstrafrechts darzustellen. Um dieses Konzept und die in ihm liegende Übersichtlichkeit durchzuhalten, erfolgen Verweisungen aus dem Besonderen Teil auf diesen sowie die übrigen Bereiche des Allgemeinen Teils nur, um auf herausragende Schwerpunkte aufmerksam zu machen.

I. Ausgangspunkt

Der Idealtyp eines Tatbestandes ist § 212 Abs. 1 StGB. Eine aktive Handlung führt **2** zurechenbar zu einem Erfolg, was vom Vorsatz umfasst ist.

> **Beispiel**
> A sticht B ein Messer in den Hals. B stirbt wie erwartet an der Verletzung.

Der Tatbestand wird von einer inneren Logik zusammengehalten. Handlung und Erfolg stehen nicht beziehungslos nebeneinander, sondern sind durch Kausalität und objektive Zurechnung miteinander verknüpft. Der subjektive Tatbestand umfasst gem. § 16 Abs. 1 S. 1 StGB und vom Wollen getragen den gesamten objektiven Tatbestand, ohne dass § 212 StGB weitere subjektive Merkmale voraussetzt. Das

© Springer-Verlag GmbH Deutschland, ein Teil von Springer Nature 2020
R. Börner, *Umweltstrafrecht*, Springer-Lehrbuch,
https://doi.org/10.1007/978-3-662-60629-2_3

Gutachten zum Tatbestand des aktiv begangenen vorsätzlichen Erfolgsdelikts hat also folgende Struktur:

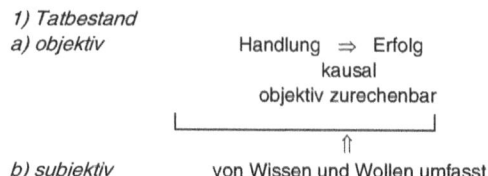

1) Tatbestand
a) objektiv   Handlung ⇒ Erfolg
                                   kausal
                     objektiv zurechenbar
                            ⇑
b) subjektiv   von Wissen und Wollen umfasst

3 Jeder Bestandteil dieses Musters ist auf zwei Arten für das Verständnis bedeutsam. Erstens geht es darum, die möglichen Komplikationen innerhalb *dieses* Grundgefüges zu erkennen. Zweitens ist die Grundstruktur Ausgangspunkt für Abwandlungen und gibt daher Orientierung bei der Analyse von Sonderkonstellationen. Der Prüfungsaufbau eines beliebigen Delikts bereitet keine Probleme mehr, wenn dem Rechtsanwender Anlass und Umfang der Abweichungen von der Grundstruktur klar vor Augen stehen. Entsprechend dieser doppelten Bedeutung soll es nachfolgend um Komplikationen im Grundmuster und Abwandlungen gehen, die für das Umweltstrafrecht typisch sind. Wer damit vertraut ist, kann sich grdsl. jeden bis dato unbekannten Tatbestand prüfungstechnisch erschließen, wozu gerade in dem weiten Feld der Straftatbestände außerhalb des StGB wegen spärlicher Kommentierungen hinreichend Anlass besteht.

II. Gefahr und Erfolg

1. Der Erfolg

4 Mit dem Taterfolg sind im objektiven Tatbestand zwei Fragen verbunden, die Feststellung seines Eintritts und seine Beziehung zur tatbestandlichen Handlung. Dazu muss allerdings zunächst der betreffende Tatbestand überhaupt als **Erfolgsdelikt** einzuordnen sein, was im Umweltstrafrecht aus der Perspektive des umstrittenen Rechtsguts differenziert zu beurteilen ist.[1] Im folgenden richtet sich die Aufmerksamkeit aber nicht auf diese eher rein dogmatische Frage, sondern auf Faktoren, welche das Ergebnis beeinflussen.

a) Erfolgseintritt

5 Entsprechend der herkömmlichen Unterscheidung kann auch der Taterfolg als normatives Tatbestandsmerkmal oder aber als deskriptives Tatbestandsmerkmal formuliert sein.[2] In aller Strenge kann die Differenzierung zwischen bloßer Beschreibung

---

[1] S. nur *Kloepfer/Heger*, UmwStR, Rn. 51 sowie unten anhand der jeweiligen Delikte.
[2] Zur Unterscheidung Baumann/Weber/*Mitsch/Eisele*, AT, § 6 Rn. 20 ff.

und rechtlicher Wertung aber kaum jemals durchgehalten werden.[3] Der Tod eines Menschen, das Einsperren und die körperliche Misshandlung sind in den begrifflichen Randbereichen selbstverständlich von Wertungen geprägt. Für beide Gruppen von Tatbestandsmerkmalen steht der Rechtsanwender also vor dem Problem, Wertungsspielräume ausfüllen zu müssen. Der Bereich des Umweltschutzes ist bereits auf der Ebene des öffentlichen Rechts von **vagen Rechtsbegriffen** geprägt.[4] Hierin liegt eine Verlagerung der Verantwortung von dem parlamentarischen Gesetzgeber auf den Rechtsanwender, die sich in dem akzessorischen Strafrecht fortsetzt. Die Schwelle zur Verletzung des verfassungsrechtlichen Parlamentsvorbehaltes einerseits und der Bestimmtheitsanforderungen des Art. 103 Abs. 2 GG andererseits wird nicht erreicht, solange das Gesetz die wesentlichen Grundentscheidungen trifft und die Rechtsprechung – in Wechselwirkung mit der Wissenschaft – eine hinreichende Bestimmung vornimmt. Die Ausgestaltung abstrakter Normen ist die Kernaufgabe von Wissenschaft und Rechtsprechung. Die damit gezogenen Grenzen sind weit, wie die Diskussion um den Schaden i. S. v. §§ 253, 263 StGB sowie um die Untreue belegt.[5] Für den Rechtsunterworfenen ist damit allerdings ein handfestes Risiko verbunden, weshalb Genehmigungsverfahren und die daraus entstehende akzessorische Bindungswirkung für das Strafrecht auch unter dem Gesichtspunkt der Rechtssicherheit zu betrachten sind.

Das mediale Umweltstrafrecht knüpft seine Sanktionen gem. §§ 324 ff. StGB an   **6** die Beeinträchtigung von Gewässern, Böden sowie der Luft, ergänzt durch schutzbedürftige Gebiete i. S. v. § 329 StGB. Diese Schutzobjekte weisen eine Besonderheit auf. Das menschliche Leben ist entweder vorhanden oder nicht. Wer es vorwerfbar beendet, wird bestraft. Zwar bestehen Unschärfen bei der exakten Benennung des Beginns und des Endes des Lebens,[6] die Strafbarkeit aber knüpft an die Absolutheit des Tatobjekts an. Die Umweltmedien hingegen befinden sich in der modernen Welt nur selten noch in dem gewünschten **Idealzustand**, sondern sind bereits beeinträchtigt.[7] Streng rechtslogisch ließe sich fragen, ob es gem. § 324 Abs. 1 StGB überhaupt möglich ist, ein Gewässer zu verunreinigen, das bereits verunreinigt worden ist. Dasselbe Problem besteht bei § 306 StGB, wenn es darum geht, ob ein bereits brennendes Gebäude in Brand gesetzt werden kann.[8] Hier wie dort beschränkt sich die Rechtsanwendung nicht auf reine Begriffslogik, sondern hat auch den Schutzzweck in den Blick zu nehmen.

Das **Kernproblem** besteht deshalb jeweils darin, Maßstäbe für die Bestimmung   **7** der Erheblichkeitsschwelle einer Einwirkung nachvollziehbar zu entwickeln und konsequent sowie widerspruchsfrei durchzuhalten. Die Beeinträchtigung eines Gewässesr, des Bodens und der Luft hängt immer von den herangezogenen Bezugspunkten ab. Je

---

[3] Statt aller Wessels/*Beulke/Satzger*, AT, Rn. 189 ff.
[4] *Kloepfer*, Umweltrecht, § 3 Rn. 120 ff.
[5] Statt aller *Fischer*, § 263 Rn. 156 ff. und § 266 Rn. 5, 150.
[6] *Küpper/Börner*, BT I, § 1 Rn. 3 ff.
[7] *Tiedemann/Kindhäuser*, NStZ 1988, 337/340.
[8] S. dazu *Börner*, in: AnwK-StGB, § 306 Rn. 23 m. w. N.

kleiner der betrachtete Ausschnitt des Mediums ist, desto eher erscheint eine Einwirkung als erheblich. Ein verschütteter Kanister Altöl kann für den unmittelbar betrachteten Bereich des Wassers oder Bodens sehr erheblich sein, in Bezug auf eine Ackerfläche oder einen Fluss aber auch bedeutungslos erscheinen. Ebenso verhält es sich mit Schadstoffeinträgen in die Luft, deren Relevanz maßgeblich vom Abstand zur Emissionsquelle abhängt. Die Möglichkeiten, die Erheblichkeit einer Umweltbeeinträchtigung zu bejahen oder zu verneinen stehen daher unter dem Gesichtspunkt der **Beliebigkeit** gem. Art. 103 Abs. 2 GG verfassungsrechtlich in der Kritik.[9] Zur **Rationalisierung** der Entscheidung muss das öffentliche Umweltrecht herangezogen werden. Dieses besteht nicht allein aus formellen Gesetzen, sondern auch aus Rechtsverordnungen und Verwaltungsvorschriften, die flankiert werden von technischen Regelwerken. Hinter diesen Bezugspunkten steckt detaillierte Fachkenntnis, der das Integrationsprinzip sowie insbesondere die Beteiligung der Oberbehörden des Bundes und der Länder zugrunde liegen. Die Anwendung des Strafrechts erhält dadurch eine naturwissenschaftliche und umweltpolitische Grundlage, deren Einzelheiten den hier gesetzten Rahmen sprengen, aber zumindest in Grundzügen bei den einzelnen Delikten angesprochen werden. Eine akzessorische Bindung ergibt sich daraus freilich erst dann, wenn die Strafnorm eine solche anordnet.[10] Ohne eine solche strenge Bindung bleibt die endgültige Entscheidung dem Strafrechtsanwender vorbehalten. Blendet dieser jedoch den öffentlich-rechtlichen Beurteilungsrahmen ohne Sachgründe aus, ist seine Entscheidung letztlich willkürlich. Strafprozessual entspricht dies der Beziehung zwischen der freien Überzeugungsbildung des Tatgerichts gem. § 261 StPO und der Anhörung eines Sachverständigen im Rahmen der Beweisaufnahme.

8   Ein eher dogmatisches Problem liegt in der Frage nach der Einordnung der §§ 327, 328 StGB als Erfolgsdelikte. Soweit die Vermeidung der behördlichen Präventivkontrolle einschließlich des darin liegenden **Verwaltungsungehorsam** als eigenständiges Schutzgut anerkannt wird, könnte der betreffende Verstoß gegen das öffentliche Recht als Taterfolg betrachtet werden. Doch wie dem auch sei, jedenfalls begegnen hier vergleichbare normative Abgrenzungsschwierigkeiten. § 4 BImSchG knüpft die Genehmigungsbedürftigkeit insbesondere an die besondere Eignung, schädliche Umwelteinwirkungen (§ 3 Abs. 1 BImSchG) hervorzurufen, wobei die Einzelheiten einer Rechtsverordnung vorbehalten bleiben, was Rechtssicherheit schafft. Schwierigkeiten treten hingegen auf, wenn es um die Abgrenzung einer gem. § 16 BImSchG genehmigungsbedürftigen wesentlichen Änderung von der gem. § 15 BImSchG nur anzeigepflichtigen unwesentlichen Änderung geht. Diese nach (kritikwürdiger) h. M. für § 327 Abs. 2 S. 1 Nr. 1 StGB strafbarkeitsbegründende Unterscheidung.[11] bedarf nicht minder einer naturwissenschaftlich und umweltpolitisch rationalisierten Wertung.

---

[9] *Krell*, UmwStR, Rn. 67 ff.; *Schmitz*, in: MüKo-StGB, Vor §§ 324 ff. Rn. 32 sowie auch *Saliger*, UmwStR, Rn. 225 ff.

[10] Zum ganzen unten § 4.

[11] Dazu unten § 15 Rn. 8.

Schließlich enthalten Wertungen nur eine relative Stabilität und unterliegen dem 9
Einfluss sich verändernder Maßstäbe. Die daraus folgende Dynamik ist geradezu
ein Wesensmerkmal des Umweltrechts. Die Bewertung von sozialadäquatem und
sozialschädlichem Verhalten hat sich auch in der jüngeren Vergangenheit erheblich
geändert, vgl. nur das Rauchen im Restaurant und den Diesel-Pkw in der Stadt. In
Bezug auf das Umweltrecht kann und konnte das Strafrecht daher nicht allein als
ultima ratio der Stabilisierung gegebener gesellschaftlicher Rahmenbedingungen
begriffen werden, sondern auch als eine dem Wandlungsprozess der gesellschaftlichen Wertung unterworfene **dynamische Schutzkonzeption.**[12]

b) Verknüpfung mit der Handlung

Ausgangspunkt des Strafens ist eine menschliche Handlung, deshalb kommt es auf 10
deren Beziehung zum tatbestandlichen Erfolg an. Das wird im objektiven Tatbestand anhand von Kausalität und objektiver Zurechnung bewertet. Die Kausalität
bestimmt sich grdsl. anhand der **contitio-sine-qua-non-Formel** der im Strafrecht
herrschenden Äquivalenztheorie. Danach ist eine Handlung kausal, die nicht hinweggedacht werden kann, ohne dass der Erfolg in seiner konkreten Gestalt entfiele.[13] Die objektive Zurechnung zieht einen engeren Rahmen, indem sie fragt, ob
der Erfolg das individuell zuzuschreibende Werk des Handelnden ist. Ein Erfolg ist
objektiv zurechenbar, wenn die für ihn kausale Handlung eine rechtlich missbilligte Gefahr geschaffen und sich diese in dem konkreten Erfolg verwirklicht hat.[14]
Hinter beiden Definitionen stehen eigenständige Gedankengebäude, deren Grund-
ideen der Argumentation zur Rechtsanwendung einen Rahmen geben.

Die Feststellung der **Kausalität** verlangt, dass möglichst kleinteilig und Schritt 11
für Schritt bildlich benannt wird, was geschehen wäre, wenn die Handlung wegfällt.
Für einen tödlichen Schuss wäre etwa folgendes auszuführen: *„Ohne die Betäti-
gung des Abzuges der Waffe wäre der Schlagbolzen nicht auf das Zündelement der
Patrone getrieben worden, es wäre zu keiner Explosion der Treibladung gekommen,
es hätte sich kein Projektil gelöst, das Projektil wäre nicht mit Drall und Geschwin-
digkeit auf den O zugeschossen, wäre nicht in die Schädeldecke des O eingedrun-
gen, das Gehirn und die Blutgefäße des O wären nicht auf diese Weise verletzt
worden und daher wäre O auch nicht auf der Stelle an dieser Verletzung gestorben.
Mithin kann die Abgabe des Schusses nicht hinweggedacht werden, ohne dass der
Tod des O in seiner konkreten Gestalt entfiele. Die Handlung ist also kausal."* Die
Kleinteiligkeit dieser Überlegung – die sich leicht steigern ließe – mag übertrieben
scheinen, aber genau das ist die notwendige Genauigkeit, die bei Erfolgsdelikten
des Umweltstrafrechts größte Schwierigkeiten bereitet.

Entsprechend verhält es sich mit der **objektiven Zurechnung.** Die Definition 12
erfordert eine gedankliche Operation in zwei Schritten. Im **ersten Schritt** ist fest-

---

[12] *Tiedemann/Kindhäuser*, NStZ 1988, 337/340.

[13] Zum ganzen nur Baumann/Weber/*Mitsch/Eisele*, AT, § 10 Rn. 7 ff.; Wessels/*Beulke/Satzger*, AT,
Rn. 217 ff.

[14] S. nur Baumann/Weber/*Mitsch/Eisele*, AT, § 10 Rn. 66.

zustellen, welche rechtlich missbilligte Gefahr durch die *kausale Handlung* geschaffen worden ist. Dazu ist die Handlung isoliert zu betrachten und zu bedenken, dass mehr als *eine* Gefahr geschaffen worden sein könnte. Mit dem Schuss auf einen anderen wird die rechtlich missbilligte Gefahr begründet, dass dieser verletzt wird und aufgrund der Verletzung verstirbt. In der praktisch durchaus häufigen Konstellation des sog. Jauchegruben-Falles wird mit der zum Zwecke der Tötung vorgenommenen Handlung nach h.M. auch die Gefahr begründet, dass das Opfer bewusstlos wird und der Handelnde das Opfer irrig für tot hält, weshalb das Opfer sodann an den Folgen der nun ohne Tötungsvorsatz vorgenommenen Beseitigungshandlungen an der mutmaßlichen Leiche verstirbt. Die Strafbarkeit knüpft sich also an die erste Handlung, welche zur Bewusstlosigkeit führte, wobei das Vorsatzproblem des § 16 Abs. 1 S. 1 StGB über die Lehre von der unwesentlichen Abweichung vom vorgestellten Kausalverlauf gelöst wird.[15] **Im zweiten Schritt** verlangt die objektive Zurechnung eine Auseinandersetzung damit, ob sich eben diese rechtlich missbilligte Gefahr im konkreten Erfolg realisierte oder aber ob andere Umstände ausschlaggebend waren. Die Unterbrechung des Zurechnungszusammenhangs umfasst bestimmte Fallgruppen, insbesondere das allgemeine Lebensrisiko, völlig atypische Kausalverläufe sowie das Dazwischentreten des Opfers oder Dritter aufgrund mehr oder minder eigenverantwortlicher Handlungen.[16]

13   Diese Grundzüge von Kausalität und objektiver Zurechnung sind als Fragen des Allgemeinen Teils für das Umweltstrafrecht problemlos variierbar und gelten für Erfolgsdelikte ebenso wie für konkrete Gefährdungsdelikte.

Beispiele

Der Mitarbeiter A eines Unternehmens entleert weisungsgemäß 1000 l Altöl aus Fässern in den nahegelegenen Fluss, was diesen i. S. v. § 324 Abs. 1 StGB verunreinigt. Wenn A sich geweigert hätte, würde B dasselbe getan haben. Kausal? Hätte A das Altöl nicht ausgegossen, wäre dieses noch immer in den Fässern. Die Definition verlangt lediglich ein Hinwegdenken und gestattet kein Hinzudenken hypothetischer Reserveursachen.[17] Mithin ist die Handlung kausal.

Abwandlung 1): Der Mitarbeiter B beobachtet den A und sieht zugleich den am Ufer spazierenden Rentner R, der auf den A zu eilt, um das Ausgießen zu verhindern, was mit an Sicherheit grenzender Wahrscheinlichkeit gelungen wäre. B schlägt den R deshalb nieder. Kausal i. S. v. § 324 Abs. 1 StGB? Die Unterbrechung eines rettenden Kausalverlaufes gilt als aktives Tun. Im Rahmen der Subsumtion der Kausalität sind hypothetisch rettende Kausalverläufe hinzuzu-

---

[15] Vgl. nur Wessels/*Beulke/Satzger*, AT, Rn. 378 ff. sowie § 3 Rn. 60.
[16] Zum ganzen statt vieler Baumann/Weber/*Mitsch/Eisele*, AT, § 10 Rn. 64 ff.; Wessels/*Beulke/Satzger*, AT, Rn. 246 ff.
[17] Vergleichbar Wessels/*Beulke/Satzger*, AT, Rn. 229.

denken.[18] Hätte der B den R nicht niedergeschlagen, würde dieser die Handlung des A verhindert haben. Mithin ist die Handlung kausal.

Abwandlung 2): A entleert die Fässer nicht, sondern versenkt diese gut verschlossen im Uferbereich. Er erwartet, dass die Fässer über kurz oder lang aufgrund von Korrosion das Altöl freisetzen, doch dann würde kein Verdacht mehr auf ihn fallen. Tatsächlich jedoch wird das Öl bereits am nächsten Tag freigesetzt, da bei dem ordnungsgemäßen Schubverband eines Binnenschiffers schuldlos das Ruder versagt und die Fässer beim Auflaufen in Ufernähe unter den Kiel geraten. Objektiv zurechenbar i. S. v. § 324 Abs. 1 StGB? Die Handlung ist zwar kausal, aber tatsächlich realisiert hat sich das rechtlich gebilligte Risiko, das mit der Binnenschifffahrt verbunden ist.[19] A wäre daher nur strafbar wegen §§ 324, 22 StGB.

Jenseits dieser allgemeinen Variationsmöglichkeiten nehmen einige Probleme im Bereich der Beziehung zwischen Handlung und Erfolg im Umweltstrafrecht eine herausragende Rolle ein, worauf nachfolgend einzugehen ist.

Die isoliert betrachtete Verknüpfung von einem Handlungsakt und einem Erfolg wird im Zuge der Subsumtion unter die Definition der Kausalität im Idealfall nach konkreten naturgesetzlichen Wirkungsweisen beurteilt. Das erfordert erstens eine ausreichende Detailkenntnis von Anknüpfungstatsachen und zweitens die notwendige Sachkunde zur Beurteilung der jeweiligen Wirkungsweisen der bestehenden tatsächlichen Konstellation. Dabei greifen Sachkunde und die Feststellung von Tatsachen ineinander. Wenn bspw. DNA-Spuren gesichert werden, dann kann ein entsprechendes Sachverständigengutachten das Tatgericht im Rahmen seiner Beweiswürdigung zu der Überzeugung führen, dass eine bestimmte Person eine Waffe ergriffen und damit einen Schuss abgegeben hat. Aus der Perspektive der Revision muss das Urteil im Hinblick auf die Maßstäbe der sog. erweiterten Sachrüge[20] ausreichende Feststellungen enthalten, die sich auf eine nach den Maßstäben der Revision fehlerfreie Beweiswürdigung stützen. Fraglich ist, wie es sich auswirkt, wenn Handlung und Erfolg zwar klar sind, aber **die naturwissenschaftlichen Wirkmechanismen ungeklärt** bleiben.

14

Beispiel

Ledersprayfall (BGHSt 37, 106 ff.): Die Firma X stellt ein Lederspray zur Schuhpflege her, nach dessen Gebrauch einige Personen gesundheitliche Beeinträchtigungen erlitten. Die Betroffenen mussten vielfach ärztliche Hilfe in Anspruch nehmen, bedurften oftmals stationärer Krankenhausbehandlung und kamen in nicht seltenen Fällen wegen ihres lebensbedrohlichen Zustands zunächst auf die Intensivstation. Die Befunde ergaben regelmäßig Flüssigkeitsansammlungen in

---

[18] Vergleichbar Wessels/*Beulke/Satzger*, AT, Rn. 231.

[19] Vergleichbar Wessels/*Beulke/Satzger*, AT, Rn. 258.

[20] Dazu nur *Meyer-Goßner/Schmitt*, § 337 Rn. 26 ff. m. w. N.

den Lungen (Lungenödem). Bei den meisten Betroffenen stellte sich alsbald eine durchgreifende Besserung ein, die zur völligen Genesung führte. Das Tatgericht hat festgestellt, dass in allen Schadensfällen, die der Verurteilung wegen § 224 StGB bzw. § 229 StGB zugrunde lagen, die gesundheitlichen Beeinträchtigungen der betroffenen Verbraucher durch die jeweils benutzten Ledersprays ausgelöst worden sind. Ferner hat die Strafkammer festgestellt, dass die Ursache der Vorfälle nur in etwaigen toxikologischen Wirkungsmechanismen einzelner Rohstoffe allein oder zumindest in der Kombination mit anderen Rohstoffen liegen konnte und mithin gelegen hat. Die Kammer hat jedoch selbst eingeräumt, dass es nicht möglich war, diejenige Substanz oder Kombinationssubstanzen naturwissenschaftlich exakt zu identifizieren, die den Produkten ihre spezifische Eignung zur Verursachung gesundheitlicher Schäden verlieh. Der BGH erachtete diese Feststellungen als rechtsfehlerfrei und damit als bindend, auch wenn offen blieb, welche Substanz den Schaden ausgelöst hat, aber andere in Betracht kommende Schadensursachen auszuschließen waren.

Holzschutzmittelfall (BGHSt 41, 206 ff.): Die Firma D stellte ein Holzschutzmittel her, dessen Verwendung im Innenbereich nach der Feststellung der Strafkammer zu körperlichen Schäden bei 29 Personen geführt hat. Die Kammer stützt die Verurteilung nach § 229 StGB auf detaillierte Darstellungen zum Wirkungsmechanismus der bioziden Inhaltsstoffe und deren Zusammenhang mit den jeweiligen körperlichen Schäden. Der BGH erachtete die Sachrüge als begründet und mithin die Feststellungen nicht als bindend, weil das Gericht sich auf Erkenntnisse neuerer medizinischer Forschung stützt, ohne die gegen diese Erkenntnisse in der Wissenschaft geäußerte Kritik in dem gebotenen Umfang darzustellen und sich mit ihr sachlich auseinanderzusetzen. Der *Senat* hat aber klargestellt, dass der Tatrichter unter Beachtung des Zweifelsgrundsatzes Kausalzusammenhänge auch dann feststellen darf, wenn deren Existenz und Ablauf naturwissenschaftlich noch nicht geklärt, sondern umstritten sind. Insbesondere könne ein Ausschluss anderer Ursachen im Rahmen einer Gesamtbewertung zu einer gem. § 261 StPO zweifelsfreien bindenden Feststellung des Tatgerichts führen.

Diese Beispiele stammen zwar aus der strafrechtlichen Produkthaftung, sind aber wegweisend für alle Erfolgsdelikte und konkreten Gefährdungsdelikte des Umweltstrafrechts und lassen sich variantenreich übertragen. Man denke nur an den Einfluss von dem Betrieb von Anlagen auf Schadstoffe im Grundwasser, im Boden oder in der Luft.

15   Die contitio-sine-qua-non-Formel hilft über Beweisschwierigkeiten bei der Feststellung der Kausalität nicht hinweg.[21] In beiden Beispielsfällen geht es deshalb nicht um die Definition der Kausalität, sondern um den prozessualen Weg zur Feststellung eines subsumtionsfähigen Sachverhaltes. Ob beachtliche Zweifel bestehen, ist eine Frage des Prozessrechts. Grundlage der Verurteilung ist gem. § 261 StPO die am Ende der Beweisaufnahme stehende Überzeugung des Tatgerichts. Mit einer

---

[21] S. Wessels/*Beulke/Satzger*, AT, Rn. 238.

absoluten Gewissheit hat das nichts gemein. Vielmehr verlangt der BGH regelmäßig, dass die Tatgerichte keine überspannten Anforderungen an die Überzeugungsbildung stellen. Es genügt ein nach der Lebenserfahrung ausreichendes Maß an Sicherheit, das vernünftige – und nicht bloß auf denktheoretische Möglichkeiten
gegründete – Zweifel nicht aufkommen lässt.[22] Anstelle des wahren Sachverhaltes
in Gestalt der Korrespondenztheorie statuiert das Urteil nur eine bindend festge-
stellte **forensische Wahrheit**, die sich in der Überzeugung des Tatgerichts am Ende
der Verhandlung materialisiert. Diese Überzeugung soll sich zwar soweit als möglich an das tatsächlich zurückliegende Geschehen annähern, aber eine absolute Gewähr dafür, dass dies gelingt, bietet der Strafprozess selbstverständlich nicht.[23] Die
forensische Wahrheit ist daher normativer Natur und zugleich notwendig, da uns
auch im Strafprozess eine absolute Wahrheit nicht zur Verfügung steht. Nicht der
Grundsatz des Ausschlusses von Reserveursachen ist daher das Problem, sondern
das Maß an Gründlichkeit des Tatgerichts, welches im Einzelfall als Gegenleistung
zur freien Überzeugungsbildung zu verlangen ist. Wenn diese Anforderungen als zu
gering erscheinen, kann das unter dem Gesichtspunkt eines unstatthaften **Normati-
vismus** der Wahrheitsfindung und damit letztlich auch des Kausalitätsbegriffes kri-
tisiert werden.[24] Das Kernproblem der genannten Beispiele betrifft die Frage, ob das
Ausschlussverfahren geeignet ist, eine fehlende naturwissenschaftliche Erklärung
zu ersetzen oder in einem wissenschaftlichen Meinungsstreit den zur gerichtlichen
Überzeugung notwendigen Ausschlag zu geben.[25] Die Lösung liegt jedoch nicht in
abstrakten Gesetzmäßigkeiten über statthafte und unstatthafte Schlüsse, sondern in
dem notwendigen Maß an Gründlichkeit im Einzelfall, der eine möglichst detail-
reiche Feststellung von Anknüpfungspunkten der anzustellenden Gesamtbetrachtung korrespondiert.[26]

Damit wird der Blick in die **Hauptverhandlung** eröffnet, die stets die Grund- **16**
lage der Überzeugungsbildung ist. Die Anforderungen der erweiterten Sachrüge
bilden den Maßstab für den von § 244 Abs. 2 StPO gesetzten Rahmen zur Aufklärung von Amts wegen. Die Herausforderung der Verfahrensbeteiligten besteht darin,
durch Ihre Verfahrensrechte und insbesondere auch durch das Beweisantragsrecht
die Grundlage für eine möglichst fehlerfreie gerichtliche Überzeugungsbildung zu
schaffen. Das geschieht jedoch in dem sehr komplexen psychologischen Umfeld
des geltenden deutschen Strafprozesses[27] und hebt die von *Max Alsberg* definierte
notwendige Rolle der Verteidigung hervor: *„Den hochgemuten, voreiligen Griff
nach der Wahrheit hemmen will der Kritizismus des Verteidigers".*[28] Je größer die

---

[22] Vgl. nur BGH NStZ 2010, 102/103 sowie im Überblick *Meyer-Goßner/Schmitt*, § 261 Rn. 26 ff.

[23] Zum ganzen *Börner*, Legitimation durch Strafverfahren, S. 99 ff. m. w. N.

[24] S. *Saliger*, UmwStR, Rn. 232 f.

[25] Ablehnend *Volk*, NStZ 1996, 105 ff.

[26] Vgl. auch *Saliger*, UmwStR, Rn. 233 sowie *Kuhlen*, NStZ 1990, 566 ff.

[27] Instruktiv *Schünemann*, StV 2000, 159 ff. sowie zum ganzen *Börner*, Legitimation durch Strafverfahren, S. 114 ff. M. w. N.

[28] *Alsberg*, Die Philosophie der Verteidigung, S. 323/328.

Unwägbarkeiten im Detail sind, desto mehr Ansatzpunkte der notwendigen Kritik müssen prozessual verarbeitet werden. Umweltstrafverfahren sind daher typischerweise aufwendig und langwierig, soweit im Rahmen des strafprozessual Möglichen keine einvernehmliche Lösung gefunden wird. Für das zivilrechtliche Verfahren über den Schadenersatz enthält § **6 UmweltHG** für die dort erfassten Anlagen eine Vermutung der Schadensverursachung.

17   Die *Conditio*-Formel unterliegt Modifizierungen für die alternative Kausalität und für die kumulative Kausalität.

Beispiel

1) A und B geben unabhängig voneinander je eine tödliche Dosis Gift in ein Getränk des O, der an der gleichzeitigen Wirkung beider Gifte verstirbt.

2) A und B geben wiederum unabhängig voneinander je eine tödliche Dosis verschiedener Gifte in ein Getränk des O, der infolge einer Vergiftung verstirbt, es ist jedoch nicht aufklärbar, welches der beiden Gifte als erstes wirkte.

3) C und D geben unabhängig voneinander jeweils eine Dosis Gift in das Getränk des O, dabei verstirbt der O nur deshalb, weil erst beide Mengen Gift eine tödliche Wirkung haben.

Im Beispiel 1) können die Handlungen von A und B eigentlich jeweils hinweggedacht werden, ohne dass der Erfolg entfiele. Für die **alternative Kausalität** wird die Definition daher wie folgt angepasst: Von mehreren Bedingungen, die zwar alternativ, aber nicht kumulativ hinweggedacht werden können, ohne dass der Erfolg in seiner konkreten Gestalt entfiele, ist jede ursächlich.[29] Ist hingegen wie im Beispiel 2) ungeklärt, welches der beiden Gifte zuerst wirkte, muss für A und B jeweils *in dubio pro reo* angenommen werden, dass die Giftmenge des anderen zuerst gewirkt hat. Deshalb scheidet die Kausalität für beide aus,[30] solange keine Zurechnung über § 25 Abs. 2 StGB erfolgt. Das ist vor dem Hintergrund multipler umweltgefährdender Handlungen von besonderer praktischer Bedeutung. Im Beispiel 3) liegt eine **kumulative Kausalität** vor, die keine Modifikation der ursprünglichen Formel erfordert. Wenn mehrere unabhängig voneinander vorgenommene Handlungen bei isolierter Betrachtung den Erfolg nicht herbeiführen könnten, so entfällt beim Hinwegdenken jeder dieser Handlungen der Erfolg in seiner konkreten Gestalt. Kausalität ist also unproblematisch gegeben.[31] Diese Grundsätze sind im Umweltstrafrecht anhand von Gremienentscheidungen sowie der Gesamterfolgszurechnung näher zu betrachten.

18   **Gremienentscheidungen** entstammen dem Problemgebiet der strafrechtlichen Verantwortung in Unternehmen. In der abstrakten Konstellation wird eine Entschei-

---

[29] Wessels/*Beulke/Satzger*, AT, Rn. 222.

[30] Baumann/Weber/*Mitsch/Eisele*, AT, § 10 Rn. 28 f.

[31] Wessels/*Beulke/Satzger*, AT, Rn. 223.

dung durch Mehrheitsbeschluss getroffen. Für die Strafbarkeit durch aktives Tun sind zwei Fälle zu unterscheiden.

Beispiel

1) Für die Entscheidung zum Vertrieb eines Produktes durch die Kapitalgesellschaft X ist eine Mehrheit von sieben Stimmen erforderlich. Sieben Mitglieder stimmen dafür, mit der Folge, dass ein Gewässer verunreinigt wird.

2) Es stimmen nicht nur die erforderlichen sieben, sondern sogar acht Mitglieder des Gremiums für den Vertrieb – mit demselben Erfolg.

Im ersten Fall kann jede Stimme für sich genommen hinweggedacht werden, so dass der Erfolg entfiele. Für alle, die hier für den Vertrieb gestimmt haben, ist daher kumulative Kausalität gegeben. Der zweite Fall hingegen ist eine Sonderkonstellation der alternativen Kausalität. Hier kann zwar jede einzelne Stimme hinweggedacht werden, ohne dass der Erfolg in seiner konkreten Gestalt entfiele. Sobald jedoch eine weitere oder alle Stimmen, die zusammenwirken, hinweggedacht werden, entfällt auch der Erfolg. Abstrakt besteht die Lösung entweder darin, dass die alternative Kausalität auf nur eine weitere Stimme angewendet und im Übrigen zusätzlich auf die Regeln der kumulativen Kausalität zurückgegriffen wird,[32] oder aber jede Stimmabgabe wird in die Betrachtung der alternativen Kausalität mit einbezogen, so dass alle Stimmabgaben hinweggedacht werden. Im Ergebnis ist aber jedenfalls Kausalität gegeben.

Im Umweltstrafrecht treten typischerweise vielfältige Umstände miteinander in Wechselwirkung. Das Problem der kumulativen Kausalität geht daher über die Anzahl von zwei oder von sieben gleichwertigen Bedingungen schnell hinaus. Der einzelnen Handlung steht dann ein ungleich bedeutenderer Gesamterfolg gegenüber. Es erscheint treffend, die dahinter stehende Frage der strafrechtlichen Verantwortlichkeit aufgrund nur einer singulären Handlung unter der Problembezeichnung der **Gesamterfolgszurechnung** zu diskutieren.[33]   **19**

Durch die bloße Anzahl der weiteren Kausalfaktoren ändert sich auf Ebene der Kausalität nichts.[34] Es leuchtet nicht ein, weshalb der Einzelerfolg isoliert zu betrachten sein sollte.[35] Es ist zwar an sich richtig, dass der Gesamterfolg letztlich die gedankliche Addition der von verschiedenen Personen verursachten Einzelerfolge ist. Aber daraus ergibt sich kein Grund, die allgemeinen Regeln der Kausalität nicht anzuwenden. Vielmehr ist es gerade das Wesensmerkmal der kumulativen Kausalität, dass erst die Addition von Einzelbeiträgen zu einem weiteren Erfolg führt, denn jede nicht tödliche Einzelmenge Gift zeigt als Einzelerfolg einen Einfluss auf den Körper und die Addition dieser Einzelerfolge bedingt den Tod. Zudem besteht kein Anlass,   **20**

---

[32] So etwa Wessels/*Beulke/Satzger*, AT, Rn. 226 (alternativ-kumulativ).

[33] *Bloy*, JuS 1997, 577/582 ff.; *Saliger*, UmwStR, Rn. 239 ff.

[34] Vgl. nur *Saliger*, UmwStR, Rn. 238; *Schall*, in: SK-StGB, Vor §§ 324 ff. Rn. 38.

[35] So aber *Schmitz*, in: MüKo-StGB, Vor §§ 324 ff. Rn. 37 m. w. N.

von den zur Gremienentscheidung entwickelten Grundsätzen abzuweichen, mag es sich auch im Einzelfall um eine größere Anzahl von Einzelbeiträgen handeln.

21 Schwieriger liegt es auf der Ebene der **objektiven Zurechnung**, soweit nicht bereits Mittäterschaft über § 25 Abs. 2 StGB die gegenseitige Zurechnung herbeiführt. Der Ausgangspunkt ist in der zweiaktigen Definition des Begriffs zu suchen. Soweit eine rechtlich missbilligte Gefahr gegeben ist, kommt es auf die Grenzen der Gefahrverwirklichung an. Der Blick richtet sich damit auf atypische Kausalverläufe und insbesondere auf die Maßstäbe der Unterbrechung des Zurechnungszusammenhangs aufgrund der eigenverantwortlichen Handlung eines Dritten. Die Grenze bestimmt sich auf dem Boden der h.M. nach dem, was nach allgemeiner Lebenserfahrung vernünftigerweise noch in Rechnung zu stellen ist.[36] Aber auch wer nur kleine Mengen Abfall abgelagert oder kleine Mengen Schadstoffe in ein Gewässer einleitet, kann bei objektiver Betrachtung schwerlich davon ausgehen, dass andere nicht Ähnliches tun. Die Schwelle zur Unterbrechung des Zurechnungszusammenhanges ist daher auf dem Boden der h.M. hoch[37] und es findet daher grdsl. eine allseitige Gesamterfolgszurechnung statt.[38] Hiergegen wird eingewandt, dass die Minima-Klausel nicht leerlaufen dürfe.[39] Auch stehe der Vertrauensgrundsatz i. V. m. dem Eigenverantwortungsgrundsatz entgegen, weshalb das Prioritätsprinzip den Ersthandelnden begünstige.[40]

22 Induktiv spricht gegen die genannten Einschränkungen, dass letztlich die strafrechtliche Verantwortlichkeit leerläuft, wenn nur genügend viele Personen mitgewirkt haben. Ebenso erscheint es nicht sachgerecht die Ersthandelnden freizustellen und nur die Letzthandelnden für den Gesamterfolg zu bestrafen. Zudem ist der Vertrauensgrundsatz in diesem Zusammenhang ein Zirkelschluss. Vertrauen genießt allenfalls jemand, der sich in Bezug auf den betreffenden Schaden seinerseits rechtskonform verhält.[41] Ob jedoch das Verhalten des ersten Handelnden insofern rechtskonform ist, gilt es erst noch festzustellen. Die Minima-Klausel wiederum könnte immerhin in der Definition der objektiven Zurechnung an das Merkmal der rechtlich missbilligten Gefahr anknüpfen.[42] Aber auch das trifft noch keine Aussage darüber, weshalb die Kumulationsgefahr ausgeblendet oder rechtlich gebilligt sein könnte.

23 Dennoch besteht aufgrund der Vielfältigkeit denkbarer kausaler Teilbeiträge ein Bedürfnis zur Unterscheidung zwischen strafbarem und rechtlich gebilligtem Verhalten. Anderenfalls hätte letztlich jeder Mensch irgendeinen Anteil an Umweltschäden. Die Lösung des Problems besteht in der Festlegung der **Grenzen des erlaubten**

---

[36] Allg. dazu Wessels/*Beulke/Satzger*, AT, Rn. 276 ff.

[37] S. nur BGH NStZ 1987, 323 ff. m. Anm. *Rudolphi*; *Fischer*, § 324 Rn. 5b a.E.

[38] *Bloy*, JuS 1997, 577/584.

[39] *Schmitz*, in: MüKo-StGB, Vor §§ 324 ff. Rn. 37 ff.

[40] *Saliger*, UmwStR, Rn. 246 ff.; *Schall*, in: SK-StGB VI, Vor §§ 324 ff. Rn. 39.

[41] Statt aller BGHSt 7, 118/120 ff.; *Timpe*, StraFo 2016, 11 ff.; Wessels/*Beulke/Satzger*, AT, Rn. 945 f.

[42] So etwa *Krell*, UmwStR, Rn. 82 u. 84.

Risikos. Das Strafrecht bietet insofern zwar den begrifflichen Argumentationsraum, die Argumente selbst muss es aber in größeren Zusammenhängen suchen. Ausgangspunkt dafür müssen die Wertungen des Umweltverwaltungsrechts sein. Ein nach diesen Maßstäben rechtmäßiger gefährdender Teilbeitrag, etwa für das Medium Wasser, kann keine strafbare Verletzung des betreffenden Mediums begründen. Das ist ein Gebot der Einheit der Rechtsordnung. Die **Grenze der Gesamtzurechnung** ist deshalb innerhalb der jeweiligen Strafrechtsnorm anhand der Verwaltungsrechtsakzessorietät zu bestimmen.

Ein weiteres Problem der objektiven Zurechnung ist die **Risikoverringerung**,   **24** wobei es abstrakt zwei Fälle streng zu unterscheiden gilt. Im Umweltstrafrecht treten aufgrund von Besonderheiten der Tatbestände Variationen auf.

Beispiel

1) A holt mit einem Knüppel zum Schlag auf den Kopf des vor ihm her gehenden B aus. Um B zu retten, fällt R dem A in den Arm und lenkt den Schlag ab, so dass B nur an der Schulter getroffen und lediglich leicht verletzt wird.[43]

2) R betreibt ordnungsgemäß eine genehmigungsbedürftige Anlage i. S. v. § 4 BImSchG, wobei die Anlage in industriellem Umfang der Herstellung von Stoffen durch chemische Umwandlung dient (Nr. 4 Anh. 1 4. BImSchV). Aufgrund eines unverschuldeten technischen Versagens drohen in einer Werkhalle verschiedene giftige Stoffe auszutreten, von denen die Gefahr schwerer Gesundheitsschäden für die 30 Mitarbeiter in diesem Raum ausgeht. Geistesgegenwärtig stellt R die Anlage so um, dass nur noch einer der Stoffe austritt, der am wenigsten giftig ist. Trotz aller gleichzeitigen, bestmöglichen Bemühungen zum Schutz der Mitarbeiter konnte R Übelkeit und Kopfschmerz bei den 30 Mitarbeitern nicht verhindern.

In beiden Fällen kann die Handlung des R nicht hinweggedacht werden ohne dass der Körperverletzungserfolg in seiner konkreten Gestalt entfiele. Das Risiko der Schädigung durch den Schlag bzw. durch giftige Stoffe bestand jedoch schon vorher. Das ursprüngliche Schadensrisiko wurde durch die Ablenkung bzw. durch die Verhinderung der Emission weiterer Giftstoffe lediglich verringert. R hat daher die Gefahr der Verletzung bei wertender Betrachtung nicht *geschaffen*, weshalb der Körperverletzungserfolg nach zutreffender h.M. objektiv nicht zurechenbar ist.[44] In Betracht kommt ferner § 330a StGB. R hat jedoch aktiv kein Gift freigesetzt, sondern im Gegenteil eine gravierendere Freisetzung unterbunden. Das unechte Unterlassungsdelikt der §§ 330a, 13 StGB scheitert daran, dass dem R keine physisch-reale Handlungsmöglichkeit zur Verfügung stand, um den Körperverletzungserfolg ganz zu vermeiden; daher scheiden auch §§ 224 Abs. 1 Nr. 1, 13 StGB aus. Ferner kommt § 327 Abs. 2 S. 1 Nr. 1 StGB in Betracht, wenn der Eingriff des R isoliert betrachtet zu einem Betrieb der Anlage ohne die erforderliche Genehmigung geführt hat. Das kann

---

[43] Mit diesem Beispiel Wessels/*Beulke/Satzger*, AT, Rn. 285.
[44] Baumann/Weber/*Mitsch/Eisele*, AT, § 10 Rn. 73 f.; Wessels/*Beulke/Satzger*, AT, Rn. 286 f.

jedoch im Ergebnis auf sich beruhen, wenn § 34 StGB greift. Das wiederum hinge im Einzelfall davon ab, ob und in welchem Maße mit der Betriebsänderung anderweitige rechtgutrelevante Emissionen verbunden waren, insbesondere für die Rechtsgüter der §§ 324, 324a, 325, 325a StGB, und ob die behördliche Entscheidungsprärogative berührt ist.[45]

25   In der zweiten Fallgruppe handelt es sich um eine **Risikoersetzung**, indem der Handelnde die ursprüngliche Gefahr um den Preis der Begründung einer neuen Gefahr beendet.[46] In Bezug auf den eingetretenen Erfolg handelt es sich deshalb begrifflich nicht um eine Risikoverringerung, sondern um ein andersartiges Risiko.[47]

> **Beispiel**
>
> 1) R wirft das Kind K aus dem zweiten Stock eines brennenden Hauses auf eine Rasenfläche, weil dies die einzige Möglichkeit ist, das Leben des Kindes zu retten. K bricht sich ein Bein, was R – der ebenfalls überlebt – billigend in Kauf genommen hatte.
>
> 2) R betreibt wiederum die oben genannte Anlage und es drohen, giftige Stoffe in die Werkhalle auszutreten. Zur einzig möglichen Vermeidung weitaus schlimmerer Verletzungen stellt er die Anlage so um, dass keiner der ursprünglichen Giftstoffe austritt, dafür aber ein anderer giftiger Stoff. Das führt unvermeidbar zu Übelkeit und Kopfschmerz der 30 Mitarbeiter.

Im Beispiel 1) hat R der Gefahr des Flammentodes ein Ende gesetzt und zu diesem Zweck die neue Gefahr der Sturzverletzung geschaffen. Die Lösung erfolgt daher über § 34 StGB; mit der Kehrseite, dass im Falle einer Garantenpflicht der unterlassene Wurf aus dem Fenster §§ 211/212,13 StGB verwirklicht hätte. Im Beispiel 2) wird die Nähe der zu unterscheidenden Fallgruppen deutlich. Die Lösung für § 224 Abs. 1 Nr. 1 StGB und §§ 330a Abs. 1, 327 Abs. 2 S. 1 Nr. 1 StGB erfolgt jeweils über § 34 StGB.

26   Ferner ist das **rechtmäßige Alternativverhalten** besonders zu berücksichtigen. Die Verwaltungsakzessorietät ergibt ein konkretes Pflichtenprogramm als Anknüpfungspunkt der Strafbarkeit. Daher stellt sich stets die Frage, ob ein tatbestandlicher Erfolg bzw. eine tatbestandliche konkrete Gefahr auch bei pflichtgemäßem Verhalten eingetreten wäre.

> **Beispiel**
>
> 1) A überholt mit dem Lkw einen – nicht erkennbar – betrunkenen Radfahrer O. Dieser stürzt, gerät unter die Räder und verstirbt. A hat zwar nicht den allgemein vorgeschriebenen Sicherheitsabstand eingehalten, jedoch steht – zur fehlerfreien Überzeugung des Tatgerichts – fest, dass O auch bei eingehaltenem Sicherheitsabstand gestürzt und gestorben wäre.

---

[45] Dazu unten § 7 Rn. 40 ff.
[46] Wessels/*Beulke/Satzger*, AT, Rn. 287.
[47] Baumann/Weber/*Mitsch/Eisele*, AT, § 10 Rn. 72.

2) A betreibt eine genehmigungsbedürftige Anlage i. S. v. § 4 BImSchG, wobei die Anlage in industriellem Umfang der Herstellung von Stoffen durch chemische Umwandlung dient (Nr. 4 Anh. 1 4. BImSchV), ohne die i. S. v. § 327 Abs. 2 S. 1 Nr. 1 StGB erforderliche Genehmigung. Dabei treten giftige Dämpfe aus, an welchen der Mitarbeiter O verstirbt.

Variante a): Bei entsprechendem Antrag wäre für genau diesen Betrieb der Anlage die erforderliche Genehmigung zu erteilen gewesen, jedoch scheute der A Kosten und Aufwand des Genehmigungsverfahrens.

Variante b): Der Betrieb der Anlage war in dieser Form nicht genehmigungsfähig, aber auch bei einem genehmigungsfähigen bzw. genehmigten Betrieb wären – wie nunmehr *ex post* feststeht – die tödlichen Dämpfe mit tödlicher Folge ausgetreten.

Im Beispiel 1) wäre der Erfolg auch durch ein pflichtgemäßes Verhalten nicht vermieden worden. Die kausale Handlung und die tatbestandliche Pflichtverletzung stehen nicht beziehungslos nebeneinander, weshalb für § 222 StGB auf Tatbestandsebene die Zurechnung des Erfolges ausscheidet.[48] Für die Umweltdelikte muss zunächst zwischen der bloßen formellen Illegalität und der materiellen Illegalität unterschieden werden. Im Beispiel 2) Variante a) handelt es sich um einen reinen Verwaltungsungehorsam, da die Erteilung der Genehmigung zwingend vorgesehen war und nichts an genau diesem Betrieb der Anlage geändert hätte. Die reine **formelle Illegalität** schließt daher stets den Pflichtwidrigkeitszusammenhang aus. In der Variante b) indessen wäre im Falle der Genehmigung der Betrieb der Anlage auf eine andere Weise erfolgt. Für diese **materielle Illegalität** kommt es auf einen Vergleich mit dem genehmigten Betrieb an. Steht aber wie bei dem Seitenabstand fest, dass der Erfolg auch ohne den Pflichtverstoß eingetreten wäre, scheidet die Zurechnung aus. Diese Grundsätze müssen im Beispiel 2) aber noch in die tatbestandliche Prüfung übertragen werden. § 327 Abs. 2 S. 1 Nr. 1 StGB ist verwirklicht, obgleich die Bestrafung wegen formeller Illegalität problematisch ist.[49] Auf der Ebene von § 222 StGB ist der Anknüpfungspunkt das Pflichtenprogramm aus § 327 Abs. 2 S. 1 Nr. 1 StGB, solange nicht insbesondere wegen Sonderwissen ein strengeres Pflichtprogramm gilt. Damit scheidet für das Beispiel 2) für beide Varianten § 222 StGB wegen fehlenden Pflichtwidrigkeitszusammenhangs aus. Erst recht scheitert die **Erfolgsqualifikation des § 330 Abs. 2 Nr. 2 StGB** jedenfalls am spezifischen Gefahrzusammenhang. Die schwere Gefährdung durch Freisetzung von Giften gem. § 330a Abs. 5 StGB scheitert ungeachtet der notwendigen Leichtfertigkeit ebenso wie § 222 StGB am notwendigen Pflichtwidrigkeitszusammenhang.

Den Hintergrund des Problems des rechtmäßigen Alternativverhaltens bildet für die Umweltdelikte die **Leistungsfähigkeit der Eröffnungskontrolle** durch die

27

---

[48] S. nur BGHSt 11, 1/7 sowie zu den unterschiedlichen dogmatischen Ansätzen hierfür Wessels/*Beulke/Satzger*, AT, Rn. 952 ff.

[49] Nach der hier vertretenen Anspruchstheorie ist das Grunddelikt gerechtfertigt (s. § 4 Rn. 83 ff.) und § 330 Abs. 2 Nr. 2 StGB fehlt daher die Basis.

zuständige Behörde. Wer dieser Frage im praktischen Einzelfall ernsthaft nachgeht, muss sich über die Kontrolldichte des Genehmigungsverfahrens Klarheit verschaffen. Es ist ohne weiteres möglich, dass trotz eines ordnungsgemäßen Genehmigungsverfahrens Nachteile für Personen, Gewässer, die Luft, den Boden sowie Tiere oder Pflanzen eintreten. Je komplexer das zu betrachtende Geschehen ist, desto größer ist die von den Verfahrensbeteiligten zu bewältigende Herausforderung.

28   Das gilt umso mehr, wenn der Problembereich der sog. **Risikoerhöhungslehre** mit in den Blick genommen wird. Fraglich ist, wie es sich auswirkt, wenn – gem. § 261 StPO nach der aus Perspektive der Revision nicht zu beanstandenden Beweiswürdigung des Tatgerichts – nicht geklärt werden kann, ob ein ordnungsgemäßes Verhalten, den Schaden vermieden hätte.

Beispiel

Radfahrerfall (BGHSt 11, 1 ff.): A überholt mit dem Lkw einen – nicht erkennbar – betrunkenen Radfahrer O. Dieser stürzt, gerät unter die Räder und verstirbt. A hat nicht den vorgeschriebenen Sicherheitsabstand eingehalten. Das Tatgericht konnte nicht klären, ob O auch bei eingehaltenem Sicherheitsabstand gestürzt und gestorben wäre.

Der BGH betrachtet das Problem ebenso wie die h.M. aus einer prozessualen Perspektive. Wenn sich das Tatgericht nicht zu überzeugen vermag und die dazu im Urteil dargelegten Erwägungen aus Perspektive der Revision nicht zu beanstanden sind, gilt der Grundsatz *in dubio pro reo*.[50] Hiergegen wendet die Risikoerhöhungslehre[51] ein, dass die Wahrscheinlichkeit des Sturzes bei korrektem Sicherheitsabstand geringer gewesen wäre. Dogmatisch kann dieses Argument auf unterschiedlichen Ebenen eingeordnet werden. Auf Ebene des Prozessrechts würde es die Nichtanwendung des Grundsatzes *in dubio pro reo* erfordern, was gegen das verfassungsrechtlich verbürgte materielle Schuldprinzip verstößt. Wenn das Strafrecht zur Verantwortlichkeit für einen Erfolg verlangt, dass ohne die Pflichtwidrigkeit auch der Erfolg entfallen muss, dann kann das Prozessrecht mit seiner Beweiswürdigung dahinter nicht zurückbleiben. Der Ansatzpunkt ist deshalb auf der Ebene des materiellen Strafrechts in der Frage zu suchen, ob für den Pflichtwidrigkeitszusammenhang zwischen der immerhin kausalen Handlung und dem Erfolg nicht bereits der Nachweis der Steigerung des Schadensrisikos durch die Pflichtverletzung genügt. Das ist eine normativ zu beantwortende Frage der objektiven Zurechnung, die mit dem Grundsatz *in dubio pro reo* nichts zu tun hat.[52] Wo mehrere kausale Handlungen zusammenwirken, könnten also auch mehrere Risikosteigerungen zusam-

---

[50] Statt aller BGHSt 11, 1/4 f.; Baumann/Weber/*Mitsch/Eisele*, AT, § 10 Rn. 90; Wessels/*Beulke/Satzger*, AT, Rn. 295 ff.

[51] Statt vieler *Jescheck/Weigend*, S. 584 ff.; *Kühl*, in: Lackner/Kühl, § 15 Rn. 44; *Stratenwerth/Kuhlen*, AT, § 8 Rn. 34 ff. u. § 13 Rn. 54 ff.

[52] Sehr deutlich *Kühl*, in: Lackner/Kühl, § 15 Rn. 44.

menwirken, wie es bei der objektiven Zurechnung im Zusammenhang mit der alternativen und kumulativen Kausalität der Fall ist. Bei einer solchen Betrachtung griffe der Einwand, die Risikoerhöhungslehre deute Verletzungsdelikte in konkrete Gefährdungsdelikte um,[53] letztlich nicht durch. Der Unterschied liegt jedoch darin, dass das Opfer selbst – ohne Mitwirkung des A – den weiteren notwendigen Beitrag geleistet hat. Daher ist der h.M. zu folgen. Im Beispiel hat sich A also nicht wegen § 222 StGB strafbar gemacht.

Das Beispiel des Radlers ist auf die Umweltdelikte variantenreich übertragbar. **29** Bei einem Anlagenbetrieb kann eine risikosteigernde Pflichtverletzung erwiesen sein, während der Pflichtwidrigkeitszusammenhang bspw. mit einer Veränderung des Grundwassers (§ 324 StGB), einem Artensterben (§ 330 Abs. 1 S. 2 Nr. 3 StGB) oder einer nicht unerheblichen Beeinträchtigung des Schutzzwecks eines Naturschutzgebietes (§ 329 Abs. 3 StGB) ungewiss bleibt. Die maßgebliche Frage reduziert sich hier darauf, welche **forensischen Anforderungen** an die gerichtliche Überzeugung vom gelungenen oder aufgrund von Zweifeln nicht möglichen Pflichtwidrigkeitszusammenhang zu stellen sind. Der BGH hebt in seiner Grundsatzentscheidung zum *Radfahrerfall* folgendes zum Grad des beachtlichen Zweifels hervor:

> *„Dieser Grad ist keineswegs erst dann erreicht, wenn die gegen die Ursächlichkeit sprechenden Umstände ü b e r w i e g e n. Beachtlich sind Zweifel schon dann, wenn sie die für den Schuldspruch erforderliche Überzeugung von der an Gewissheit grenzenden Wahrscheinlichkeit des Gegenteils vernünftigerweise ausschließen. Damit eine rechtliche Nachprüfung der Frage möglich ist, ob der Tatrichter von zutreffenden Maßstäben für die Bildung seiner Überzeugung ausgegangen ist, müssen die Umstände, welche seine Überzeugung von der Zweifelhaftigkeit eines Ursachenzusammenhangs beeinflusst haben, im Urteil dargelegt und erörtert werden."*[54]

Darlegen kann das Urteil aber nur, was Gegenstand der Hauptverhandlung gewesen ist, weshalb der BGH neben den Anforderungen der erweiterten Sachrüge zugleich den Umfang der gem. § 244 Abs. 2 StPO notwendigen Beweisaufnahme benennt. Die verbleibenden Unschärfen dieses abstrakten Maßstabs liegen bei einer freien Beweiswürdigung in der Natur der Sache, und es ist Aufgabe des Gerichts und der Verfahrensbeteiligten, diese Maßstäbe im Einzelfall prozessual mit Leben zu erfüllen. Die Straflosigkeit bei bloßer Risikoerhöhung bietet erhebliche Verteidigungspotenziale.[55]

Schließlich kann es auch auf den **Schutzzweck der Norm** ankommen. Wenn **30** eine Handlung gegen eine Sorgfaltspflicht verstößt und daraufhin kausal ein Erfolg eintritt, kann es vorkommen, dass die Sorgfaltspflicht nicht der Vermeidung von Erfolgen dieser Art dient. Die Zurechnung findet in einem solchen Fall nicht statt.[56]

---

[53] So statt vieler Wessels/*Beulke/Satzger*, AT, Rn. 297 m. w. N.

[54] BGHSt 11, 1/5 und 7 (Hervorhebung dort).

[55] Vgl. auch *Kudlich*, in: SSW-StGB, Vor §§ 13 ff. Rn. 63 a.E.

[56] S. dazu nur Baumann/Weber/*Mitsch/Eisele*, AT, § 10 Rn. 94 ff.; Wessels/*Beulke/Satzger*, AT, Rn. 254 ff.

Die umweltrechtliche Akzessorietät zum Verwaltungsrecht gibt insofern zu besonderer Aufmerksamkeit Anlass. Die Vielfalt von Spezialgesetzen folgt differenzierten Zwecksetzungen, weshalb im Einzelfall der jeweilig strafrechtlich betrachtete Erfolg bzw. die jeweilige konkrete Gefahr nicht notwendigerweise dem Schutzzweck der verletzten verwaltungsrechtlichen Pflicht korrespondiert.[57] Ein Sonderfall des allgemeinen Schutzzweckzusammenhanges ist der spezifische Gefahrzusammenhang des erfolgsqualifizierten Delikts sowie des konkreten Gefährdungserfolgs.[58]

2. Die Gefahr

31   Das Gefährdungsdelikt ist der Oberbegriff für Tatbestände, die keinen Verletzungserfolg voraussetzen. Innerhalb dieser Abweichung von dem idealtypischen Grundmuster eines Straftatbestandes treten zahlreiche Komplikationen auf, die gerade auch für Umweltdelikte von erheblicher Bedeutung sind. Daher erscheint eine vor die Klammer gezogene abstrakte Darstellung sinnvoll.

a) Grundlagen

32   Das Gefährdungsdelikt sanktioniert bereits die mehr oder minder drohende Verletzung eines Rechtsgutes. Der im materiellen Schuldprinzip wurzelnde repressive Charakter des Strafrechts wird damit tendenziell ausgehöhlt und stattdessen durch präventive Erwägungen aufgeladen. Daher sieht sich das Gefährdungsdelikt grundlegender Kritik ausgesetzt. Mit der Abkopplung von einem Erfolg wird die Strafbarkeit in das Stadium des Versuchs sowie insbesondere in das sich straflose Vorbereitungsstadium vorverlagert. Im Bereich der Fahrlässigkeit wird bereits die Sorgfaltspflichtverletzung als solche unter Strafe gestellt, die anderenfalls straflos bliebe, wenn sich aus ihr ein Erfolg nicht realisiert. Im Gegenzug sieht das Gesetz zwar die Möglichkeit der tätigen Reue vor (§ 330b StGB), jedoch sowohl die Voraussetzungen als auch die Rechtsfolgen bleiben hinter jenen des Rücktritts vom Versuch gem. § 24 StGB zum Nachteil des Täters weit zurück. Diese dogmatischen Grundprobleme der Gefährdungsdelikte sind einerseits Anhaltspunkte für eine kritische verfassungsrechtliche Bewertung der Spannungen mit dem materiellen Schuldprinzip. Nicht minder geben sie aber andererseits bei der Anwendung der Gefährdungsdelikte Anlass zu einer restriktiven Handhabung.

33   Der Gesetzgeber hat für die Umweltdelikte in weitem Umfang Formen der Gefährdungsdelikte gewählt. Grund dafür sollen maßgeblich die Schwierigkeiten des Nachweises einer Verknüpfung zwischen Handlung und Erfolg gewesen sein. Ein solcher gesetzgeberischer Pragmatismus ist schwerlich von dem materiellen Schuldprinzip inspiriert und stößt zumindest bei reinem Verwaltungsungehorsam an verfassungsrechtliche Grenzen. Ferner haben sich die Zurechnungsfragen bei weitem

---

[57] Näher unten § 3 Rn. 69 ff.
[58] § 3 Rn. 97 ff. i. V. m. Rn. 49.

nicht erledigt, denn ob eine Pflichtverletzung zu einer konkreten Gefahr oder zu einer tatbestandlichen Gefahreneignung geführt hat, gilt es aufgrund einer differenzierten Beweisaufnahme festzustellen und sodann dogmatisch zu bewerten. Die Schwierigkeiten gehen dabei über jene des vorsätzlichen Erfolgsdelikts erheblich hinaus, da es für den jeweiligen Gefahrerfolg eines spezifischen Gefahrzusammenhanges bedarf, wie er bei den erfolgsqualifizierten Delikten vorausgesetzt wird.[59]

b) Arten der Gefahr

Die verschiedenen Stufen der Gefahr erschließen sich aus dem Idealbild einer Verknüpfung zwischen Handlung und Erfolg. Eine Handlung, die objektiv zurechenbar zu einem Erfolg führt, begründet in verschiedenen Abstufungen die Gefahr des Erfolgseintritts. Eine juristische Sekunde vor dem eigentlichen Erfolgseintritt besteht als notwendiger Zwischenschritt eine konkrete Gefahr des Erfolgseintritts. Am anderen Ende des Zeitstrahls steht die Handlung, die jedenfalls bei gestreckten Geschehnissen zunächst nur eine abstrakte Gefahr begründet. Zwischen diesen beiden Polen liegt das Stadium einer gewissen Gefahrensteigerung. Auf diesem Terrain ist die Eignung zur Gefährdung zu verorten, die intensiver als eine bloße abstrakte Gefahr ist und weniger verdichtet als eine konkrete Gefahr. **34**

Die **abstrakte Gefahr** wird im Straftatbestand nicht als solche benannt, sondern bildet den Strafgrund der Norm. Abstrakte Gefährdungsdelikte treten sowohl als reine Tätigkeitsdelikte als auch in Gestalt von Erfolgsdelikten auf. § 316 StGB stellt die Trunkenheit im Verkehr und § 328 Abs. 1 Nr. 1 StGB den unerlaubten Umgang mit Kernbrennstoffen unter Strafe. In beiden Fällen knüpft die Strafbarkeit an eine Tätigkeit. § 306 StGB stellt die Brandstiftung an bestimmten fremden Sachen unter Strafe. Der Strafgrund liegt nach zutreffender h.M. neben dem Rechtsgut Eigentum auch in der abstrakten Gefahr für Leib und Leben von Menschen.[60] Entsprechend verhält es sich im medialen Umweltstrafrecht. Die Verunreinigung eines Gewässers, des Bodens oder der Luft gem. §§ 324, 324a, 325 StGB enthält aus der Perspektive des anthropozentrischen Ansatzes auch eine abstrakte Gefahr für den Menschen in Gestalt einer Schädigung seiner natürlichen Lebensgrundlagen. **35**

Probleme treten dann auf, wenn die – tatbestandlich nicht benannte – abstrakte Gefahr im Einzelfall nicht gegeben ist. Methodisch bestehen zwei Lösungsmöglichkeiten. Wenn der Tatbestand nach dem Kern seines Wortlautes verwirklicht ist, obwohl jedwede Gefahr vollständig ausgeschlossen ist, dann bedarf es zur Nichtanwendung der Norm einer Rechtsfortbildung durch **teleologische Reduktion**. Dies hat der BGH unter Zustimmung der wohl h.L. bei § 306a StGB für möglich gehalten. Jedoch sind die Anforderungen aufgrund der ungewissen weiteren Ereignisse eines Brandgeschehens so hoch zu veranschlagen, dass ein praktischer Fall bislang nicht bekannt geworden ist, was an der dogmatischen Relevanz aber nichts ändert.[61] **36**

---

[59] § 3 Rn. 49, 51, 100.

[60] S. nur BGH NJW 2001, 765; *Börner*, in: AnwK-StGB, § 306 Rn. 1 m. w. N.

[61] Vgl. BGHSt 26, 120/124 f.; BGH NStZ 1999,32/33 f. sowie zum ganzen *Heine/Bosch*, in: Schönke/Schröder, Vorbem. §§ 306 ff. Rn. 6a m. w. N.

Das mediale Umweltstrafrecht dient allerdings ebenso wie § 306 StGB nach h.M. dem Schutz zweier Rechtsgüter, von denen das eine (Eigentum/Umweltmedium) verletzt und das andere (Leib und Leben/natürliche Lebensgrundlage) gefährdet wird. Für die Möglichkeit einer teleologischen Reduktion auch in dieser Konstellation spricht der Gedanke, dass erst das Zusammenwirken des Schutzes beider Rechtsgüter die von dem *ultima-ratio*-Gedanken beherrschte Schwelle zum strafrechtlichen Unwert überschreitet. Knüpft man daran an, so ist eine teleologische Reduktion auch dann möglich, wenn das als Rechtsgut geschützte Umweltmedium verletzt wird, aber eine Gefahr für Menschen ausgeschlossen ist.[62] Soweit der anthropozentrische Ansatz auch den Schutz künftiger Generationen mit einbezieht, muss zugleich geklärt werden, ob die betrachtete Schädigung des Umweltmediums in einem solchen Zeitrahmen noch ins Gewicht fällt. Der Blick ist dabei zunächst auf Geschehnisse zu richten, die sich fernab der Zivilisation ereignen.

Beispiel

Der A schürft in einem menschenleeren und unwirtlichen Gebiet erfolglos nach Gold. Das dabei benutzte Quecksilber verunreinigt i. S. v. § 324 Abs. 1 StGB – unter Anwendbarkeit deutschen Strafrechts (insb. § 7 Abs. 2 StGB) – einen See, der keinen Abfluss in ein oberirdisches Gewässer hat und auch mit dem Grundwasser nicht verbunden ist. Tatsächlich sind keine Bodenschätze vorhanden und auch sonst ist kein Anlass ersichtlich, weshalb sich Menschen in dem Gebiet dieses Sees niederlassen oder sich sonstig dort aufhalten sollten.

Für den rein ökologischen Ansatz hat es mit dem Schaden sein Bewenden, da es auf eine Gefährdung für Menschen ohnehin nicht ankommt. Nach der hier vertretenen Ansicht bestünde ebenso wie bei § 306 StGB Anlass für eine teleologische Reduktion, wenn eine Gefährdung der Menschen vom Schutzzweck der Norm zwingend gefordert, aber im konkreten Einzelfall ausnahmsweise völlig auszuschließen ist.

37   Lässt man diesen Gedanken zu, dann stellt sich das Problem nicht nur für die entlegene Wildnis. Soweit ein abgeschlossenes Gewässer nicht oder nur auf eine Weise genutzt wird, für die es auf seine Verunreinigung oder sonstige nachteilige Veränderung nicht ankommt, und nicht absehbar ist, weshalb sich daran in Zukunft etwas ändern sollte, liegt in der Konsequenz ebenfalls eine teleologische Reduktion nahe.

38   Von größerer praktischer Bedeutung ist jedoch die Frage, wie die Erheblichkeitsschwelle für die Verletzung eines Umweltmediums innerhalb des Wortlautes der Norm zu bestimmen ist. Auch dazu ist das Rechtsgut von Bedeutung, indem das nach der anthropozentrischen Ansicht erforderliche Gefährdungsmoment als weiteres Auslegungskriterium heranzuziehen ist. Diskutiert wird dieser Gedanke unter dem Oberbegriff der sog. **Minimaklausel**. Wo aber genau die Grenze der Geringfügigkeit zu ziehen ist, hängt in erster Linie von der konkreten Strafnorm und ihrer

---

[62] So bereits für § 306 StGB *Börner*, in: AnwK-StGB, § 306 Rn. 2.

Beziehung zu der verwaltungsrechtlichen Grundlage ab. Die Minimaklausel selbst kann in normativen Tatbestandsmerkmalen konkludent Ausdruck finden. In diesem Fall handelt es sich methodisch um ein Auslegungskriterium. Die ausdrückliche Regelung der Minima-Klausel in § 326 Abs. 6 StGB hingegen fungiert als ein einschränkendes Merkmal außerhalb des Tatbestandes, dessen Stringenz und dogmatische Einordnung problematisch sind.[63]

Beispiel

Hundekotfall (AG Düsseldorf NStZ 1989, 532): Frau F führt den prächtigen Neufundländer-Hund der Familie auf einer öffentlichen Grünanlage in Düsseldorf aus. Auf einer Wiese, die entsprechend der Widmung der Stadt Düsseldorf von den Bewohnern der umgebenden Wohnanlagen als Spiel- und Liegewiese genutzt wird, verrichtet Strolchi – wie von F gewünscht – sein nicht minder prächtiges Geschäft. Die Mütter der nur 10 m entfernt Fußball spielenden Kinder finden das schlecht und eilen herbei. Frau F jedoch hatte niemals vor, den Hundekot zu beseitigen und zieht unbeeindruckt von dannen.

Der rechtliche Schwerpunkt dieser Fälle liegt in der Auseinandersetzung mit der Erheblichkeitsschwelle des Abfalls auf Ebene des Wortlauts von § 326 StGB, dem Abfallbesitz[64] sowie in der Unterscheidung zwischen Tun und Unterlassen, flankiert von § 16 Abs. 1 S. 1 StGB bzw. § 22 StGB hinsichtlich der Vorstellung des Handelnden von der Gefährlichkeit des Abfalls. Sollte aber der Tatbestand verwirklicht sein,[65] stellt sich ferner das Problem, ob § 326 Abs. 6 StGB greift. Das jedoch hängt von den Umständen des Einzelfalles, insbesondere von dem Maß der Gefahr für die Gesundheit von Menschen ab.

Eine **konkrete Gefahr** ist gegeben, wenn das geschützte Objekt in eine derart **39** kritische Situation gerät, dass es nur noch vom Zufall abhängt, ob der Erfolg eintritt oder nicht. Hierzu erfolgt eine Würdigung aller konkret erheblichen objektiven Umstände. Vorbildhaft ist der Beinahe-Unfall der §§ 315b, 315c StGB zu nennen, bei dem es sich um eine Situation handelt, in der es rückblickend gerade noch einmal gut gegangen ist.[66] Der Begriff der konkreten Gefahr hängt damit von den besonderen Verhältnissen des Einzelfalles ab, weshalb das Tatgericht gehalten ist, die Annahme eines konkreten Gefährdungserfolges im Urteil so zu belegen, dass der nur noch vom Zufall abhängende Eintritt der Rechtsgutsverletzung anhand von vollständigen Anknüpfungstatsachen anschaulich wird.[67] Alle Umstände, welche für die vom Tatgericht nachträglich anzustellende objektive Prognose relevant sind, werden zugleich von der Amtsaufklärungspflicht erfasst (§§ 244 Abs. 2, 160 Abs. 1, 163 Abs. 1 S. 1 StPO).

---

[63] Dazu § 14 Rn. 16.

[64] Vgl. § 14 Rn. 9.

[65] So immerhin das AG Düsseldorf a.a.O.

[66] S. nur BGH NStZ 2010, 572 f.; NStZ 2013, 167; *Fischer*, § 315c Rn. 15a.

[67] Vgl. dazu BGH NStZ 2013, 167; NStZ 2019, 32/33 f.

Beispiel

1) Der A geht gem. § 328 Abs. 1 Nr. 2 StGB ohne die erforderliche Genehmigung mit radioaktiven Stoffen um, wodurch er unvorsätzlich den O tötet. In dem Tod des O ist als Minus die konkrete Gefahr des Todes i. S. d. § 330 Abs. 2 Nr. 1 StGB enthalten, wofür sich das Problem des *Gefährdungs*vorsatzes stellt. Darauf kommt es jedoch nicht an, da das konkrete Gefährdungsdelikt hinter der vollendeten Erfolgsqualifikation aus § 330 Abs. 2 Nr. 2 StGB an demselben Tatobjekt gesetzeskonkurrierend zurücktritt.

2) Der A verliert infolge einer BAK von 1,1 ‰ mit 80 km/h in einer Kurve die Kontrolle über seinen Pkw, schleudert mit voller Wucht auf den Radfahrer R zu, der den Radweg der Gegenfahrbahn befährt und nicht mehr ausweichen kann. Der Pkw landet mit Totalschaden an einem Straßenbaum. A überlebt schwer verletzt, jedoch am Fahrrad ist nur das Rücklicht zerschlagen worden und R blieb unversehrt, da die Kollision des Pkw mit dem Bordstein dessen Richtung leicht änderte. Hier ist R in eine derart kritische Situation geraten, dass das Ausbleiben einer Verletzung oder auch des Todes nur noch vom Zufall abhing. Mithin bestand insofern eine konkrete Gefahr. Ferner wäre als Gefährdungsobjekt auch an den Straßenbaum sowie an das Fahrrad zu denken, wogegen der Pkw unabhängig von der Eigentumsfrage ausscheidet, da es sich um das Tatmittel handelt.

3) A warf von einer Autobahnbrücke einen Sandstein 25 m weit auf den rechten Fahrstreifen. Der Stein schlug unmittelbar vor dem von D gesteuerten Pkw auf und zersplitterte. Die auffliegenden Steinsplitter verursachten ein krachendes Geräusch am Unterboden des Fahrzeugs, weitere Schäden traten aber nicht ein. Dem BGH (NStZ 2010, 572 f.) genügten diese Feststellungen für einen vollendeten gefährlichen Eingriff in den Straßenverkehr gem. § 315b Abs. 1 Nr. 3 StGB nicht, weil durch den ausschlagenden und zersplitterten Stein weder das Fahrverhalten noch die Fahrsicherheit des D in irgendeiner Weise beeinträchtigt worden sind.

40 Um Zufall handelt es sich mithin dann nicht, wenn bei objektiver Betrachtung der Handelnde selbst oder ein anderer das Geschehen noch unter Kontrolle hat. Übertragen auf die mitunter **zeitlich weit gestreckten Geschehnisse** des Umweltstrafrechts ist daher von Bedeutung, ob **Dritte** die Gefahr noch unter Kontrolle haben. Von Bedeutung ist insbesondere die staatliche Eigenvornahme sowie die Tätigkeit der (freiwilligen) Feuerwehren sowie des THW. Was auf den ersten Blick wie eine **tätige Reue** durch Herbeiholung der Hilfe Dritter erscheinen mag, kann mithin bereits die konkrete Gefahr ausschließen.

Beispiel

Der A befördert mit einem Lkw unter wissentlicher Verletzung verwaltungsrechtlicher Pflichten gefährliche Güter. Aufgrund der Pflichtverletzung gelangen die Gefahrstoffe im Zuge eines Unfalles auf die Fahrbahn. Wie der A von vornherein mit Sicherheit – und zutreffend – für einen Unfall erwartet hat, verhindern die eingetroffenen Rettungskräfte unter Zuhilfenahme von Spezialgerät, dass die

Gefahrstoffe von der Fahrbahn in dem Boden gelangen. § 328 Abs. 3 Nr. 2 StGB scheidet objektiv mangels einer konkreten Gefahr aus und auch für einen Versuch ist in Anbetracht der sicheren Vorstellung des A von der rechtzeitigen und qualifizierten Hilfe kein Raum.

Zwischen der abstrakten Gefahr und der konkreten Gefahr stehen die **Eignungs-** 41 **delikte**. Der Tatbestand knüpft hier daran an, dass eine bestimmte Handlung *„geeignet ist"*, eine näher bezeichnete Verletzung herbeizuführen, bspw. §§ 325 Abs. 1, 326 Abs. 1, 327 Abs. 1 S. 2 StGB. Die Eignung bringt zum Ausdruck, dass ein Schaden oder eine konkrete Gefahr nicht erforderlich ist. Die Schwelle zur Eignung selbst ist jedoch ein normatives Merkmal, das der Ausfüllung bedarf. Nach der Tatbestandsstruktur besteht der Zweck des Merkmals darin, die jeweils zuvor genannten Handlungen anhand einer Erheblichkeitsschwelle auf den strafwürdigen Bereich zu beschränken. Ausgehend von den Zurechnungsproblemen eines konkreten Erfolges entspricht die hier notwendige Eignung zumindest der Schaffung einer rechtlich missbilligten Gefahr, wie sie im Rahmen der objektiven Zurechnung im ersten gedanklichen Schritt erforderlich ist. Diese Eignung muss im konkreten Fall anhand von Anknüpfungstatsachen unter Zugrundelegung gesicherter naturwissenschaftlicher Erkenntnisse in einer tatrichterlichen Würdigung positiv festgestellt werden.[68] Abgesehen davon scheidet das Eignungsdelikt dann aus, wenn aufgrund der Umstände des konkreten Einzelfalles von vornherein ausgeschlossen ist, dass die geschaffene Gefahr auf die tatbestandlichen Schutzobjekte mittelbar oder unmittelbar einwirken kann.[69] Ebenso wie bei abstrakten Gefährdungsdelikten schließt also der **Gegenbeweis der Ungefährlichkeit** bereits den Tatbestand aus, jedoch mit dem Unterschied, dass dieser Umstand bereits innerhalb des Wortlautes der Geeignetheit begrifflich erfasst wird und eine teleologische Reduktion daher nicht erforderlich ist. Steht die Ungefährlichkeit zur Überzeugung des Gerichts nicht, muss es dennoch die spezifische tatbestandliche Eignung feststellen.[70] Dieses Problem setzt sich auf Ebene des Vorsatzes fort.[71]

c) Gefährdungsobjekte

Die Gefährdungsobjekte der *abstrakten* Gefährdungsdelikte ergeben sich aus dem 42 Rechtsgut. Die *konkreten* Gefährdungsdelikte und auch die Eignungsdelikte bezeichnen jedoch ihre Schutzobjekte ausdrücklich. Die konkrete Gefahr richtet sich am Beispiel von §§ 315 ff. StGB auf Leib oder Leben eines anderen Menschen oder auf fremde Sachen von bedeutendem Wert. Die Wertschwelle wird bei 750 € angesetzt.

---

[68] Vgl. auch *Fischer*, § 325 Rn. 7; *Rudolphi*, NStZ 1984, 248/250.

[69] *Rudolphi*, NStZ 1984, 248/250.

[70] S. auch § 3 Rn. 47 u. 51 sowie zur Praxisrelevanz bspw. § 14 Rn. 20.

[71] Dazu § 3 Rn. 57.

Beispiel

Die Trunkenheitsfahrt des A zerstört das Rücklicht des am Straßenrand abgestellten Fahrrades des R, der Schaden beträgt 12,50 € hat. Für § 315c Abs. 1 Nr. 1a StGB kommt es in Bezug auf den Gefährdungserfolg nicht auf den tatsächlichen Schaden an, sondern auf jenen Schaden, der zufallsbedingt bei einem ungünstigen Verlauf hätte eintreten können. Maßgeblich ist daher der Wert des gesamten Rades im Verhältnis zu dem zufallsbedingt ausgebliebenen ungünstigsten Verlauf.

Dementsprechend ist die geringfügige Verletzung eines Tieres (§ 325a Abs. 2 StGB) oder die geringfügige Beeinträchtigung eines Gewässers (§ 326 Abs. 1 Nr. 4a StGB) allenfalls als Indiz für den vom Zufall abhängigen maximalen Schaden von Bedeutung. Umgekehrt jedoch ist bei entsprechender Verletzung der tatbestandlich benannten Objekte als Minus die konkrete Gefahr enthalten.

43 Die Umweltdelikte erweitern den Kreis der geschützten Objekte auf die Umweltmedien Gewässer, Luft und Boden sowie auf Tiere und Pflanzen als Gegenstände des vitalen Umweltschutzes.[72]

44 Einschränkungen der Gefährdungsobjekte ergeben sich aus dem Wortlaut sowie nach h.M. aus der Normlogik. Soweit ein Mensch gefährdet wird, geht es begrifflich immer um einen *anderen* **Menschen**. Das Wort „anderer" ist allerdings mehrdeutig. Je nach dogmatischem Zusammenhang kann es in folgenden Bedeutungsvarianten auftreten: (1) Jeder außer der Handelnde selbst, (2) Jeder außer einer der Täter oder (3) Jeder außer Täter oder Teilnehmer.

Beispiel

A betreibt gem. § 325a Abs. 2 StGB eine Anlage unter Verletzung verwaltungsrechtlicher Pflichten, die dem Schutz vor nichtionisierenden Strahlen dienen. Daher tritt eine Strahlenbelastung auf, welche den Gehilfen G in die konkrete Gefahr einer Gesundheitsschädigung bringt. Dem G war das Risiko jedoch bekannt und er hatte sich damit abgefunden, was wiederum dem A bekannt war, der dies billigte.

Nach dem dogmatischen Vorbild von § 315c Abs. 1 StGB ist problematisch, wie mit **Tatbeteiligten** zu verfahren ist. Die Rechtsprechung schließt dort Tatbeteiligte (§ 28 Abs. 2 StGB) zutreffend anhand des Wortes „anderer" als taugliche Gefährdungsobjekte tatbestandlich aus.[73] Konsequent scheitert im Beispiel aufgrund der identischen tatbestandlichen Struktur auch § 325a Abs. 2 StGB mangels einer beachtlichen konkreten Gefahr. Sollten die Voraussetzungen der §§ 26, 27 StGB bei G aber nicht vorliegen, würde sich ebenso wie bei § 315c StGB die Frage nach der Einwilligung stellen. Ein Teil der Lehre erachtet die **Einwilligung** bei konkreten

---

[72] Im einzelnen dazu unten §§ 8 bis 12.
[73] BGH NStZ 2013, 167; zur Lösung des Aufbauproblems s. unten § 3 Rn. 117 f.

Gefährdungsdelikten als beachtlich, so dass im Ergebnis eine Bestrafung wegen dieser entfällt. Die h.M. indes betrachtet den konkret gefährdeten Menschen zutreffend als Repräsentanten der Allgemeinheit, dem eine Dispositionsbefugnis über diese Tatbestandsverwirklichung in einer solchen Eigenschaft nicht zusteht.[74]

Schließlich scheiden nach allgemeiner Ansicht **Tatmittel** als beachtliche Gefähr-   **45** dungsobjekte aus. Daher ist es unbeachtlich, wenn das gem. § 315c Abs. 1 HS 1 StGB geführte Fahrzeug selbst in die Gefahr eines Schadens von bedeutendem Wert gerät, auch wenn es im Eigentum eines anderen steht.[75] Für die Umweltdelikte ist das insbesondere für alle Delikte, die mit dem Betrieb einer Anlage verbunden sind, von Bedeutung. Sämtliche Gegenstände die zu der Anlage selbst gehören, scheiden in Konsequenz zu der bei § 315c StGB vertretenen Tatbestandslogik als Gefährdungsobjekte aus, gleichgültig in wessen Eigentum sie stehen. Das erfordert im Einzelfall eine exakte Abgrenzung der **Anlagenbestandteile** von in diesem Sinne fremden Sachen. Als Maßstab kann und muss auf den Umfang der erforderlichen Genehmigung zurückgegriffen werden, in welcher der Umfang und die Funktionsweise der Anlage und ihrer Bestandteile zu beschreiben sind.

Ferner ist problematisch, wie es sich auswirkt, dass zu dem Betrieb einer Anlage   **46** in aller Regel auch Menschen erforderlich sind, woraus sich eine weitere Bedeutungsvariante des Wortes anderer ergeben könnte: Jeder, außer Täter und Teilnehmer oder ein in der Anlage **Beschäftigter**.

Beispiel

Der A betreibt eine Anlage i. S. v. § 325a Abs. 2 StGB, in welcher der X beschäftigt ist. X handelt in dem Glauben, dass alle verwaltungsrechtlichen Pflichten eingehalten werden und ihm deshalb keine Gefahren drohen. Tatsächlich aber führt eine auf Unachtsamkeit des A beruhende Verletzung verwaltungsrechtlicher Pflichten durch A zu der Gefahr einer konkreten Gesundheitsschädigung des X.
Strafbarkeit gem. §§ 325a Abs. 2 i. V. m. 3 Nr. 2 StGB?

Der X ist mit seiner Tätigkeit Teil des Anlagenbetriebs und daher ebenso wie die sachlichen Betriebsmittel ein Bestandteil des von A verwendeten Tatmittels. Er gehört somit der Gefahrenquelle an und könnte nach dem normlogischen Gedanken des § 315c Abs. 1 StGB als taugliches Tatobjekt ausscheiden. Dagegen spricht jedoch der Schutzzweck der Strafnorm, welcher mit dem Wort anderer zum Ausdruck gebracht wird. Der Bezugspunkt zur Auslegung des Wortes anderer ist nach der Tatbestandsstruktur der Täter („Wer"). Der Begriff erhält daher seinen Inhalt durch die Dogmatik von Täterschaft und Teilnahme. Wer weder Täter noch Teilnehmer ist, ist daher in systematischer Auslegung „anderer". Ferner ist regelmäßig davon auszugehen, dass die Einhaltung von verwaltungsrechtlichen Pflichten, welche der Verhinderung von

---

[74] BGHSt 23, 261 ff.; *Küpper/Börner*, § 10 Rn. 42 m. w. N. sowie unten § 7 Rn. 38.
[75] BGHSt 11, 148/149 ff.; BGHSt 27, 40/41 ff.; BGH NStZ 2013, 167.

Gefahren dienen, gerade auch zum Schutz der Mitarbeiter bestimmt ist. Folglich besteht Anlass, zwischen den sachlichen Betriebsmitteln einer Anlage und den dort beschäftigten Personen, die weder Täter noch Teilnehmer sind, zu differenzieren. Im Beispiel wäre der Tatbestand daher aufgrund der konkreten Gefährdung des X verwirklicht. Davon zu unterscheiden sind freilich Tatbestände, welche die Gefährdungsobjekte räumlich einschränken und so Menschen im Anlagenbereich ausschließen, §§ 325 Abs. 1 u. 2, 325a Abs. 1, 327 Abs. 2 S. 2 StGB.

47   Für Eignungsdelikte stellen sich diese Fragen auf den ersten Blick nicht, da die relevante Gefahrenlage grdsl. unabhängig von einem individualisierten Objekt bestimmbar ist. Anders liegt es jedoch, wenn die als Gefährdungsobjekt einzig ernsthaft in Betracht kommenden Objekte solche sind, die als taugliche Objekte eines konkreten Gefährdungsdelikts ausscheiden würden. Es handelt sich dann um einen Sonderfall der fehlenden Gefährdungseignung im Einzelfall.

d) Verknüpfung mit der Handlung

48   Der konkrete Gefährdungserfolg und die Handlung müssen zumindest ebenso miteinander verknüpft sein, wie es bei Erfolgsdelikten der Fall ist. Alle Problemfälle der Kausalität und der objektiven Zurechnung bzw. des Pflichtwidrigkeitszusammenhanges gelten daher auch hier. Zusätzlich stellt sich die Frage, wie eng die zwei objektiven Ebenen des konkreten Gefährdungsdelikts miteinander verknüpft sind. Typischerweise benennt der Tatbestand auf der ersten Ebene eine bestimmte Handlung und auf der zweiten Ebene eine konkrete Gefahr. Beide Teile werden herkömmlich mit der Formulierung *„und dadurch"* miteinander verbunden, bspw. §§ 328 Abs. 2, 330 Abs. 2 Nr. 1, 330a Abs. 1 StGB. Allerdings weicht § 325 Abs. 2 StGB in der Formulierung ab, indem es dort heißt: *„Wer beim Betrieb ... unter Verletzung verwaltungsrechtlicher Pflichten ... gefährdet ...".* Ein sachlicher Unterschied ergibt sich daraus nicht.

49   Stets geht es um die Frage, in welchem Maß sich die mit der Pflichtwidrigkeit begründete abstrakte Gefahr in der konkreten Gefahr niedergeschlagen hat. Insbesondere ist problematisch, ob die zu stellenden Anforderungen über jene der objektiven Zurechnung bzw. des Pflichtwidrigkeitszusammenhanges hinausgehen. Es ist erforderlich, dass gerade die dem Pflichtwidrigkeitsteil des Tatbestandes anhaftende **spezifische Gefährlichkeit** in der konkreten Gefahr hervortritt. Der Zurechnungsmaßstab ist damit derselbe **wie bei erfolgsqualifizierten Delikten** und daher wesentlich strenger als die objektive Zurechnung. Dafür spricht zunächst der vergleichbare Wortlaut, da das Grunddelikt und der qualifizierende Erfolg mit dem Wort „durch" verbunden sind, bspw. §§ 227, 251 StGB. Die Identität der Formulierung bestätigt gerade für das Umweltstrafrecht der § 330 Abs. 2 Nr. 1 und Nr. 2 StGB. Zudem stehen der Gefahrerfolg und die abstrakte Beschreibung nicht beziehungslos nebeneinander, sondern die konkrete Gefahr indiziert das Strafbedürfnis des pflichtwidrigen Verhaltens, da sie als Gradmesser der abstrakten Gefahr fungiert. Dieser Gedanke steht hinter dem Ausschluss der Einwilligung. Die konkrete Gefährdung des Repräsentanten der Allgemeinheit fungiert als Bestätigung der strafwürdigen Gemeingefahr, ohne dass es auf sein Individualinteresse ankommt. Die konkrete Gefahr ist das zum Tatbestandsmerkmal erhobene Indiz für das strafwürdige Maß der

Gemeingefahr und ist deshalb dogmatisch untrennbar spezifisch an diese gekoppelt.[76] Ferner spricht die Vorverlagerung des Vollendungszeitpunktes für einen strengen Zurechnungsmaßstab. Indem der Tatbestand auf den Verletzungserfolg verzichtet und somit letztlich auch folgenlose Pflichtverletzungen unter Strafe stellt, erscheint es unter dem Gesichtspunkt des materiellen Schuldprinzips erforderlich, für die konkrete Gefahr denselben spezifischen Gefahrzusammenhang wie bei erfolgsqualifizierten Delikten zu verlangen. Diese Gleichsetzung hat sich bisher zwar begrifflich nicht vollständig durchgesetzt,[77] strenge Anforderungen werden aber gleichwohl an den Zusammenhang zwischen der konkreten Gefahr und der tatbestandlichen Pflichtverletzung gestellt.

Damit eröffnet sich die **gesamte Bandbreite der Probleme** des spezifischen **50** Gefahrzusammenhangs der erfolgsqualifizierten Delikte bereits bei den konkreten Gefährdungsdelikten.

Beispiel

Der A betreibt eine gem. § 4 BImSchG i. V. m. Nr. 7.1. Anh. 1 der 4. BImSchV genehmigungsbedürftige Anlage zur Aufzucht von Hennen mit mehr als 40.000 Hennenplätzen wissentlich ohne die erforderliche Genehmigung. Wie A ebenfalls bekannt ist, würde er aufgrund der extrem kostensparenden Art und Weise des Betriebs auch keine Genehmigung erhalten. Der Umweltaktivist U ist entschlossen, die untragbaren Zustände zu dokumentieren und verschafft sich nachts Zutritt. Während er seine Aufnahmen fertigt, kommt er unerwartet an einer Grube mit Hühnerkot und verendeten Tieren zu Fall, die es bei einem ordnungsgemäßen Betrieb nicht hätte geben dürfen. Nur durch einen glücklichen Zufall überlebt er den Sturz und gelangt beschmutzt, aber unverletzt ins Freie. Strafbarkeit gem. § 330 Abs. 2 Nr. 1 StGB?

Variante: Der U kommt wiederum zu Fall, allerdings wäre bei einer entsprechenden Antragstellung der Betrieb der Anlage genauso zu genehmigen gewesen.

A hat sich gem. § 327 Abs. 2 S. 1 Nr. 1 StGB strafbar gemacht. Problematisch ist § 330 Abs. 2 Nr. 1 StGB. Der U geriet in eine konkrete Todesgefahr, die ohne den Anlagenbetrieb des A entfiele. Fraglich ist, ob die spezifische Gefährlichkeit im konkreten Fall gerade auch in dem drohenden Sturz in die Grube bestand. Das kann jedoch auf sich beruhen, wenn das eigenverantwortliche Eindringen des U den spezifischen Gefahrzusammenhang unterbricht. Das ist aufgrund der begrifflichen Identität genauso zu beurteilen wie bei dem entsprechenden erfolgsqualifizierten Delikt,[78] hier also wie bei § 330 Abs. 2 Nr. 2 StGB und daher abzulehnen. Anders als im Falle der Erfolgsqualifikation scheidet die eine Stufe niedriger anzusetzende Strafbarkeit we-

---

[76] Dazu unten § 7 Rn. 38.

[77] Sehr deutlich etwa *Fischer*, § 306a Rn. 11; *Heine/Bosch*, in: Schönke/Schröder, § 306a Rn. 20; *Rengier*, BT II, § 40 Rn. 42; *Stein*, in: Dencker/Struensee/Nelles/Stein, S. 108.

[78] Dazu unten § 3 Rn. 106 sowie Rn. 83.

gen § 222 StGB mangels eines entsprechenden Taterfolgs aus. In der Variante handelt es sich um eine bloße formelle Illegalität, der es typischerweise bereits an dem Pflichtwidrigkeitszusammenhang mangelt.[79] Auf den für § 330 Abs. 2 Nr. 1 StGB unentbehrlichen Gefährdungsvorsatz kommt es damit in beiden Fällen nicht mehr an.

51   Diese Zurechnungsfragen stellen sich in ähnlicher Weise auch für die **Eignungsdelikte**. Die tatbestandliche Struktur verlangt auf der ersten Ebene eine bestimmte Pflichtverletzung und auf der zweiten Ebene die Eingrenzung auf solche Pflichtverletzungen, die zu einer Gefährdung geeignet sind. Normlogisch ist die Bestimmung der Eignung nichts anderes als die **Feststellung des spezifischen Gefahrenpotenzials** der Pflichtverletzung im Einzelfall. Während also das konkrete Gefährdungsdelikt danach fragt, ob die spezifische tatbestandliche Gefährlichkeit in einer konkreten Gefahr hervorgetreten ist, ist die Eignung zur Gefährdung nichts anderes als die Benennung der spezifischen tatbestandlichen Gefährlichkeit, die einer konkreten Gefahr und einer Erfolgsqualifikation als Anknüpfungspunkt dienen würde.[80]

e) Vorsatz

52   Gefährdungsdelikte sind gem. § 15 StGB grdsl. Vorsatzdelikte. Die Anforderungen an den Vorsatz hängen jedoch davon ab, um welche Art von Gefährdungsdelikt es sich jeweils handelt.

53   Das **abstrakte Gefährdungsdelikt** hebt die Gefährdung nicht als Tatbestandsmerkmal hervor, weshalb es gem. § 16 Abs. 1 S. 1 StGB mit dem Vorsatz in Bezug auf jene Umstände sein Bewenden hat, die zur Subsumtion der objektiven Tatbestandsmerkmale herangezogen worden sind. Fraglich ist, was für die Fälle der **teleologischen Reduktion** gilt. Das hängt davon ab, wie die ausgeschlossene Gefährlichkeit dogmatisch eingeordnet wird. Wenn es sich um eine in Rechtsfortbildung installierte objektive Bedingung der Strafbarkeit handeln würde, käme es auf den Vorsatz nicht an, da sich § 16 Abs. 1 S. 1 StGB hierauf nicht bezöge. Wenn es sich hingegen um ein einschränkendes Merkmal des objektiven Tatbestandes selbst handelt, kommt es auch insofern auf die Vorstellung des Handelnden an. Dabei macht es dann allerdings keinen Unterschied, ob die Einschränkung methodisch bei einem einzelnen Tatbestandsmerkmal verortet wird oder aber durch Einfügung eines negativen Tatbestandsmerkmals erfolgt.

Beispiel

Der A betreibt gem. § 327 Abs. 2 S. 1 Nr. 3 StGB eine Abfallentsorgungsanlage im Sinne des Kreislaufwirtschaftsgesetzes ohne die erforderliche Genehmigung und hätte auf die Genehmigung auch keinen Anspruch. A hat aber bauliche und organisatorische Vorkehrungen getroffen, um Gefahren für Menschen und die Schutzgüter der Umwelt für heute und in Zukunft vollständig auszuschließen. Anders als der A erwartet, sind diese Maßnahmen bei objektiver Betrachtung aber nicht ausreichend.

---

[79] Vgl. oben § 3 Rn. 26 f.
[80] Ferner soeben § 3 Rn. 41.

Variante: A bemüht sich um Gefahrenverhinderung, nimmt aber billigend in Kauf, dass ihm dies nicht vollständig gelingt. Tatsächlich aber verhindern seine Maßnahmen die tatbestandlich relevanten Gefahren mit absoluter Sicherheit.

Im Beispielsfall kann der objektive Tatbestand nicht teleologisch reduziert werden. Die Vorstellung des A ist nur dann relevant, wenn die von ihm angenommenen Umstände eine teleologische Reduktion tragen und diese Gegenstand des Vorsatzes ist. Wenn das der Fall ist, scheidet gem. § 16 Abs. 1 S. 1 StGB das vorsätzliche Delikt aus. Zu prüfen wäre dann aber das Fahrlässigkeitsdelikt des § 327 Abs. 3 Nr. 1 StGB. In der Variante scheidet hiernach der objektive Tatbestand aus und der Versuch ist straflos. Handelt es sich indes um eine objektive Bedingung der Strafbarkeit, dann ist A im Grundfall zu bestrafen und in der Variante straflos. Vorzugswürdig erscheint die Einbindung der teleologischen Reduktion in den objektiven Tatbestand, da das Gefährdungsmoment das in den Tatbestandsmerkmalen sachlich enthaltene zentrale Kriterium der Strafwürdigkeit ist. Die Existenz der abstrakten Gefahr ist ein Umstand, der zum gesetzlichen Tatbestand gehört.

Für das **konkrete Gefährdungsdelikt** ist zunächst fraglich, ob Vorsatz erforderlich ist. Diese Frage begegnet in unterschiedlicher Gestalt. Soweit das Gesetz außerhalb des Grundtatbestandes ausdrückliche Regelungen für Fahrlässigkeitskombinationen enthält, ergibt sich im Umkehrschluss, dass für den Grundtatbestand Vorsatz erforderlich ist. Das gilt im allgemeinen Strafrecht für §§ 306d, 315c Abs. 3 StGB und tritt im Umweltstrafrecht etwa in § 330a Abs. 4 und Abs. 5 StGB in Erscheinung. Problematisch ist jedoch, wie es sich verhält, wenn eine entsprechende Norm nicht gegeben ist. Grdsl. gilt § 15 StGB. Allerdings ist fraglich, ob § 18 StGB diesem gegenüber Vorrang hat. Wenn dem so wäre, würde für den konkreten Gefährdungserfolg Fahrlässigkeit genügen, soweit nicht aufgrund spezieller gesetzlicher Regelungen im Umkehrschluss Vorsatz erforderlich ist. Dies wird insbesondere anhand von § 306b Abs. 2 Nr. 1 StGB diskutiert, wobei die ganz h.M. zutreffend in einer konkreten Gefahr keine besondere Folge der Tat i. S. v. § 18 StGB erkennt, sondern nur eine konkret *drohende* besondere Folge der Tat. Das Vorsatzerfordernis für konkrete Gefahren ergibt sich daher einheitlich bereits aus § 15 StGB.[81]

54

Beispiel

Der A beseitigt vorsätzlich und unerlaubt Gifte i. S. v. § 326 Abs. 1 Nr. 1 StGB. Hierdurch gerät ein spielendes Kind in Kontakt mit dem Gift, dessen Leben nur durch Zufall und glückliche Fügung gerettet werden kann. Der A war aber davon ausgegangen, dass die beseitigten Gifte nicht mit Menschen in Kontakt geraten werden. A ist strafbar gem. § 326 Abs. 1 StGB. Die Qualifikation aus § 330 Abs. 2 Nr. 1 StGB ist zwar objektiv gegeben, aber es fehlt der gem. § 15 StGB erforderliche Gefährdungsvorsatz. Die gegebene Vorsatz-Fahrlässigkeitskombination ist gesetzlich nicht erfasst. Jedoch kann die konkrete Gefahr bei

---

[81] S. nur BGH NStZ 2000, 88 m. Anm. *Radtke*; *Fischer*, § 306b Rn. 7.

dem Grunddelikt im Rahmen der Strafzumessung gem. § 46 Abs. 2 S. 2 StGB strafschärfend berücksichtigt werden.

55 Vor allem aber ist problematisch, wie der notwendige Vorsatz zu bestimmen ist. Der konkrete Gefährdungsvorsatz ist als Minus in einem Verletzungsvorsatz enthalten, soweit das vorgestellte Verletzungsgeschehen dem spezifischen Gefahrzusammenhang entspricht. Hinter dem vorsätzlichen Verletzungsdelikt tritt das entsprechende konkrete Gefährdungsdelikt zurück. Nach allgemeiner Ansicht kann die Abstufung zwischen Erfolg und konkreter Gefahr auf die Vorsatzebene übertragen werden. Bei näherem Hinsehen fällt die Unterscheidung aber schwer. Zwar lässt sich normativ annehmen, der Täter könne sich Umstände vorstellen, nach denen die Verletzung nur noch vom Zufall abhängt, aber zugleich darauf vertrauen, dass die Verletzung ausbleiben werde. Mit den üblichen Theorien des materiellen Rechts zur Unterscheidung zwischen Eventualvorsatz und bewusster Fahrlässigkeit ist das jedoch nicht vereinbar. Der Gefährdungsvorsatz erfordert gem. § 16 Abs. 1 S. 1 StGB die Vorstellung von der Möglichkeit des Erfolges. Zugleich muss der Handelnde jene Umstände reflektieren, aus welchen bei Subsumtion des objektiven Tatbestandes der Schluss gezogen worden ist, dass der Eintritt des Erfolges nur noch vom Zufall abhängt. Bei dieser Sachlage hat sich der Handelnde auf einer real-psychologischen Ebene die Frage gefallen zu lassen, weshalb er gleichwohl gehandelt hat. Wer die als eine konkrete Gefahr subsummierten Umstände reflektiert, wird aber schwerlich anders können, als auch den Erfolg zu billigen, weshalb eine Unterscheidung tatsächlich nicht möglich erscheint.[82] Die Dogmatik weicht daher auf eine normative Bestimmung des Gefährdungsvorsatz aus.[83]

56 Unklar ist aber, wie das konkret geschehen soll. In der universitären Fallbearbeitung kann der Aufgabensteller kurzerhand klarstellen, von welchem Sachverhalt auszugehen ist. Das Tatgericht hingegen muss sich aufgrund einer widerspruchsfreien und lückenlosen Beweiswürdigung eine Überzeugung bilden. Wo immer eine konkrete Todesgefahr gegeben ist, muss eine Auseinandersetzung mit dem Tötungsvorsatz geschehen. Nötig sind also auch gründliche Feststellungen zum Für und Wider des Verletzungsvorsatzes. Nur wenn der Verletzungsvorsatz aus Zweifeln an der Willensintensität ausscheidet, muss **als Gegenstück zur Anwendung des Grundsatzes** *in dubio pro reo* auf den entsprechenden Gefährdungsvorsatz geschlossen werden. Daher ist der Vorsatz zur konkreten Gefährdung stets im Zusammenhang mit dem Verletzungsvorsatz eingehend zu würdigen und sein Vorliegen versteht sich nicht von selbst. Die vom Gesetzgeber intendierte Abstufung zwischen Verletzung und konkreter Gefahr findet daher auf der prozessualen Ebene im Rahmen der Beweiswürdigung über den Verletzungsvorsatz statt.[84] Nur dieser **prozessuale Begriff**

---

[82] S. auch *Börner,* BrandStR, S. 42 f.; a.A. statt vieler *Sternberg-Lieben/Schuster,* in: Schönke/Schröder, § 15 Rn. 98a m. w. N.

[83] S. dazu *Küpper,* ZStW 100 (1988), 758 ff. sowie *Radtke,* a.a.O.

[84] S. *Börner,* AnwK-StGB, Vor § 306 Rn. 6.

des konkreten Gefährdungsvorsatzes ebnet den Weg zu einem eigenständigen Anwendungsbereich des konkreten Gefährdungsdelikts.

Die **Eignungsdelikte** erfordern gem. § 16 Abs. 1 S. 1 StGB, dass der Handelnde   57
die der Subsumtion des objektiven Tatbestandes zugrunde liegenden Umstände zumindest für möglich hält und nach den Maßstäben des Eventualvorsatzes zumindest billigt. Das gilt auch für die Eignung zur Schädigung. Letzteres stößt auf Schwierigkeiten bei komplexen Wirkungsweisen. Zudem gestattet § 16 Abs. 1 S. 1 StGB für Summations- oder Kumulationseffekte keine Ausnahme.[85] Darin liegt ein erhebliches Problem der Amtsaufklärung sowie der Maßstäbe einer ausreichenden tatgerichtlichen Überzeugung zur Bestimmung des Eignungsvorsatzes im Einzelfall. Eignungsdelikte sollen daher in der Gefahr stehen, dass der Vorsatz nicht mit notwendiger Sicherheit festzustellen ist,[86] was aber letztlich nur die Folge einer (zu) weit geratenen Handhabung des objektiven Tatbestandes ist.

3. Die Anlage

Die Anlage umfasst begrifflich eine gewisse Organisationseinheit. Das Strafrecht   58
nutzt diesen Begriff, um Schutzobjekte zu bestimmen, bspw. §§ 304 Abs. 1, 306 Abs. 1 Nr. 6, 315 Abs. 1 Nr. 1 StGB. Im Umweltstrafrecht ist die Anlage die Quelle einer unter Strafe gestellten Gefährdung. Die entsprechenden Delikte werden hier unter dem Begriff des kausalen Umweltstrafrechts zusammengefasst.[87] Mehrere Problemfelder sind typischerweise mit diesen Delikten verbunden. Der Anlagenbegriff erhält seine Gestalt grdsl. aus den verwaltungsrechtlichen Normen. Problematisch ist jedoch, inwiefern die strafrechtlichen Begriffe damit (zwingend) identisch sind. Der Betrieb einer Anlage ist prinzipiell von einer gewissen Dauer, woraus sich Folgen für die Konkurrenzen sowie für die Verjährung ergeben. Das dominierende Problemfeld des Allgemeinen Teils besteht aber in der Einordnung als Sonderdelikt in Gestalt des Betreiberdelikts.[88]

Kontrollfragen
1. Mit welcher Genauigkeit muss der Kausalzusammenhang naturwissenschaftlich geklärt sein? (Rn. 11 ff.)
2. Wie sind Gremienentscheidungen zu bewerten? (Rn. 18)
3. Wie ist das Problem der Gesamterfolgszurechnung zu lösen? (Rn. 19 ff.)
4. Wie wirkt sich ein rechtmäßiges Alternativverhalten aus? Was gilt bei Zweifeln? (Rn. 26 ff.)

---

[85] *Fischer*, § 325 Rn. 19; *Heger*, in: Lackner/Kühl, § 326 Rn. 16.

[86] Vgl. *Michalke*, UmwStR, Rn. 215.

[87] Dazu unten §§ 14 ff.

[88] Vgl. § 5 Rn. 2 ff.

5. Was ist ein abstraktes Gefährdungsdelikt? Welches teleologische Problem stellt sich? (Rn. 35 ff.)
6. Definieren Sie die konkrete Gefahr! (Rn. 39 f.)
7. Wie ist die Geeignetheit im Rahmen der Eignungsdelikte zu bestimmen? (Rn. 41)
8. Wie müssen Handlung und konkrete Gefahr objektiv miteinander verknüpft sein? (Rn. 48 ff.)
9. Warum und wann erfordert die konkrete Gefahr einen entsprechenden Vorsatz? Wie ist dieser Vorsatz zu bestimmen? (Rn. 54 ff.)

III. Das Vorsatzdelikt

1. Der Vorsatz

59 Soweit das Gesetz nicht ausdrücklich etwas anderes bestimmt, ist nur vorsätzliches Handeln strafbar, § 15 StGB. Der Zeitpunkt, zu welchem Vorsatz gegeben sein muss, beschränkt sich gem. § 16 Abs. 1 S. 1 StGB auf die Begehung der Tat. Die Tat wird gem. § 8 StGB zu der Zeit begangen, zu welcher der Täter oder Teilnehmer gehandelt hat oder im Falle des Unterlassens hätte handeln müssen, ohne dass es auf den Erfolgseintritt ankommt. Delikte des Umweltstrafrechts, welche die Schädigung eines Umweltmediums oder einen konkreten Gefahrerfolg voraussetzen, sind nicht selten über einen längeren Zeitraum gestreckt. Indem aber der Koinzidenzgrundsatz den Vorsatz auf den Augenblick der Handlung beschränkt, ist insbesondere eine Abgrenzung zum *dolus subsequens* nötig.

Beispiel

1) Der X lagert Gegenstände[89] so, dass im weiteren Verlauf aufgrund von Witterungseinflüssen eine Gewässerverunreinigung i. S. v. § 324 Abs. 1 StGB zu erwarten ist, die auch tatsächlich nach acht Wochen infolge eines Sommergewitters eintritt. Hier kommt es zunächst darauf an, ob X bereits im Augenblick der Lagerung zumindest Eventualvorsatz auf die Gewässerverunreinigung gehabt hat, anderenfalls scheitert die Vorsatzstrafbarkeit an § 16 Abs. 1 S. 1 StGB. Die nachträgliche Einsicht in die entstandene Gefahrenlage führt jedoch unter der Voraussetzung einer Garantenpflicht, etwa aus Ingerenz, zur Strafbarkeit gem. §§ 324 Abs. 1, 13 StGB mit der fakultativen Strafmilderung aus § 13 Abs. 2 StGB.
2) X nimmt irrig an, dass er erfolgreich hätte etwas unternehmen können. Objektiv jedoch ist unklar, ob das gelungen wäre. Hier greift §§ 324, 13, 22 StGB in Tatmehrheit zu § 324 Abs. 3 StGB wegen der vorherigen Lagerung.

---

[89] So bspw. zu Hühnerkot bei (stets) vorhersehbaren starken Regenfällen OLG Koblenz, Urt. v. 18.08.1996 – 2 Ss 254/86, juris.

Die Kenntnis i. S. v. § 16 Abs. 1 S. 1 StGB bezieht sich exakt auf jene Tatumstände,   **60**
die zur Subsumtion unter den objektiven Tatbestand verwendet worden sind. Soweit
die Vorstellung des Handelnden über den Kausalverlauf davon abweicht, ist zwischen den nach allgemeiner Lebenserfahrung in Rechnung zu stellenden weiteren
Geschehnissen (unwesentlich) und **atypischen Verläufen** (wesentlich) zu unterscheiden, wobei letztere gem. § 16 Abs. 1 S. 1 StGB den Vorsatz entfallen lassen.[90]
Diese ohnehin sehr vage Grenzziehung stößt gerade im Umweltstrafrecht auf erhebliche praktische Probleme. Wenn schon die objektive Bestimmung des naturgesetzlichen Zusammenhanges aufgrund der naturwissenschaftlichen Komplexität der
ursächlichen Faktoren auf Erkenntnisprobleme stößt, dann fällt es schwer, den
Maßstab eines atypischen Kausalverlaufes zu benennen. Es ist zu beachten, dass
über die Lehre von der Abweichung vom vorgestellten Kausalverlauf die Grenzen
des *dolus antecedens* und *dolus subsequens* nicht umgangen werden dürfen.[91] Auf
der Ebene der Revision ist das auch eine Frage der sog. erweiterten Sachrüge, indem das Tatgericht im Urteil mitzuteilen hat, zu welchem Zeitpunkt welche Vorstellung bestanden hat – und zwar frei von Lücken, Widersprüchen oder Verstößen
gegen Denkgesetze.[92]

Problematisch ist, worauf sich die Kenntnis i. S. v. § 16 Abs. 1 S. 1 StGB bezieht,   **61**
wenn es sich um **normative Tatbestandsmerkmale** handelt. Diese Frage ist umstritten und teilweise wird vertreten, dass sich die Kenntnis ausschließlich auf Tatumstände, also die dem Beweis zugänglichen Tatsachen, bezieht. Fehlvorstellungen
über die rechtliche Wertung wären dann grdsl. nur von § 17 StGB erfasst. Nach h.M.
kann es damit nicht sein Bewenden haben. Zwar kann von dem juristischen Laien
als Normadressat keine Rechtskenntnis als Voraussetzung der Strafbarkeit gefordert
werden, jedoch ist andererseits zumindest zu verlangen, dass der Täter den recht-
lich-sozialen Bedeutungsgehalt erfasst, was unter dem Gesichtspunkt der sog. Parallelwertung in der Laiensphäre diskutiert wird. Als Beispiel wird genannt, dass ein
Vorbehaltskäufer meint, eine Sache gehöre ihm, obwohl er den Kaufpreis noch
nicht bezahlt hat. Ein solcher Irrtum schließt bereits den Vorsatz zu § 303 StGB bzw.
§§ 242/246 Abs. 2 StGB aus.[93]

Diese grundlegende Problematik stellt sich auch im Umweltstrafrecht, das von   **62**
normativen Begriffen geprägt ist. Es kommt darauf allerdings nur dann an, wenn
nicht ohnehin die zutreffende rechtliche Wertung Teil des Tatbestandes ist. Im Zentrum steht dabei die zum Tatbestandsmerkmal erhobene Verletzung einer öffentlich-
rechtlichen Pflicht. Das wird im Rahmen der Verwaltungsakzessorietät behandelt.[94]
Fraglich ist, ob daneben noch Raum für die allgemeine Problemstellung ist. In Betracht kommt die Stellung als **Anlagenbetreiber** im Rahmen der entsprechenden

---

[90] Vgl. dazu nur Wessels/*Beulke/Satzger*, AT, Rn. 374 ff.
[91] Baumann/Weber/*Mitsch/Eisele*, AT, § 11 Rn. 71 f.
[92] S. zum ganzen nur *Meyer-Goßner/Schmitt*, § 337 Rn. 26 ff. m. w. N.
[93] Vgl. Baumann/Weber/*Mitsch/Eisele*, AT, § 11 Rn. 61 ff.; *Wessels/Beulke/Satzger*, AT, Rn. 353.
[94] S. unten § 4 Rn. 101 ff.

Sonderdelikte. Wem selbst bei laienhaft verschwommener rechtlicher Bewertung die Einsicht fehlt, dass (auch) er in der Verantwortung eines Anlagenbetreibers für eine genehmigungsbedürftige Anlage steht, obwohl er an sich die tatsächlichen Umstände kennt, dem fehlt unter dem Gesichtspunkt der Parallelwertung in der Laiensphäre der Vorsatz.

2. Andere subjektive Merkmale

63 Der subjektive Tatbestand erschöpft sich nicht notwendig im Vorsatz. Hinzu kommen weitere subjektive Merkmale, für die sich anhand der Normarchitektur zwei Grundfälle unterscheiden lassen. Einerseits handelt es sich um **Motive**, welche sich rein in der Psyche des Täters abspielen, wie bspw. die Mordlust. Andererseits kann die vorsätzliche Verwirklichung des objektiven Tatbestandes mit dem Ziel eines weiteren und außerhalb des objektiven Tatbestandes liegenden objektiven Erfolges verknüpft sein, wie bspw. die Ermöglichungsabsicht in §§ 211 Abs. 2, 306b Abs. 2 Nr. 2, 315 Abs. 3 Nr. 1b, 315b Abs. 3 StGB oder die Bereicherungsabsicht der §§ 253, 263 StGB. Das Wort Absicht kennzeichnet hier nicht eine Form des Vorsatzes, sondern die von dem Vorsatz streng zu unterscheidende überschießende Innentendenz. Problematisch ist typischerweise die abstrakte Festlegung der notwendigen Willensintensität dieser Absicht, einschließlich der Subsumtion im Einzelfall unter Beachtung von Motivbündeln. Ferner kann sich das Problem stellen, ob eine objektiv untaugliche überschießende Innentendenz in teleologischer Reduktion des an sich verwirklichten Tatbestandes nur zur Versuchsstrafbarkeit führt, wie bspw. der nicht reflektierte, aber objektiv bestehende einredefreie Anspruch auf Übereignung der gestohlenen Sache.[95]

64 Die **überschießende Innentendenz** kann als ein Fall der vorverlagerten Vollendungsstrafbarkeit begriffen werden, wobei die Funktion dieses Merkmals in der Festlegung des notwendigen Mindestmaßes an Schuld besteht. Der bereits eingetretene Erfolg des objektiven Tatbestandes wird subjektiv mit einem weiteren angestrebten Erfolg verknüpft, wobei gerade in dieser Verknüpfung eine wesentliche Komponente des pönalisierten Unwertes liegt. Das Umweltstrafrecht hingegen bewirkt seine Vorverlegung der Vollendungsstrafbarkeit in Gestalt von Gefährdungsdelikten. Für diese ist die überschießende Innentendenz auf Ebene des Grundtatbestandes untypisch. Sie begegnet jedoch bei konkreten Gefährdungsdelikten als qualifizierendes Merkmal, bspw. § 315 Abs. 3 i. V. m. § 315b Abs. 3 StGB. Das Umweltstrafrecht hat aber auch insofern auf überschießende Innentendenzen verzichtet, vgl. § 330 Abs. 2 StGB. Das ist sinnvoll, denn die Verunreinigung der Umweltmedien Wasser, Luft und Boden ist selten Zweck menschlichen Verhaltens, sondern typischer Nebeneffekt und Folge der Erreichung des eigentlichen Zwecks. Tatbestände mit gleichwohl darauf gerichteten Absichten würden deshalb leicht ins Leere gehen.[96] Eine Sonderstellung nehmen

---

[95] Zum ganzen *Küpper*, FS Kühl, S. 329 ff.
[96] Zum parallelen Problem der Erreichung außertatbestandlicher Ziele für das versuchte Verletzungsdelikt an den Umweltmedien s. unten § 7 Rn. 28.

§ 309 Abs. 1 und Abs. 2 sowie Abs. 3 StGB ein.[97] Ferner ist auf die gemischte Struktur der Gewinnsucht als Regelfall eines besonders schweren Falles in § 330 Abs. 1 S. 2 Nr. 4 StGB zu verweisen, die auf Vermögenszufluss gerichtet sein muss und von Gier gesteuert wird.[98]

Kontrollfragen
1. Was gilt bei Abweichungen vom vorgestellten Kausalverlauf? (Rn. 60)
2. Wie verhält sich § 16 Absatz ein S. 1 StGB zu normativen Tatbestands-merkmalen? (Rn. 61 f.)
3. Was ist eine überschießende Innentendenz? (Rn. 63 f.)

IV. Fahrlässigkeit

Fahrlässiges Handeln ist gem. § 15 StGB nur strafbar, wenn es das Gesetz ausdrück-   65
lich mit Strafe bedroht. Das ist für die Umweltdelikte weithin der Fall, was als typi-sche Ausprägung eines (kritikwürdigen) modernen Präventions- und Risiko-strafrechts begriffen wird.[99] Die mit dem Gefährdungsmoment sowie mit der Verwaltungsakzessorietät verbundenen Probleme des Vorsatzes unterstreichen die Bedeutung der Fahrlässigkeitsdelikte. Eine grundlegende Schwierigkeit der Fahr-lässigkeitsdelikte besteht in der Einordnung der Probleme des Einzelfalles in die Prüfungsstruktur.

1. Die Handlung

Ebenso wie der objektive Tatbestand des vorsätzlichen Erfolgsdelikts erfordert auch   66
das fahrlässige Erfolgsdelikt Kausalität zwischen Handlung und Erfolg. In diesem ersten Schritt findet die Unterscheidung zwischen **Tun und Unterlassen** statt. Kei-nesfalls darf die erst anschließend zu prüfende Sorgfaltspflichtverletzung hiermit verwechselt werden. Jedem Fahrlässigkeitsdelikt wohnt ein Unterlassungsmoment inne, denn der Handelnde verhält sich nicht sorgfaltsgemäß. Das jedoch hat mit der Bestimmung der Handlung nichts zu tun. Es geht vielmehr darum, ob *in der Hand-lung* – die in einem Tun oder Unterlassen bestehen kann – ein Verstoß gegen die Sorgfaltspflicht liegt.

---

[97] S. unten § 17 Rn. 4 ff.
[98] Vgl. auch unten § 8 Rn. 38.
[99] *Saliger*, UmwStR, Rn. 59 u. Rn. 251.

> **Beispiel**
>
> 1) Der A gibt seinen Pkw mit dem Auftrag in die Werkstatt, Winterreifen zu montieren. Der W nimmt den Reifenwechsel vor, setzt die Radmuttern jedoch nur mit der Hand an und vergisst, diese mit dem erforderlichen Drehmoment festzuziehen. Auf dem Heimweg verliert der A bei 100 km/h deshalb einen der Reifen und verunglückt tödlich.
> 2) *Ziegenhaarfall* (RGSt 63, 211 ff.): Ein Unternehmer gibt an seine Arbeiterinnen Ziegenhaare aus, ohne diese zuvor desinfiziert zu haben. Daher sterben mehrere Arbeiterinnen.
> 3) Der A betreibt ohne die gem. § 4 BImSchG i. V. m. Nr. 1.1 Anh. 1 zur 4. BImSchV erforderliche Genehmigung ein Heizkraftwerk mit einer Feuerungswärmeleistung von mehr als 50 Megawatt. Da der A die für eine genehmigungsfähige Anlage zwingend erforderlichen Sicherheitsvorkehrungen nicht getroffen hat, erleidet der Mitarbeiter X einen tödlichen Unfall.

In allen drei Fällen handelt es sich um ein aktives Tun. Das wird deutlich im Rahmen der Prüfung der Kausalität. Ohne den Reifenwechsel des W hätte es keine Winterreifen am Fahrzeug gegeben. Ohne die Ausgabe der Ziegenhaare, wären die Arbeiterinnen nicht an deren Verunreinigung gestorben.[100] Ohne den Betrieb der genehmigungsbedürftigen Anlage, hätte es keinen Unfall gegeben. Um ein Unterlassen handelt es sich etwa bei Verletzung von Aufsichts- und Kontrollpflichten oder Beseitigungspflichten. Im Zuge der Bestimmung der Kausalität zwischen Handlung und Erfolg eröffnet sich die gesamte Bandbreite der auch bei dem vorsätzlichen Delikt bestehenden Probleme.

2. Die Sorgfaltspflichtverletzung

67 Der zweite Prüfungsschritt des Fahrlässigkeitstatbestandes konzentriert sich auf die Frage, ob in der kausalen Handlung eine **Sorgfaltspflichtverletzung** liegt. Erforderlich ist einerseits die Bestimmung der Sorgfaltspflicht und andererseits die Feststellung von deren Verletzung. Während letzteres in erster Linie ein Problem der strafprozessualen Wahrheitsfindung ist, stellt die Festlegung der Sorgfaltspflicht vor dem Hintergrund von Art. 103 Abs. 2 GG das dogmatische Kernproblem der Fahrlässigkeitsdelikte dar. Die Bandbreite der Quellen der Sorgfaltspflichten reicht von einer exakten gesetzlichen Bestimmung bis hin zur Rechtsschöpfung im Einzelfall mit generalklauselartigen Begriffen, die in der verfassungsrechtlich verankerten Pflicht der Judikative zur Anwendung abstrakter Regelungen wurzeln. Stets besteht jedoch die zu vermeidende Gefahr der Rechtsunsicherheit sowie der Überkriminalisierung.[101] Ohne einen Bereich des erlaubten Risikos würde die Ausübung der

---

[100] Dazu nur *Frister*, AT, 22/11; Wessels/*Beulke/Satzger*, AT, Rn. 986 f.

[101] S. nur *Saliger*, UmwStR, Rn. 252.

Freiheitsrechte gelähmt und das verfassungsrechtlich verankerte Schuldstrafrecht letztlich in ein Verursachungsstrafrecht umgedeutet werden. Das gilt auch und gerade im Umweltstrafrecht. Sämtliche Geschehnisse der Produktion, des Handels und des Verkehrs sowie der Daseinsvorsorge stehen in Bezug zu Belangen des Umweltschutzes. Deshalb ist eine möglichst klare Grenzziehung zwischen erlaubtem Risiko und strafrechtlich relevanter Sorgfaltspflichtverletzung im Interesse eines geordneten Zusammenlebens unabdingbar. Diese Abgrenzung ist aber keine originäre Aufgabe des Strafrechts, sondern erfolgt in erster Linie durch den Gesetzgeber auf der Ebene des öffentlichen Rechts. Wo aber das öffentliche Recht Regelungen trifft, muss das Strafrecht zumindest zunächst dort nach Anknüpfungspunkten für die Bestimmung der strafrechtlich relevanten Sorgfaltspflicht suchen. Ein Allgemeiner Teil des Umweltstrafrechts kann angesichts der Vielfalt der jeweiligen Regelungsgebiete immerhin grundlegende Strukturen dieser Verknüpfung zu beschreiben versuchen.

Ausgangspunkt ist die **Sorgfalt eines umweltbewussten Rechtsgenossen**.[102]	**68**
Der Maßstab der allgemein anzuwendenden Sorgfalt muss daher die Rechtsgüter des Umweltschutzes mit einbeziehen. Die bloße Existenz der Umweltdelikte und die damit verbundene Statuierung eines umweltbewussten Rechtsgenossen hat in der Konsequenz schärfenden Einfluss auf die Beurteilung des alltäglichen Sorgfaltsmaßstabes. Dieser Grundsatz tritt in Reinform allerdings nur dort in Erscheinung, wo keine vorgreiflichen spezielleren hoheitlichen Regelungen existieren. Der strenge Gedanke des umweltbewussten Rechtsgenossen wirkt darin aber fort.

Das tritt zunächst im Rahmen des **Schutzzweckzusammenhanges** in Erscheinung. Hier gilt es, zwei Konstellationen zu unterscheiden. Wenn die Strafnorm tatbestandlich verwaltungsakzessorisch ausgestaltet ist, dann kommt es für den Schutzzweckzusammenhang auf die jeweiligen Anknüpfungsnormen an.[103] Wenn hingegen eine tatbestandliche Verknüpfung fehlt, ist problematisch, ob als Quelle des Sorgfaltsmaßstabes letztlich auch Normen in Betracht kommen, die nicht unmittelbar zu Umweltrechtsgütern in Beziehung stehen.				**69**

Beispiel

1) *Schiffskollision* (OLG Hamburg NStZ 1983,170 f.): Dem Binnenschiffer A unterläuft ein Vorfahrtfehler, was zu einer Kollision mit dem 31 m langen Bunkerboot des B führt. Dieses hat Marine-Diesel geladen, der aufgrund der entstandenen Beschädigung die Elbe verunreinigt.
2) *Verkehrsunfall* (OLG Oldenburg NStZ-RR 2016,14 f.): Der X überholt entgegen § 5 Abs. 3 Nr. 1 StVO einen vor ihm fahrenden Transporter. Infolgedessen kommt X mit seinem Pkw von der Fahrbahn ab und bleibt im Straßengraben

---

[102] OLG Oldenburg NStZ-RR 2016,14/15; OLG Stuttgart NStZ 1989, 122/123; *Heine/Hecker*, in: Schönke/Schröder, § 324 Rn. 15; *Kloepfer*, Umweltrecht, § 7 Rn. 17; *Krell*, UmwStR, Rn. 95; *Saliger*, UmwStR, Rn. 254.

[103] *Saliger*, UmwStR, Rn. 253 sowie zu verwaltungsrechtlichen Pflichten i. S. v. § 330d Abs. 1 Nr. 4 StGB unten § 4 Rn. 5 ff.

liegen. Hierdurch treten Betriebsstoffe aus, die ein Gewässer verunreinigen. Damit hatte X nicht gerechnet.

Variante: X befördert wissentlich gefährliche Güter, die aufgrund seines fehlerhaften Überholmanövers austreten und ein Gewässer verunreinigen. Strafbarkeit gem. § 324 Abs. 3 StGB?

70 Die Grundfrage besteht darin, ob **Ereignisse des normalen Straßenverkehrs** auch im Hinblick auf Rechtsgüter der Umwelt unter Strafe zu stellen sind. Das Überholverbot ist eine typische Regelung, die der Vermeidung von Unfällen im Straßenverkehr dient. Damit eröffnet sich die Frage, ob die Vermeidung von Unfällen neben dem Schutz von Leib und Leben sowie von Eigentum auch dem Schutz der Umwelt dient. Wer dies annimmt,[104] erachtet den Pflichtwidrigkeitszusammenhang als gegeben, da die in der Gewässerverunreinigung realisierte Gefahr nach dem Schutzzweck der Norm habe vermieden werden sollten. Die derzeit h.M. differenziert zwischen allgemeinen straßenverkehrsrechtlichen Pflichten und gewässerspezifischen Sorgfaltspflichten,[105] weshalb im Beispiel 2) der § 324 Abs. 3 StGB am Schutzzweckzusammenhang scheitern würde. Problematisch ist dann jedoch, woraus sich eine **umweltspezifische Sorgfaltspflicht** ergibt. Im Straßenverkehr kommt der Transport gefährlicher Güter in Betracht. Es stellt sich dann aber die Frage, ob nur den Transporteur bzw. Fahrer selbst eine solche Pflicht trifft oder auch alle anderen Verkehrsteilnehmer, welche diesen Transport in einen Unfall verwickeln.[106] Dies bereitet vor allem deshalb Probleme, weil die StVO nicht zwischen Unfallrisiken mit und ohne umweltspezifischem Gefahrenpotenzial unterscheidet. Die Variante zu Beispiel 2) steht der h.M. für die Verwirklichung von § 324 Abs. 3 StGB vor Augen, aber § 5 Abs. 3 Nr. 1 StVO trägt die Unterscheidung zum Ausgangsfall nicht. Die dogmatische Lösung liegt in der Argumentation des OLG Hamburg zu Beispiel 1). Zwar ergäben sich aus den geltenden Vorfahrtregelungen für das Gewässer Anhaltspunkte für den Gewässerschutz als deren Schutzzweck, aber darauf komme es nicht an. § 324 StGB statuiere vielmehr eigene Sorgfaltspflichten und mache bei deren Verletzung die Strafbarkeit der Handlung nicht davon abhängig, dass ein anderes Schutzgesetz verletzt wird, das zumindest auch dem Gewässerschutz dient.[107] Dem ist zu folgen. Indem § 324 Abs. 1 i. V. m. Abs. 3 StGB tatbestandlich gerade nicht von anderweitigen Regelungen abhängt, sondern offen formuliert ist, fällt die Festlegung des maßgeblichen Sorgfaltsmaßstabes letztlich in die Beurteilung des Strafrechtsanwenders. Unabhängig von dem Schutzzweck einer Verkehrsvorschrift kommt es daher auf die strafrechtliche Würdigung an, ob ein

---

[104] Vgl. etwa *Heger*, in: Lackner/Kühl, § 324 Rn. 7; *Rengier*, BT II § 48 Rn. 9a; *Saliger*, UmwStR, Rn. 253.

[105] OLG Oldenburg NStZ-RR 2016, 14 f.; *Fischer*, § 324 Rn. 10; *Heine/Hecker*, in: Schönke/Schröder, § 324 Rn. 15; *Krell*, UmwStR, Rn. 96.

[106] Insofern offen OLG Oldenburg NStZ-RR 2016, 14/15.

[107] OLG Hamburg NStZ 1983,170.

umweltbewusster Rechtsgenosse sich in der konkreten Situation im Interesse des Umweltschutzes hätte anders verhalten müssen. Hierdurch wird also parallel zu § 5 Abs. 3 Nr. 1 StVO eine für § 324 Abs. 3 StGB maßgebliche Sorgfaltspflicht statuiert. Auf dieser Grundlage ist es möglich, die von der h.m. verlangte umweltspezifische Sorgfaltspflicht im Einzelfall zu ermitteln.

Wenn bereits die gesetzlich normierte Pflicht umweltschützend ist, kann der **71** Rechtsanwender auf diese verweisen. Fehlt es der Norm daran, müssen die Umstände des Einzelfalles, in eine Gesamtbewertung eingestellt werden. Es gilt zu ermitteln, worin aus der Perspektive des Umweltschutzes das besondere Gefahrenpotenzial im Vergleich zu den gewöhnlichen Ereignissen des Straßenverkehrs liegt. Einem besonderen umweltspezifischen Gefahrenpotenzial korrespondiert dann eine besondere umweltschützende Sorgfaltspflicht. Ob der Einzelne dieses Gefahrenpotenzial erkennen konnte, ist dann wiederum eine Frage der individuellen Vorwerfbarkeit der objektiven Sorgfaltspflichtverletzung. Im Beispiel 1) liegt ebenso wie in der Variante von Beispiel 2) eine objektive Verletzung einer umweltspezifischen Sorgfaltspflicht vor, die sich aus der potenziell umweltgefährdenden Ladung der Fahrzeuge ergibt. Für die individuelle Vorwerfbarkeit ist in Rechnung zu stellen, dass im Schiffs- und Straßenverkehr grdsl. auch mit dem Transport gefährlicher Güter durch andere Verkehrsteilnehmer zu rechnen ist. Das gilt umso mehr, wenn dem Fahrer das Gefahrenpotenzial seiner Ladung bekannt ist. Grenzen sind für Ausnahmefälle denkbar, etwa wenn der Fahrer ohne Vorwerfbarkeit über seine Ladung irrte oder wenn der Transport umweltrelevanter Güter in dem betroffenen Bereich aufgrund von gesetzlichen Verboten nicht zu erwarten war, was insbesondere für Verkehrsbeschränkungen auf Gewässern zu berücksichtigen ist. Ebenso liegt es, wenn der Unfallverursacher die für die Umwelt gefährliche Ladung des in den Unfall verwickelten anderen Fahrzeugs (bspw. ein Pkw) nicht erkennen konnte. Zu unterscheiden ist für das unfallbedingte Austreten von Betriebsstoffen der Kraftfahrzeuge. Im Straßenverkehr ist das Teil des allgemeinen Straßenverkehrsrisikos und aufgrund der Ferne dieses Risikos zum Gewässerschutz keine taugliche Gefahrenquelle. Bei Unfällen auf Gewässern liegt die Verunreinigung durch austretende Betriebsstoffe jedoch ungleich näher, weshalb dort auch insofern § 324 Abs. 3 StGB in Betracht kommt.

Der Gedanke, dass die umweltspezifische Gefahr Einfluss auf den geltenden **72** Sorgfaltsmaßstab hat, kommt auch in Bezug auf das Verhalten Dritter zum Tragen. Handelt es sich um insgesamt fahrlässige Taten, so ist dogmatisch umstritten, ob Mittäterschaft angenommen werden kann, was sich jedoch im Ergebnis kaum auswirkt.[108] Im Vordergrund steht die **Abgrenzung von Verantwortungsbereichen**. Problematisch ist, ob die vorsätzliche Tat eines anderen den Zurechnungszusammenhang unterbricht und welcher Sorgfaltsmaßstab anzulegen ist.

---

[108] Dazu nur Baumann/Weber/*Mitsch/Eisele*, AT, § 25 Rn. 87 ff. m. w. N.

Beispiel

1) Der Sportschütze A verwahrt seine halbautomatische Kurzwaffe nebst Munition nicht in der vorgeschriebenen Weise verschlossen, sondern in der Schublade seines Nachttisches. Deshalb gelangt ein Dritter an die Waffe und tötet mit dieser vorsätzlich den O.

   Strafbarkeit des A gem. § 222 StGB?

2) *Falisanfall* (BGHSt 40, 84 ff.): B überlässt eine quecksilberhaltige Saatgutbeize (Falisan), die zwischenzeitlich nicht mehr bestimmungsgemäß verwendet werden darf, gegen ein Entgelt an den X zum Zwecke der ordnungsgemäßen Entsorgung. Der X ist Mitglied im „Bund Deutscher Entsorger", wurde dem B von einem chemischen Sachverständigen empfohlen und es bestanden keine Anhaltspunkte dafür, dass die Entsorgung nicht ordnungsgemäß erfolgen werde. Dennoch lagert X diese gefährlichen Abfälle unbefugt i. S. v. § 326 Abs. 1 StGB ab.

   Strafbarkeit des B gem. § 326 Abs. 1 i. V. m. Abs. 5 StGB?

Bei vorsätzlichem, voll verantwortlichem Handeln eines Dritten wird der Zurechnungszusammenhang für ein vorgelagertes Verhalten grdsl. unterbrochen. Darin liegt der Gedanke der Eigenverantwortlichkeit und auch das Argument, der sich im Umkehrschluss aus § 27 StGB ergebenden straflosen fahrlässigen Beihilfe. Dennoch greift im Beispiel 1) in Nebentäterschaft § 222 StGB. Die Besonderheit liegt darin, dass der Verstoß gegen die Aufbewahrungspflichten den Zugriff Dritter verhindern und auf diese Weise Gefahren für das menschliche Leben verhindern sollte. Wenn der Zweck einer Sorgfaltspflicht auch darin besteht, die Verletzung von Rechtsgütern durch eigenverantwortliche vorsätzliche Taten Dritter zu verhindern, hat die Verletzung einer solchen Sorgfaltspflicht zur Folge, dass der Zurechnungszusammenhang hierdurch nicht unterbrochen wird.[109] Wer die Sorgfaltspflicht des § 326 Abs. 5 StGB auch darin sieht, dass eine tatbestandsgemäße Abfallbeseitigung seitens Dritter verhindert wird, braucht zwischen vorsätzlichem und fahrlässigem Verhalten dieses Dritten insofern nicht zu unterscheiden.

73   Es geht dann allerdings darum, welcher **Sorgfaltsmaßstab bei Überlassung** an den Dritten gilt. Für gefährliche Abfälle des § 326 Abs. 1 StGB hat der BGH im o. g. Beispiel 2) eine Erkundigungspflicht statuiert, wonach sich der Betreffende davon zu überzeugen habe, ob das in Aussicht genommene Unternehmen zu der angebotenen Abfallentsorgung tatsächlich imstande und rechtlich befugt ist.[110] Es bestehe also eine Pflicht, sich **positiv Gewissheit** darüber zu verschaffen, ob die gewählte Firma Gewähr für eine ordnungsgemäße Entsorgung zu bieten vermag. Dazu gehöre auch die Überprüfung, ob die Firma über die dafür notwendigen Anlagen oder Einrichtungen verfügt, wonach zu fragen sei. Im Falle einer bejahenden Antwort, sei der Nachweis oder zumindest eine verbindliche und überprüfbare Bestätigung darüber zu verlangen, dass die Entsorgungsanlage zur Beseitigung des

---

[109] *Mitsch*, ZJS 2011, 128/131.
[110] BGHSt 40, 84/87.

jeweiligen Abfalls geeignet und behördlich zugelassen sei. Werde dagegen mitgeteilt, dass in Ermangelung einer eigenen Anlage der Abfall von dem Abnehmer
ebenfalls weitergegeben werden solle, dann sei es die Verpflichtung, den in Aussicht
genommenen weiteren Abnehmer zu erfragen und sich in gleicher Weise über dessen Bereitschaft, Eignung und Befugnis zur Entsorgung der Abfälle zu vergewis-
sern.[111] Die damit gestellten Anforderungen sind besonders streng und stehen zutreffend in der Kritik.[112] Die vom BGH geforderte *„positive Gewissheit"* über
„Bereitschaft, Eignung und Befugnis" des Abnehmers überfordert den Betroffenen.
Wer auf einen Entsorger angewiesen ist, dem fehlt typischerweise die notwendige
Fachkenntnis, um die Grenzen der behördlichen Genehmigung und die fachliche
Eignung der Entsorgungsmethoden zu beurteilen. Für eine positive Gewissheit not-
wendig wäre in der Konsequenz die Einschaltung des gezielt dazu eingeholten
Sachverstandes Dritter, was einen erheblichen organisatorischen und finanziellen
Aufwand nach sich zöge. Zudem erschließt sich nicht, auf welche Weise sich eine
Privatperson über die Bereitschaft eines anderen zur ordnungsgemäßen Entsorgung
sollte versichern können, denn ihr stehen gerade keine Zwangsmittel zur Sachver-
haltsaufklärung zur Verfügung. Ein zivilrechtlicher Auskunftsanspruch im Vorfeld
eines Vertragsschlusses ist ohne Kontraktionszwang des Entsorgers fernliegend und
dessen prozessuale Durchsetzung schwerlich zumutbar. Dieses Problem lässt sich
auch nicht mit dem Gedanken lösen, dass die Verweigerung des Vertragsschlusses
mit dem Entsorger diesen zu vollständiger Offenheit veranlassen werde. Wer die
Anforderungen des BGH ernsthaft und in aller Konsequenz in die Realität umsetzen
wollte, dürfte leicht daran scheitern, dass er nur mit Mühe überhaupt einen Vertrags-
partner finden wird, der sich hierauf einlässt und seine Unternehmensinterna letztlich gegenüber jedermann öffentlich macht. Stattdessen kommt es auf den **Vertrauensgrundsatz** an. Das Vertrauen in eine ordnungsgemäße Entsorgung knüpft nicht
nur an die Person des Entsorgers, sondern auch an die Effektivität der öffentlich-
rechtlichen Regelungen und der behördlichen Kontrollen an. Wo immer ein Entsorgungsunternehmen als solches auftritt, darf grdsl. darauf vertraut werden, dass
dessen Tätigkeit nach Maßgabe der Funktionsweise der Regulierung im Umweltrecht den zuständigen Behörden bekannt ist und dass die öffentlich-rechtlichen
Kontrollmechanismen auch tatsächlich greifen. Dieses behördlich abgesicherte
Vertrauensmodell ist dem **Erkundigungsmodell** des BGH entgegenzusetzen.
Eine darüber hinaus gehende Sorgfaltspflicht besteht nur dann, wenn im konkreten
Einzelfall bestimmte Anhaltspunkte ex ante für regelwidriges Verhalten sprechen.
Solche Anhaltspunkte können darin liegen, dass gesetzlich notwendige Bescheini-
gungen nicht erteilt werden oder offensichtlich kein Betrieb vorhanden ist, der für
einen ordnungsgemäßen Umgang mit umweltgefährdenden Stoffen spricht und da-
her das Vertrauen in die Effektivität behördlicher Kontrollen erschüttert wird.

---

[111] BGHSt 40, 84/88 f.; OLG Celle NuR 2011, 531 ff.; *Kloepfer*, Umweltrecht, § 7 Rn. 18.
[112] Vgl. *Krell*, UmwStR, Rn. 95; *Saliger*, UmwStR, Rn. 254; *Schmitz*, in: MüKo-StGB, Vor
§§ 324 ff. Rn. 41.

74   Die Verletzung von Rechtsgütern der Umwelt erfolgt durch Mechanismen, die sich physikalisch und chemisch beschreiben lassen. Diese Wirkungsweise umweltschädigender Ereignisse rückt die technischen Möglichkeiten zur Schadensvermeidung in den Vordergrund. Die Effektivität eingesetzter technischer Mittel ist jedoch unmittelbar mit sachlichen und damit auch finanziellen Ressourcen verbunden. Wollte eine Sorgfaltspflicht stets die maximal mögliche Sicherheit verlangen, stünde das gesellschaftliche Leben faktisch still. Es kommt deshalb maßgeblich darauf an, anhand eines angemessenen Sorgfaltsmaßstabes einen Bereich des erlaubten Risikos zu definieren. Im Grundsatz gilt deshalb auch für den Einsatz technischer Mittel, dass mit dem Risiko die Sorgfaltsanforderungen steigen.[113] Hierauf nehmen die gesetzlichen **Technikklauseln** des Umweltrechts Rücksicht, die in drei Abstufungen begegnen. Auf der unteren Stufe stehen die **allgemein anerkannten Regeln der Technik**. Das sind diejenigen Regeln, die in der Fachpraxis erprobt und bewährt sind und nach vorherrschender Meinung der Fachleute den sicherheitstechnischen Anforderungen entsprechen.[114] Der darüber liegende **Stand der Technik** ist der Entwicklungsstand fortschrittlicher Verfahren, Einrichtungen oder Betriebsweisen, der die praktische Eignung einer Maßnahme zur Begrenzung von Immissionen in Luft, Wasser und Boden zur Gewährleistung der Anlagensicherheit, zur Gewährleistung einer umweltverträglichen Abfallentsorgung oder sonst zur Vermeidung oder Verminderung von Auswirkungen auf die Umwelt zur Erreichung eines allgemein hohen Schutzniveaus für die Umwelt insgesamt gesichert erscheinen lässt (§ 3 Abs. 6 S. 1 BImSchG, § 3 Nr. 11 WHG, § 3 Abs. 28 KrWG). Die Steigerung besteht darin, dass das hohe Schutzniveau durch die Verwendung der besten verfügbaren Technik erreicht werden soll, auch wenn sich diese noch nicht allgemein durchgesetzt hat. Die Verfügbarkeit richtet sich angesichts der zugrunde liegenden Richtlinie danach, ob diese Techniken in einem Maßstab entwickelt sind, der unter Berücksichtigung des Kosten/Nutzen-Verhältnisses die Anwendbarkeit in dem entsprechenden Bereich ermöglicht, jedoch ohne dass es darauf ankommt, ob diese Techniken innerhalb des betreffenden Mitgliedstaates verwendet oder hergestellt werden, sofern sie zu vertretbaren Bedingungen für den Betreiber zugänglich sind.[115] Den maximalen Standard beschreibt der **Stand von Wissenschaft *und* Technik** (§ 4 Abs. 2 Nr. 3 AtG, § 1 Abs. 2 Nr. 5 ProdHaftG). Dieser erfordert darüber hinaus die Berücksichtigung der neuesten wissenschaftlichen Erkenntnisse auch dann, wenn sie noch keinen Eingang in die Praxis gefunden haben.[116] Die sicherheitstechnischen Anforderungen dieses Standards sind nicht notwendig auf das gegenwärtig technisch Machbare begrenzt.[117]

75   Problematisch ist die Bestimmung der konkreten Maßstäbe der jeweiligen Technikklausel. Der maximale Standard dürfte sich seinem Wesen nach einer näheren

---

[113] S. auch *Kloepfer*, Umweltrecht, § 3 Rn. 137.

[114] *Kloepfer*, Umweltrecht, § 3 Rn. 135; *Saliger*, UmwStR, Rn. 255.

[115] *Kloepfer*, Umweltrecht, § 3 Rn. 134.

[116] *Kloepfer*, Umweltrecht, § 3 Rn. 136; *Saliger*, UmwStR, Rn. 255.

[117] *Kloepfer*, Umweltrecht, § 3 Rn. 136 m. w. N.

Regelung entziehen. Im Übrigen jedoch erfolgt grdsl. die Ausformung durch **technische Regelwerke und Grenzwerte**. Nach überwiegender Ansicht liegt in diesen eine **widerlegbare Indizwirkung**, dass (nur) bei deren Einhaltung dem betreffenden Standard Genüge getan ist.[118] Es fehlt mithin an einer Bindungswirkung, was im Strafverfahren Berücksichtigung verlangt. Zwar wird sich die Amtsaufklärungspflicht auf das technische Regelwerk beschränken dürfen, solange keine Anhaltspunkte für signifikante Besonderheiten des Sachverhaltes oder aktuellere Standards bestehen. Das Beweisantragsrecht jedoch muss naturgemäß über diese Schwelle hinaus die Möglichkeiten zur Entkräftung der Indizwirkung reflektieren und gegebenenfalls insbesondere entsprechenden Sachverständigenbeweis antreten.[119]

Ferner ist im Einzelfall zu klären, welche der drei Stufen gilt. Das hängt davon **76** ab, wie der Tatbestand der Norm ausgestaltet ist. Wenn die Strafnorm akzessorisch an eine verwaltungsrechtliche Pflicht anknüpft, die eine bestimmte Standardebene festlegt, so ist diese Frage entschieden. Wenn hingegen die Strafnorm keine derartige Akzessorietät enthält, dann ist es Sache des Rechtsanwenders, den gebotenen Sorgfaltsmaßstab des umweltbewussten Rechtsgenossen zu bestimmen. Dazu gehört dann auch die Festlegung, ob und an welchen technischen Standards der Sorgfaltsmaßstab auszurichten ist. Zunächst sind dafür die allgemein anerkannten Regeln der Technik in den Blick zu nehmen und damit auch die für bestimmte Tätigkeiten geltenden technischen Regelwerke und Grenzwerte. Das gilt unabhängig davon, ob Laien tätig werden oder Fachunternehmer, denn wo der Laie bei gefahrgeneigter Tätigkeit an seine Grenzen kommt, trifft ihn ein Verbot und er muss fachkundige Hilfe in Anspruch nehmen. Darüber hinaus trifft selbst den Laien eine Überwachungspflicht, wenn er dringende Anhaltspunkte dafür hat, dass der eingeschaltete Fachunternehmer die gebotene Sorgfalt nicht an den Tag legt.[120]

Auf der Ebene des Tatbestandes wird die Sorgfaltspflichtverletzung nach objek- **77** tiven Maßstäben beurteilt. Das bringt jedoch lediglich den Mindeststandard zum Ausdruck. Besonderheiten des Einzelfalles, die in der Person des Täters liegen, können zu einem strengeren Sorgfaltsmaßstab führen. Dabei ist zwischen dem **Sonderwissen** und dem Sonderkönnen zu unterscheiden.

Beispiel

Der A betreibt gem. § 327 Abs. 2 S. 1 Nr. 1 StGB eine genehmigungsbedürftige Anlage und hält sich dabei peinlich genau an die ihm erteilte Genehmigung. Auf einem Kongress erfährt er jedoch glaubhaft von B, dass dieser bei einer identischen Anlage unter identischen verbindlichen Sicherheitsvorschriften einen Schadensfall erlebt hat, bei dem giftige Stoffe austraten. A erkennt zwar das entsprechende Risiko auch für seine Anlage, hält dies aber für eine nur entfernte Möglichkeit, vertraut daher darauf, dass nichts passieren werde und unternimmt

---

[118] *Kloepfer*, Umweltrecht, § 3 Rn. 138; *Michalke*, UmwStR, Rn. 120.

[119] Vgl. *Michalke*, UmwStR, Rn. 120.

[120] Vgl. OLG Düsseldorf NJW 1991, 1123 ff. und dazu *Saliger*, UmwStR, Rn. 257.

nichts. Wenig später tritt auch bei ihm genau dieser Havariefall ein, mit der Folge, dass der nahe gelegene Fluss verunreinigt wird. Strafbarkeit des A gem. §§ 324, 327 Abs. 2 S. 1 Nr. 1 StGB?

Eine Strafbarkeit wegen § 327 Abs. 2 S. 1 Nr. 1 StGB scheidet wegen des genehmigungskonformen Betriebs der Anlage aus, da sein Sonderwissen nichts an der Genehmigung ändert. In Betracht kommt aber § 324 Abs. 3 StGB. **Sonderwissen,** welches die Erkenntnis oder die Erkennbarkeit von Gefahren betrifft, muss jedermann gegen sich gelten lassen.[121] Dies ist zwar an sich bei A der Fall, jedoch ist danach zu differenzieren, welcher **Ebene der Technikklauseln** die zur Risikovermeidung notwendigen Vorkehrungen entsprochen hätten. Wenn sich die notwendigen Vorkehrungen im Rahmen der Technikklausel der Genehmigung bewegt hätten, würde ihn die bestehende Genehmigung außerhalb von § 327 Abs. 2 S. 1 Nr. 1 StGB nicht schützen. Daran ändert sich auch dann nichts, wenn die Behebung des Schadensrisikos eine genehmigungsbedürftige wesentliche Änderung gem. § 16 BImSchG dargestellt hätte. Es wäre dann Sache des A gewesen, unverzüglich Kontakt zur Behörde aufzunehmen und bis dahin den Anlagenbetrieb einzustellen. A wäre also wegen § 324 Abs. 3 StGB zu bestrafen. Wenn hingegen zur Vermeidung der Havarie eine Investition erforderlich gewesen wäre, die allein nach dem maximalen Schutzniveau geboten gewesen wäre, dann läge der fortgesetzte Betrieb der Anlage im Rahmen des erlaubten Risikos und § 324 Abs. 3 StGB würde aufgrund eines sorgfaltsgemäßen Verhaltens scheitern. Anders läge es freilich, wenn der Betreiber Kenntnis von Umständen hat, welche auf eine sich konkret abzeichnende Havarie hindeuten. Dann darf er nicht tatenlos zuschauen, sondern muss den Betrieb notfalls einstellen, um der Gefahr zu begegnen und die Ausübung der behördlichen Entscheidungsprärogative zu ermöglichen.

78   Die zweite Fallgruppe des individuell erhöhten Sorgfaltsmaßstabes ist das größere individuelle Leistungsvermögen. Es ist in der allgemeinen Dogmatik umstritten, ob ein **Sonderkönnen** zu einer höheren Leistungsanforderung führt.[122] Soweit aber die umweltrelevanten Lebensbereiche auch unter Bestimmung der jeweiligen Ebene der Technikklauseln geregelt worden sind, wird das grundlegende dogmatische Problem hierdurch überformt. Ein Sonderkönnen drückt sich im Bereich des Umweltschutzes in erster Linie durch besondere Mittel und nicht durch individuelle Fähigkeiten aus. Im Vordergrund steht auch aus dieser Perspektive das erlaubte Risiko,[123] welches einer Pflicht zum Einsatz vorhandener oder in der finanziellen Leistungskraft liegender bestmöglicher Mittel zur Schadensprävention entgegensteht.

79   Teilweise stellt das Gesetz nur leichtfertiges Verhalten unter Strafe, bspw. §§ 325 Abs. 5, 329 Abs. 6, 330a Abs. 5 StGB oder §§ 71a Abs. 4 BNatSchG, 38a Abs. 2 u. 3 BJagdG. **Leichtfertigkeit** liegt vor, wenn der Täter – entsprechend der im Zivilrecht geltenden groben Fahrlässigkeit – grob achtlos handelt, was jedoch im Rahmen

---

[121] S. nur Wessels/*Beulke/Satzger*, AT, Rn. 944.

[122] Dafür etwa *Sternberg-Lieben/Schuster*, in: Schönke/Schröder, § 15 Rn. 138 ff.

[123] S. auch dazu *Sternberg-Lieben/Schuster*, in: Schönke/Schröder, § 15 Rn. 144 ff. m. w. N.

der individuellen Vorwerfbarkeit auf der Ebene der Schuld eine besondere Berücksichtigung der Fähigkeiten und Kenntnisse des Täters erfordert.[124] Maßgeblich ist, ob sich die Möglichkeit des tatbestandlichen Geschehens nach der Sachlage geradezu aufdrängt und der Täter gleichwohl handelt, weil er dies aus besonderer Gleichgültigkeit oder grober Unachtsamkeit außer Acht lässt.[125] Der Bezugspunkt dieses Maßstabes ist abermals das zugrunde liegende Reglement der Sorgfaltspflicht. Je strenger die Anforderungen an eine entsprechende einfache Fahrlässigkeit ausgestaltet wären, desto eher liegt Leichtfertigkeit vor. Soweit also dem jeweiligen Tatbestand Technikklauseln zugrunde liegen, muss die eröffnete Ebene dieser Klauseln mit in den Blick genommen und auch als Kontrollüberlegung für die Bestimmung der Leichtfertigkeit auf einer anderen Ebene mit herangezogen werden.

Schließlich ist die **Abgrenzung vom vorsätzlichen Delikt** im Auge zu behalten.   80
Das betrifft nicht nur die Bestimmung des Eventualvorsatzes in Abgrenzung zur bewussten Fahrlässigkeit, sondern ist auch bei einem anfänglich fahrlässigen Geschehen zu beachten. Wer im Laufe eines gestreckten Geschehens, das für Umweltdelikte typisch ist, seinen fahrlässigen Sorgfaltsverstoß erkennt und sich mit den möglichen Folgen zumindest billigend abfindet, agiert fortan vorsätzlich. Je nach Fallgestaltung handelt es sich dann um ein aktiv begangenes Vorsatzdelikt oder um ein unechtes Unterlassungsdelikt.

Beispiel

1) Der A betreibt gem. § 327 Abs. 2 S. 1 Nr. 1 StGB eine genehmigungsbedürftige Anlage, die ohne sein Wissen wesentlich von dem genehmigten Betrieb abweicht. Aufgrund einer Havarie wird ihm diese Abweichung bekannt, gleichwohl setzt er den Betrieb in derselben Weise fort. Hier ist nach h.M. aufgrund der fehlenden Änderungsgenehmigung i. S. v. § 16 BImSchG der notwendige Genehmigungsverstoß gegeben[126] und der A bis zur Havarie gem. § 327 Abs. 3 Nr. 2 StGB wegen Fahrlässigkeit und ab diesem Zeitpunkt in Tatmehrheit gem. § 327 Abs. 2 S. 1 Nr. 1 StGB strafbar.

2) Wie soeben, jedoch hat bereits die Havarie zum Austritt giftiger Stoffe geführt. Der A stellt den Betrieb der Anlage unverzüglich ein. Allerdings unternimmt er nichts gegen die ausgetretenen giftigen Stoffe, da er sich mit einer Verunreinigung des nahegelegenen Flusses abfindet, aber meint, dies werde nicht bemerkt werden oder doch zumindest ihm nicht zuzuordnen sein. Wie erwartet geschieht die Verunreinigung. Hier hat es für § 327 Abs. 2 S. 1 Nr. 1 StGB mit der fahrlässigen Begehung sein bewenden. Allerdings resultiert hieraus eine Garantenpflicht, die in Verbindung mit dem nunmehr bestehenden Vorsatz des A in Bezug auf die Gewässerverunreinigung im Ergebnis zu einer Strafbarkeit wegen §§ 324 Abs. 1, 13 StGB in Tatmehrheit zu § 327 Abs. 3 Nr. 2 StGB führt.

---

[124] Zum ganzen m. w. N. nur *Fischer*, § 15 Rn. 20; Wessels/*Beulke/Satzger*, AT, Rn. 933.

[125] S. nur BGHSt 43, 158/168 m. w. N.

[126] Abl. indes die hier vertretene Ansicht, vgl. § 15 Rn. 8.

3. Der Pflichtwidrigkeitszusammenhang

81 Der Pflichtwidrigkeitszusammenhang ist der dritte Prüfungsschritt des Fahrlässigkeitstatbestandes und entspricht der objektiven Zurechnung, die bei dem Vorsatzdelikt an zweiter Stelle zu prüfen ist. Der strukturelle Unterschied besteht darin, dass die rechtlich missbilligte Gefahr nicht bereits unmittelbar an die Handlung anknüpft, sondern an die Sorgfaltswidrigkeit. Die aus der Sorgfaltspflichtverletzung erwachsende Gefahr muss dem Schutzzweck der Norm entsprechen, wobei zwischen verwaltungsakzessorischen und offen formulierten Fahrlässigkeitstatbeständen zu differenzieren ist.[127] Die zweite Komponente des Pflichtwidrigkeitszusammenhangs ist ebenso wie bei der objektiven Zurechnung die Realisierung der geschaffenen Gefahr in dem konkreten Erfolg. Von besonderer Bedeutung ist deshalb abermals das rechtmäßige Alternativverhalten in Gestalt der formellen Illegalität sowie in der Variante der mit dem Grundsatz *in dubio pro reo* verbundenen Risikoerhöhung.[128] Wenn dem an sich redlichen Handelnden sein Verstoß gegen verwaltungsrechtliche Pflichten nicht bewusst gewesen ist, liegt es besonders nahe, die Frage der Genehmigungsfähigkeit gründlich zu prüfen.

82 Als taugliche Risikoverwirklichung kommt alles in Betracht, was nach allgemeiner Lebenserfahrung noch in Rechnung zu stellen ist. Problematisch ist, wie sich die **Selbstgefährdung** des Geschädigten auswirkt.

Beispiel

Der A betreibt eine gem. § 4 BImSchG genehmigungsbedürftige Anlage ohne die erforderliche Genehmigung, was ihm aus Sorglosigkeit nicht bekannt ist. Es bricht ein Brand aus, der unter Einhaltung der bei Genehmigung maßgeblichen Sicherheitsvorkehrungen verhindert worden wäre. Während der Löscharbeiten der Feuerwehr eilt Mitarbeiter O zurück auf das Gelände, um seinen Pkw zu retten, was trotz des bestehenden Risikos Erfolg versprach. Unerwartet und zu seiner kurzen Überraschung wird O von einer brandbedingt einstürzenden Wand erschlagen.

Strafbarkeit des A?

A hat sich wegen § 327 Abs. 2 S. 1 Nr. 1 i. V. m. Abs. 3 Nr. 2 StGB strafbar gemacht. Für den Todeserfolg scheidet die Erfolgsqualifikation in § 330 Abs. 2 Nr. 2 StGB mangels eines vorsätzlichen Grunddeliktes aus. In Betracht kommt aber eine tateinheitliche fahrlässige Tötung gem. § 222 StGB. Ohne den Betrieb der Anlage wäre der Tod des O ausgeblieben. Die Sorgfaltspflichtverletzung liegt in § 327 Abs. 2 S. 1 Nr. 2 i. V. m. Abs. 3 S. 2 StGB. Problematisch ist, ob die bewusste Selbstgefährdung den Zurechnungszusammenhang unterbricht, was typischerweise im Zusammenhang mit der Brandstiftung diskutiert wird. Grdsl. ist im Bereich der Körperverletzungs- und Tötungsdelikte ein Verletzungserfolg einem Dritten, der dafür eine Ursache gesetzt hat, dann nicht zuzurechnen, wenn der Erfolg die Folge einer be-

---

[127] S. dazu oben § 3 Rn. 69 ff.
[128] Vgl. oben § 3 Rn. 26 ff.

wussten, eigenverantwortlich gewollten und verwirklichten Selbstgefährdung ist und sich die Mitverantwortung des Dritten in einer bloßen Veranlassung oder Förderung des Selbstgefährdungsaktes erschöpft hat.[129] Umstritten ist aber, ab wann der Zurechnungszusammenhang unterbrochen ist. Die Rspr. stellt die Frage, wann sich aus dem Schutzzweck der Norm ergibt, dass der **Veranlasser der Gefahr** für die daraus resultierende Selbstgefährdung anderer einzustehen hat. Das sei bereits dann der Fall, wenn der Täter durch seine deliktische Handlung **die naheliegende Möglichkeit** einer bewussten Selbstgefährdung dadurch geschaffen hat, dass er ohne Mitwirkung und ohne Einverständnis des Opfers eine erhebliche Gefahr für ein Rechtsgut des Opfers oder ihm nahestehende Personen begründet und damit für dieses ein einsichtiges Motiv für gefährliche Rettungsmaßnahmen schafft.[130] Ein solches einsichtiges Motiv besteht *erst recht* für einen berufsmäßigen Retter, da diesen sogar eine Garantenpflicht trifft, welcher er sich auch nach der Wertung in § 35 Abs. 1 S. 2 HS 2 StGB schwerlich entziehen kann. Die Zurechnung wird nach diesem Standpunkt erst dann begrenzt, wenn es sich um einen von vornherein sinnlosen oder mit offensichtlich unverhältnismäßigen Wagnissen verbundenen Rettungsversuch handelt.[131] Im Beispiel wäre hiernach § 222 StGB gegeben. Ein Teil der Literatur nimmt gezielt die **Grenzen der Freiverantwortlichkeit** in den Blick und benennt dogmatische Kriterien zu deren Bestimmung.[132] Einerseits könnte es darauf ankommen, ob die Verantwortlichkeit des Opfers analog §§ 19, 20, 35 StGB ausgeschlossen wäre. Für einen Retter käme es hiernach auf die analoge Anwendung von § 35 I StGB an. Eigentum jedoch wird davon nicht erfasst, weshalb § 222 StGB hiernach scheitern würde. Andere Messen den Grundsätzen der Einwilligung Bedeutung bei. Indem der Täter den Verletzten in eine Lage bringt, welche die Entscheidung zwischen zwei Rechtsgütern erfordert, setzt er ihn einer Drucksituation aus. Folgt daraus eine gefährliche Rettung, so wurde der Entschluss hierzu der Sache nach abgenötigt und ist somit unfreiwillig. Dabei kann der Täter dem Bedrohten grdsl. nicht vorhalten, seine Wahl zwischen den Übeln beruhe auf falscher Wertung. Demnach wäre nur in Extremfällen einer besonderen Unvernunft die Zurechnung blockiert. Die **Einwilligungslösung** kommt damit für das Beispiel letztlich zu demselben Ergebnis wie die Rechtsprechung. Gegen die Anknüpfung an den Ausschluss der Verantwortung anhand von Schuldmerkmalen spricht – trotz guter Gründe für auch diese Ansicht – der Umstand, dass die Verantwortlichkeit für eine Rechtsgutverletzung nach dem Grundgedanken von Täterschaft und Teilnahme nicht notwendig bei nur einer Person anzusiedeln ist. Das strenge Entweder-Oder geht daher fehl. Insbesondere bei Sorgfaltsverstößen des sich selbst Gefährdenden ist auch dieser für den Erfolg verantwortlich, allerdings verwirklicht er gegen sich selbst keinen

---

[129] S. nur BGHSt 39, 322/324 f.

[130] S. nur BGHSt 39, 322/324.

[131] BGHSt 39, 322/325 sowie *Fischer*, Vor § 13 Rn. 36c m. w. N.

[132] Zur parallelen Problematik der bewussten Selbsttötung *Küpper/Börner*, BT I, § 1 Rn. 12 ff.

Tatbestand, weshalb seine Mitverantwortung im Rahmen der Strafzumessung zu berücksichtigen ist.

83   Das Problem der **Selbstgefährdung im Interesse eines Umweltrechtsgutes** ist damit aber noch nicht gelöst.

Beispiel

1) A erledigt bei sommerlichem Wetter seine Einkäufe, während er seinen Hund im geschlossenen Pkw zurücklässt. Dies bemerkt O als das Tier im Pkw kurz vor einem Hitzschlag steht. Als trotz seines Rufens das Herrchen nicht erscheint, schlägt O kurzentschlossen mit dem Ellbogen die Seitenscheibe des Pkw ein und zieht das entkräftete Tier mit einiger Mühe durch das Fenster aus dem Wagen. Dabei verletzt sich O jedoch aus Unachtsamkeit an der Halsschlagader und stirbt binnen weniger Minuten.

2) Der A betreibt eine gem. § 4 BImSchG i. V. m. Nr. 7.1 Anh. 1 der 4. BImSchV genehmigungsbedürftige Anlage zur Aufzucht von Hennen mit mehr als 40.000 Hennenplätzen ohne die erforderliche Genehmigung, was ihm allerdings aus Sorglosigkeit nicht bekannt ist. Bei einem Betrieb der Anlage auf Grundlage einer ordnungsgemäßen Genehmigung, würden die derzeit bestehenden Leiden der Tiere und die damit verbundenen häufigen Todesfälle ausbleiben. Der Umweltaktivist O hat zuverlässige Kenntnis davon und ist entschlossen, die untragbaren Zustände zu dokumentieren, um die Behörden zu unangemeldeten Kontrollen und einem effektiven Einschreiten gegen das rechtswidrige Verhalten des A zu veranlassen. Daher verschafft er sich nachts mit einer Brechstange Zutritt. Um aussagekräftige Aufnahmen zu fertigen, klettert er auf ein Geländer, rutscht dabei jedoch ab und bricht sich das Genick.

Strafbarkeit von O und A?

Nach dem vorzugswürdigen Standpunkt von Rspr. und Einwilligungslösung muss näher hinterfragt werden, welche Anlässe eine Selbstgefährdung hinreichend zu motivieren geeignet sind. Soweit das umweltrelevante Verhalten rechtmäßig ist, kann sich der Betreffende auf den Vertrauensgrundsatz berufen und bleibt straflos. Das gilt selbst dann, wenn innerhalb des geschlossenen Bereiches durch Sicherheitsmaßnahmen ein tödlicher Unfall hätte vermieden werden können, denn das Eindringen aus Anlass eines rechtmäßigen Anlagenbetriebs unterbricht dann jedenfalls den Pflichtwidrigkeitszusammenhang. Ist das umweltrelevante Verhalten hingegen rechtswidrig, dann ist zu beachten, dass sich hieraus für Dritte Privatpersonen grdsl. keine Pflichten ergeben. Ferner kann nicht unbeachtet bleiben, dass ein subjektiv öffentliches Recht auf Einhaltung der Rechtsordnung nicht besteht. Selbst dann, wenn spezialgesetzlich eine Klagebefugnis eröffnet ist,[133] ist bereits zweifelhaft, ob diese auch für die einzelne natürliche Person gilt. Jedenfalls

---

[133] Zur Frage nach einer daraus resultierenden Garantenpflicht unten § 6 Rn. 22.

beschränkt sich diese Rechtsposition aber auf den gerichtlichen Rechtsschutz, weshalb die Regelungen zur Klagebefugnis im Gegenteil zum Ausdruck bringen, dass die altruistische Interessenwahrung der Umweltrechtsgüter mit den Mitteln des Rechts geschehen soll und nicht unter Bruch des Rechts (§§ 123, 303 StGB). Dennoch stellt sich die Frage, wann sich ein Dritter – also jedermann – zum Einschreiten hinreichend veranlasst sehen darf. Umweltrechtsgüter sind Rechtsgüter der Allgemeinheit, weshalb § 34 StGB zu diesem Zweck verübte Straftaten rechtfertigen kann.[134] Unter Orientierung an den Maßstäben von Rechtsprechung und Einwilligungslösung erscheint es sachgerecht, an eine objektive **Rechtfertigungslage i. S. v. § 34 StGB** anzuknüpfen. Wenn die – tatbestandliche – Sorgfaltspflichtverletzung eine solche Lage schafft, dann besteht für den darauf Reagierenden nach normativen Maßstäben ein einsichtiges Motiv einzuschreiten. Aus der Perspektive der Einwilligungslösung erzeugt diese Rechtfertigungslage einen Entscheidungsdruck, der in der Sorgfaltspflichtverletzung wurzelt. Auf die Güterabwägung kommt es insofern nicht an, als die Selbstgefährdung keinen Straftatbestand verwirklicht. Fehlentscheidungen sind grdsl. unbeachtlich, weshalb A in den beiden Beispielen wegen § 222 StGB zu bestrafen ist.

Die Rechtfertigungslage muss jedoch tatsächlich gegeben sein. Anders könnte es **84** liegen, wenn sozial inadäquat und damit vorwerfbar der Anschein einer Rechtfertigungslage geschaffen und das Einschreiten auf diese Weise provoziert worden ist. Problematisch sind ferner die Gegenwärtigkeit der Gefahr und die mangelnde anderweitige Abwendbarkeit insbesondere durch Inanspruchnahme der Behörden.

4. Die individuelle Vorwerfbarkeit

Die für das fahrlässige Delikt zu prüfende Schuld erfordert zunächst Schuldfähig- **85** keit sowie das Nichtvorliegen von Schuldausschließungs- und Entschuldigungsgründen. Hinzu kommen die individuellen Merkmale der Fahrlässigkeit. Dabei handelt es sich um die subjektive Sorgfaltspflichtverletzung, die subjektive Vorhersehbarkeit und Vermeidbarkeit des Erfolges sowie die Frage nach einer Unzumutbarkeit normgemäßen Verhaltens.

Das materielle Schuldprinzip erfordert, dass die Strafe an **persönliche Eigen- 86 schaften und Fähigkeiten** des konkreten Täters in der betreffenden Situation anknüpft. Nur wenn der Täter persönlich in der Lage war, dem objektiven Maßstab der Sorgfalt zu genügen, hat er schuldhaft gehandelt. Fehlen ihm die notwendigen Kenntnisse oder Fähigkeiten, um dem objektiven Sorgfaltsmaßstab zu genügen, scheidet insofern die subjektive Sorgfaltspflichtverletzung aus.[135]

---

[134] Vgl. OLG Naumburg NJW 2018, 2064 ff. sowie zum ganzen unten § 7 Rn. 34 ff.
[135] S. nur Baumann/Weber/*Mitsch/Eisele*, AT, § 12 Rn. 66.

Beispiel

Der ungelernte A nimmt eine Maschine in Betrieb, wofür in der konkreten Situation keine behördliche Genehmigung erforderlich ist. Während dieses Betriebs führt jedoch das zufällige Platzen eines Hydraulikschlauches zu einer Havarie, die in eine Gewässerverunreinigung mündet. Anhand der Notfallpläne für ein solches Ereignis wäre diese Folge jedoch verhindert worden. A gab zwar sein Bestes, hatte jedoch weder die Kenntnisse, noch verfügte er über die handwerklichen Fertigkeiten, um die notwendigen Schritte zu unternehmen.

Im Beispiel trifft den A zwar in der Situation der Havarie kein individueller Vorwurf, der Vorwurf knüpft daher an sein zeitlich früheres Verhalten an. Ihn trifft – wie *Goethes* Zauberlehrling – ein **Übernahmeverschulden**,[136] da seine Inbetriebnahme der Maschine objektiv und auch subjektiv eine Sorgfaltspflichtverletzung bei Vorhersehbarkeit des Erfolges enthält. Entsprechendes gilt, wenn erst später für den Handelnden erkennbar wird, dass er sich übernommen hat, das Unheil durch ihn aber noch abgewendet werden kann.

87   Problematisch ist, ob das Kriterium der **Unzumutbarkeit normgemäßen Verhaltens** bei Fahrlässigkeitsdelikten als individuelles Ausschlusskriterium anzuerkennen ist, obgleich eine gesetzliche Regelung nicht vorliegt. Dafür spricht der Gedanke, dass der Schuldgehalt des Fahrlässigkeitsdelikte geringer wiegt und daher jenseits des § 35 StGB anderweitige Konfliktsituationen Beachtung verlangen könnten. Obgleich die h.M. davon ausgeht,[137] muss sie sich doch jedenfalls den Einwand mangelnder Bestimmtheit gefallen lassen. Wer auf die Maßstäbe des § 35 StGB verzichtet, muss abstrakte Kriterien benennen, wenn die Unzumutbarkeit nicht von den Wertvorstellungen des jeweiligen Rechtsanwenders abhängen und damit letztlich in Beliebigkeit münden soll.[138]

Beispiel

Der B ist in einer strukturschwachen und von Arbeitslosigkeit geprägten Region in dem Unternehmen des X beschäftigt. Er erhält von X den Auftrag, auf dem Gelände mehrere Lkw-Ladungen giftiger Abfälle i. S. v. § 326 Abs. 1 Nr. 1 StGB zu vergraben, um eine kostenpflichtige ordnungsgemäße Entsorgung zu vermeiden. Dem B ist die Art des Abfalls ebenso wie die unzulässige Art der Entsorgung bekannt, er handelt jedoch aus der berechtigten Furcht davor, im Falle der Weigerung entlassen zu werden. Zur Überraschung von B und X kommt der nichts ahnende Mitarbeiter O in Kontakt mit den Abfällen und verstirbt daraufhin.

[136] Dazu nur BGHSt 55, 121/133; Baumann/Weber/*Mitsch/Eisele*, AT, § 12 Rn. 66 ff.; *Kühl*, in: Lackner/Kühl, § 15 Rn. 39a.
[137] RGSt 30, 25 (Leinenfänger-Fall); Baumann/Weber/*Mitsch/Eisele*, AT, § 12 Rn. 71; Wessels/*Beulke/Satzger*, AT, Rn. 976; *Jescheck/Weigend*, AT, § 57 IV.
[138] Vgl. nur *Frister*, AT, 20/25.

Umweltdelikte von einigem Umfang geschehen ihrer Natur nach typischerweise unter Einschaltung weiterer Personen, insbesondere unter Beteiligung von Arbeitnehmern. Ebenso typisch ist es dann auch, dass die Arbeitnehmer trotz unsicherer Kenntnis von der exakten Genehmigungslage Arbeiten verrichten, bei denen sie durchaus bemerken (können), dass es sich um strafrechtsrelevante Sorgfaltspflichtverletzungen handelt. Ungeachtet der Beteiligungsrolle an einem vorsätzlichen Delikt stellt sich für das Fahrlässigkeitsdelikt bzw. für die Fahrlässigkeitskomponente einer Vorsatz-Fahrlässigkeitskombination das Problem der Zumutbarkeit normgemäßen Verhaltens. Die wohl h.M. nimmt trotz einer drohenden Kündigung die Zumutbarkeit normgemäßen Verhaltens an, da ein effektiver arbeitsrechtlicher Kündigungsschutz gewährleistet ist. Hinzu kommt das grdsl. funktionierende System der Sozialleistungen zur Grundsicherung.[139] Je schwerer das drohende Übel wiegt, desto strenger müssen die Anforderungen eine Unzumutbarkeit sein. Daher hielt der BGH schon im Ausgangspunkt (angemessene) wirtschaftliche Opfer für zumutbar.[140] Im Beispiel wäre der B wegen vorsätzlicher Beteiligung an § 326 Abs. 1 Nr. 1 StGB zu bestrafen. Die darauf aufbauende Erfolgsqualifikation in § 330 Abs. 2 Nr. 2 StGB griffe, ohne dass die erforderliche Fahrlässigkeit an einer Unzumutbarkeit normgemäßen Verhaltens scheitern würde.

Im Blick zu behalten ist allerdings der **Umgang der Praxis mit Unternehmens-** **88** **mitarbeitern**. Soweit nach kriminalistischer Erfahrung und der Unternehmensstruktur die eigentliche Verantwortung auf höherer Ebene zu vermuten ist, richten sich die Ermittlungsmaßnahmen gewöhnlich gezielt darauf, die weisungsgebundenen Mitarbeiter zu vernehmen. Nicht selten beginnen diese Vernehmungen als Zeugenvernehmungen, welche sehr bald mit einer entsprechenden Belehrung in eine Beschuldigtenvernehmung umschlagen. Mitunter erfolgen im Zuge dieser für den Mitarbeiter überraschenden Wendung gezielte Vorschläge insbesondere für eine Verfahrenseinstellung gem. §§ 153, 153a StPO, soweit (belastende) Angaben zum Sachverhalt gemacht werden. Kriminalistische Taktik und Verfahrenseffizienz greifen hier ineinander, sind jedoch für die Wahrheitsfindung mit einem handfesten fehlerträchtigen Belastungsimpuls verbunden und auch aus Perspektive der Verfahrensfairness aufmerksam zu beobachten. Auf der materiellen Ebene bringen die §§ 153, 153a StPO auch den individuellen Konflikt des Mitarbeiters zwischen dem Interesse am Arbeitsplatz einerseits und der Notwendigkeit rechtskonformen Verhaltens andererseits zum Ausdruck. Soweit in Anbetracht der Strafdrohung – wie in dem Beispiel gem. § 330 Abs. 2 Nr. 2 StGB – eine Verfahrenseinstellung ausscheidet, ist für den auf Weisung handelnden Mitarbeiter ein minder schwerer Fall regelmäßig in Betracht zu ziehen.

---

[139] Im Ergebnis Baumann/Weber/*Mitsch/Eisele*, AT, § 12 Rn. 71; *Jescheck/Weigend*, AT, § 57 IV; indes für Unzumutbarkeit immerhin *Kühl*, in: Lackner/Kühl, § 15 Rn. 51.
[140] BGHSt 4, 20/23.

Kontrollfragen

1. Wie und weshalb ist bei Fahrlässigkeitsdelikten zwischen Tun und Unterlassen einerseits und der Sorgfaltspflichtverletzung andererseits zu unterscheiden? (Rn. 66)
2. Wie wird die Sorgfaltspflicht im Umweltstrafrecht bestimmt? (Rn. 67 ff.)
3. Diskutieren Sie den Schutzzweckzusammenhang bei Umweltdelikten? (Rn. 69 ff.)
4. Was verbirgt sich hinter dem Erkundigungsmodell und welche Einwände erhebt dagegen das Vertrauensmodell? (Rn. 72 f.)
5. Welche Bedeutung haben Technikklauseln? Benennen Sie die drei unterschiedlichen Maßstäbe! (Rn. 74).
6. Welchen Einfluss hat Sonderwissen? (Rn. 77)
7. Was beinhaltet der Pflichtwidrigkeitszusammenhang? (Rn. 81)
8. Was wird zur Frage der Selbstgefährdung vertreten? Entscheiden Sie sich! (Rn. 82 ff.)
9. Erläutern Sie das Übernahmeverschulden! (Rn. 86)
10. Welche Bedeutung hat im Umweltstrafrecht die Zumutbarkeit normgemäßen Verhaltens? (Rn. 87 f.)

V. Vorsatz-Fahrlässigkeits-Kombinationen

89   Das Gesetz enthält häufig Delikte, die tatbestandlich aus einem Vorsatzteil und einem darauf aufbauenden Fahrlässigkeitsteil kombiniert sind. Dogmatisch handelt es sich dabei einerseits um erfolgsqualifizierte Delikte und andererseits um die konkreten Gefährdungsdelikte. Für erfolgsqualifizierte Delikte ergibt sich die Vorsatz-Fahrlässigkeits-Kombination aus § 18 StGB und für das konkrete Gefährdungsdelikt gem. § 15 StGB aus einer ausdrücklichen Regelung, da § 18 StGB hierfür nicht gilt.[141] Regelmäßig hat der Gesetzgeber auch für das konkrete Gefährdungsdelikt im Umweltstrafrecht Fahrlässigkeitsregelungen geschaffen, obgleich schwer einzusehen ist, weshalb dies ausgerechnet für § 330 Abs. 2 Nr. 1 StGB nicht geschehen ist. Vorliegend geht es darum, typische Fragen der Vorsatz-Fahrlässigkeits-Kombination darzustellen. Im Vordergrund stehen im folgenden zunächst Einzelheiten der erfolgsqualifizierten Delikte, während die parallel gelagerten Fragen des Gefährdungsobjektes sowie des spezifischen Gefahrzusammenhangs bei konkreten Gefährdungsdelikten bereits oben dargestellt worden sind.[142] Bemerkenswert ist ferner, dass der Gesetzgeber für die von § 330 Abs. 2 StGB in Bezug genommenen konkreten Gefährdungsdelikte zwar die Fahrlässigkeit geregelt hat, dabei aber nicht

---

[141] Dazu oben § 3 Rn. 54 f.
[142] S. oben § 3 Rn. 44 ff.

zwischen fahrlässiger Handlung und der auf die konkrete Gefährdung beschränkten Fahrlässigkeit unterscheidet, so dass eine Vorsatz-Fahrlässigkeit-Kombination als Ausgangspunkt des § 330 Abs. 2 Nr. 2 StGB nicht existiert. Das ist konsequent, da anderenfalls § 11 Abs. 2 StGB nach dem Wortlaut von § 330 Abs. 2 StGB eine Gleichstellung mit dem vorsätzlichen Delikt bewirken würde, worin ein Bruch der Dogmatik des erfolgsqualifizierten Delikts läge. Gleichwohl existieren Vorsatz-Fahrlässigkeits-Kombinationen in Bezug auf eine konkretes Gefährdungsdelikt als Grunddelikt, beispielsweise § 330a Abs. 1 i. V. m. Abs. 4 StGB. Dessen Erfolgs-qualifikation in § 330a Abs. 2 StGB setzt jedenfalls nach der Systematik der Ab-sätze ein vollständig vorsätzlich verwirklichtes Grunddelikt voraus.

1. Erfolgsqualifikation

In dem erfolgsqualifizierten Delikt wirkt die aus dem kanonischen Recht stam-   **90** mende Lehre vom *versari in re illicita* fort, wonach jener, der eine unerlaubte Tat begeht, für alles haftet, was daraus folgt. Auf dem Boden des verfassungsrechtlich verankerten materiellen Schuldprinzips ist es jedoch erforderlich, dass sich die Schuld auch auf den besonderen Erfolg bezieht. Vor diesem Hintergrund stellt sich das Problem des notwendigen Zusammenhangs zwischen vorsätzlichem Grundde-likt und der besonderen Folge des erfolgsqualifizierten Delikts.[143]

a) Grundlagen
Eine Qualifikation erfordert für die Strafschärfung ein weiteres Merkmal im Rah-   **91** men des vorsätzlichen Delikts. Bei der Erfolgsqualifikation findet die Strafschär-fung unter Anknüpfung an einen bestimmten Erfolgseintritt, also eine besondere Rechtsgutverletzung statt, ohne dass hierzu Vorsatz erforderlich ist. Damit stellt sich die Frage, weshalb es nicht mit einem Fahrlässigkeitsdelikt, welches zu dem vorsätzlich begangenen Delikt in Tateinheit steht, sein Bewenden haben kann. Der Grund hierfür liegt in einem engeren Zurechnungsmaßstab, dem eine erhöhte Schuld korrespondiert. Das fahrlässige Delikt verlangt nur, dass die Sorgfalts-pflichtverletzung der kausalen Handlung eine rechtlich missbilligte Gefahr schafft, die sich im besonderen Erfolg verwirklicht. Als Sorgfaltspflichtverletzung kommt gerade auch ein vorsätzliches Delikt in Betracht, welches den betreffenden Erfolg nicht voraussetzt, bspw. §§ 223, 324 StGB. Das erfolgsqualifizierte Delikt indessen verlangt über diesen allgemeinen Pflichtwidrigkeitszusammenhang hinaus, dass sich nicht irgendeine Gefahr verwirklicht, sondern die spezifische Erfolgsgefähr-lichkeit des Grunddelikts. Dieser strengere Zurechnungsmaßstab birgt die Legiti-mation für die mit dem erfolgsqualifizierten Delikt verbundene empfindliche Stei-gerung der strafrechtlichen Sanktion in sich.

---

[143] Zum ganzen insb. *Küpper*, Der „unmittelbare" Zusammenhang, S. 11 ff.

> **Beispiel**
>
> Der A verunreinigt vorsätzlich ein Gewässer. Deshalb kommt im weiteren Verlauf der O zu Tode.
> *Variante 1)* Es besteht ein Pflichtwidrigkeitszusammenhang, aber kein spezifischer Gefahrzusammenhang zum Tod des O.
> *Variante 2)* Es besteht ein spezifischer Gefahrzusammenhang zum Tod des O.

In beiden Fällen ist § 324 Abs. 1 StGB mit einem Strafrahmen von Freiheitsstrafe bis zu fünf Jahren oder Geldstrafe eröffnet. Fraglich ist, wie der Tod jeweils zu bewerten ist. In der ersten Variante stehen §§ 222, 324 StGB in Tateinheit zueinander und es bleibt bei diesem Strafrahmen. Die sachliche Zuständigkeit liegt daher gem. §§ 24, 25 GVG grdsl. beim Strafrichter des Amtsgerichts und es ist – ohne Vorstrafen – kaum jemals mit mehr als einer Freiheitsstrafe, die zur Bewährung ausgesetzt wird, zurechnen. Völlig anders verhält es sich in der zweiten Variante. Hier greift § 330 Abs. 2 Nr. 2 StGB mit einer Freiheitsstrafe von drei bis zu 15 Jahren. Die Verhandlung findet gem. § 74 Abs. 2 S. 1 Nr. 25 GVG vor der Schwurgerichtskammer des Landgerichts statt. Zudem lässt die hohe Mindeststrafe – dringenden Tatverdacht nach dem jeweiligen Stand der Ermittlungen vorausgesetzt – mit hoher Wahrscheinlichkeit Anordnung und Vollzug der Untersuchungshaft wegen Fluchtgefahr gem. § 112 Abs. 2 Nr. 2 StPO erwarten. Wenn der Angeklagte dann – kaum jemals schneller als ein halbes Jahr später – den ersten Hauptverhandlungstag erlebt (§ 121 Abs. 1 i. V. m. Abs. 3 S. 2 StPO) und schließlich die Hauptverhandlung von ungewisser Dauer hinter sich gebracht hat, erwartet ihn über kurz oder lang eine rechtskräftige mehrjährige Freiheitsstrafe, welche er mit etwas Pech in direktem Übergang von der Untersuchungshaft in den Strafvollzug anzutreten hat. Der Dramatik des Unterschiedes der materiellen und prozessualen Eingriffstiefe beider Varianten muss auch bei verfassungsrechtlicher Betrachtung ein handfester dogmatischer Unterschied zwischen § 222 StGB und dem erfolgsqualifizierten Delikt zugrunde liegen. Dies zu leisten, ist die Aufgabe des spezifischen Gefahrzusammenhangs.

Der Tatbestand des erfolgsqualifizierten Delikts ist zweckmäßig in vier Schritten zu prüfen:

(1) Verwirklichung des Grunddeliktes
(2) kausaler Eintritt des Erfolges an einem geschützten Rechtsgut
(3) spezifischer Gefahrzusammenhang
(4) § 18 StGB

92 Ist das Grunddelikt nicht vollendet worden, muss der Versuch auch in Bezug auf die Erfolgsqualifikation geprüft werden. Der Erfolg muss nicht nur vorliegen und kausal mit der Handlung verknüpft, sondern auch an einem tauglichen Rechtsgutträger eingetreten sein. Der Gefahrzusammenhang sollte anstelle des allgemeineren Pflichtwidrigkeitszusammenhangs geprüft werden, wenngleich der spezifische Gefahrzusammenhang erst recht ausscheidet, wenn schon eines der Merkmale des weiter gefassten Pflichtwidrigkeitszusammenhangs nicht vorliegt. Im Rahmen des spezifischen Gefahrzusammenhangs wird also zweckmäßig der Pflichtwidrigkeitszusam-

menhang nicht positiv festgestellt, sondern geprüft, ob dessen Ausschlussgründe vorliegen. Auf der Ebene des § 18 StGB schließlich hängt der Prüfungsaufbau von der jeweiligen Variante ab. Soweit Vorsatz im Raume steht, bildet der Prüfungspunkt (4) den subjektiven Tatbestand zu den Merkmalen (1) bis (3). Wenn dagegen Vorsatz von vornherein nicht zu erörtern ist, insbesondere weil ein vorsätzliches Tötungsdelikt der §§ 212, 211 StGB bereits mangels Vorsatzes abgelehnt worden ist, erfolgt unter (4) eine **Fahrlässigkeitsprüfung**. Diese fällt allerdings aufgrund der vorherigen Prüfung der Merkmale (1) bis (3) knapp aus. Die Kausalität zwischen Handlung und Erfolg wurde unter (2) festgestellt. Die Sorgfaltspflichtverletzung besteht in der Verwirklichung des Grunddelikts. Der Pflichtwidrigkeitszusammenhang ist bei Vorliegen des stets strengeren spezifischen Gefahrzusammenhangs erst recht gegeben. Für § 18 StGB verbleiben damit nur noch die objektive Vorhersehbarkeit sowie die auf Schuldebene zu prüfende subjektive Vorhersehbarkeit des im spezifischen Gefahrzusammenhang herbeigeführten Erfolges, wogegen die subjektive Pflichtwidrigkeit ebenfalls bereits durch das vorsätzliche Grunddelikt verkörpert wird.[144] Diese isoliert betrachtet geringen Anforderungen an die Fahrlässigkeit unterstreichen das Gewicht des spezifischen Gefahrzusammenhanges.[145]

b) Geschützte Rechtsgüter

Zunächst ist fraglich, der Tod welcher Personen überhaupt relevant ist. Problematisch ist insbesondere, wer „**anderer**" i. S. v. § 330 Abs. 2 Nr. 2 StGB ist.   93

> **Beispiel**
>
> Der A verwertet vorsätzlich unbefugt explosionsgefährliche Abfälle außerhalb einer dafür zugelassenen Anlage. Dabei unterstützt ihn sein Mitarbeiter B in Kenntnis aller Umstände sowie der Genehmigungslosigkeit. Infolge einer Sicherheitslücke, die es bei einem zugelassenen Anlagenbetrieb nicht gegeben hätte, kommt es zur Überraschung beider zu einer Explosion, durch die der B stirbt.
>
> Strafbarkeit des A gem. § 326 Abs. 1 i. V. m. § 330 Abs. 2 Nr. 2 StGB?

Dieses Problem tritt vor allem deshalb auf, weil Umweltdelikte sich nicht gegen Individualrechtsgüter richten. Bei allen Ansätzen zur Diskussion um das Rechtsgut geht es nicht um eine konkrete Person als Opfer eines der Grunddelikte. Für eine Erfolgsqualifikation ist es jedoch typisch, dass es auf den Tod des Opfers eines individualschützenden Grunddeliktes ankommt, bspw. §§ 227, 239 Abs. 4, 239a Abs. 3 StGB. Teilweise stellt sich das Problem jedoch auch bei Delikten gegen Individualrechtsgüter und zwar, wenn der Wortlaut sich nicht auf das Opfer des Grunddeliktes beschränkt, sondern auf den Tod eines anderen Menschen abhebt, bspw. § 251 StGB. Grundtatbestände zum Schutze von Gemeinschaftsrechtsgütern

---

[144] Vgl. nur BGHSt 24, 213/215.
[145] S. auch *Küpper/Börner*, BT I, § 2 Rn. 34.

lassen aber aus sich heraus eine Eingrenzung potenzieller Todesopfer nicht zu. Es bleibt nach dem jeweiligen Geschehen gerade abzuwarten, an welchen Objekten sich das spezifische Todesrisiko realisieren wird. Das erfolgsqualifizierte Delikt steht hier in einer deutlichen Parallele zu den konkreten Gefährdungsdelikten, welche in ihrem ersten Teil zwar eine Gefahrenquelle beschreiben, wobei im Zuge der Deliktsverwirklichung aber zunächst noch unklar ist, an welchem Objekt „dadurch" eine konkrete Gefahr eintreten wird. Nach vorzugswürdiger und überwiegender Ansicht scheiden dort Tatbeteiligte als „andere" aus.[146] Vergleichbar mit § 330 Abs. 2 Nr. 2 StGB ist im Hinblick auf die Verknüpfung zwischen einem Gefährdungsdelikt als Grunddelikt und der Todes-Erfolgsqualifikation die Brandstiftung mit Todesfolge in § 306c StGB. Hier wie dort erscheint es vorzugswürdig, einen Beteiligten des Grunddelikts nicht als geschützt anzusehen, denn es kann schwerlich das Anliegen des Gesetzes sein, Tatbeteiligte zu schützen.[147] Ferner kann bei einem erfolgsqualifizierten Delikt das beeinträchtigte Rechtsgut nicht unabhängig von dem Rechtsgutträger betrachtet werden. Während bei konkreten Gefährdungsdelikten die eingetretene Gefahr als Indiz für die Gefährlichkeit der Situation zu betrachten ist, wodurch die Individualität des Gefährdeten in den Hintergrund tritt, kommt es bei der Verletzung des Rechtsgutes auf diese Verletzung selbst und damit auf den jeweiligen Rechtsgutträger an. Die Gründe für eine restriktive Handhabung wiegen daher bei erfolgsqualifizierten Delikten noch schwerer als bei konkreten Gefährdungsdelikten. Tatbeteiligte sind mithin **keine** *anderen* **Menschen** im Sinne erfolgsqualifizierter Delikte.[148] Dies bewegt sich im Rahmen der Auslegung des Wortlautes des Begriffes „anderer" und es bedarf daher keiner teleologischen Reduktion.[149] Im Beispiel ist der B Tatgehilfe des Grunddeliktes und daher § 330 Abs. 2 Nr. 2 StGB nicht verwirklicht. Für § 222 StGB kommt es auf die Abgrenzung zur Selbstgefährdung sowie auf die problematische Frage einer rechtfertigenden Einwilligung in die Fremdgefährdung an. Bei einer – unter Beurteilung *ex ante* – abstrakten Lebensgefahr ist eine rechtfertigende Einwilligung grdsl. möglich, nicht jedoch bei einer absehbaren konkreten Lebensgefahr.[150] Auch § 222 StGB scheidet daher im Beispiel im Ergebnis aus.

94   Eng verwandt damit ist die Frage, wie sich die **Einwilligung** in eine Fremdgefährdung **auf der Ebene des erfolgsqualifizierten Delikts** auswirkt.

Beispiel

   1) Der A verwertet vorsätzlich unbefugt explosionsgefährliche Abfälle außerhalb einer dafür zugelassenen Anlage. Hierbei besucht ihn in Kenntnis der Sachlage der X, welcher sich umschauen und den Rat des A einholen möchte,

---

[146] S. oben § 3 Rn. 44.

[147] So für § 306c StGB etwa *Börner*, in: AnwK-StGB, § 306c Rn. 2; a.A. *Heine/Bosch*, in: *Schönke/Schröder*, § 306c Rn. 2.

[148] Zur Lösung des Aufbauproblems s. unten § 3 Rn. 117 f.

[149] A.A. *Habetha*, in: AnwK-StGB, § 251 Rn. 2 Fn. 11.

[150] BGHSt 53, 55/62 f.; *Küpper/Börner*, BT I, § 1 Rn. 93.

da er ähnliches vorhat. Infolge einer Sicherheitslücke, die es bei einem zugelassenen Anlagenbetrieb nicht gegeben hätte, kommt es zur Überraschung
beider zu einer Explosion, durch die der X stirbt.

   Strafbarkeit des A gem. § 326 Abs. 1 i. V. m. § 330 Abs. 2 Nr. 2 StGB?

2) Der C verbringt i. S. v. § 18a Abs. 1 AbfVerbrG illegal gefährliche Abfälle
   mit seinem Lkw. Dem O ist das bekannt, gleichwohl möchte er von dem C
   mitgenommen werden. Durch die illegale Verbringung wird der Tod des O
   herbeigeführt.

   Strafbarkeit des C gem. § 18a Abs. 6 AbfVerbrG?

Die Grunddelikte sind jeweils verwirklicht. Unabhängig von den notwendigen Anforderungen an den spezifischen Gefahrzusammenhang, insbesondere in dem Beispiel 2), handelt es sich in beiden Fällen bei den Todesopfern nicht um Tatbeteiligte,
jedenfalls solange die Schwelle zur psychischen Beihilfe nicht erreicht worden ist.
Damit scheidet die Erfolgsqualifikation nicht mangels anderer aus, könnte aber von
einer rechtfertigenden Einwilligung gedeckt sein. Obgleich die Erfolgsqualifikation
strenge Anforderungen an die Zurechnung des Todeserfolges stellt, ändert dies
nichts an der Notwendigkeit der Rechtswidrigkeit des fahrlässig herbeigeführten
Erfolges. Daher ist zu fragen, ob eine rechtfertigende **Einwilligung ebenso wie bei
§ 222 StGB** in Betracht kommt. Es ist zu berücksichtigen, dass § 18 StGB in Bezug
auf den Erfolg zumindest Fahrlässigkeit verlangt, weshalb sich die Beurteilung der
Rechtswidrigkeit des Erfolges im Fahrlässigkeitsfalle an den Maßstäben der Fahrlässigkeit ausrichtet. Aus dieser Perspektive macht es keinen Unterschied, ob § 222
StGB isoliert betrachtet wird oder aber als Teil einer Erfolgsqualifikation. Die Maßstäbe sind daher einheitlich zu beurteilen. Die vom Willen des Täters sowie des
Gefährdeten umfasste Gefährdungslage reicht in beiden Beispielen nicht an eine
konkrete Gefahr heran, weshalb auf dem Boden von § 222 StGB eine rechtfertigende Einwilligung anzunehmen wäre. Als Folge daraus scheidet auch eine Bestrafung aus der Todes-Erfolgsqualifikation in der Fahrlässigkeitsvariante aus. Die Besonderheit dieser Konstellation liegt wiederum darin, dass die Rechtfertigung des
Grunddeliktes anderen Regeln folgt, weil diesem kein Individualrechtsgut zugrunde
liegt. Während etwa bei § 227 StGB die Rechtfertigung des vorsätzlichen Grunddelikts letztlich an denselben Maßstäben gemessen wird wie die Rechtfertigung der
fahrlässig herbeigeführten Todesfolge, fehlt es bei der Erfolgsqualifikation des Umweltdelikts an einer entsprechenden Parallele. Insofern ist die Konstellation hier
ganz ähnlich wie bei den konkreten Gefährdungsdelikten. Dort jedoch scheidet eine
rechtfertigende Einwilligung in die konkrete Gefährdung aus, da das Gefährdungsobjekt als Repräsentant der Allgemeinheit Gradmesser der pönalisierten Gefahrenlage ist. Aufgrund der Rechtsgut*verletzung* durch ein erfolgsqualifiziertes Delikt an
einem „anderen" besteht indes für die Erfolgsqualifikation für eine solche Abkopplung kein Raum. Wenn das spätere Opfer mit rechtfertigender Wirkung in Ansehung
einer abstrakten Todesgefahr über *sein* Leben dispositionsbefugt ist, dann gilt das
für die Todes-Erfolgsqualifikation ebenso wie für § 222 StGB.

   Vor diesem Hintergrund ist eine Kontrollüberlegung in Bezug auf die **Einwilli-**   95
gung in eine konkrete Gefahr angebracht. Das gilt umso mehr, als § 330 Abs. 2

Nr. 2 auch an konkrete Gefährdungsdelikte als Grunddelikte anknüpft, §§ 325 Abs. 2, 328 Abs. 3 StGB.

Der A befördert wissentlich gefährliche Güter i. S. v. § 328 Abs. 3 Nr. 2 StGB unter Verletzung verwaltungsrechtlicher Pflichten. O bittet darum, mit genommen zu werden, da er dasselbe Ziel hat und nicht laufen mag, obwohl ihm Gefährlichkeit und Pflichtverletzung bekannt sind. Infolge eines Sicherheitsverstoßes, den es bei Einhaltung der verwaltungsrechtlichen Pflichten nicht gegeben hätte, wird O durch die von den Gütern ausgehende Gefahr getötet. Der A hatte die konkrete Todesgefahr billigend in Kauf genommen, den Tod selbst jedoch nicht.

Variante: Weder A noch O haben eine konkrete Gefahr für das Leben in Rechnung gestellt und diese war auch bei objektiver Betrachtung ex ante nicht zu erwarten. Strafbarkeit des A gem. § 328 Abs. 3 Nr. 2 i. V. m. § 330 Abs. 2 Nr. 2 StGB?

Es mag auf den ersten Blick widersprüchlich erscheinen, in Bezug auf die bloße konkrete Gefahr für das Leben eine Einwilligung abzulehnen, für den Todeserfolg hingegen eine rechtfertigende Einwilligung zuzulassen. Bei näherem Hinsehen ergeben sich jedoch harmonische Ergebnisse. Die Erfolgsqualifikation setzt gem. § 330 Abs. 2 StGB eine vorsätzliche Tat nach den §§ 324 bis 329 StGB voraus. Zwar könnte **§ 11 Abs. 2 StGB** eine Vorsatz-Fahrlässigkeits-Kombinationen bzgl. einer konkreten Gefahr nach dem Wortlaut zu einem vorsätzlichen Grunddelikt der Erfolgsqualifikation erheben, jedoch läge darin ein empfindlicher dogmatischer Bruch. Zudem hat der Gesetzgeber bei den in Bezug genommenen §§ 324 bis 329 StGB keine solche Kombination geregelt. Daher setzt § 330 Abs. 2 StGB auf der Ebene des Grunddeliktes nur solche konkreten Gefahren voraus, hinsichtlich derer der Täter vorsätzlich gehandelt hat, bspw. § 328 Abs. 3 Nr. 2 StGB. Für eine Einwilligung wäre es daher erforderlich, dass auch diese sich gerade auf die **konkrete Gefahr** bezieht, da anderenfalls der Handlungsunwert des Täters nicht von der Einwilligung gedeckt wäre. Sowohl für das rein vorsätzlich begangene Grunddelikt als auch für die daraus resultierende Todesfolge ist deshalb die konkrete Todesgefahr der maßgebliche Bezugspunkt zur Beurteilung der rechtfertigenden Wirkung einer Einwilligung. Im Hinblick auf den fahrlässig herbeigeführten Tod ist die **Einwilligung** also wegen der aufgrund des Vorsatzes *ex ante* beachtlichen konkreten Todesgefahr **unwirksam**. Für das Grunddelikt kann in diesem Fall nichts anderes gelten. Das ist für die h.M., welche die Dispositionsbefugnis des Gefährdeten ohnehin ablehnt, selbst verständlich. Soweit hingegen die Einwilligung in eine konkrete Gefahr prinzipiell für möglich gehalten wird, muss zur Vermeidung von Wertungswidersprüchen zwischen einer vorsätzlichen konkreten Gefährdung und einer fahrlässigen konkreten Gefährdung unterschieden werden. In dem Grundfall des Beispiels wäre eine Einwilligung im Ergebnis unbeachtlich und A gem. § 330 Abs. 2 Nr. 2 StGB zu bestrafen, selbst wenn sich diese Einwilligung auf eine konkrete Fremdgefährdung des Lebens bezöge. In der Variante hingegen würde § 330 Abs. 2 Nr. 2 StGB bereits mangels der erforderlichen vorsätzlichen Tat ausscheiden. § 222 StGB würde wegen einer rechtfertigenden Einwilligung in die ex ante lediglich absehbare abstrakte Gefahr ausscheiden. Für § 328 Abs. 3 Nr. 2 StGB hinge die Strafbarkeit von der Zulässigkeit einer Einwilligung ab, was die herrschende Meinung mangels Dispositionsbefugnis der als **Repräsentant der Allgemeinheit** gefährdeten Person verneint.[151] Darauf käme es freilich nur an, wenn die konkrete Gefahr ausnahmsweise nicht hinreichend objektiv und subjektiv vorhersehbar gewesen sein sollte. Die Einwilligung ist unwirksam, wenn die konkrete Gefahr naheliegend im Raume steht. Für die Fahrlässigkeit als solche genügt hingegen bereits eine objektiv und subjektiv allgemein vorhersehbare konkrete Gefahr als Folge einer solchen Pflichtverletzung. Daher ist es kein Widerspruch, wenn in der Variante des Beispiels Fahrlässigkeit im Hinblick auf eine konkrete Gefahr i. S. v. § 328 Abs. 3 Nr. 2 i. V. m. Abs. 4 StGB gegeben ist, aber § 222 StGB dennoch wegen einer rechtfertigenden Einwilligung ausscheidet.

Fraglich ist, wie Betriebsangehörige zu beurteilen sind, was entsprechend bereits **96** bei dem konkreten Gefährdungsdelikt diskutiert worden ist. Hier wie dort ist es nach dem Schutzzweck der Norm vorzugswürdig, zwischen den sachlichen Betriebsmitteln einer Anlage und den für den Betrieb einer Anlage notwendigen Personen zu unterscheiden.[152] Die behördliche Kontrolle dient typischerweise auch der Sicherheit der Mitarbeiter, weshalb diese „andere" i. S. v. § 330 Abs. 2 Nr. 2 StGB sind, solange es sich bei ihnen nicht um Tatbeteiligte handelt – was in aller Regel auf der subjektiven Ebene zu entscheiden ist.

Beispiel

Der A verwertet vorsätzlich unbefugt explosionsgefährliche Abfälle außerhalb einer dafür zugelassenen Anlage. Sein Mitarbeiter B glaubt, es gehe mit rechten Dingen zu. Infolge einer Sicherheitslücke, die es bei einem zugelassenen Anlagenbetrieb nicht gegeben hätte, kommt es zur Überraschung des A zu einer Explosion, durch die der B stirbt.

Hier hat sich A gem. § 326 Abs. 1 i. V. m. § 330 Abs. 2 Nr. 2 StGB strafbar gemacht. Eine rechtfertigende Einwilligung kommt mangels Kenntnis des B von dem sicherheitsrelevanten Genehmigungsverstoß nicht in Betracht. Eine Besonderheit gilt freilich für §§ 325 Abs. 1, 325a Abs. 1 StGB, die sich auf Schäden außerhalb des zur Anlage gehörenden Bereichs beschränken, worauf im Rahmen der Bestimmung der grunddeliktsspezifischen Gefahr zurückzukommen ist.

c) Spezifischer Gefahrzusammenhang

Für jedes erfolgsqualifizierte Delikt ist der spezifische Gefahrzusammenhang an- **97** hand von zwei Fragen zu klären:

(1) Worin besteht das spezifische Risiko des Grundtatbestands gerade für das Rechtsgut der Erfolgsqualifikation?
(2) Hat sich genau dieses Risiko (aus sich heraus/unmittelbar) in dem besonderen Erfolg verwirklicht?

---

[151] Vgl. oben § 3 Rn. 44 *passim*.
[152] S. oben § 3 Rn. 46.

Auf dem Gebiet des Umweltstrafrechts weist diese allgemeine Problematik besondere Facetten auf, die der Eigenart des Rechtsgebietes geschuldet sind. Einerseits hat das Rechtsgut Einfluss, da nicht jedes Delikt auch unmittelbare Konsequenzen für den Menschen im Auge hat. Andererseits wirkt sich die verwaltungsakzessorische Ausgestaltung auch auf die Erfolgsqualifikation aus.

98   Im allgemeinen Strafrecht richtet sich die Bestimmung der grunddeliktsspezifischen Gefahr nach der Frage, ob an die Handlung des Grunddeliktes oder aber an den Erfolg des Grunddeliktes anzuknüpfen ist. Während etwa beim Raub (§ 251 StGB) das qualifizierte Nötigungsmittel und nicht die Wegnahme der Geldbörse eine typische Todesgefahr in sich tragen kann, ist für § 227 StGB die Anknüpfung an eine bloße Handlung umstritten, was entgegen der h.M. abzulehnen ist.[153] Dieses Grundproblem muss für jedes Erfolgsdelikt separat geklärt werden, um es der jeweiligen Erfolgsqualifikation zugrunde zu legen.

Beispiel

Binnenschiffer T lässt an einem entlegenen Steg 1000 Liter Altöl in einen Fluss ab, der dadurch verunreinigt wird. Dabei laufen einige Liter Öl über den Steg. Tags darauf rutscht Angler A hierauf aus, fällt ins Wasser und ertrinkt. Strafbarkeit des T gem. § 330 Abs. 2 Nr. 2 i. V. m. § 324 Abs. 1 StGB?

99   Hier resultiert der Tod nicht aus dem **Erfolg des Grunddelikts**, sondern lediglich aus dessen Handlung. Auf dem Boden des anthropozentrischen Rechtsgutes knüpft die Verletzung des Menschen an eine vorherige Schädigung der Umwelt an. Das von § 324 Abs. 1 StGB benannte Umweltmedium ist aber allein das Wasser, weshalb § 330 Abs. 2 Nr. 2 StGB gerade an den Erfolg dieses Grunddelikts anknüpft und nicht lediglich an dessen Handlung. Das bestätigt sich in den übrigen Erfolgsdelikten des medialen Umweltstrafrechts. Die Bodenverunreinigung legt in § 324a Abs. 1 Nr. 1 StGB unter anderem die Eignung zur Schädigung der Gesundheit eines anderen als Kriterium der tatbestandlich erheblichen Bodenverunreinigung fest. Entsprechend verhält es sich bei der Luftverunreinigung gem. § 325 Abs. 1 S. 1 StGB und der Verursachung von Lärm gem. § 325a Abs. 1 StGB. Das Gesetz stellt hier klar, dass ein Gesundheitsrisiko und damit letztlich auch das für § 330 Abs. 2 Nr. 2 StGB relevante Todesrisiko gerade aus der Verletzung eines Umweltmediums resultieren muss.

100   Sobald hingegen das von § 330 Abs. 2 Nr. 2 StGB in Bezug genommene Grunddelikt keinen Erfolg voraussetzt, muss die grunddeliktsspezifische Gefahr in den stattdessen geltenden tatbestandlichen Voraussetzungen gesucht werden. Die **konkreten Gefährdungsdelikte** bringen bereits in der Verknüpfung zwischen dem abstrakten Gefährdungsteil und der daraus resultierenden konkreten Gefahr einen in Gang gesetzten Prozess der Gefahrrealisierung zum Ausdruck. Indem die Todes-Erfolgsqualifikation an ein solches Grunddelikt anknüpft, kann es sinnvoll nur um die weitere Fortentwicklung eben dieser konkreten Gefahr für einen Menschen hin

---

[153] Vgl. dazu *Küpper/Börner*, BT I, § 2 Rn. 30 ff.

zu dessen Tod gehen. Die als Repräsentant der Allgemeinheit auf Ebene des Grund-
deliktes gefährdete Person wird gem. § 330 Abs. 2 Nr. 2 StGB in ihrem Rechtsgut
Leben verletzt. Entsprechend verhält es sich auch mit den Eignungsdelikten. Die
Eignung zur Gefährdung ist aus der Perspektive einer Erfolgsqualifikation nichts
anderes als die konkret benannte spezifische Gefahr des Grunddelikts.[154] Eben diese
Gefahr muss sich realisiert haben, unabhängig davon, ob das betreffende Eignungs-
delikt ein Erfolgsdelikt (§§ 324a Abs. 1, 325 Abs. 1, 325a Abs. 1 StGB) oder ein
Tätigkeitsdelikt (§ 326 Abs. 1 Nr. 4 StGB) ist.

    Diese Kriterien enthalten jedoch auch eine Begrenzung der grunddeliktsspezifi- **101**
schen Gefahr, denn alles, was außerhalb der von dem Grunddelikt gezogenen Grenzen liegt, scheidet als Anknüpfungspunkt für die Erfolgsqualifikation aus.

Beispiel

Unternehmer U fährt einen Tanklaster mit giftigen Abwässern direkt an einen
Fluss, öffnet das Ventil und bringt sich schleunigst in Sicherheit. Aufgrund von
giftigen Dämpfen stirbt der in der Nähe sitzende Angler A. U hatte weder den A
bemerkt noch mit der Möglichkeit gerechnet, dass ein Mensch in den Bereich der
Dämpfe geraten könnte.

Strafbarkeit des U gem. § 330 Abs. 2 Nr. 2 StGB

Die Gewässerverunreinigung ist lediglich über die Handlung mit dem eingetretenen
Tod verknüpft und scheidet daher als Grunddelikt aus. Eine Luftverunreinigung
nach § 325 Abs. 1 und Abs. 2 StGB scheidet deshalb aus, weil die Veränderung der
Luft nicht bei dem Betrieb einer Anlage geschehen ist. In Betracht kommt jedoch
§ 325 Abs. 3 StGB, der Schadstoffe in bedeutendem Umfange verlangt und einen
Erfolg aufweist, dessen spezifische Gefahr sich in dem Tod des A niedergeschlagen
hat. Ferner ist § 326 Abs. 1 Nr. 1 StGB in Betracht zu ziehen. Im Beispiel hat die
Todesgefahr ihre Wurzel in der gefährdenden Eigenschaft des Abfalls und realisiert
sich durch die tatbestandswidrige Außerachtlassung der notwendigen Verfahren zur
sicheren Beseitigung dieses gefährlichen Abfalls. Das setzt jedoch immer voraus,
dass die Todesgefahr auf die **stoffgebundene Gefährlichkeit** des Abfalls zurückzu-
führen ist. § 326 Abs. 1 Nr. 1 StGB scheidet hingegen aus, wenn das Opfer – wie in
dem vorherigen Beispiel – lediglich auf den Abfällen ausrutscht. In einem solchen
Fall bliebe es bei § 222 StGB in Tateinheit mit § 326 Abs. 1 StGB. Schließlich ist
§ 330a Abs. 1 i. V. m. seiner Erfolgsqualifikation in § 330a Abs. 3 StGB in Betracht
zu ziehen, dazu fehlt es jedoch im Beispiel an der notwendigen vorsätzlichen konkreten Gefährdung. Soweit mehrere Grunddelikte zur Verwirklichung von § 330
Abs. 2 Nr. 2 StGB an demselben Rechtsgutträger führen, muss auf der Ebene der
Konkurrenzen entschieden werden, bei welchem Unwert der Schwerpunkt des Geschehens liegt. Im Beispiel würde § 330 Abs. 2 Nr. 2 StGB an die Abfallbeseitigung
nach § 326 Abs. 1 StGB knüpfen.

---

[154] Vgl. auch oben § 3 Rn. 41.

102   Ferner setzt die aus einem Eignungsdelikt oder konkreten Gefährdungsdelikt resultierende Todes-Erfolgsqualifikation voraus, dass bereits das Grunddelikt in **Bezug zu der getöteten Person** steht. Das ist nicht der Fall, wenn das Grunddelikt
lediglich wegen einer Eignung zur Schädigung von Umweltmedien, Pflanzen oder
Tieren verwirklicht worden ist. Das gilt entsprechend, wenn das Todesopfer nicht
jene Person gewesen ist, an der die nach dem Grunddelikt erforderliche konkrete
Gefahr eingetreten ist.

> **Beispiel**
>
> Der Unternehmer U bringt gem. § 324a StGB wissentlich unter Verletzung ver-
> waltungsrechtlicher Pflichten Stoffe in den Boden ein und verunreinigt diesen
> dadurch in der Weise, die geeignet ist, ein Gewässer zu schädigen. Ohne, dass
> der U dies wollte, tritt in der Folge eine Gewässerverunreinigung ein. Diese Ge-
> wässerverunreinigung wiederum führt zum Tod des O.

Die Gewässerverunreinigung erfolgte lediglich fahrlässig (§ 324 Abs. 3 StGB) und
scheidet daher als Grunddelikt für § 330 Abs. 2 Nr. 2 StGB aus. Die vorsätzliche
Bodenverunreinigung gem. § 324a Abs. 1 Nr. 1 StGB beruht nicht auf der Eignung
zur Schädigung der Gesundheit eines anderen Menschen. Daher hat sich im Tod des
O nicht die grunddeliktsspezifische Gefahr der Bodenverunreinigung realisiert; das
ändert freilich nichts an § 222 StGB.

103   Eine Sonderstellung nehmen die Veränderung der Luft und die Verursachung von
Lärm gem. §§ 325, 325a StGB ein. Die Gefahrenquelle besteht jeweils in dem Betrieb einer Anlage unter Verletzung verwaltungsrechtlicher Pflichten. Luftverände-
rung und Lärm sind jedoch nur dann von Bedeutung, wenn sie geeignet sind, **außerhalb des zur Anlage gehörenden Bereichs** bzw. **außerhalb des Betriebsgeländes**
(§ 325a Abs. 2 StGB) die Gesundheit eines anderen zu schädigen. Der Todeserfolg
aufgrund einer Schädigung innerhalb des zur Anlage gehörenden Bereichs bzw. des
Betriebsgeländes liegt daher außerhalb des grunddeliktsspezifischen Risikos und genügt für § 330 Abs. 2 Nr. 2 StGB nicht. Hier stünde abermals § 222 StGB zu
§§ 325, 325a StGB in Tateinheit. Zum Betrieb der Anlage gehörige Personen, die
sich an der Tat nicht beteiligt haben, sind zwar nach wie vor an sich ein taugliches
Tatobjekt, werden aber insofern nur geschützt, als deren Tod auf Gefahren beruht, die
außerhalb des Bereichs der Anlage wirken.

104   Schließlich existieren Delikte, die tatbestandlich zwar ein bestimmtes Gefährdungsmoment benennen, dabei jedoch nicht den Menschen berücksichtigen. § 329 Abs. 3
und Abs. 4 StGB dienen dem **Natur- und Artenschutz**. Der Schutzzweck ist daher
hierauf begrenzt, weshalb § 330 Abs. 2 Nr. 2 StGB insofern leer läuft. Auch für die
fahrlässige Tötung eines Menschen ist der Schutzzweckzusammenhang problematisch, wenn sich die verletzte Pflicht in einer Verletzung des Natur- und Artenschutzes
erschöpft. Denkbar erscheinen jedoch Herausforderungsfälle für § 222 StGB.

105   Nachdem die grunddeliktspezifische Gefahr geklärt worden ist, kommt es darauf
an, ob sich gerade diese in dem besonderen Erfolg verwirklicht hat. Die Prüfung
erfolgt in zwei Stufen. Wenn bereits der Pflichtwidrigkeitszusammenhang nicht gegeben ist, scheidet erst recht der strengere spezifische Gefahrzusammenhang aus.

Insofern kann auf die Darstellungen zur Fahrlässigkeit und zur objektiven Zurechnung verwiesen werden.[155] Besonders hervorzuheben ist, dass die **bloße formelle Illegalität** bereits für den Pflichtwidrigkeitszusammenhang nicht genügt und daher der spezifische Gefahrzusammenhang erst recht ausscheidet,[156] so dass es insofern auf den Genehmigungsanspruch als Rechtfertigungsgrund nicht mehr ankommt.

Bestehen auf der Ebene des allgemeinen Pflichtwidrigkeitszusammenhang keine **106** Ausschlussgründe, kommt es auf die positive Bestimmung der ausreichenden Verwirklichung des spezifischen Risikos an. Probleme treten immer dann auf, wenn über das grunddeliktsspezifische Risiko hinaus weitere Faktoren Einfluss auf den Erfolgseintritt hatten. Problematisch sind **fehlerhafte Handlungen Dritter**, wobei typischerweise auf Behandlungsfehler hingewiesen wird. Gerade im Bereich des Umweltstrafrechts ist aber auch in Rechnung zu stellen, dass sich Rettungskräfte (THW, Feuerwehr, Ersatzvornahmen der Umweltbehörden) fehlerhaft verhalten haben könnten und erst deshalb der Todeserfolg bei einem anderen eintritt. Ebenso problematisch ist ein Fehlverhalten des Opfers selbst, das sich entweder unnötig in Gefahr begibt oder durch objektiv unsachgemäßen Einfluss auf seine ärztliche Behandlung oder Rettung zum Tod beiträgt. In all diesen Fällen stellt sich die dogmatische Grundfrage, ob und inwiefern an die Verwirklichung der grunddeliktspezifischen Gefahr strengere Anforderungen zu stellen sind als an den Pflichtwidrigkeitszusammenhang. Das Meinungsbild dazu ist differenziert und kann in dem hier gesetzten Rahmen nicht abschließend erörtert werden. Im Ergebnis erscheint es jedoch notwendig, die Grenzen ausreichender Gefahrverwirklichung möglichst eng zu ziehen, um die im Strafrahmen manifestierte Potenzierung der Schuld[157] tatbestandlich zu erfassen. Erforderlich ist danach ein **unmittelbarer Zusammenhang** zwischen der grunddeliktspezifischen Gefahr und dem Erfolg. Das ist nur dann der Fall, **wenn dieses dem Grundtatbestand eigentümliche Risiko aus sich heraus die schwere Folge bewirkt.**[158] Das beurteilt sich nach der typischen Wirkungsweise dieses Risikos, was insbesondere bei gemeingefährlichen Delikten an der typischen Wirkungsweise eines bestimmten Tatmittels festzumachen ist.[159] Hätte es den Tod ohne hinzutreten des Fehlverhaltens einer weiteren Personen nicht gegeben, dann hat die dem Grundtatbestand eigentümliche Gefahr nicht aus sich heraus die schwere Folge bewirkt.[160]

Beispiel

Der A betreibt eine gem. § 4 BImSchG i. V. m. Nr. 7.1 Anh. 1 4. BImSchV genehmigungsbedürftige Anlage zur Aufzucht von Hennen mit mehr als 40.000 Hennenplätzen wissentlich ohne die erforderliche Genehmigung. Bei einem Be-

---

[155] Oben § 3 Rn. 81 ff. und Rn. 24 ff.

[156] S. oben § 3 Rn. 26.

[157] Dazu oben § 3 Rn. 91.

[158] Insb. *Küpper*, Der „unmittelbare" Zusammenhang, S. 124.

[159] *Küpper*, ebenda, S. 109 ff.

[160] Im Einzelnen *Küpper*, ebenda, S. 88 f., 96, 101 *passim*.

trieb der Anlage auf Grundlage einer ordnungsgemäßen Genehmigung, würden die derzeit bestehenden Leiden der Tiere und die damit verbundenen häufigen Todesfälle ausbleiben. Der Umweltaktivist O hat zuverlässige Kenntnis davon und ist entschlossen, die untragbaren Zustände zu dokumentieren, um die Behörden zu unangemeldeten Kontrollen und einem effektiven Einschreiten gegen das rechtswidrige Verhalten des A zu veranlassen. Daher verschafft er sich nachts mit einer Brechstange Zutritt. Um aussagekräftige Aufnahmen zu fertigen, klettert er auf ein Geländer, rutscht dabei jedoch ab und bricht sich das Genick. Die getroffenen Sicherheitsmaßnahmen wären jedoch auch bei erteilter Genehmigung nicht zu beanstanden gewesen.

Variante: Als O noch vor dem Gelände steht, bricht infolge eines Sicherheitsverstoßes des A, den es bei einem Betrieb der Anlage unter Einhaltung einer materiell rechtmäßigen Genehmigung nicht gegeben hätte, ein Brand aus. Der O verschafft sich Zutritt, um die Tiere zu retten, kommt dabei aber infolge der Rauchentwicklung zu Tode. Mit einem Brand hat der A nicht gerechnet.

Strafbarkeit des A gem. § 330 Abs. 2 Nr. 2 i. V. m. § 327 Abs. 2 S. 1 Nr. 1 StGB?

Der A hat sich jedenfalls aufgrund des Genehmigungsverstoßes wegen des vorsätzlichen Grunddeliktes in Gestalt von § 327 Abs. 2 S. 1 Nr. 1 StGB strafbar gemacht, da der Betrieb der Anlage auch materiell rechtswidrig gewesen ist. Fraglich ist, worin die grunddeliktsspezifische Gefahr besteht. Der bloße Genehmigungsverstoß als solcher enthält lediglich eine formelle Illegalität, aus der sich keine realen Gefahren ergeben können. Maßgeblich ist, welche Gefahren dem materiellen Genehmigungsverstoß innewohnen. Im Ausgangsfall birgt auch der Grundtatbestand lediglich ein eigentümliches Risiko für die Tiere. Daher scheidet die Erfolgsqualifikation aus. In Betracht kommt aber § 222 StGB.[161] In der Variante hingegen begründete der Grundtatbestand aufgrund des materiellen Verstoßes ein Brandrisiko. Fraglich ist damit, wo die Grenzen des Todesrisikos aufgrund eines Brandes liegen. Die Entscheidung verläuft daher parallel zu der Retter-Problematik des § 306c StGB. Hier wie dort hat sich das in dem Brand liegende Todesrisiko nicht aus sich heraus in dem Tod des O realisiert, sondern nur mittelbar aufgrund von dessen Entschluss zur Hilfe; der Sonderfall des beruflich zur Hilfe Verpflichteten ist nicht gegeben. Nach vorzugswürdiger Ansicht genügt dies nicht für den notwendigen spezifischen Gefahrzusammenhang.[162] In Betracht kommt daher auch hier allein § 222 StGB.

107 Umweltdelikte neigen im Unterschied zu den erfolgsqualifizierten Delikten des allgemeinen Strafrechts zu einer Wirkung über längere Zeiträume. Materielle Genehmigungsverstöße oder das Freisetzen bzw. Einbringen schädlicher Stoffe ziehen nicht notwendig in unmittelbarem zeitlichen Ablauf tödliche Folgen nach sich.

---

[161] S. oben § 3 Rn. 83 f.

[162] Dazu m. w. N. *Küpper/Börner,* § 10 Rn. 25 f.; vgl. auch das Parallelbeispiel oben § 3 Rn. 50.

Diese können vielmehr auch erst nach Jahren eintreten. Die zeitliche Streckung als solche steht dem spezifischen Gefahrzusammenhang nicht entgegen. Die Probleme sind stattdessen eher strafprozessualer Natur, da der Nachweis dieses Zusammenhanges umso schwerer fallen dürfte, je weiter die Verwirklichung des Grunddeliktes und der Todeserfolg zeitlich aus einander fallen.

d) Versuch

Das erfolgsqualifizierte Delikt setzt ein vorsätzliches Grunddelikt voraus. Das ist   **108**
bei der versuchten Tat der Fall. Andererseits ist eine Erfolgsqualifikation gem. § 18 StGB nicht nur bei Fahrlässigkeit, sondern auch bei Vorsatz in Bezug auf die schwere Folge möglich. Daraus ergeben sich mehrere Kombinationsmöglichkeiten. Die Variablen bestehen einerseits in Vollendung und Versuch sowie andererseits in der Unterscheidung zwischen Vorsatz und Fahrlässigkeit:
     Wenn das Grunddelikt im Versuch stecken bleibt, kann die Erfolgsqualifikation

(1) ebenfalls im Versuch stecken bleiben,
(2) vorsätzlich verwirklicht worden sein oder
(3) fahrlässig verwirklicht worden sein.
     Wenn das Grunddelikt hingegen vollendet worden ist, kann die Erfolgsqualifi-
     kation
(4) im Versuch stecken bleiben.

Die Vorsatzkomponente der Erfolgsqualifikation enthält eine Überschneidung mit den Verletzungsdelikten, insbesondere mit den §§ 212, 211 StGB, die es konkurrenzrechtlich zu lösen gilt. Unabhängig von der Schuldform der Erfolgsqualifikation kommt es aber einheitlich auf den spezifischen Gefahrzusammenhang an, der in der Diskussion um die Versuchsvarianten im Vordergrund steht.
     Die **versuchte Erfolgsqualifikation** umschreibt zunächst die Variante (4). In-   **109**
dem das Grunddelikt vollendet ist, stellt sich zumindest nicht die Frage, ob das spezifische Risiko in der Handlung oder dem Erfolg zu suchen ist, denn der Erfolg ist gegeben. Die Prüfung des spezifischen Gefahrzusammenhanges beschränkt sich dann auf die Bestimmung der Gefahr im Einzelfall und deren unmittelbare Verwirklichung. In der Variante (1) bleiben sowohl das Grunddelikt als auch die Erfolgsqualifikation im Versuch stecken. Bezugspunkt für die Erfolgsqualifikation ist hier der betätigte Tatentschluss, welcher sich auf das vollendete Grunddelikt richtet. Im Rahmen des Tatentschlusses ist also zu prüfen, ob der Täter sich ein Geschehen vorstellt, welches für den Fall, dass es tatsächlich vorläge, die hinreichende Verwirklichung des grunddeliktsspezifischen Risikos des vollendeten Delikts enthielte. Einzig die Erörterung der **Strafbarkeit des versuchten Grunddelikts** kann zu einer unterschiedlichen Behandlung beider Fallgruppen führen. Wenn das Grunddelikt vollendet ist, hängt die Strafbarkeit des Versuchs allein von der Erfolgsqualifikation ab, die aber typischerweise ein Verbrechen und damit gem. § 23 Abs. 1 Var. 1 StGB in der Versuchskonstellation strafbar ist. Soweit hingegen auch das Grunddelikt im Versuch stecken geblieben ist, ist problematisch, wie es sich auswirkt, wenn es sich insoweit um ein Vergehen handelt und das Gesetz für dieses keine Versuchsstrafbar-

keit anordnet (§ 23 Abs. 1 Var. 2 StGB). Dieses Problem wird typischerweise anhand des nachfolgend zu erörternden erfolgsqualifizierten Versuchs diskutiert und
ist einheitlich zu entscheiden.

110   Der **erfolgsqualifizierte Versuch** bezeichnet den Versuch des Grunddelikts, dem
der Eintritt des qualifizierenden Erfolges gegenübersteht. Zumeist bezieht sich
diese Bezeichnung auf die Fahrlässigkeitsvariante der Erfolgsqualifikation. Dieselben Schwierigkeiten treten aber in der Vorsatzvariante auf. Fraglich ist, ob der erfolgsqualifizierte Versuch strafbar ist. Dieses Problem hat zwei Ebenen, die **gesetzliche Anordnung der Versuchsstrafbarkeit** sowie die dogmatische Möglichkeit
einer Erfolgsqualifikation, die sich aus dem bloßen Versuch des Grunddelikts heraus realisiert.[163]

Beispiel

Der A ist entschlossen, gem. § 18a Abs. 1 AbfVerbrG eine illegale Verbringung
gefährlicher Abfälle im Sinne des Artikels 3 Nr. 2 der Richtlinie 2008/98/EG
durchzuführen. Als er zu dieser Verbringung i. S. v. § 22 StGB unmittelbar ansetzt, führen die betreffenden gefährlichen Abfälle aufgrund der Illegalität und
aus sich heraus zum Tod des zufällig anwesenden O.
Strafbarkeit des A gem. § 18a Abs. 6 AbfVerbrG, § 22 StGB?

Der Erfolg ist zwar eingetreten, tatbestandlich kommt es jedoch zunächst auf die
Verwirklichung des Grunddelikts an. Dieses ist vorliegend im Versuch stecken geblieben, wobei der Tatentschluss und das notwendige Ansetzen gegeben sind. Die
Frage nach der Versuchsstrafbarkeit richtet sich einerseits auf die Erfolgsqualifikation und andererseits auf das Grunddelikt. In Bezug auf die Erfolgsqualifikation ist
umstritten, ob in der Fahrlässigkeitsvariante von einem versuchten erfolgsqualifizierten Delikt die Rede sein kann. Insofern wird von der h.M. auf **§ 11 Abs. 2 StGB**
verwiesen und eine Gleichstellung angenommen. Die Vorsatz-Fahrlässigkeits-
Kombination mit ihrer versuchten Vorsatzkomponente führt somit dazu, dass das
erfolgsqualifizierte Delikt insgesamt als versucht gilt.[164] Problematisch ist ferner,
wie es sich auswirkt, dass § 18a AbfVerbrG ein Vergehen und nach dem Gesetz der
Versuch dieses Grunddelikts nicht strafbar ist. Die parallele Problematik besteht
im allgemeinen Strafrecht insbesondere bei der Aussetzung und der Nachstellung
(§§ 221, 238 StGB). Die h.M. steht zutreffend auf dem Standpunkt, dass die Strafbarkeit des Versuchs des Grunddelikts erforderlich ist, weil § 18 StGB sich auf
„eine schwerere Strafe" bezieht. Die Erfolgsqualifikation eines für sich genomen
straflosen Versuchs wäre jedoch eine Straf*begründung* und keine solche Strafschärfung.[165] Im Beispiel würde daher eine Strafbarkeit wegen der Erfolgsqualifikation

---

[163] Zum ganzen instruktiv *Mitsch*, NZWiSt 2019, 121 ff.

[164] Statt vieler Baumann/Weber/*Mitsch/Eisele*, AT, § 13 Rn. 6 u. 28 f.; Wessels/*Beulke/Satzger*, AT,
Rn. 867a.

[165] S. nur *Sternberg-Lieben/Schuster*, in: Schönke/Schröder, § 18 Rn. 9; Wessels/*Beulke/Satzger*,
AT, Rn. 866; a.A. insb. Baumann/Weber/*Mitsch/Eisele*, AT, § 22 Rn. 13 f.

ebenso ausscheiden wie für das Grunddelikt, § 18a Abs. 1 AbfVerbrG i. V. m. § 22
StGB. Der A wäre jedoch wegen § 222 StGB zu bestrafen.

Von der Straflosigkeit des versuchten Grunddelikts ist auch § 330 Abs. 2 Nr. 2
StGB betroffen und zwar in den folgenden Fällen:

§ 325 Abs. 2 und Abs. 3 StGB
§ 326 Abs. 3 i. V. m. Abs. 4 StGB
§ 327 StGB
§ 328 Abs. 2 Nr. 4 i. V. m. Abs. 6 und Abs. 4 StGB
§ 329 StGB.[166]

Konsequent scheidet in Anwendung der h.M. auch hier eine Strafbarkeit des er-   **111**
folgsqualifizierten Versuchs aus.[167] Unberührt davon bleibt freilich die Strafbarkeit
gem. § 222 StGB. Das mit dem 6. Strafrechtsreformgesetz von 1998 für §§ 223, 239
StGB durch die Einführung einer Versuchsstrafbarkeit der Grunddelikte behobene
bisherige Standardproblem der versuchten Erfolgsqualifikation lebt also damit auf
dem Terrain der Umweltdelikte in erheblichem Umfang als dogmatische Konstellation fort. Damit ist aber noch nicht geklärt, ob es hierauf im Ergebnis auch ankommt.

Soweit der erfolgsqualifizierte Versuch strafbar ist, muss ebenso wie bei einem   **112**
vollendeten Grunddelikt ferner geprüft werden, ob sich das spezifische Todesrisiko
aus sich heraus realisiert hat. Die Problemstellung knüpft hier nicht an die Unmittelbarkeit an, sondern beruht auf der Frage nach der Quelle der jeweiligen grunddeliktspezifischen Gefahr. Nur wenn das spezifische Risiko von der Vollendung des
Grunddelikts abkoppelbar ist, kann das versuchte Delikt die **notwendige Grundlage der Erfolgsqualifikation enthalten**. Die medialen Umweltdelikte begründen
erst durch die Verletzung von Wasser, Boden und Luft ein spezifisches Risiko für
den Menschen. Ebenso verhält es sich mit den **Eignungsdelikten** und den **konkreten Gefährdungsdelikten**, die ihre Vollendung an unterschiedliche Momente der
Gefahrverwirklichung, die schließlich im Todeserfolg mündet, knüpft. Auch hier ist
das vollendete Delikt der notwendige Zwischenschritt des spezifischen Gefahrzusammenhangs. Gleiches würde für das **Betreiben einer Anlage** gelten, denn hier ist
begriffslogisch die Anlage als solche die maßgebliche Gefahrenquelle. §§ 325
Abs. 2, 327 StGB enthalten jedoch gar keine Versuchsstrafbarkeit, weshalb sich das
Problem nicht stellt. Die übrigen Delikte des Betreibens einer Anlage sind Eignungsdelikte, bei denen es schon aus diesem Grunde auf die Vollendung ankommt,
§§ 325 Abs. 1, 325a StGB. Etwas anderes ergibt sich für **stoffgebundene Gefahren**
des Grunddelikts. In Betracht kommt als versuchtes Grunddelikt des §§ 330 Abs. 2
Nr. 2 StGB insbesondere § 326 StGB. Der ähnlich gelagerte § 328 Abs. 3 StGB mit

---

[166] Zu den Fallgruppen Baumann/Weber/*Mitsch/Eisele*, AT, § 22 Rn. 13.
[167] *Heine/Schittenhelm*, in: Schönke/Schröder, § 330 Rn. 13 („Soweit der Versuch … nach §§ 324 ff.
strafbar ist …“).

seiner Erfolgsqualifikation in § 330 Abs. 2 StGB steht als konkretes Gefährdungsdelikt für die Konstellation des erfolgsqualifizierten Versuchs nicht zur Verfügung.

> **Beispiel**
>
> Der A ist entschlossen, gem. § 326 Abs. 1 Nr. 3 StGB explosionsgefährliche Ab-
> fälle unbefugt unter wesentlicher Abweichung von einem vorgeschriebenen Ver-
> fahren zu befördern. Als er zu dieser Beförderung i. S. v. § 22 StGB unmittelbar
> ansetzt, führt die Missachtung des vorgeschriebenen Verfahrens überraschend zu
> einer Explosion der Abfälle, weshalb O verstirbt.
> Strafbarkeit des A gem. § 330 Abs. 2 Nr. 2 i. V. m. §§ 326 Abs. 1 Nr. 3, 22
> StGB?

Der Versuch des Grunddelikts ist gem. § 326 Abs. 4 StGB strafbar, Tatentschluss
und unmittelbares Ansetzen sind gegeben, ein Rücktritt scheitert jedenfalls am
Fehlschlag des Versuchs. Mit dem Tod des O ist der notwendige Erfolg des § 330
Abs. 2 Nr. 2 StGB eingetreten. Fraglich ist der spezifische Gefahrzusammenhang.
Die Explosion war eine an die stoffliche Eigenschaft des Abfalls gebundene Todesgefahr. Dieses Risiko besteht unabhängig davon, ob die Beförderung vollendet oder
nur versucht wird. Maßgeblich ist allein, dass sich die in dem Abfall liegende Gefahr aufgrund einer materiellen Pflichtverletzung in Gestalt der wesentlichen Abweichung von einem vorgeschriebenen Verfahren realisiert hat. Wenn das bereits
bei dem unmittelbaren Ansetzen zum Versuch der Fall ist, genügt dies als Anknüpfungspunkt für das erfolgsqualifizierte Delikt. Das darin liegende Todesrisiko realisierte sich aus sich heraus, weshalb auch die notwendige Unmittelbarkeit gegeben
ist. Die für § 18 StGB notwendige objektive und subjektive Vorhersehbarkeit steht
angesichts des versuchten Delikts außer Frage. Mithin ist A wegen § 330 Abs. 2
Nr. 2 i. V. m. §§ 326 Abs. 1, 22 StGB zu bestrafen.

113 Mit dem Versuch des Grunddelikts ist schließlich auch das Standardproblem verbunden, ob der Eintritt der schweren Folge den **Rücktritt** von dem versuchten
Grunddelikt sperrt.

> **Beispiel**
>
> 1) A bedroht B mit einer Schusswaffe und greift nach dessen Geldbörse. In
>   dem Handgemenge löst sich aus Leichtfertigkeit ein Schuss, der den B
>   augenblicklich tötet. Erschrocken und von Reue geplagt, lässt A die Geld-
>   börse zurück und verschwindet. Strafbarkeit gem. § 251 i. V. m. §§ 249, 22
>   StGB?
> 2) X ist entschlossen, gem. § 326 Abs. 1 Nr. 3 StGB giftige Abfälle unbefugt
>   unter wesentlicher Abweichung von einem vorgeschriebenen Verfahren zu
>   befördern. Als er zu dieser Beförderung i. S. v. § 22 StGB unmittelbar an-
>   setzt, führt die Missachtung des vorgeschriebenen Verfahrens überraschend
>   zu einer Vergiftung des O, der daran augenblicklich verstirbt. Von Reue ge-
>   plagt, sieht X von der Beförderung ab.
>   Strafbarkeit des A gem. § 330 Abs. 2 Nr. 2 i. V. m. §§ 326 Abs. 1 Nr. 3, 22
>   StGB?

In beiden Fällen liegen die Voraussetzungen des Rücktritts vom unbeendeten Versuch gem. § 24 Abs. 1 S. 1 Var. 1 StGB einschließlich der notwendigen Freiwilligkeit vor. Die strafbefreiende Wirkung des Rücktritts hätte zur Folge, dass die Grundlage der Erfolgsqualifikation wegbricht. Es ist daher umstritten, ob der Rücktritt aufgrund des zwischenzeitlichen Eintrittes der schweren Folge zu versagen ist. Dies verstieße nach zutreffender h.M. als eine teleologische Reduktion des § 24 StGB zulasten des Täters gegen Art. 103 Abs. 2 GG, weshalb im Ergebnis nur wegen § 222 StGB zu bestrafen ist.[168]

2. Teilnahme

Die fahrlässig herbeigeführten schweren Folgen und konkreten Gefahren repräsentieren den Regelfall. Das hat Konsequenzen für die Teilnahme. Die Teilnahme setzt gem. §§ 26, 27 StGB eine vorsätzliche Haupttat voraus. gem. § 11 Abs. 2 StGB gilt eine Tat auch dann als vorsätzlich im Sinne des StGB, wenn sie einen gesetzlichen Tatbestand verwirklicht, der hinsichtlich der Handlung Vorsatz voraussetzt, hinsichtlich einer dadurch verursachten besonderen Folge jedoch Fahrlässigkeit ausreichen lässt. Damit ist aber noch nicht geklärt, in welcher Beziehung der Teilnehmer zu dem Fahrlässigkeitsteil der Haupttat steht. Zu den strukturell gleichgelagerten Fragestellungen eröffnet das Gesetz einen unterschiedlichen Zugang in Abhängigkeit davon, ob es sich um eine Erfolgsqualifikation oder ein konkretes Gefährdungsdelikt handelt. **114**

a) Erfolgsqualifikation
Die Erfolgsqualifikation wird von § 18 StGB erfasst und als „besondere Folge" benannt. Dieselbe Formulierung verwendet § 11 Abs. 2 StGB, weshalb die Erfolgsqualifikation auch in ihrer Fahrlässigkeitsvariante als vorsätzliche Tat im Sinne der §§ 26, 27 StGB gilt. Die Verantwortung des Täters sowie des Teilnehmers hinsichtlich der besonderen Folge regelt § 18 StGB, indem die schwerere Strafe den Täter oder Teilnehmer nur trifft, wenn ihm hinsichtlich dieser Folge wenigstens Fahrlässigkeit zur Last fällt. Darin liegt eine Akzessorietätslockerung, die zu denselben Tatbestandsverschiebungen führt, wie es bei § 28 Abs. 2 StGB nach h.M. der Fall ist.[169] **115**

Beispiel
1) A stiftet den B zu einer einfachen Körperverletzung zum Nachteil des O an. Aufgrund von dem B nicht bekannten vorherigen Rippenbrüchen, trat für ihn nicht vorhersehbar der Tod des O durch eine Verletzung der Lunge ein. Dem A hingegen waren die Rippenbrüche bekannt, den Tod des O hat er nicht für möglich gehalten.
Strafbarkeit der Beteiligten in Bezug auf § 227 StGB?

---

[168] Vgl. dazu BGHSt 42, 158 ff.
[169] Zu § 28 Abs. 2 StGB anhand von §§ 211, 212 StGB vgl. *Küpper/Börner*, BT I, § 1 Rn. 78 ff.

2) X verwertet wissentlich unbefugt Abfälle i. S. v. § 326 Abs. 1 Nr. 1 StGB, die einen ganz bestimmten Erreger von auf Menschen übertragbaren Krankheiten enthalten, unter wesentlicher Abweichung von einem dafür vorgeschriebenen Verfahren. Da der X die Arbeit allein nicht bewältigen kann, stellt der in alles eingeweihte G den Kontakt zu dem gutgläubigen O her, welcher dem X fortan zur Hand geht. Um Gefahren für die Gesundheit des O auszuschließen, machte der X jedoch zur Bedingung, dass O die notwendigen Impfungen hat, so dass ihm die Erreger nichts anhaben können. Aus einem für den X nicht vorhersehbaren Grund wird O gleichwohl infiziert und verstirbt in der Folge. Für G indes war dieser Verlauf aufgrund von Sonderwissen vorhersehbar, eine Verletzung oder gar den Tod hat jedoch auch er nicht für möglich gehalten.

Strafbarkeit der Beteiligten in Bezug auf § 330 Abs. 2 Nr. 2 i. V. m. § 326 Abs. 1 Nr. 1 StGB?

In dem Beispiel 1) hat sich nur B wegen § 223 Abs. 1 StGB strafbar gemacht, denn für § 227 StGB fehlt ihm die gem. § 18 StGB notwendige Fahrlässigkeit. Der A indessen hat die Voraussetzungen der Anstiftung zum Grunddelikt verwirklicht und seinerseits in Bezug auf den im spezifischen Gefahrzusammenhang eingetretenen Todeserfolg fahrlässig gehandelt. Daher ist der A wegen §§ 227, 27 i. V. m. §§ 11 Abs. 2, 18 StGB zu bestrafen.[170] Strukturell passt diese Konstellation auch für § 330 Abs. 2 Nr. 2 StGB. Das Problem besteht aber darin, dass die in allen Grunddelikten enthaltene Gemeingefahr schlecht dazu geeignet ist, die Vorhersehbarkeit eines bestimmten Erfolges auszuschließen; entsprechend mühsam ist die Beschreibung eines passenden Falles. Im Beispiel 2) führt die unterschiedlich verteilte Fahrlässigkeit für X zur Strafbarkeit gem. § 326 Abs. 1 StGB, während G wegen Beihilfe zur Erfolgsqualifikation zu bestrafen ist, §§ 330 Abs. 2 Nr. 2, 326 Abs. 1, 27 i. V. m. §§ 11 Abs. 2, 18 StGB.

b) Konkretes Gefährdungsdelikt

116   Die Vorsatz-Fahrlässigkeits-Kombination des konkreten Gefährdungsdelikts tritt praktisch weitaus häufiger auf als es bei der Erfolgsqualifikation der Fall ist. Dementsprechend häufiger stellt sich das Problem der Teilnahme.

> **Beispiel**
>
> X verbreitet Stoffe, die Gifte enthalten, wodurch der O in die Gefahr des Todes gerät. Zu diesem Verhalten hatte ihn der A in Kenntnis aller Umstände überredet. Weder X noch A haben allerdings mit der Möglichkeit der konkreten Gefährdung eines Menschen gerechnet.
>
> Strafbarkeit der Beteiligten gem. § 330a Abs. 1 i. V. m. Abs. 4 StGB?

---

[170] S. dazu *Küpper/Börner*, BT I, § 2 Rn. 35 [Beispiel (3)] sowie statt vieler Baumann/Weber/*Mitsch/Eisele*, AT, § 26 Rn. 10; Wessels/*Beulke/Satzger*, AT, Rn. 978.

Der X ist zu bestrafen wegen § 330a Abs. 1 i. V. m. Abs. 4 StGB. Im Unterschied zu den Umweltdelikten der §§ 324–330 StGB ist hier eine besondere Regelung für die vorsätzliche Handlung und die fahrlässig herbeigeführte konkrete Gefahr geschaffen worden. Nach allgemeiner Ansicht ist die Teilnahme an einer solchen Kombination möglich, wobei auf § 11 Abs. 2 StGB verwiesen wird. Es fällt allerdings auf, dass § 11 Abs. 2 StGB dieselbe Formulierung wie § 18 StGB benutzt, jedoch gilt die konkrete Gefahr gerade nicht als eine besondere Folge i. S. v. § 18 StGB, weshalb insofern gem. § 15 StGB Vorsatz erforderlich ist.[171] Dies zu klären, ist hier jedoch nicht der Ort. Indem § 18 StGB nicht gilt, eröffnet sich die weitere Frage, ob dem Teilnehmer nur im Falle eigener Fahrlässigkeit Anstiftung zu der konkreten Gefahr anzulasten ist. Hierzu wird teilweise auf § 29 StGB verwiesen. In Betracht kommt aber auch eine den Teilnehmer insofern begünstigende Analogie zu § 18 StGB. Jedenfalls wird im Ergebnis verlangt, dass der Teilnehmer selbst fahrlässig in Bezug auf die konkrete Gefahr gehandelt hat.[172] Problematisch ist allerdings, was für den Fall gilt, dass nur den Teilnehmer Fahrlässigkeit trifft, während für den Täter selbst die konkrete Gefahr nicht vorhersehbar gewesen ist. Unabhängig davon, dass sich in Bezug auf die zugrunde liegende Gemeingefahr ein passender Fall finden müsste, stößt die dem erfolgsqualifizierten Delikt entsprechende Lösung auf Bedenken. Erstens handelt es sich bei der konkreten Gefahr nicht um eine Strafschärfung, sondern als originäres Tatbestandsmerkmal um einen strafbegründenden Umstand. Zweitens fehlt es im Unterschied zu § 18 StGB an einer ausdrücklichen Regelung. Würde die Strafbarkeit des Hintermannes auf seine Fahrlässigkeit gestützt werden, während der Vordermann straflos bliebe, würde es sich bei einer Anwendung von § 18 StGB um eine den Täter belastende Analogie und damit um einen Verstoß gegen Art. 103 Abs. 2 GG handeln. Wenn hingegen die Erforderlichkeit der Fahrlässigkeit auf § 29 StGB gestützt wird, würde der Weg hin zu einer limitierten Akzessorietät entsprechend dem erfolgsqualifizierten Delikt eröffnet.[173] Dagegen spricht jedoch, dass § 29 StGB keine Regelung darüber zu entnehmen ist, wann Schuld und damit eine Art. 103 Abs. 2 StGB in ausreichender Weise geregelte Strafbarkeit gegeben ist. Daher scheidet das konkrete Gefährdungsdelikt in der Vorsatz-Fahrlässigkeitskombination als Haupttat aus, wenn der Haupttäter dieses Delikt mangels eigener Fahrlässigkeit nicht verwirklicht hat. Dann bleibt auch der Hintermann insofern straflos.

3. „Anderer" als Aufbauproblem

Der Tatbeteiligte ist nach zutreffender Ansicht weder ein anderer im Sinne einer Erfolgsqualifikation noch ein taugliches Objekt der konkreten Gefährdung.[174]   117

---

[171] S. oben § 3 Rn. 54.

[172] Statt vieler Baumann/Weber/*Mitsch/Eisele*, AT, § 26 Rn. 9; Wessels/*Beulke/Satzger*, AT, Rn. 977 f.

[173] Derart *Weber*, in: Arzt/Weber/Heinrich/Hilgendorf, BT, (2. Aufl. 2009), § 35 Rn. 126.

[174] S. dazu oben § 3 Rn. 44 und Rn. 93.

Daraus ergibt sich für die Fallbearbeitung ein handfestes Aufbauproblem. Die Tatbestandsverwirklichung durch den Täter hängt davon ab, ob sich an dieser Tatbestandsverwirklichung das Gefährdungsobjekt bzw. der Getötete beteiligt hat. Inzidentprüfungen gelten jedoch für einen formell korrekten Gutachtenstil grdsl. als Fehler. Eine Ausnahme greift aber immer dann, wenn es nicht anders geht. Für das Problem der Bestimmung des „anderen" bietet sich zur Vermeidung der Inzidentprüfung die Aufspaltung in den Vorsatzteil und den Fahrlässigkeitsteil an. Das setzt jedoch zunächst voraus, dass der Vorsatzteil eigenständig strafbar ist. So liegt es bei § 316 StGB in Bezug auf § 315c StGB, wo diese Aufbauproblematik typischerweise diskutiert wird. Ebenso besteht eine tatbestandliche Trennung zwischen dem Grunddelikt einerseits und der Erfolgsqualifikation andererseits. Die Prüfung gestaltet sich dann wie folgt:

I. Strafbarkeit des Täters in Bezug auf das den Vorsatzteil verkörpernde Delikt.

II. Strafbarkeit des Betroffenen als Teilnehmer dieses Vorsatzdelikt.

III. Strafbarkeit des Täters wegen der Vorsatz-Fahrlässigkeits-Kombination.

Bei diesem Aufbau kann unter dem Prüfungspunkt *III.* an die vorherigen Ergebnisse angeknüpft werden. Eine gewisse Prüfungslücke entsteht jedoch insofern, als nicht geklärt ist, in welcher Beziehung der Betroffene zu dem Fahrlässigkeitsteil steht. Darauf kommt es jedoch nicht an, wenn es für die Bestimmung des „anderen" allein um die Beteiligung an dem für sich genommen strafbaren Vorsatzteil geht.

118   Diese Prüfungsstruktur hilft nicht weiter, wenn der Vorsatzteil nicht selbstständig strafbar ist, weil es sich um den unselbstständigen Teil ein und desselben Tatbestandes handelt. So liegt es grdsl. bei den konkreten Gefährdungsdelikten des Umweltstrafrechts. Anders als § 315c StGB in Bezug auf § 316 StGB kann für §§ 325a, 328 Abs. 3, 330a Abs. 1 StGB der Vorsatzteil nicht separat geprüft werden. Die Einheitlichkeit des Tatbestandes zwingt hier zu einer Inzidentprüfung. Immerhin § 330 Abs. 2 Nr. 1 StGB ermöglicht in seiner Anknüpfung an die vorsätzlichen Taten nach §§ 324–329 StGB eine abgeschichtete Prüfung. Jedoch stellt das Gesetz für § 330 Abs. 2 Nr. 1 StGB die fahrlässige Herbeiführung der Gefahr nicht unter Strafe, was die praktische Bedeutung erheblich einschränkt. Auch für das erfolgsqualifizierte Delikt scheidet im Rahmen der Fallbearbeitung eine abgeschichtete Prüfung regelmäßig aus. Sobald der Todeserfolg eingetreten ist, ist die Strafbarkeit des Getöteten nicht mehr zu prüfen und daher inzident darzustellen, soweit es darauf ankommt. Anders liegt es nur, wenn ausnahmsweise in der Aufgabenstellung ausdrücklich nach dessen Strafbarkeit gefragt wird oder soweit einmal ein Fall der versuchten Erfolgsqualifikation[175] vorliegen sollte. Die **Inzidentprüfung der hypothetischen Tatbeteiligung** könnte wie folgt formuliert werden:

---

[175] Vgl. soeben § 3 Rn. 109.

„*Strafbarkeit des A*
... [Prüfung des obj. Tatbestandes einschließlich des Gefahrerfolges an X bzw. des To-
des von X] ...
... Allerdings müsste X ein anderer i. S. v. § ... StGB sein. Problematisch ist, ob auch
Tatbeteiligte andere in diesem Sinne sind. Hierzu werden verschiedene Ansichten vertreten.
Nach einer Ansicht genügen auch Tatbeteiligte, weshalb es insofern auf sich beruhen kann,
ob der X Tatbeteiligter ist. Nach anderer Ansicht jedoch scheiden Tatbeteiligte als taugliche
Objekte aus. Es kommt daher hiernach darauf an, ob sich der X für den Fall, dass der Tat-
bestand verwirklicht wäre, hieran beteiligt hätte. In Betracht kommt eine Anstiftung. Indem
die vorsätzliche und rechtswidrige Tat im Rahmen dieser hypothetischen Prüfung zu unter-
stellen ist, kommt es darauf an, ob X den Entschluss des A hervorrief und dazu mit dem
notwendigen doppelten Anstiftervorsatz handelte. ... Mithin wäre X Anstifter, wenn der A
den Tatbestand vorsätzlich und rechtswidrig verwirklichen würde. Nach dieser Ansicht
scheidet X als taugliches Objekt aus und damit wäre der objektive Tatbestand insgesamt
nicht verwirklicht. Mithin bedarf es einer Entscheidung. ..."

Kontrollfragen

1. Erläutern Sie Unwertkern und Aufbau des erfolgsqualifizierten Delikts! (Rn. 90 ff.)
2. Wer ist „anderer" der Erfolgsqualifikationen der Umweltdelikte? (Rn. 93)
3. Ist eine rechtfertigende Einwilligung in die fahrlässige Todesfolge möglich? (Rn. 94 ff.)
4. Worin besteht jeweils die grunddeliktspezifische Gefahr der §§ 324 ff. StGB? (Rn. 97 ff.)
5. Wie wirken sich nachteilige Beiträge Dritter sowie des Opfers aus? (Rn. 106)
6. Erörtern Sie die Probleme des erfolgsqualifizierten Versuchs im Umweltstrafrecht! (Rn. 108 ff.)
7. In welchen Konstellationen und unter welchen Voraussetzungen ist die Teilnahme an einer Vorsatz-Fahrlässigkeits-Kombinationen möglich? (Rn. 114 ff.)
8. Erläutern sie den „anderen" als Aufbauproblem des Gutachtens! (Rn. 117 f.)

VI. Blankettnormen

Dem Strafgesetzgeber begegnet eine Lebenswirklichkeit, die er nach den Maßstä- **119**
ben des Art. 103 Abs. 2 GG erfassen muss. Dies geschieht durch die Formulierung
von Tatbestandsmerkmalen. Im Kernbereich des StGB werden deskriptive und normative Tatbestandsmerkmale unterschieden. Normative Tatbestandsmerkmale sind
ausfüllungsbedürftige Tatbestandsmerkmale, deren Konkretisierung Literatur und
Rechtsprechung obliegt.[176] Soweit der Strafgesetzgeber auf eine Lebenswirklichkeit

---

[176] Dazu auch oben § 3 Rn. 5 ff.

Bezug nimmt, die bereits anderweitig gesetzlich geregelt worden ist, ist problematisch, ob eine eigenständige strafrechtliche Begriffsbildung erfolgt oder aber ob tatbestandlich eine Anknüpfung an die Regelungen des anderen Rechtsgebietes besteht. Wenn das Strafgesetz eine Anknüpfung an das andere Rechtsgebiet enthält, bestehen dazu technisch zwei Möglichkeiten. Einerseits kann ein normatives Tatbestandsmerkmal geschaffen werden, welches zum Ausdruck bringt, dass sich die Strafnorm akzessorisch zu den Gesamtregelungen des anderen Rechtsgebietes verhält. So liegt es bei der fremden Sache i. S. v. § 242 StGB, die sich anhand der Eigentumsregelungen des bürgerlichen Rechts bestimmt.[177] Andererseits kann der Gesetzgeber an konkrete Normen anderer Rechtsgebiete anknüpfen, indem er diese Normen in dem strafrechtlichen Tatbestand konkret benennt. Der Straftatbestand ist dann eine **Blankettnorm**, die ihren wesentlichen Inhalt durch die inkorporierte anderweitige Rechtsnorm erhält. Der Rechtsanwender muss sich daher den Straftatbestand aus der Strafnorm einerseits und der in Bezug genommenen Norm andererseits selbst zusammensetzen. Der Irrtum über einen Tatumstand der das Blankett ausfüllenden Norm ist nach vorzugwürdiger h.M. Tatbestandsirrtum gem. § 16 Abs. 1 S. 1 StGB, der Irrtum über die Existenz oder die Reichweite der blankettausfüllenden Norm hingegen bloßer Verbotsirrtum.[178]

120   Diese Regelungstechnik steht aufgrund ihrer Unübersichtlichkeit in der Kritik und birgt neben der Rechtsunsicherheit für den Bürger die Gefahr, dass der Strafgesetzgeber nicht hinreichend reflektiert, was er unter Strafe stellt. Der dahingehenden Kritik an § 326 Abs. 2 StGB a.F.[179] ist durch die Neuschaffung differenzierter Blanketttatbestände in §§ 18, 18a, 18b AbfVerbrG für Ordnungswidrigkeiten und Straftaten begegnet worden – freilich ohne, dass die Rechtslage hierdurch maßgeblich an Übersichtlichkeit gewonnen hätte. Die Mühe der Rechtsanwendung durch nahezu detektivisches Aufspüren und Auflösen von Kettenverweisungen enthält nach bislang h.M. aber keinen Verstoß gegen Art. 103 Abs. 2 GG. Maßgeblich ist, dass die Verweisungen überhaupt nachvollzogen werden können und dass die Bestimmung des strafbaren Verhaltens letztlich auf den parlamentarischen Gesetzgeber zurückgeführt werden kann. Letzteres war nach begrüßenswerter Auffassung des BVerfG in seiner Entscheidung zu § 10 Rindfleischetikettierungsgesetz aufgrund einer Blankoermächtigung an den Verordnungsgeber nicht der Fall.[180]

121   Von besonderer Bedeutung sind unionsrechtsakzessorische Strafblankette, die nach der Grundsatzentscheidung des BVerfG in weitem Umfang statthaft sind. Verordnungen i. S. v. Art. 228 Abs. 2 AEUV sind in allen ihren Teilen verbindlich und in jedem Mitgliedstaat unmittelbar geltendes Recht. Sie sind daher Teil des innerstaatlichen öffentlichen Rechts. Wie für jedes andere Spezialgesetz (bspw. BtMG, AMG) gilt es auch hier, Verstöße zu sanktionieren. Dem europäischen Gesetzgeber

---

[177] Zum ganzen *Börner*, Zueignungsdogmatik, S. 30 ff. m. w. N.

[178] Statt vieler *Sternberg-Lieben/Schuster*, in: Schönke/Schröder, § 15 Rn. 100/101 m. w. N.

[179] *Börner*, NZWiSt 2014, 378 ff.

[180] BVerfG StV 2017, 71 ff. sowie dazu statt vieler *Cornelius*, NStZ 2017, 682 ff.

fehlt dafür allerdings die Gesetzgebungskompetenz. Er kann die Mitgliedstaaten jedoch im Wege der Richtlinie zur Schaffung entsprechender Sanktionsnormen verpflichten. Das eröffnet einerseits die Entscheidung des nationalen Gesetzgebers darüber, ob die Ahndung von Verstößen als Ordnungswidrigkeit oder aber als Straftat erfolgt.[181] Andererseits besteht das noch größere Problem darin, mit welcher **Regelungstechnik** die Sanktionierung erfolgt. Maßgeblich ist, dass der nationale Gesetzgeber die tatbestandlich inkorporierte Regelung in seinen Willen aufgenommen hat. **Dynamische Verweisungen** auf europäisches Recht sind nicht statthaft, da sie sich auf die europäische Regelung in der jeweils geltenden Fassung beziehen. Hierdurch wären auch zukünftige, im einzelnen nicht vorhersehbare europäische Regelungen erfasst. Dies verstieße gegen den Parlamentsvorbehalt.[182] Daher werden die Blankette als statische Verweisungen, die sich auf eine bestimmte Rechtsnorm in einer ganz bestimmten Fassung beziehen, ausgestaltet. Hierin wiederum liegt das praktische Problem, dass im zeitlichen Verlauf der Aktualisierung von Verweisungen Lücken entstehen können. Wenn aber eine Verweisung, sei es auch nur für einen kurzen Zeitraum, ins Leere geht, ergibt sich daraus einerseits das Problem der Strafbarkeit zu genau diesem Zeitpunkt und andererseits ist zu fragen, ob ein juristischer Augenblick der Straflosigkeit ein milderes Gesetz i. S. v. § 2 Abs. 3 StGB ist. BGH und BVerfG stehen der Annahme der Straflosigkeit aufgrund von kürzeren Lücken im zeitlichen Ablauf jedoch tendenziell ablehnend gegenüber, jedenfalls soweit der deutsche Gesetzgeber eine europäische Regelung früher inkorporiert, als diese anwendbar ist.[183] Beseitigt wird das grundlegende Lückenproblem dadurch aber nicht.[184]

Mit der tatbestandlichen Bezugnahme auf europäisches Recht in einer bestimmten Fassung, wie es etwa bei § 328 Abs. 2 Nr. 1 StGB der Fall ist, ist ein erheblicher legislatorische Aufwand verbunden. Zunächst muss die Entwicklung des europäischen Rechts stets in Bezug auf sich abzeichnende oder bereits eingetretene Änderungen überprüft werden, die Gegenstand von strafrechtlichen Blanketttatbeständen sind. Diese Aufgabe der Beobachtung und Überprüfung ist bei den jeweiligen Fachministerien in Zusammenarbeit mit dem Bundesjustizministerium am besten aufgehoben. Ferner muss im Interesse der Vermeidung nicht mehr zu reparierender Lücken zügig das Gesetzgebungsverfahren eingeleitet und abgeschlossen werden. Um dem Aufwand dieses zweiten Schrittes zu entgehen, enthält das AbfVerbrG eine **statische Verweisung mit exekutiver Verlängerungsoption.** So nennt § 18a Abs. 1 AbfVerbrG lediglich die in Bezug genommene Verordnung (EG) Nr. 1013/2006 sowie zur Bezeichnung von gefährlichen Abfällen den Art. 3 Nr. 2 der Richtlinie 2008/98/EG, nicht jedoch die jeweilige Fassung dieser Rechtsnormen. Im Unterschied zu § 328 Abs. 2 Nr. 1 StGB wird hier die Bestimmung der jeweiligen Fassung

122

---

[181] So wie es nun mit §§ 18, 18a, 18b AbfVerbrG im Vergleich zu § 326 Abs. 2 StGB a.F. geschehen ist.

[182] S. nur BGHSt 62, 13/19.

[183] BGHSt 62, 13 ff.; BVerfG wistra 2018, 336 ff.

[184] Instruktiv *Hellmann*, in: FS Krey, S. 169/186 ff. m. w. N.

in ein Fundstellenverzeichnis der Vorschriften des Rechts der Europäischen Gemeinschaft oder der Europäischen Union als Anhang zum AbfVerbrG verschoben. Zur Verknüpfung von beidem stellt § 18c AbfVerbrG klar, dass sich der Straftatbestand auf die in dem Anhang zum AbfVerbrG angegebenen Fassungen des europäischen Rechtes bezieht. Folglich braucht nach der Gesetzessystematik lediglich der Anhang geändert zu werden, um die tatbestandliche Verweisung auf den aktuellen Stand zu bringen. Dies wiederum erfolgt gem. § 18c AbfVerbrG in Gestalt einer Rechtsverordnung ohne Zustimmung des Bundesrates, zu welcher das Bundesumweltministerium ermächtigt wird. Diese Gesetzgebungstechnik erscheint im Hinblick auf den Parlamentsvorbehalt des Art. 103 Abs. 2 GG sowie die dagegen verstoßende dynamische Verweisung auf künftiges europäisches Recht problematisch. Es besteht jedoch eine gewisse Parallele zur Ausgestaltung von Straftatbeständen im Wege von Verordnungsermächtigungen, wobei insbesondere auf § 1 Abs. 2 bis 4 BtMG und den Anhang zum BtMG zu verweisen ist, der in unmittelbarem Zusammenhang mit Art. 103 Abs. 2 GG gelesen wird. Im Ergebnis wird zu differenzieren sein. Ein Automatismus der Angleichung an die jeweilig aktuelle Fassung verstößt gegen den Parlamentsvorbehalt, da sachlich dasselbe geschähe wie bei einer dynamischen Verweisung. Sobald das in Bezug genommene europäische Recht eine Änderung enthält, die nach Maßgabe von Art. 103 Abs. 2 GG die von dem deutschen Gesetzgeber getroffene Regelung sachlich verändert, muss auch die Aktualisierung des deutschen Strafgesetzes durch den deutschen parlamentarischen Gesetzgeber erfolgen. Soweit aber die Änderung der inkorporierten europäischen Norm sachlich zu keinem nach Maßgabe des Parlamentsvorbehaltes beachtlichen inhaltlichen Wandel des Strafgesetzes führt, erscheint die Lösung über eine exekutive Verlängerungsoption – wie im AbfVerbrG – statthaft. Der Verordnungsgeber hat damit die Aufgabe zu überprüfen, ob die aktuelle Fassung der europäischen Rechtsnorm inhaltlich der von dem parlamentarischen Gesetzgeber unter Zuhilfenahme seiner Verweisung getroffenen Regelung entspricht. Diese Regelungstechnik erkauft die Entlastung des Gesetzgebungsapparates aber durch eine erhebliche Rechtsunsicherheit darüber, ob die Entscheidung der Exekutive, dass keine die Einschaltung des parlamentarischen Gesetzgebers erfordernde Änderung europäischen Rechts vorliegt, zutrifft. Insbesondere ist problematisch, wo genau die Grenze zu einer beachtlichen Änderung des europäischen Rechts zu ziehen sein wird.

Kontrollfragen
1. Was ist eine Blankettnorm? Nennen Sie Beispiele! (Rn. 119 f.)
2. Welche Arten der Verweisungen auf Unionsrecht sind zu unterscheiden? (Rn. 121 f.)
3. Wie und weshalb können Strafbarkeitslücken entstehen? (Rn. 121)
4. Was ist ein exekutiver Verlängerungsvorbehalt und wie ist dessen Statthaftigkeit zu beurteilen? (Rn. 122).

Weiterfüherende Literatur

Alsberg, Die Philosophie der Verteidigung (1930), in: Max Alsberg – Ausgewählte Schriften, hrsg. v. Jürgen Taschke, Baden-Baden 1992, S. 323/328.

Arzt/Weber/Heinrich/Hilgendorf, Strafrecht Besonderer Teil, 2. Aufl. 2009

AnwaltKommentar StGB, 2. Aufl. 2015

Baumann/Weber/*Mitsch/Eisele*, Strafrecht Allgemeiner Teil, 12. Aufl. 2016

Börner, Die Zueignungsdogmatik der §§ 242, 246 StGB, Berlin 2004

Börner, Ein Vorschlag zum Brandstrafrecht, Potsdam 2006

Börner, Legitimation durch Strafverfahren, Die normative Kraft des Misstrauens, 2014

Börner, Das illegale Verbringen von Abfällen i. S. v. § 326 Abs. 2 StGB an den Grenzen des Bestimmtheitsgebots und des materiellen Schuldprinzips – zum Übermaß der Bestimmtheit, NZWiSt 2014, 378 ff.

Cornelius, Anforderungen des Parlamentsvorbehalts an unionsrechtsakzessorische Strafblankette – zugleich eine Besprechung von B VerfG, Beschl. v. 21.09.2016 – BvL 1/15 –, NStZ 2017, 682 ff.

Dencker/Struensee/Nelles/Stein, Einführung in das 6. Strafrechtsreformgesetz 1998, 1. Aufl. 1990

Fischer, Strafgesetzbuch, 66. Aufl. 2019

Frister, Strafrecht Allgemeiner Teil, Ein Studienbuch, 8. Aufl. 2018

Hellmann, Vom desolaten Zustand des deutschen (Wirtschaft-) Strafrechts, in: Festschrift für Volker Krey, hrsg. von Knut Amelung u. a., Stuttgart 2010, S. 169 ff.

Hellmann, Wirtschaftsstrafrecht, 5. Aufl. 2018

Jescheck/Weigend, Lehrbuch des Strafrechts, Allgemeiner Teil, 5. Aufl. 1996

Kloepfer, Umweltrecht, 4. Aufl. 2016

Kloepfer/Heger, Umweltstrafrecht, 3. Aufl. 2014

Krell, Umweltstrafrecht, 1. Aufl. 2017

Kuhlen, Strafhaftung bei unterlassenem Rückruf gesundheitsgefährdender Produkte, zugleich Anmerkung zum Urteil des BGH vom 06.07.1990 – 2 StR 549/89 (NStZ 1990, 588), NStZ 1990, 566 ff.

Küpper, Der „unmittelbare" Zusammenhang zwischen Grunddelikt und schwerer Folge beim erfolgsqualifizierten Delikt, 1982

Küpper, Zum Verhältnis von dolus eventualis, Gefährdungsvorsatz und bewusster Fahrlässigkeit, ZStW 100 (1988), 758 ff.

Küpper, Absicht und Irrtum, in: Festschrift für Kristian Kühl, hrsg. v. Matin Heger u. a., München 2014, S 329 ff.

Küpper/Börner, Strafrecht Besonderer Teil 1, Delikte gegen Rechtsgüter der Person und Gemeinschaft, 4. Aufl. 2017

Lackner/*Kühl*, Strafgesetzbuch, Kommentar, 29. Aufl. 2018

Meyer-Goßner/Schmitt, Strafprozessordnung, Kommentar, 62. Aufl. 2019

Michalke, Umweltstrafsachen, 2. Aufl. 2000

Mitsch, Fahrlässige Tötung oder fahrlässige Beihilfe zum Totschlag?, ZJS 2011, 128 ff.

Mitsch, Versuch bei erfolgsqualifizierter strafbarer Abfallverbringung, NZWiSt 2019, 121 ff.

Radtke, Anm. zu BGH, Urt. v. 22.07.1999 – 4 StR 185/99, NStZ 2000, 88 ff.

Rengier, Strafrecht Besonderer Teil II, Delikte gegen die Person und die Allgemeinheit, 20. Aufl. 2019

Rudolphi, Primat des Strafrechts im Umweltschutz?, NStZ 1984, 248 ff.

Rudolphi, Anm. zu BGH, Urt. v. 31.10.1986 – 2 StR 33/86, umweltgefährdende Beseitigung von Hausmüll, Veränderung eines Gewässers, NStZ 1987, 324 ff.

Satzger/Schluckebier/Widmaier, Strafgesetzbuch, Kommentar, 3. Aufl. 2016

Systematischer Kommentar zum Strafgesetzbuch, Band VI, 9. Aufl. 2016

Schönke/Schröder, Strafgesetzbuch, Kommentar, hrsg. v. *Eser* u. a., 30. Aufl. 2019

Stratenwerth/Kuhlen, Strafrecht Allgemeiner Teil, Die Straftat, 6. Aufl. 2011

Tiedemann/Kindhäuser, Umweltstrafrecht – Bewährung oder Reform?, NStZ 1988, 337

Timpe, Der Vertrauensgrundsatz, StraFo 2016, 11 ff.

Volk, Kausalität im Strafrecht, zur Holzschutzmittel-Entscheidung des BGH vom 02.08.1995, NStZ 1996, 105 ff.

Wessels/*Beulke/Satzger*, Strafrecht Allgemeiner Teil, die Straftat und ihr Aufbau, 49. Aufl. 2019

§ 4 Verwaltungsakzessorietät

I. Einführung

Die Verwaltungsrechtsakzessorietät beschäftigt sich mit der Frage, ob und wann 1
und auf welche Weise das Strafrecht an das Verwaltungsrecht gekoppelt ist. Der
Gegenpol zur Akzessorietät ist die eigenständige strafrechtliche Beurteilung des zu
regelnden Lebenssachverhaltes. Die Möglichkeit einer solchen Eigenständigkeit
und ihr Unterschied zur Akzessorietät erschließt sich durch Abstraktion auf rechts-
theoretischer Ebene anhand des folgenden Schaubildes:

Var. 1:   [Sachverhalt]   ← [Norm 1]   ← [Norm 2]

Var. 2:   ↓ [Norm 1]
         [Sachverhalt]
          ↑ [Norm 2]

Es geschieht oft, dass ein reales Ereignis auf sehr verschiedenen Rechtsgebieten zu 2
bewerten ist. Der alltägliche Unfall im Straßenverkehr kann Rechtsfolgen im allgemeinen Zivilrecht, im Haftpflicht- und Versicherungsrecht, im Arbeitsrecht sowie
im Ordnungswidrigkeiten- und Strafrecht nach sich ziehen. Der Regelfall ist der,
dass jedes Rechtsgebiet aufgrund seiner eigenständigen Verfahrensmechanismen
und materiell-rechtlichen Wertungen zu eigenständigen Ergebnissen gelangt, die im
Grundsatz völlig unabhängig von den Wertungen anderer Rechtsgebiete sind. Wenn
A dem B einen Fausthieb in das Gesicht versetzt und dafür zu einer Strafe verurteilt
wird, heißt das noch lange nicht, dass B auch einen vollstreckbaren Titel auf Schadenersatz erhält. Wenn B den von §§ 403 ff. StPO eröffneten Weg des Adhäsionsver-
fahrens nicht beschreitet, muss er sein Glück vor den Zivilgerichten suchen. Dieser
Weg ist ambivalent. Er bietet den Vorteil des Mahnbescheides und Versäumnisur-
teils, kann aber gemessen an den zivilrechtlichen Darlegungs- und Beweislasten

auch erheblich nachteilig sein, obwohl bisweilen eine Umkehrung der Beweislast greift. Auch ein vorheriger Erfolg vor einem Zivilgericht bietet noch lange keine Gewähr dafür, dass eine Verurteilung durch das Strafgericht erfolgen wird. Zivilrecht und Strafrecht gehen bei der Beurteilung desselben Sachverhaltes völlig eigene Wege, auf denen ganz selbstverständlich Verfahrensergebnisse entstehen können, die gegensätzlich aber dennoch jeweils für sich genommen formell sowie materiell korrekt und rechtswirksam sind. Das möchte die Var. 2 des Schaubildes zum Ausdruck bringen.

3   Die Akzessorietät der Var. 1 hingegen wird durch einen nur mittelbaren Zugriff auf den Sachverhalt gekennzeichnet, indem der Sachverhalt nicht mehr selbst zu beurteilen ist. Stattdessen erfolgt eine Anknüpfung an das zunächst zu dessen Beurteilung berufene, vorrangige Rechtsgebiet. § 406 Abs. 1 S. 2 StPO eröffnet für den Adhäsionsantrag die Möglichkeit eines Grundurteils, wodurch das Zivilgericht bei der späteren Verhandlung über die Höhe des Anspruchs an die Entscheidung des Strafgerichts gebunden ist, vgl. § 406 Abs. 3 S. 1 und S. 4 StPO. Akzessorietät zwischen Rechtsgebieten liegt also immer dann vor, wenn ein Rechtsgebiet nicht direkt auf den Lebenssachverhalt zugreift, sondern sich nach den Wertungen eines anderen Rechtsgebietes richtet. Das wiederum kann auf zwei Arten geschehen. Einerseits kann ein Rechtsgebiet an die **Verfahrensergebnisse** des anderen Rechtsgebietes gebunden sein. So liegt es bei dem Grundurteil nach § 406 Abs. 1 StPO und dem VA auf dem Terrain des Umweltstrafrechts. Andererseits kann auf materiellrechtlicher Ebene eine Beziehung hergestellt werden. Juristische Begriffe sind Kunstprodukte, die eine Vielzahl von Einzelfällen und Wertungen in sich vereinigen. Werden sie verwendet, kann mit einem Wort eine ganze Gedankenwelt zum Ausdruck gebracht und konkret bezeichnet werden. Deshalb tritt ein hoher Grad an Rechtssicherheit ein, wenn ein Rechtsgebiet feste **Begriffe** eines anderen Rechtsgebietes verwendet. Im Strafrecht geschieht dies auf Tatbestandsebene. Bei § 242 StGB liegt in den Worten „fremde Sache" die Anknüpfung an die sachenrechtlichen Vorschriften zum Erwerb und Verlust des Eigentums nach dem Bürgerlichen Recht. Zwei Worte öffnen das Tor zu einer anderen rechtlichen Welt. Entsprechend verhält es sich mit der verwaltungsrechtlichen Pflicht in Gestalt einer Rechtsvorschrift i. S. v. § 330d Abs. 1 Nr. 4 a) StGB. Den Gegensatz dazu bildet der Gewahrsam, der ein originär strafrechtlicher Begriff ist. Dieser hat zwar Ähnlichkeiten mit dem Besitz, ist an diesen aber nicht gebunden. Von ein und derselben realen Beziehung zwischen Mensch und Sache haben BGB und StGB also verschiedene Begriffe. Sie nehmen parallel und unabhängig voneinander eine Sachverhaltsbewertung nach unterschiedlichen Kriterien vor. Der Zueignungsbegriff hingegen ist bedingt akzessorisch, indem er bei dem selbstbestimmten Haben als dem zivilrechtlich definierten Idealbild der Beziehung des Eigentümers zur Sache ansetzt, aber davon ausgehend eine eigenständige strafrechtsspezifische Eigentumsverletzung definiert.[1]

---

[1] Im einzelnen *Börner*, Zueignungsdogmatik, S. 90 ff. u. 110 f. *passim.*

Die dargestellten Strukturen schärfen die Aufmerksamkeit dafür, ob und wie ein   **4**
Straftatbestand an das materielle Verwaltungsrecht oder seine Verfahrensergebnisse
anknüpft. Begrifflich ist bspw. problematisch, ob Abfall i. S. v. § 326 Abs. 1 StGB
verwaltungsrechtlich oder originär strafrechtlich zu definieren ist.[2] Auf Ebene der
Verfahrensergebnisse bereitet insbesondere der bestandskräftige, aber rechtswidrige VA Schwierigkeiten.[3] Bei der Auseinandersetzung mit diesen Fragen ist es über
die an Wortlaut und Systematik orientierte Auslegung hinaus notwendig, die Ge-
meinsamkeiten und Unterschiede der Regelungsanliegen der jeweiligen Rechtsgebiete in Ansehung der konkret betrachteten Problemkonstellation herauszuarbeiten.

II. Verwaltungsaktsakzessorietät

Der VA ist eine typische Handlungsform der regulierenden Verwaltung,[4] die eine   **5**
Sonderrechtsbeziehung zwischen dem Adressaten und dem Staat begründet.[5] Die
abstrakten Regelungen, welche dem VA zugrunde liegen, treten in dem Umfang
zurück, wie die Bindungswirkung der Regelung im Einzelfall greift. Die Begriffsbestimmung in § 330d Abs. 1 Nr. 4 StGB umfasst sowohl die abstrakt-generelle
Regelung durch eine (self-executing) Rechtsvorschrift als auch individuelle Regelungen, welche im Einzelfall Sonderrechtsbeziehungen begründen. Neben dem
vollziehbaren VA werden dort die gerichtliche Entscheidung, die vollziehbare Auflage und der öffentlich-rechtliche Vertrag genannt, soweit die Pflicht auch durch VA
hätte auferlegt werden können. Die mit der Akzessorietät zu einem VA verbundenen
Fragestellungen gelten nach Maßgabe ihrer jeweiligen Besonderheiten entsprechend für diese weiteren Sonderrechtsbeziehungen, wobei der öffentlich-rechtliche
Vertrag wegen § 59 VwVfG eine Sonderstellung einnimmt.

1. Techniken der Verknüpfung

Der VA ist in drei Spielarten ein Anknüpfungspunkt von Umweltdelikten, und zwar   **6**
als Genehmigung bzw. Untersagung, als eine Variante der tatbestandlichen verwaltungsrechtlichen Pflicht oder als Ausgestaltung des Merkmals unbefugt. Überschneidungen ergeben sich daraus, dass derselbe VA bei verschiedenen Delikten in
unterschiedlicher Gestalt in Erscheinung tritt.

---

[2] Dazu unten § 14 Rn. 4 ff.
[3] Im Einzelnen § 4 Rn. 30 ff.
[4] S. § 1 Rn. 51 ff.
[5] Zum Begriff des Staates im Sinne des als Exekutive handelnden jeweiligen Hoheitsträgers s.o. § 1
Rn. 41 ff.

a) Genehmigung und Untersagung

7   Ausdrücklich begegnet der VA tatbestandlich als **Genehmigung**, wobei der Unwert
     in einem Handeln ohne diese Genehmigung besteht. So liegt es bei § 327 Abs. 1 und
     Abs. 2 StGB. Unter Strafe gestellt wird ein Handeln, welches ohne vorherige um-
     weltrechtliche Eröffnungskontrolle vorgenommen wird.[6] Die Strafnorm verhält sich
     insofern akzessorisch zu dem abstrakt-generellen Gesetz, welches die Genehmi-
     gung vorschreibt. Dies ist kein Fall der Akzessorietät zum VA, denn ein solcher fehlt
     gerade. Wenn hingegen eine Genehmigung erfolgt ist, kann diese der Bezugspunkt
     für die Beurteilung der Frage sein, ob das Verhalten in einem so großen Maße von
     ihr abweicht, dass es sich um ein tatbestandlich relevantes Verhalten ohne Genehmi-
     gung handelt.[7] Anders liegt es, wenn der Betrieb der Anlage untersagt worden ist,
     was durch VA geschieht. Dem können sehr unterschiedliche Konstellation entspre-
     chen. Die Genehmigungspflicht knüpft typischerweise an ein gewisses Gefahren-
     potenzial an. Wenn Anlagen unterhalb dieses Gefahrenpotenzials liegen, hat die
     Genehmigungsbehörde die in diesem Sinne anzeigepflichtigen Anlagen auf schäd-
     liche Umwelteinwirkungen zu überwachen und gegebenenfalls Anordnungen im
     Einzelfall zu treffen, bspw. § 24 BImSchG. Kommt der Betreiber diesen Anordnun-
     gen nicht nach, kann bzw. muss der Betrieb dieser nicht genehmigungsbedürftigen
     Anlage untersagt werden, bspw. § 25 BImSchG. In der zweiten Spielart einer Unter-
     sagung handelt es sich um eine genehmigungsbedürftige Anlage. Wenn gar keine
     Genehmigung vorliegt, kann selbstverständlich eine Untersagungsverfügung erge-
     hen, die im Wege der Verwaltungsvollstreckung durchgesetzt wird. Insofern hat
     dann auf Tatbestandsebene des § 327 StGB die vollziehbare Untersagungsverfü-
     gung als speziellere Sonderrechtsbeziehung Vorrang vor dem allgemeineren Ver-
     stoß gegen die Genehmigungspflicht. Soweit indes ursprünglich eine Genehmigung
     vorlag, können verschiedene Geschehensvarianten in eine Untersagung münden. Im
     Wesentlichen kann einerseits die Genehmigung entfallen (§§ 18, 21 BImSchG u.
     § 48 VwVfG),[8] weshalb dann wieder ein Handeln ohne Genehmigung vorliegt, das
     zur Untersagung Anlass gibt. Andererseits kann parallel zu der vorliegenden Ge-
     nehmigung die Notwendigkeit zur Durchsetzung von flankierenden Maßnahmen
     zur Vermeidung von schädlichen Umwelteinwirkungen bestehen, wofür die Unter-
     sagung als präventives Druckmittel fungiert (§ 20 BImSchG).

b) VA als Verwaltungsrechtliche Pflicht

8   Der VA ist eine **verwaltungsrechtliche Pflicht i. S. v. § 330d Abs. 1 Nr. 4 StGB**
     und daher *„im Sinne dieses Abschnittes"* Teil des Tatbestandes soweit die §§ 324–
     330a StGB die Strafbarkeit an die Verletzung verwaltungsrechtlicher Pflichten
     knüpfen. Daraus ergibt sich ein **Vorrangproblem**.

---

[6] Zu diesem Regulierungsmittel oben § 1 Rn. 34 ff.

[7] Dazu anhand § 327 Abs. 2 S. 1 Nr. 1 StGB unten § 15 Rn. 8.

[8] S. auch oben § 1 Rn. 52.

Beispiel

A bringt wissentlich Stoffe in den Boden ein und verunreinigt diesen in bedeutendem Umfang. Sein Handeln ist, wie ihm bekannt ist, von einem bestandskräftigen VA gedeckt. Dieser VA ist jedoch materiell rechtswidrig. Nach den maßgeblichen verwaltungsrechtlichen Rechtsvorschriften hätte A seine Handlung nicht vornehmen dürfen. A geht dabei von demselben Sachverhalt wie die Behörde aus.

Strafbarkeit des A gem. § 324a Abs. 1 Nr. 2 StGB?

Entscheidend ist die Verletzung der verwaltungsrechtlichen Pflicht. Das hängt von dem Regelungsgehalt des § 330d Abs. 1 Nr. 4 StGB und dem Vorrangverhältnis der dort genannten verwaltungsrechtlichen Pflichten ab. Wenn diese Pflichten gleichberechtigt nebeneinander stehen, hätte der A zwar nicht gegen den VA verstoßen, sehr wohl aber gegen die bodenrechtliche Rechtsvorschrift. Hat hingegen der VA Vorrang, kommt es auf die zugrunde liegende Rechtsvorschrift nicht mehr an. Die Lösung erfolgt in zwei Schritten. Zunächst gilt es festzuhalten, dass auch der materiell rechtswidrige, begünstigende VA wirksam ist, soweit er vollziehbar bzw. in Bestandskraft erwachsen ist.[9] Auf der verwaltungsrechtlichen Ebene verdrängt der wirksame VA die abstrakt-generellen Rechtsvorschriften. Auf der verwaltungsrechtlichen Ebene ist die Rechtslage damit geklärt. Doch es ist fraglich, ob das Strafrecht diese Wertung übernimmt. Der Zweck des § 330d Abs. 1 Nr. 4 StGB besteht in der Systematik zu § 324a Abs. 1 StGB in einer Entlastung des Formulierungsumfanges des Tatbestandes sowie in dem Interesse an der rechtssicheren Erfassung der Quellen verwaltungsrechtlicher Pflichten. Das verwaltungsrechtliche Vorrangverhältnis der einzelnen Pflichtenquellen bleibt davon unberührt. Hinzu kommt die Erwägung der Einheit der Rechtsordnung. Was nach den Maßstäben des Verwaltungsrechts erlaubt ist, kann grdsl. nicht strafrechtlich sanktioniert werden, worauf mehrfach zurückzukommen sein wird. Diese Erwägung findet nicht erst auf der Ebene der Rechtfertigung statt, sondern hat im Rahmen der Bestimmung der maßgeblichen verwaltungsrechtlichen Pflicht bereits im Tatbestand ihren Platz. Folglich hat der A im Beispiel den Tatbestand nicht verwirklicht.

c) VA als Rechtfertigungsgrund

Eine andere Frage ist es jedoch, ob der begünstigende, aber materiell rechtswidrige   9
VA des Bodenrechts über § 324a StGB hinaus Bindungswirkung zeitigt.

Beispiel

A bringt – objektiv und subjektiv – wie im vorherigen Beispiel Stoffe in den Boden ein. Dies hat zur Folge, dass unvorsätzlich ein Gewässer verunreinigt wird. Er hat ebenso wie die Behörde nicht mit einer Gewässerverunreinigung gerechnet.

Strafbarkeit gem. § 324 Abs. 3 StGB?

---

[9] Zum ganzen unten § 4 Rn. 30 ff.

Das Wort **unbefugt** enthält keinen Verweis auf § 330d Abs. 1 Nr. 4 StGB. Fraglich ist daher, ob der bodenrechtliche VA hier ebenfalls eine Rechtswirkung entfaltet. Unabhängig von der maßgeblichen Prüfungsebene, wofür Tatbestand und Rechtswidrigkeit (h.M.) in Betracht kommen,[10] stellt sich auch hier die grundlegende Frage nach der Einheit der Rechtsordnung. Was verwaltungsrechtlich erlaubt ist, kann – solange keine ausdrücklichen Regelungen dies vorsehen – nicht strafrechtlich sanktioniert werden. Der VA hat daher auch innerhalb des Begriffes unbefugt Vorrang.[11] Wenn die Regelungswirkung des der Straflosigkeit nach § 324a Abs. 1 StGB zugrunde liegenden VA auch das wasserrechtliche Risiko erfasst, scheidet § 324 Abs. 3 StGB allerdings bereits **mangels Sorgfaltspflichtverletzung** aus.[12] Nur wer die für den Adressaten des VA geltende Sorgfaltspflicht objektiv an der zugrunde liegenden Rechtsnorm misst, gelangt noch zum Merkmal unbefugt und muss dort die bestandskräftige Regelung respektieren. Indem aber der VA gerade das Pflichtenprogramm des Adressaten regelt, erscheint dessen Berücksichtigung bereits bei der Bestimmung des objektiv geltenden Sorgfaltsmaßstabs als vorzugswürdig. Das ändert sich jedoch, wenn der Handelnde **Sonderwissen** hat, das für die Verwaltungsentscheidung relevant ist. Wenn ihm ein Risiko bekannt ist, welches bei Erteilung der Genehmigung nicht berücksichtigt worden ist, kann[13] ihn eine Sorgfaltspflichtverletzung nach § 324 Abs. 3 StGB dahingehend treffen, dass es ihm oblegen hätte, den Betrieb erst nach einer durch die Behörde vorgenommenen Sicherheitsprüfung – etwa gem. § 17 BImSchG – fortzusetzen.[14] Die Genehmigungswirkung erstreckt sich dann nur auf § 324a StGB. Erst recht läge eine unbefugte Gewässerverunreinigung vor, wenn aufgrund des Sonderwissens in Bezug auf die Gewässerverunreinigung (bedingter) Vorsatz gegeben wäre. Dann müsste sich die Genehmigung auf die derart in den Mittelpunkt des Geschehens gerückte Gewässerverunreinigung selbst beziehen, worüber nach Maßgabe der wasserrechtlichen Normen zu entscheiden wäre (s. § 13 BImSchG). Im Beispiel jedoch scheidet die Strafbarkeit nach § 324 Abs. 3 StGB aus, indem der A ohne (relevantes) Sonderwissen und damit unter Einhaltung der Genehmigung sorgfaltsgemäß handelte.

2. Inhalt der Regelung des VA

10 Die konkrete Regelung eines VA hängt neben der Auslegung des Inhaltes auch von den Gestaltungsvarianten des VA ab. Die Allgemeinverfügung ist insofern jedoch zu vernachlässigen.

---

[10] Zum ganzen § 4 Rn. 101 ff.

[11] *Michalke*, UmwStR, Rn. 88 ff.

[12] Näher dazu anhand der Konzentrationswirkung des VA unten § 4 Rn. 23 ff.

[13] Das hängt davon ab, ob das Sonderwissen die Entscheidung beeinflusst hätte, woran es insbesondere fehlt, wenn es sich um einen Umstand handelt, der nur mit einem höheren als dem für die Genehmigung geltenden Sicherheitsmaßstab erfasst werden könnte.

[14] Vgl. oben § 3 Rn. 77.

a) Vorverlagerungen

Einige Verwaltungsakte ergehen im Vorfeld der eigentlichen Genehmigung und sind **11** daher von ihrem Regelungsumfang her von dieser zu unterscheiden. **Zusicherung** (§ 38 VwVfG) und **Zusage** beziehen sich auf den Erlass oder Nichterlass eines VA und sind in ihrer Einordnung als VA problematisch.[15] Der **Vorbescheid** beschränkt sich auf einzelne Genehmigungsvoraussetzungen, entscheidet über diese aber abschließend und verbindlich, weshalb er insofern selbst ein VA ist.[16] Zusicherung, Zusage und Vorbescheid ist jedoch gemeinsam, dass sie für sich genommen keine Genehmigungswirkung haben. Auf der Ebene des Strafrechts können sie aber Anknüpfungspunkt für Irrtümer der Handelnden sein, wobei freilich im Einzelfall sorgsam zu prüfen ist, ob die vorgelagerte Aussage der Behörde als Genehmigung missverstanden werden konnte bzw. missverstanden worden ist.

Die **Teilgenehmigung** hingegen ist ein Endbescheid, der sich auf einen sachlich **12** abgrenzbaren Teil des Vorhabens beschränkt. So kann etwa im Baurecht zunächst die Genehmigung zur Errichtung des Kellers erteilt werden, obwohl noch Klärungsbedarf zu den oberen Stockwerken besteht.[17] Die Teilgenehmigung ist angesichts umfangreicher genehmigungsbedürftiger Anlagen ein sachgerechtes Mittel, um die im Interesse des Umweltschutzes notwendigen Prüfungen einerseits und die wirtschaftlichen Notwendigkeiten einer zügigen Errichtung andererseits in Ausgleich zu bringen. So sieht insbesondere § 8 BImSchG als Sollvorschrift eine Teilgenehmigung bei einem berechtigten Interesse, dem Vorliegen der Genehmigungsvoraussetzungen für den beantragten Gegenstand der Teilgenehmigung sowie bei einer voraussichtlich gelingenden Gesamtgenehmigung vor. Hiervon zu unterscheiden ist die gem. § 8a BImSchG – ebenfalls als Sollvorschrift – vorgesehene **Zulassung vorzeitigen Beginns**. Dabei handelt es sich um eine besondere Ausprägung der allgemeinen Figur des vorläufigen Verwaltungsakts, die im Umweltrecht ebenfalls verbreitet ist, s. § 17 WHG, § 37 KrWG, 57b Abs. 3 S. 2 AtG.[18]

Teilgenehmigung und **Zulassung vorzeitigen Beginns** sind für das Umwelt- **13** strafrecht von höchster Relevanz. Aufgrund der Sollvorschriften handelt es sich um ein typisches Phänomen mit zwei maßgeblichen Problemen. Erstens ist der Regelungsinhalt daraufhin zu analysieren, ob lediglich die Errichtung der Anlage oder auch der in Rede stehende **Betrieb der Anlage** von diesen Verwaltungsakten ganz oder teilweise erfasst wird. Zweitens kann es aufgrund der Art und der Komplexität des genehmigten Verhaltens und der damit verbundenen entsprechenden Komplexität der Bescheide zu Meinungsverschiedenheiten über das Ob und den Umfang des genehmigten Anlagenbetriebs kommen. Die Feststellung des objektiven Verstoßes gegen die Genehmigungspflicht und des Vorstellungsbildes der Handelnden muss in

---

[15] *Maurer/Waldhoff*, AllgVerwR, § 9 Rn. 59 ff.

[16] *Maurer/Waldhoff*, AllgVerwR, § 9 Rn. 64.

[17] *Maurer/Waldhoff*, AllgVerwR, § 9 Rn. 65.

[18] *Kloepfer*, Umweltrecht, § 5 Rn. 354 ff. sowie allgemein *Maurer/Waldhoff*, AllgVerwR, § 9 Rn. 66.

Ansehung existenter Bescheide über eine Teilgenehmigung oder einen vorzeitigen Beginn besonders sorgsam erfolgen. Ermittlungsbehörden und Verteidigung haben hierauf Bedacht zu nehmen.

b) Nebenbestimmungen

14   Mit der Komplexität der Realität des Umweltrechts sind knappe und übersichtliche Bescheide kaum vereinbar. Der Rechtsanwender hat sich deshalb in aller Regel mit vielschichtigen und differenzierten Verwaltungsakten auseinanderzusetzen. Abgesehen von der Bestimmung eines widerspruchslosen Inhaltes und einer klaren Reichweite der eigentlichen Regelung gilt es, diese Regelung im Zusammenhang mit zumeist vorgesehenen **Nebenbestimmungen** zu betrachten. Grdsl. stellt sich das Problem, ob die Regelungswirkung des VA in ihrer Wirksamkeit von der Nebenbestimmung abhängt und was sich daraus jeweils für das Strafrecht ergibt. Auf der materiell-rechtlichen Ebene ist fraglich, ob eine Nebenbestimmung erlassen werden kann, vgl. § 36 VwVfG. Bei einem bestandskräftigen oder vorläufig vollziehbaren VA rückt diese Frage für das akzessorische Strafrecht in den Hintergrund, wobei sich freilich auch hier die Frage nach der formellen Illegalität stellen kann.[19] Hinsichtlich des wirksamen VA ist für den Einfluss der Nebenbestimmung auf die Geltung des Regelungsgehaltes maßgeblich nach der Art der Nebenbestimmung zu unterscheiden.

15   Im ersten Schritt gilt es jedoch festzustellen, ob es sich überhaupt um eine Nebenbestimmung handelt. Nebenbestimmungen spielen in der Verwaltungspraxis deshalb eine bedeutende Rolle, weil sie den Zweck haben, rechtliche oder tatsächliche Hindernisse, die einer uneingeschränkten Genehmigung (noch) entgegenstehen, zu beseitigen. Die Nebenbestimmungen ermöglichen danach eine elastische Verwaltung und kommen so den Interessen der Bürger entgegen.[20] Diese sachliche Verknüpfung macht die Abgrenzung der Nebenbestimmung von der Bestimmung des Inhaltes der Hauptregelung des VA problematisch. Im Grundsatz kann sich bereits aus der positiven Umschreibung des eigentlichen Regelungsinhaltes zugleich die inhaltliche Grenze des VA ergeben, die dann durch zusätzliche Einschränkungen weiter ergänzt wird. Positive oder negative Umschreibungen dieser Art legen überhaupt erst den Inhalt des Hauptverwaltungsaktes fest und sind daher **keine Nebenbestimmungen**.[21] Die Unterscheidung kann dabei einerseits allein anhand der Formulierung und andererseits anhand der Antragstellung erfolgen. Verwaltungsakte, die sich auf eine komplexe Regelungsmaterie beziehen, sind üblicherweise strukturiert. Wie bei der Gesetzesauslegung kann auch hier insbesondere systematisch und anhand des Wortlautes eine nähere Bestimmung erfolgen. Die inhaltliche Abgrenzung zwischen Hauptregelung und Nebenbestimmung kann unter Heranziehung des zugrunde liegenden Antrages erfolgen. Sofern die Behörde den beantragten

---

[19] Dazu unten § 4 Rn. 83 ff.

[20] *Maurer/Waldhoff*, AllgVerwR, § 12 Rn. 2.

[21] *Maurer/Waldhoff*, AllgVerwR, § 12 Rn. 4.

Gegenstand modifiziert, handelt es sich nicht um eine Nebenbestimmung, sondern um einen von dem Antrag abweichenden Inhalt des VA. Dies wird im Allgemeinen Verwaltungsrecht unter dem insofern etwas irreführenden Stichwort der sog. modifizierenden Auflage diskutiert.[22]

Die Arten von Nebenbestimmungen werden nicht abschließend[23] von § 36 Abs. 2   **16** VwVfG genannt. Die **Befristung** bestimmt, dass eine Vergünstigung oder Belastung zu einem bestimmten Zeitpunkt beginnt, endet oder für einen bestimmten Zeitraum gilt. Soweit die Hauptregelung des VA Gegenstand der Befristung ist, hängt deren Wirksamkeit von dieser Nebenbestimmung i. S. v. § 36 Abs. 2 Nr. 1 VwVfG ab. Die **Bedingung** hingegen macht den Eintritt oder den Wegfall einer Vergünstigung oder Belastung von dem – hinsichtlich des Ob oder Wann – ungewissen Eintritts eines zukünftigen Ereignisses abhängig, § 36 Abs. 2 Nr. 2 VwVfG. Auch die Bedingung hat daher Einfluss auf die Wirksamkeit der Hauptregelung, soweit die Hauptregelung und nicht etwa eine anderweitige Nebenbestimmung an diese Bedingung geknüpft wird. Dogmatisch regeln die Bedingung und die Befristung nur auf unterschiedliche Weise Beginn oder Ende der Wirksamkeit eines VA und sind daher unselbstständige Bestandteile dieses VA.[24] Jede Bedingung muss im Interesse der Rechtssicherheit für alle Beteiligten ohne weiteres zu beurteilen sein und sich daher auf äußere Tatsachen richten, nicht jedoch auf innere Vorbehalte oder rechtliche Würdigungen zurückliegender Sachverhalte.[25] Besondere Aufmerksamkeit verlangt die Abgrenzung der Bedingung von der Auflage.[26]

Der **Widerrufsvorbehalt** i. S. v. § 36 Abs. 2 Nr. 3 VwVfG steht im Zusammen-   **17** hang mit § 49 Abs. 2 Nr. 1 VwVfG und ermöglicht insofern den Widerruf eines rechtmäßigen VA, indem aufgrund dieser Nebenbestimmung ein schützenswertes Vertrauen in den Bestand dieses VA in geringerem Umfang besteht. Problematisch ist im Einzelfall insbesondere, ob diese Nebenbestimmung in Ansehung von § 36 Abs. 1 VwVfG angeordnet werden durfte, was für das Strafrecht im Rahmen der hier vertretenen Anspruchstheorie relevant werden kann.[27] Der betroffene VA bleibt so lange bestandskräftig und strafrechtlich relevant, bis ein wirksamer Widerruf ergeht, gegen den – im Falle der Beseitigung eines begünstigenden VA – kein durchsetzbarer Aufhebungsanspruch besteht.

Somit rückt schließlich die **Auflage** in den Blick, die für das Strafrecht von be-   **18** sonderer Bedeutung ist. § 36 Abs. 2 Nr. 4 VwVfG beschreibt den Fall, dass ein VA mit einer Bestimmung verbunden wird, durch die dem Begünstigten ein Tun, Dulden oder Unterlassen vorgeschrieben wird. § 36 Abs. 2 Nr. 5 VwVfG richtet sich in der vorgelagerten Stufe darauf, dass ein Vorbehalt zu einer nachträglichen Auf-

---

[22] *Maurer/Waldhoff*, AllgVerwR, § 12 Rn. 4 u. Rn. 16 f.
[23] *Maurer/Waldhoff*, AllgVerwR, § 12 Rn. 5.
[24] *Maurer/Waldhoff*, AllgVerwR, § 12 Rn. 8.
[25] *Maurer/Waldhoff*, AllgVerwR, § 12 Rn. 6.
[26] Zur Auflage sogleich § 4 Rn. 22.
[27] § 4 Rn. 35.

nahme, Änderung oder Ergänzung einer solchen Auflage vorgesehen wird. Die Auflage ist für die Verwaltungsaktsakzessorietät von größter Bedeutung, da sie eine **selbstständige Regelung** enthält, die neben der Hauptregelung des VA steht. Diese Unterscheidung greift § **330d Abs. 1 Nr. 4 StGB** unter den Buchstaben c) und d) auf. Nach der Dogmatik des Allgemeinen Verwaltungsrechts ist die Auflage eine zusätzliche Verpflichtung und daher selbst ein VA (str.), der sich freilich in Gestalt der Nebenbestimmung auf den Hauptverwaltungsakt bezieht. Der Hauptverwaltungsakt ist unabhängig davon wirksam, ob die Auflage erfüllt wird oder nicht.[28] Diese Wesensart der Auflage erfordert auf der Ebene des Strafrechts unter mehreren Gesichtspunkten besondere Aufmerksamkeit, wovon die Unterscheidung zwischen strafbarem und straflosem Verhalten abhängt.

19   Die Strafnormen knüpfen in unterschiedlicher Weise akzessorisch an den VA an,[29] was für die Auflage Fragen aufwirft.

Beispiel

A betreibt eine genehmigungsbedürftige Anlage gem. § 327 Abs. 2 S. 1 Nr. 1 StGB entsprechend der ihm erteilten, wirksamen Genehmigung. Mit der Genehmigung ist jedoch die Auflage verbunden worden, dass er das Oberflächenwasser der nicht überdachten, betonierten Lagerflächen in einem eigens dafür herzustellenden abgedichteten Sammelbecken aufzufangen und zu entsorgen hat. Dieser Auflage ist A allerdings bisher nicht nachgekommen. Anhaltende Regenfälle führen deshalb dazu, dass Schadstoffe von den betreffenden Lagerflächen ausgeschwemmt werden und den Boden i. S. v. § 324a Abs. 1 Nr. 1 StGB sowie einen nahegelegenen Bach i. S. v. § 324 Abs. 1 StGB verunreinigen. Bei Erfüllung der Auflage wäre das mit Sicherheit vermieden worden. A hat all dies billigend in Kauf genommen.
Strafbarkeit des A?

Der A hat sich aufgrund der wirksamen Genehmigung zum Betrieb der Anlage nicht gem. § 327 Abs. 2 S. 1 Nr. 1 StGB strafbar gemacht. Fraglich ist, wie sich der Verstoß gegen die wirksame Auflage auswirkt. Die Bodenverunreinigung setzt gem. § 324a Abs. 1 StGB die Verletzung verwaltungsrechtlicher Pflichten voraus. Eine solche Pflicht ist aufgrund der Legaldefinition in § 330d Abs. 1 Nr. 4 d) StGB in Gestalt der wirksamen Auflage verletzt worden. Die von § 330d Abs. 1 Nr. 4 StGB umfassten Spielarten der verwaltungsrechtlichen Pflicht verhalten sich untereinander genauso, wie es nach Maßgabe des Verwaltungsrechts der Fall ist. Zwar geht der einzelne VA der ihm zugrunde liegenden Rechtsvorschrift vor, der Hauptverwaltungsakt und die Auflage stehen aber ebenso wie im Verwaltungsrecht nebeneinander. Die Genehmigung zum Betrieb entfaltet daher keine Wirkung, wenn der strafrechtliche Tatbestand an die Verletzung verwaltungsrechtlicher Pflichten und damit an die eigenständig wirksame und von § 330d Abs. 1 Nr. 4 d) StGB genannte Auf-

---

[28] Zum ganzen statt aller *Maurer/Waldhoff*, AllgVerwR, § 12 Rn. 11.
[29] S.o. § 4 Rn. 6 ff.

lage anknüpft. Der A hat sich daher gem. § 324a Abs. 1 StGB strafbar gemacht.
Problematisch ist, wie es sich mit § 324 Abs. 1 StGB verhält. Der A hat vorsätzlich
ein Gewässer verunreinigt. Fraglich ist, ob dies unbefugt geschah. Die der Gewässerverunreinigung zugrunde liegende Handlung ist das Betreiben der Anlage. Das
Betreiben der Anlage war aber von der Genehmigung gedeckt. In Betracht kommt
jedoch, die mit der **Auflage** statuierte Verpflichtung zur Errichtung des Sammelbeckens als **Garantenpflicht**. Das entspricht der verwaltungsrechtlichen Trennung
zwischen Hauptverwaltungsakt und Auflage und bringt überdies den genauen strafrechtlichen Unwert zum Ausdruck. Nicht das Betreiben der Anlage an sich barg
jene Gefahr, die sich in der Gewässerverunreinigung verwirklichte, sondern in erster Linie das Fehlen des vorgeschriebenen Sammelbeckens. Ein berechtigtes aktives
Tun wird nach dieser Betrachtungsweise von einem eigenständig zu wertenden
Unterlassen flankiert, wodurch der spezifische Unwertgehalt, welcher zu der Gewässerverunreinigung führte, erfasst wird. Letztlich würde damit für § 324 StGB
nichts anderes gelten als für § 324a Abs. 1 StGB, der unter Anknüpfung an die Auflage ebenfalls ein Unterlassen zum Kern des Vorwurfs erhebt. Unterschiede bestehen jedoch für den dogmatischen Weg zu diesem Ergebnis. § 324a Abs. 1 StGB ist
letztlich ein **Pflichtdelikt** und knüpft als solches die Verwirklichung des Tatbestandes bereits an die Verletzung einer Pflicht, ungeachtet des Umstandes, ob es sich um
eine Handlungspflicht oder eine Unterlassungspflicht handelt. Auf der Ebene der
Rechtswidrigkeit vermag die Genehmigung des Betriebs der Anlage nichts an der
tatbestandlichen Differenzierung zwischen Hauptverwaltungsakt und eigenständiger Bedeutung der Auflage zu verändern. Die Betriebsgenehmigung kommt daher
für § 324a StGB auf der Ebene der Rechtswidrigkeit in Bezug auf die tatbestandliche Verletzung einer Handlungspflicht aus der Auflage nicht in Betracht. Für §§ 324,
13 StGB gilt aufgrund der Trennung zwischen Betriebsgenehmigung und Auflage
keine Sperrwirkung für das unechte Unterlassungsdelikt. Tatbestandlich stellt sich
aber die Frage, ob die **Auflage eine Garantenpflicht** statuiert. Diese Frage kann
nur das Strafrecht beantworten. Der Schutzzweck der erteilten Auflage und die den
Betreiber als Verursacher der Gefahrenquelle treffende Überwachungspflicht sprechen für die Annahme einer Garantenpflicht. Dieses tatbestandliche Unterlassen
kann auf der Ebene der Rechtswidrigkeit, auf die nach dem deklaratorischen Hinweis des Wortes unbefugt besonders Bedacht zu nehmen ist,[30] nicht durch die Betriebsgenehmigung gerechtfertigt werden. Deren Regelungsgehalt erstreckt sich
ebenso wie bei § 324a StGB nicht auf jenen Teilaspekt, welcher Gegenstand der
erteilten Auflage ist. Im Beispiel hat sich der A daher auch gem. §§ 324 Abs. 1, 13
StGB strafbar gemacht.[31] Die Handlungsform hängt freilich von der Art der Auflage
ab. Wenn die Auflage nicht eine Handlungspflicht, sondern eine Unterlassungs-

---

[30] Zur Prüfungsebene unten § 4 Rn. 101 ff.

[31] Bei einer (subjektiv) unmöglichen Auflage endet die Rechtfertigung aus der Genehmigung, da
sich die Gefahrenprognose für den genehmigten Betrieb ändert, so dass grdsl. der weitere Betrieb
bis zur Klärung mit der Behörde zu unterbleiben hat; folglich ist dann aus aktivem Tun zu bestrafen, vgl. dazu unten § 6 Rn. 7 u. Rn. 32.

pflicht enthält, dann erfolgt der Verstoß gegen eine solche Auflage durch aktives Tun.

20   20 Die Auflage ist allerdings nur dann relevant, wenn es sich um eine **wirksame Auflage** handelt. Zusätzlich zu den allgemeinen Fragen der Bestandskraft, vorläufigen Vollziehbarkeit und der ausnahmsweise in Betracht kommenden Nichtigkeit sowie der strafrechtlichen Anspruchstheorie,[32] besteht hier eine Besonderheit aufgrund des Zusammenhanges zum Hauptverwaltungsakt. Indem eine Auflage stets auf den Hauptverwaltungsakt bezogen ist, wird sie nur wirksam, wenn auch der Hauptverwaltungsakt wirksam wird *und* der Begünstigte von dem Hauptverwaltungsakt Gebrauch macht.[33]

> **Beispiel**
>
> B erhält die Genehmigung zur Errichtung einer genehmigungsbedürftigen Anlage gem. § 327 Abs. 2 S. 1 Nr. 1 StGB. Auf dem vorgesehenen Gelände befindet sich ein Sammelbecken für das Oberflächenwasser, welches bislang zwar genehmigt ist, aber nicht mehr dem aktuellen Sicherheitsstandard entspricht. Daher wird die Genehmigung mit der Auflage verbunden, ein neues und sicheres Sammelbecken zu errichten. Bevor B von der ihm erteilten Genehmigung Gebrauch macht, treten aus dem Sammelbecken Schadstoffe in den Boden und das Grundwasser aus, was nicht geschehen wäre, wenn er die Auflage erfüllt hätte. B nahm all dies billigend in Kauf, hatte aber kein relevantes Sonderwissen gegenüber der Behörde.
>
> Strafbarkeit des B?

§ 327 Abs. 2 S. 1 Nr. 1 StGB scheidet im Hinblick auf eine bisherige Anlage aufgrund einer bestehenden Genehmigung aus, während die neue Anlage noch gar nicht errichtet und daher erst recht noch nicht betrieben worden ist. Indem B von seiner Genehmigung noch keinen Gebrauch gemacht hat, ist die Auflage noch unwirksam. Das Risiko der Bodenverunreinigung und Gewässerverunreinigung ist daher von der bisherigen Genehmigungslage gedeckt, weshalb § 324a Abs. 1 StGB tatbestandlich scheitert und § 324 StGB aufgrund der Konzentrationswirkung der Genehmigung anhand des Merkmals unbefugt ausscheidet.[34] Ein Argument für die Verknüpfung auf der Ebene der Wirksamkeit ergibt sich auch aus der Formulierung des § 36 Abs. 2 VwVfG. Zur Einleitung von Nr. 4 und Nr. 5 heißt es, dass ein VA mit einer Auflage oder einem Auflagenvorbehalt „verbunden werden" kann. Diese Regelungen sind daher begrifflich an den Hauptverwaltungsakt gekoppelt.

21   Eine solche Kopplung an den Hauptverwaltungsakt liegt aber nur dann vor, wenn es sich tatsächlich bei der weiteren Regelung um eine Nebenbestimmung handelt. Anders verhält es sich, wenn die weitere Regelung gänzlich eigenständig zu be-

---

[32] § 4 Rn. 35.

[33] *Maurer/Waldhoff*, AllgVerwR, § 12 Rn. 10.

[34] Sogleich § 4 Rn. 23 ff.

trachten ist. In einem solchen Fall hat es der Betroffene mit zwei in ihrer Wirkung **unabhängig nebeneinander stehenden Regelungen** zu tun, die dementsprechend einzeln zu betrachten sind. Die Verbindung in ein und demselben Bescheid kann jedoch dafür sprechen, dass auch die Wirksamkeit einheitlich zu betrachten ist.

Ein schwerwiegendes Problem besteht in der **Abgrenzung zwischen Auflage**   22
und aufschiebender Bedingung.

Beispiel

X erhält die Genehmigung zum Betrieb einer Abfallentsorgungsanlage i. S. v. § 327 Abs. 2 S. 1 Nr. 3 StGB. Diese Genehmigung enthält allerdings den Zusatz, der G habe bestimmte bauliche Maßnahmen durchzuführen, welche die betriebs- bedingte vorübergehende Lagerung der in der Anlage zu entsorgenden Abfälle betreffen. X nimmt den Betrieb auf, ohne diese Maßnahmen durchgeführt zu haben.

Strafbarkeit gem. § 327 Abs. 2 S. 1 Nr. 3 StGB?

Ein solcher Zusatz kann entweder eine aufschiebende Bedingung oder aber eine Auflage sein, denn das in Bezug genommene Ereignis besteht in einem Verhalten des Genehmigungsadressaten. Von dieser Unterscheidung hängt die Strafbarkeit nach § 327 Abs. 2 S. 1 Nr. 3 StGB ab. Auflage und Bedingung unterscheiden sich grundlegend in ihrer Wirkungsweise. Die Auflage ist verpflichtend und kann daher zwangsweise durchgesetzt werden. Die Bedingung hingegen bedarf keiner zwangs- weisen Durchsetzung, da die Wirksamkeit der Genehmigung von ihr abhängt. Der Verstoß gegen die Auflage hat erst durch einen weiteren VA Einfluss auf die Ge- nehmigungslage, indem entweder der VA gem. § 49 Abs. 2 S. 1 Nr. 2 VwVfG auf- gehoben oder aber der genehmigte Betrieb vorläufig untersagt wird. Solange ein solcher weiterer VA fehlt, führt der Verstoß gegen die Auflage allein nicht zur Straf- barkeit aufgrund eines Genehmigungsverstoßes. Die Unterscheidung von Auflage und Bedingung ist ein Standardproblem des Verwaltungsrechts und dominiert häu- fig das insofern akzessorische Umweltstrafrecht. Zur Lösung werden vier Kriterien genannt:[35]

(1) Zunächst kommt es auf die Bezeichnung in dem Bescheid an. Die Verwaltungs- behörden verwenden die Worte Auflage und Bedingung allerdings keineswegs immer dogmatisch präzise. Daher ist der **Wortlaut nur ein erstes Indiz.** Ein- fluss hat allerdings der Grad an juristischer Reflexion seitens der Verwaltungs- behörde, was anhand der Beteiligten Ebenen des Verwaltungsapparates beurteilt werden mag, insb. anhand der erfolgten Gegenzeichnungen sowie der Beteili- gung der Rechtsabteilung.
(2) Entscheidend soll der Wille der Behörde sein, der anhand der Erklärungen im Zusammenhang mit den jeweiligen konkreten Verhältnissen ermittelt werden

---

[35] Vgl. zum nachfolgenden *Maurer/Waldhoff*, AllgVerwR, § 12 Rn. 18.

kann. Hierbei kommt es auf die Gewichtung des Umstandes der Nebenbestimmung an. Je bedeutender dieser Umstand ist, desto eher handelt es sich um eine Bedingung. Für die strafrechtliche Beurteilung ist insofern allerdings Vorsicht angebracht, da es um die Beurteilung der Sachlage durch die Verwaltung *ex ante* geht. Sobald aber erst einmal ein Strafverfahren in der Welt ist, haben die Akteure der Verwaltung Eigeninteressen, wodurch der Blick auf die damaligen Intentionen erheblich verzerrt werden kann. Die Ermittlung des dem Bescheid zugrunde liegenden Behördenwillens erfordert daher eine gründliche und differenzierte Gesamtbetrachtung der Genese des Bescheides. Hierzu kommt es auf die Kenntnis der Kommunikation zwischen Behörde und Bürger einerseits sowie der gesamten Verwaltungsabläufe andererseits an. Die vollständige Akte der Verwaltung ist die Minimalgrundlage einer zuverlässigen Beurteilung dieser Fragen und daher von den Strafverfolgungsbehörden im Rahmen ihrer Amtsaufklärungspflicht zwingend vollständig beizuziehen.

(3) Ferner gilt die materielle Zulässigkeit der jeweiligen Nebenbestimmung als ein Indiz für die Einordnung der Nebenbestimmung, da im Zweifel anzunehmen sei, die Behörde wolle keine rechtswidrige Anordnung treffen. Wenn also insbesondere nur eine Auflage, nicht aber eine Bedingung gesetzlich erfolgen durfte, spricht dies für das Vorliegen einer Auflage.

(4) Schließlich soll im Zweifel eine Auflage als das in der Regel weniger einschneidende Mittel anzunehmen sein.

Die Ermittlungsbehörden haben sich vor diesem Hintergrund – gleichermaßen wie die Verteidigung – im konkreten Einzelfall gründlich mit der Tatsachengrundlage auseinanderzusetzen, sobald es strafrechtlich auf den Unterschied zwischen Auflage und Bedingung ankommt. Insbesondere da der Bezeichnung im Bescheid nur eine begrenzte Aussagekraft zukommt, erfordert bereits die **Amtsaufklärungspflicht** umfangreiche Ermittlungsmaßnahmen, um einen hinreichenden Tatverdacht mit der notwendigen Gewissheit annehmen oder ausschließen zu können. Zugleich setzt sich die Vielfalt der Auslegungsmöglichkeiten auf der subjektiven Ebene als Irrtumsproblematik fort.

3. Konzentrationswirkung und erlaubtes Risiko

23   Eine öffentlich-rechtliche Genehmigung findet ihre Ermächtigungsgrundlage in einer bestimmten Norm. Entsprechende Gesetze betreffen unterschiedliche Regelungsmaterien. Im Interesse der Rechtsklarheit und Verfahrensstraffung ist es erforderlich, dass Genehmigungen auch über jenen Rechtskreis hinaus Wirkung entfalten, der von dem Spezialgesetz geregelt wird. Das ist die Aufgabe der **Konzentrationswirkung**. Nahezu jedes genehmigungsbedürftige Vorhaben hat Bezüge zu dem medialen und vitalen Umweltschutz sowie zu den unterschiedlich gestalteten Tatbeständen des Umweltstrafrechts. Das Integrationsprinzip[36] erfordert eine übergreifende hoheitliche Gesamtbewertung und Gesamtberücksichtigung umwelt-

relevanter Faktoren. Wenn aber Umweltfaktoren in den Genehmigungsverfahren ganzheitlich Beachtung finden, dann ist es nur konsequent, Genehmigungen eines gewissen Spezialbereiches auf alle betroffenen Umweltfaktoren zu erstrecken. Die Konzentrationswirkung, welche sachlich eine Ersetzung mehrerer Genehmigungen verschiedener Behörden durch eine einzige Genehmigung darstellt, muss gesetzlich angeordnet sein. Eine (nahezu) umfassende Konzentrationswirkung kommt Planfeststellungsbeschlüssen zu, die ihrerseits durch andere Genehmigungen nicht verdrängt werden können, vgl. § 75 Abs. 1 S. HS 2 VwVfG.[37] Im Umweltrecht selbst ist insbesondere § 13 BImSchG zu nennen, der jedoch Erlaubnisse und Bewilligungen nach § 8 i. V. m. § 10 WHG unberührt lässt. Andererseits räumt § 19 WHG immerhin bei Vorhaben, für die ein Planfeststellungsverfahren durchgeführt wird, der Planfeststellungsbehörde die Entscheidung über die Erteilung der wasserrechtlichen Erlaubnis oder Bewilligung ein.

Mit der verfahrens- und organisationsrechtlichen Konzentrationswirkung geht **24** aber keine Reduktion der materiell-rechtlichen Prüfungsmaßstäbe einher. Soweit eine Genehmigung eine andere Genehmigung umfasst, findet eine vollständige Prüfung der Voraussetzungen der mit umfassten Genehmigung statt. Aus der strafrechtlichen Perspektive sind daher die mit umfassten Genehmigungen in Gestalt der übergreifenden Genehmigung vorhanden.

Unterhalb dieser Konzentrationswirkung im engeren, verwaltungsrechtlichen **25** Sinne steht eine **Konzentrationswirkung im strafrechtlichen Sinne**. Das Integrationsprinzip steht einer Beschränkung der behördlichen Prüfung auf die gesetzesspezifischen Belange entgegen und erfordert eine Prüfung auch der übrigen Umweltgesetze und Umweltbelange durch die entscheidende Behörde. Diese behördliche Prüfung hat zwar nur dann eine Konzentrationswirkung im verwaltungsrechtlichen Sinne, wenn die Erstreckung der Genehmigung ausdrücklich geregelt ist und lässt in den übrigen Fällen das Nebeneinander zweier Genehmigungen unberührt.[38] Fraglich ist aber, was unterhalb dessen gilt. Wer die Genehmigung für eine Anlage gem. § 4 BImSchG begehrt und dabei nicht vor hat, ein Gewässer gem. § 8 Abs. 1 i. V. m § 9 Abs. 1 Nr. 4 WHG durch das Einbringen oder Einleiten von Stoffen zu benutzen, hat gar keinen Anlass die gem. § 13 BImSchG parallel notwendige wasserrechtliche Genehmigung einzuholen. Gleichwohl kann es aber sein, dass mit der gem. § 4 BImSchG erteilten Genehmigung ein Restrisiko für ein angrenzendes Gewässer besteht. Dieses Restrisiko kann insbesondere darin liegen, dass mit dem gem. § 5 Abs. 1 Nr. 2 BImSchG für die Vorsorge gegen schädliche Umwelteinwirkungen maßgeblichen Stand der Technik i. S. v. § 3 Abs. 6 BImSchG[39] keine absolute Sicherheit gegeben ist. Der Stand der Technik beinhaltet gem. § 3 Abs. 6 S. 1 BImSchG eine Prognose über die Erreichung eines allgemein hohen Schutzniveaus. Diese Prognose

---

[36] S. oben § 1 Rn. 31.
[37] *Kloepfer*, Umweltrecht, § 5 Rn. 240.
[38] *Kloepfer*, Umweltrecht, § 5 Rn. 243.
[39] Zum Begriff oben § 3 Rn. 74.

belässt einerseits in der Differenz zu dem strengeren Stand von Wissenschaft und Technik einen Bereich gesetzlich akzeptierter Gefahren und andererseits kann diese Prognose selbst fehlerhaft sein. Die erteilte Genehmigung aber statuiert diese Prognose als den für den genehmigten Anlagenbetrieb verbindlichen **Maßstab des erlaubten Risikos**. Wenn ein Anlagenbetrieb diese Genehmigungserfordernisse einhält und gleichwohl Schadstoffe in ein Gewässer gelangen, dann fehlt grdsl. bereits die für § 324 Abs. 3 StGB notwendige objektive Sorgfaltspflichtverletzung. Dabei macht es keinen Unterschied, ob die Genehmigung materiell rechtswidrig ist, solange sie wirksam ist. Differenzierter fällt die Betrachtung allerdings bei Sonderwissen des Handelnden zu dem Gefahrenpotenzial aus.[40]

26   Die Bestimmung des erlaubten Risikos gilt aber nicht nur für die Delikte des Umweltstrafrechts. Problematisch ist, ob derselbe Maßstab des Pflichtenprogramms auch für **Individualrechtsgüter** gilt, also insbesondere für §§ 229, 222 StGB. Dieses Ergebnis wird teilweise völlig abgelehnt, so dass der Gebrauch einer umweltbehördlichen Erlaubnis weder vorsätzliche noch fahrlässige Verletzungen der Individualrechtsgüter Dritter deckt.[41] Nach anderer Ansicht soll unter Anerkennung eines verwaltungsrechtlichen Beurteilungsspielraumes zumindest eine Straflosigkeit im Hinblick auf geringfügige Körper- und Eigentumsverletzungen erfolgen.[42] Beide Standpunkte sind allerdings der Rechtswidrigkeitsebene verhaftet. Der Zugang zu dieser Ebene ist jedoch versperrt, wenn es bereits objektiv an der maßgeblichen Sorgfaltspflichtverletzung mangelt. Hierfür aber ist der VA maßgeblich. Solange der Handelnde über kein Sonderwissen verfügt, welches eine andere Entscheidung der Behörde ermöglicht hätte, ist der VA das für den Adressaten verbindlich festgelegte erlaubte Risiko. Im Schrifttum wird dieser Standpunkt geteilt, jedoch mit einer anderen Grenzziehung. Es wird darauf verwiesen, dass der Genehmigungsadressat grdsl. auf die behördliche Risikoeinschätzung vertrauen dürfe, so wie es bei technischen Normen und behördlichen Stellungnahmen der Fall sei.[43] Dem ist die Verbindlichkeit des VA entgegenzuhalten. Zwar kann die strafrechtliche Bestimmung der Sorgfaltspflichtverletzung grdsl. eigene Wege gehen. Das gilt jedoch nur, soweit das Strafrecht nur auf die öffentlich-rechtlichen Normen Bezug nimmt und nicht auf die Verfahrensergebnisse des öffentlichen Rechts. Der VA aber statuiert eine Sonderrechtsbeziehung zwischen Staat und Bürger für das dem Bürger obliegende Pflichtenprogramm im Zusammenhang mit der erteilten Genehmigung. Soweit bei dieser Genehmigung auch die Gefahren für Individualrechtsgüter Dritter Berücksichtigung gefunden haben, handelt es sich um eine für die Gesamtrechtsordnung in der Beziehung zwischen Staat und Bürger verbindliche

---

[40] Dazu bereits oben § 3 Rn. 77 und § 4 Rn. 8 f.

[41] *Saliger*, UmwStR, Rn. 122; *Schall*, in: SK-StGB, Vor §§ 324 ff. Rn. 86.

[42] *Heger*, in: Lackner/Kühl, § 324 Rn. 13; begrenzt auf rechtmäßige Genehmigungen riskanten Verhaltens *Winkelbauer*, NStZ 1988, 201/204 f.

[43] *Sternberg-Lieben*, in: Schönke/Schröder, Vor §§ 32 ff. Rn. 63d sowie auch *Heger*, in: Lackner/ Kühl, § 324 Rn. 13 a.E.

Regelung des erlaubten Risikos. Von dieser Bindungswirkung kann sich die Beurteilung des Strafanspruches des Staates gegen den Bürger nicht freimachen. Es handelt sich also um eine **verdeckte Verwaltungsaktsakzessorietät**. Im Ergebnis dürf-
ten sich hieraus allerdings kaum Unterschiede ergeben. Wenn der Adressat des VA
Sonderkenntnisse hat, die zu einer anderen behördlichen Entscheidung hätten führen können, liegt sein Pflichtenverstoß darin, dass er weiter handelt, ohne der Behörde eine Entscheidung über die Aufrechterhaltung oder Modifizierung der erteilten Genehmigung ermöglicht zu haben. In etwa nach diesen Maßstäben dürfte auch
die Beurteilung der Grenzlinie des genannten Vertrauensschutzes verlaufen.

Fraglich ist, ob die Bindungswirkung auch für die **vorsätzliche Verletzung** von   27
Individualrechtsgütern gilt. Das hängt von dem Regelungsumfang der behördlichen
Entscheidung ab. Anders als bei den Umweltmedien eröffnen umweltrechtliche Ermächtigungsgrundlagen keine Dispositionsbefugnis der Behörde über die *vorsätzliche* Verletzung von Individualrechtsgütern.[44] Wozu die Behörde aber nicht befugt
ist, das kann sie nicht zum Regelungsgegenstand erheben. Sollte gleichwohl eine
Genehmigung hiervon einmal abweichen, läge aufgrund eines besonders schwerwiegenden und offensichtlichen Fehlers gem. § 44 Abs. 1 VwVfG Nichtigkeit vor.[45]
Unterhalb der vorsätzlichen Verletzung kann und muss die Behörde jedoch Risiken
beurteilen und eine Grenzziehung zwischen erlaubtem und verbotenem Verhalten
statuieren. Hierin liegt kein Widerspruch. Wenn der Handelnde ohne Vorsatz und
unter Einhaltung der Genehmigung den Tod eines anderen Menschen herbeiführt,
handelt er nicht sorgfaltswidrig. Wenn er hingegen – ohne (relevantes) Sonderwissen – die bestehenden und an sich erlaubten Risiken im Interesse einer vorsätzlichen
Tötung einsetzt, bewegt er sich außerhalb des von der Behörde betrachteten Bereichs. Problematisch sind insbesondere – zumindest theoretisch denkbare – Fälle,
in denen Behörde und Genehmigungsempfänger von demselben Sachverhalt ausgehen, aber eine unterschiedliche Erwartungshaltung zum Tod oder der Verletzung
von Menschen haben: Die Behörde hält körperliche Schäden Dritter nicht für möglich, während der Handelnde diese Schäden – aufgrund derselben Sachverhaltskenntnis – für möglich hält und billigt oder gar beabsichtigt. Der Unterschied liegt
hier allein auf der subjektiven Ebene. Es geht also um den Zweck der Verwendung
einer Genehmigung. Dogmatisch wird diese Frage durch den **Rechtsmissbrauch**
erfasst, was zu einer Differenzierung führt. Rechtsmissbrauch liegt vor, wenn von
einem Recht zu einem Zweck Gebrauch gemacht wird, der außerhalb des Zwecks
dieses Rechtes liegt. Bezugspunkt ist also die Kongruenz der Zweckbestimmung
von Genehmigung und Handlung. Bezweckt der Handelnde die Tötung eines Menschen, die er für möglich hält, dann setzt er die Genehmigung gezielt zur Verletzung
eines Individualrechtsgutes ein und gerade dazu ist die Genehmigung nicht bestimmt. Die absichtliche Tötung eines Menschen wäre also rechtmissbräuchlich.
Anders liegt es bei Eventualvorsatz. Solange der Handelnde das Betreiben der An-

---

[44] Statt aller *Sternberg-Lieben*, in: Schönke/Schröder, Vor §§ 32 ff. Rn. 63c.
[45] Auch dazu *Sternberg-Lieben*, in: Schönke/Schröder, Vor §§ 32 ff. Rn. 63c.

lage bezweckt und die Verletzung von Individualrechtsgütern zu diesem Zweck billigend in Kauf nimmt, besteht kein Rechtsmissbrauch. Bei identischer Sachverhaltskenntnis, aber unterschiedlicher Risikobewertung ist daher die Verletzung mit Eventualvorsatz aufgrund der Genehmigung im Ergebnis straflos. Es dürfte sich hierbei letztlich um eine theoretische Frage handeln, da nur schwer ein realer Fall vorstellbar ist, bei dem für den Handelnden ohne Sonderwissen ein Eventualvorsatz festgestellt werden kann. Anhand des bei der Genehmigung prognostizierten Restrisikos, sind solche Fälle aber immerhin nicht ausgeschlossen. Der direkte Vorsatz zweiten Grades hingegen scheint, für das hier betrachtete Problem, nicht einmal theoretisch möglich zu sein. Die damit aufgezeigten Maßstäge gelten entsprechend für die vorsätzliche Schädigung der Umweltmedien.

28   Die Differenzierung zwischen Eventualvorsatz und Absicht hat erhebliche Konsequenzen.

Beispiel

A betreibt eine Anlage nach § 4 BImSchG mit der erforderlichen Genehmigung. Die Behörde hat ihm diese Genehmigung erteilt, da nach ihrer Prognose die technischen Vorkehrungen zur Erreichung des für die Genehmigung notwendigen Sicherheitsstandards ausreichen. Der A hat denselben Kenntnisstand wie die Behörde, schätzt aber nach seinem subjektiven Dafürhalten die Effektivität der technischen Vorkehrungen anders ein. A geht deshalb im Unterschied zu der Behörde von einem möglichen Störfall mit dem Resultat einer möglichen Tötung eines Mitarbeiters aus, was er im Interesse des wirtschaftlichen Erfolges billigend in Kauf nimmt. Es kommt zu der für möglich gehaltenen Havarie, weshalb O stirbt.
Variante 1): O ist der Onkel des A, welcher den A als Alleinerben eines beträchtlichen Vermögens eingesetzt hat. A setzt den O – an sich genehmigungskonform, aber – in der Hoffnung des baldigen Todes genau an der Stelle ein, wo er am ehesten eine Havarie mit tödlichem Ausgang erwartet. O kommt schließlich aufgrund der für möglich gehaltenen Havarie zu Tode.
Variante 2): Der Erbonkel O erfreut sich eines langen Lebens, da die erhoffte Havarie ausbleibt.

Eine Havarie ist gewöhnlich ein gemeingefährliches Mittel, weshalb § 211 StGB im Raume steht. Im Ausgangsfall hat sich jedoch das Risiko des genehmigten Anlagenbetriebs realisiert, ohne dass dem Handelnden Rechtsmissbrauch vorzuwerfen wäre. Die Tat ist daher nach hier vertretener Ansicht jedenfalls durch den VA gedeckt, denn es hat sich das erlaubte Risiko verwirklicht. Als dogmatische Anknüpfungspunkte für diese Erwägung kommen die für die objektive Zurechnung nötige rechtlich missbilligte Gefahr sowie die Rechtfertigungsebene in Betracht. Problematisch ist ferner, ob die bei dieser Sachlage bestehende Beziehung zwischen Handlung und Erfolg das für die objektive Zurechnung notwendige Mindestmaß erreicht. Je fernliegender der Erfolg ist, desto problematischer wird die Zurechnung. Sollte es sich um einen unbeherrschbaren Kausalverlauf handeln, würde bereits der objektive Tatbestand ausscheiden und eine entsprechende Hoffnung, die sich nicht realisiert, ein Wahndelikt sein. Gleiches gilt, wenn die aufgrund der bestehenden Genehmigung verbleibende Gefahr so gering ist, dass sie als erlaubtes Risiko gilt. Dann würde es keinen Unterschied machen, ob der A seinen Erbonkel in Hoffnung des Erbfalles in der Anlage beschäftigt, auf eine Flugreise schickt oder mit einem Pkw beschenkt.[46] Dagegen spricht jedoch, dass der Sicherheitsstandard zumindest im Flugverkehr höher ist als bei Anlagen nach § 4 BImSchG. Zudem ist der Betrieb einer Anlage nicht in derselben Weise wie der Straßenverkehr allgemein anerkannt und erlaubt. Die Annahme der objektiven Zurechnung erscheint daher im Beispielsfall nicht unvertretbar, weshalb im Ausgangsfall der VA als Rechtfertigungsgrund greift. In der ersten Variante ist A aufgrund seiner Tötungsabsicht und dem daraus folgenden Rechtsmissbrauch nicht von der Genehmigung gedeckt und deshalb wegen § 211 StGB – aufgrund der Heimtücke, des gemeingefährlichen Mittels sowie der Habgier unter besonderer Schwere der Schuld (§ 57a StGB) aufgrund mehrerer Mordmerkmale – zu bestrafen. In der zweiten Variante bleibt A hingegen straffrei, da das Versuchsstadium aufgrund der ungewissen Ferne des Störfalles noch nicht erreicht ist.[47]

4. Regelungswirkung

Von dem Inhalt der Regelung des VA sind die Entstehung und Fortdauer der Regelung und deren Wirksamkeit zu unterscheiden. Wesensmerkmale des VA als Handlungsform der Verwaltung sind die Bestandskraft trotz Rechtswidrigkeit sowie die vorläufige Vollziehbarkeit.[48] Über die damit verbundenen allgemeinen Fragen des Verwaltungsrechts hinaus eröffnen sich an der Schnittstelle zum akzessorischen Strafrecht mehrere Problemfelder, die als ein Kernbereich des Allgemeinen Teils des Umweltstrafrechts gelten dürfen.   **29**

a) materielle Rechtswidrigkeit
Ein VA bleibt gem. § 43 Abs. 2 VwVfG wirksam, solange und soweit er nicht zurückgenommen, widerrufen, anderweitig aufgehoben oder durch Zeitablauf oder auf andere Weise erledigt ist. Nur der nichtige VA ist gem. § 43 Abs. 3 VwVfG unwirksam. Die formelle oder materielle Rechtswidrigkeit des VA ändert daher nur dann etwas an der Wirksamkeit seiner Regelung, wenn die strengen Grenzen der Nichtigkeit gem. § 44 VwVfG erreicht sind. Für das akzessorische Strafrecht ergibt sich hieraus ein Grundsatzproblem. Fraglich ist, ob das Strafrecht sich akzessorisch an einen VA binden kann, der rechtswidrig ist. Hierfür kann auf den Sinn der Rechtskraft einerseits sowie auf die Gründe der vorläufigen Vollziehbarkeit andererseits verwiesen werden. Ferner ist Art. 103 Abs. 2 GG in den Blick zu nehmen, soweit jenseits eines begünstigenden VA nach einer strengeren gesetzlichen Regelung   **30**

---

[46] S. dazu nur Wessels/*Beulke*/*Satzger*, AT, Rn. 257 f.
[47] Im einzelnen § 7 Rn. 10 f.
[48] Dazu oben § 1 Rn. 51 ff.

gegriffen wird. Schließlich kommt es umgekehrt im Argumentationsraum des Rechtsgutes sowie des materiellen Schuldprinzips darauf an, ob ein VA, der strengere Anforderungen stellt, als es das Gesetz zulässt, ein hinreichender Anknüpfungspunkt für das Strafrecht ist. Dieses Problemfeld unterscheidet sich von der Diskussion um die **formelle Illegalität** dadurch,[49] dass hier die Wirkung eines existenten VA im Raum steht, während es dort um die Frage geht, ob ein nicht existenter VA hätte ergehen können oder müssen. Die zu betrachtende Bindung an einen rechtswidrigen VA erfordert die Unterscheidung zwischen begünstigenden und belastenden Verwaltungsakten. Das Augenmerk richtet sich dabei auf die materielle Rechtswidrigkeit, während formelle Fehler in erster Linie eine besonders gründliche Prüfung der Nichtigkeitsregelungen in § 44 Abs. 2 und Abs. 3 VwVfG erfordern.

31   Der materiell-rechtswidrig **begünstigende VA** geht über das Maß des gesetzlich Erlaubten hinaus. Fraglich ist, ob sich der Handelnde auf der Ebene des Strafrechts auf einen derart rechtswidrigen VA berufen kann, wie es die h.M. annimmt,[50] oder ob für ihn stattdessen die gesetzlichen Regelungen des Umweltrechts maßgeblich sind.[51]

Beispiel

Der A betreibt gem. § 327 Abs. 2 S. 1 Nr. 1 StGB eine gem. § 4 BImSchG genehmigungsbedürftige Anlage, jedoch hätte ihm nach Maßgabe der dafür geltenden materiellen Voraussetzungen eine Genehmigung versagt werden müssen. Die gleichwohl erteilte Genehmigung ist weder i. S. v. § 44 VwVfG nichtig noch handelt es sich um einen Rechtsmissbrauch gem. § 330d Abs. 1 Nr. 5 StGB. Strafbarkeit gem. § 327 Abs. 2 S. 1 Nr. 1 StGB?

Der begünstigende VA ist im Beispiel trotz Rechtswidrigkeit wirksam und nicht gem. § 330d Abs. 1 Nr. 5 StGB unbeachtlich. Die tatbestandliche Frage nach der Existenz einer Genehmigung kann nicht ohne Bruch des Art. 103 Abs. 2 GG verneint werden. Dasselbe gilt für die verwaltungsrechtliche Pflicht i. S. v. § 330d Abs. 1 Nr. 4 StGB.[52] Etwas anders gestaltet sich die Problemlage, wenn der betreffende VA als Ausgestaltung des Merkmales „unbefugt" in Erscheinung tritt. Hier wird die originär strafrechtliche Diskussion um den Vorrang des wirksamen VA gegenüber den allgemeineren abstrakt-generellen Normen des Verwaltungsrechts durch den Wortlaut nicht gehindert. Stattdessen kommt auf der Ebene der einzelnen Strafnorm die Erwägung zum Tragen, dass strafrechtlich nicht verboten sein kann, was verwaltungsrechtlich wirksam erlaubt worden ist. Dieses induktive Argument unterstreicht ein Umkehrschluss aus § 330d Abs. 1 Nr. 5 StGB. Hier setzt sich der

---

[49] Zu letzterem unten § 4 Rn. 83 ff.

[50] Statt vieler BGHSt 50, 105/112 ff.; *Fischer*, Vor § 324 Rn. 8; *Heger*, in: Lackner/Kühl, Vor § 324 Rn. 3; *Heine/Schittenhelm*, in: Schönke/Schröder, Vor §§ 324 ff. Rn. 16a; *Rengier*, BT II § 47 Rn. 18 f.; *Schmitz*, in: MüKo-StGB, Vor §§ 324 ff. Rn. 81 f.

[51] Krit. *Bloy*, JuS 1997, 577/585.

[52] S. auch unten § 4 Rn. 40.

Gesetzgeber mit der Frage auseinander, wann ausnahmsweise trotz einer wirksamen begünstigenden Verwaltungsentscheidung das Strafrecht eigene Wege geht. Die ganz h.M. entnimmt hieraus zutreffend die gesetzgeberische Anerkennung der Wirksamkeit aller rechtswidrigen *begünstigenden* Verwaltungsentscheidungen, die weder gem. § 44 VwVfG nichtig sind, noch dem § 330d Abs. 1 Nr. 5 StGB unterfallen.[53] Der in diesem Sinne rechtswidrig begünstigende VA hat auf Tatbestandsebene in Gestalt der Genehmigung und der verwaltungsrechtlichen Pflicht sowie im Rahmen der Unbefugtheit als Rechtfertigungsgrund dieselben Wirkungen wie der rechtmäßig begünstigende Verwaltungsakt. Im Beispiel hat A daher den Tatbestand des § 327 Abs. 2 S. 1 Nr. 1 StGB nicht verwirklicht und soweit aus dem derart genehmigten Betrieb – ohne relevantes Sonderwissen des A – Schäden für Böden oder Gewässer resultieren, erstreckt sich die Wirkung der erteilten Genehmigung als erlaubtes Risiko auch hierauf.[54]

Der materiell-rechtswidrig **belastende VA** erscheint in einem etwas anderen 32 Licht. Obwohl auch hier auf der Ebene des Verwaltungsrechts ein Vorrang des wirksamen, aber rechtswidrigen VA gegenüber der abstrakt-generellen Rechtslage gilt, erhebt sich strafrechtlich die Frage, ob die Strafbarkeit an einen solchen VA geknüpft werden kann. Ein wesentlicher Unterschied besteht immerhin darin, dass Art. 103 Abs. 2 GG einem begünstigenden Eingriff in den Wortlaut der Strafnorm nicht im Wege steht. Die Notwendigkeit zum Eingriff in den Wortlaut zum Zwecke der Ausklammerung des verwaltungsrechtlich wirksam belastenden VA für das Strafrecht hängt von der methodischen Gestaltungsvariante der Verknüpfung der Strafnorm mit dem VA ab. In erster Linie tritt der belastende VA als eine **vollziehbare Untersagung** in Erscheinung.

Beispiel

Der B hat eine wirksame rechtmäßige Genehmigung zum Betrieb einer gem. § 4 BImSchG genehmigungsbedürftigen Anlage erhalten. Diese Genehmigung war jedoch mit einer Auflage verbunden werden, welche der B bislang nicht erfüllt hat. Aus diesem Grunde untersagt die Behörde unter Bezug auf § 20 Abs. 1 S. 1 BImSchG den Betrieb der Anlage mit sofortiger Vollziehbarkeit. Diese Untersagung ist jedoch aufgrund eines Ermessensfehlers materiell rechtswidrig. Hiergegen hat B form- und fristgerecht Rechtsmittel eingelegt, das aber keine aufschiebende Wirkung hat. All dies ist dem B bekannt, er betreibt die Anlage gleichwohl weiter. Strafbarkeit gem. § 327 Abs. 2 S. 1 Nr. 1 StGB?

Die Auflage lässt die Genehmigung unberührt. Erst die vollziehbare Untersagung setzt der Genehmigungswirkung ein (vorläufiges) Ende. § 327 Abs. 2 S. 1 StGB knüpft nach seinem Wortlaut an den Verstoß gegen eine solche vollziehbare Untersagung an,

---

[53] Statt aller *Saliger*, UmwStR, Rn. 111 f.
[54] Vgl. zur Wirkungsweise desselben (rechtswidrigen) VA in verschiedener strafrechtlicher Gestalt oben § 4 Rn. 8 f.

weshalb B sich hiernach eigentlich strafbar gemacht hätte. Hoch umstritten ist, ob es damit sein Bewenden hat. Problematisch ist einerseits das Ob einer Einschränkung der Strafbarkeit und andererseits der dogmatische Weg dorthin.

33   Die herkömmliche h.M. verweist auch für belastende Verwaltungsakte auf eine strenge formal-akzessorische Bindung an dieses verwaltungsrechtliche Verfahrensergebnis.[55] Im Beispiel wäre B danach also zu bestrafen. Dem tritt ein starker Teil der Lehre entgegen,[56] wobei jedoch im einzelnen zu differenzieren ist. Bei der Frage nach dem Ob der Straflosigkeit können **zwei Fallgestaltungen** unterschieden werden. Im Beispiel ist die Untersagungsverfügung aufgrund eines Ermessensfehlers rechtswidrig. Damit wird aber keine Aussage darüber getroffen, ob dieselbe Entscheidung mit einer anderen Begründung rechtmäßig möglich gewesen wäre. Dies ist ein typisches Problem der Bandbreite rechtmäßiger Verwaltungsentscheidungen. Sobald das Gesetz **Ermessen** eröffnet, kann aufgrund derselben Sachlage sowohl eine positive als auch eine negative Entscheidung rechtmäßig ergehen. In diese Entscheidungskompetenz kann das akzessorisch auf den VA gerichtete Strafrecht schlecht eingreifen. Wenn die rechtmäßig ausgeübte Entscheidungskompetenz der Verwaltung zu gegensätzlichen Ergebnissen führen kann, dann vermag das Strafrecht aus sich heraus diese Entscheidung nicht zu ersetzen.[57] Dasselbe Problem begegnet im Rahmen der Diskussion um die **formelle Illegalität**. Auch dort sind die Fälle zu unterscheiden, dass entweder eine begünstigende Entscheidung zwingend hätte ergehen müssen oder aber, dass sie ebenso ermessensfehlerfrei möglich gewesen wäre wie eine belastende Entscheidung. Der Eingriff des Rechtsanwenders in die vom Strafgesetz vorgesehene Akzessorietät zum Verwaltungsrecht setzt die Anknüpfung an eine materiell-rechtlich gesicherte verwaltungsrechtliche Rechtslage voraus. Das ist der Fall, wenn **Eingriffsvoraussetzungen** auf Tatbestandsebene der Ermächtigungsgrundlage nicht gegeben sind oder aber eine **Ermessensreduzierung auf Null** der belastenden Entscheidung entgegensteht. Solange aber aufgrund einer Ermessensentscheidung widersprüchliche Verfahrensergebnisse rechtmäßig möglich sind, ist der VA zur verbindlichen Festlegung des Verhältnisses zwischen Staat und Bürger zur Schaffung von Rechtssicherheit über das im Einzelfall erlaubte Risiko notwendig. Zwar ist die Kontrolle der Ermessensgrenzen den Strafgerichten nicht verwehrt und keineswegs besteht insofern eine ausschließliche Kompetenz der Verwaltungsgerichte,[58] aber das ändert nichts daran, dass die Strafjustiz **mangels Konkretisierungsbefugnis** keine Erwägungen dazu anzustellen vermag, ob die Behörde bei einer rechtmäßigen Entscheidung das ihr eröffnete Ermessen zugunsten oder zulasten des Betroffenen ausüben wird. Das bestätigt sich durch § 114 S. 2 VwGO, wonach die Verwaltungsbehörde ihre Ermessenserwägun-

---

[55] Statt aller BGHSt 31, 314/315; BGHSt 23, 86 ff.; *Fischer*, Vor § 324 Rn. 7; *Heine/Schittenhelm*, in: Schönke/Schröder, Vor §§ 324 ff. Rn. 16a.

[56] S. etwa *Saliger*, UmwStR Rn. 115 ff.; *Schmitz*, in: MüKo-StGB, Vor §§ 324 ff. Rn. 88 ff.; diff. nach Bestandskraft *Rengier*, BT II § 47 Rn. 17.

[57] Insofern zutreffend *Heine/Schittenhelm*, in: Schönke/Schröder, Vor §§ 324 ff. Rn. 16c.

[58] Dazu etwas polemisch *Saliger*, UmwStR Rn. 116.

gen hinsichtlich des Verwaltungsaktes auch noch im verwaltungsgerichtlichen Verfahren ergänzen kann. Eine Auffassung, nach der die bloße Möglichkeit einer rechtmäßigen günstigen Entscheidung die Bindungswirkung der rechtswidrigen belastenden Entscheidung beseitigt, ist daher abzulehnen. Aber das ist der Standpunkt derer, die undifferenziert darauf abstellen, dass allein rechtmäßige Verwaltungsakte strafrechtlich relevante Verhaltenspflichten begründen.[59]

Wenn indes ein belastender VA **gar nicht rechtmäßig möglich** gewesen wäre, 34 entbehrt die Bindung an die rechtswidrig belastende Entscheidung einer inneren Berechtigung. Das erlaubte Risiko des Einzelfalles ergibt sich dann bereits aus dem Gesetz und dem VA kommt keine eigenständige Gestaltungswirkung zu. Anders als bei einer im Ergebnis offenen Ermessensentscheidung handelt es sich um einen Widerspruch zwischen dem VA und der objektiv-materiellen Rechtslage. Ein Verstoß gegen die **Konkretisierungskompetenz** der zur Entscheidung berufenen Behörde läge nicht vor, da sich die betreffende Entscheidung im konkreten Fall außerhalb dieser Kompetenz bewegen würde. Wenn bereits die materielle Rechtslage das Verhalten des Betroffenen gestattet und der VA rechtswidrig davon abweicht, dann würde sich zudem eine strafrechtliche Anknüpfung an diesen VA in der Sanktionierung eines **bloßen Verwaltungsungehorsams** erschöpfen, dem auf materieller Ebene kein Verstoß gegen das Umweltrecht korrespondiert. Das ist nach dem Gedanken des Rechtsgüterschutzes sowie nach dem materiellen Schuldprinzip kein hinreichender Anknüpfungspunkt für das Strafrecht. Daher scheidet eine Bestrafung im Ergebnis aus, wenn der belastende VA nicht materiell rechtmäßig hätte ergehen können. Das gilt aber nicht für Ermessensfehler, soweit eine rechtmäßig belastende Entscheidung mit einer anderen Begründung möglich gewesen wäre. Im Beispiel hängt die Strafbarkeit also davon ab, ob die vollziehbare Untersagung ermessensfehlerfrei möglich gewesen wäre.

Problematisch ist, welcher Weg zu diesem Ergebnis führt. Der Konflikt zwischen 35 Rechtsvorschriften und VA ist ein Konflikt des Rechts und muss daher auf der Ebene des Rechts gelöst werden. Wenn der belastende VA rechtswidrig ist und den Adressaten damit (selbstverständlich) in seinen Rechten verletzt, hat dieser einen prozessualen Aufhebungsanspruch. Dieser **prozessuale Aufhebungsanspruch** räumt der aufgrund von Rechtsvorschriften zu beurteilenden materiellen Rechtslage gegenüber der Entscheidung der Verwaltung durch VA den Vorrang ein und dieser Vorrang muss auf der Ebene der **Rechtfertigung** Eingang in das Strafrecht finden. Die Bindung an diesen Anspruch hat jedoch zwei Seiten. Wenn der Anspruch erloschen oder nicht mehr durchsetzbar ist – sei es durch Fristablauf im Widerspruchs- bzw. verwaltungsgerichtlichen Verfahren oder durch eine materiell unzutreffende, aber rechtskräftige Entscheidung des Verwaltungsgerichts –, dann ist der Anknüpfungspunkt der Rechtfertigung *ex nunc* nicht mehr vorhanden. Das führt zu keiner untragbaren Belastung für den Handelnden. Es obliegt ihm, im Verwaltungsstreitverfahren sein Recht zu suchen und ist dieses Verfahren beendet, muss Rechtsfrieden

---

[59] So statt vieler *Saliger*, UmwStR Rn. 115 ff.; *Schmitz*, in: MüKo-StGB, Vor §§ 324 ff. Rn. 88 ff.

durch Rechtskraft eintreten. Solange das hingegen nicht der Fall ist, muss die strafrechtliche Rechtsanwendung eigenständig die Frage der Rechtswidrigkeit der Belastung durch den VA klären. Daran ändert sich nichts, wenn der Anspruch später
erlischt, da es für die Rechtfertigung der Tat auf den Zeitpunkt der Handlung ankommt. Die Bindung des Strafrechts an das Schicksal des verwaltungs prozessualen
Anspruchs führt damit zu einem ausgewogenen Verhältnis zwischen Rechtssicherheit und materieller Gerechtigkeit.[60] Die strafrechtliche Entkräftung eines vorhandenen VA aufgrund eines verwaltungsrechtlichen Aufhebungsanspruchs sowie die
Ersetzung eines nötigen, aber nicht vorhandenen VA durch einen verwaltungsrechtlichen Erteilungsanspruch[61] möchte ich **Anspruchstheorie** nennen.

36   Dieser Standpunkt eröffnet allerdings Unwägbarkeiten im Einzelfall. Typischerweise wird es gerade problematisch sein, ob eine rechtmäßige belastende Entscheidung zwingend ausscheidet, was von der Irrtumsproblematik flankiert wird. Die
Schwierigkeiten der Rechtsanwendung des Verwaltungsrechts halten damit Ein-
zug in das Strafverfahren, welches parallel zu einem noch nicht abgeschlossenen
verwaltungsgerichtlichen Verfahren nun ebenfalls die Rechtmäßigkeit des belastenden VA zu klären hat. Dieser Umstand eröffnet zwei Fragen. Erstens könnte die
Unsicherheit über die Möglichkeit einer rechtmäßig belastenden Entscheidung als
Kriterium des **abstrakten Gefährdungsdelikts** ins Feld geführt werden: Wenn eine
rechtmäßige Belastung möglich wäre, wäre auch die Verletzung dieser rechtmäßigen Entscheidung und damit die hieraus resultierende und normativ relevante Gefährdung von Rechtsgütern denkbar. Dieser Gedanke griffe allerdings zu kurz. Bei
normativer Betrachtung ist die verwaltungsrechtliche Lage eindeutig, sobald die
Ermächtigungsgrundlage im konkreten Einzelfall keinen im Ergebnis relevanten
Entscheidungsspielraum gewährt. Die Wurzel der Unsicherheit liegt in der individuellen Erkenntnis dieser bereits im Augenblick der Handlung des Betroffenen bestehenden normativ eindeutigen Rechtslage und der Handelnde trägt letztlich das
Risiko, dass seine rechtliche Einschätzung zutrifft, mag er ggf. aufgrund eines Irrtums auch nur wegen Fahrlässigkeit strafbar sein.[62] Das ist jedoch keine Besonderheit, denn die Klärung rechtlicher Fragen ist typischerweise dem gerichtlichen Verfahren vorbehalten. Mag dies nun im verwaltungsgerichtlichen Verfahren oder vor
den Strafgerichten erfolgen. Überdies erwachsen tatbestandlich relevante Gefahren
typischerweise aus tatsächlichen Umständen. Rechtsunsicherheiten wollen dazu als
taugliche Gefahrenquelle nicht recht passen.

37   Zweitens könnte die augenblickliche Rechtsunsicherheit für das Strafrecht dadurch beigelegt werden, dass der belastende VA zwar tatbestandlich Bindungswirkung entfaltet, aber ein **Strafaufhebungsgrund** greift, sobald der VA wegen
Rechtswidrigkeit aufgehoben wird.[63] Dieses Ergebnis passt jedoch schlecht zu der

---

[60] Zum ganzen anhand der Frage nach einer Rückwirkung § 4 Rn. 76 ff.

[61] Zu dieser formellen Illegalität unten § 4 Rn. 83 ff.

[62] Zu Tatbestandsirrtum und Fahrlässigkeit unten § 4 Rn. 119.

[63] So etwa *Heine/Schittenhelm*, in: Schönke/Schröder, Vor §§ 324 ff. Rn. 22; *Sternberg-Lieben*, in:
Schönke/Schröder, Vor §§ 32 ff. Rn. 130a; *Wüterich*, NStZ 1987, 106/108 f.

Anknüpfung an den Gedanken des Rechtsgutes sowie an das materielle Schuldprinzip. Ferner bietet das Strafverfahren mit § 154d StPO nur eine unsichere Gewähr dafür, dass der rechtskräftige Abschluss des Verwaltungs- bzw. Verwaltungsstreitverfahrens vor dem rechtskräftigen Abschluss des Strafverfahrens (noch) berücksichtigt wird. Schließlich ist ungewiss, ob die Aufhebung zutreffend wegen Rechtswidrigkeit erfolgte. Eine Bindungswirkung der Strafjustiz an diese Beurteilung der Verwaltungsbehörde (§ 48 VwVfG) oder der Verwaltungsgerichtsbarkeit besteht nicht, soweit es um den Zeitraum vor dieser Aufhebungsentscheidung geht. Ob der Adressat wirklich mit dem zwischenzeitlich aufgehobenen VA zu Unrecht belastet wurde, ist daher für das Strafverfahren mit der notwendigen Verbindlichkeit gar nicht festgestellt worden. Die anderweitige Entscheidung ist allenfalls ein Indiz hierfür. Auch ein Wiederaufnahmegrund besteht mangels passender gesetzlicher Regelung aufgrund einer späteren Aufhebung des belastenden VA als rechtswidrig nicht.[64] Die Lösung erfolgt mit der Anspruchstheorie grdsl. auf Ebene der Rechtfertigung.

Die Anwendungsfälle dieser Fragestellung sind variantenreich. Der Konflikt mit **38** dem Wortlaut der Strafnorm hängt maßgeblich davon ab, auf welche Weise der rechtswidrig belastende VA in den Deliktsaufbau eingebunden wird. Neben der Untersagung einer genehmigten Anlage kommt auch die Untersagung des Betriebs einer nicht genehmigungsbedürftigen Anlage Betracht.

Beispiel

Der A betreibt eine im Sinne des § 22 BImSchG nicht genehmigungsbedürftige Anlage, deren Betrieb ihm die zuständige Behörde zwischenzeitlich gem. § 25 Abs. 2 BImSchG untersagt hat. Sein Rechtsmittel hat keine aufschiebende Wirkung, jedoch hätte die Untersagung unter keinem materiell-rechtlichen Gesichtspunkt erfolgen dürfen.
Strafbarkeit gem. § 327 Abs. 2 S. 1 Nr. 1 StGB?

Hier handelt es sich um die von § 327 Abs. 2 S. 1 Nr. 1 Var. 2 StGB benannte sonstige Anlage, deren Betrieb zum Schutz vor Gefahren untersagt worden ist. Dem zwingend materiell-rechtswidrig belastenden VA steht die materielle Rechtslage gegenüber, die einen Aufhebungsanspruch begründet, der zur Rechtfertigung führt, solange er in der zeitlichen Abfolge noch besteht.

Neben der Untersagung kann die belastende rechtswidrige Entscheidung auch **39** die Gestalt einer Beseitigung einer zunächst erteilten Genehmigung selbst annehmen.

Beispiel

Der A hatte ursprünglich eine wirksame Genehmigung zum Betrieb einer Anlage nach § 4 BImSchG. Diese rechtmäßige Genehmigung wurde später gem. § 21 Abs. 1 BImSchG mit Wirkung für die Zukunft widerrufen. Dieser Widerruf ist zwar (vorläufig) wirksam, hätte aber aus materiellen Gründen nicht ergehen dürfen. A

---

[64] BGHSt 23, 86/94.

zeigt sich von dem Widerruf unbeeindruckt und setzt den Betrieb der Anlage fort. Strafbarkeit gem. § 327 Abs. 2 S. 1 Nr. 1 StGB?

Der erfolgte Widerruf setzt gem. § 21 Abs. 3 BImSchG die Genehmigung außer Kraft. Das gilt auch für die sofortige Vollziehbarkeit, weshalb § 327 Abs. 2 S. 2 Nr. 1 StGB greift, wenn Widerspruch oder Klage keine aufschiebende Wirkung haben.[65] Auf Ebene des Tatbestandes von § 327 Abs. 2 S. 1 Nr. 1 StGB hat der Handelnde daher keine Genehmigung. Nach hier vertretener Anspruchstheorie steht dem Widerruf auf Ebene der Rechtfertigung ein Aufhebungsanspruch entgegen, solange dieser noch nicht erloschen und durchsetzbar ist. Maßgeblich ist daher letztlich die zu Unrecht widerrufene Genehmigung.

40   Andererseits kann der materiell rechtswidrig belastende VA als verwaltungsrechtliche Pflicht gem. § 330d Abs. 1 Nr. 4 StGB tatbestandlich relevant sein. Unabhängig davon, ob die Belastung in einer Untersagung des Betriebs oder einer Beseitigung einer Genehmigung besteht, muss auf Tatbestandsebene das systematische Verhältnis der Varianten des § 330d Abs. 1 Nr. 4 StGB zueinander geklärt werden.

Beispiel

Der B betreibt eine im Sinne des § 22 BImSchG nicht genehmigungsbedürftige Anlage, deren Betrieb ihm die zuständige Behörde zwischenzeitlich gem. § 25 Abs. 2 BImSchG untersagt hat. Sein Rechtsmittel hat keine aufschiebende Wirkung, jedoch hätte die Untersagung unter keinem materiell-rechtlichen Gesichtspunkt erfolgen dürfen. Aufgrund des – ohne relevantes Sonderwissen – unverändert bis zum rechtskräftigen Abschluss des verwaltungsgerichtlichen Verfahrens fortgeführten Betriebs der Anlage wird der Boden i. S. v. § 324a Abs. 1 StGB verunreinigt.

Nach Maßgabe jener Pflichten, die sich gem. § 330d Abs. 1 Nr. 4 a) StGB aus Rechtsvorschriften ergeben, hat B keine verwaltungsrechtliche Pflicht verletzt. Gleichwohl existiert ein vollziehbarer VA, der nach dem Wortlaut von § 330d Abs. 1 Nr. 4 c) i. V. m. § 324a Abs. 1 StGB eigenständig eine verwaltungsrechtliche Pflicht statuiert. Indem sich die Formulierung auf die Vollziehbarkeit als das maßgebliche Attribut des VA bezieht, kommt es nach dem Wortlaut auf die materielle Rechtmäßigkeit dieses VA nicht an. Wenn die Handlung im Einklang mit der materiellen Rechtslage steht und der VA eine belastende Regelung enthält, die mit dieser Rechtslage nicht vereinbar ist, dann gibt der Aufhebungsanspruch der materiellen Rechtslage den Vorzug. Es mangelt daher bereits tatbestandlich an der Verletzung einer beachtlichen verwaltungsrechtlichen Pflicht. Anderenfalls erschöpft sich der Verstoß gegen diesen VA in einem Verwaltungsungehorsam, der in Ansehung des Rechtsgüterschutzes und des materiellen Schuldprinzips einer Grundlage entbehrt.

---

[65] Vgl. *Hansmann/Röckinghausen*, in: Landmann/Rohmer, 83. EL Mai 2017, § 21 BImSchG Rn. 57.

Für die Fahrlässigkeit stellt sich dieselbe Frage auf Ebene der objektiven Sorgfalts-pflichtverletzung. Eine belastende Verwaltungsentscheidung, die unter keinem Gesichtspunkt nach materiell-rechtlichen Maßstäben möglich wäre, vermag strafrechtlich keine Sorgfaltspflichten zu begründen, die über die gesetzlichen Sorg-faltspflichten hinausgehen. Im Beispiel handelt der B daher im Rahmen des gesetz-lich erlaubten Risikos und ist unabhängig davon straflos, ob sein Handeln vorsätz-lich oder fahrlässig ist. Etwas anderes ergibt sich allenfalls bei Rechtsmissbrauch, der insbesondere bei einer von dem Zweck der Genehmigung abweichenden Ver-letzungsabsicht im Raume steht.[66]

Schließlich kann die strafrechtliche Bewertung des rechtswidrig belastenden VA   **41**
im Rahmen des Merkmals unbefugt erforderlich werden.

Beispiel

Wie im vorherigen Beispiel betreibt B eine im Sinne des § 22 BImSchG nicht genehmigungsbedürftige Anlage. Diesmal kommt es – ohne Sonderwissen – durch den fortgeführten Betrieb der Anlage zu einer Gewässerverunreinigung i. S. v. § 324 Abs. 1 StGB.

Im Unterschied zu § 324a StGB sind der tatbestandliche Erfolg sowie die Sorgfalts-pflicht nicht unmittelbar an das verwaltungsrechtliche Pflichtenreglement gekoppelt. Deshalb kommt hier eher als dort die Verwirklichung des Tatbestandes trotz eines Verhaltens in Betracht, das abgesehen von dem rechtswidrigen belastenden VA den materiellen öffentlich-rechtlichen Anforderungen genügt. Dann wäre aber zumindest auf der Ebene der Rechtswidrigkeit zu erörtern, ob der bloße Verwaltungsungehorsam die Rechtswidrigkeit begründet. In Ansehung der Einheit der Rechtsordnung kann der verwaltungsprozessuale Anspruch auf Aufhebung des rechtswidrig belastenden VA auch hier nicht unbeachtet bleiben, solange dieser besteht. Daher ist die Gewässerver-unreinigung im Beispiel zumindest gerechtfertigt, wenn das Verhalten von den mate-riellen öffentlich-rechtlichen Anforderungen gedeckt war. Vorzugswürdig ist jedoch auch hier bereits die Ablehnung der objektiven Sorgfaltspflichtverletzung.

b) Nichtigkeit und Rechtsmissbrauch

Ein nichtiger VA ist gem. § 43 Abs. 3 VwVfG unwirksam und damit ein rechtliches   **42**
Nullum. Die Gründe der Nichtigkeit sind gem. § 44 VwVfG besonders schwerwie-gende materielle und formelle Fehler. Wo ein VA nicht existiert, kann das Strafrecht an einen solchen nicht anknüpfen. Teilweise wird jedoch angenommen, dass zu-gunsten des Handelnden nur solche Fehler auf das Strafrecht durchschlagen, die für das geschützte Rechtsgut **erhebliche Inhaltsmängel** aufweisen. Daran fehle es, wenn die Nichtigkeitsgründe nicht auf die inhaltliche Unrichtigkeit des VA bezogen sind, wie bspw. § 44 Abs. 2 Nr. 1 und 3 VwVfG.[67] Das lehnt die h.M. zu Recht ab. § 330d Abs. 1 Nr. 4 c) StGB knüpft nach Sinn und Wortlaut systematisch an den

---

[66] Vgl. oben § 4 Rn. 27.
[67] *Heine/Schittenhelm*, in: Schönke/Schröder, Vor §§ 324 ff. Rn. 16a.

verwaltungsrechtlichen Begriff des VA an und für eine Rechtsfortbildung besteht – ungeachtet des Art. 103 Abs. 2 GG – kein Anlass. Zunächst wird der Adressat auf der subjektiven Ebene im Falle mangelnder Kenntnis bzw. mangelnder Erkennbarkeit der Nichtigkeit eines begünstigenden VA geschützt.[68] Andererseits erfährt der Adressat nach der hier vertretenen Auffassung zur formellen Illegalität einen hinreichenden Schutz. Soweit hingegen der begünstigende, aber nichtige Bescheid, im Ermessen der Behörde gestanden hat und daher der beachtliche Kernbereich der formellen Illegalität nicht betroffen ist, steht jedenfalls ein minder schwerer Fall im Raum, soweit ein solcher gesetzlich vorgesehen bzw. in Gesamtanalogie durchzusetzen ist.

43   Wenn eine **begünstigende Entscheidung** in diesem Sinne nicht nichtig ist, sieht **§ 330d Abs. 1 Nr. 5 StGB** eine originär strafrechtliche Begrenzung der Bindungswirkung eines VA vor. Dessen Grundgedanke ist es, dass sich niemand auf die Bindungswirkung eines rechtswidrig begünstigenden VA soll berufen können, der vorwerfbar diesen VA herbeigeführt hat. Die *ratio* besteht also in der Korrektur des verwaltungsrechtlichen **Vertrauensschutzes** für eine Teilmenge rechtswidrig begünstigender Verwaltungsakte. Soweit hingegen der VA rechtmäßig ist, beruht dessen Geltung nicht auf Vertrauen, sondern auf der objektiv-materiellen Rechtslage. Die Ausübung einer solchen Entscheidung ist nicht geeignet, Umweltrechtsgüter über die Geltung des dafür maßgeblichen Fachrechts hinaus zu beeinträchtigen. Unredliche Einflussnahmen auf materiell-rechtmäßige Verwaltungsentscheidungen können nur für sich genommen nach anderweitigen Delikten bestraft werden, bspw. §§ 267, 331 ff. StGB. Die Norm ist also ausschließlich auf materiell-rechtswidrige Verwaltungsakte anwendbar.[69]

Beispiel

A hat, wie ihm bekannt ist, gem. § 6 BImSchG einen Anspruch auf Erteilung der Genehmigung. Der für die Entscheidung zuständige Sachbearbeiter stellt aber unwissentlich rechtswidrige Anforderungen an die Voraussetzungen der Genehmigung. Diese Einwände beseitigt der A durch die Beibringung eines kurzerhand unter dem Briefkopf eines Sachverständigen selbst verfassten und mit dessen Namen unterzeichneten Gutachtens und betreibt die Anlage aufgrund der daher erteilten Genehmigung. Strafbarkeit nach dem StGB?

A hatte einen Anspruch auf die Genehmigung und daher ändert die Täuschung nichts an deren Rechtmäßigkeit. § 330d Abs. 1 Nr. 5 StGB greift also nicht, weshalb aufgrund der strafrechtlich beachtlichen Genehmigung der Tatbestand des § 327 Abs. 2 S. 1 Nr. 1 StGB nicht erfüllt ist. Der A hat sich allerdings gem. § 267 Abs. 1 StGB des Gebrauchs einer unechten Urkunde schuldig gemacht.[70]

---

[68] So auch *Heine/Schittenhelm*, in: Schönke/Schröder, Vor §§ 324 ff. Rn. 16a sowie eingehend unten § 4 Rn. 101 ff.

[69] *Heger*, in: Lackner/Kühl, § 324 Rn. 10 i. V. m. § 330d Rn. 5; *Heine/Schittenhelm*, in: Schönke/Schröder, § 330d Rn. 30; *Saliger*, UmwStR, Rn. 101; *Szesny*, in: AnwK-StGB, § 330d Rn. 10.

[70] S. dazu *Küpper/Börner*, BT I, § 6 Rn. 44 i. V. m. Rn. 27 ff.

Umstritten ist **der persönliche Anwendungsbereich** des § 330d Abs. 1 Nr. 5   **44**
StGB. Die Norm knüpft an bestimmte Verhaltensweisen an und gilt daher selbstverständlich für jeden, der diese Handlungen selbst vorgenommen oder sich an diesen
vorwerfbar beteiligt hat. Die Bandbreite der Bestimmung der Verantwortlichkeit
reicht über die Regeln von Täterschaft und Teilnahme bis hin zu dem pflichtwidrig
untätigen Garanten.[71] Nach überwiegender Ansicht hängt die Anwendbarkeit des
§ 330d Abs. 1 Nr. 5 StGB von der persönlichen Verantwortlichkeit ab.[72] Diese zutreffende Auffassung möchte ich **Verantwortungstheorie** nennen. Nach der **objektiven
Theorie** ist die Rechtsfolge des § 330d Abs. 1 Nr. 5 StGB unter Bezug auf dessen
Wortlaut an dem Faktum des fehlerhaften Zustandekommens des VA zu messen und
daher im Ergebnis für jedermann relevant, der Kenntnis hat bzw. vorwerfbar nicht
hat.[73] Das geht an der dogmatischen Grundlage der gesetzgeberischen Entscheidung
vorbei. § 330d Abs. 1 Nr. 5 StGB bezieht sich auf die Grenzen des Vertrauensschutzes
in § 48 Abs. 2 S. 3 VwVfG. Die dortigen Nr. 1 und Nr. 2 wurden im Wesentlichen
übernommen. § 48 Abs. 2 S. 3 Nr. 3 VwVfG, der die Kenntnis oder grob fahrlässige
Unkenntnis der Rechtswidrigkeit des VA nennt, wurde nicht übernommen. Zwar ist
diese Kenntnis auf die Rechtswidrigkeit als solche und nicht auf die Handlungsmodalitäten des § 48 Abs. 2 S. 3 Nr. 1 und Nr. 2 VwVfG bezogen, aber wenn Täuschung,
Drohung, Bestechung oder unrichtige Angaben Einfluss hatten, steht die Rechtswidrigkeit mit diesen Verhaltensweisen regelmäßig eng in Beziehung. Soweit der Gesetzgeber auch die bloße Kenntnis hätte erfassen wollen, würde er diese nach dem Vorbild
von § 48 Abs. 2 S. 3 Nr. 3 VwVfG naheliegend ebenfalls genannt haben. Der eigentliche Grund für die Begrenzung des Anwendungsbereiches besteht aber in der dogmatischen Wurzel des § 330d Abs. 1 Nr. 5 StGB. Die Norm wird gemeinhin unter
dem Gesichtspunkt des Rechtsmissbrauchs diskutiert. Der **Rechtsmissbrauch** aber
führt stets zu einem persönlichen Rechtsverlust, die Geltung für andere wäre hingegen systemfremd. Erklärungsbedürftig ist allenfalls der Ansatzpunkt des Rechtsmissbrauchs. Die beeinflussende Handlung selbst ist nicht die Ausübung eines Rechtes,
sondern bereits für sich genommen rechtswidrig. Bezugspunkt ist stattdessen die Bindungswirkung aus § 43 Abs. 2 VwVfG i. V. m. dem rechtswidrig begünstigenden Verwaltungsakt. Die Ausübung der durch einen rechtswidrigen VA erteilten Befugnis
durch denjenigen, der diese Rechtswidrigkeit vorwerfbar herbeigeführt hat, ist **treuwidrig**. Rechtstheoretisch besteht zwar das Problem der exakten Abgrenzung zwischen Rechtsmissbrauch im engeren Sinne und der Verwirkung. Das kann vorliegend
jedoch auf sich beruhen, da die persönliche Verantwortung in beiden Fällen der Kern
des Rechtsverlustes ist und auch den Gesetzgeber zur Schaffung des § 330d Abs. 1
Nr. 5 StGB veranlasste.[74] Davon abgesehen besteht gegen § 330d Abs. 1 Nr. 5 StGB
der grundlegende Einwand, dass es einer Begründung bedarf, weshalb das Strafrecht

---

[71] Vgl. nur *Saliger*, UmwStR, Rn. 108.

[72] *Heine/Schittenhelm*, in: Schönke/Schröder, § 330d Rn. 39; *Saliger*, UmwStR, Rn. 108.

[73] *Weber*, in: FS Hirsch, S. 795/802 f.; mit Einschränkungen auch *Schmitz*, in: MüKo-StGB, § 330d
Rn. 45 f.

[74] Zum ganzen statt vieler *Heine/Schittenhelm*, in: Schönke/Schröder, § 330d Rn. 27 f. m. w. N.

ein Verhalten sanktioniert, das (formal) **verwaltungsrechtlich erlaubt** ist. Eine rein objektive Betrachtung vermag diesen Konflikt nicht aufzulösen. Erst der Gedanke, dass der persönliche Anwendungsbereich der Strafnorm die Verantwortung für die rechtmäßige Begünstigung voraussetzt, führt zu einer Abschichtung. Materiell-rechtlich richtig ist die begünstigende Entscheidung der Verwaltung nach beiden Rechtsgebieten nicht. Der Unterschied ergibt sich nur daraus, dass die Frage des Vertrauensschutzes aufgrund unterschiedlicher Regelungsziele von Strafrecht und Verwaltungsrecht anders gesetzlich erfasst wird. Das Verwaltungsrecht befasst sich damit, unter welchen Umständen rückwirkend ein Gleichklang zwischen materiellem Recht und der auf VA beruhenden Sonderbeziehung zwischen Staat und Adressat hergestellt werden kann, wofür bereits Kenntnis genügt. Das Strafrecht stellt eine eigene Wertung zum Vertrauensschutz an und ist insofern eine Erklärung dafür schuldig, weshalb der wegen § 48 Abs. 2 S. 4 VwVfG (regelmäßig) rückwirkenden Rücknahme vorgegriffen wird. Dieser Grund kann nur in der Treuwidrigkeit verortet werden. Mithin ist eine persönliche Verantwortung nicht entbehrlich.

Beispiel

X betreibt aufgrund einer wirksamen, aber rechtswidrigen Genehmigung, die er gem. § 330d Abs. 1 Nr. 5 StGB verantwortlich herbeigeführt hat, eine genehmigungsbedürftige Anlage i. S. v. § 327 Abs. 2 S. 1 Nr. 1 StGB. X veräußert das Unternehmen an Y, der verwaltungsrechtlich als Rechtsnachfolger in die Genehmigung eintritt und die Anlage weiter betreibt. Der Y hat trotz dringender Anhaltspunkte für das treuwidrige Verhalten des X das Zustandekommen der Genehmigung nicht hinterfragt und die Augen vor dem wahren Geschehen verschlossen. Strafbarkeit von X und Y gem. § 327 Abs. 2 S. 1 Nr. 1 StGB?

Verwaltungsrechtlich ist die Genehmigung wirksam. Die Strafbarkeit des X beruht auf § 330d Abs. 1 Nr. 5 StGB. Nach zutreffender Ansicht verwirklicht aber Y mangels Verantwortlichkeit i. S. v. § 330d Abs. 1 Nr. 5 StGB für die rechtswidrige Genehmigung nicht den Tatbestand des § 327 Abs. 2 S. 1 Nr. 1 StGB. So läge es auch bei Kenntnis des Y von der Treuwidrigkeit des X, solange Y an den Umständen des § 330d Abs. 1 Nr. 5 StGB nicht beteiligt gewesen ist. Die objektive Theorie erstreckt die Wirkung des § 330d Abs. 1 Nr. 5 StGB hingegen auch auf den Rechtsnachfolger, so dass die Würfel über dessen Strafbarkeit erst im Vorsatz- und Fahrlässigkeitsbereich fallen.[75] Nach der objektiven Theorie wäre Y also wegen § 327 Abs. 3 Nr. 2 StGB strafbar.

45   Problematisch ist, was sich hieraus für die Verantwortung im Unternehmen, insbesondere für juristische Personen ergibt.

Beispiel

Die X-GmbH erhält die gem. § 4 BImSchG notwendige wirksame, aber rechtswidrige Genehmigung, die ihr Geschäftsführer A gem. § 330d Abs. 1 Nr. 5 StGB durch Täuschung herbeigeführt hat. A nimmt für die X-GmbH den Betrieb der Anlage entsprechend der Genehmigung auf.

---

[75] So *Weber*, in: FS Hirsch, S. 795/803.

Variante 1: Der Geschäftsführer B ist mit dem technischen Betrieb des Unternehmens betraut, erlangt nach Genehmigungserteilung Kenntnis von dem Verhalten des A und nimmt die strafrechtliche Unwirksamkeit der Genehmigung billigend in Kauf. Gleichwohl nimmt er für die X-GmbH den Betrieb der Anlage entsprechend der Genehmigung auf.

Variante 2: Wie soeben – allerdings hatte B das Vorhaben des A gekannt, diesen aber dennoch nicht von der Täuschung abgehalten, was ihm möglich gewesen wäre. Strafbarkeit von A und B gem. § 327 Abs. 2 S. 1 Nr. 1 StGB?

Anlagenbetreiber ist die juristische Person. A und B sind als Organe insofern jeweils gem. § 14 Abs. 1 Nr. 1 StGB strafrechtlich verantwortlich. Für die objektive Theorie wirft die Strafbarkeit keine Probleme auf. § 330d Abs. 1 Nr. 5 StGB wurde durch A verwirklicht und daher ist die Genehmigung objektiv für jedermann strafrechtlich irrelevant. A und B wären also in allen Fällen wegen § 327 Abs. 2 S. 1 Nr. 1 StGB zu bestrafen.[76] Fraglich ist die Anwendung der **Verantwortungstheorie** auf diese Konstellation. Im Ausgangsfall hat A, um dessen Strafbarkeit es geht, sich selbst treuwidrig verhalten und ist daher zu bestrafen. Ebenso liegt es für das pflichtwidrige Unterlassen des B in der Variante 2). Problematisch ist die Variante 1). Hierzu sind zwei Lösungsmöglichkeiten denkbar. Indem es um die Strafbarkeit des B geht, der selbst aber nicht i. S. v. § 330d Abs. 1 Nr. 5 StGB treuwidrig gehandelt hat, könnte die Genehmigung für ihn strafrechtlich wirksam sein. Etwas anderes dürfte sich jedoch auf Grundlage von § 14 Abs. 1 StGB ergeben.[77] Der Umstand der strafrechtlichen Nichtgeltung der Genehmigung aufgrund von einer der juristischen Person zuzurechnenden Verantwortlichkeit eines Organs ist ein besonderes persönliches Verhältnis und damit ein **besonderes persönliches Merkmal i. S. v. § 14 Abs. 1 StGB**. Die Genehmigung und der Betrieb der Anlage statuieren die Betreibereigenschaft der juristischen Person als Grundlage des Sonderdelikts. Hier wirken die Genehmigungslage und der von einer natürlichen Person ausgeübte, der juristischen Person als Genehmigungsempfängerin zugerechnete tatsächliche Betrieb zusammen. Das so begründete besondere persönliche Merkmal wird über § 14 Abs. 1 StGB dem Organ zugerechnet, das sich daher des Sonderdelikts schuldig machen kann. Für die strafrechtlichen Grenzen der Genehmigungswirkung können keine anderen Mechanismen greifen. Aufgrund eines dem Genehmigungsempfänger zuzurechnenden Verhaltens seines gesetzlichen Vertreters,[78] wird diese Genehmigung gem. § 330d Abs. 1 Nr. 5 StGB strafrechtlich wirkungslos. Folglich kann sich keines der Organe in seiner aus § 14 Abs. 1 StGB abgeleiteten Stellung als Betreiber mehr auf eine ebenfalls abzuleitende Genehmigung berufen, denn das Organ selbst ist kein Genehmigungsempfänger. Daher kommt nach hier vertretener Ansicht auch auf der Grundlage der Verantwortungstheorie für ein und denselben

---

[76] So mit einem entsprechenden Beispiel *Weber*, in: FS Hirsch, S. 795/803.

[77] Zu den besonderen Anforderungen an ein bpM i. S. v. § 14 Abs. 1 StGB vgl. statt vieler *Perron/ Eisele*, in: Schönke/Schröder, § 14 Rn. 8.

[78] Wovon auch das Verwaltungsrecht ausgeht, s. *Kopp/Ramsauer*, VwVfG, § 48 Rn. 114 m. w. N.

Genehmigungsadressaten der § 330d Abs. 1 Nr. 5 StGB nur einheitlich zur Anwendung. Im Beispiel hat das Verhalten des A die strafrechtliche Wirkungslosigkeit der Genehmigung für die X-GmbH als Genehmigungsadressatin herbeigeführt, so dass Organe oder gem. § 14 Abs. 2 StGB Beauftragte i. S. v. § 330d Abs. 1 Nr. 5 StGB strafrechtlich ohne Genehmigung handeln, und zwar unabhängig davon, ob sie selbst die Verwirklichung von § 330d Abs. 1 Nr. 5 StGB zu verantworten haben. In der Variante 1) ist B also gem. § 327 Abs. 2 S. 1 Nr. 1 StGB zu bestrafen. Wenn B keine Kenntnis gehabt hätte, käme Fahrlässigkeit in Betracht. Ob die Rechtsfolge des § 330d Abs. 1 Nr. 5 StGB reflektiert werden muss, hängt von der Einbindung in den jeweiligen Prüfungsaufbau ab, für § 327 Abs. 2 S. 1 Nr. 1 StGB ist dies erforderlich (vgl. § 4 Rn. 115).

46   Soweit alle objektiven und subjektiven Voraussetzungen des § 330d Abs. 1 Nr. 5 StGB gegeben sind, stellt sich die Frage nach dessen **Reichweite**. Es kann problematisch sein, ob der gesamte VA betroffen ist. Nach der gesetzlichen Regelung der Nichtigkeit eines VA muss gem. § 44 Abs. 4 VwVfG die **Teilbarkeit** geprüft werden. Soweit die Nichtigkeit nur einen Teil des VA betrifft, ist er danach im Ganzen nichtig, wenn der nichtige Teil so wesentlich ist, dass die Behörde den VA ohne den nichtigen Teil nicht erlassen hätte. Im Zweifel bleibt damit der Teil, der nicht von dem Nichtigkeitsgrund betroffen ist, wirksam.[79] Dasselbe Problem stellt sich für § 330d Abs. 1 Nr. 5 StGB. Aufgrund der Anknüpfung an die Strukturen des Verwaltungsrechts und an dessen grundlegende Denkweise gilt der in § 44 Abs. 4 VwVfG statuierte Grundsatz entsprechend, zumal das Strafrecht selbst eine Regelung für diese Konstellation nicht trifft. Die Teilbarkeit beurteilt sich dabei nach denselben Gesichtspunkten wie sie auch für die Teilaufhebung eines VA durch das Verwaltungsgericht gem. § 113 VwGO gelten.[80] Teilbarkeit ist dabei gerade bei den im Umweltrecht vorherrschenden komplexen Genehmigungen nahe liegend, wie etwa bei § 4 BImSchG.[81]

47   Der konkrete Anwendungsbereich des § 330d Abs. 1 Nr. 5 StGB bemisst sich zunächst nach dessen Gegenstand. Erfasst werden die Genehmigung, Planfeststellung oder sonstige Zulassung. Damit ist die gesamte Bandbreite von Verwaltungsentscheidungen, die individuell ein bestimmtes Verhalten gestatten, erfasst. Hier setzt sich die Unterscheidung zwischen Hauptverwaltungsakt und **Auflage** fort. Wird nur die Auflage von den genannten Handlungsformen betroffen, handelt es sich um eine von der Begünstigung getrennte belastende Entscheidung und deshalb von vornherein nicht um den Anwendungsbereich der Norm. Auch die Herbeiführung der **Unterlassung** einer belastenden Entscheidung wird nicht erfasst,[82] wohingegen der Eintritt der Fiktionswirkung des § 42a VwVfG als sonstige Zulassung in Betracht kommt.[83] Wichtige Fälle der sonstigen behördlichen Zulassung sind die

---

[79] *Kopp/Ramsauer*, VwVfG, § 44 Rn. 60.

[80] *Kopp/Ramsauer*, VwVfG, § 44 Rn. 62.

[81] Vgl. *Maurer/Waldhoff*, AllgVerwR, § 10 Rn. 98 ff.

[82] *Heine/Schittenhelm*, in: Schönke/Schröder, § 330d Rn. 23; *Weber*, in: FS Hirsch, S. 795/801.

[83] S. unten § 4 Rn. 64 ff.

differenzierten begünstigenden Entscheidungen nach dem WHG.[84] Umstritten ist, ob § 330d Abs. 1 Nr. 5 auch auf die **ausländischen Verwaltungsentscheidungen** des § 330d Abs. 2 StGB anwendbar ist, was teilweise abgelehnt wird.[85] Für die Anwendbarkeit spricht jedoch, dass § 330d Abs. 1 StGB Regelungen für Begriffe „im Sinne dieses Abschnitts" trifft, zu welchem auch § 330d Abs. 2 StGB gehört. Dabei handelt es sich nach zutreffender Ansicht nicht um einen Eingriff in fremde Hoheitsgewalt, da das ausländische ebenso wie das deutsche Verwaltungsrecht unberührt bleibt und lediglich die strafrechtlichen Konsequenzen von dem deutschen Gesetzgeber gewürdigt werden. Daher ist § 330d Abs. 1 Nr. 5 StGB mit der h.M. auch auf § 330d Abs. 2 StGB anwendbar.[86]

Problematisch ist, ob sich der Anwendungsbereich von § 330d Abs. 1 Nr. 5 StGB **48** auf **Delikte** beschränkt, die wie § 327 StGB tatbestandlich gerade auf das Genehmigungserfordernis Bezug nehmen. Nach zutreffender ganz h.M. macht es aber keinen Unterschied, in welcher **Einkleidung** die begünstigende Entscheidung für die Prüfung der Strafbarkeit von Bedeutung ist. Wann immer es auf eine Genehmigung im Rahmen dieses Abschnitts ankommt, entfaltet § 330d Abs. 1 Nr. 5 StGB seine Wirkung, also auch für die tatbestandlich erfasste verwaltungsrechtliche Pflicht und die Ausgestaltung des Merkmals unbefugt.[87] Unterschiede bestehe dann aber bzgl. der Notwendigkeit zur Reflektion der strafrechtlichen Unwirksamkeit (s. § 4 Rn. 109 ff.). Gleiches gilt letztlich auch auf Ebene der **Sorgfaltspflichtverletzung** des Fahrlässigkeitsdelikts. Anderenfalls käme es zu widersprüchlichen Ergebnissen.

Beispiel

X hat gem. § 330d Abs. 1 Nr. 5 StGB durch Täuschung eine rechtswidrige Genehmigung für seine Anlage nach § 4 BImSchG erwirkt und nimmt die daraus folgende strafrechtliche Unwirksamkeit billigend in Kauf. Aufgrund des genehmigungskonformen Betriebs dieser Anlage wird gem. § 324a Abs. 1 StGB der Boden und gem. § 324 Abs. 1 StGB ein Gewässer verunreinigt, womit X allerdings nicht gerechnet hatte.

Strafbarkeit des X?

Zwar wurde X eine verwaltungsrechtlich wirksame Genehmigung erteilt, die Frage ist jedoch, in welchem Umfang diese gem. § 330d Abs. 1 Nr. 5 StGB unbeachtlich ist. Jedenfalls hat sich X wegen § 327 Abs. 2 S. 1 Nr. 1 StGB strafbar gemacht. Für die Bodenverunreinigung besteht die verletzte verwaltungsrechtliche Pflicht aufgrund der aus § 330d Abs. 1 Nr. 5 StGB folgenden Unbeachtlichkeit der Genehmigung in § 4 BImSchG. Aus demselben Grund kommt eine Rechtfertigung aufgrund der Genehmigung nicht in Betracht. Für die fahrlässige Gewässerverunreinigung bedarf es ebenfalls einer Sorgfaltspflichtverletzung, die sich jedoch nicht in verwal-

---

[84] *Weber*, in: FS Hirsch, S. 795/798.

[85] *Kloepfer/Heger*, UmwStR, Rn. 113.

[86] Statt vieler *Heine/Schittenhelm*, in: Schönke/Schröder, § 330d Rn. 40.

[87] *Heine/Schittenhelm*, in: Schönke/Schröder, § 330d Rn. 23; *Saliger*, UmwStR, Rn. 104; *Weber*, in: FS Hirsch, S. 795/797 ff.

tungsrechtlichen Pflichten erschöpft. Damit stellt sich die dogmatische Frage, ob die wirksame Genehmigung für die objektive Sorgfaltspflichtverletzung den Zugriff auf § 4 BImSchG versperrt. Eine Lösung könnte darin bestehen, § 330d Abs. 1 Nr. 5 StGB im Rahmen der Bestimmung der maßgeblichen Sorgfaltspflicht dem Gedanken nach zur Anwendung zu bringen und eine eigenständige strafrechtliche Sorgfaltspflicht zu statuieren. Klarer dürfte es jedoch sein, § 327 Abs. 2 S. 1 Nr. 1 StGB heranzuziehen, denn auch die vorsätzliche Verletzung von Strafnormen ist objektiv sorgfaltswidrig.[88] Für die Prüfung des Merkmals „unbefugt" kommt es dann abermals auf die Genehmigung an, wobei nun § 330d Abs. 1 Nr. 5 StGB in direkter Anwendung zur Ausschaltung der Rechtfertigungswirkung führt.

49   Schließlich ist fraglich, ob die **Regelung abschließend** ist oder über den nach *ratio* und Wortlaut eröffneten Bereich hinaus eine weiter gehende Berücksichtigung des dieser Norm zugrunde liegenden Missbrauchsgedankens möglich ist. Eine solche Erweiterung wird einerseits hinsichtlich der **Handlungsmodalitäten** diskutiert. Nach h.M. sind weitere Fallgruppen ausgeschlossen,[89] was nach Maßgabe von Art. 103 Abs. 2 GG zwingend erscheint. Andererseits ist problematisch, was jenseits der einführenden Beschränkung des § 330d Abs. 1 StGB gilt. Es könnte darauf verwiesen werden, dass vor der Schaffung des § 330d Abs. 1 Nr. 5 StGB der Rechtsgedanke ebenfalls gegolten habe.[90] Jedenfalls nachdem aber der Gesetzgeber angesichts der Diskussion eine ausdrückliche Regelung geschaffen und diese auf den **29. Abschnitt** beschränkt hat, läge zumindest für den Bereich des Umweltstrafrechts in jeder Erweiterung über diesen Abschnitt hinaus eine Analogie zulasten des Handelnden und damit ein Verstoß gegen **Art. 103 Abs. 2 GG** vor. Das wird durch die einleitende Verweisung in § 311 Abs. 1 StGB unterstrichen. Sonstige Erweiterungen scheiden daher aus[91] und der alte Streit[92] lebt aufgrund von Art. 103 Abs. 2 GG außerhalb des 29. Abschnitts nicht fort.[93]

50   Nachdem nunmehr Sinn und Anwendungsbereich des § 330d Abs. 1 Nr. 5 StGB umrissen sind, gilt es, die Handlungsmodalitäten sowie die Beziehung zwischen Handlung und Erfolg näher zu betrachten. Die Struktur der Norm verlangt ebenso wie ein strafrechtlicher Tatbestand eine bestimmte Art der Handlung und einen daraus resultierenden Erfolg, hier in Gestalt einer rechtswidrig begünstigenden Entscheidung. Die Handlungsmodalitäten sollen sich grdsl. an der Auslegung des § 48

---

[88] Vergleichbar gründet der gem. § 18 StGB für die Vorsatz-Fahrlässigkeit-Kombination nötige objektive Sorgfaltspflichtverstoß in der vorsätzlichen Verwirklichung des Grunddelikts.

[89] *Heger*, in: Lackner/Kühl, § 330d Rn. 5; *Heine/Schittenhelm*, in: Schönke/Schröder, § 330d Rn. 25; *Saliger*, UmwStR, Rn. 102; *Schmitz*, in: MüKo-StGB, Vor §§ 324 ff. Rn. 85; *Weber*, in: FS Hirsch, S. 795/799.

[90] Vgl. dazu nur BGHSt 39, 381/387 m. w. N.

[91] Nachdrücklich *Weber*, in: FS Hirsch, S. 795/799 f.; wohl auch *Saliger*, UmwStR, Rn. 102; aber für eine entsprechende Anwendung bei Ordnungswidrigkeiten im Umweltrecht *Weber*, in: FS Hirsch, S. 795/804 ff.

[92] Wo ebenfalls von gewichtigen Stimmen Art. 103 Abs. 2 GG als Hindernis angesehen worden ist, s. nur *Weber*, in: FS Hirsch, S. 795/799 m. w. N.

[93] A.A. *Schmitz*, in: MüKo-StGB, Vor §§ 324 ff. Rn. 86.

Abs. 2 S. 3 Nr. 2 und Nr. 5 VwVfG orientieren, wobei aber eine **autonome Begriffsbildung** nicht ausgeschlossen sei.[94] Dem ist entgegenzutreten. Die verwaltungsrechtliche Begriffsbildung ist nicht in demselben Maße entwickelt wie es im Strafrecht der Fall ist. Vor allem aber ist § 330d Abs. 1 Nr. 5 StGB eine originäre strafrechtliche Regelung, die gerade abweichend vom Verwaltungsrecht eigene Bewertungen anstellt. Es handelt sich nicht um eine akzessorische Norm. Daher ist auch die Begriffsbildung strafrechtsautonom. Das beginnt bereits bei der **Normstruktur.** Die Handlung und der Erfolg müssen ebenso wie bei einem Erfolgsdelikt in einem objektiven Zusammenhang stehen. Die aufgrund des Missbrauchsgedankens notwendige Verantwortungskomponente wird methodisch durch eine **entsprechende Anwendung von §§ 15, 16 Abs. 1 S. 1 StGB** erreicht.

Eine **Drohung** ist wie bei § 240 Abs. 1 StGB das Inaussichtstellen eines Übels, **51** auf welches der Drohende Einfluss zu haben vorgibt. Fraglich ist der Gegenstand der Drohung, zu welchem sich § 330d Abs. 1 Nr. 5 StGB nicht verhält. Jede Drohung setzt aber eine **Erheblichkeitsschwelle** des Übels voraus. Die unterste dem Strafrecht bekannte Grenze ist das empfindliche Übel i. S. v. § 240 Abs. 1 StGB,[95] das mangels einschränkender Formulierungen auch hier gilt. Fraglich ist, wie es sich auswirkt, dass im Unterschied zur Nötigung die **Gewalt** als Handlungsmodalitäten von § 330d Abs. 1 Nr. 5 StGB nicht genannt wird.

Beispiel

Nachdem sich A aufgrund fehlender materieller Voraussetzungen bislang erfolglos um eine notwendige Genehmigung bemüht hat, sucht er den zuständigen Sachbearbeiter S während der Öffnungszeiten in dessen Büro auf und schlägt ihm mit der Faust in das Gesicht. Als S sich die Brille richtet, bittet A erneut um Erteilung der Genehmigung. S kommt dieser Bitte nach und A betreibt nun wie geplant aufgrund der rechtswidrigen Genehmigung i. S. v. § 4 BImSchG seine Anlage. Strafbarkeit gem. § 327 Abs. 2 S. 1 Nr. 1 StGB?

Variante: Der Rechtsnachfolger des A, der mit der Genehmigung selbst nichts zu tun hatte, setzt in Kenntnis von deren Zustandekommen den Betrieb der Anlage fort.

Ein VA ist eine Entscheidung, deshalb kommt *vis absoluta* nicht in Betracht.[96] Notwendig ist also im vorliegenden Zusammenhang eine Willensbeugung, die dann zu der erstrebten Handlung führt. Verwaltungsrechtlich könnte es sich bei einem derart gewaltsam herbeigeführten VA naheliegend um einen gem. § 44 Abs. 1 VwVfG schwerwiegenden und offenkundigen Fehler handeln, da für die Offenkundigkeit auch die besonderen Umstände des Erlasses eines VA Berücksichtigung finden sollen.[97] Das kann auf der strafrechtlichen Ebene jedoch auf sich beruhen, wenn die

---

[94] *Heine/Schittenhelm*, in: Schönke/Schröder, § 330d Rn. 29; *Saliger*, UmwStR, Rn. 105.

[95] Im Einzelnen dazu *Küpper/Börner*, BT I, § 3 Rn. 51 ff.

[96] Zum Gewaltbegriff *Küpper/Börner*, BT I, § 3 Rn. 39 ff.

[97] *Kopp/Ramsauer*, VwVfG, § 44 Rn. 13.

Genehmigung jedenfalls gem. § 330d Abs. 1 Nr. 5 StGB unbeachtlich ist. Das hängt im Beispiel davon ab, ob in der auf die Gewaltanwendung folgenden Bitte um Erteilung der (rechtswidrigen) Genehmigung eine konkludente Drohung liegt. Diese ist möglich und beurteilt sich aus der Perspektive des Betroffenen. Vorliegend brachte die Bitte zum Ausdruck, dass A sein Ziel der Genehmigung nicht aufgegeben hat, weshalb hierin zumindest aufgrund des engen zeitlichen und räumlichen Zusammenhanges mit der vorherigen Gewalteinwirkung das konkludente Inaussichtstellen weiterer Gewaltanwendungen liegt. Anders verhält es sich, wenn der Faustschlag lediglich ein Akt der Rache war und der S nun ungebeten und gleichsam in vorauseilendem Gehorsam die ursprünglich abgelehnte Genehmigung doch noch erteilt. Bei dieser unverhofften Genehmigung scheitert § 330d Abs. 1 Nr. 5 StGB bereits auf der subjektiven Ebene und auch § 44 VwVfG dürfte schwerlich verwirklicht sein. In der Variante schließlich hängt nach Maßgabe der Verantwortungstheorie die Wirksamkeit der Genehmigung allein von § 44 Abs. 1 VwVfG ab, so dass die verwaltungsrechtliche Bewertung der Gewaltanwendung nicht auf sich beruhen könnte.

52   Die **Bestechung** hat bei einer autonomen strafrechtlichen Begriffsbildung wegen § 334 StGB einen klaren Anwendungsbereich. Es bedarf einer Unrechtsvereinbarung, wobei sich der Vorteil als Gegenleistung auf eine bestimmte, die Dienstpflichten verletzende Diensthandlung des Amtsträgers richtet.[98] Besonderheiten ergeben sich für § 330d Abs. 1 Nr. 5 StGB nur aus dem notwendigen Zusammenhang zwischen Bestechung und rechtswidriger Entscheidung. Nicht erfasst ist daher eine Bestechungshandlung i. S. v. § 334 StGB, die zwar auf eine künftige Dienstpflichtverletzung gerichtet ist, aber sich nach den konkreten Umständen in dem rechtswidrigen VA nicht niedergeschlagen hat. Erst recht scheidet eine Bestechungshandlung aus, die sich auf einen bereits ergangenen rechtswidrigen VA bezieht.

Beispiel

A pflegt gute Kontakte zu der für ihn zuständigen Genehmigungsbehörde. Bislang hat er stets rechtmäßige Entscheidungen begehrt, dabei aber für diese Dienstausübung stetig gesteigerte Vorteile gewährt, welche der für ihn zuständige Mitarbeiter M unter Verletzung seiner Dienstpflicht angenommen und nicht gemeldet hat. Nun stellt A einen Antrag gem. § 6 BImSchG auf eine materiell-rechtswidrige Genehmigung, ohne über dafür zu gewährende Vorteile geredet zu haben. In vorauseilendem Gehorsam erlässt M den begehrten Bescheid in der Hoffnung einer angemessenen Abgeltung. A nimmt den Betrieb auf, lässt sich aber nicht lumpen und überreicht dem M mit Dank für die Genehmigung 3000 € in bar.

Das **Anfüttern** des M verwirklicht §§ 331, 333 StGB. Mit einer konkreten Diensthandlung hat das jedoch nichts zu tun und ist aufgrund des von § 330d Abs. 1 Nr. 5 StGB verwendeten Begriffes Bestechung insofern irrelevant.[99] Die dann für die

---

[98] Dazu *Küpper/Börner*, BT I, § 9 Rn. 26 i. V. m. § 18 ff.
[99] Vgl. *Küpper/Börner*, BT I, § 9 Rn. 13.

rechtswidrige Genehmigung erfolgte Zahlung war vorher nicht angekündigt, weshalb es sich um eine rückwirkende Gegenleistung i. S. v. § 334 Abs. 1 StGB handelt. Die rechtswidrige Genehmigung kam aber nicht durch diese nachträgliche Belohnung zustande, weshalb es an der für § 330d Abs. 1 Nr. 5 StGB notwendigen Verknüpfung zwischen Zuwendung und Genehmigungserteilung fehlt. Daher hat sich A nicht gem. § 327 Abs. 2 S. 1 Nr. 1 StGB strafbar gemacht, zumal auch eine Kollusion nach den gegebenen Umständen mangels vorheriger Kommunikation über den durch die Genehmigung erfolgten Rechtsbruch ausscheidet.

Die **Kollusion** ist ein bewusst pflichtwidriges, auf gemeinsamen Rechtsbruch   53
gerichtetes Zusammenwirken des Genehmigungsadressaten und des Amtsträgers.[100]
Die Kollusion ist insofern gegenüber den Varianten Drohung und Bestechung der
allgemeinere Fall.[101] In Abgrenzung dazu kommt Kollusion in Betracht, wenn der
Entscheider eigene Motive hat oder sich jenseits von Drohung oder gewährtem Vorteil zu der rechtswidrigen Handlung bereit erklärt. Der gemeinsame Rechtsbruch erfordert in Anlehnung an die Mittäterschaft des § 25 Abs. 2 StGB einen gemeinsamen Entschluss. Daran fehlt es, wenn der Adressat einen rechtmäßig nicht möglichen Bescheid beantragt und der Entscheider ihm diesen in Kenntnis der Rechtslage gewährt, ohne dass über den Erlass des Bescheides trotz Rechtswidrigkeit eine Kommunikation stattgefunden hat.

Die **unrichtigen oder unvollständigen Angaben** sind Tatsachenerklärungen.   54
Bloße Wertungen des Antragstellers, etwa wissentlich unrichtige rechtliche Ausführungen, genügen nicht. Vielmehr können sich die Angaben nur auf die Entscheidungsgrundlage und damit auf die tatsächlichen Anknüpfungspunkte für die Voraussetzungen der Ermächtigungsgrundlage beziehen, während Wertungen Sache der entscheidenden Behörde selbst sind. Eine gewisse Überschneidung kann jedoch auftreten mit subjektiven Tatsachen. Besondere Aufmerksamkeit verdient gerade hier die Frage, ob die Tatsachenerklärungen sich in der Genehmigung niedergeschlagen haben. Kollusion und das Erschleichen durch unrichtige Tatsachen schließen sich aus, soweit es um den Entscheider selbst geht. Richtet sich die Kollusion hingegen auf einen selbst nicht zur Entscheidung befugten internen Akteur des Genehmigungsverfahrens, der dann seinerseits durch wissentlich unrichtige Angaben die Genehmigung herbeiführt, besteht ein gewisses Konkurrenzverhältnis der Handlungsmodalitäten. Dieses kann aber auf sich beruhen, da im Ergebnis jedenfalls § 330d Abs. 1 Nr. 5 StGB greift.

Der **Zusammenhang** zwischen den Handlungsmodalitäten und der Genehmi-   55
gungserteilung ist wie bei einem Erfolgsdelikt anhand von Kausalität und objektiver
Zurechnung zu entscheiden.

---

[100] BGHSt 39, 181/187; *Saliger*, UmwStR, Rn. 106.
[101] *Saliger*, UmwStR, Rn. 106.

Beispiel

1) A stellt einen auf § 6 BImSchG gerichteten Antrag. Im weiteren Fortgang des Verwaltungsverfahrens macht er schriftlich unzutreffende Angaben, die ihm relevant erscheinen. Die Behörde misst diesen aber keinerlei Bedeutung bei und erteilt rechtsirrig aus anderweitigen Gründen den beantragten Bescheid, ohne dessen materielle Rechtswidrigkeit zu erkennen.

2) B macht zu einem – nach Dafürhalten der Behörde für die Entscheidung wesentlichen Punkt – unrichtige Angaben. Die Behörde hätte jedoch aufgrund eines Rechtsirrtums auch bei zutreffenden Angaben diese materiell rechtswidrige Entscheidung getroffen, wie sich aus der Begründung des Bescheides ergibt.

In beiden Fällen entfällt die rechtswidrige Genehmigung in ihrer konkreten Gestalt nicht, wenn die jeweilige Handlungsmodalität des § 330 Abs. 1 Nr. 5 StGB hinweggedacht wird. Daher sind die Genehmigungen nicht aufgrund dieser Handlungsmodalitäten ergangen. Dem entspricht im Ergebnis die h.M. zur Auslegung von § 48 Abs. 2 S. 3 Nr. 1 und Nr. 2 VwVfG.[102]

56   Entsprechend verhält es sich unter Anwendung der **Grundsätze der objektiven Zurechnung**. Die Handlungsmodalität muss die Gefahr einer rechtswidrigen, aber wirksam begünstigenden Entscheidung geschaffen haben, die sich tatsächlich verwirklicht hat.

Beispiel

Bevor C seinen Antrag stellt, sucht er den zuständigen Sachbearbeiter S auf und ringt ihm unter Zahlung von 3000 € das Versprechen der Erteilung einer wissentlich rechtswidrigen Genehmigung ab. Nachdem daraufhin und deshalb der Antrag formgerecht eingeht, erhält S von seinem Vorgesetzten V die Weisung, die Genehmigung zu erteilen, da V rechtsirrig einen Anspruch auf die Genehmigung für gegeben hält.

Ohne Unrechtsvereinbarung, würden Antragstellung und damit die Gelegenheit zur irrigen Weisung nicht geschehen sein. Allerdings hat sich nicht das von C geschaffene Risiko realisiert, weshalb die rechtswidrige Genehmigung auch strafrechtlich wirksam ist.

57   Umgekehrt ermöglicht der Gedanke der objektiven Zurechnung aber nicht nur eine Begrenzung der Verantwortung, sondern auch die **Verantwortungszuschreibung** bei komplexeren und gestreckten Geschehensabläufen. § 330d Abs. 1 Nr. 5 StGB verlangt für eine ausreichende Verantwortlichkeit nicht, dass der Genehmigungsadressat selbst die entscheidende Handlungsmodalität verwirklicht, es genügt auch jede nur mittelbare Beteiligung.[103] Ferner lässt sich der Norm keine Festlegung dazu entnehmen, an welcher Stelle des Verwaltungsverfahrens die betreffende

---

[102] Vgl. *Kopp/Ramsauer*, VwVfG, § 48 Rn. 113 m. w. N.

[103] S. oben § 4 Rn. 44.

Handlungsmodalität anzusetzen hat. Entscheidend ist nur, dass die rechtswidrige Entscheidung „auf Grund" bzw. „durch" die jeweilige Handlungsmodalität zustande kam. Je komplexer die formellen Anforderungen an das Genehmigungsverfahren sind und je mehr weitere Behörden intern beteiligt worden sind, desto vielfältiger sind die Ansatzpunkte für eine treuwidrige Einflussnahme.

Beispiel

Die Genehmigungsbehörde G beteiligt eine weitere Behörde, von deren Stellungnahme (bspw. § 10 Abs. 5 BImSchG) sie die positive Entscheidung abhängig macht. Der Mitarbeiter X gibt gutgläubig eine positive Stellungnahme ab, die jedoch ihrerseits auf wissentlich unvollständigen Angaben des Genehmigungsadressaten beruhen.

Dies ist eine hinreichende Verknüpfung, so dass § 330d Abs. 1 Nr. 5 StGB greift. Ebenso läge es, wenn die positive Stellungnahme zum Zwecke einer rechtswidrigen Genehmigung erkauft worden wäre. Das gleiche gilt für **Sachverständige**, die bei umweltrelevanten Genehmigungsverfahren eine bedeutende Rolle spielen und Angriffspunkte für unredliche Einflussnahmen bieten. Unabhängig davon, ob diese intern der Verwaltung zuzuordnen sind oder aber als eher eigenständige Dritte an dem Verwaltungsverfahren mitwirken, führt deren Bedrohung und Täuschung in derselben Weise zu einer strafrechtlich unwirksamen rechtswidrigen Genehmigung, wie es bei Behördenmitarbeitern der Fall ist. Fraglich ist, ob das auch für die Bestechung und die **Kollusion** gilt. Die Bestechung ist ein Rechtsbegriff aus § 334 StGB und setzt eine Amtsträgereigenschaft voraus. Auch die Kollusion bezieht sich begrifflich auf das Zusammenwirken des Adressaten mit der Verwaltung. Die Zuordnung des Sachverständigen zu der Sphäre der Verwaltung ist zwar begrifflich weniger strengen Anforderungen unterworfen als § 334 StGB, muss aber gleichwohl erfolgen, wobei die exakte Grenzziehung problematisch ist.[104] Im Ergebnis kommt es darauf jedoch nicht an,[105] denn ein Sachverständiger beeinflusst die Entscheidung nur dann rechtswidrig, wenn er objektiv andere Ausführungen macht, als nach seinem subjektiven-fachlichen Standpunkt richtig sind. Jedes Sachverständigengutachten aber enthält zumindest die konkludente Erklärung, dass es nach den Maßstäben des Sachverständigen richtig ist. Ein insofern unzutreffendes Sachverständigengutachten ist eine unrichtige Angabe einer inneren Tatsache, was zurechenbar zu einer materiell-rechtswidrigen Genehmigung führen kann. Das gilt erst recht, wenn der Sachverständige objektive Tatsachen unrichtig schildert.

Auf der subjektiven Ebene ist die Kenntnis bzw. das Für-möglich-Halten der den **58** § 330d Abs. 1 Nr. 5 StGB verwirklichenden Umstände erforderlich. Fragen mag man, ob darüber hinaus auch **Finalität** zwischen Handlungsmodus und rechtswidriger

---

[104] Dazu *Saliger*, UmwStR, Rn. 106.
[105] *Saliger*, UmwStR, Rn. 106.

Genehmigung bestehen muss, was ebenso wie bei der Nötigung[106] vorzugswürdig erscheint. Erst die gezielte Verknüpfung der Handlungsmodalität mit dem rechtswidrigen Vorteil setzt den Kern des rechtsmissbräuchlichen Verhaltens in den Vordergrund. Allerdings wird es darauf praktisch wohl eher selten ankommen, da auch bei einer billigenden Inkaufnahme einer falschen Angabe die Genehmigung in aller Regel hinreichend final erstrebt sein wird.

59 Die Maßstäbe des Zusammenhanges zwischen Handlung und Erfolg sind nach all dem streng und schränken den Anwendungsbereich von § 330d Abs. 1 Nr. 5 StGB nicht unerheblich ein. Dagegen bestehen aber **keine kriminalpolitischen Einwände**, denn es handelt sich um eine Abgrenzung von Verantwortungssphären. Das von der Rechtsordnung zu tragende Risiko einer materiell rechtswidrigen, aber wirksamen Entscheidung liegt der Bestandskraft des Verwaltungsakts als Grundsatzentscheidung zugrunde und bindet den Staat in der Sonderbeziehung gegenüber dem Adressaten des Bescheides. Diese **Risikoverteilung** zwischen den Sphären endet bei § 48 Abs. 2 S. 3 Nr. 1 und Nr. 2 VwVfG und § 330d Abs. 1 Nr. 5 StGB erst dort, wo die Verletzung der Entscheidungshoheit des Staates die Verantwortung auf den Adressaten selbst verlagert. Kommt die Entscheidung hingegen unbeeinflusst von den Handlungsmodalitäten des § 330d Abs. 1 Nr. 5 StGB zustande, realisiert sich nur das allgemeine und gem. § 43 Abs. 2 VwVfG der Sphäre des Staates normativ zugeordnete Risiko fehlerhaften Behördenhandelns. Soweit die rechtswidrige Genehmigung nach diesen Maßstäben strafrechtlich wirksam ist, trifft das StGB differenzierte Entscheidungen über die Strafwürdigkeit des Verhaltens im Zusammenhang mit dem Genehmigungsverfahren, bspw. §§ 267, 331 ff. StGB. Schließlich besteht die Möglichkeit, über § 48 Abs. 2 S. 3 Nr. 3 VwVfG die Genehmigung durch vorläufig vollziehbaren VA zurückzunehmen bzw. gegebenenfalls nach Sondervorschriften der Fachgesetze rechtmäßige Zustände wiederherzustellen, was dann für die Zukunft die Strafbarkeit auslöst.

60 Von allem Vorherigen zu unterscheiden ist ein anderes Recht als Gegenstand des **Rechtsmissbrauchs**. § 330d Abs. 1 Nr. 5 StGB bezieht sich auf das Recht aus § 43 Abs. 2 VwVfG, von einem rechtswidrigen VA aufgrund von dessen Bestandskraft Gebrauch zu machen. Für den **rechtmäßigen VA** wurzelt das ausgeübte Recht in der materiellen Rechtslage, die seinem Erlass zugrunde liegt. Für die hierdurch gewährten Rechte, die durch einen Anspruch auf den VA bzw. auf eine ermessensfehlerfreie Entscheidung in dem VA fortwirken, kommt insbesondere dann ein Rechtsmissbrauch in Betracht, wenn die Rechtsposition zweckwidrig ausgenutzt wird. Dabei macht es keinen Unterschied, ob die abstrakt-generellen Normen selbst ein Recht gewähren oder eine Verwaltungsentscheidung dazwischen geschalten ist. Relevant wird diese Fragestellung für die Bestimmung der Reichweite einer umweltrechtlichen Verwaltungsentscheidung in Bezug auf die Verletzung von Umwelt- und Individualrechtsgütern.[107]

---

[106] Vgl. *Küpper/Börner*, BT I, § 3 Rn. 59.
[107] Zutreffend *Weber*, in: FS Hirsch, S. 795/801 sowie oben § 4 Rn. 27 f.

c) Neubewertung des VA

Der einmal erlassene VA hat nicht notwendig genau in dieser Form Relevanz für das 61 Strafrecht. Abgesehen von Rücknahme und Widerruf kann aus anderen Gründen von vornherein ein anderer VA gelten, als tatsächlich bekannt gegeben worden ist.

Wie jeder schriftlich dokumentierte Wille, kann auch der VA leicht erkennbare 62 Versehen enthalten. Die Behörde kann gem. § 42 VwVfG Schreibfehler, Rechenfehler und ähnliche **offenbare Unrichtigkeiten** in einem VA jederzeit berichtigen. Eine offenbare Unrichtigkeit führt nicht zur Rechtswidrigkeit des VA und schließt daher eine Umdeutung aus.[108] Das hat strafrechtlich erhebliche Konsequenzen. Bevor sich die Frage nach der Bindung des Strafrechts an einen materiell-rechtswidrigen VA stellt, ist zu klären, ob der Grund der scheinbaren Rechtswidrigkeit im Wege des § 42 VwVfG berichtigt werden muss. Nach überwiegender Auffassung ist die statthafte Berichtigung selbst kein VA und daher weder an die Grenzen der §§ 48, 49 VwVfG gebunden noch mit der Anfechtungsklage anfechtbar. Es gilt von Anfang an die berichtigte Fassung, wobei die Berichtigung grdsl. lediglich der Klarstellung dient.[109] Auch der strafrechtliche Anknüpfungspunkt besteht daher nicht in dem ursprünglich verfassten VA, sondern von Beginn an in einem VA in Gestalt der **antizipierten Berichtigung**. Bei Uneinigkeit über die Voraussetzungen des § 42 VwVfG ist die Irrtumsproblematik aufzuklären. Umstritten ist, nach wessen Horizont sich die Erkennbarkeit bemisst, wobei die h.M. auf eine Unrichtigkeit abstellt, die sich jedermann aufdrängen muss, der in die Lage des Beteiligten versetzt wird und von dort her urteilt. Genannt wird auch das Erkenntnisvermögen eines verständigen Bürgers.[110] Die offensichtliche Unrichtigkeit muss sich grdsl. aus dem VA selbst einschließlich des Vergleichs der Entscheidung als solcher mit ihrer Begründung ergeben. Jedoch müssen sich die Umstände, die einen VA unrichtig machen, nicht sämtlich aus dem VA selbst ersehen lassen, sondern können auch auf sonstigen Umständen, die dem Betroffenen bekannt sind oder deren Bedeutung für die Auslegung des VA offensichtlich ist, hervorgehen.[111] Neben der eindeutigen Erkennbarkeit, dass die Behörde das Erklärte nicht wollte, muss allerdings positiv auch erkennbar sein, was sie tatsächlich meinte und wollte,[112] da anderenfalls die geltende Regelung unklar bliebe; fraglich ist nur, was bei verbleibenden Unklarheiten gilt. Die für das Umweltstrafrecht relevanten Entscheidungen der Verwaltung beruhen regelmäßig auf dem Zusammenwirken mehrerer Behörden aus unterschiedlichen Gebieten. Hinzu kommt die Komplexität des mit dem VA zu regelnden Sachverhalts. Unbeabsichtigte Widersprüche sollten zwar gerade in einem so wichtigen Bereich nicht vorkommen, liegen aber in der Natur der Sache und bedürfen daher besonderer Aufmerksamkeit der Verfahrensbeteiligten.

---

[108] *Maurer/Waldhoff*, AllgVerwR, § 10 Rn. 97.

[109] *Kopp/Ramsauer*, VwVfG, § 42 Rn. 13 ff.; *Maurer/Waldhoff*, AllgVerwR, § 10 Rn. 97.

[110] S. nur *Kopp/Ramsauer*, VwVfG, § 42 Rn. 9 m. w. N.

[111] *Kopp/Ramsauer*, VwVfG, § 42 Rn. 8 f.

[112] *Maurer/Waldhoff*, AllgVerwR, § 10 Rn. 97.

63   Wenn eine Berichtigung ausscheidet und der VA materiell-rechtlich rechtswidrig
ist, kann dieser unter den engen Voraussetzungen von § 47 VwVfG in einen rechtmäßigen VA umgedeutet werden. Eine erfolgreiche **Umdeutung** unterliegt zwar
anspruchsvollen Hürden, abstrakt führt dieses Rechtsinstitut jedoch aus der Perspektive des akzessorischen Strafrechts zu erheblichen Durchbrechungen. Ein in
diesem Sinne fehlerhafter VA ist in erster Linie der materiell-rechtswidrige Verwaltungsakt. Die gesamte Bandbreite der Diskussion um die Bindung des Strafrechts
an einen rechtswidrigen VA erledigt sich, wenn dieser in einen rechtmäßigen VA
umzudeuten ist. Fehlerhaft i. S. v. § 47 VwVfG ist aber auch der **nichtige Verwaltungsakt**. Das ergibt sich daraus, dass die Nichtigkeit lediglich eine mögliche
Rechtsfolge des fehlerhaften VA ist[113] und auch § 44 VwVfG die Begriffe VA und
Fehler verwendet. Bei begünstigenden Verwaltungsakten besteht hierin eine vorrangige Lösung für das ansonsten auftretende Problem der formellen Illegalität genehmigungslosen Verhaltens. Problematisch ist allerdings die Rechtslage bis zur
Vornahme und Bekanntgabe der Umdeutung. Nach überwiegender Ansicht handelt
es sich bei der Umdeutung nicht um einen VA, sondern um einen **Erkenntnisakt**.
Die Wirkung des § 47 VwVfG tritt danach kraft Gesetzes ein, weshalb die behördliche und die – strittige – gerichtliche Umdeutung nur deklaratorischen Charakter
haben.[114] Das Wort „kann" repräsentiert insofern kein Ermessen, sondern beschreibt
lediglich den Wandel eines rechtswidrigen in einen rechtmäßigen Verwaltungsakt.[115]

Beispiel

A hat die für einen Anlagenbetrieb notwendige Genehmigung erhalten, die jedoch an einem so schwerwiegenden Fehler leidet, dass sie gem. § 44 VwVfG
nichtig ist, wofür A freilich nicht verantwortlich ist. Es liegen aber Umstände
vor, welche die Voraussetzung einer Umdeutung i. S. v. § 47 VwVfG erfüllen.
Eine behördliche oder verwaltungsgerichtliche Entscheidung über diese Umdeutung ist bislang nicht erfolgt. All das ist dem A bekannt und er betreibt die Anlage
so, wie es der möglichen Umdeutung entspricht.

Im Ausgangspunkt liegt zwar ein nichtiger VA vor, nach h.M. greift jedoch *ipso iure*
die Umdeutung in den rechtmäßigen VA, da die Voraussetzungen von § 47 VwVfG
vorliegen. Dies gilt auch für das verwaltungsaktsakzessorische Strafrecht, das nur
nach dem Ob des VA und nicht nach dessen Genese fragt. Im Beispiel hat A daher
auch im strafrechtlichen Sinne die erforderliche Genehmigung und macht sich daher ebenso wenig strafbar, als wenn er ursprünglich eine rechtmäßige und wirksame
Behördenentscheidung erhalten hätte.

---

[113] *Maurer/Waldhoff*, AllgVerwR, § 10 Rn. 94 f.

[114] Mit beachtlichen Gründen *Kopp/Ramsauer*, VwVfG, § 47 Rn. 4 u. Rn. 8 ff.; *Maurer/Waldhoff*,
AllgVerwR, § 10 Rn. 96 je m. w. N.

[115] *Maurer/Waldhoff*, AllgVerwR, § 10 Rn. 96.

d) Genehmigungsfiktion

Die EU-Richtlinie über Dienstleistungen im Binnenmarkt hat dem nationalen Ge- **64**
setzgeber durch Art. 13 Abs. 4 die Normierung einer Genehmigungsfiktion aufgegeben. Der daraufhin geschaffene § 42a VwVfG verfolgt über den Anwendungsbereich dieser Richtlinie hinaus die Beschleunigung der Verwaltungsverfahren.[116]
Für den strafrechtlich beachtlichen Teil des Umweltrechts hat die Fiktionswirkung
zwar derzeit nur einen begrenzten Anwendungsbereich, die aufgeworfenen Probleme sind aber dogmatisch relevant und unter Beachtung der zunehmenden Bedeutung des Beschleunigungsgedankens auch im Verwaltungsverfahren für die
künftige Entwicklung des Umweltrechts von Gewicht.

Die Legaldefinition der Genehmigungsfiktion des § 42a Abs. 1 S. 1 VwVfG sieht **65**
vor, dass eine beantragte Genehmigung nach Ablauf einer für die Entscheidung festgelegten Frist als erteilt gilt, wenn dies durch Rechtsvorschrift angeordnet und der
Antrag hinreichend bestimmt ist. **Voraussetzung** ist eine Regelung des Fachrechts,
die nicht nur eine Frist für die Entscheidung bestimmt (bspw. § 10 Abs. 6a
BImSchG), sondern auch festlegt, dass die Genehmigungsfiktion als Folge des
Fristablaufs eintritt. Dies sieht immerhin § 54 Abs. 6 S. 2 KrWG vor, dessen Gegenstand die Erlaubnis für Sammler, Beförderer, Händler und Makler von gefährlichen
Abfällen ist. Damit ist § 42a VwVfG für einen Teilbereich von § 326 Abs. 1 StGB
relevant.[117] Der ferner erforderliche hinreichend bestimmte Antrag hat im Ergebnis
eine geringe praktische Bedeutung, da das die Frist auslösende Ereignis gem. § 42a
Abs. 2 S. 1 VwVfG der Eingang der vollständigen Unterlagen ist. Mag der Maßstab
der Vollständigkeit sowie die damit verbundene (eingeschränkte) Entscheidungs-
reife auch im Einzelfall problematisch sein, so schließt dies dennoch im Ergebnis
typischerweise eine hinreichende Bestimmtheit des Antrags ein.[118] Strafrechtlich
besteht insofern *de lege lata* das Hauptproblem darin, für § 54 Abs. 6 S. 2 KrWG
den Moment des Fristbeginns klar zu benennen.

Gegenstand der Fiktion ist eine Genehmigung, weshalb § 42a VwVfG nur einen **66**
Teil des Handelns der Verwaltung erfasst und keine Aussage über die Bewertung
einer Untätigkeit als Grundlage der Fiktionswirkung jenseits der Erteilung einer
Genehmigung trifft.[119] Die **Rechtsfolge** der Säumnis besteht gem. § 42a Abs. 1 S. 2
VwVfG in der entsprechenden Anwendung der Vorschriften über die Bestandskraft
von Verwaltungsakten und über das Rechtsbehelfsverfahren. Fingiert wird also die
Existenz und nicht die Rechtmäßigkeit eines VA. Durch Fristablauf steht der Antragsteller genau so, als hätte er die begehrte Genehmigung erhalten. Die damit an-
geordnete Anwendung von § 43 VwVfG schließt die Wirksamkeit eines rechtswidrigen VA ein, solange keine Nichtigkeit gegeben ist.[120]

---

[116] Näher *Eisele*, NJW 2014, 1417 ff.; *Kopp/Ramsauer*, VwVfG, § 42a Rn. 4 ff. m. w. N. sowie
Krell, UmwStR, Rn. 62.

[117] S. auch *Eisele*, NJW 2014, 1417/1418.

[118] *Kopp/Ramsauer*, VwVfG, § 42a Rn. 11 ff. m. w. N.

[119] Näher *Eisele*, NJW 2014, 1417/1418.

[120] *Eisele*, NJW 2014, 1417/1419; *Kopp/Ramsauer*, VwVfG, § 42a Rn. 15 ff.; *Krell*, UmwStR,
Rn. 62.

67   Der Antragsteller steht infolge der Fiktionswirkung vor dem Problem, dass er es noch immer mit einer untätigen Behörde zu tun hat und deshalb im Rechtsverkehr über kaum ein Beweismittel für die erhaltene Genehmigung verfügt. Auf Verlangen ist aber gem. § 42a Abs. 3 VwVfG der Eintritt der Genehmigungsfiktion schriftlich zu bescheinigen. Fraglich ist, welche Bedeutung dieser **Bescheinigung** beizumessen ist.

Beispiel

A begehrt mit einem hinreichend bestimmten Antrag eine Genehmigung nach § 54 KrWG. Er nimmt ebenso wie die Behörde fest an, dass sein Antrag vollständig gewesen ist. Aufgrund des aus dieser Perspektive eingetretenen Fristablaufes bescheinigt ihm die Behörde gem. § 42a Abs. 3 VwVfG den Eintritt der Genehmigungsfiktion. Auf dieser Grundlage nimmt A ein tatbestandliches Handeln i. S. v. § 326 Abs. 1 StGB vor. Die auf eine Anzeige hin tätigen Strafverfolgungsbehörden stehen jedoch auf dem objektiv zutreffenden Standpunkt, dass die Genehmigungsunterlagen nicht vollständig gewesen sind. Dem A mussten sich keine Anhaltspunkte für die Unvollständigkeit aufdrängen. Strafbarkeit des A gem. § 326 Abs. 1 StGB?

Eine Genehmigung hatte A nicht. Fraglich ist, ob eine Genehmigungsfiktion nach § 42a Abs. 1 VwVfG eintritt. Da die Ermittlungsbehörden zutreffend der Ansicht sind, dass keine vollständigen Unterlagen vorgelegen haben, wurde die Frist nicht in Gang gesetzt und daher trat eine Genehmigungsfiktion nicht ein. Problematisch ist, wie sich die Erteilung der schriftlichen Bescheinigung über den Eintritt der Genehmigungsfiktion gem. § 42a Abs. 3 VwVfG auswirkt. Diese Bescheinigung ist nach überwiegender Ansicht selbst kein VA, da sie keine Regelung enthalte. Dies beruhe letztlich darauf, dass die Fiktionswirkung nicht von der Bescheinigung abhängt.[121] Das vermag nicht vollständig zu überzeugen. Verweigert die Behörde eine Bescheinigung, so soll der Antragsteller deren Ausstellung im Wege der allgemeinen Leistungsklage erstreiten können.[122] Das eröffnet jedoch die Frage, worin der Sinn eines solchen Klageverfahrens liegt, wenn die Bescheinigung selbst keine Regelung über den Eintritt der Fiktionswirkung enthält. Es bliebe damit offen, was sich der Rechtsanwender unter dem gesetzlichen Zweck des § 42a Abs. 3 VwVfG vorzustellen hat. **Rechtssicherheit** über den Eintritt der Fiktionswirkung wäre nur durch die Feststellungsklage zu erreichen,[123] weshalb dann aber ein Rechtsschutzbedürfnis für die – auf die Ausstellung der Bescheinigung gerichtete – allgemeine Leistungsklage nicht einleuchten will. Vorzugswürdig erscheint es daher, der Bescheinigung als VA die Feststellung der Fiktionswirkung zuzugestehen. So würde dann auf dem für das Verwaltungsrecht typischen Wege zügig eine rechtssichere

---

[121] *Eisele*, NJW 2014, 1417/1420; *Kopp/Ramsauer*, VwVfG, § 42a Rn. 30; *Krell*, UmwStR, Rn. 62.

[122] *Eisele*, NJW 2014, 1417/1420; *Kopp/Ramsauer*, VwVfG, § 42a Rn. 30.

[123] Für deren Statthaftigkeit *Kopp/Ramsauer*, VwVfG, § 42a Rn. 30.

Klärung erfolgen. Nach hier vertretener Ansicht hat in dem Beispiel die erteilte Bescheinigung die Fiktionswirkung hergestellt und A sich daher nicht gem. § 326 Abs. 1 StGB strafbar gemacht. Die h.M. hingegen verlangt der strafrechtlichen Rechtsanwendung eine eigenständige Klärung des Eintrittes der Fiktionswirkung ab. Handelt der Antragsteller jedoch gutgläubig auf Grundlage einer Bescheinigung nach § 42a Abs. 3 VwVfG, wird ihm für § 326 Abs. 1 StGB die Unvermeidbarkeit eines Verbotsirrtums i. S. v. § 17 StGB grdsl. nicht zu versagen sein, es sei denn, dass sich für ihn gegenteilige Umstände aufdrängen.[124] Erst recht wäre der Irrtum beachtlich, wenn die Genehmigung bereits der tatbestandlichen Verwaltungsakzessorietät von § 326 Abs. 1 HS 2 StGB zuzuordnen ist. Demnach bliebe A im Beispiel letztlich immerhin straflos.

Wenn die Fiktionswirkung verwaltungsrechtlich greift, könnte ihr § 330d Abs. 1 Nr. 5 StGB eine Grenze setzen.										**68**

Beispiel

A beantragt hinreichend bestimmt (§ 42a Abs. 1 S. 1 VwVfG) und unter Vorlage vollständiger Unterlagen (§ 42a Abs. 2 S. 2 VwVfG) eine Genehmigung nach § 54 KrWG. Unter materiell-rechtlichen Gesichtspunkten besteht jedoch keine Möglichkeit, dem A die begehrte Genehmigung zu erteilen. In Kenntnis dessen wendet sich A an den zur Entscheidung berufenen Sachbearbeiter und überredet diesen dazu, aus alter Freundschaft den Antrag so lange liegen zu lassen, bis die für § 42a VwVfG i. V. m. § 54 Abs. 6 S. 2 KrWG maßgebliche Frist abgelaufen ist. So geschieht es und A nimmt nach Fristablauf eine Tätigkeit i. S. v. § 326 Abs. 1 StGB auf.

Strafbarkeit des A gem. § 326 Abs. 1 StGB?

Die Voraussetzungen der Fiktionswirkung sind gegeben. Das kollusive Zusammenwirken führt grdsl. nicht gem. § 44 VwVfG zur Nichtigkeit, weshalb der A gem. § 42a Abs. 2 S. 2 i. V. m. § 43 Abs. 2 VwVfG verwaltungsrechtlich auf Grundlage der Genehmigungsfiktion Inhaber einer Genehmigung ist. Fraglich ist, ob **§ 330d Abs. 1 Nr. 5 StGB** greift, wodurch § 44 VwVfG für das Strafrecht letztlich auf sich beruhen könnte. Das Unterlassen eines Verwaltungshandelns wird zwar grdsl. nicht erfasst, weil die Erteilung einer Genehmigung erforderlich ist. Hier besteht die Besonderheit jedoch darin, dass ein Unterlassen der ablehnenden Entscheidung durch die Fiktionswirkung zu einer Rechtslage führt, welche der Erteilung einer Genehmigung entspricht. Indem die Genehmigung als erteilt gilt, muss auch das verwaltungsaktsakzessorische Strafrecht an diese fingierte Genehmigung grdsl. gebunden sein. Fragen mag man allenfalls, ob es sich hierbei um eine Genehmigung i. S. v. § 330d Abs. 1 Nr. 5 StGB handelt oder um eine sonstige Zulassung im Sinne dieser Norm. Der Wortlaut erfasst aber nach beiden Betrach-

---

[124] *Eisele*, NJW 2014, 1417/1420; s. auch *Krell*, UmwStR, Rn. 62.

tungsweisen auch die gesetzlich fingierte Genehmigung, weshalb Art. 103 Abs. 2 GG nicht entgegensteht. Hinsichtlich der Treuwidrigkeit der Herbeiführung der Genehmigungswirkung liegt kein maßgeblicher Unterschied zur Einflussnahme auf ein aktives Handeln der Verwaltung vor. Daher greift § 330d Abs. 1 Nr. 5 StGB auch für § 42a Abs. 1 VwVfG. Entsprechend verhält es sich, wenn – wie nach hier vertretener Auffassung – der Bescheinigung i. S. v. § 42a Abs. 3 VwVfG die Qualität eines VA beigemessen wird, insofern handelt es sich dann um einen Sonderfall der Herstellung der Genehmigungsfiktion und nicht um die Genehmigung selbst.

e) Duldung

69 Ein klassisches Problem des Umweltstrafrechts besteht in der behördlichen Duldung eines an sich rechtswidrigen Verhaltens.

Beispiel

X betreibt eine gem. § 4 BImSchG genehmigungsbedürftige Anlage ohne die dafür erforderliche Genehmigung. Die zuständige Genehmigungsbehörde sucht das Gespräch und erörtert mit X nach Aufklärung des Sachverhaltes die (wenigen noch) notwendigen Maßnahmen für die Erteilung einer Genehmigung sowie das Procedere der Antragstellung und Durchführung des Genehmigungsverfahrens. Aufgrund der Kooperation des X, einer positiven Gefahrenprognose hinsichtlich der geringen Abweichung vom genehmigungsfähigen Zustand sowie unter wirtschaftlichen Gesichtspunkten, insbesondere dem Erhalt von Arbeitsplätzen, macht die Behörde gegenüber X deutlich, dass sie bei zügiger Nachbesserung sowie ordnungsgemäßer Antragstellung gegen den Betrieb der Anlage nicht vorgehen werde. X setzt demgemäß und (zumindest) nunmehr in Kenntnis der fehlenden Genehmigung den Betrieb fort.

Strafbarkeit gem. § 327 Abs. 2 S. 1 Nr. 1 StGB?

Die Realität des Umweltstrafrechts ist von dem Kontakt zwischen Bürger und Behörde geprägt. Je umfangreicher das umweltrelevante Geschehen ist und umso näher es mit materiell-rechtmäßigen Abläufen in Beziehung steht, desto eher werden Unregelmäßigkeiten gewöhnlich nicht sofort mit hoheitlicher Härte, sondern im **konstruktiven Dialog** zwischen Bürger und Behörde angegangen. Hierzu gehört es, dass ein informeller Weg diskutiert wird, auf dem (zügig) rechtmäßige Zustände hergestellt werden können. Zugleich muss aber auch die Frage geklärt werden, was bis dahin gelten soll. In der Realität umweltstrafrechtlicher Verfahren besteht freilich die Schwierigkeit, dass aufgrund des eingeleiteten Strafverfahrens die Verwaltungsbehörde und deren Mitarbeiter zumindest faktisch Eigeninteressen haben, so dass ein unverstellter Blick auf die realen zurückliegenden Ereignisse schwer fällt. Das gilt insbesondere deshalb, weil der informelle Behördenkontakt kaum jemals lückenlos dokumentiert ist.

70 Von der Duldung abzugrenzen ist die **konkludente Genehmigung**. Abgesehen von der Schwierigkeit der Benennung der exakten öffentlich-rechtlichen Voraussetzungen sowie des Nachweises von ausreichenden tatsächlichen Umständen einer konkludenten Genehmigung[125] steht dieser im Umweltrecht in erster Linie das gesetzlich vorgesehene Schriftformerfordernis entgegen, bspw. § 10 Abs. 7 BImSchG. Je formenstrenger das zu durchlaufende Genehmigungsverfahren ist, desto strenger sind auch die Anforderungen an die Erteilung der Genehmigung. Die Verletzung des fachgesetzlich vorgesehenen Schriftformerfordernisses führt grdsl. zur Nichtigkeit gem. § 44 Abs. 1 VwVfG.[126] In Erwägung zu ziehen sind freilich auch §§ 42, 47 **VwVfG** soweit eine schriftliche Entscheidung ergangen ist.[127] Bei einer Duldung geht es allerdings nicht um eine im Sinne des allgemeinen Verwaltungsrechts konkludente Genehmigung des Verhaltens des Bürgers, sondern um die im Rahmen des **verwaltungsrechtlichen Opportunitätsprinzips** getroffene Entscheidung, von einem Einschreiten abzusehen.[128] Das wird auch anhand des Beispiels deutlich. Es ging der Behörde gerade nicht darum, der ausstehenden Genehmigung vorzugreifen, sondern eine verträgliche Lösung bis zu diesem Zeitpunkt zu erreichen.

Strukturell kommen dazu wiederum verschiedene Handlungsweisen in Betracht.   **71** Denkbar ist es, soweit das Fachgesetz eine entsprechende Regelung enthält, im Rahmen der **Zulassung des vorzeitigen Beginns** auch den Betrieb der Anlage vorläufig zuzulassen, bspw. gem. § 8a Abs. 3 BImSchG.[129] Nur wenn das Verwaltungshandeln nicht in diesem Sinne begriffen werden kann, stellt sich die Frage nach der Duldung. Die Duldung wiederum ist – vorbehaltlich der Arten der strafrechtlich diskutierten Duldung – eine Entscheidung über das Einschreiten gegen einen rechtswidrigen Zustand, zu welchem die Behörde aufgrund eigenständiger Ermächtigungsgrundlagen befugt und verpflichtet wird. Für die Lösung des Beispiels kommt § 20 Abs. 2 S. 1 BImSchG in Betracht. Danach soll die zuständige Behörde anordnen, dass eine Anlage, die ohne die erforderliche Genehmigung errichtet, betrieben oder wesentlich geändert wird, stillzulegen oder zu beseitigen ist. Die **Stilllegung** im Sinne dieser Norm betrifft in erster Linie den weiteren Betrieb der Anlage,[130] also gerade das gem. § 327 Abs. 2 S. 1 Nr. 1 StGB sanktionierte Verhalten.

Problematisch ist nun also, ob und wann eine Duldung strafrechtlich relevant ist.   **72** Weithin Einigkeit besteht darin, dass eine bloße **passive Duldung** unbeachtlich ist. Diese liegt vor, wenn eine Behörde trotz Kenntnis untätig bleibt.[131] Hoch streitig ist hingegen die **aktive Duldung**, bei welcher die Behörde ihren Willen zur Untätigkeit

---

[125] Näher *Saliger*, UmwStR, Rn. 127.

[126] S. nur *Kopp/Ramsauer*, VwVfG, § 44 Rn. 25 anhand von § 10 Abs. 7 BImSchG; ferner *Heine/Schittenhelm*, in: Schönke/Schröder, Vor §§ 324 ff. Rn. 20; weniger streng wohl *Saliger*, UmwStR, Rn. 127 m. w. N.

[127] Dazu oben § 4 Rn. 61 ff.

[128] Sehr deutlich *Kloepfer*, Umweltrecht, § 7 Rn. 30.

[129] S. oben § 4 Rn. 12 f.

[130] *Hansmann/Röckinghausen*, in: Landmann/Rohmer, 81. EL September 2016, § 20 BImSchG Rn. 39.

[131] BGHSt 37, 21/28; *Heine/Schittenhelm*, in: Schönke/Schröder, Vor §§ 324 ff. Rn. 20; *Krell*, UmwStR, Rn. 63; *Saliger*, UmwStR, Rn. 129.

zumindest konkludent nach außen zu erkennen gibt, insbesondere gegenüber dem Betroffenen. Nach einer Ansicht ist auch die aktive Duldung ein lediglich informelles Verwaltungshandeln und daher strafrechtlich ohne Bedeutung.[132] Im Beispiel wäre X also gem. § 327 Abs. 2 S. 1 Nr. 1 StGB zu bestrafen. Nach anderer Ansicht ist danach zu differenzieren, ob die aktive Duldung nach verwaltungsrechtlichen Maßstäben rechtmäßig ist.[133] Obgleich der Umstand einer fehlenden Genehmigung unberührt bleibt, handelt die Verwaltung rechtmäßig, wenn sie im Rahmen einer ihr gesetzlich eröffneten Entscheidung nicht gegen das genehmigungslose Verhalten einschreitet. Der von dem verwaltungsaktsakzessorischen Strafrecht betroffene Lebenssachverhalt bleibt im Rahmen des Fachrechts von der zur Kontrollinstanz berufenen Behörde unbeanstandet. Diese Wertung würde unterlaufen, wenn das Strafrecht die Behördenmitarbeiter aufgrund eines unterbliebenen Einschreitens sanktionieren müsste. Dies ist nicht der Fall, da die Garantenpflicht der Behörde endet, wo das Verwaltungsrecht die Untätigkeit als rechtmäßig beurteilt; bei Bewertung als aktives Tun wäre die Beteiligungshandlung des Amtsträgers durch die verwaltungsrechtliche Norm gerechtfertigt. Entsprechend erscheint es aber als ein Bruch der **Einheitlichkeit der Rechtsordnung**, wenn die Amtsträger der Kontrollbehörde den Bürger ohne Rechtsverstoß gewähren lassen bzw. in seinem Entschluss psychisch bestärken können, während sich der Bürger selbst strafbar macht. Das verwaltungsrechtlich von der Behörde geschaffene Vertrauen würde strafrechtlich untergraben werden. Die Wertungen der Ermächtigungsgrundlage zum Einschreiten gegen genehmigungsloses Verhalten müssen daher auf das Strafrecht übertragen werden. Der dogmatische Standort dieser Korrektur im Recht besteht nicht erst in einem Strafaufhebungsgrund,[134] sondern bereits in der **Rechtfertigung**.[135] Im Beispiel bleibt daher X ebenso wie die Behördenmitarbeiter aufgrund des sogar ausdrücklich erörterten weiteren behördlichen Vorgehens wegen § 327 Abs. 2 S. 1 Nr. 1 StGB straflos, wenn fehlerfrei in Ausnahme zu der Sollvorschrift des § 20 Abs. 2 BImSchG von der Stilllegung abgesehen worden ist, wofür die genannten Gründe sprechen. Die Duldung durch das Absehen von einer Anordnung nach § 20 Abs. 2 S. 1 BImSchG in einem atypischen Einzelfall liegt im Ermessen der Behörde.[136] Das Ob und die Fehlerfreiheit der Ausübung dieses **Duldungsermessens** bilden das Kernstück der auf einer Duldung beruhenden Rechtfertigung. Diese aktive Duldung

---

[132] *Kloepfer*, Umweltrecht, § 7 Rn. 30.

[133] Indes unterschiedslos für eine Beachtlichkeit für den Handelnden, freilich mit der Konsequenz einer mittelbaren Täterschaft bzw. Unterlassungsstrafbarkeit des Amtsträgers für ein Allgemeindelikt *Rogall*, NJW 1995, 922/924 f.

[134] *Winkelbauer*, NStZ 1988, 201/203.

[135] LG Bonn NStZ 1988, 224 f. m. Bespr. *Dahs/Pape*, NStZ 1988, 393 ff.; *Heine/Schittenhelm*, in: Schönke/Schröder, Vor §§ 324 ff. Rn. 20; *Krell*, UmwStR, Rn. 64; *Rudolphi*, NStZ 1984, 198; *Saliger*, UmwStR, Rn. 129 f.; *Schmitz*, in: MüKo-StGB, Vor §§ 324 ff. Rn. 105; wohl auch *Eisele*, NJW 2014, 1417/1419 und *Mitsch*, FS Achenbach, S. 299/313 (genehmigungsgleiche Legalisierungswirkung).

[136] Näher dazu *Hansmann/Röckinghausen*, in: Landmann/Rohmer, 81. EL September 2016, § 20 BImSchG Rn. 50 sowie auch *Schmitz*, in: MüKo-StGB, Vor §§ 324 ff. Rn. 103.

führt über die – im engeren Sinne verstandene – formelle Illegalität hinaus zur Rechtfertigung. Einerseits müssen nicht alle materiellen Voraussetzungen eines genehmigten Betriebs bereits erfüllt sein, solange die Gefahrenprognose des Duldungsermessens die Übergangszeit bis zur Herstellung materiell erforderlicher Zustände deckt. Andererseits ist die aktive Duldung nicht auf die Herbeiführung eines Sachstandes beschränkt, der einen Anspruch auf eine Genehmigung begründet. Gleichwertig erfasst wird mit dem Duldungsermessen auch die Weichenstellung zu einer Genehmigung, die im Ermessen der Behörde steht, soweit das jeweilige Fachgesetz eine solche Konstellation eröffnet.

Für die reale praktische Bedeutung der aktiven Duldung sind zwei Gesichtspunkte von Bedeutung. Einerseits ist das Absehen von der Stilllegung trotz noch fehlender bzw. behördlich noch nicht vollständig geprüfter materieller Genehmigungsvoraussetzungen ein Grenzfall, der empfindlichen Ermessenshürden begegnet[137] und als Entscheidung hinreichend manifestiert sein muss. Sobald aber andererseits tatsächlich entschieden worden ist, dass eine Stilllegung – i. d. R. unter bestimmten dokumentierten Spielregeln – nicht erfolgt, liegt ausgeübtes Duldungsermessen vor, das mindestens Vertrauensschutz begründet. Zu einem tiefer differenzierten Ergebnis führt es, wenn die kundgegebene aktive **Duldung als VA** eingeordnet wird.[138] Das kann in dem hier gesetzten Rahmen nicht geklärt werden. Die Folgen jedoch erscheinen zwingend: Wenn durch VA die Sonderbeziehung zwischen Staat und Bürger in Bezug auf die Unterbindung des genehmigungslosen Betriebes zugunsten des Bürgers geregelt wird, dann hat dieser VA auch im Strafrecht Bindungswirkung, soweit er nicht nichtig ist oder insofern § 330d Abs. 1 Nr. 5 StGB greift. **73**

Allerdings ist mit der rechtmäßigen aktiven Duldung nicht zugleich auch die vollständige Straflosigkeit des Verhaltens selbstverständlich. Problematisch sind zunächst **gestreckte Geschehen**. Wenn die Duldung erst im Fortgang des bereits begonnenen Verhaltens einsetzt, ist fraglich, was für den vorherigen Zeitraum gilt. Teilweise wird eine **Zäsurwirkung** und damit eine verbleibende Strafbarkeit für den ersten Zeitabschnitt angenommen, wobei freilich §§ 153, 153a StPO ins Auge zu fassen seien.[139] Die Differenzierung nach Zeiträumen erscheint für die Beurteilung der Rechtswidrigkeit zwingend, da das Ergebnis der Ausübung des Duldungsermessens *ex ante* nicht vorhersehbar und in erster Linie auf den für die Zukunft konkret zu erwartenden Betrieb bezogen ist. Es bestehen daher Parallelen zur formellen Illegalität sowie zur Rückwirkung nachträglicher Entscheidungen. Wenn aber der für die Zukunft geduldete Betrieb im Wesentlichen dem vorherigen **74**

---

[137] Auch dazu *Hansmann/Röckinghausen*, in: Landmann/Rohmer, 81. EL September 2016, § 20 BImSchG Rn. 50.

[138] Zur Möglichkeit etwa *Kopp/Ramsauer*, VwVfG, § 35 Rn. 63 sowie insbesondere *Heghmanns*, Schutz von Verwaltungsrecht, S. 263 ff.; *Schall*, in: SK-StGB, Vor §§ 324 ff. Rn. 97.

[139] So *Krell*, UmwStR, Rn. 65.

genehmigungslosen Betrieb entspricht, erscheint ein **Strafaufhebungsgrund** angebracht, so dass es auf strafprozessuale Opportunität nicht mehr ankommt.

75   Insofern als der Rechtsgedanke des § 330d Abs. 1 Nr. 5 StGB herangezogen wird, um einer durch irreführende Angaben erschlichenen oder sonst treuwidrig herbeigeführten Duldung ihre Wirksamkeit zu nehmen,[140] erscheint dies nicht völlig widerspruchsfrei und unnötig. Der Rechtsgedanke von § 330d Abs. 1 Nr. 5 StGB bezieht sich auf die Wirksamkeit von rechtswidrigen Verwaltungsentscheidungen. Die aktive Duldung kommt aber nur dann als Rechtfertigungsgrund in Betracht, wenn die Kontrollkompetenz der Verwaltung aufgrund einer rechtmäßigen Duldungsentscheidung gewahrt bleibt. Das ist nicht der Fall, wenn die Entscheidung auf einer unzutreffenden Tatsachengrundlage oder auf Kollusion beruht. Die Ausübung des Duldungsermessens wäre fehlerhaft und die aktive Duldung daher strafrechtlich unbeachtlich. Soweit die Duldung hingegen ein VA ist, greift § 330d Abs. 1 Nr. 5 StGB direkt.

f) Aufhebung des VA ex tunc

76   Das Strafrecht selbst bestimmt, in welchem Umfang es an das öffentliche Recht und den VA anknüpft. Mit jeder Akzessorietät des Strafrechts zu rechtlichen Gestaltungsakten eines anderen Rechtsgebietes ist das Problem verbunden, wie mit rückwirkenden Änderungen umzugehen ist. Eine Tat ist gem. § 8 S. 1 StGB zu der Zeit begangen, zu welcher der Täter oder Teilnehmer gehandelt hat oder im Falle des Unterlassens hätte handeln müssen. Auf diese Tatzeit kommt es bei der Subsumtion der Straftatbestände an. Rückwirkende Änderungen maßgeblicher Anknüpfungspunkte der Straftat werden von der Akzessorietät nicht erfasst. Das gilt für rückwirkende Änderungen der Eigentumslage bei den §§ 242, 246 StGB[141] ebenso wie für Verwaltungsakte. Die h.M. geht davon aus, dass es damit sein Bewenden hat.[142]

77   Dem ist zuzugeben, dass sich § 330d Abs. 1 Nr. 4 c) StGB mit der Vollziehbarkeit des VA begnügt und damit gerade nicht auf dessen Rechtmäßigkeit abstellt. Andererseits ist der VA aber nur eine der dort genannten verwaltungsrechtlichen Pflichten, weshalb der **Konflikt zwischen materiellem Recht und VA** einer Lösung bedarf. Die Rückwirkung ist daher das parallele Problem zu dem materiell rechtswidrigen, belastenden Verwaltungsakt[143] sowie zu der formellen Illegalität.[144] Hier wie dort gilt es, unterschiedliche Konstellationen auseinanderzuhalten.

78   Zunächst kommt es darauf an, ob es sich um einen belastenden oder einen begünstigenden VA handelt. Wenn ein **begünstigender VA** tatbestandlich zum Zeitpunkt der Handlung vorgelegen hat, sei es als verwaltungsrechtliche Pflicht oder als

---

[140] *Krell*, UmwStR, Rn. 65.

[141] Statt aller *Börner*, Zueignungsdogmatik, S. 37 f. m. w. N.

[142] BGHSt 23, 86/93 f.; *Krell*, UmwStR, Rn. 31.

[143] Vgl. oben § 4 Rn. 35 ff.

[144] Dazu sogleich § 4 Rn. 83 ff.

Genehmigung, scheidet die Tatbestandsverwirklichung aufgrund des Wortlautes aus und Art. 103 Abs. 2 GG zieht eine absolute Grenze. Soweit die Genehmigung nicht Tatbestandsmerkmal, sondern Rechtfertigungsgrund ist, führt die Geltung des VA zugunsten des Handelnden zur Rechtfertigung.[145] Der rückwirkende Fortfall der Genehmigung vermag daran aufgrund des hier ebenfalls geltenden **Koinzidenzprinzips** von Handlung und Rechtfertigungsgrund nichts zu ändern.

Anders verhält es sich bei belastenden Verwaltungsakten, die rückwirkend aufgrund einer behördlichen oder verwaltungsgerichtlichen Entscheidung entfallen. Der dogmatische Anknüpfungspunkt der Lösung besteht aber nicht in der Betrachtung des Rückwirkungseffektes, sondern in der Analyse der Gründe der rückwirkenden Änderung. Ein *rechtmäßiger* **belastender VA** kann nach § 49 Abs. 1 VwVfG nur für die Zukunft widerrufen werden, soweit die Fachgesetze nicht ohnehin Sonderregelungen vorsehen, bspw. § 22 BImSchG. Doch selbst wenn der Widerruf rückwirkend statthaft wäre, würde dieser auf verwaltungsrechtlichem Ermessen beruhen. Ob und wie dieses Ermessen später ausgeübt werden wird, ist im Zeitpunkt der Handlung nicht absehbar und kann durch die Strafrechtsanwendung nicht ersetzt werden. Wenn jedoch eine wirksame Widerrufsentscheidung erfolgt und Bestandskraft erlangt, sei diese nun materiell rechtmäßig oder rechtswidrig, stünde ein Strafaufhebungsgrund im Raum.

Für den *rechtswidrig* **belastenden VA** kommen unterschiedliche Wege zur rückwirkenden Aufhebung in Betracht. Wenn der VA rechtswidrig ist und den Adressaten (selbstverständlich) aufgrund der Belastung in seinen Rechten verletzt, besteht ein **prozessualer Anspruch** auf Aufhebung dieses VA. Solange dieser Anspruch nicht erloschen und durchsetzbar ist, führt nach der hier vertretenen Anspruchstheorie dessen Existenz zur **Rechtfertigung**. In dem gesamten Zeitraum bis zur Erfüllung dieses Anspruchs durch die Widerspruchsbehörde bzw. die verwaltungsgerichtliche Entscheidung gem. § 113 Abs. 1 S. 1 VwGO – oder bis zum sonstigen Verlust des Anspruchs – ist der Verstoß gegen den VA schon allein aufgrund dieses (noch) bestehenden Anspruches gerechtfertigt. Die Aufhebung selbst spielt insofern keine Rolle und es handelt sich um einen Sonderfall des Problems der strafrechtlichen Verbindlichkeit eines rechtswidrig belastenden VA.[146] Die mit dem Obsiegen der Anfechtungsklage verbundene Aufhebung des VA mit Rückwirkung auf den Zeitpunkt seines Erlasses[147] wurzelt allerdings in demselben prozessualen Aufhebungsanspruch, der strafrechtlich nach hier vertretener Ansicht unmittelbar zur Rechtfertigung führt. Das Bestehen dieses Anspruchs ist eigenständig durch den strafrechtlichen Rechtsanwender zu würdigen, wobei diese Kompetenz zeitlich von dem Untergang des prozessualen Anspruchs begrenzt wird. Fraglich ist ferner, was gilt, wenn ein belastender VA in der rechtsirrigen Annahme seiner Rechtswidrigkeit rückwirkend aufgehoben worden ist. Wenn ein prozessualer Anspruch nicht bestan-

79

80

---

[145] S. oben § 4 Rn. 31.

[146] Zum ganzen oben § 4 Rn. 35 ff.; hingegen unter Anknüpfung an die tatsächliche Aufhebung für einen Strafaufhebungsgrund diff. *Heine/Schittenhelm*, in: Schönke/Schröder, Vor §§ 324 ff. Rn. 22.

[147] S. nur *Hufen*, VerwProzR, § 38 Rn. 29.

den hat, was eigenständig seitens des Strafrechtsanwenders zu beurteilen ist, kann eine Rechtfertigung sich hierauf nicht stützen. Sachgerecht erscheint dann jedoch abermals ein **Strafaufhebungsgrund**, um aufgrund des mit der verwaltungsrechtlichen Rechtskraft erstrebten Rechtsfriedens einheitliche Ergebnisse zwischen Strafrecht und Verwaltungsrecht herbeizuführen.

81   Sobald kein prozessualer Anspruch auf Aufhebung des rechtswidrig belastenden VA mehr besteht, kommt eine rückwirkende Aufhebung gem. **§ 48 Abs. 1 S. 1 VwVfG** in Betracht. Sowohl das Ob der Rücknahme als auch deren Rückwirkung stehen jedoch grdsl. im Ermessen der Behörde und im Augenblick der Handlung bleibt dessen Ausübung noch abzuwarten. Wenn aber eine Rücknahme mit Wirkung für den Zeitpunkt der strafrechtlich betrachteten Handlung erfolgt, ist im Interesse der Einheitlichkeit der Rechtsordnung die Annahme eines Strafaufhebungsgrundes sachgerecht.[148]

Beispiel

Der A betreibt eine im Sinne des § 22 BImSchG nicht genehmigungsbedürftige Anlage, deren Betrieb ihm die zuständige Behörde zwischenzeitlich gem. § 25 Abs. 2 BImSchG untersagt hat. Widerspruch und Klage haben keine aufschiebende Wirkung, jedoch hätte die Untersagung unter keinem materiell-rechtlichen Gesichtspunkt erfolgen dürfen. Gegen die daher unzutreffende Erfolglosigkeit seiner verwaltungsrechtlichen Klage hat A die Frist für das Rechtsmittel endgültig verpasst. Nach weiteren drei Monaten erkennt die Verwaltungsbehörde ihren Rechtsfehler und nimmt die Untersagung gem. § 48 Abs. 1 S. 1 VwVfG mit Wirkung für die Vergangenheit zurück. Während der gesamten Zeit hat A die Anlage weiter betrieben.
Strafbarkeit des A gem. § 327 Abs. 2 S. 1 Nr. 1 StGB?

Es kommt auf die Beurteilung verschiedener Zeiträume an. Bis zur Untersagung hat der genehmigungsfreie Betrieb der Anlage § 327 Abs. 2 S. 1 Nr. 1 StGB nicht verwirklicht. Das änderte sich mit der wirksamen Untersagungsverfügung, bis zu deren Aufhebung der A den Tatbestand verwirklichte. Jedoch bestand für den Zeitraum bis zum Fristende für das Rechtsmittel ein durchsetzbarer prozessualer Anspruch auf Aufhebung der rechtswidrigen Untersagung, die den A in seinen Rechten verletzte. Dieser Anspruch ging mit der Rechtskraft der ablehnenden Entscheidung über seine Anfechtungsklage unter. Bis dahin aber war er hinsichtlich des Verstoßes gegen die Untersagungsverfügung gerechtfertigt. Für den Zeitraum ab Rechtskraft des Urteils bis zur Rücknahme der Untersagungsverfügung greift wegen der späteren Aufhebung der Untersagung durch die Behörde ein Strafaufhebungsgrund. A ist also nach hier vertretener Ansicht insgesamt straflos.

82   Alternativ begründete Lösungen zugunsten des Handelnden auf Grundlage von § 2 StGB oder § 359 Nr. 5 StPO scheiden aus, da es sich bei einem VA nicht um ein

---

[148] Eher ablehnend *Heine/Schittenhelm*, in: Schönke/Schröder, Vor §§ 324 ff. Rn. 22.

Gesetz oder Strafnormen in diesem Sinne handelt.[149] Entsprechend bleibt es bei der strafrechtlichen Verurteilung, wenn der in einer rückwirkenden Entscheidung liegende Strafaufhebungsgrund erst nach Rechtskraft der Verurteilung eintritt.

g) formelle Illegalität

Ganz ähnlich ist der Komplex formeller Illegalität nach der hier vertretenen Anspruchstheorie zu lösen. Das Grundproblem besteht darin, wie es sich auswirkt, dass der Handelnde eine Genehmigung nicht hat, die ihm nach den geltenden Rechtsvorschriften zusteht oder die doch zumindest möglich gewesen wäre. Die noch h.m. lehnt eine Straflosigkeit in beiden Fällen ab.[150]   **83**

> **Beispiel**
> X betreibt fortwährend eine gem. § 4 BImSchG genehmigungsbedürftige Anlage. Er erfüllt dabei die materiellen Genehmigungsvoraussetzungen von § 6 Abs. 1 BImSchG. Einen Antrag hat er aus Scheu vor Zeitaufwand und Kosten nicht gestellt. Nach drei Monaten entschließt er sich, den Antrag doch zu stellen, welchen die Behörde aber aus materiell-rechtlich unzutreffenden Gründen ablehnt. Mit der Verpflichtungsklage obsiegt er in vollem Umfang (§ 113 Abs. 5 S. 1 VwGO), weshalb die Behörde schließlich die rechtmäßige Genehmigung erteilt. Strafbarkeit des X gem. § 327 Abs. 2 S. 1 Nr. 1 StGB?
> *Variante*: Wie soeben, doch X unterliegt rechtskräftig mit seiner Verpflichtungsklage.

Ebenso wie bei dem Problem der strafrechtlichen Beachtung belastender rechtswidriger Verwaltungsakte sowie bei der aktiven Duldung und der Rückwirkung ist auch hier zwischen gebundenen Entscheidungen und Ermessensentscheidungen zu differenzieren. Zudem verlangt die materielle Rechtskraft der verwaltungsrechtlichen Verfahrensergebnisse Beachtung.

Eröffnet die zur Aufhebung eines auf Rechtsvorschriften beruhenden Verbotes   **84** nötige Entscheidung der Behörde **Ermessen**, kann der Strafrechtsanwender dieser Entscheidung – außer im Falle der Ermessensreduzierung auf Null – nicht vorgreifen. Die bloße Möglichkeit einer begünstigenden behördlichen Entscheidung genügt daher nicht.[151] Ergeht die Entscheidung jedoch im Nachhinein, ist nach hier vertretener Auffassung ein Strafaufhebungsgrund gegeben.

Anders liegt es, wenn es sich um eine **gebundene Entscheidung** handelt, deren   **85** materielle Voraussetzungen gegeben sind. Dann hat der Handelnde einen Anspruch

---

[149] S. nur BGHSt 23, 86/93 f.

[150] S. nur BGHSt 37, 21/28 f.; *Mitsch*, FS Achenbach, S. 299/313 f.; *Saliger*, UmwStR, Rn. 119; *Schall*, in: SK-StGB, Vor §§ 324 ff. Rn. 87 ff.; *Rengier*, BT II § 47 Rn. 21 sowie konsequent mit Blick auf den verfolgten Schutz der Funktionsfähigkeit der Zugangskontrolle als Zwischenrechtsgut *Heghmanns*, Schutz von Verwaltungsrecht, S. 234 ff.

[151] Statt vieler *Krell*, UmwStR, Rn. 59; *Saliger*, UmwStR, Rn. 119; a.A. *Szesny*, in: AnwK-StGB, Vor. § 324 Rn. 53.

auf die Erteilung der Genehmigung. Auf diesem Boden kann nach denselben Grundsätzen entschieden werden, wie bei einem rechtswidrig belastenden VA, auf dessen Aufhebung ein Anspruch besteht. In beiden Fällen besteht keine ergebnisrelevante behördliche Konkretisierungsbefugnis und die Strafbarkeit würde sich in einem bloßen Verwaltungsungehorsam erschöpfen. Der Anspruch auf Erteilung der Genehmigung wirkt daher als **Rechtfertigungsgrund** für den Verstoß gegen eine gesetzlich vorgesehene Genehmigungspflicht bzw. bei einer Ermessensreduzierung auf Null.[152] Für einen Strafaufhebungsgrund[153] – grdsl. wenn und soweit später die begünstigende Entscheidung ergeht bzw. die Rechtswidrigkeit einer abweichenden Entscheidung festgestellt wird[154] – besteht insofern keine Notwendigkeit mehr. Dem teilweise angenommenen Tatbestandsausschluss[155] wiederum steht entgegen, dass es sich um einen Konflikt widersprüchlicher rechtlicher Wertungen handelt, der auf der Ebene der Rechtswidrigkeit zu lösen ist. Im Grundfall des Beispiels hat X zwar den Tatbestand verwirklicht, war jedoch aufgrund seines Anspruches aus § 6 Abs. 1 BImSchG gerechtfertigt. Ab Wirksamkeit der Genehmigung entfiel der Tatbestand.

86   Fraglich ist, wie sich die verwaltungsrechtlich **rechtskräftige Ablehnung** einer – bei objektiver Betrachtung materiell-rechtlich an sich zu gewährenden – Genehmigung auswirkt. Hier hat abermals ab dem Zeitpunkt des prozessual rechtskräftigen Verlustes des Genehmigungsanspruches das damit eingetretene Verfahrensergebnis über die Sonderrechtsbeziehung zwischen Staat und Bürger in Bezug auf diese Genehmigung Vorrang. In der Variante des Beispiels ging der Anspruch auf die Genehmigung mit dem rechtskräftigen Unterliegen vor dem Verwaltungsgericht unter, weshalb X ab diesem Augenblick seinen Rechtfertigungsgrund verloren hatte.[156] Es ändert sich auch nichts dadurch, dass er ggf. durch einen Antrag auf Aufhebung der ablehnenden Entscheidung bzw. durch einen Neuantrag auf Genehmigungserteilung einen Anspruch auf ermessensfehlerfreie Bescheidung statuieren könnte, da nur der (wiederhergestellte) gebundene Anspruch auf die Genehmigung zur Rechtfertigung führt. Sollte sich die Behörde allerdings dennoch – soweit dies im Hinblick auf den Anspruch der Konstruktion nach überhaupt denkbar sein sollte – später in einer rückwirkenden Gestaltungsvariante eines Besseren besinnen, kommt abermals ein **Strafaufhebungsgrund** in Betracht.

Kontrollfragen
1. In welchen drei Spielarten ist der VA mit dem Prüfungsaufbau verknüpft? (Rn. 3 ff.)
2. Welche vorgelagerten Entscheidungen sind für die Existenz einer Genehmigung relevant? (Rn. 11 ff.)

---

[152] *Rudolphi*, NStZ 1984, 197 f.; *Schmitz*, in: MüKo-StGB, Vor §§ 324 ff. Rn. 95.

[153] Im Ausgangspunkt *Winkelbauer*, NStZ 1988, 201/203.

[154] Für einen solchen indes *Heine/Schittenhelm*, in: Schönke/Schröder, Vor §§ 324 ff. Rn. 21; *Saliger*, UmwStR, Rn. 120.

[155] *Bloy*, JuS 1997, 577/596 mit Fn. 105.

[156] S. oben § 4 Rn. 35 und soeben Rn. 81.

3. Welche Nebenbestimmungen haben unmittelbar Einfluss auf den Bestand einer Genehmigung? (Rn. 14 ff.)
4. Wie wirkt sich der Verstoß gegen eine Auflage zu einer Genehmigung im Sinne von § 4 BImSchG bei einer daraus resultierenden Boden- und Gewässerverunreinigung aus? Wann ist eine Auflage wirksam? Wie ist die Auflage von der Bedingung zu unterscheiden? (Rn. 18 ff.)
5. Erläutern Sie die Konzentrationswirkung im strafrechtlichen Sinne! Bestehen Unterschiede für fahrlässige Verletzungen von Umweltmedien und Individualrechtsgütern? Was gilt für vorsätzliche Verletzungen? (Rn. 23 ff.)
6. Erläutern Sie das Problem der Verbindlichkeit eines materiell-rechtswidrigen VA unter Differenzierung nach begünstigenden und belastenden Entscheidungen! Erläutern Sie in diesem Zusammenhang die Anspruchstheorie! Welche Besonderheiten ergeben sich für dieses Problem bei Fahrlässigkeitsdelikten und auf der Ebene des Merkmals unbefugt? (Rn. 29 ff.)
7. Worin besteht der Rechtsgedanke des § 330d Abs. 1 Nr. 5 StGB? Erläutern Sie die Folgen der Verantwortungstheorie im Vergleich zur objektiven Theorie im Grundsatz und anhand der Verantwortung im Unternehmen! Welches sind die tatbestandlichen Voraussetzungen und die Grenzen von § 330d Abs. 1 Nr. 5 StGB? (Rn. 42 ff.)
8. Wie kann ein Verwaltungsakt verwaltungsrechtlich mit Wirkung *ipso iure* inhaltlich neu bewertet werden? (Rn. 61 ff.)
9. Erläutern Sie die Genehmigungsfiktion sowie die Bedeutung der Bescheinigung gem. § 42a Abs. 3 VwVfG! (Rn. 64 ff.)
10. Wie stellt sich die aktive Duldung aus der Perspektive eines verwaltungsrechtlich eröffneten Duldungsermessens dar? (Rn. 69 ff.)
11. Erläutern Sie das Problem der Aufhebung des VA *ex tunc* auf dem Boden der Anspruchstheorie! (Rn. 76 ff.)
12. Welche zwei Fallgruppen der formellen Illegalität gilt es zu unterscheiden? Erläutern Sie die Lösung der Anspruchstheorie! (Rn. 83 ff.)

III. Das Maß der Abweichung von einem VA

Die Strafbarkeit eines Verhaltens hängt nicht selten davon ab, ob und inwiefern es **87** von der Regelung eines VA erfasst wird. Das gilt sowohl für Genehmigungen als auch für Untersagungen oder Aufhebungen und Änderungen von Genehmigungen. Die dafür maßgeblichen Konstellationen sollen nachfolgend kurz abstrakt umrissen und in ihrer Bedeutung für den Prüfungsaufbau skizziert werden.

Die Strafbarkeit eines genehmigungslosen Verhaltens wird problematisch, wenn **88** eine Genehmigung vorhanden ist, die nicht offensichtlich zu dem zu beurteilenden Sachverhalt passt. Weicht das Verhalten von der Genehmigung ab, handelt es sich genau genommen nicht um einen Verstoß gegen die Genehmigung, sondern um die

Frage, ob das zur Verhaltensregulierung von den öffentlich-rechtlichen Rechtsvorschriften statuierte Verbot auflebt.

Beispiel

BGHSt 59, 45 ff.: X hat nach dem BBergG eine Genehmigung für die Verfüllung eines Kiessandtagebaus zum Zwecke der Wiederherstellung des Geländes erhalten, auf dem schließlich wieder Wald angepflanzt werden soll. Das einzusetzende Verfüllungsmaterial umfasst aufgrund der rechtmäßig erteilten Genehmigung auch konkret benannte Arten und Mengen von Abfällen. X nimmt wissentlich in erheblichem Umfang auch solche Abfälle an und baut diese ein, welche nicht in der Genehmigung bezeichnet worden sind. Strafbarkeit des X?

Ein Verhalten kann zu einer wirksamen Genehmigung abstrakt in **vier Varianten** in Beziehung stehen:

(1) das Verhalten liegt innerhalb der Genehmigung;
(2) das Verhalten ist nach dem für die Genehmigung geltenden Fachgesetz eine unwesentliche Überschreitung der Genehmigung, was i. d. R. bloße Anzeigepflichten zum Zwecke der behördlichen Überwachung auslöst;
(3) das Verhalten ist eine wesentliche Überschreitung der Genehmigung, die ihrerseits einer Änderung der Genehmigung bedarf;
(4) schließlich kann es sich um ein *aliud* handeln, also um ein Geschehen, das bei normativer Betrachtung gegenüber dem genehmigten Verhalten etwas anderes ist und demgemäß eine völlig neue Genehmigung erfordert.

Die im Einzelfall kaum jemals einfache Unterscheidung dieser vier Konstellationen lässt sich an dem genannten Beispiel demonstrieren und hat erheblichen Einfluss auf das Ob der Strafbarkeit.[157]

89   Sind die Abfälle zwar nicht ausdrücklich von der Genehmigung umfasst, aber aufgrund geringerer Gefährlichkeit oder hoher Ähnlichkeit mit den genannten Abfallarten erst recht bzw. als Annex umfasst, könnte es sich je nach Lage des Einzelfalles um die Varianten (1) oder (2) handeln. Soweit nach wie vor – insbesondere aufgrund der bloßen Verwertung von Abfällen – ein Verhalten gegeben ist, das noch den bergrechtlichen Regelungen unterfällt, aber einer Änderungsgenehmigung bedarf, liegt eine Ordnungswidrigkeit gem. § 145 BBergG vor und im Falle einer konkreten Gefahr für Sachen von bedeutendem Wert oder für Menschen eine Straftat gem. § 146 BBergG. Das erfüllt die Variante (3). In der Entscheidung des BGH ging es zunächst darum, ob anstelle einer bergrechtlichen Anlage von einer Abfallentsorgungsanlage gem. § 327 Abs. 2 S. 1 Nr. 3 StGB oder einer gem. § 4 BImSchG genehmigungsbedürftigen Anlage i. S. v. § 327 Abs. 2 S. 1 Nr. 1 StGB auszugehen sei. Voraussetzung dafür wäre in beiden Fällen, dass das Verhalten jenseits der erteilten Genehmigung liegt, es sich also gem. der Variante (4) um ein *aliud* handelt.

---

[157] S. dazu in etwas anderem Zusammenhang bereits oben § 1 Rn. 58.

Dann würde die insofern nötige Genehmigung vollständig fehlen und bereits deshalb der objektive Tatbestand des § 327 Abs. 2 S. 1 Nr. 3 (bzw. Nr. 1) StGB verwirklicht sein, der anders als § 146 Abs. 1 BBergG kein konkretes Gefährdungsdelikt ist. Die Abgrenzung erfolgt anhand der Frage, ob es sich um Abfälle zur Verwertung oder aber um Abfälle zur Beseitigung gehandelt hat.[158] Die Anforderungen an die Strafverfolgungsbehörden sowie die übrigen Verfahrensbeteiligten, um in einer strafprozessual angemessenen Weise Verfahren dieser Komplexität und Größe in den Griff zu bekommen, sind erheblich. Der erste Schritt dazu besteht aber immer in der sauberen Unterscheidung der abstrakt denkbaren vier genannten Konstellationen, die den Diskussionsraum abstecken.

Diese Problematik setzt sich im Rahmen der **verwaltungsrechtlichen Pflicht** 90 i. S. v. § 330d Abs. 1 Nr. 4 StGB sowie bei dem Merkmal **unbefugt** fort. So weit die Genehmigung reicht, bedingt diese akzessorisch die Straflosigkeit. Das ist selbstverständlich für alles, was noch unter die Genehmigung subsumiert werden kann. Für unwesentliche Abweichungen ergibt sich die Straflosigkeit aus fachgesetzlichen Regelungen wie bspw. aus § 15 BImSchG und hilfsweise aus dem diesen Regelungen zugrunde liegenden Rechtsgedanken. Die gesetzliche Wertung und die erteilte Genehmigung greifen damit ineinander, weshalb die unwesentliche Überschreitung hier als **Annex-Befugnis** bezeichnet werden soll.

Anders verhält es sich bei einer **wesentlichen Änderung** des genehmigten Be- 91 triebs. Dort gilt die ursprüngliche Genehmigung fort, jedoch erstreckt sie sich nicht auf den wesentlich geänderten Teil. Das erfordert eine Unterscheidung bei allen Delikten, die nicht direkt an die Genehmigung anknüpfen. Sobald eine Änderung eine darauf bezogene Genehmigung erfordert, liegt in dem Verhalten ohne Änderungsgenehmigung ein Verstoß gegen eine **verwaltungsrechtliche Pflicht** gem. § 330d Abs. 1 Nr. 4 a) StGB, bspw. in Gestalt von § 16 BImSchG. Dementsprechend ist zu differenzieren. Wenn der von der wesentlichen Änderung der Genehmigung nicht betroffene Betrieb der Anlage zu einer Bodenverunreinigung führt, geschieht dies nicht unter Verletzung verwaltungsrechtlicher Pflichten i. S. v. § 324a Abs. 1 StGB, weil insofern die ursprüngliche Genehmigung greift. Ebenso verhält es sich mit dem Merkmal **unbefugt** im Rahmen der Gewässerverunreinigung nach § 324 Abs. 1 StGB. Resultieren die Schäden allerdings aus der genehmigungsbedürftigen Änderung des Betriebs, entfaltet die bestehende Genehmigung insofern keine schützende Wirkung – freilich nur solange sich keine Besonderheiten unter dem Gesichtspunkt formeller Illegalität oder aktiver Duldung ergeben. Das gilt erst recht, wenn es sich um ein *aliud* handelt. Dieselbe Problematik stellt sich für § 326 Abs. 1 StGB für die Zulassung der Anlage sowie für die wesentliche Abweichung von einem vorgeschriebenen oder zugelassenen Verfahren einerseits und das Merkmal unbefugt andererseits, soweit das Verhalten nicht von der bestehenden Genehmigung gedeckt ist.

Eine ähnliche Diskussion lässt sich mit veränderten Vorzeichen auch für die **Un-** 92 **tersagung** führen. Mag die ursprüngliche Zulässigkeit eines Verhaltens nun auf ei-

---

[158] Dazu unten § 14 Rn. 13.

ner gesetzlichen Regelung oder aber auf einer Genehmigung beruhen, so kann in beiden Fällen die Strafbarkeit von einer gegenläufigen belastenden Entscheidung der Verwaltung abhängen. Erfasst die vollziehbare Untersagung oder die Beseitigung der bestehenden Genehmigung vollständig den Betrieb der Anlage, dann läge lediglich ein *aliud* außerhalb des durch VA herbeigeführten Verbots und könnte zur Straflosigkeit führen. Schwieriger ist es, wenn die vollziehbare Untersagung oder die Aufhebung der erteilten Genehmigung nur **Teilbereiche** des ursprünglich statthaften Anlagenbetriebs betrifft. Auch begegnen nahe liegend Abgrenzungsfragen nach dem Muster von Teilmengen und für die Unterscheidung von unwesentlichen und wesentlichen Randbereichen. Das sich aus dieser Perspektive abzeichnende Problemfeld ist variantenreich und bedarf einer transparenten praktischen Handhabung, um die Strafverfahren sachgerecht abzuarbeiten.

Kontrollfragen
1. In welchen vier Varianten kann ein Verhalten in Beziehung zu einer Genehmigung stehen? (Rn. 88)
2. Welche strafrechtlichen Konsequenzen können sich hieraus ergeben? (Rn. 87 ff.)

IV. Die Arten des Verbots aus verwaltungsrechtlichen Rechtsvorschriften

93 Das Umweltverwaltungsrecht unterscheidet im Zuge der gesetzlich vorgesehenen Eröffnungskontrolle das präventive Verbot mit Erlaubnisvorbehalt von dem repressiven Verbot mit Befreiungsvorbehalt.[159] Der darin liegende Unterschied zwischen einem grdsl. gebilligten und einem unerwünschten Verhalten kann für das Strafrecht nicht irrelevant sein. Jedem Unwerturteil liegt ein Rechtsverstoß zugrunde. Indem das Strafrecht akzessorisch an verwaltungsrechtliche Rechtsverstöße anknüpft, übernimmt es auch die dortigen Wertungen hinsichtlich des Gewichtes des jeweiligen Verstoßes. Fraglich ist aber, an welchen Kriterien die Unterscheidung zu messen ist und welche konkreten dogmatischen Konsequenzen daraus gezogen werden können.

1. Kriterien der Unterscheidung

94 Die Eröffnungskontrolle ist ein Regulierungsinstrument der direkten Verhaltenssteuerung. Dessen mildeste Form ist der Anzeigevorbehalt, der bei Nichtbeachtung eine typische Ordnungswidrigkeit darstellt. Die Anzeige gibt der Behörde Gelegenheit zu der Prüfung, ob das Verhalten tatsächlich (nur) dem Anzeigevorbehalt unter-

---

[159] S. oben § 1 Rn. 35 f.

liegt oder ob trotz eines so einzuordnenden Geschehens ausnahmsweise Gründe für Maßnahmen zur Gefahrenprävention angezeigt sind, bspw. § 24 BImSchG.[160] Die intensivere Form der Regulierung besteht in einem Verbot, das freilich ein unterschiedliches Gewicht haben kann. Das bemisst sich nach dem Fachgesetz anhand des Gefahrenpotenzials und der korrespondierenden Hürden zur Aufhebung des Verbots aufgrund einer Verwaltungsentscheidung. In der schwächsten denkbaren Form handelt es sich um ein rein vorläufiges Verbot, das lediglich vorsorglich ergeht, um die Prüfung der Genehmigungsvoraussetzungen vor dem Beginn der Handlung zu ermöglichen.[161] In der härtesten Form ist das Verbot auch in der Sache ernst gemeint, weshalb nur unter besonderen Hürden eine Beseitigung durch Verwaltungsentscheidung in Betracht kommt. Obgleich es sich also in beiden Fällen um ein Verbot aufgrund einer Rechtsnorm handelt, ist das materielle Gewicht des Verstoßes bei abstrakter Betrachtung sehr unterschiedlich. Die Frage ist nur, wie beide Fälle im konkreten Einzelfall voneinander zu unterscheiden sind und wie sich das Strafrecht hierzu verhält.

Nach dem herrschenden Ansatz erfolgt die Unterscheidung danach, ob ein Anspruch auf die Genehmigung besteht oder aber ob die Aufhebung des Verbots in das Ermessen der Behörde gestellt wird. In diesem formellen Ansatz kommt eine gesetzliche Wertung zum Ausdruck, hinter der die dogmatische Erwägung steht, dass ein präventives Verbot mit Erlaubnisvorbehalt den Rechtskreis des Bürgers nicht erweitert, sondern ihm lediglich das gibt, was ihm verfassungsrechtlich aufgrund seiner allgemeinen Handlungsfreiheit ohnehin zusteht. Deshalb handelt es sich bei einem präventiven Verbot aus Gründen der Verfassung um **gebundene Entscheidungen**.[162] Zwar mögen Bedenken angebracht sein, ob sich der Gesetzgeber vor diesem Hintergrund im Einzelfall zu Recht für einen Erlaubnisanspruch oder aber für eine Ermessensentscheidung entschieden hat.[163] Das kann jedoch auf sich beruhen. Das Umweltstrafrecht knüpft akzessorisch an die verwaltungsrechtlichen Vorschriften an und übernimmt damit auch dessen Wertungen. Aufgebrochen kann diese Akzessorietät nur durch besondere Regelungen des Strafrechts oder durch verfassungsrechtliche Hindernisse aufgrund einer Verletzung des materiellen Schuldprinzips werden. In Bezug auf den grundlegenden Wertungsunterschied zwischen beiden verwaltungsrechtlichen Verbotsarten bestehen dafür aber keine Anhaltspunkte. Für das Strafrecht hat es daher hinsichtlich der Einordnung der Verbotsarten mit der Differenzierung zwischen gebundenen und Ermessensentscheidungen sein Bewenden.

95

---

[160] S. Oben § 1 Rn. 34.

[161] Anschaulich *Maurer/Waldhoff*, AllgVerwR, § 9 Rn. 52.

[162] *Erbguth/Schlacke*, Umweltrecht, § 5 Rn. 32; *Maurer/Waldhoff*, AllgVerwR, § 9 Rn. 52 ff.; *Schmidt/Kahl/Gärditz*, Umweltrecht, § 4 Rn. 67 f.

[163] Krit. etwa *Kloepfer*, Umweltrecht, § 5 Rn. 220 ff.; *Erbguth/Schlacke*, Umweltrecht, § 5 Rn. 34; auch *Maurer/Waldhoff*, AllgVerwR, § 9 vor Rn. 52.

2. Bedeutung der Unterscheidung

96 Verwaltungsrechtlich ist die Unterscheidung zwischen präventivem Verbot mit Erlaubnisvorbehalt und repressivem Verbot mit Befreiungsvorbehalt über den Entscheidungsspielraum der Behörde hinaus von Belang. Insbesondere wird für das präventive Verbot folgendes hervorgehoben:[164]

(1) die objektive Beweislast für die Voraussetzungen einer Ablehnung liegt bei der Behörde, weshalb die Genehmigung bei fehlendem Nachweis zu erteilen sei;

(2) die rechtswidrige Ablehnung der vorbehaltenen Erlaubnis löse als „Eingriff" ggf. einen Entschädigungsanspruch wegen enteignungsgleichen Eingriffs aus;

(3) bei einer Handlung ohne die erforderliche Genehmigung kann die Behörde zwar die Einstellung bis zur etwaigen Erlaubniserteilung fordern, sie darf aber die Beseitigung des bereits Geschaffenen nur verlangen, wenn das Vorhaben auch materiell-rechtlich rechtswidrig ist.

97 Letzteres unterstreicht die Ergebnisse der hier vertretenen **Anspruchstheorie** zur strafrechtlichen Beachtlichkeit der bloßen **formellen Illegalität**.[165] Wenn materiellrechtlich ein Anspruch auf eben jene Genehmigung besteht, die Anknüpfungspunkt der Strafbarkeit ist, erfordert das Bestehen dieses Anspruches Berücksichtigung. Zwar ändert die Existenz des Anspruchs nichts an der formellen Rechtswidrigkeit des Verhaltens, aber das Verhalten ist eben auch nur das, nämlich formell und nicht materiell rechtswidrig. Der Konflikt zwischen dem rein formellen Rechtsverstoß als Grundlage der Bestrafung und der materiellen Rechtmäßigkeit des Verhaltens ist auf der Ebene der Rechtswidrigkeit zu lösen, indem der Genehmigungsanspruch des präventiven Verbotes mit Erlaubnisvorbehalt als Rechtfertigungsgrund greift. Das gilt entsprechend bei Ermessensreduzierungen auf Null. Allerdings gilt der Anspruch nur, solange er nicht untergegangen ist. Wenn verwaltungsrechtlich rechtswidrig, aber bestandskräftig die Genehmigung abgelehnt und die Beseitigung verfügt wird, so spielt die an sich bis dahin gegebene bloße formelle Illegalität fortan weder im Verwaltungsrecht noch im Strafrecht eine Rolle. Im Strafrecht ist die Unterscheidung zwischen den beiden Arten des Verbots aber auch darüber hinaus von Bedeutung.

98 Die Wertungen des jeweiligen Verbots geben einen maßgeblichen Anhaltspunkt für die Abgrenzung zwischen **Tatbestandsmerkmal und Rechtfertigungsprüfung**. Der Verstoß gegen ein Verbot aus einer verwaltungsrechtlichen Rechtsvorschrift tritt im Strafrecht rechtstechnisch ebenso wie der VA auf dreierlei Art in Erscheinung. Bei jenen Strafnormen, die den Verstoß gegen eine Genehmigungspflicht voraussetzen, wird das öffentlich-rechtliche Verbot als strafrechtliches Tatbestandsmerkmal aufgegriffen. Ferner ist das Verbot aufgrund einer Rechtsvorschrift gem. § 330d Abs. 1 Nr. 4 a) StGB eine Spielart der verwaltungsrechtlichen Pflicht.

---

[164] *Maurer/Waldhoff*, AllgVerwR, § 9 vor Rn. 54.

[165] S. oben § 4 Rn. 83 ff.

Schließlich hat das gesetzliche Verbot im Rahmen des Merkmals unbefugt Bedeutung. Gerade für letzteres stellt sich aber die Frage, ob es sich jeweils um ein Tatbestandsmerkmal oder um einen deklaratorischen Hinweis auf die ohnehin noch durchzuführende Rechtfertigungsprüfung handelt. Das hängt davon ab, ob der Tatbestand auch ohne den eigens benannten Genehmigungsverstoß die Rechtswidrigkeit zu indizieren imstande ist. Als ausschlaggebend dafür erscheint die verwaltungsrechtliche Gewichtung des betroffenen Verbots.[166]

Ferner kommt der Unterschied zwischen gebundener Entscheidung und Ermessensentscheidung im Rahmen der **Einziehung** gem. §§ 73 ff. StGB zum Tragen. Nach hier vertretener Ansicht führt die auf dem Anspruch beruhende formelle Illegalität zwar zur Rechtfertigung, all jene, die dies ablehnen, müssen sich jedoch die Frage stellen, was der Täter durch eine rechtswidrige Tat erlangt hat, die darin besteht, dass er ein bestimmtes Verhalten vorgenommen hat, ohne die dafür notwendige Genehmigung eingeholt zu haben, auf die aber ein Anspruch bestand. Erlangt in diesem Sinne hat der Täter dann lediglich die ersparten Aufwendungen des Genehmigungsverfahrens, da dessen Ausgang unter materiellen Gesichtspunkten eindeutig war. **99**

Beispiel

Der Landwirt L betreibt auf seinem Hof eine gem. § 327 Abs. 2 S. 1 Nr. 1 StGB genehmigungsbedürftige Biogasanlage. Diese betreibt er entsprechend den für eine Genehmigung geltenden materiellen Maßstäben ordnungsgemäß. Die Kosten für die Genehmigung scheut er jedoch ebenso wie den Aufwand der Auseinandersetzung mit der Behörde, obwohl er sich der Erteilung der Genehmigung sicher ist. Für einen genehmigungslosen Betrieb von mehreren Jahren wird L – im Einklang mit der h.M.[167] – trotz des Genehmigungsanspruches verurteilt. Im angeklagten Zeitraum hat er mit der Biogasanlage einen Umsatz von 6 Mio. € erwirtschaftet. Die Genehmigungskosten hingegen hätten 20.000 € betragen. Worin besteht das Erlangte i. S. v. § 73 StGB?

Wer mit der überwiegenden Ansicht trotz formeller Illegalität zur Strafbarkeit gelangt, kommt nicht umhin, die rechtswidrige Tat in dem bloßen Genehmigungsverstoß zu verorten. Derselbe Umsatz wäre auch mit einer Genehmigung gezielt worden. Das Erlangte erschöpft sich daher in den ersparten Aufwendungen für das Genehmigungsverfahren[168] in Gestalt von Aufwendungen für ein externes Ingenieurbüro, für die Verwaltungsgebühr und gegebenenfalls für den fortlaufenden Aufwand, um an Überwachungsmaßnahmen der Behörde mitzuwirken. Dasselbe gilt für zu erwartende positive Ermessensentscheidungen [Fn.: *Bittmann*, ebenda], wobei überdies die aufgrund einer solchen Tätererwartung fehlende Finalität gem. § 73d Abs. 1 StGB zum Nettoprinzip führt.

Das gilt erst recht für eine nicht genehmigte **wesentliche Änderung des Betriebs**. Soweit die unterbliebene Änderungsgenehmigung überhaupt tatbestandlich **100**

---

[166] Näher sogleich § 4 Rn. 104 ff.
[167] Vgl. oben § 4 Rn. 83.
[168] Bittmann, NZWiSt 2016, 131/132.

als Anknüpfungspunkt dienen kann,[169] kommt es für das aus der Tat Erlangte von vornherein nur auf den nicht von der bestehenden Genehmigung gedeckten Teil an.

Beispiel

Landwirt L betreibt – wie im vorherigen Beispiel – eine Biogasanlage, verfügt aber über eine Genehmigung. Diese Genehmigung umfasst gemessen an bestimmten Zeiträumen nur eine gewisse Höchstmenge an erzeugtem Biogas. L überschreitet über Jahre diese Höchstmengen, hatte aufgrund des Umfanges aber dennoch einen Anspruch auf eine Genehmigung dieser wesentlichen Änderung des Betriebs. Jedoch scheute er ein abermaliges Verfahren.

   Wonach bemisst sich das aus der Tat Erlangte i. S. v. § 73 StGB?

Die bestehende Abweichung zwischen der Genehmigung und dem tatsächlichen Geschehen ist zwar wesentlich, jedoch andererseits nicht so schwerwiegend, dass es sich um ein *aliud* handelt. Daher ist eine Grenzziehung zwischen dem nach wie vor genehmigten Bereich und dem ungenehmigten Bereich des Betriebs erforderlich.[170] Der für die genehmigte Höchstmenge erzielte Umsatz ist folglich nicht aus der Tat erlangt. Für den Umfang der wesentlichen Änderung kommt es auf das Bestehen eines präventiven Verbotes mit Erlaubnisvorbehalt, also auf einen Genehmigungsanspruch an. Wenn wie im Beispiel ein solcher besteht, hat der Täter lediglich die Kosten der Genehmigung erspart, während der Umsatz auch mit Genehmigung erzielt worden wäre. Gerade Fälle wie dieser sind praxisrelevant, da die Unterscheidung zwischen unwesentlichen und wesentlichen Änderungen nach h.M. für § 327 Abs. 2 S. 1 Nr. 1 StGB strafbarkeitsbegründend ist und in der praktischen Umsetzung typischerweise schwer fällt, andererseits aber ein Eventualvorsatz nicht immer leicht auszuschließen ist. Soweit hingegen ein Anspruch auf die Änderungsgenehmigung nicht besteht, beschränkt sich das Erlangte auf den mit der wesentlichen Änderung erwirtschafteten zusätzlichen Umsatz, denn der Betrieb ist im Übrigen durch die nach wie vor geltende Genehmigung legitimiert. Soweit nach dieser Maßgabe etwas erlangt worden ist, gilt es ferner zu beachten, dass es bei Fahrlässigkeitsdelikten und nach zutreffender Ansicht selbst beim vermeidbaren Verbotsirrtum an der für § 73 d Abs. 1 S. 2 StGB nötigen Finalität fehlt. Daher greift dann insofern gem. § 73d Abs. 1 S. 1 StGB das Nettoprinzip.

Kontrollfragen

1. Welche zwei Arten des verwaltungsrechtlichen Verbots werden verfassungsrechtlich unterschieden? (Rn. 93)
2. Nach welchen Kriterien erfolgt diese Unterscheidung und welchen Einfluss hat der Streit um diese Einordnung auf das Strafrecht? (Rn. 94 f.)
3. Welche Bedeutung hat die Unterscheidung der beiden Arten des Verbots für das Strafrecht? Rn. 96 ff.)
4. Was ergibt sich hieraus für die Einziehung? (Rn. 99 f.)

---

[169] Was nach hier vertretener Ansicht abzulehnen ist, s. unten § 15 Rn. 8.
[170] Vgl. abstrakt zum ganzen soeben § 4 Rn. 87 ff.

V. Deliktsaufbau und Vorsatz

Die bereits dargestellten typischen Tatbestandsstrukturen der Umweltdelikte haben die Fragen der Verwaltungsakzessorietät bislang nur gestriffen.[171] Diese stehen nachfolgend im Mittelpunkt der Betrachtung. **101**

1. Objektive Tatbestandsmerkmale

Die verwaltungsrechtliche Genehmigungsbedürftigkeit und die vollziehbare Untersagung eines Verhaltens sind stets objektive Tatbestandsmerkmale, wenn das Strafgesetz diese ausdrücklich nennt, bspw. §§ 326 Abs. 2, 327, 328 Abs. 1 StGB. Ebenso verhält es sich mit sonstigen Verstößen gegen Pflichten aus verwaltungsrechtlichen Vorschriften, soweit die Strafgesetze hierauf in ihrem Wortlaut ausdrücklich Bezug nehmen.[172] So liegt es etwa bei den Verboten der §§ 328 Abs. 2 Nr. 2-4, 329 Abs. 1-3 StGB und bei dem Gebot aus § 328 Abs. 2 Nr. 1 StGB. **102**

Die in § 330d Abs. 1 Nr. 4 StGB definierte **verwaltungsrechtliche Pflicht** wird typischerweise mit der Formulierung „… unter Verletzung …" in die hierauf zurückgreifenden Strafgesetze eingebunden. Diese Pflichtverletzung charakterisiert die Handlung und kann daher weder nach dem Wortlaut noch nach ihrer Bedeutung aus dem Tatbestand herausgelöst werden. Dabei macht es keinen Unterschied, aus welchem der von § 330d Abs. 1 Nr. 4 StGB genannten Gründe sich im konkreten Fall die Pflichtwidrigkeit ergibt. In allen Fällen geht es um objektive Tatbestandsmerkmale,[173] bspw. §§ 324a, 325, 325a, 328 Abs. 3, 329 Abs. 4 und § 311 StGB. **103**

Problematisch ist hingegen, wie das von der Formulierung der Umweltdelikte erfasste Wort **unbefugt** einzuordnen ist. Nach zutreffender h.M. handelt es sich im Rahmen der §§ 324, 326 Abs. 1 StGB nicht um ein Tatbestandsmerkmal, sondern um einen Hinweis auf die noch sorgfältig durchzuführende Prüfung von Rechtfertigungsgründen.[174] Die tatbestandliche Relevanz von Formulierungen, die auf Fragen der Rechtswidrigkeit deuten, ist über das Umweltstrafrecht hinaus problematisch. Zur Lösung können die systematische Struktur der tatbestandlichen Formulierung sowie Wertungen zum strafwürdigen Kern des Deliktes herangezogen werden. Systematisch scheidet die allgemeine Rechtswidrigkeitsebene immer dann aus, wenn sich die Worte unbefugt oder rechtswidrig nur auf ein bestimmtes Tatbestandsmerkmal beziehen. Eine solche beschränkte Wirkung steht der allgemeinen Prüfung der **104**

---

[171] S. § 3 Rn. 61 f.

[172] Statt vieler *Krell*, UmwStR, Rn. 37; *Saliger*, UmwStR, Rn. 95.

[173] Statt vieler *Krell*, UmwStR, Rn. 37; *Saliger*, UmwStR, Rn. 95.

[174] [alle pro h.M. für beide §§, unten nur im Detail] BGHSt 37, 21/29; *Krell*, UmwStR, Rn. 38; *Saliger*, UmwStR, Rn. 96 ff.; a.A. konsequent unter einem strengen administrativen Rechtsgut des Schutzes der Funktionsfähigkeit behördlicher Zugangskontrollen *Heghmanns*, Schutz von Verwaltungsrecht, S. 177, 353 f.; *Winkelbauer*, NStZ 1988, 201/202 f.

Rechtswidrigkeit, die sich auf den gesamten Tatbestand beziehen muss, entgegen, bspw. die Rechtswidrigkeit der erstrebten Bereicherung in §§ 253, 263 StGB.[175] Das Wort unbefugt bezieht sich hingegen in den §§ 324, 326 Abs. 1 StGB auf die gesamte übrige Formulierung des Delikts. Das schließt jedoch nicht aus, dass es sich gleichwohl um ein Tatbestandsmerkmal handelt. Die Folge der intrasystematischen Überlegung ist lediglich, dass ein zwingender Grund für die Einordnung als Tatbestandsmerkmal unter diesem Gesichtspunkt nicht besteht.

105   Die daher anzustellende wertende Betrachtung setzt bei der Wechselwirkung zwischen Tatbestand und Rechtswidrigkeit an. Die Prüfung der Rechtswidrigkeit beschränkt sich auf die Erörterung von Rechtfertigungsgründen, weil ein Straftatbestand die Rechtswidrigkeit indiziert. Eine Ausnahme gilt nur dann, wenn das Strafgesetz selbst klarstellt, dass der Tatbestand eine solche **Indizwirkung** nicht hat, wie bei §§ 240 Abs. 2, 253 Abs. 2 StGB. Diese Überlegung wirkt sich auf die Einordnung des Merkmals unbefugt aus. Hierzu findet eine Wertung der indiziellen Kraft des Tatbestandes statt, indem zu fragen ist, ob die Ausklammerung der Frage nach der Befugnis aus dem Tatbestand einen Tatbestand übrig ließe, der die Rechtswidrigkeit des Verhaltens in einem Maße indiziert, wie es von einem Straftatbestand erwartet werden muss.[176] Eine solche originär strafrechtliche Wertung wiederum kommt nicht ohne **normative Anknüpfungspunkte** für die Indizwirkung aus. Für das Umweltstrafrecht ist eine solche originär strafrechtliche Wertung des Bezuges zum Umweltrecht nicht sinnvoll. An dieser Stelle kommt es daher auf die Frage an, welches Gewicht die fachgesetzliche Gestattung eines bestimmten Verhaltens hat. Auf dem Boden der Verwaltungsrechtsakzessorietät passt hierzu die Unterscheidung zwischen dem präventiven **Verbot mit Erlaubnisvorbehalt** und dem repressiven **Verbot mit Befreiungsvorbehalt**. Wenn das öffentlich-rechtlich verbotene Verhalten als solches erwünscht ist, dann kann es schwerlich die Rechtswidrigkeit indizieren und der strafrechtliche Unwert ist daher tatbestandlich auf die Einbeziehung der verwaltungsrechtlichen Pflichtwidrigkeit angewiesen. Handelt es sich hingegen um ein Verhalten, das ohnehin unerwünscht ist und nur ausnahmsweise im Rahmen einer Ermessensentscheidung behördlich gestattet werden kann, dann indiziert dieses Verhalten auch unabhängig von der behördlichen Entscheidung in ausreichender Weise ein rechtlich missbilligtes Verhalten. Wenn die Formulierung des Deliktes also keine weiteren Anknüpfungspunkte enthält, so ist das Merkmal unbefugt im Falle des repressiven Verbots ein deklaratorischer Hinweis auf die noch durchzuführende allgemeine Rechtfertigungsprüfung, während es sich bei einem präventiven Verbot grdsl. um ein Tatbestandsmerkmal handelt. Diese Überlegung ist im verwaltungsakzessorischen Strafrecht zu Recht verbreitet.[177] Der Sinn eines

---

[175] Statt vieler Wessels/*Beulke/Satzger*, AT, Rn. 194.

[176] S. nur Baumann/Weber/*Mitsch/Eisele*, AT, § 14 Rn. 25.

[177] Statt aller *Fischer*, Vor § 324 Rn. 6; *Tiedemann/Kindhäuser*, NStZ 1988, 337/341 f.; *Saliger*, UmwStR, Rn. 97 f.; krit. zur Leistungsfähigkeit dieser Anknüpfung etwa *Krell*, UmwStR, Rn. 38.

deklaratorischen Hinweises durch die Worte unbefugt oder rechtswidrig besteht in der Mahnung des Gesetzgebers an den Rechtsanwender, das eventuelle Eingreifen von Rechtfertigungsgründen als besonders naheliegend zu bedenken.[178]

Diese grundlegende Erwägung würde nicht entkräftet, falls sich kein Delikt fin-   **106**
den ließe, bei dem das Merkmal unbefugt aufgrund eines bloßen präventiven Verbots mit Erlaubnisvorbehalt zum Tatbestandsmerkmal erhoben wird. Stattdessen ist
es so, dass der Gesetzgeber durch Benennung einer verwaltungsrechtlich Pflichtwidrigkeit selbst bereits ausdrücklich die Entscheidung getroffen hat, die Fälle des
präventiven Verbots zum Tatbestandsmerkmal zu erheben. Soweit die Strafgesetze
ausdrücklich an den Verstoß gegen eine Genehmigungspflicht anknüpfen, werden
die präventiven Verbote mit Erlaubnisvorbehalt erfasst, vgl. § 60 Abs. 3 WHG, aber
auch Ermessensentscheidung wie § 60 Abs. 3 WHG i. V. m. § 327 Abs. 2 S. 1 Nr. 4
StGB.[179]

Eine gewisse Sonderstellung nimmt bei dem vorherigen Gedankengang aller-   **107**
dings § 326 Abs. 1 StGB ein, freilich ohne diesen zu entkräften. Dort findet sich
einleitend das Merkmal unbefugt und die Genehmigungspflicht zum Sammeln, Be-
fördern, Handeln oder Makeln ist aufgrund der gebundenen Entscheidung in § 54
Abs. 1 S. 2 KrWG als präventives Verbot mit Erlaubnisvorbehalt ausgestaltet.
Darauf kommt es jedoch für das Merkmal unbefugt letztlich nicht an, da § 326
Abs. 1 StGB mit seinem Bezug auf eine zugelassene Anlage sowie die alternativ
genannte wesentliche Abweichung von einem vorgeschriebenen oder zugelassenen
Verfahren eine weitgehende tatbestandliche Anknüpfung an das verwaltungsrechtliche Reglement herbeiführt, so dass es für die indizierte Rechtswidrigkeit auf keine
weiteren Inhalte des Merkmals unbefugt ankommt.[180]

Der Prototyp des einem repressiven Verbot korrespondierenden Tatbestandes ist   **108**
§ 324 StGB. Nach den strengen Maßstäben des WHG ist die Verunreinigung oder
sonstige nachteilige Veränderung von Eigenschaften eines Gewässers auch ohne
eine besonders genannte Pflichtwidrigkeit rechtlich missbilligt. Einwände hiergegen könnten aufgrund der durchaus unübersichtlichen Gestaltungsvarianten der
wasserrechtlichen Genehmigung erhoben werden, am Grundsatz des repressiven
Verbots ändert sich dadurch jedoch nichts. Überdies kann die Frage der Einordnung
des Merkmales unbefugt als Tatbestandsmerkmal nur einheitlich und nicht in Abhängigkeit von der jeweiligen Genehmigungslage entschieden werden, da die innere Logik einer Norm abstrakt bestimmt wird und daher unabhängig vom Einzelfall nur einheitlich erfolgen kann. Insofern entscheidet der Schwerpunkt der
zugrunde liegenden öffentlich-rechtlichen Normen und dieser besteht in einem repressiven Verbot, das ausnahmsweise und abhängig vom behördlichen Ermessen
eine Genehmigung ermöglicht.[181]

---

[178] Wessels/*Beulke/Satzger*, AT, Rn. 194.
[179] Ganske, in: Landmann/Rohmer, 88. EL Sep. 2018, § 60 WHG Rn. 53.
[180] Dazu unten § 14 Rn. 23.
[181] S. nur *Schmidt/Kahl/Gärditz*, Umweltrecht, § 4 Rn. 68.

2. Umfang des Vorsatzes

109 Der Vorsatz muss sich gem. § 16 Abs. 1 S. 1 StGB auf alle Umstände beziehen, die zum gesetzlichen Tatbestand gehören. Reine deskriptive Merkmale sind der idealisierte Grundsatz, doch werden diese im Rahmen des Tatbestandes von normativen Wertungen durchsetzt. Erforderlich ist insofern grdsl. nur, dass der Handelnde jene tatsächlichen Umstände erkennt, die im konkreten Fall zur erfolgreichen Subsumtion des objektiven Tatbestandes herangezogen werden. Hinsichtlich der normativen Elemente genügt die **Parallelwertung in der Laiensphäre**, die keinesfalls exakte Rechtskenntnisse voraussetzt, denn anderenfalls liefe das Strafrecht weithin leer.[182] Typische Beispiele dafür sind etwa der Schaden i. S. v. § 253, 263 StGB oder die Gewalt und das empfindliche Übel i. S. v. § 240 Abs. 1 StGB. Tatbestandsmerkmale, die mehr oder minder normativen Charakter haben, existieren selbstverständlich auch im Umweltstrafrecht, da eine abstrakte Umschreibung strafwürdigen Verhaltens gar nicht anders möglich ist. Zu nennen sind etwa Tiere, Pflanzen oder andere Sachen von bedeutendem Wert sowie der bedeutende Umfang bei § 324a StGB, die Geeignetheit zu einer Gefährdung gem. §§ 324a Abs. 1 Nr. 1, 325 Abs. 1, 326 Abs. 1 Nr. 4 StGB oder die nachhaltige Beeinträchtigung i. S. v. § 326 Abs. 1 Nr. 4 a) StGB.

110 Normlogisch zu unterscheiden ist davon die **tatbestandliche Verwaltungsakzessorietät**. Wenn der Straftatbestand selbst einen wertenden Begriff statuiert, kommt es auf Tatsachenkenntnis bei ungefährer Parallelwertung an. Diese Verschwommenheit der Vorstellung von rechtlichen Dingen reicht jedoch dann nicht aus, wenn der Tatbestand ganz konkret an eine bestimmte rechtliche Pflichtenstellung aus einem anderen Rechtsgebiet anknüpft. In diesen Fällen handelt es sich um eine **Rechtstatsache**, die den spezifischen Unwert des Tatbestandes prägt. Übertragen auf § 16 Abs. 1 S. 1 StGB ist damit die tatbestandlich benannte rechtliche Pflichtenstellung wie jede andere Tatsache auch zu behandeln. Ob es sich also bei dem Tatobjekt um einen Menschen handelt oder eine genehmigungsbedürftige Anlage macht für den Maßstab der Anwendung von § 16 Abs. 1 S. 1 StGB keinen Unterschied. Hieraus resultieren erhebliche Konsequenzen im Bereich des Irrtums. Fehlbewertungen der Parallelwertung in der Laiensphäre führen grdsl. zu § 17 StGB,[183] der Irrtum über eine tatbestandlich relevante Rechtstatsache aber schließt gem. § 16 Abs. 1 S. 1 StGB den Vorsatz aus. Das entspricht im Ergebnis der herrschenden Meinung, bedarf freilich im Detail näherer Betrachtung. Als parallele Fragestellung ist auf die Rechtswidrigkeit der erstrebten Bereicherung bei § 253 StGB zu verweisen, wo nach ständiger Rspr. die subjektive Seite bereits dann ausscheidet, wenn der Täter glaubt, einen von der Rechtsordnung anerkannten Anspruch zu haben, ganz gleich, ob dieser Annahme eine zutreffende rechtliche Würdigung zugrunde liegt.[184]

---

[182] S. bereits § 3 Rn. 61.

[183] Zur Ausnahme s. § 3 Rn. 61.

[184] S. nur BGH NStZ 2017, 465/466 f.; *Fischer*, § 253 Rn. 40 f. je m. w. N.

Der Verstoß gegen eine **vollziehbare Untersagung** begründet die Strafbarkeit   **111**
nach § 327 StGB. Objektiv muss der untersagende VA existieren und nach verwaltungsrechtlichen Maßstäben vollziehbar sein. Fraglich ist, worauf genau sich nun
das **Wissenselement** des Vorsatzes beziehen muss. Anknüpfungspunkt sind zunächst die tatsächlichen Umstände, welche der Subsumtion der vollziehbaren Untersagung zugrunde liegen. Indem der Unwert aber gerade im Verstoß gegen die
vollziehbare Untersagung liegt, muss der Handelnde zudem die Rechtstatsache der
Existenz eines VA, der das betreffende Verhalten vollziehbar untersagt, in ihrer
rechtlichen Bedeutung begriffen haben. Die zutreffende öffentlich-rechtliche Wertung kennzeichnet die subjektive Seite des Unwertes und ist daher unverzichtbar
für den Vorsatz. Eine zutreffende Wertung kann der Handelnde aber nur anstellen,
wenn er auch die zugrunde liegenden Tatsachen kennt. Nicht notwendig ist dem-
gegenüber, dass sich der Handelnde konkrete Gründe der vollziehbaren Untersagung vorstellt. Es genügt eine Tatsachenkenntnis, die § 43 VwVfG sowie den maßgeblichen Regelungen für die Vollziehbarkeit entspricht. Der Vorsatz erfordert also
kumulativ Tatsachenkenntnis und Rechtskenntnis. Eines von beiden genügt
nicht.

Was für die vollziehbare Untersagung gilt, gilt entsprechend für die **verwal-**   **112**
tungsrechtliche Pflicht i. S. v. § 330d Abs. 1 Nr. 4 StGB in Gestalt einer gerichtlichen Entscheidung, eines vollziehbaren VA, einer vollziehbaren Auflage oder eines
öffentlich-rechtlichen Vertrages, dessen Verpflichtung auch durch VA hätte auferlegt
werden können. Auch hier muss der Handelnde aufgrund der dazu notwendigen
Tatsachenkenntnis die rechtliche Bedeutung der jeweiligen Variante der verwaltungsrechtlichen Pflicht ebenfalls zutreffend reflektieren. Anderenfalls entfällt gem.
§ 16 Abs. 1 S. 1 StGB der Vorsatz.

Der Verstoß gegen eine **tatbestandliche Genehmigungspflicht** (§§ 327, 328   **113**
Abs. 1 StGB) oder gegen ein **Verbot als verwaltungsrechtliche Pflicht** in Gestalt
einer Rechtsvorschrift i. S. v. § 330 Abs. 1 Nr. 4 a) StGB verlangt eine **umfang-**
reichere Kenntnis. Während es bei der einzelnen Entscheidung nur um die Tatsachen hinsichtlich der Geltung dieser Entscheidung und um den Tenor dieser
Entscheidung geht, können hier all jene tatsächlichen Umstände, welche zur Subsumtion des Normbefehls erforderlich sind, nicht ausgeblendet werden. Die Vor-
satzanforderungen sind daher auf Ebene der Anknüpfungstatsachen umfangreicher. Der Handelnde muss wie bei einem normativen Tatbestandsmerkmal auch
jene Umstände zutreffend reflektieren oder zumindest billigend in Kauf nehmen,
welche die betreffende öffentlich-rechtliche Rechtspflicht begründen. Darüber hinaus muss er die als Anknüpfungspunkt für den Straftatbestand dienende, daraus
folgende Rechtslage erkennen oder doch zumindest billigend in Kauf nehmen. Nur
dann scheitert der Vorsatz nicht gem. § 16 Abs. 1 S. 1 StGB bereits auf der kognitiven Ebene.

Diese Grundsätze gelten auch, wenn sich im Einzelfall die Geltung einer Rechts-   **114**
norm und die eines VA überschneiden. Das geschieht immer dann, wenn ein VA –
begünstigend oder belastend – auf öffentlich-rechtliche Rechte oder Pflichten einwirkt.

Beispiel

X betreibt eine gem. § 4 BImSchG genehmigungsbedürftige Anlage. Die Behörde erteilt ihm gem. § 6 BImSchG eine entsprechende Genehmigung, die aber materiell rechtswidrig ist.

In diesem Beispiel kommt es darauf an, ob die rechtswidrige Genehmigung verwaltungsrechtlich wirksam und gem. § 330d Abs. 1 Nr. 5 StGB strafrechtlich beachtlich ist. Soweit der VA nichtig ist, scheidet Vorsatz aus, wenn der Handelnde zwar die tatsächlichen Anknüpfungspunkte der Nichtigkeit kennt, aber hieraus nicht den zutreffenden rechtlichen Schluss zieht. Kennt er hingegen auch die aufgrund der tatsächlichen Umstände eintretende Rechtsfolge der Nichtigkeit und geht daher von der verwaltungsrechtlichen Unwirksamkeit der Genehmigung aus, muss er zur Begründung des Vorsatzes auf den Genehmigungsverstoß die für § 4 BImSchG i. V. m. dem Katalog des Anhanges 1) zur 4. BImchV relevanten Tatsachen zumindest für möglich halten und daraus die zutreffende rechtliche Schlussfolgerung einer Genehmigungspflicht ziehen.

115   Problematisch ist, ob das entsprechend für die strafrechtliche Unbeachtlichkeit einer verwaltungsrechtlich wirksamen rechtswidrigen Genehmigung gilt. Die in **§ 330d Abs. 1 Nr. 5 StGB** enthaltene Legaldefinition ist rechtstechnisch Teil der tatbestandlichen Formulierung von § 327 Abs. 2 S. 1 Nr. 1 StGB. Mindestens muss der Vorsatz daher die für diese Unbeachtlichkeit maßgeblichen tatsächlichen Umstände erfassen.[185] Fraglich ist jedoch, ob hier geringere Anforderungen an die rechtliche Wertung genügen können. Dafür könnte sprechen, dass § 330d Abs. 1 Nr. 5 StGB eine strafrechtliche Norm und selbst nicht Teil des akzessorisch in Bezug genommenen Verwaltungsrechts ist. Gleichwohl ist die Geltung der Genehmigung auch unter diesem Gesichtspunkt Teil des Tatbestandes, der selbst nicht nach den Gründen der Nichtgeltung einer Genehmigung fragt. Deshalb sind auf der Ebene des Vorsatzes keine Unterschiede zwischen der Nichtigkeit und der strafrechtlichen Unbeachtlichkeit gem. § 330d Abs. 1 Nr. 5 StGB angebracht. Wer also zwar die für § 330d Abs. 1 Nr. 5 StGB ausreichenden Umstände erkennt, aber die daraus folgende Unbeachtlichkeit der Genehmigung nicht zumindest billigend in Kauf nimmt, handelt insofern ohne den nötigen Vorsatz zum Handeln ohne Genehmigung. Das greift mit umgekehrten Vorzeichen auch für die verwaltungsrechtliche **Genehmigungsfiktion.** Auch diese betrifft die Frage der Existenz einer Genehmigung, ohne dass es für den Tatbestand auf die Gründe der Entstehung oder Geltung eines VA ankommt. Wer sich irrig Umstände vorstellt, die für den Fall, dass sie tatsächlich vorlägen, zur Genehmigungsfiktion führen würden und daher an eine solche Fiktion glaubt, handelt ohne Vorsatz.[186] Zudem schließt aber auch der auf einer rechtlichen Fehlvorstellung beruhende Glaube an den wirksamen Eintritt der Genehmigungsfiktion gem. § 16 Abs. 1 S. 1 StGB den Vorsatz auf einen Genehmi-

---

[185] S. dazu immerhin *Weber*, in: FS Hirsch, S. 795/802.
[186] *Eisele*, NJW 2014, 1417/1420.

gungsverstoß aus, soweit die vorgestellte Fiktion die tatsächliche Genehmigungspflicht deckt.[187]

Die Strenge des § 16 Abs. 1 S. 1 StGB wird jedoch in der konkreten Anwendung   116
relativiert. Für tatbestandliche Rechtspflichten gelten keine strengeren Vorsatzan-
forderungen als für Tatsachen. Der Täter muss deshalb weder den Pflichtverstoß
beabsichtigen, noch muss er ihn aufgrund einer zutreffenden rechtlichen Wertung
für sicher halten. Es genügt hier wie dort der Eventualvorsatz, soweit der betreffende Tatbestand nicht ausnahmsweise etwas anderes vorsehen sollte. Es kommt
also im Mindestmaß nur darauf an, dass der Täter die Möglichkeit der die Rechtspflicht begründenden Tatsachen erkennt sowie auch die konkrete daraus resultierende Rechtspflicht als möglich reflektiert und beides billigend in Kauf nimmt. Je
größer die Unsicherheit über die Tatsachengrundlage sowie die exakte Rechtslage
ist, desto näher liegt ein Eventualvorsatz. Die Komplexität der strafprozessual zu
ergründen Gedankenwelt des Handelnden zum Zeitpunkt der Tat ist nicht eben gerade eine kleine Aufgabe und entsprechend revisionsrechtlich von erhöhten Anforderungen der erweiterten Sachrüge flankiert. Zugleich aber handelt es sich bei den
Nachweisschwierigkeiten im subjektiven Bereich um eine typische Herausforderung des Wirtschaftsstrafrechts.

Schließlich ist an dieser Stelle auch ein weiterer verwaltungsakzessorischer Be-   117
griff anzusprechen. Die Pflicht zur Genehmigung einer Anlage trifft den **Betreiber
der Anlage**. Trotz aller noch zu erörternden Unschärfen der konkreten Anwendungsfälle handelt es sich um Sonderdelikte, welche die Betreibereigenschaft voraussetzen. Diese Pflichtenstellung ergibt sich ebenso wie das Genehmigungserfordernis letztlich aus dem öffentlichen Fachrecht. In Bezug auf diesen persönlichen
Anwendungsbereich stellen sich dieselben Fragen wie für die Genehmigung. Bei
entsprechenden Strafnormen muss der Täter daher neben den tatsächlichen Anknüpfungspunkten für die Sonderstellung als Anlagenbetreiber auch gerade die
rechtliche Schlussfolgerung ziehen, dass diese Sonderstellung ihn trifft.[188] Nur dann
reflektiert er den maßgeblichen Umstand, der die Strafbarkeit begründet.

Nicht Gegenstand des Vorsatzes sind hingegen Umstände, die nicht zum Tatbe-   118
stand, sondern zur allgemeinen Rechtfertigungsprüfung gehören. Das versteht sich
zwar – nach dem herrschenden Deliktsaufbau – eigentlich von selbst, bedarf aber
hinsichtlich der exakten Einordnung prägender Besonderheiten der Verwaltungsakzessorietät der Klarstellung. Die umstrittene **aktive Duldung** begründet einen
Konflikt zwischen dem zugunsten des Täters von der Behörde ausgeübten Duldungsermessen und dem fortdauernden Fehlen einer Genehmigung, was durch einen Rechtfertigungsgrund zu lösen ist. Ebenso führt der **Anspruch** auf die Erteilung einer Genehmigung einerseits und auf die Aufhebung eines rechtswidrig
belastenden VA andererseits nach der hier vertretenen Anspruchstheorie zur Rechtfertigung. Rechtliche Fehlvorstellungen wirken sich somit – im Vergleich zu § 16
Abs. 1 S. 1 StGB – nur unter erschwerten Bedingungen zugunsten des Täters aus.

---

[187] A.A. *Eisele*, NJW 2014, 1417/1420.
[188] Entsprechend für § 266a StGB zur Arbeitgebereigenschaft BGH NStZ 2019,146/147 f.

3. Irrtümer über Tatbestand und Rechtswidrigkeit

119 Die Behandlung des Irrtums hängt stets von seinem Gegenstand ab. Ferner bietet jeder Irrtumsgegenstand gegenläufige Konstellationen, je nachdem, ob die Vorstellung zugunsten oder zulasten des Handelnden von der Realität abweicht. Zugleich enthält die Betrachtung der Irrtümer stets eine bedeutende Kontrollüberlegung, die den Blick auf den Irrtumsgegenstand schärft.

120 Auf der Ebene des **Tatbestandes** sind die Anforderungen des § 16 Abs. 1 S. 1 StGB für alle Rechtstatsachen dahingehend identisch, als der Täter die tatbestandlich beachtliche Pflichtwidrigkeit zutreffend rechtlich erfassen muss. Ist dies nicht der Fall, liegt ein Irrtum über die Rechtstatsache zugunsten des Täters vor und es greift Fahrlässigkeit. Als Kontrollüberlegung dient der umgekehrte Irrtum, also der Versuch. Für die Abgrenzung des Tatentschlusses zum versuchten Delikt von dem Wahndelikt ist fraglich, ob die rechtliche Fehlvorstellung allein zum Versuch führen kann. Dabei fällt abermals auf, dass die Umweltdelikte den Versuch nicht konsequent unter Strafe stellen, bspw. § 327 StGB. Das ändert aber nichts an der aufgeworfenen dogmatischen Frage.

Beispiel

A bringt wissentlich in bedeutendem Umfang Stoffe in den Boden ein, welche diesen verunreinigen. Das Verhalten ist von dem erlaubten Risiko seiner Genehmigung gem. § 4 BImSchG gedeckt, ohne dass relevantes Sonderwissen des A besteht. A meint jedoch, dass sich diese Genehmigung in ihrer rechtlichen Wirkung nicht auf die Beeinträchtigung des Bodens erstreckte, so dass für ihn die allgemeinen und nunmehr aus seiner Sicht verletzten verwaltungsrechtlichen Rechtsvorschriften gelten, die – wenn es die Genehmigung nicht gäbe – auch wirklich verletzt wären. Strafbarkeit des A gem. §§ 324a Abs. 1, 22 StGB?

Objektiv erstreckte sich die Genehmigung auch auf § 324a Abs. 1 StGB, weshalb die Vollendungsstrafbarkeit ausscheidet.[189] In Betracht kommt jedoch der gem. § 324a Abs. 2 StGB strafbare Versuch. Fraglich ist allein, ob sich X in hinreichender Weise die Verletzung einer verwaltungsrechtlichen Pflicht vorstellte. X kannte die tatsächlichen Umstände, zog aus diesen jedoch die falsche rechtliche Konsequenz. Der Tatentschluss erfordert, dass der Handelnde sich Umstände vorstellt, die für den Fall, dass sie tatsächlich vorlägen, den objektiven Tatbestand verwirklichen würden, und etwaige weitere notwendige subjektive Merkmale gegeben sind. Die tatsächlichen Umstände aber, welche X sich vorstellte, hätten den objektiven Tatbestand nicht verwirklicht, da auf dem Boden der Rechtsordnung hieraus nicht die Rechtstatsache der verwaltungsrechtlichen Pflichtverletzung resultiert. Dieser reine Rechtsirrtum genügt daher für den Tatentschluss nicht, weshalb es sich um ein strafloses **Wahndelikt** handelt.

121 Der Tatentschluss erfordert also **subjektive Konnexität** zwischen den vorgestellten tatsächlichen Umständen und den angenommenen Rechtstatsachen.

---

[189] Hierzu oben § 4 Rn. 25 f. *passim.*

> **Beispiel**
>
> Wie im Beispiel zuvor, jedoch ist dem X nunmehr zwar bekannt, dass sich die Genehmigung nach §§ 4, 6 BImSchG auch auf die wesentliche Beeinträchtigung des Bodens erstreckt, allerdings glaubt er über eine solche Genehmigung nicht zu verfügen. Unerwartet und derzeit noch ohne seine Kenntnis ist ihm aber zwischenzeitlich eine entsprechende – wirksame, doch mangels Genehmigungsfähigkeit materiell rechtswidrige – Genehmigung erteilt worden, ohne dass hierfür die Voraussetzungen von § 330d Abs. 1 Nr. 5 StGB vorliegen.
>
> Strafbarkeit gem. §§ 324a, 22 StGB?

Die Vollendung scheidet mangels der Verletzung einer verwaltungsrechtlichen Pflicht aus, da die Genehmigung auch strafrechtlich wirksam ist. X stellte sich jedoch tatsächliche Umstände vor, nach denen sein Verhalten eine verwaltungsrechtliche Pflicht verletzt und wertete diese, seiner Vorstellung entstammenden Umstände, rechtlich zutreffend. Daher hat er sich eines untauglichen Versuchs i. S. v. §§ 324a, 22 StGB schuldig gemacht.

Im umgekehrten Fall, also wenn der objektive Tatbestand solcher Delikte verwirklicht ist, scheitert der Vorsatz gem. § 16 Abs. 1 S. 1 StGB bereits dann, wenn alternativ entweder die der Rechtstatsache zugrunde liegenden tatsächlichen Anknüpfungspunkte oder aber die rechtliche Wertung als solche unzutreffend ist. In beiden Fällen kommt Fahrlässigkeit in Betracht, die von der objektiven und subjektiven Sorgfaltswidrigkeit des Irrtums abhängt. Das sind dogmatisch zwar auf anderen Erwägungen beruhende Maßstäbe als bei § 17 StGB, die Kriterien der Sorgfalt und der Vermeidbarkeit dürften sich aber im Einzelfall weithin gleichen.	**122**

Für die **Rechtswidrigkeit** sind im Zusammenhang mit der Verwaltungsrechtsakzessorietät die aktive Duldung, die formelle Rechtswidrigkeit sowie der materiell rechtswidrig belastende VA von Bedeutung, wobei die letzteren nach der hier vertretenen Anspruchstheorie von einem noch bestehenden Erteilungs- bzw. Aufhebungsanspruch getragen sein müssen. Entgegen der h.M. handelt es sich in allen Fällen um Rechtfertigungsgründe. Diese Rechtfertigungsgründe setzen sich aus objektiven Umständen sowie einer entsprechenden subjektiven Kenntnis der tatsächlichen Anknüpfungspunkte zusammen. Strukturell hat die Rechtswidrigkeit bei Anerkennung des subjektiven Rechtfertigungselements Ähnlichkeiten mit dem objektiven und subjektiven Tatbestand. Fragen mag man allerdings, welche Anforderungen an die Qualität der rechtlichen Wertungen des Täters zu stellen sind. Dabei ist zu bedenken, dass die auf Tatbestandsebene geltende Strenge der rechtlichen Wertung zugunsten des Täters ausschlägt, während sie sich hier zu seinem Nachteil auswirken würde. Bereits deshalb erscheint es vorzugswürdig, die Kenntnis der tatsächlichen Umstände in den Vordergrund zu setzen, allenfalls begleitet von einer **laienhaften Vorstellung** ihres Entlastungspotenzials. Ferner ist die Rechtfertigung als Lösung eines Konfliktes widerstreitender rechtlicher Wertungen von der Bewertung einer objektiven Lage geprägt und nicht von subjektiven Ansichten des Handelnden. Hier setzt sich in einem etwas anderen Gewand der von der Notwehr bekannte Streit um die Randbereiche des subjektiven Rechtfertigungselementes fort.	**123**

Spaltet man die objektive und die subjektive Seite der **verwaltungsakzessorischen Rechtfertigungsgründe** voneinander ab und behandelt sie als Variablen, so	**124** ergeben sich die typischen vier Kombinationsmöglichkeiten. Ist ein Rechtfertigungsgrund weder objektiv noch subjektiv gegeben, ist die Tat rechtswidrig. Liegen hingegen objektives und subjektives Element vor, so ist die Tat gerechtfertigt. Schließlich kann entweder das objektive oder das subjektive Rechtfertigungselement fehlen. Problematisch ist ferner, wie es sich auswirkt, wenn zwischen beiden Elementen keine Konnexität besteht. Die abstrakten Irrtumskonstellationen sollen nun für das Umweltstrafrecht näher betrachtet werden.

125   Liegen objektiv die Voraussetzungen eines verwaltungsakzessorischen Rechtfertigungsgrundes vor, aber hat der Täter diese nicht bemerkt, so ist fraglich, wozu dies führt.

Beispiel

A betreibt eine nicht genehmigungsbedürftige Anlage gem. § 327 Abs. 2 S. 1 Nr. 1 StGB, obwohl ihm dies mit einem vollziehbaren VA untersagt worden ist. Die Rechtsmittelfrist läuft noch. Diese Untersagung ist fehlerhaft und hätte unter keinem rechtlich relevanten Gesichtspunkt ergehen dürfen. A hingegen stellt sich irrig Umstände vor, nach denen die vollziehbare Untersagung rechtmäßig gewesen wäre und glaubt daher an deren Rechtmäßigkeit. Gleichwohl lässt er sich von dem Einschreiten der Behörde nicht beeindrucken. Strafbarkeit des A?

Der Tatbestand des § 327 Abs. 2 S. 1 Nr. 1 StGB ist objektiv und subjektiv verwirklicht. Ebenfalls ist der nach hier vertretener Ansicht als Rechtfertigungsgrund greifende Aufhebungsanspruch objektiv gegeben. Dem A sind jedoch die dafür maßgeblichen Umstände verborgen geblieben. Mithin fehlt das **subjektive Rechtfertigungselement**. Hierzu ist bekanntlich umstritten, (1) ob dieses überhaupt anzuerkennen ist, (2) was es für den Fall der Anerkennung voraussetzt und (3) welche Rechtsfolgen sich aus seinem Fehlen ergibt. Nach zutreffender und wohl überwiegender Ansicht ist bei einem fehlenden subjektiven Rechtfertigungselement aus Versuch zu bestrafen. Indem der Versuch des § 327 StGB nicht strafbar ist, bliebe A im Beispiel straflos.

126   Im umgekehrten Fall liegen die objektiven Voraussetzungen der Rechtfertigung nicht vor, der Täter stellt sich jedoch bei der Handlung Umstände vor, die für den Fall, dass sie tatsächlich vorlägen, ihn rechtfertigen würden.

Beispiel

Wie zuvor, jedoch ist die vollziehbare Untersagung rechtmäßig ergangen und der A stellt sich lediglich Umstände vor, die für den Fall, dass sie tatsächlich vorlägen, einen noch nicht untergegangenen prozessualen Aufhebungsanspruch gegen die vollziehbare Untersagung begründen.

Der **Erlaubnistatbestandsirrtum** führt nach herrschender Meinung bekanntlich auf unterschiedlichen dogmatischen Wegen zur Anwendung von § 16 Abs. 1 S. 1 StGB, weshalb die Bestrafung aus dem vorsätzlichen Delikt entfällt. Die Strafbarkeit aus § 327 Abs. 3 Nr. 2 StGB hängt daher davon ab, ob der A den Irrtum nach den Maßstäben der Fahrlässigkeit zu verantworten hat. Der Konstellation nach ist

der Erlaubnistatbestandsirrtum die Umkehrung des fehlenden subjektiven Recht-
fertigungselements, indem der Erlaubnistatbestandsirrtum nichts anderes ist als ein
vorhandenes subjektives Rechtfertigungselement bei fehlender objektiver Rechtfertigungslage.

Ferner ist eine **Kombination** aus objektivem und subjektivem Rechtfertigungs-   127
element denkbar, denen die Konnexität fehlt. So mag es etwa vorkommen, dass
objektiv ein Anspruch auf die Erteilung der Genehmigung bestand, während der
Täter abweichend davon lediglich von einer aktiven Duldung ausgeht. Maßgeblich
ist in einer solchen Konstellation nur, dass sowohl der Handlungsunwert als auch
der Erfolgsunwert kompensiert worden sind, so dass weder aus Fahrlässigkeit noch
aus Versuch bestraft werden kann. Konnexität der Rechtfertigungselemente ist danach nicht erforderlich.

Schließlich treten aufgrund der unterschiedlichen Gestaltung der Straftatbe-   128
stände des Umweltstrafrechts **Überschneidungen der Prüfungsebenen** der Irrtümer auf. Dieselben Umstände können bei verschiedenen Delikten einmal auf Tatbestandsebene und ein anderes Mal erst auf Rechtswidrigkeitsebene von Bedeutung
sein.

Beispiel

X hat eine rechtmäßige und wirksame Genehmigung zum Betrieb einer Anlage
gem. §§ 4, 6 BImSchG erhalten, nach welcher er sich bei dem Betrieb der Anlage
richtet. Aufgrund neuer wissenschaftlicher Erkenntnisse, die nach Genehmigungserteilung eingetreten sind, wird die Genehmigung durch vollziehbaren Bescheid gem. § 21 Abs. 1 Nr. 5 BImSchG rechtmäßig zur Verhütung schwerer
Nachteile für das Gemeinwohl für die Zukunft widerrufen.[190] Der entsprechende
Bescheid geht dem X zu, jedoch liest er diesen nicht selbst und geht aufgrund des
Versehens eines Mitarbeiters sowie seiner Erwartungshaltung davon aus, dass es
sich allenfalls um eine Anhörung handele. Mit der Möglichkeit eines Widerrufs
rechnete er überhaupt nicht. Aufgrund dieser Fehlvorstellung betreibt der X
seine Anlage in der ursprünglich genehmigten Form weiter. Kenntnisse von dem
Gefahrenpotenzial hat X nicht, da er die schlüssige Begründung des Bescheides
gar nicht zur Kenntnis genommen hat. Nun jedoch realisiert sich jene Gefahr, die
mit dem Widerruf vermieden werden sollte und bis dahin von dem erlaubten
Risiko der Genehmigung umfasst gewesen ist. Der angrenzende Fluss wird dadurch verunreinigt, womit X ebenfalls nicht gerechnet hat.
   Strafbarkeit des X gem. §§ 327 Abs. 2 S. 1 Nr. 1, 324 StGB?

Die ursprünglich erteilte Genehmigung hat mit der Vollziehbarkeit des Widerrufs
ihre Wirkung verloren. Daher ist der objektive Tatbestand von § 327 Abs. 2 S. 1
Nr. 1 StGB in der Variante des genehmigungslosen Betreibens verwirklicht. Indem
der A keine Kenntnis von dem vollziehbaren Widerruf hat, fehlt ihm gem. § 16

---

[190] S. dazu *Hansmann/Röckinghausen*, in: Landmann/Rohmer, 83. EL Mai 2017, § 21 BImSchG
Rn. 43 ff. i. V. m. Rn. 33.

Abs. 1 S. 1 StGB der notwendige Vorsatz. Ihn traf jedoch die objektiv und subjektiv verletzte Sorgfaltspflicht, das Schreiben der Behörde in seiner wahren Bedeutung zur Kenntnis zu nehmen. Eine Rechtfertigung kommt aufgrund der Rechtmäßigkeit der vollziehbaren Untersagung unter keinem Gesichtspunkt in Betracht, weshalb er aus § 327 Abs. 3 Nr. 2 StGB zu bestrafen ist. Ferner wäre die Verunreinigung des Gewässers bei einer Einstellung des Betriebs ab Wirksamkeit des Widerrufsbescheides vermieden worden. Zwar scheidet der Vorsatz gem. § 16 Abs. 1 S. 1 StGB mangels einer Vorstellung von der Möglichkeit der Verunreinigung des Gewässers aus. Fraglich ist aber, wie es sich auswirkt, dass X an eine wirksame Genehmigung geglaubt hat. Auch bei einem Fahrlässigkeitsdelikt ist der **Erlaubnistatbestandsirrtum** möglich und führt aufgrund einer daraus folgenden Ermessensreduzierung auf Null zwingend zu einer Strafmilderung gem. § 17 StGB.[191] Indem X sich vorstellte, dass es sich um eine Anhörung gem. § 28 Abs. 1 VwVfG handelt und daher von der Fortwirkung seiner Genehmigung ausging, nahm er irrig Umstände an, die für den Fall, dass sie tatsächlich vorgelegen hätten, ihn für § 324 StGB rechtfertigen würden. Damit handelt es sich zwar um einen Erlaubnistatbestandsirrtum, dieser war jedoch i. S. v. § 17 StGB vermeidbar. Folglich hat es mit der vorzunehmenden Strafmilderung aus § 17 StGB sein Bewenden. Demnach ist X tateinheitlich gem. §§ 324 Abs. 3, 327 Abs. 3 Nr. 2 StGB zu bestrafen, wobei § 52 i. V. m. §§ 17 S. 2, 49 Abs. 1 Nr. 2 StGB zu beachten ist, soweit es um § 324 StGB geht. Für § 327 StGB hingegen kommt ein Erlaubnistatbestandsirrtum nicht in Betracht, weil der betreffende Irrtum bereits auf Tatbestandsebene verbraucht worden ist.

129   Die unterschiedlichen Maßstäbe der verschiedenen Prüfungsebenen können zu unterschiedlichen Ergebnissen führen.

Beispiel

Wie soeben, allerdings nimmt X den Bescheid zur Kenntnis und handelt fortan in Kenntnis aller tatsächlichen Umstände, jedoch hält er diesen Bescheid rechtsirrig i. S. v. § 44 Abs. 1 VwVfG für nichtig – wovon er aus Überzeugung von seinem rechtlichen Urteilsvermögen mit Sicherheit ausgeht, ohne die Möglichkeit einer anderen rechtlichen Würdigung auch nur in Erwägung zu ziehen. Hierbei verlässt er sich ganz auf seine eigene rechtliche Beurteilung, ohne fachkundigen Rat einzuholen. Eine Gewässerverunreinigung nimmt er zwar billigend in Kauf, meint aber, diese sei von seiner bisherigen Genehmigung umfasst und daher ein rechtlich erlaubtes Risiko, für das ihn keine Verantwortung treffe.

§ 327 Abs. 2 S. 1 Nr. 1 StGB scheitert wiederum am Vorsatz, indem X von der Nichtigkeit des Widerrufs und daher von der Fortwirkung seiner Genehmigung ausgeht. Gleichwohl war sein Verhalten sorgfaltswidrig. § 324 Abs. 1 StGB ist objektiv und subjektiv verwirklicht. Mangels wirksamer Genehmigung greift kein

---

[191] *Börner*, GA 2002, 276 ff.

Rechtfertigungsgrund und der Rechtsirrtum hinsichtlich der Bewertung von § 44 Abs. 1 VwVfG führt nicht zu einem Erlaubnistatbestandsirrtum, sondern aufgrund einer lediglich rechtlichen Fehlvorstellung zum vermeidbaren Verbotsirrtum. Daher ist X tateinheitlich wegen vorsätzlicher Gewässerverunreinigung und fahrlässigen Betriebs einer genehmigungsbedürftigen Anlage i. S. v. § 4 BImSchG ohne die erforderliche Genehmigung gem. §§ 324 Abs. 1, 327 Abs. 3 Nr. 2 i. V. m. Abs. 2 S. 1 Nr. 1 StGB zu bestrafen. Fraglich mag sein, weshalb **derselbe Irrtum** bei einem Delikt den Vorsatz ausschließt und bei dem anderen lediglich zu § 17 StGB führt. Immerhin eröffnet § 327 Abs. 3 Nr. 2 StGB nur einen Strafrahmen von Geldstrafe und Freiheitsstrafe bis zu zwei Jahren, während § 324 Abs. 1 StGB Geldstrafe und Freiheitsstrafe bis zu fünf Jahren vorsieht. Hätte darüber hinaus die Gewässerverunreinigung den Tod eines Menschen in hinreichendem Gefahrzusammenhang herbeigeführt, würde die Erfolgsqualifikation aus § 330 Abs. 2 Nr. 2 StGB mit einem Strafrahmen von Freiheitsstrafe zwischen drei und fünfzehn Jahren greifen. Die Unterschiede wurzeln in der verwaltungsrechtlichen Akzessorietät der Tatbestände. Für § 327 Abs. 2 S. 1 Nr. 1 StGB ließe sich ins Feld führen, dass es sich insofern lediglich um ein **präventives Verbot mit Erlaubnisvorbehalt** handelt, während § 324 Abs. 1 StGB auch unabhängig von verwaltungsrechtlichen Genehmigungen ein rechtlich missbilligtes Geschehen repräsentiert. Zuzugeben ist jedoch, dass dieses Argument außerhalb von § 327 Abs. 2 S. 1 StGB an Schärfe einbüßt.

Kontrollfragen
1. Bei welchen Merkmalen der Verwaltungsakzessorietät handelt es sich um Tatbestandsmerkmale? (Rn. 101 ff.)
2. Welche dogmatische Bedeutung kommt der Unterscheidung zwischen dem präventiven Verbot mit Erlaubnisvorbehalt und dem repressiven Verbot mit Befreiungsvorbehalt insofern zu? (Rn. 105)
3. Worin besteht der normlogische Unterschied des Merkmals unbefugt bei § 324 StGB einerseits und § 326 Abs. 1 StGB andererseits? (Rn. 107 f.)
4. Erläutern Sie die Anforderungen an den Vorsatz im Hinblick auf Rechtstatsachen des objektiven Tatbestandes! Welche Unterschiede bestehen im einzelnen? (Rn. 109 ff.)
5. Erläutern Sie in diesem Zusammenhang § 330d Abs. 1 Nr. 5 StGB und die Genehmigungsfiktion! (Rn. 114 f.)
6. Benennen Sie die Irrtümer und deren Umkehrung für den objektiven Tatbestand sowie für die objektive Rechtfertigungslage! (Rn. 119 ff.)
7. Welche konkreten Anforderungen ergeben sich hieraus für einen Tatentschluss? Vergleichen Sie die Ergebnisse von Bewertungsfehlern auf Tatbestandsebene mit der Ebene der Rechtswidrigkeit und erläutern Sie dies an einem Beispiel! (Rn. 119 ff.)
8. Ist ein Erlaubnistatbestandsirrtum auch bei dem Fahrlässigkeitsdelikt möglich und zu welchen Rechtsfolgen führt er? (Rn. 128)

VI. Akzessorietät zum Recht anderer Mitgliedstaaten der Europäischen Union

130 Von der unmittelbaren Geltung des Unionsrechts in Gestalt von Verordnungen, die von nationalen Blanketttatbeständen aufgegriffen werden, ist die Erstreckung der Verwaltungsakzessorietät des deutschen Strafrechts auf das inländische Recht anderer Mitgliedstaaten zu unterscheiden.

131 § 330d Abs. 2 StGB überträgt die von dem §§ 311, 324a, 325, 326, 327 und 328 StGB tatbestandlich verwendeten verwaltungsakzessorischen Begriffe auf Rechtsvorschriften anderer Mitgliedstaaten der Europäischen Union. Das gilt jedoch gem. § 330d Abs. 2 S. 2 StGB nur, soweit damit ein Rechtsakt der Europäischen Union oder ein Rechtsakt der europäischen Atomgemeinschaft umgesetzt oder angewendet wird, der dem Schutz vor Gefahren oder schädlichen Einwirkungen auf die Umwelt, insbesondere auf Menschen, Tiere oder Pflanzen, Gewässer, die Luft oder den Boden, dient. Diese Gleichstellungsklausel eröffnet den Blick des deutschen Strafrechts in sehr verschiedene andere Rechtsordnungen und verlangt überdies eine individuelle Prüfung anhand der Ausschlussklausel in § 330d Abs. 2 S. 2 StGB. Eine Darstellung der aufgeworfenen Rechtsfragen kann und soll in dem hier gesetzten Rahmen auch nicht ansatzweise geleistet werden.[192]

132 Dasselbe gilt für § 327 Abs. 2 S. 2 StGB. Hiernach wird entsprechend § 327 Abs. 2 S. 1 StGB bestraft, wer ohne die erforderliche Genehmigung oder Planfeststellung oder entgegen einer vollziehbaren Untersagung einer Anlage, in der gefährliche Stoffe oder Gemische gelagert oder verwendet oder gefährliche Tätigkeiten ausgeübt werden, **in einem anderen Mitgliedstaat** der Europäischen Union in einer Weise betreibt, die geeignet ist, außerhalb der Anlage Leib oder Leben eines anderen Menschen zu schädigen oder erhebliche Schäden an Tieren oder Pflanzen, Gewässer, der Luft oder dem Boden herbeizuführen.

Weiterführende Literatur

AnwaltKommentar StGB, 2. Aufl. 2015
Bloy, Umweltstrafrecht: Geschichte – Dogmatik – Zukunftsperspektiven, JuS 1997, 577 ff.
Börner, Der Erlaubnistatbestandsirrtum bei Fahrlässigkeitsdelikten, GA 2002, 276 ff.
Börner, Die Zueignungsdogmatik der §§ 242, 246 StGB, Berlin 2004
Dahs/Pape, Die behördliche Duldung als Rechtfertigungsgrund im Gewässerstrafrecht (§ 324 StGB), NStZ 1988, 393 ff.
Eisele, Die verwaltungsrechtliche Genehmigungsfiktion im Straf- und Ordnungswidrigkeitenrecht, NJW 2014, 1417 ff.
Fischer, Strafgesetzbuch, 66. Aufl. 2019
Heghmanns, Grundzüge einer Dogmatik der Straftatbestände zum Schutz von Verwaltungsrecht oder Verwaltungshandeln, 1. Aufl. 2000
Kloepfer, Umweltrecht, 4. Aufl. 2016
Kloepfer/Heger, Umweltstrafrecht, 3. Aufl. 2014

---

[192] Einführend dazu aber *Kloepfer*, Umweltrecht, § 7 Rn. 35 ff.

Kopp/Ramsauer, VwVfG, 19. Aufl. 2018

Krell, Umweltstrafrecht, 1. Aufl. 2017

Küpper/Börner, Strafrecht Besonderer Teil 1, Delikte gegen Rechtsgüter der Person und Gemeinschaft, 4. Aufl. 2017

Lackner/*Kühl*, Strafgesetzbuch, Kommentar, 29. Aufl. 2018

Landmann/Rohmer, Umweltrecht, Kommentar, Stand Februar 2019 (89. Ergänzungslieferung)

Maurer/Waldhoff, Allgemeines Verwaltungsrecht, 19. Aufl. 2017

Michalke, Umweltstrafsachen, 2. Aufl. 2000

Mitsch, Die hypothetische behördliche Genehmigung im Strafrecht, Festschrift für Hans Achenbach zum 70. Geburtstag, S. 299 ff.

Münchener Kommentar zum Strafgesetzbuch, 3. Aufl. 2019

Rengier, Strafrecht Besonderer Teil II, Delikte gegen die Person und die Allgemeinheit, 20. Aufl. 2019

Rogall, Die Duldung im Umweltstrafrecht, NJW 1995, 922 ff.

Rudolphi, Primat des Strafrechts im Umweltschutz? – Teil 1 –, NStZ 1984, 193 ff.

Schönke/Schröder, Strafgesetzbuch, Kommentar, hrsg. v. *Eser* u.a., 30. Aufl. 2019

Systematischer Kommentar zum Strafgesetzbuch, Band VI, 9. Aufl. 2016

Tiedemann/Kindhäuser, Umweltstrafrecht – Bewährung oder Reform?, NStZ 1988, 337 ff.

Weber, Zur Reichweite sektoraler gesetzlicher „Missbrauchsklauseln", insbesondere des § 330d Abs. 1 Nr. 5 StGB, Festschrift für Hans Joachim Hirsch zum 70. Geburtstag am 11. April 1999, hrsg. v. Thomas Weigend und Georg Küpper, Berlin 1999, S. 795 ff.

Wessels/*Beulke/Satzger*, Strafrecht Allgemeiner Teil, die Straftat und ihr Aufbau, 49. Aufl. 2019

Winkelbauer, Die behördliche Genehmigung im Strafrecht, NStZ 1988, 201 ff.

Wüterich, Die Bedeutung von Verwaltungsakten für die Strafbarkeit wegen Umweltvergehen (§§ 324 ff. StGB), NStZ 1987, 106 ff.

Bittmann, Vom Annex zur Säule: Vermögensabschöpfung als 3. Spur des Strafrechts, NZWiSt 2016, 131 ff.

§ 5 Täterschaft und Teilnahme

Für das Umweltstrafrecht gilt der Allgemeine Teil des StGB, ohne dass es darauf   1
ankommt, ob der jeweilige Straftatbestand inner- oder außerhalb des StGB geregelt
ist. Damit gilt die gesamte Bandbreite der Fragestellungen zur Abgrenzung von
Täterschaft und Teilnahme auch hier, weshalb auf die einschlägigen Darstellungen
zum Allgemeinen Teil verwiesen wird. Das Kernstück der Abgrenzung zwischen
Täterschaft und Teilnahme besteht in dem Streit um die Tatherrschaftstheorie auf
der einen und die subjektive Theorie der Rechtsprechung auf der anderen Seite.
Nach letzterer ist Täter, wer einen kausalen Tatbeitrag mit Täterwillen leistet, und
der Täterwille ergibt sich aus drei Indizien: Wille zur Tatherrschaft, Interesse am
Taterfolg und Umfang an der Tatausführung. In Klausuren ist es daher sinnvoll, die
Tatherrschaftstheorie vorab zu subsumieren. In der forensischen Realität liegt das
Hauptproblem in dem Prüfungsumfang des Revisionsgerichts. Nach verbreiteter,
wenngleich kritikwürdiger, Ansicht besteht für die Abgrenzung von Mittäterschaft
und Teilnahme ein Wertungsspielraum des Tatgerichts. Das Revisionsgericht sei
danach an einem Eingriff gehindert, wenn der Tatrichter auf der richtigen Grundlage und dem richtigen Weg innerhalb eines gewissen Rahmens zu einem vertretbaren Ergebnis gekommen ist.[1] Dem ist entgegenzuhalten, dass rechtliche Wertungen gem. § 337 StPO die originäre Aufgabe des Revisionsgerichts sind. Für die
derzeit geltende forensische Praxis ist der Entscheidungsspielraum des Tatgerichts
aber von den übrigen Verfahrensbeteiligten bei antizipierter Bewertung ihrer Chancen in der Revision ins Kalkül zu ziehen. Davon abgesehen sollen nachfolgend
Besonderheiten, die zum zentralen Bereich des Umweltstrafrechts gehören, skizziert werden.

---

[1] S. nur *Mosbacher*, in: FS Seebode, S. 227 ff. m. w. N.

I. Die Umweltstraftat als Sonderdelikt

2   Die Unterscheidung zwischen Allgemeindelikten, die von jedermann begangen werden können, und Sonderdelikten, die eine bestimmte Täterqualität voraussetzen, erfolgt im Umweltstrafrecht vor dem Hintergrund der Verwaltungsakzessorietät.

1. Bestimmung der Sonderdelikte

3   Ausgangspunkt ist die umweltrechtliche Anlage,[2] die tatbestandlich in unterschiedlicher Weise erfasst wird. Der darauf aufbauende Meinungsstand mag unübersichtlich scheinen, ist jedoch letztlich dem differenzierten umweltrechtlichen Gegenstand geschuldet. Problematisch ist, ob für die Verletzung verwaltungsrechtlicher Pflichten *bei dem Betrieb* einer Anlage (§§ 325, 325 a, 328 Abs. 3 Nr. 1 StGB) etwas anderes zu gelten hat als für Delikte, die sich auf das genehmigungslose bzw. vollziehbar untersagte Betreiben einer Anlage beziehen. Das Problem wird klarer, wenn die Genehmigungslage und die Bestimmung des Betreibers der Anlage auseinandergehalten werden.

4   § 327 Abs. 2 S. 1 StGB sieht Strafe für denjenigen vor, welcher eine der dort genannten Anlagen ohne die nach dem jeweiligen Gesetz erforderliche Genehmigung oder Planfeststellung oder entgegen einer auf dem jeweiligen Gesetz beruhenden vollziehbaren Untersagung betreibt. Täter kann nach der Formulierung nur der Betreiber sein, weshalb es sich nach allgemeiner Ansicht bei Delikten dieser Art um ein Sonderdelikt handelt.[3] Fraglich ist aber, wie dieser **Betreiber** zu bestimmen ist. Indem die Genehmigungspflicht und die Untersagung verwaltungsrechtlich verankert sind, verhält sich normlogisch zwingend auch der Betreiberbegriff akzessorisch zum Verwaltungsrecht. Dort tritt der Betreiber in erster Linie als Antragsteller und Adressat der Genehmigung in Erscheinung. Das gilt auch für die gesetzlich allgemein formulierten Betreiberpflichten, die wie § 5 BImSchG keine unmittelbaren Pflichten begründen, sondern der Umsetzung durch eine Verwaltungsentscheidung im Rahmen der nach Maßgabe von § 6 BImSchG zu erteilenden Genehmigung bedürfen, weshalb es sich insofern nicht um verwaltungsrechtliche Pflichten im Sinne von § 330d Nr. 4 StGB handelt.[4] Die Betreibereigenschaft setzt aber eine solche Genehmigung nicht voraus, was sich bereits aus § 20 Abs. 2 S. 1 BImSchG ergibt. Danach soll die zuständige Behörde eine Anlage stilllegen, die ohne die erforderliche Genehmigung betrieben wird. Daher sind die Folgen einer bestehenden Genehmigung oder Untersagung von der Bestimmung des Betreibers zu unterscheiden. Diese Trennung bestätigt sich durch die Wirkungsweise einer erteilten Genehmigung. Es handelt sich im Umweltrecht bei der Genehmigung von Anlagen in aller

---

[2] S. oben § 3 Rn. 58.
[3] Statt aller *Saliger*, UmwStR, Rn. 148 ff.
[4] S. nur *Dietlein*, in: Landmann/Rohmer, 73. EL August 2014, § 5 BImSchG Rn. 42.

Regel nicht um eine Personalerlaubnis, die an persönliche Eigenschaften, Fähigkeiten und Kenntnisse des Antragstellers anknüpft, sondern um eine **Realkonzession**. Solche Genehmigungen sind auf die Anlage und nicht auf die Person des Antragstellers bezogen und werden daher durch einen Wechsel in der Person des Betreibers nicht berührt.[5] Dennoch ist § 327 Abs. 2 S. 1 StGB ein Sonderdelikt, da sich nur für den Betreiber die Frage nach einer Genehmigung oder Untersagung des Betriebs stellt.

Betreiber einer Anlage ist nach Maßgabe des Umweltrechts derjenige, welcher   5
die **weisungsfreie Verfügungsgewalt** über die Anlage hat.[6] Die Einschaltung eines Strohmannes als Genehmigungsadressat ändert daher an der Betreibereigenschaft des Hintermannes nichts.[7] Fraglich ist vielmehr, ob vergleichbar zum Problem des faktischen Geschäftsführers[8] auch der **Strohmann** Betreiber ist.

Beispiel

Der A setzt für sein Einzelunternehmen den X als Strohmann ein. A tritt selbst nicht nach außen in Erscheinung, wohingegen X den Weisungen des A unterliegt und nur nach diesen handelt. X beantragt aus dieser Stellung heraus eine Genehmigung gem. § 4 BImSchG, welche auch erteilt wird. X ist bei dem Betrieb der Anlage zwar vor Ort, aber beugt sich weiterhin den Weisungen des A. Im weiteren Verlauf wird die Genehmigung gem. § 21 Abs. 1 Nr. 2 BImSchG vollziehbar und rechtmäßig widerrufen. X hält den Betrieb weisungsgemäß aufrecht. Strafbarkeit von A und X gem. § 327 Abs. 2 S. 2 Nr. 1 StGB?

Im Beispiel hat A über die faktisch wirksame Weisungsgebundenheit des X die weisungsfreie Verfügungsgewalt über die Anlage inne und ist daher nach verwaltungsrechtlichen Maßstäben Betreiber der Anlage. Dem X hingegen fehlte die weisungsfreie Verfügungsgewalt. Der Unterschied zu einem eingetragenen Scheingeschäftsführer einer GmbH besteht darin, dass jener kraft Eintragung in eine Organstellung rückt, die durch Rechtsakt begründet wird. Für X kommt insofern allenfalls die Eigenschaft als Genehmigungsadressat in Betracht. Mit der Aufhebung der Genehmigung endet diese Stellung jedoch, weshalb es jedenfalls ab diesem Zeitpunkt nur noch auf die faktisch-realen Verhältnisse ankommt. Problematisch ist, ob der **Strohmann als Genehmigungsempfänger** für den Zeitraum der Wirksamkeit der Genehmigung aus rechtlichen Gründen Betreiber ist. Dagegen spricht, dass die Genehmigung nicht personenbezogen, sondern als Realkonzession auf die Anlage bezogen ist. Ein vergleichbares persönliches Element wie bei dem formell bestellten Geschäftsführer fehlt daher.

---

[5] Statt vieler *Kloepfer*, Umweltrecht, § 5 Rn. 191 ff. sowie *Dietlein*, in: Landmann/Rohmer, 73. EL August 2014, § 6 BImSchG Rn. 7 f. m. w. N.

[6] Sehr deutlich *Dietlein*, in: Landmann/Rohmer, 73. EL August 2014, § 5 BImSchG Rn. 28 ff. sowie *Rengier*, FS Kohlmann, S. 225/229; *Schmidt/Kahl/Gärditz*, Umweltrecht, § 7 Rn. 23.

[7] *Dietlein*, in: Landmann/Rohmer, 73. EL August 2014, § 5 BImSchG Rn. 28.

[8] Dazu nur *Hellmann*, WiStR, Rn. 355 ff.

Der weisungsabhängige Strohmann ist in dieser Rolle also weder mit noch ohne an ihn adressierte Genehmigung oder Untersagung Betreiber der Anlage im Sinne von § 327 Abs. 2 S. 1 Nr. 1 StGB, was für alle vergleichbaren Delikte entsprechend gilt. Mittäterschaft scheidet daher mangels Betreibereigenschaft aus, auch wenn im Übrigen die für eine (untergeordnete) Mittäterschaft notwendige Tatherrrschaft gegeben sein sollte.

6   Auf die Dauer der weisungsfreien Verfügungsgewalt kommt es nicht an. Das führt gegenüber dem bisherigen Diskussionsstand für den **Eindringling in eine Anlage** zu differenzierten Ergebnissen.

Beispiel

B hat eine gem. § 4 BImSchG genehmigungsbedürftige Anlage errichtet, die er für 8 Stunden wissentlich ohne die erforderliche Genehmigung in Betrieb nimmt. Nachdem er im weiteren Verlauf die Genehmigung beantragt und erhalten hat, dringt Y während der Betriebsferien für einen Tag in das Gelände ein und nimmt die Anlage für 8 Stunden in Betrieb.

Variante: Y verschafft sich Zutritt und nimmt die Anlage zu einem Zeitpunkt in Betrieb, als die erforderliche Genehmigung noch nicht vorliegt, was er billigend in Kauf nimmt.

Strafbarkeit von B und Y gem. § 327 Abs. 2 S. 1 Nr. 1 StGB?

B hat durch die achtstündige Inbetriebnahme den Tatbestand verwirklicht, wobei die Rechtswidrigkeit von dem Genehmigungsanspruch abhängt. Y hat ebenfalls während 8 Stunden weisungsfrei über die Anlage verfügt und war daher für diesen Zeitraum Betreiber. Obwohl er also weder Genehmigungsadressat noch mit Billigung des Genehmigungsadressaten tätig gewesen ist, hat er faktisch die freie Verfügungsgewalt ausgeübt. Der Eindringling ist insofern Betreiber.[9] Der Unterschied zu einem am Tage anwesenden Arbeiter besteht darin, dass jener durch die Einbindung in den Arbeitsablauf in aller Regel nicht die notwendige weisungsfreie Verfügungsgewalt faktisch inne hat. Damit ist aber noch nicht das letzte Wort über die Strafbarkeit für den **Eindringling als Betreiber** gesprochen. Die Genehmigung erfolgt als Realkonzession für die Anlage als solche und ist gerade nicht an eine bestimmte Person gekoppelt. Deshalb ist ein Betrieb der Anlage als solcher, welcher der Genehmigung entspricht, kein Verstoß gegen § 327 Abs. 2 S. 1 Nr. 1 StGB – gleichgültig, wer die Anlage betreibt. In der Variante hingegen bestand für den Betrieb der Anlage keine Genehmigung, weshalb Y den Tatbestand des § 327 Abs. 2 S. 1 Nr. 1 StGB verwirklicht hat, während die Rechtswidrigkeit wiederum von dem materiellen Genehmigungsanspruch abhängt, wobei das subjektive Element Beachtung verlangt.

7   Zu keinen anderen Ergebnissen führt es, wenn gegenüber dem Genehmigungsadressaten keine Aufhebung der erteilten Genehmigung erfolgt, sondern eine (vorläufige) Untersagungsverfügung ergeht.

---

[9] Abl. *Krell*, UmwStR, Rn. 106; *Rengier*, FS Kohlmann, S. 225/237; *Saliger*, in: SSW-StGB, Vor §§ 324 ff. Rn. 45 *Saliger*, UmwStR, Rn. 153.

Beispiel

B hat die gem. § 4 BImSchG erforderliche Genehmigung erhalten, jedoch mit der Auflage, ein Sammelbecken für das Oberflächenwasser zu errichten. Dieser Auflage kam B nicht nach, weshalb der Betrieb gem. § 20 Abs. 1 S. 1 BImSchG bis zur Erfüllung der Auflage gänzlich untersagt wird. Während dieser Zeit dringt Y für einen Tag in das verlassene Gelände ein und nimmt die Anlage für 8 Stunden in Betrieb.

Variante: Es handelt sich um eine nicht genehmigungsbedürftige Anlage, für die gem. § 24 BImSchG eine vollziehbare Anordnung getroffen worden ist, welcher B aber nicht nachkam, weshalb wiederum gem. § 25 Abs. 1 BImSchG der Betrieb der Anlage gänzlich bis zur Erfüllung der Anordnung untersagt worden war, als Y eindrang.

Strafbarkeit Y gem. § 327 Abs. 2 S. 1 Nr. 1 StGB?

Die Untersagung des genehmigten Betriebs ist ebenso wie die Genehmigung selbst auf die Anlage und nicht auf eine Person bezogen, indem die Genehmigung außer Kraft gesetzt wird. Deshalb entfällt im Ausgangsbeispiel die Genehmigung für jeden Betreiber dieser Anlage und Y hat den Tatbestand des § 327 Abs. 2 S. 1 Nr. 1 StGB verwirklicht. Entsprechend verhält es sich mit der Untersagung des an sich nicht genehmigungsbedürftigen Betriebs einer nicht genehmigungsbedürftigen Anlage gem. § 22 BImSchG. Die hier genannten Pflichten beziehen sich auf die Eigenschaften der Anlage und nicht auf eine Person. Diese Eigenschaften der Anlage werden gem. § 24 BImSchG im Einzelfall durch erforderliche Anordnungen gewährleistet. Die korrespondierende Untersagung aus § 25 BImSchG betrifft daher abermals die Anlage als solche und nicht den individuellen Betreiber der Anlage.[10] Es kommt mithin nicht darauf an, dass B Adressat der Untersagungsverfügung gewesen ist, denn die Wirkung der Verfügung tritt für die Anlage als solche ein und gilt daher für jeden Betreiber. Anders liegt es nur, wenn die Untersagung auf der Unzuverlässigkeit des Betreibers beruht und von der Behörde differenziert nach Personen eine Anordnung getroffen wird, bspw. § 20 Abs. 3 S. 1 und S. 2 BImSchG[11] oder § 35 GewO.

Umstritten ist, ob Tatbestände, die sich auf ein Verhalten „**beim Betrieb einer Anlage**" stützen, die Betreibereigenschaft voraussetzen. Dann handelt es sich um ein Sonderdelikt.[12] In diesem Sinne wird gemeinhin der Begriff **Betreiberdelikt** verstanden. Nach anderer Ansicht kommt dem Betreiben hier lediglich die Funktion einer räumlich-gegenständlichen Begrenzung der Tathandlung zu, so dass sich dieser Formulierung keine Begrenzung auf den Betreiber entnehmen lässt.[13] Der Unterschied liege darin, dass bei § 327 Abs. 2 S. 1 StGB die Tathandlung im Betreiben selbst besteht, während hier der Betrieb der Anlage nur die Situation beschreibe und die Tathandlung als solche in dem davon zu unterscheidenden Verstoß gegen verwaltungsrechtliche

8

---

[10] A.A. *Saliger*, UmwStR, Rn. 153.

[11] *Kloepfer*, Umweltrecht, § 5 Rn. 194.

[12] So statt aller *Fischer*, Vor § 324 Rn. 14; *Kloepfer/Heger*, UmwStR, Rn. 128 i. V. m. Rn. 126.

[13] Statt vieler *Schall*, in: SK-StGB, Vor §§ 324 ff. Rn. 43.

Pflichten liege. Unter Verletzung verwaltungsrechtlicher Pflichten handele jeder, der eine Rechtsvorschrift missachte, die für den Betrieb einer Anlage eine Genehmigung verlangt und von daher den Betrieb ohne behördliche Zulassung allgemein untersagt.[14] Das Problem stellt sich für Mitarbeiter und Dritte ebenso wie für Amtsträger der Überwachungs- und Genehmigungsbehörden.

Beispiel

X ist der Betreiber einer genehmigungsbedürftigen Anlage gem. § 4 BImSchG, für die er über eine wirksame und rechtmäßige Genehmigung verfügt. A ist bei X als Arbeitnehmer unterhalb der Schwelle des § 14 StGB tätig. A hat zwar nur auf einen Teil des Anlagenbetriebs Zugriff, nimmt dort aber in der Steuerung der Anlage eine Veränderung vor, die den Betrieb der Anlage im Sinne von § 16 BImSchG vorübergehend wesentlich ändert. Bevor X dies bemerkt, tritt aufgrund des umgestellten Betriebs der Anlage eine Veränderung der Luft ein, die geeignet ist, außerhalb des zur Anlage gehörenden Bereichs die Gesundheit eines anderen Menschen zu schädigen.
Strafbarkeit des A gem. § 327 Abs. 2 S. 1 Nr. 1 StGB und § 325 Abs. 1 StGB?

Für § 327 Abs. 2 S. 1 Nr. 1 StGB ist die weisungsfreie Verfügung über die Anlage erforderlich. Zwar kommt es auf die faktische Wirkung der Weisung an, die dort endet, wo sich der Einzelne nicht mehr zu unterwerfen bereit ist. Im Beispiel jedoch betraf die eigenmächtige Verfügung nur einen Teil der Anlage und damit nicht den gesamten Betrieb. A ist also nicht Betreiber und daher nicht strafbar gem. § 327 Abs. 2 S. 1 Nr. 1 StGB. Nach der vorzugswürdigen Theorie der Betreiberdelikte scheitert aus diesem Grunde auch § 325 Abs. 1 StGB. Nach anderer Ansicht wäre im Beispiel der räumlich-gegenständliche Bezug zum Betrieb der Anlage gegeben und das Sonderdelikt hinge damit von der Einordnung der betreffenden verwaltungsrechtlichen Pflicht im Sinne des § 330d Abs. 1 Nr. 4 StGB ab. Die verwaltungsrechtliche Pflicht zur vorherigen Genehmigung einer wesentlichen Änderung des Betriebs richtet sich an den Betreiber und ist daher nicht minder auf den Betreiber bezogen als es eine Untersagungsverfügung wäre. Innerhalb der Ansicht besteht daher Streit, ob die Verletzung anlagenbezogener Genehmigungspflichten ein Sonderdelikt begründet.[15] Nach einer Unteransicht handelt es sich daher insofern um ein Sonderdelikt[16] und A bliebe straflos, während nach der anderen Spielart ein Allgemeindelikt gegeben ist,[17] was im Beispiel zur Strafbarkeit des A führt.

9   Der letztgenannten Ansichtengruppe ist entgegenzutreten. Ihr liegt eine unzutreffende Vorstellung von der Natur des anlagenbezogenen VA zugrunde. Es handelt

---

[14] So *Rengier*, FS Kohlmann, S. 225/233.

[15] Vgl. dazu insb. *Saliger*, in: SSW-StGB, Vor §§ 324 ff. Rn. 45.

[16] *Krell*, UmwStR, Rn. 106.

[17] *Rengier*, FS Kohlmann, S. 225/232 ff., der freilich zu Pflichten, welche nur den Anlagenbetreiber als Normadressaten verpflichten, unterscheiden will; wohl ebenso *Saliger*, in: SSW-StGB, Vor §§ 324 ff. Rn. 45.

sich gerade nicht um eine personengebundene Entscheidung, sondern immer um Entscheidungen für die Anlage insgesamt. Es macht daher keinen Unterschied, ob der Betrieb einer Anlage durch Gesetz oder durch einen vollziehbaren Verwaltungs- akt untersagt wird. In beiden Fällen gilt die Entscheidung – wie dargelegt – gegen- über jedem Betreiber. Das erkennt im Ergebnis immerhin auch jene Strömung an, die in gesetzlichen Betreiberpflichten ein Sonderdelikt verortet. Von der Ablehnung des Gedankens, dass es sich insgesamt um ein Sonderdelikt handle, bleibt daher im Ergebnis schwerlich etwas übrig. Die von der Gegenauffassung vorgenommene Unterscheidung innerhalb der Pflichten des § 330d Abs. 1 Nr. 4 StGB ist daher für anlagebezogene Regelungen nicht durchführbar, seien diese nun abstrakt oder indi- viduell. Vielmehr bestätigt sich die Theorie der Betreiberdelikte. Wenn die im räumlich-gegenständlichen Bereich des Betriebs einer Anlage denkbaren verwal- tungsrechtlichen Pflichten gerade aufgrund dieses Zusammenhanges typischer- weise solche sind, die sich an den Betreiber der Anlage richten, dann ist es schwer vorstellbar, weshalb die Norm nicht gerade auf den Betreiber zugeschnitten sein sollte. Ferner entstehen schon deshalb nach der Theorie der Betreiberdelikte keine unerträglichen Strafbarkeitslücken, was durch folgende Überlegungen weiter unter- strichen wird. Wer die Betreibereigenschaft an sich reißt und über die ganze Anlage faktisch weisungsfrei verfügt, kann das Sonderdelikt verwirklichen. Wer unterhalb dieser Schwelle auf den Betrieb zugreift, macht sich nach allgemeinen Regeln we- gen der Verletzung von Umweltrechtsgütern und Individualrechtsgütern strafbar. Parallel dazu steht der Eingriff in Anlagen als Gefährdungsdelikt unter Strafe, bspw. §§ 316b, 318 StGB. Diese Strafdrohung erfasst zwar nicht den gesamten Bereich, bringt aber die Beziehung zwischen dem verantwortlichen Lenker des Betriebes und dem Störer des Betriebes bildhaft so zum Ausdruck, wie es bei dem Griff des Beifahrers in das Steuer des Fahrers der Fall ist. Schließlich ist unter präventiven Gesichtspunkten auch die Strafbarkeit des Anlagenbetreibers ins Kalkül zu ziehen. Soweit der Zugriff von Mitarbeitern oder Dritten sorgfaltswidrig nicht verhindert worden ist, eröffnet dies die Strafbarkeit wegen Fahrlässigkeit. Bei den Betreiber- delikten handelt es sich unterschiedslos um Sonderdelikte.

Problematisch ist, ob es sich um ein Sonderdelikt handelt, wenn der Tatbestand **10** an die **Verletzung einer verwaltungsrechtlichen Pflicht** anknüpft. Diese allgemei- nere Frage wird von dem soeben behandelten Problem der Betreiberdelikte überla- gert. Voraussetzung ist daher, dass das Delikt nicht schon bereits aufgrund der not- wendigen Betreibereigenschaft ein Sonderdelikt ist. Zu nennen sind §§ 324a, 311 StGB. Insofern kommt es nicht darauf an, ob der Straftatbestand an die Definition des § 330d Abs. 1 Nr. 4 StGB anknüpft. § 330d Abs. 1 Nr. 4 StGB ist eine Entlas- tung der Formulierung des Tatbestandes und jenseits der Anwendbarkeit dieser Norm, ist die Ausgestaltung der verwaltungsrechtlichen Pflicht Sache des Anwen- ders dieses normativen Tatbestandsmerkmals. Die abstrakte Problemstellung für die denkbaren Konstellationen stellt sich hier wie dort. Nach einer Ansicht begründet die verwaltungsrechtliche Pflicht stets das Sonderdelikt.[18] Nach anderer Ansicht ist

---

[18] *Fischer*, Vor § 324 Rn. 14.

zu differenzieren, jedoch werden die Maßstäbe nicht einheitlich beurteilt. Wie bei der vorherigen Diskussion wird teils angenommen, dass nur Einzelentscheidungen der Verwaltung ein Sonderdelikt begründen. Nach vorzugswürdiger Ansicht kann darüber hinaus ein Sonderdelikt auch durch eine Rechtsnorm begründet werden, soweit diese keine Jedermannpflicht enthält. Doch die Differenzierung ist nicht anhand des Verbotes der Handlung allein möglich. Das Verbot bestimmter Geräuschemissionen oder der Benutzung eines Gewässers im Sinne von § 8 WHG richtet sich ebenso an jedermann, wie das Verbot des Betreibens einer gem. § 4 BImSchG genehmigungsbedürftigen Anlage ohne die erforderliche Genehmigung. Zudem ergibt sich aus § 4 BImSchG auch keine *Pflicht* zur Genehmigung, denn niemand ist dazu verpflichtet eine Genehmigung einzuholen.[19] Die Pflicht richtet sich lediglich darauf, ungenehmigtes Verhalten zu unterlassen. Der Grund für die Differenzierung ergibt sich erst aus der Verknüpfung der Strafnorm mit dem Verwaltungsrecht. Wer eine Anlage ohne die erforderliche Genehmigung betreibt, hat als Betreiber eine rechtliche Sonderstellung, deren Pflichtenverstöße dieselben sind wie bei den Betreiberdelikten. Durch die Bezugnahme über die verwaltungsrechtliche Pflicht auf die Stellung des Betreibers, wird § 324a StGB im Einzelfall zum **verdeckten Betreiberdelikt** und damit zum Sonderdelikt.

2. Konsequenzen der Sonderdelikte

11   Wer das Merkmal des Sonderdeliktes in eigener Person nicht verwirklicht, kann nicht Täter sein. Das führt für die somit ausgeschlossene Mittäterschaft immerhin noch zur akzessorischen Teilnahme gem. §§ 26, 27 StGB. Strafbarkeitslücken entstehen jedoch für die mittelbare Täterschaft.

Beispiel

X betreibt eine nicht genehmigungsbedürftige Anlage gem. § 22 BImSchG. A rät dem X zum Einbau eines neuartigen Bauteils, durch welches der Betrieb der Anlage bei objektiver Betrachtung im Sinne von § 4 BImSchG genehmigungsbedürftig wird. Aus Interesse am Verkauf dieses Bauteils an X redet der A dem X ein, dass es sich anerkanntermaßen nach wie vor um eine nicht genehmigungsbedürftige Anlage handle und legt zum Beweis manipulierte Unterlagen vor. X nimmt den Rat gutgläubig an und betreibt die so geänderte Anlage. Die Behörde schreitet zur Überraschung des X ein, welcher sofort den alten Zustand wieder herstellt, und versagt rechtmäßig sowie wirksam die nunmehr beantragte Genehmigung.
Strafbarkeit von X und A gem. § 327 Abs. 2 S. 1 Nr. 1 StGB?
Variante: Bevor die Behörde einschreitet, führt das eingebaute Bauteil zu einer Explosion, durch die ein Arbeiter stirbt. Damit hatte niemand gerechnet.

---

[19] Unscharf daher etwa *Krell*, UmwStR, Rn. 106; *Saliger*, UmwStR, Rn. 155.

X verwirklicht zwar den obigen Tatbestand, er hat aber die Genehmigungspflicht als solche nicht reflektiert und handelte somit ohne Vorsatz. In Betracht kommt § 327 Abs. 3 Nr. 2 StGB, sofern der Irrtum in Ansehung der Art der vorgelegten Unterlagen sowie der Qualität der Täuschung nicht ausnahmsweise auf keinem Sorgfaltsmangel beruht. Von letzterem hängt in der Variante auch die Strafbarkeit des X wegen § 222 StGB ab. A hingegen hat zwar den Strafbarkeitsmangel des X bewusst herbeigeführt, ihm fehlt aber die Täterqualität, weshalb eine mittelbare Täterschaft für § 327 Abs. 2 S. 1 Nr. 1 StGB ausscheidet. Mangels Haupttat kommt auch eine Teilnahme nicht in Betracht und A bleibt in Bezug auf den genehmigungslosen Betrieb straflos. Zur Schließung dieser typischen Lücke bei Sonderdelikten bedarf es einer gesetzlichen Regelung, wie bspw. §§ 160 Abs. 1, 271 Abs. 1 StGB, woran es bei den Umweltdelikten in dieser Allgemeinheit fehlt. Zu nennen ist aber immerhin § 312 StGB. In der Variante greift jedoch die Strafbarkeit des A wegen § 222 StGB und soweit zumindest für die Körperverletzung ein Eventualvorsatz bestanden haben sollte auch § 227 StGB. Der Weg zu § 330 Abs. 2 Nr. 2 StGB, der einen Körperverletzungsvorsatz nicht voraussetzt, bleibt aber versperrt.

Eine Sonderkonstellation tritt auf, wenn der Betreiber der Anlage unerwartet   **12** bösgläubig ist.

Beispiel

Wie soeben – jedoch erkennt X die eintretende Genehmigungsbedürftigkeit, was A nicht erkennt

X wäre strafbar gem. § 327 Abs. 2 S. 1 Nr. 1 StGB sowie in der Variante aufgrund der Erfolgsqualifikation des § 330 Abs. 2 Nr. 2 StGB. Für A kommt lediglich eine Anstiftung in Betracht, die hinsichtlich des Grunddeliktes zwar objektiv gegeben ist, jedoch nicht von einer entsprechenden Tatsachenkenntnis getragen wird. Nun eröffnet sich der alte Streit darum, ob der Vorsatz zur Anstiftung als Minus in dem Vorsatz zur mittelbaren Täterschaft enthalten ist.[20] Eine leichte Variation tritt immerhin dadurch auf, dass die vorgestellte mittelbare Täterschaft nicht strafbar ist und daher ein erst-recht-Schluss schwer fällt. Nach zutreffender Ansicht scheidet jedoch der Vorsatz zur Anstiftung zwingend nach dem Wortlaut von § 16 Abs. 1 S. 1 StGB aus, wenn der Hintermann nicht erkennt, dass der Vordermann aufgrund der kommunikativen Beeinflussung einen Tatentschluss fasst, denn ein lediglich wertender erst-recht-Schluss verletzt Art. 103 Abs. 2 GG. A wäre daher im Hinblick auf § 327 Abs. 2 S. 1 Nr. 1 StGB auch als Teilnehmer straflos. Immerhin griffe § 222 StGB in Nebentäterschaft.

Die Teilnahme hängt davon ab, ob der Vordermann eine vorsätzlich rechtswidrige   **13** Haupttat im Sinne von §§ 26, 27 StGB verwirklicht. Mangelt es am Vorsatz, scheidet Teilnahme aus. Greift erst ein unvermeidbarer Verbotsirrtum gem. § 17 StGB oder scheidet aus einem sonstigen Grund die Schuld aus, sind §§ 26, 27 StGB unproblematisch anwendbar. Schwierigkeiten treten für den **Erlaubnistatbestandsirrtum**

---

[20] Statt vieler Baumann/Weber/*Mitsch/Eisele*, AT, § 25 Rn. 162; Wessels/*Beulke/Satzger*, AT, Rn. 787 m. w. N.

auf. Aus der Perspektive der Sonderdelikte kommt es dann darauf an, auf welcher
Prüfungsebene die Rechtsfolge eintritt und wie die Begrifflichkeiten der vorsätzlich
rechtswidrigen Haupttat im Sinne von §§ 26, 27 StGB damit harmonieren.

> **Beispiel**
>
> B betreibt eine an sich gem. § 22 BImSchG nicht genehmigungsbedürftige An-
> lage, deren weiterer Betrieb ihm gem. § 25 BImSchG vollziehbar und rechtmä-
> ßig untersagt worden ist. Er stellt sich jedoch sicher Umstände vor, die für den
> Fall, dass sie tatsächlich vorlägen, einen noch nicht untergegangenen Aufhe-
> bungsanspruch gegen die vollziehbare Untersagung begründen würden und stellt
> sich auch den daraus resultierenden Aufhebungsanspruch sicher vor. Diese Fehl-
> vorstellung beruht auf der wissentlich falschen Beratung durch C, der ein finan-
> zielles Interesse an dem fortgesetzten Betrieb der Anlage hat, ohne selbst Be-
> treiber zu sein. Von der Wirksamkeit der als rechtswidrig gedachten Untersagung,
> geht aber auch B aus.
>
> Strafbarkeit von B und C gem. § 327 Abs. 2 S. 1 Nr. 1 StGB?

B verwirklicht den Tatbestand von § 327 Abs. 2 S. 1 Nr. 1 StGB, da ihm die Bedeutung der Untersagung klar ist. Der (noch) durchsetzbare Aufhebungsanspruch begründet jedoch einen Rechtfertigungsgrund, dessen objektive Voraussetzungen sich
der B vorstellt und an sich rechtlich zutreffend als Rechtfertigungsgrund würdigt.
Daher greift für dieses Sonderdelikt der Erlaubnistatbestandsirrtum und B kann allenfalls wegen § 327 Abs. 3 Nr. 2 StGB bestraft werden.[21] Für C scheidet eine (mittelbare) Täterschaft an dem Sonderdelikt aus, weshalb fraglich ist, ob die Rechtsfolge des Erlaubnistatbestandsirrtums eine für § 26 StGB hinreichende vorsätzlich
rechtswidrige Haupttat bestehen lässt. Das ist nach zutreffender Ansicht im Ergebnis der Fall, wenngleich die exakte Subsumtion eine differenzierte Darstellung der
Meinungsvielfalt zu den Rechtsfolgen des Erlaubnistatbestandsirrtums erfordert,
was an dieser Stelle zu weit führen würde.[22] Hinzuweisen ist aber darauf, dass eine
Wirkung auf Ebene der Rechtswidrigkeit der vorsätzlichen Tat der Anwendbarkeit
von § 26 StGB nicht zwingend im Wege steht. Selbst in Ansehung des Erlaubnistatbestandsirrtums, also des Vorhandenseins der subjektiven Merkmale eines Rechtfertigungsgrundes, bleibt die objektive Seite der Rechtswidrigkeit bestehen. Diese
genügt dann zwar nicht für eine Bestrafung wegen der vorsätzlich rechtswidrigen
Haupttat des Vordermannes, aber sie kann als Anknüpfungspunkt für § 26 StGB
ausreichen. Dazu kommt es auf die Wertungsmaßstäbe des § 26 StGB an. In Anbetracht des Umstandes, dass es auf dieses Problem nur ankommt, wenn eine mittelbare Täterschaft ausscheidet, entspricht es nach dem System der abgestuften
Verantwortungsverteilung zwischen Vordermann und Hintermann anhand von Täterschaft und Teilnahme durchaus dem Zweck des § 26 StGB, wenn Teilnahme dort

---

[21] S. dazu oben § 4 Rn. 126.
[22] Zum ganzen *Hillenkamp/Cornelius*, 32 Probleme StrafR AT, S. 189 ff.

greift, wo eine (mittelbare) Täterschaft strukturell wegen des Charakters als Sonderdelikt ausscheidet. Zwar ist es richtig, dass der Hintermann ohne besonderes Merkmal straflos ist, wenn er den Tatbestandsirrtum des Vordermannes hervorruft. Das
ändert aber nichts daran, dass der Irrtumsgegenstand ein anderer ist, mag auch für
die Rechtsfolge auf § 16 Abs. 1 StGB Bezug genommen werden.

Wenn eine vorsätzlich rechtswidrige Haupttat gegeben ist und für den Hinter-   **14**
mann die objektiven und subjektiven Voraussetzungen der §§ 26, 27 StGB sowie
Rechtswidrigkeit und Schuld gegeben sind, greift die Strafmilderung gem. § 28
Abs. 1 StGB.

Kontrollfragen
1. Wer ist Betreiber einer Anlage? Was ergibt sich daraus für Strohmann-
   Fälle? (Rn. 5)
2. Sind Delikte, die auf ein Verhalten „beim Betrieb einer Anlage" Bezug
   nehmen Betreiberdelikte im Sinne eines Sonderdeliktes? (Rn. 8 f.)
3. Was ist ein verdecktes Betreiberdelikt? (Rn. 10)
4. Kann sich ein Eindringling wegen eines Betreiberdeliktes strafbar machen? (Rn. 6 ff.)
5. Welche Konsequenzen haben Sonderdelikte für den Bereich von Täterschaft und Teilnahme? Worin besteht die typische Strafbarkeitslücke?
   (Rn. 11 ff.)

II. Amtsträger

Die Strafbarkeit der Amtsträger ist aufgrund der Verwaltungsakzessorietät ein Pro-   **15**
blembereich von besonderem Gewicht. Amtsträger sind mit dem Umweltstrafrecht
durch die Genehmigung von Verhaltensweisen und durch die Überwachung des Geschehens verbunden. Die Erteilung der Genehmigung ist ein aktives Tun und die
Untätigkeit trotz rechtlicher Möglichkeit zum Einschreiten ein Problem des unechten Unterlassungsdelikts. Sonderregelungen für Amtsträger sind für Umweltdelikte
nicht geschaffen worden, weshalb konsequent das allgemeine Instrumentarium zur
Anwendung kommt. Die sich hieraus ergebenden Fragestellungen sind im Detail
umstritten, wurzeln aber in der allgemeinen Dogmatik. Das strafrechtlich relevante
aktive Tun besteht in der Erteilung einer rechtswidrigen Genehmigung,[23] die es anhand der Maßstäbe von Täterschaft und Teilnahme zu beurteilen gilt. Im Einzelnen
ergeben sich anhand mehrerer Variablen differenzierte Fallgruppen. Eine rechtswidrige Genehmigung kann wegen Nichtigkeit bzw. § 330d Abs. 1 Nr. 5 StGB strafrechtlich unwirksam oder trotz Rechtswidrigkeit wirksam sein. Wenn sie wirksam
ist, kann der Adressat vollständig gutgläubig oder aber nach Maßgabe der abschlie-
ßenden Regelung in § 330d Abs. 1 Nr. 5 StGB unbeachtlich bösgläubig sein. Soweit

---

[23] Zum Unterlassen unten § 6.

die Genehmigung strafrechtlich unwirksam ist, kann die Strafbarkeit des Genehmigungsadressaten infolge Irrtums im Vorsatz, aufgrund eines Erlaubnistatbestandsirrtums oder wegen unvermeidbaren Verbotsirrtums scheitern. Überlagert werden diese Grundvarianten durch die für Sonderdelikte geltenden Einschränkungen. Im Einzelfall kommt es darauf an, die jeweiligen Besonderheiten im Rahmen des gewöhnlichen Prüfungsschemas zu erkennen und anhand der Dogmatik des Allgemeinen Teils des StGB zu würdigen.

1. Sonderdelikte

16   Im Hinblick auf Sonderdelikte gilt für den Amtsträger nichts anderes als für den Bürger. Zu beachten ist, dass auch der Staat, insbesondere auf kommunaler Ebene, Betreiber von Anlagen im Sinne des Umweltstrafrechts ist. Auf Grundlage des Verwaltungsaufbaus ist der maßgebliche Hoheitsträger als Rechtssubjekt zu bestimmen[24] und die persönliche Verantwortung bemisst sich dann, ebenso wie bei einem Unternehmen, anhand von § 14 StGB.

17   Wirkt der Amtsträger hingegen an der Genehmigung für einen Betrieb mit, der ihm selbst nicht zuzurechnen ist, fehlt die Betreibereigenschaft und es greift die typische Lücke der Sonderdelikte.

Beispiel

A erteilt dem X als zuständiger Mitarbeiter der Genehmigungsbehörde eine Genehmigung gem. § 6 BImSchG. Diese Genehmigung ist rechtswidrig, aber im strafrechtlichen Sinne wirksam. Das nimmt A billigend in Kauf. X macht von dieser Genehmigung Gebrauch. Strafbarkeit von X und A?

Variante: Wegen der Gründe, welche die Genehmigung rechtswidrig machen, tritt eine Störung der Anlage ein, was eine Gewässerverunreinigung zur Folge hat. Damit hatte selbst A nicht gerechnet.

Die erteilte Genehmigung ist weder nichtig noch im Sinne von § 330d Abs. 1 Nr. 5 StGB unbeachtlich. Daher ist X selbst dann straflos, wenn ihm die Rechtswidrigkeit bekannt war. A hingegen hat den Strafbarkeitsmangel des Vordermannes zwar geschaffen, aber ihm selbst fehlt die Täterqualität als Betreiber. Daher scheidet mittelbare Täterschaft von vornherein aus. Für eine Teilnahme am Sonderdelikt mangelt es an einer vorsätzlich rechtswidrigen Haupttat. In Bezug auf das Sonderdelikt bleibt A daher straffrei. Die Gewässerverunreinigung hingegen ist ein Allgemeindelikt und wegen pflichtwidriger Erteilung der Genehmigung ist A gem. § 324 Abs. 3 StGB strafbar. Entsprechend läge es bei der Verletzung von Individualrechtsgütern. X hingegen ist aufgrund der Regelungswirkung der Genehmigung nach hier vertretener Ansicht vollständig geschützt, solange nicht relevantes Sonderwissen oder Rechtsmissbrauch vorliegt.

---

[24] Dazu oben § 1 Rn. 42 ff.

Soweit die Genehmigung strafrechtlich unwirksam ist, kommt eine Teilnahme-   **18**
strafbarkeit in Betracht.

Beispiel

Wie soeben – allerdings ist die Genehmigung nichtig.

Bei einer strafrechtlich unwirksamen Genehmigung (§ 44 VwVfG, § 330d Abs. 1
Nr. 5 StGB) wird der objektive Tatbestand des Sonderdeliktes durch den Vordermann verwirklicht. Die Teilnahme beurteilt sich auch für Amtsträger nach den allgemeinen Maßstäben des Sonderdelikts. Für den Fall, dass die Bestrafung des Vordermannes aus dem Sonderdelikt an einem Erlaubnistatbestandsirrtum scheitert,
wird die Problemstellung von der aktiven Duldung überlagert und variiert. Wenn ein
Amtsträger dem Betreiber wissentlich falsch einredet, dass dieser einen sicheren
Aufhebungsanspruch gegen eine vollziehbare Untersagung habe, könnte darin auch
die rechtmäßige Ausübung des von einem Fachgesetz eröffneten Duldungsermessens liegen. Ungeachtet der Frage der Anerkennung einer solchen aktiven Duldung,
müssten deren Voraussetzungen im Einzelfall vorliegen. Nur dann käme es auf den
Erlaubnistatbestandsirrtum nicht mehr an, da ein anderer Rechtfertigungsgrund gegeben wäre. Falls aber das einmal der Fall sein sollte, wäre der Hintermann jedenfalls straffrei. Liegen die objektiven und subjektiven Voraussetzungen der Rechtfertigung durch aktive Duldung vor, besteht ein vollständiger Rechtfertigungsgrund.
Wenn hingegen die aktive Duldung nur objektiv rechtfertigt, da der Handelnde deren Voraussetzungen nicht reflektiert, subjektiv aber im Hinblick auf den Aufhebungsanspruch ein Erlaubnistatbestandsirrtum vorliegt, sind die Mindestvorausset-
zungen für eine vorsätzlich rechtswidrige Tat im Sinne von §§ 26, 27 StGB ebenfalls
nicht mehr gegeben, denn Konnexität ist insofern nicht erforderlich.

2. Allgemeindelikte

§ 324 StGB ist ein Allgemeindelikte und bei diesem wirkt eine Genehmigung auf   **19**
Rechtfertigungsebene. Das Allgemeindelikt kann von jedermann begangen werden,
also auch von einem Amtsträger.[25] Ist die erteilte Genehmigung **strafrechtlich
wirksam**, wird in der Diskussion zwischen dem vollständig gutgläubigen Adressaten
und dem unterhalb von § 330d Abs. 1 Nr. 5 StGB bösgläubigen Adressaten unterschieden. Das gleiche gilt für die verdeckten Betreiberdelikte, soweit es sich nicht
um die Verletzung von Betreiberpflichten handelt.

Beispiel

X beantragt eine wasserrechtliche Erlaubnis für die Direkteinleitung von Abwasser in ein Gewässer gem. § 57 WHG. Unter Verstoß gegen § 57 Abs. 1 Nr. 1
WHG erteilt A diese Erlaubnis wissentlich rechtswidrig, aber wirksam. Ohne mit

---

[25] BGHSt 39, 381/385.

X darüber geredet zu haben, bezweckt A die finanzielle Entlastung des X, in der Hoffnung des Erhaltes von Arbeitsplätzen. X hat keine Handlung vorgenommen, die § 330d Abs. 1 Nr. 5 StGB genügt. Die Rechtswidrigkeit der Genehmigung nimmt er jedoch billigend in Kauf und macht von der Genehmigung Gebrauch, weshalb das Gewässer genehmigungskonform verunreinigt wird.

Strafbarkeit von X und A gem. § 324 Abs. 1 StGB?

Eine strafrechtlich wirksame Genehmigung begründet eine Sonderrechtsbeziehung, die für den Begünstigten der Entscheidung das erlaubte Risiko abschließend regelt, ohne Rücksicht auf die Rechtmäßigkeit oder Rechtswidrigkeit dieser Entscheidung. Im Beispiel ist für X die Kenntnis der Rechtswidrigkeit der Genehmigung daher irrelevant und er handelt aufgrund der Wirksamkeit der Genehmigung rechtmäßig. Fraglich ist eine **Mittäterschaft** des Amtsträgers, da die Straflosigkeit des Vordermannes die Tatbestandsebene nicht berührt, was im Ergebnis abzulehnen ist.[26] Für den Hintermann kommt aber aufgrund der rechtswidrigen Erteilung der Genehmigung eine **mittelbare Täterschaft** in Betracht. Das ist unproblematisch, wenn der Vordermann gutgläubig hinsichtlich der Rechtmäßigkeit der Genehmigung handelt. Das gilt ebenso, wenn der Vordermann die Rechtswidrigkeit der strafrechtlich wirksamen Genehmigung kennt. Die ablehnende Ansicht stützt sich darauf, dass der bösgläubige Genehmigungsempfänger selbstständig handle und es in seinem Belieben stehe, ob und wie er von der Genehmigung Gebrauch mache.[27] Das greifen die Anhänger der mittelbaren Täterschaft auf und stützen diese ergänzend auf eine über die Freigabemacht durch Genehmigung hinausgehende mehrdimensionale institutionelle Rechtsmacht des Amtsträgers, indem er im Rahmen des rechtlich Möglichen Einschreiten könne und daher nicht lediglich eine Schranke öffne.[28] Das tragende und ausreichende Argument für die mittelbare Täterschaft besteht m. E. gleichwohl in dem Umstand, dass der Amtsträger den Strafbarkeitsmangel des Vordermannes durch die wirksame Genehmigung herbeigeführt hat. Hierdurch ist ein wirksamer Verwaltungsakt in die Welt gesetzt worden, von welchem der Begünstigte Gebrauch machen kann. Diese Rechtsmacht der Sonderstellung besteht unabhängig von der Gut- oder Bösgläubigkeit des Adressaten. Daher will sich ein sachlicher Unterschied für die Annahme der mittelbaren Täterschaft nicht erschließen.

20   Zur Ablehnung der Strafbarkeit des Amtsträgers wird auch ein gänzlich anderer Grund genannt. Unabhängig von der Art der Täterschaft und deren jeweiligen Voraussetzungen, erfasse die Regelungswirkung des VA auch den Hintermann. Konsequenz der gesetzlichen Regelung sei es gerade, dass der Genehmigungsinhaber auch dann (strafrechtlich) rechtmäßig ein Umweltmedium beeinträchtige, wenn er

---

[26] Dazu sogleich § 5 Rn. 23.

[27] *Stratenwerth/Kuhlen*, AT, § 12 Rn. 45; *Heine/Schittenhelm*, in: Schönke/Schröder, Vor §§ 324 ff. Rn. 35.

[28] S. nur BGHSt 39, 381/388 f.; *Saliger*, UmwStR, Rn. 198.

die Rechtswidrigkeit der Genehmigung kennt. Dies sei nur dann möglich, wenn die rechtswidrige, aber wirksame Genehmigung nicht allein den Handlungsunwert, sondern auch den Erfolgsunwert der Tat beseitige. Dieser Erfolgsunwert wird unabhängig von der Person und übergreifend objektiv gedacht. Deshalb handele es sich bei der so genehmigten Umweltnutzung aus der Sicht des Strafrechts aufgrund der Genehmigung um einen neutralen Akt. Ein solcher aber könne in der Person des Amtsträgers keine Straftat begründen. Die Verletzung der verwaltungsrechtlichen Pflicht, nur rechtmäßige Genehmigungen zu erteilen, stelle kein strafrechtliches Unrecht dar, wenn ihr Resultat (strafrechtlich) zu einem neutralen Ergebnis führe.[29] Nach diesem Ansatz scheidet mittelbare Täterschaft auch bei einem gutgläubigen Vordermann aus.[30] Hiergegen ist einzuwenden, dass die Kompensation des Erfolgsunwerts durch die objektiven Voraussetzungen eines Rechtfertigungsgrundes innerhalb der Prüfung der Strafbarkeit der jeweiligen Person stattfindet. Die objektive Erstreckung auf andere Personen liegt außerhalb dieses dogmatischen Argumentationsraumes. Die Frage lautet daher, ob die Genehmigung auch das Verhalten des Hintermannes deckt. Das ist aufgrund des Koinzidenzprinzips nicht der Fall. Die Genehmigung wird als Verwaltungsakt gem. § 43 Abs. 1 S. 1 i. V. m. § 41 VwVfG gegenüber demjenigen, für den er bestimmt ist und der von ihm betroffen wird, in dem Zeitpunkt wirksam, zu welchem er ihm bekannt gegeben wird. Die Handlung des Hintermannes ist aber logisch und zeitlich vorgelagert, weshalb der in Bezug genommene Verwaltungsakt noch gar nicht existiert und daher in dem maßgeblichen Augenblicke der Handlung nicht zur Rechtfertigung führen kann.[31] Von Einfluss ist die erteilte Genehmigung in der Sonderrechtsbeziehung zwischen Staat und Bürger nur in der Zukunft, wenn es darum geht, ob diese Genehmigung einem Einschreiten gegen das Handeln des Bürgers aufgrund einer wirksamen, aber rechtswidrigen Genehmigung, entgegensteht. Daher ist auch dieser Einwand zurückzuweisen. Im Beispiel hat sich A gem. §§ 324 Abs. 1, 25 Abs. 1 Var. 2 StGB wegen Gewässerverunreinigung in mittelbarer Täterschaft strafbar gemacht. Das Folgeproblem besteht in der Bestimmung des unmittelbaren Ansetzen gem. § 22 StGB, wenn die Genehmigung ungenutzt bleibt.

Praktisch häufiger sind freilich die Fälle, in denen der **Amtsträger gutgläubig**   21 nach bestem Wissen und Gewissen handelt. Wenn die Sach- oder Rechtslage unübersichtlich ist, stellt sich auch für den Amtsträger die Frage nach der exakten Abgrenzung zwischen Fahrlässigkeit und Eventualvorsatz. Dabei gilt es, die tatbestandliche Prüfung der mittelbaren Täterschaft, von der rechtlichen Befugnis zur Genehmigungserteilung zu unterscheiden, auf die es erst bei der Prüfung der Rechtswidrigkeit ankommt.

---

[29] *Schmitz*, in: MüKo-StGB, Vor §§ 324 ff. Rn. 116 f. sowie *Szesny*, in: AnwK-StGB, Vor. § 324 Rn. 60.
[30] *Szesny*, in: AnwK-StGB, Vor. § 324 Rn. 60.
[31] So auch BGHSt 39, 381/387.

> **Beispiel**
>
> Y beantragt eine wasserrechtliche Erlaubnis für die Direkteinleitung von Abwasser in ein Gewässer gem. § 57 WHG. Unter Verstoß gegen § 57 Abs. 1 Nr. 1 WHG erteilt A diese Erlaubnis rechtswidrig, aber wirksam. Y hat keine Handlung vorgenommen, die § 330d Abs. 1 Nr. 5 StGB genügt. Beide halten die Genehmigung für wirksam und rechtmäßig. Y macht von der Genehmigung Gebrauch, weshalb das Gewässer wissentlich und genehmigungskonform verunreinigt wird.
> Strafbarkeit von Y und A gem. § 324 Abs. 1 StGB?
> *Variante*: Beide nehmen die Rechtswidrigkeit der Genehmigung billigend in Kauf.

Y hat den Tatbestand des § 324 Abs. 1 StGB verwirklicht, ist jedoch aufgrund der wirksamen Genehmigung gerechtfertigt. A hat Vorsatz hinsichtlich der Gewässerverunreinigung, doch ist fraglich wie er im Hinblick darauf zu bestrafen ist. Der Vordermann hat auf Ebene der Rechtswidrigkeit wegen der wirksamen Genehmigung einen Strafbarkeitsmangel. Der Hintermann kann sich auf die Genehmigung nicht stützen, weil diese zum Zeitpunkt seiner Handlung noch nicht vorlag und erst das Ergebnis seiner Handlung gewesen ist. Vielmehr hat der Hintermann den Strafbarkeitsmangel des Vordermannes herbeigeführt, ohne selbst *diesem* zu unterliegen. Fraglich ist, ob der Hintermann wegen der damit objektiv tatbestandlich verwirklichten mittelbaren Täterschaft bestraft werden kann. Das hängt einerseits vom Vorsatz und andererseits von der Rechtswidrigkeit ab. Auf beiden Ebenen sind Irrtümer möglich, aber nach unterschiedlichen Maßstäben zu behandeln. Das Kernstück der mittelbaren Täterschaft besteht in der Wirksamkeit einer rechtswidrigen Genehmigung. Erst die zu Unrecht herbeigeführte Rechtfertigung des Vordermannes verlagert die täterschaftliche Verantwortung auf den Hintermann. Die Existenz der wirksamen Genehmigung und deren Rechtswidrigkeit sind daher wesentliche Tatumstände, die gem. § 16 Abs. 1 S. 1 StGB vom Vorsatz des Hintermannes umfasst sein müssen. Im Ausgangsfall hat A die Rechtswidrigkeit nicht reflektiert und handelte daher aufgrund eines **Tatbestandsirrtums** ohne Vorsatz. Unberührt bleibt davon jedoch die **Fahrlässigkeit**, deren Rechtfertigung problematisch ist. Rechtfertigungsmaßstab des Hintermannes sind die Rechtsvorschriften über die Erteilung der Genehmigung. Diese hat der A im Beispiel verletzt. Das Ergebnis hängt aber davon ab, ob ein **Erlaubnistatbestandsirrtum** – der für das Fahrlässigkeitsdelikt zu einer modifizierten Anwendung des § 17 StGB führt[32] – oder nur ein Verbotsirrtum gegeben ist. Die Grenzziehung erfolgt anhand der vorgestellten Tatsachengrundlage. Stellt sich der Amtsträger Umstände vor, die für den Fall, dass sie tatsächlich vorlägen, nach objektiven Maßstäben eine Genehmigung gestatten würden und zieht der Amtsträger diese Schlussfolgerung, handelt es sich um einen Erlaubnistatbestandsirrtum. Liegt hingegen ein rechtlicher Wertungsfehler der Fehlannahme zur

---

[32] *Börner*, GA 2002, 276/285 f.

Rechtmäßigkeit der Genehmigung zugrunde, kommt ein Verbotsirrtum zum Zuge. Auf Rechtsfolgenebene besteht m.E. der Unterschied darin, dass im Falle der Vermeidbarkeit des Irrtums bei einem Erlaubnistatbestandsirrtum aufgrund einer Ermessensreduzierung auf Null zwingend die Strafmilderung des § 17 S. 2 StGB erfolgt.

In der Variante handelt A mit **Eventualvorsatz** hinsichtlich der Rechtswidrigkeit   **22** der Genehmigung und weist insofern den gem. § 16 Abs. 1 S. 1 StGB notwendigen Vorsatz auf. Ein Rechtfertigungsgrund für die gebilligte Erteilung einer rechtswidrigen, aber wirksamen Genehmigung existiert nicht, da die Rechtsvorschriften über die Erteilung der Genehmigung eine solche Genehmigung gerade nicht zulassen. A hat sich daher in der Variante wegen § 324 Abs. 1 StGB in mittelbarer Täterschaft strafbar gemacht. Für den Amtsträger als Hintermann schließen daher Fehlvorstellungen über die Rechtmäßigkeit der Genehmigung nur in begrenztem Maße eine Strafbarkeit völlig aus, während es für den Vordermann aufgrund der auch strafrechtlich wirksamen Genehmigung bei Straflosigkeit bleibt. Daraus ergibt sich für Amtsträger ein erhebliches Strafbarkeitsrisiko für die alltäglich zu bewältigende Bandbreite fehleranfälliger umweltrelevanter Genehmigungen, woraus die Diskussion um einen Schutz des Amtsträgers anhand eines eingeschränkten Pflichtenmaßstabes resultiert.

Eine Genehmigung ist strafrechtlich unwirksam, wenn sie gem. § 44 VwVfG   **23** verwaltungsrechtlich nichtig oder nach Maßgabe der Verantwortungstheorie gem. § 330d Abs. 1 Nr. 5 StGB strafrechtlich unbeachtlich ist. In diesem Fall kann die Strafbarkeit des Vordermannes im Hinblick auf die erteilte Genehmigung nur subjektiv scheitern. Problematisch ist, ob die Erteilung der Genehmigung für **Mittäterschaft** genügt.

Beispiel

Z beantragt eine wasserrechtliche Erlaubnis für die Direkteinleitung von Abwasser in ein Gewässer gem. § 57 WHG. Mit A, der für die Genehmigungserteilung zuständig ist, ist Z befreundet und schildert ihm die finanziellen Nöte seines Unternehmens. In dem gemeinsamen Interesse, Arbeitsplätze zu sichern, gibt A nach und sie verabreden die wissentlich rechtswidrige Erteilung der Genehmigung, von welcher Z in der Folge Gebrauch macht und ein Gewässer entsprechend der Genehmigung verunreinigt. Der Beitrag des A erschöpft sich in der Erteilung der Genehmigung.

Strafbarkeit von Z und A gem. § 324 Abs. 1 StGB?

Z hat den Tatbestand von § 324 Abs. 1 StGB in Ansehung kollusiven Verhaltens gem. § 330d Abs. 1 Nr. 5 StGB rechtswidrig und auch schuldhaft verwirkt. Fraglich ist, ob über § 25 Abs. 2 StGB die eigentliche Ausführungshandlung des Vordermannes dem Hintermann mittäterschaftlich zugerechnet werden kann. Nach einer Ansicht soll schon das Einverständnis des Amtsträgers mit dem Vordermann die Mittäterschaft begründen.[33] Auf dem Boden der zutreffenden funktionellen

---

[33] BGHSt 39, 381/386 f.

Tatherrschaftslehre ist zwar Anwesenheit bei Delikten, die keine Eigenhändigkeit erfordern, nicht notwendig. Das Minus der Abwesenheit im Ausführungsstadium muss jedoch durch ein Plus an Planungsherrschaft ausgeglichen werden.[34] Daran fehlt es. Zwar ist eine Genehmigung gerade bei umweltrechtlichen Sachverhalten in der Regel technisch detailliert auf konkrete Vorgänge bezogen, jedoch steht das Ob im Belieben des Vordermannes. Darüber hinaus bleiben dem Vordermann auch die Einzelheiten der Organisation und Durchführung des genehmigten Geschehens überlassen. Das bloße vorherige Einvernehmen hinsichtlich der zu erteilenden rechtswidrigen Genehmigung genügt daher nicht. Nach Ansicht der Rspr. kommt es für die Feststellung des Täterwillens neben dem Interesse am Taterfolg maßgeblich auf die Tatbeteiligung im Ausführungsstadium und den Willen zur Tatherrschaft an.[35] Im Ausführungsstadium nimmt der Amtsträger seine Handlung aber gerade nicht vor und nach hier vertretener Ansicht fehlt es an der Tatherrschaft durch Genehmigung, weshalb die mit den objektiven Umständen deckungsgleiche Vorstellung des Hintermannes keinen Tatherrschaftswillen begründet. Als Kriterium bleibt damit nur noch das Interesse am Taterfolg, welches für sich genommen ein schwaches Kriterium ist und in aller Regel bei dem im Ausführungsstadium Handelnden weitaus stärker ausgeprägt sein wird als bei demjenigen, welcher die Genehmigung erteilt. Auch in Ansehung eines begrenzten revisionsgerichtlichen Prüfungsumfanges der tatrichterlichen Beurteilung der Mittäterschaft, ist die Annahme von Mittäterschaft allein aufgrund einer einvernehmlichen rechtswidrigen Genehmigung nicht tragfähig. Aufgrund der voll deliktischen Handlung des Vordermannes scheidet im Beispiel auch mittelbare Täterschaft aus, weshalb A wegen Beihilfe zur Gewässerverunreinigung gem. §§ 324 Abs. 1, 27 StGB zu bestrafen ist.

24   Variiert wird dieser Grundsatz durch Irrtümer. Zu beachten ist aber auch insofern, auf welcher Prüfungsebene der Irrtum des Vordermannes rangiert. Eine rechtliche Fehlvorstellung bei zutreffender Tatsachenkenntnis hat im Hinblick auf die Wirksamkeit einer strafrechtlichen Genehmigung auf Tatbestandsebene ein anderes Gewicht als im Rahmen der Rechtswidrigkeit.

Beispiel

A erteilt dem X eine Genehmigung für eine Gewässerverunreinigung. Diese Genehmigung ist gem. § 44 VwVfG unwirksam, was dem A aufgrund seiner Tatsachenkenntnis klar ist. X hingegen nimmt die Gewässerverunreinigung gutgläubig in der festen Überzeugung von einem Sachverhalt vor, nach welchem die ihm erteilte Genehmigung wirksam ist. Das nahm A billigend in Kauf.
Strafbarkeit von A und X?

X hat den Tatbestand verwirklicht, handelte aber in einem Erlaubnistatbestandsirrtum. Seine Strafbarkeit nach § 324 Abs. 3 StGB hängt von der Vorwerfbarkeit dieses Irrtums ab. A hingegen hat durch die Genehmigungserteilung die Fehlvorstellung

---

[34] Zum ganzen etwa Wessels/*Beulke/Satzger*, AT, Rn. 760 ff.

[35] Statt aller *Fischer*, § 25 Rn. 27 m. w. N.

des X herbeigeführt, weshalb er als mittelbarer Täter zu bestrafen ist. Das Problem des Anknüpfungspunktes der §§ 26, 27 StGB bei einem Erlaubnistatbestandsirrtum stellt sich aufgrund der Täterschaft des Hintermannes nicht mehr.

3. Kausalität

Für alle Fälle der Verantwortlichkeit eines Amtsträgers aufgrund von Genehmigun-   25
gen ist die Kausalität zu dem Verhalten des Vordermannes kritisch zu untersuchen.
Wenn dieser ohnehin die betreffende Handlung vorgenommen hätte, blieb der Einfluss des Hintermannes folgenlos.

> **Beispiel**
>
> X leitet aus seinem Unternehmen ohne Genehmigung direkt ein, wodurch ein
> Fluss im Sinne von § 324 Abs. 1 StGB verunreinigt wird. Die Notwendigkeit
> einer Genehmigung ist dem starrsinnigen X egal. Als A von dem Geschehen er-
> fährt, veranlasst er den X umgehend zu einer Antragstellung und erteilt stehen-
> den Fußes wirksam, aber bewusst rechtswidrig die notwendige wasserrechtliche
> Genehmigung, um keine weiteren Scherereien mit X zu haben.
> Strafbarkeit von X und A?

Bis zur Erteilung der Genehmigung hat sich X wegen § 324 Abs. 1 StGB strafbar
gemacht. Jedoch ab Erteilung der Genehmigung war er gerechtfertigt und wäre,
soweit ihm die Genehmigung nicht bekannt ist, aufgrund des fehlenden subjektiven
Rechtfertigungselementes aus Versuch zu bestrafen. Hinsichtlich der Erteilung der
Genehmigung liegen an sich die Voraussetzungen der mittelbaren Täterschaft vor.
Eine Vollendungsstrafbarkeit kommt aber nur dann in Betracht, wenn die Genehmigungserteilung kausal für den Taterfolg war. Wenn – wie im Beispiel – die Verletzung auch ohne die Genehmigung eingetreten wäre, fehlt es an der Kausalität. Dasselbe gilt unter Anwendung des Grundsatzes *in dubio pro reo*, wenn nach den
Maßstäben von § 261 StPO begründete Zweifel hinsichtlich der Kausalität verbleiben.[36] Die fehlende Kausalität zwischen Genehmigung und Taterfolg schließt neben
der mittelbaren Täterschaft auch die Mittäterschaft sowie die Strafbarkeit wegen
Fahrlässigkeit aus. Bei einem die Kausalität umfassenden Tatentschluss kommt
freilich Versuch in Betracht, soweit dieser strafbar ist.[37] Vorrang hätte jedoch hinsichtlich der Zukunft §§ 324, 13 StGB, wenn – was regelmäßig im Wege der Verwaltungsvollstreckung gelingen dürfte und ab dem Moment wo – durch behördliches Einschreiten dem Einleiten hätte ein Ende gesetzt werden können.
Dieser Gedanke ist auch für die Teilnahme und damit im Bereich der Sonderde-   26
likte und der strafrechtlich unwirksamen Genehmigungen relevant. Wenn der Vor-

---

[36] *Horn*, NJW 1981, 1/4 f.; *Saliger*, UmwStR, Rn. 200.
[37] *Horn*, NJW 1981, 1/4 f.

dermann täterschaftlich agiert und der Amtsträger daher lediglich Anstifter oder Gehilfe sein kann, stellt sich das Kausalitätsproblem auch dort.

Beispiel

Y beabsichtigt, eine gem. § 4 BImSchG genehmigungsbedürftige Anlage zu betreiben. Er hat bislang erhebliche finanzielle Mittel aufgewandt und ist daher entschlossen, an einem festen Termin auch ohne Genehmigung tätig zu werden. Genehmigungsfähig ist die Anlage allerdings nicht. Dennoch stellt er den Antrag, welchem der A stattgibt, ohne dass die Voraussetzungen von § 330d Abs. 1 Nr. 5 StGB vorliegen. Die Genehmigung ist allerdings gem. § 44 Abs. 1 VwVfG nichtig, was Y und A klar ist. Zum folgenden, geplanten Termin nimmt Y den Betrieb der Anlage auf.
Strafbarkeit von Y und A gem. § 327 StGB?

Indem die Genehmigung verwaltungsrechtlich unwirksam geblieben ist, hat sich Y gem. § 327 Abs. 2 S. 1 Nr. 1 StGB strafbar gemacht. A fehlt die Täterqualität. Eine Anstiftung setzt die Herbeiführung des Tatentschlusses des Täters voraus. Hier war Y allerdings schon entschlossen, weshalb §§ 327 Abs. 2 S. 1 Nr. 1, 26 StGB ausscheiden. In Betracht kommt jedoch eine Beihilfe. Das eröffnet den alten Streit um die Notwendigkeit der Kausalität des Gehilfenbeitrages,[38] die vorliegend nicht gegeben ist. Wer keine Kausalität verlangt, könnte in der Genehmigung eine Bestärkung des Tatentschlusses verorten, was freilich im Einzelfall des näheren Nachweises bedarf. Der Versuch der Beihilfe ist stets straflos und jener der Anstiftung, soweit es sich nicht um ein Verbrechen handelt (§ 30 Abs. 1 S. 1 StGB). Soweit aber das behördliche Einschreiten dem Handeln des Vordermannes ein Ende gesetzt haben würde, greift aufgrund der Garantenstellung des Amtsträgers eine Beihilfe durch Unterlassen.

4. Pflichtenmaßstab

27 Für die Strafbarkeit des Amtsträgers ist die Bestimmung des hierfür geltenden Pflichtenmaßstabes problematisch. Ausgangspunkt ist das Verwaltungsrecht. Sofern der Amtsträger in seiner Tätigkeit für die Genehmigungs- oder Überwachungsbehörde verwaltungsrechtlich rechtmäßig handelt, kann er sich nicht strafbar machen. Fraglich ist, ob es dazu auch auf formelle Regelungen oder nur auf materielle Regelungen ankommt. Nach überwiegender Ansicht macht sich der Amtsträger nur dann strafbar, wenn er gegen eine dem *materiellen* Umweltschutz dienende verwaltungsrechtliche Pflicht verstößt. Verfahrensfehler sollen ausscheiden, soweit sie nicht auf das Rechtsgut bezogen sind.[39] Fraglich sind insbesondere Fehler bei der verwal-

---

[38] Zum ganzen *Hillenkamp/Cornelius*, 32 Probleme StrafR AT, S. 220 ff.

[39] *Heine/Schittenhelm*, in: Schönke/Schröder, Vor §§ 324 ff. Rn. 30; *Saliger*, UmwStR, Rn. 185 f.

tungsrechtlichen Ausübung von Beurteilung- und Ermessensspielräumen. Die Diskussion wird anhand der Frage geführt, ob im Interesse der Entscheidungsfreude die Strafbarkeitsrisiken für Amtsträger der Sorgfaltsmaßstab auf **signifikante Verwaltungsfehler** zu beschränken ist, bei denen der verwaltungsrechtliche Entscheidungsspielraum offenkundig bzw. schwerwiegend überschritten wird.[40] Diese Schwerpunktsetzung wird allerdings der Vielfalt der Geschehensvarianten nicht gerecht.

Für Sonderdelikte kommt Strafbarkeit nur bei Unwirksamkeit der Genehmi- **28** gung im Sinne von § 44 VwVfG und § 330d Abs. 1 Nr. 5 StGB in Betracht. Bei derart groben Fehlern, verdient der Amtsträger keinen größeren Schutz als der Bürger. Für Allgemeindelikte ist zwar eine Täterschaft nicht ausgeschlossen, jedoch scheidet eine Mittäterschaft durch Genehmigung nach hier vertretener Ansicht in aller Regel aus. Die verbleibende Teilnahme steht hingegen unter der Bedingung der strafrechtlichen Unwirksamkeit der Genehmigung, weshalb der Amtsträger ebenso wenig wie der Bürger Schutz verdient. Wenn die Genehmigung hingegen wirksam, aber rechtswidrig ist, erfordert die Strafbarkeit wegen mittelbarer Täterschaft zumindest einen Eventualvorsatz im Hinblick auf diese Rechtswidrigkeit. Bei aller Förderung eines möglichst freien und kreativ-zweckorientierten Verwaltungshandelns, kann die Billigung der Rechtswidrigkeit eigenen Handelns keinen Schutz beanspruchen. Die Frage konzentriert sich damit auf die Fahrlässigkeitstrafbarkeit eines Amtsträgers, der die Fehlerhaftigkeit seines Tuns nicht erkennt oder zumindest billigt.

Insofern bieten allerdings die Regeln über den **Pflichtwidrigkeitszusammen-** **29** **hang** einen ausreichenden Schutz.

Beispiel

A erteilt dem X eine wirksame Genehmigung, wobei dem A ein Ermessensfehler unterläuft, welchen er nicht für möglich hält. Die Genehmigung hätte aber mit anderer Begründung ermessensfehlerfrei ergehen können. Unter Ausübung der fehlerhaft begründeten Genehmigung verunreinigt X ein Gewässer.
Strafbarkeit von A und X?

X ist durch die wirksame Genehmigung gerechtfertigt. Indem A sein eigenes Handeln für rechtmäßig hält, fehlt ihm der für die mittelbare Täterschaft nötige Vorsatz. In Betracht kommt § 324 Abs. 1 i. V. m. Abs. 3 StGB. Die Erteilung der Genehmigung kann nicht hinweggedacht werden, ohne dass nicht auch der Erfolg entfiele. Mit dieser Handlung hat A die Pflicht zur fehlerfreien Ermessensausübung verletzt. Fraglich ist, ob diese Pflichtverletzung eine rechtlich missbilligte Gefahr geschaffen hat, die sich im Erfolg verwirklichte, was bei **rechtmäßigem Alternativverhalten** ausscheidet.[41] Wenn der Adressat einen Anspruch auf die Genehmigung gehabt

---

[40] Dafür statt vieler *Heine/Schittenhelm*, in: Schönke/Schröder, Vor §§ 324 ff. Rn. 30; *Saliger*, UmwStR, Rn. 185 f.
[41] S. zum ganzen oben § 3 Rn. 81 i. V. m. § 3 Rn. 26 ff.

hätte, sei es nach der gesetzlichen Regelung oder aufgrund einer Ermessensreduzierung auf Null, dann wäre die Genehmigung ohnehin ergangen. Folglich hätte sich in
der Gewässerverunreinigung nicht das mit dem Ermessensfehler geschaffene Risiko verwirklicht. Zu demselben Ergebnis führt es, wenn die Genehmigung auch
ermessensfehlerfrei hätte ergehen, aber ebenso gut auch hätte zurückgewiesen werden können. In diesem Fall greift der Grundsatz in *dubio pro reo*. Wenn aufgrund
des verwaltungsrechtlichen Entscheidungszwanges klar ist, dass eine Entscheidung
über die begehrte Genehmigung getroffen werden musste, aber wegen des bei der
ersten Entscheidung nicht ordnungsgemäß ausgeübten Ermessens ungeklärt ist, ob
das eröffnete Ermessen zugunsten oder zulasten des Antragstellers ausgeübt worden
wäre, muss unter der gebotenen Anwendung des Zweifelssatzes der Fall so behandelt werden, als wäre die mögliche Genehmigung tatsächlich erteilt worden. Ein
verwaltungsrechtlicher Rechtsverstoß führt somit erst dann zu einem zurechenbaren
Verletzungserfolg, wenn die betreffende Genehmigung unter keinem denkbaren
Gesichtspunkt rechtmäßig hätte ergehen können.[42] Im Beispiel ist A daher in Ermangelung des notwendigen Pflichtwidrigkeitszusammenhanges nicht gem. § 324
Abs. 1 i. V. m. Abs. 3 StGB zu bestrafen.

30   Im Übrigen jedoch gilt für den Amtsträger kein anderer Sorgfaltsmaßstab als für
den umweltbewussten Rechtsgenossen.[43] Die Lösung besteht insofern vielmehr darin, die auch für den Bürger geltenden besonders strengen Anforderungen zu lockern
und somit einheitlich einen Sorgfaltsmaßstab anzulegen, der den Einzelnen in seiner Tätigkeit nicht mehr als zumutbar beeinträchtigt.

5. Persönlicher Anwendungsbereich

31   Für Amtsträger bestehen im Umweltstrafrecht keine besonderen Regelungen zur
Bestimmung der persönlichen Verantwortung. Wenn ein Rechtsgut verletzt oder ein
Gefährdungstatbestand verwirklicht wird, dann muss wie auch in allen anderen Fällen eine Zuordnung der Personen zu diesem Ereignis vorgenommen werden. Maßstab dafür sind die allgemeinen Regelungen von Täterschaft und Teilnahme. Nicht
anders als bei einem Mord also muss geklärt werden, welche Personen durch welche objektiven Handlungen und mit welchem Vorstellungsbild Anteil an dem Geschehen hatten.

32   Ausgangspunkt ist jene Behörde, die unmittelbar in Kontakt mit dem Bürger
steht. Sie agiert als Genehmigungs- und Überwachungsbehörde. Innerhalb dieser
Behörde geht es zunächst um den Verfasser einer Genehmigung. Dieser agiert jedoch nicht allein, sondern aus einem komplexen organisatorischen Gebilde heraus,
dass nach bestimmten Regelungen organisiert ist und dessen Strukturen je nach
Verfahrensart und Umfang unterschiedlich ineinandergreifen. Sieht man den Ver-

---

[42] Entsprechend gestaltet sich die Begrenzung der Strafbarkeit bei fehlerhaften Entscheidungen
über ein unterbleibendes Einschreiten der Behörde.

[43] S. oben § 3 Rn. 68 ff.

fasser der Genehmigung als Ausgangspunkt und Bindeglied zu einer tiefer in die Verwaltung hineinragenden Verantwortung, ist zunächst danach zu unterteilen, ob dieser **Amtsträger der ersten Reihe** Täter oder Teilnehmer ist. Ist er aufgrund eines Sonderdeliktes nur Teilnehmer, schließt das eine Strafbarkeit der **Amtsträger der zweiten Reihe** nicht aus.

Beispiel

A ist bei einem Landkreis beschäftigt und dort für die Erteilung bestimmter Genehmigungen nach §§ 4, 6 BImSchG zuständig. Den Antrag des X möchte er ablehnen, da die Genehmigung aufgrund fehlender Genehmigungsvoraussetzungen rechtmäßig nicht erteilt werden kann. Sein Vorgesetzter B erteilt ihm jedoch die Weisung, gleichwohl den beantragten Bescheid zu erlassen. Widerwillig beugt sich A und X macht von der Genehmigung Gebrauch. A, X und B ist bekannt, dass der Bescheid an einem so schweren Rechtsmangel leidet, dass er gem. § 44 Abs. 1 VwVfG nichtig ist. Ohne diese Genehmigung hätte X die Anlage aber nicht betrieben. Umstände nach § 330d Abs. 1 Nr. 5 StGB liegen nicht vor.

Strafbarkeit der Beteiligten gem. § 327 Abs. 2 S. 1 Nr. 1 StGB?

Variante 1): A ist bereits zur Erteilung der nichtigen Genehmigung entschlossen, möchte dies jedoch so tun, dass es möglichst wenig auffällt. Daher sucht er bei B Rat, welcher ihm zu diesem Zweck bei der Formulierung des Bescheides wichtige Hinweise gibt, die A gern aufgreift.

Variante 2): Wie soeben, jedoch ist B zunächst unentschlossen. Nach Feierabend beschäftigt ihn die Sache immer noch und er spricht darüber mit seiner Frau F, die ihm hinsichtlich der zu erhaltenden Arbeitsplätze ins Gewissen redet. Daher unterstützt B den A am folgenden Tag bei der Formulierung.

Im Ausgangsfall ist X wegen § 327 Abs. 2 S. 1 Nr. 1 StGB zu bestrafen. Für A kommt mangels zurechenbarer Betreibereigenschaft nur Teilnahme in Betracht. Indem er die Genehmigung erteilte, hat er wissentlich den Tatentschluss des X zu dessen vorsätzlich rechtswidriger Haupttat hervorgerufen. Eine Rechtfertigung scheidet wegen Überschreitung der Genehmigungsbefugnisse aus und die Weisung ändert an der Schuld nichts. B wiederum hat den Entschluss des A zu dessen Anstiftungstat hervorgerufen. Bei einer solchen **Kettenanstiftung** wird auch der Hintermann als Anstifter behandelt. In der ersten Variante des Bsp. ist der Amtsträger der ersten Reihe bereits zur Anstiftung entschlossen, weshalb der Amtsträger der zweiten Reihe ihn dazu nicht mehr bestimmen kann. Allerdings unterstützt der B den A durch eine kausale Handlung, da die Genehmigung ohne den Gehilfenbeitrag in dieser Form nicht ergangen wäre. Beihilfe zur Anstiftung, ist eine Beihilfe zur Haupttat. In der zweiten Variante stiftet die F den B zur Beihilfe an. Anstiftung zur Beihilfe zur Anstiftung wird bestraft als Beihilfe zur Haupttat. Dieses Schema lässt sich beliebig erweitern. Wenn in der Kette zwischen dem Täter und jenem, den es zu prüfen gilt, ausschließlich Anstiftungshandlungen liegen, handelt es sich auch für den Letzten in der Reihe um eine Anstiftung zur Haupttat. Sobald jedoch an einer Stelle dieser Kette oder durch den Letzten selbst lediglich eine Beihilfehandlung vorliegt, so handelt es sich für den Letzten um eine Beihilfe zur Haupttat. Das schwächste Glied in der Teilnahmekette ist also entscheidend.[44]

33   In Parallele zu den Täterschaftsformen sind auch eine Mitanstiftung und eine **mittelbare Anstiftung** möglich und wiederum als Anstiftung zur Haupttat zu behandeln.[45]

> **Beispiel**
>
> A ist noch immer bei einem Landkreis beschäftigt und dort für die Erteilung bestimmter Genehmigungen nach §§ 4, 6 BImSchG zuständig. A will nun den Antrag des Y zurückweisen, doch B erteilt ihm die Weisung, die Genehmigung zu erlassen. A, B und Y ist die Rechtswidrigkeit der verwaltungsrechtlich wirksamen Genehmigung bekannt. A wusste jedoch nicht, dass Y den B im Hinblick auf die erteilte Weisung bestochen hat.[46] Y macht von der Genehmigung Gebrauch, obwohl ihm und B die strafrechtliche Unwirksamkeit bekannt ist. Ohne die Genehmigung hätte Y die Anlage nicht betrieben.
>
> Strafbarkeit der Beteiligten gem. § 327 Abs. 2 S. 1 Nr. 1 StGB?

Die Genehmigung ist zwar verwaltungsrechtlich wirksam, aber gem. § 330d Abs. 1 Nr. 5 StGB strafrechtlich unbeachtlich. Y hat sich daher gem. § 327 Abs. 2 S. 1 Nr. 1 StGB strafbar gemacht. Dem A war die Bestechung nicht bekannt. Die von A allenfalls reflektierte Bösgläubigkeit des Vordermannes unterhalb der Schwelle von § 330d Abs. 1 Nr. 5 StGB ist irrelevant, weshalb dem A der Vorsatz zu einer Haupttat des Y fehlte. § 327 Abs. 3 Nr. 2 StGB scheitert für A, da er nicht Betreiber ist. A bleibt also straflos. Y indes war die strafrechtliche Unwirksamkeit bekannt, weshalb er mittelbarer Anstifter und daher gem. §§ 327 Abs. 2 S. 1 Nr. 1, 26 StGB zu bestrafen ist.

34   Für Allgemeindelikte stellen sich innerhalb der Genehmigungsbehörde dieselben Fragen. Ausgangspunkt ist wiederum der Amtsträger der ersten Reihe, der nun auch täterschaftlich verantwortlich sein kann. In Betracht kommen insofern eine **mittäterschaftliche mittelbare Täterschaft** und eine weiter in die Reihen der Verwaltung hineinverlagerte mittelbare Täterschaft mit Amtsträgern der vorderen Reihen als gutgläubige Werkzeuge.

> **Beispiel**
>
> A und B sind in einer Behörde für die Erteilung einer wasserrechtlichen Genehmigung zuständig. Sie erteilen dem X wissentlich und zum Erhalt von Arbeitsplätzen eine wirksame, aber rechtswidrige Genehmigung zur Direkteinleitung in einen Fluss. § 330d Abs. 1 Nr. 5 StGB ist nicht gegeben. X verunreinigt genehmigungskonform diesen Fluss, was er ohne die Genehmigung nicht getan hätte.
>
> Strafbarkeit der Beteiligten gem. § 324 Abs. 1 StGB?

---

[44] Statt vieler Baumann/Weber/*Mitsch/Eisele*, AT, § 26 Rn. 79 ff. u. 134 f.; Wessels/*Beulke/Satzger*, AT, Rn. 836a, 836b sowie ferner *Küpper*, JuS 1996, 23 ff.

[45] Baumann/Weber/*Mitsch/Eisele*, AT, § 26 Rn. 80.

[46] Wer hieraus den Schluss zieht, dass die Genehmigung zwingend gem. § 44 Abs. 1 VwVfG unwirksam wäre, mag den Fall so umstellen, dass Y falsche Angaben gemacht hat, was ausschließlich dem B bekannt gewesen ist.

Die Genehmigung ist strafrechtlich wirksam und X daher in Bezug auf § 324 Abs. 1 StGB gerechtfertigt. A und B haben den gemeinsam gefassten Entschluss zur Verwirklichung von § 324 Abs. 1 StGB in mittelbarer Täterschaft tatsächlich umgesetzt und sind daher gem. § 324 Abs. 1, 25 Abs. 1 Var. 2 i. V. m. 25 Abs. 2 StGB zu bestrafen. Dieses Muster der täterschaftlichen Verantwortlichkeit lässt sich weiter in die Verwaltungsstruktur hinein verschieben, wenn die Amtsträger in den ersten Reihen gutgläubig sind.

Im Übrigen gelten für die Verantwortlichkeit innerhalb einer größeren Verwaltungsorganisation grdsl. dieselben Grundsätze wie für die Verantwortlichkeit in einem Unternehmen. Vorbehaltlich der konkreten Form der Beteiligung sind für das Umweltstrafrecht einige typische Konstellationen für die Bestimmung des Kreises der persönlich strafrechtlich Verantwortlichen hervorzuheben. Grdsl. kommt jede Person in Betracht die auf Seiten der Genehmigungsbehörde an einer strafrechtlich relevanten Genehmigung Anteil hat. Dieser Kreis beschränkt sich nicht auf den die Genehmigung ausstellenden Mitarbeiter und seinen behördeninternen Vorgesetzten. Die Behörde selbst wird einem Hoheitsträger zugeordnet und ist in einen Verwaltungsaufbau eingegliedert. Aufsichtsmaßnahmen, insbesondere **Weisungen** zur Erteilung einer Genehmigung, begründen ebenso die Verantwortlichkeit wie die eigenhändige Ausstellung der Genehmigung.   35

Typisches Merkmal umweltrelevanter Genehmigungen ist die Einbeziehung von weiteren Behörden und externen Sachverständigen. Da keine Sonderregelungen für Amtsträger im Umweltstrafrecht bestehen, macht es grdsl. keinen Unterschied ob Personen, die zur Erteilung einer Genehmigung befugt sind, eigenverantwortlich tätig werden, oder ob hinter ihnen steuernd **externe Dritte** stehen.   36

Beispiel

X beantragt eine Genehmigung zur Umlagerung von Abfällen einer Sonderabfalldeponie auf eine „Hausmülldeponie". Diese Genehmigung wird ihm von A wirksam, aber rechtswidrig erteilt. A glaubt jedoch an die Rechtmäßigkeit dieser Genehmigung. Die Genehmigungsbehörde hat im Zuge des Verwaltungsverfahrens das Landesumweltamt um Stellungnahme gebeten. B gab in dieser Eigenschaft eine von wissentlich unwahren Tatsachen getragene positive Stellungnahme hinsichtlich der Schadstoffbelastung ab, worauf sich der A für die Genehmigung stützte. A war die Rechtswidrigkeit der wirksamen Genehmigung nicht bekannt. Umstände gem. § 330d Abs. 1 Nr. 5 StGB liegen nicht vor. X macht von der Genehmigung in Kenntnis der Rechtswidrigkeit Gebrauch und verwirklicht tatbestandlich § 326 Abs. 1 StGB.

Strafbarkeit der Beteiligten gem. § 326 StGB?

Variante 1): B ist kein Behördenmitarbeiter, sondern ein von der Genehmigungsbehörde mit einem Gutachten beauftragter privater Sachverständiger.

Variante 2): A hat Zweifel hinsichtlich der Richtigkeit der Stellungnahme und der daher problematischen Rechtmäßigkeit der Genehmigung, nimmt jedoch das objektive Geschehen billigend in Kauf.

X ist ob der Wirksamkeit der Genehmigung gerechtfertigt. Der BGH hat in einer vergleichbaren Konstellation zutreffend als rechtlich unbedeutend angesehen, dass der mittelbare Täter nicht Bediensteter der Genehmigungsbehörde ist. Wenn sich die Genehmigung maßgeblich auf die externe Stellungnahme stützt, dann hat der Hintermann in gleicher Weise an der Genehmigung mitgewirkt, wie wenn er in der Genehmigungsbehörde tätig gewesen wäre.[47] Im Beispiel ist B daher als Angehöriger der Fachbehörde ebenso mittelbarer Täter wie in der ersten Variante als **externer Sachverständiger**: Über A hat er Herrschaft aufgrund des Irrtums und über X hat er Herrschaft aufgrund der ihm daher zurechenbaren wirksamen Genehmigung. Hiergegen erheben sich dogmatische Bedenken, wenn die mittelbare Täterschaft nicht nur an die zurechenbare Herbeiführung des Strafbarkeitsmangels des Genehmigungsadressaten anknüpft, sondern sich darüber hinaus gerade auch auf die Freigabe- und Rücknahmemacht der Genehmigungsbehörde stützt. Über diese verfügen Personen außerhalb der Entscheidungskette der Genehmigung nicht, weshalb mittelbare Täterschaft ausscheiden würde[48] und nur Teilnahme in Betracht kommt, soweit sich ein anderer, hinreichender mittelbarer Täter findet. Nach hier vertretener Ansicht hängt die mittelbare Täterschaft nicht von diesen weiteren Merkmalen ab, weshalb konsequent eine Einschränkung für externe Beteiligte des Genehmigungsverfahrens ausscheidet.

37   Zu differenzieren ist in der zweiten Variante. Hier ist der B mittelbarer Täter des § 326 Abs. 1 StGB, dem A fehlt aber die Irrtumsherrschaft über B. Daher muss wertend geklärt werden, ob A und B mittäterschaftlich die mittelbare Tatherrschaft über X innehaben, oder ob A nur der Teilnehmer an der mittelbaren Täterschaft des B ist. Im Ausgangsfall hat der BGH dazu darauf abgestellt, ob der Tatbeitrag im Rahmen des Gesamtgeschehens so wichtig ist, dass er – bei isolierter Betrachtung – täterschaftlichen Rang hat.[49] Dazu kommt es nach dem Entscheidungszusammenhang darauf an, ob die Erteilung der Genehmigung maßgeblich von der externen Stellungnahme abhing. Voraussetzung des (konkludenten) gemeinsamen Tatentschlusses zur mittelbaren Täterschaft ist freilich, dass wechselseitige Kenntnis von dem Vorsatz besteht. Bei Irrtümern des Hintermannes stellt sich abermals das Problem, ob der Anstiftervorsatz als Minus im Vorsatz zur mittelbaren Täterschaft enthalten ist. Dasselbe gilt für die Beurteilung der Täterschaft in Anbetracht von **Weisungen als Aufsichtsmaßnahmen** übergeordneter Behörden, mit dem Unterschied, dass aufgrund der rechtlichen Über- und Unterordnung eine Täterschaft noch schlechter ablehnbar ist.

38   Eine gewisse Sonderstellung nehmen **kommunale Mandatsträger** ein. Deren Einordnung als Amtsträger ist umstritten,[50] worauf es aber hier nicht ankommt, da Amtsträger im Umweltstrafrecht wie jedermann behandelt werden. Von Interesse

---

[47] BGHSt 39, 381/384.

[48] *Saliger*, UmwStR, Rn. 199.

[49] BGHSt 39, 381/389.

[50] Abl. BGHSt 51, 44/59 ff.; *Hellmann*, WiStR, Rn. 860 ff. sowie in der Fallbearbeitung *Hellmann*, Fälle zum WiStR, Rn. 382 ff.

ist allein, ob kommunale Mandatsträger auf ein bestimmtes umweltstrafrechtlich relevantes Vorkommnis hinreichend Einfluss haben. Dazu sind die Argumente für die Ablehnung der Amtsträgereigenschaft im Sinne von § 11 Abs. 1 Nr. 2 StGB von Bedeutung, denn den kommunalen Volksvertretern fehlt gerade die Einbindung in einen behördlich-hierarchischen Aufbau. Sie üben ein freies Mandat außerhalb der Genehmigungsbehörden aus, es sei denn, sie werden mit konkreten Verwaltungsaufgaben betraut, die über ihre Mandatstätigkeit in der kommunalen Volksvertretung und den zugehörigen Ausschüssen hinausgehen.[51] Für die Erteilung von Genehmigungen kommt es deshalb darauf an, ob und wie die Volksvertretung als solche Einfluss hat. Insofern gilt es zu beachten, dass kommunale Volksvertretungen eher der Exekutive als der Legislative zuzuordnen sind. Die Gemeindevertretung ist im staatsrechtlichen Sinne kein Parlament, sondern **Organ einer Selbstverwaltungskörperschaft**. Die Willensbildung der Gemeindevertretung ist dem Bereich der Verwaltung und nicht jenem der Gesetzgebung zugehörig, wobei die Willensbildung der Gemeindevertretung sich überwiegend auf die praktische Erledigung konkreter Verwaltungsaufgaben richtet und nicht auf den Erlass abstrakter Normen. Mitglieder kommunaler Volksvertretungen werden bei der Entscheidung von Einzelfragen im Rahmen der gemeindlichen Selbstverwaltung tätig.[52] Soweit also umweltrechtliche Problemstellungen von der Entscheidung der Volksvertretung betroffen sind, haften kommunale Mandatsträger strafrechtlich genauso wie die mit der Genehmigung betrauten Amtsträger. Ferner kann der kommunale Mandatsträger dann verantwortlich sein, wenn es um die Verwirklichung von Umweltdelikten aus einem kommunalen Unternehmen heraus geht.[53] Stets stellt sich das Problem der individuellen Zurechnung einer **Gremienentscheidung**.

Zudem eröffnet sich die weitere praktisch bedeutsame Frage, ob der **kommunale Mandatsträger als Betreiber** im Sinne der Sonderdelikte anzusehen ist. Abfalldeponien, Abfallverbrennungsanlagen und Kläranlagen sind typischerweise in kommunaler Hand. Die Beziehung zwischen Bürgermeister und den Volksvertretern ist zwar in erster Linie kommunalrechtlicher Natur und unterliegt damit landesspezifischen Besonderheiten, wenn aber für eine von der betreffenden Körperschaft betriebene Anlage Entscheidungen getroffen und – vom Bürgermeister – umgesetzt werden, die zu einer strafrechtlich relevanten Rechtsverletzung führen, dann liegt die Verantwortung dafür (auch) bei den kommunalen Mandatsträgern. Ihnen wird dann die Betreibereigenschaft über § 14 Abs. 1 StGB zugerechnet.[54]

39

---

[51] BGHSt 51, 44/49.

[52] BGHSt 51, 44/52 m. w. N.

[53] *Krell*, UmwStR, Rn. 124; *Saliger*, UmwStR, Rn. 180; *Franzheim/Pfohl*, UmwStR, Rn. 558 ff.

[54] So wohl auch *Krell*, UmwStR, Rn. 124.

Kontrollfragen

1. Wann ist ein Amtsträger wegen der Erteilung einer Genehmigung im Hinblick auf ein Sonderdelikt strafbar? Wann tritt eine Strafbarkeitslücke auf? (Rn. 16 ff.)
2. Wann kommt mittelbare Täterschaft durch Erteilung einer Genehmigung im Hinblick auf ein Allgemeindelikt in Betracht? (Rn. 19 f.)
3. Weshalb ist der Amtsträger nicht aufgrund der erteilten Genehmigung selbst gerechtfertigt? (Rn. 20)
4. Kann die Erteilung einer Genehmigung Mittäterschaft an einem Allgemeindelikt begründen? (Rn. 23)
5. Wie macht sich ein gutgläubiger Amtsträger strafbar, der sorgfaltswidrig eine rechtswidrige Genehmigung erteilt? (Rn. 21)
6. In welchen Fällen ist Kausalität zwischen Genehmigungserteilung und der strafbaren Handlung des Adressaten abzulehnen? (Rn. 25 f.)
7. Gilt für Amtsträger ein anderer Pflichtenmaßstab als für den Bürger? (Rn. 27 ff.)
8. Wie ist die Beteiligung im Verhältnis von Amtsträgern der ersten Reihe und Amtsträgern der zweiten Reihe im Hinblick auf eine rechtswidrige Genehmigung zu beurteilen? (Rn. 31 ff.)
9. Können Amtsträger außerhalb der Genehmigungsbehörde bzw. externe private Sachverständige mittelbare Täter bzw. Mittäter im Hinblick auf ein Allgemeindelikt auf Grundlage einer rechtswidrigen Genehmigung sein? (Rn. 36 ff.)
10. In welchen Konstellationen ist die Strafbarkeit kommunaler Mandatsträger im Umweltstrafrecht eröffnet? (Rn. 39)

III. Verantwortung in Unternehmen

40   Die Bestimmung der persönlichen strafrechtlichen Verantwortung in einem Unternehmen gehört zum Kernbereich des Wirtschaftsstrafrechts und kann aufgrund der Komplexität praktisch vorkommender Unternehmensstrukturen in dem hier gesetzten Rahmen nur in groben Zügen skizziert werden. Es bestehen freilich gewisse Ähnlichkeiten zu den Grundstrukturen der Diskussion um die Amtsträgerstrafbarkeit. Für das Umweltrecht ergeben sich teilweise Besonderheiten.

1. Führungsebene

41   Gerade bei Straftaten, die aus einem Unternehmen heraus begangen werden, ist zwischen aktivem Tun und Unterlassen zu unterscheiden, die je nach Verantwortungsbereich in Wechselwirkung zueinander stehen. Die Einzelheiten des Unterlassungsdelikts werden auch für Unternehmen nachfolgend im Zusammenhang

dargestellt.[55] Für das aktive Tun besteht die Besonderheit darin, dass es in zwei Erscheinungsformen auftritt. Wie bei Straftaten von Amtsträgern kann sich die Verantwortung einerseits an einen konkreten, isoliert betrachteten Handlungsakt anknüpfen. Andererseits kann die Verantwortung aber auch darin bestehen, dass überhaupt erst eine Unternehmensstruktur geschaffen und aufrechterhalten worden ist, aus der heraus geschäftsmäßig Straftaten begangen werden, was als sog. **uneigentliches Organisationsdelikt** zu diskutieren ist.

Ausgehend von dem **einzelnen Handlungsakt** und einem Allgemeindelikt ist   **42** fraglich, ob die Führungsebene für Handlungen der Mitarbeiter in der ersten Reihe täterschaftlich verantwortlich sind.

Beispiel

A betreibt ein Entsorgungsunternehmen, bei welchem er mit einer Flotte von 100 Fahrzeugen Abfälle einsammelt, auf sein Betriebsgelände verbringt und von dort aus die Verwertung bzw. Beseitigung weiter betreibt. Für all dies verfügt er über eine Genehmigung. Als der Fahrer F eine von der Genehmigung umfasste Position Abfall abholt, erhält er von A die Weisung, diesen in einem nahegelegenen See zu versenken. Aufgrund des Hinweises auf eine Kündigung, für die sich ein Grund schon werde finden lassen, gibt F nach und verunreinigt wissentlich ein Gewässer im Sinne von § 324 Abs. 1 StGB.

Strafbarkeit von F und A gem. § 324 StGB?

Variante: F wird von A angewiesen, die Ladung auf der Deponie des X zu verkippen. F glaubt, dies sei rechtmäßig. A hingegen hat den F bewusst über die Unzulässigkeit dieser Abfallart getäuscht, um Kosten zu sparen. Hierdurch wird das Grundwasser verunreinigt, was A billigend in Kauf genommen hat.

Im Ausgangsfall ist eine Anstiftung des F durch A unproblematisch gegeben. Fraglich ist jedoch, ob eine vorgreifliche Täterschaft in Betracht kommt. Die **Mittäterschaft** stünde zunächst vor dem Problem, dass A bei der eigentlichen Tatausführung nicht mitgewirkt hat und daher nach Maßgabe der funktionellen Tatherrschaftslehre und deren Einfluss auf die Indizien der Bestimmung der Täterschaft nach der Rspr. eher fernliegt, weshalb § 25 Abs. 2 StGB im Beispiel scheitert. Ferner bedarf die Mittäterschaft eines gemeinschaftlichen Tatentschlusses. Dieser ist bei Weisungen problematisch, auch wenn Mittäterschaft keine Ebenbürtigkeit voraussetzt. Vor allem bei komplexeren Unternehmensstrukturen mit mehreren Ebenen und langen Weisungsketten fehlt mit zunehmender Entfernung zwischen dem eigentlichen Entscheider und dem Ausführenden ein hinreichender kommunikativer Austausch zur Statuierung eines gemeinsamen Tatplans.[56] Problematisch ist daher, ob und wann eine Organisationsstruktur eine Strafbarkeit des **Täters hinter dem Täter** eröffnet. Dies ist bekanntlich eine umstrittene Fallgruppe der mittelbaren Täterschaft, welche der BGH für die Schüsse an der innerdeutschen Grenze anerkannt hat. Problema-

---

[55] S. unten § 6.
[56] Vgl. statt vieler *Hellmann*, WiStR, Rn. 1043.

tisch ist, ob diese Grundsätze auch für die Verantwortung der Führungsebene **in einem Unternehmen** angewendet werden können. Das hält die Rechtsprechung unter Kritik der Lehre für möglich,[57] wobei aber die Voraussetzungen im Einzelfall unscharf sind. Teilweise wird vorgeschlagen, eine Verantwortung darauf zu stützen, dass die Unternehmensführung ein Konzept betreibt, das geradezu darauf ausgerichtet ist, dass die ausgegebenen Ziele nicht mit legalen Mitteln erreicht werden können und zugleich erheblicher Druck auf die Mitarbeiter ausgeübt wird und so verfestigte kriminogene Strukturen statuiert werden.[58] Dennoch sind diese Fälle nicht vergleichbar. Kernstück der Tatherrschaft bei einem organisatorischen Machtapparat ist die Fähigkeit dieses Machtapparates, die Individualität der Ausführenden zu negieren, indem diese beliebig austauschbar sind. Ein Unternehmensmitarbeiter aber ist in keiner vergleichbaren Situation zu einem Befehlsempfänger, der militärisch straff und damit gleichsam automatisch zur Durchführung strafbarer Handlungen veranlasst wird. Die mittelbare Täterschaft kraft Weisung ist daher abzulehnen. Anders liegt es freilich, wenn der Vordermann einen Strafbarkeitsmangel aufweist. In der Variante des Beispiels ist aufgrund des Tatbestandsirrtums A wegen §§ 324 Abs. 1, 25 Abs. 2 StGB zu bestrafen. Entsprechendes gilt gem. **§ 14 Abs. 2 S. 1 Nr. 1 StGB** für den (teilweisen) Betriebsleiter.

43 Ebenfalls unproblematisch ist die Täterschaft des Hintermannes, wenn es sich um ein Sonderdelikt handelt. Für das Umweltrecht geht es also um (verdeckte) **Betreiberdelikte**. Fehlt dem Vordermann das zur Verwirklichung des Tatbestandes notwendige besondere Merkmal, kann sich nur der Hintermann strafbar machen, soweit ihn dieses Merkmal trifft. Im Bereich von Unternehmen findet auf der Führungsebene über **§ 14 Abs. 1 StGB** eine Zurechnung für Organe juristischer Personen und Mitglieder von solchen Organen, für vertretungsberechtigte Gesellschafter einer rechtsfähigen Personengesellschaft sowie für gesetzliche Vertreter eines anderen statt.

Beispiel

A betreibt eine kerntechnische Anlage im Sinne von § 327 Abs. 1 Nr. 1 StGB auf Grundlage einer entsprechenden Genehmigung. Um die Leistung der Anlage zu erhöhen, beauftragt A den Mitarbeiter X mit einer Änderung der Einstellung der Anlage, die – wie beide wissen – eine wesentliche Änderung des Betriebs herbeiführt, für die keine Genehmigung vorliegt. X kommt der Aufforderung nach. Strafbarkeit von A und X gem. § 327 Abs. 1 Nr. 1 StGB?

X ist nicht Betreiber der Anlage und daher kein tauglicher Täter. A hingegen ist als Betreiber gem. § 327 Abs. 1 Nr. 1 StGB zu bestrafen. Dazu bedarf es bei genauerem Hinsehen nicht erst der Konstruktion einer mittelbaren Täterschaft, denn die selbstbestimmte Verfügungsgewalt über die gesamte Anlage, was tatbestandliche Voraus-

---

[57] So etwa BGHSt 48, 331/342; BGHSt 49, 147/163 f.; *Hellmann*, WiStR, Rn. 1043; a.A. statt aller *Saliger*, UmwStR, Rn. 169.

[58] *Krell*, UmwStR, Rn. 114.

setzung ist, hat allein der A. Die einzelne Anweisung ist insofern lediglich eine Facette seiner Betriebsführung. X hingegen hat aufgrund eines Mangels an Tatherrschaft in eigener Person den Tatbestand nicht verwirklicht. Die Besonderheit liegt darin, dass Tatherrschaft und besonderes persönliches Merkmal letztlich deckungsgleich sind. Die Bezeichnung als mittelbare Täterschaft erscheint aber dennoch nicht unzutreffend. X hingegen ist wegen Beihilfe zu diesem Delikt strafbar, wobei neben der Strafmilderung aus § 27 Abs. 2 S. 1 StGB die zusätzliche Strafmilderung des § 28 Abs. 1 StGB greift.

Die Frage nach der mittelbaren Täterschaft in der Konstellation Täter hinter dem **44** Täter ist im Bereich der Umweltdelikte aufgrund der Dominanz der Betreiberdelikte praktisch von eher nachrangiger Bedeutung. Ebenso verhält es sich mit dem Problem des **uneigentlichen Organisationsdeliktes**. Die Täterschaft knüpft nach dieser Figur an die Schaffung und Ausnutzung einer Organisation, aus der heraus Straftaten geschäftsmäßig begangen werden. Die Statuierung der Organisation ist für sich genommen grdsl. straflos, und greift in Gestalt der Bande bzw. der Gewerbsmäßigkeit mittelbar als Strafschärfungsgrund. Diesen Unterschied zu §§ 129, 129a StGB will das Wort „uneigentlich" zum Ausdruck bringen. Der Idee nach legt der Organisator durch die geschaffene Struktur für eine unbestimmte Vielzahl von Fällen den *modus operandi* fest, nach welchem durch die Handelnden der ersten Reihe die einzelnen Taten begangen werden. Deutlich wird der Grundgedanke aus der Perspektive der Konkurrenzen. Der Vordermann begeht bspw. 1000 einzelne Betrugstaten durch Telefonate mit 1000 verschiedenen Personen und wird daher aus Tatmehrheit bestraft. Der Hintermann indes hat durch eine Handlung die Organisation geschaffen und wäre daher tateinheitlich zu bestrafen. Problematisch und nicht immer völlig klar in der Rechtsprechung des BGH ist, ob dogmatisch auch der Organisator den Tatbestand 1000 mal verwirklicht hat, oder ob es sich für ihn – und damit auch für alle anderen – um eine einzige Verwirklichung des § 263 StGB handelt.[59] Für das Umweltstrafrecht fallen aber vergleichbare standardisierte Massendelikte eher schwer.

Beispiel

B ist Inhaber eines Unternehmens, welches mit 100 individuell tätigen Servicemitarbeitern S^X bundesweit Wartungen an bestimmten hydraulischen Anlagen vornimmt. Dabei fallen pro Mitarbeiter täglich 20 l Hydrauliköl an, die B zu entsorgen hätte. B beschafft die Aufträge, hält den Kundenkontakt, kümmert sich um Einkauf und Lagerhaltung sowie um den Einsatz der Mitarbeiter. Zur Vermeidung von Entsorgungskosten weist er seine Mitarbeiter einmalig zu Beginn des Arbeitsverhältnisses an, täglich zu Feierabend und immer an unterschiedlichen Stellen die Behälter in Wäldern zu entleeren. Dem kommen die S^X bereitwillig nach, da sie aufgrund der Ersparnis des B gut verdienen, die Entsorgungskosten ohnehin für überhöht sowie den Umweltschutz für übertrieben halten und

---

[59] Zum ganzen nur BGHSt 49, 177 f., aber auch BGH StraFo 2012, 72 f.; krit. statt vieler *Reinbach*, Jura 2016, 139 ff. sowie *Kische*, Die Rechtsfigur des uneigentlichen Organisationsdelikts (2014).

den B auch sonst gut leiden können. Hierdurch treten jeweils, was alle wissen, Bodenverunreinigungen im Sinne von § 324a Abs. 1 StGB ein. Strafbarkeit von B und S^X gem. § 324a Abs. 1 StGB?

Die Mitarbeiter machen sich pro Arbeitstag wegen § 324a Abs. 1 StGB strafbar, wobei die Taten in Tatmehrheit zueinanderstehen. Die Mittäterschaft des B scheitert zumindest an mangelnder Tatherrschaft über die täglich anderen und ihm nicht bekannten Orte und konkreten Verfahrensweisen. Einer mittelbaren Täterschaft steht die offene Bereitschaft der S^X zur Tatbegehung im Wege. In Betracht kommt aber die Anknüpfung einer Täterschaft des B an die Schaffung und Aufrechterhaltung der Organisation. Die Rechtsprechung würde wohl eine Täterschaft aufgrund des uneigentlichen Organisationsdeliktes auch im Beispielsfalle annehmen. Hiergegen besteht jedoch vor allem der Einwand, dass die Maßstäbe der mittelbaren Täterschaft sowie der Mittäterschaft unterlaufen werden. Zudem ist das Maß der notwendigen Organisationsherrschaft ungewiss und daher kritikwürdig. Letztlich treten mit der Anerkennung des uneigentlichen Organisationsdelikts durch die Hintertür alle Probleme wieder auf, die mit der Abstandnahme von der sog. fortgesetzten Handlung[60] behoben werden sollten. In der praktischen Anwendung stellen sich zudem handfeste prozessuale Probleme für das tatgerichtliche Verfahren. Eine funktionell fehlerfreie Anklage erfordert eine Konkretisierung der Taten. Das würde an sich eine Auflistung und Konkretisierung jeder einzelnen Bodenverunreinigung erfordern. Der BGH indes erkennt der näheren Konkretisierung des Einzelaktes allerdings nur Bedeutung für die Informationsfunktion zu,[61] was die Wirksamkeit der Anklage unberührt lässt und daher abzulehnen ist. Die Auflistung der Einzelfälle und deren Verschiebung aus dem Anklagesatz heraus in das wesentliche Ergebnis der Ermittlungen, was die Verlesung des Anklagesatzes erleichtert, ist zwar zumindest im Ergebnis revisionsrechtlich nicht zu beanstanden.[62] Nicht hinzunehmen ist jedoch eine daraus folgende prozessuale Oberflächlichkeit hinsichtlich des Nachweises jener Einzelakte. Genau in diese Richtung geht aber die scharf abzulehnende Tendenz.[63] Nach hier vertretener Ansicht wäre B aufgrund seiner erteilten Weisung im Beispiel wegen Anstiftung zu bestrafen.

45   Das zweite große Problemfeld betrifft die Frage, wer von mehreren auf höherer Ebene stehenden Personen verantwortlich ist. Hier geht es einerseits um die **Ressortverantwortung**. Unterschiedliche Bereiche eines Unternehmens sind in erster Linie für sich selbst verantwortlich, während im Hinblick auf die übrigen Bereiche der Vertrauensgrundsatz gilt. Je höher aber die Führungsebene und je größer damit

---

[60] BGHSt (GrS) 40, 138 ff.

[61] Insb. BGHSt 56, 183 ff. sowie BGHSt 57, 88 ff.; BGH NZWiSt 2017, 190 ff.

[62] Dazu BGHSt (GrS) 56, 109 ff. sowie *Börner*, NStZ 2011, 436 ff.

[63] Vgl. am Beispiel der Massenbetrugsfälle etwa BGH NStZ 2019, 43 m. Anm. *Frank*.

der Einfluss des Betreffenden auf das Unternehmen ist, desto strenger werden auch die Anforderungen an ein schützenswertes Vertrauen. Insbesondere in Krisensituationen, welche das Gesamtunternehmen betreffen, greift der Vertrauensschutz nicht mehr.[64] Problematisch ist freilich, wann eine solche Krisensituation gegeben ist.[65] Von Bedeutung ist ferner, wie dieser Grundsatz bei unterschiedlichen Begehungsformen zum Tragen kommt. Für Fahrlässigkeit kommt Vertrauen im Rahmen des Sorgfaltsmaßstabes in Betracht, was für das Vorsatzdelikt schwer fällt. Im Rahmen des unechten Unterlassungsdelikts tritt der Sorgfaltsmaßstab als Begrenzung der Garantenpflicht in Erscheinung, was Vorsatz und Fahrlässigkeit betreffen kann.

Andererseits sind **Gremienentscheidungen** von Bedeutung.[66] Eine Stimmab **46** gabe für ein strafbares Verhalten ist für dieses kausal, wenn die Entscheidung insgesamt kausal ist.[67] Zugleich enthält die Abstimmung insofern einen formalisierten gemeinsamen Tatentschluss, unabhängig davon auf welche Begehungsform oder Beteiligungsform dieses gemeinsame Verhalten gerichtet ist. Problematisch ist unter zwei Gesichtspunkten das Unterlassen. Eine Entschlussfassung durch Abstimmung ist zwar an sich mit körperlichem Energieaufwand verbunden, entscheidend ist aber, was aus dieser Abstimmung resultiert. Richtet sie sich auf den unterlassenen Rückruf umweltgefährdender Produkte, handelt es sich um ein Unterlassen. Sollen diese Produkte erst in Verkehr gebracht werden, liegt aktives Tun vor. Zweitens wird diskutiert, ob und in welchem Umfang jene, die den Entschluss nicht mittragen, zur Verhinderung verpflichtet sind und in welcher Beteiligungsform sodann das unechte Unterlassungsdelikt in Erscheinung tritt.[68]

Schließlich ist die **Überwachung** der Geschehnisse im Unternehmen ureigene **47** Aufgabe der Führungsebene. Dieser Gesichtspunkt hat zwei Seiten. Wer das Unternehmen nicht hinreichend so organisiert, dass aus ihm heraus keine Straftaten begangen werden, kann strafrechtlich aufgrund eines Organisations- und Überwachungsverschuldens haften. Der Schwerpunkt liegt in einem Unterlassensvorwurf unter Statuierung einer entsprechenden Garantenpflicht, wobei Vorsatz und Fahrlässigkeit in Betracht kommen. Die exakte Grenzziehung der notwendigen Maßnahmen ist hoch problematisch und soll in dem hier gesetzten Rahmen gar nicht erst versucht werden. Speziell für Umweltdelikte kommt ein innerbetriebliches Umweltmanagementsystem, bspw. ein freiwilliges Öko-Audit, in Betracht.[69] Als Kehrseite ist fraglich, ob und unter welchen exakten Umständen für die höheren Ebenen ein Haftungsausschluss greift, während der strafrechtliche Vorwurf sich gegen Mitarbeiter in nachgeordneten Ebenen richtet. Die fachgerechte Entwicklung und Installation von **Compliancesystemen** zur Verhinderung und Aufdeckung von Straftaten sowie zur

---

[64] BGHSt 37, 106/123 f.
[65] Näher zum ganzen statt vieler *Saliger*, UmwStR, Rn. 163 ff. m. w. N.
[66] Zum ganzen etwa *Saliger*, UmwStR, Rn. 166.
[67] S. oben § 3 Rn. 18.
[68] Zum ganzen sogleich § 6.
[69] *Saliger*, UmwStR, Rn. 170.

Verlagerung der Verantwortung auf untere Ebenen der Unternehmen ernährt einen eigenen Industriezweig der Anwaltschaft. Keine Compliance bietet jedoch Schutz vor Strafbarkeit, wenn sie nicht innerhalb des Unternehmens mit ausreichenden Befugnissen ausgestattet wird. Bloße Feigenblätter nützen gar nichts.

2. Mitarbeiterebene

48   Das strafrechtliche Gutachten beginnt stets mit dem Tatnächsten. Das ist der eigentliche Ausführende. Macht dieser sich als Täter strafbar, ist die Täterschaft der Führungsebene problematisch. Die Täterschaft scheidet für den unmittelbar Handelnden in erster Linie bei Sonderdelikten aus. Auch unabhängig davon ist es aber denkbar, dass der in erster Reihe Handelnde nur Gehilfe und nicht selbst Täter ist. Das kommt in Betracht, wenn ein Allgemeindelikt durch normativ geprägte Tatbestandsmerkmale bestimmte Verhaltensweisen unter Strafe stellt. Problematisch ist insofern etwa das Bewirtschaften von Abfall im Sinne von § 326 StGB, sowohl in den dort genannten einzelnen Verhaltensweisen als auch in dem sonstigen Bewirtschaften. Es erscheint bspw. nicht zwingend, dass der weisungsgebundene Arbeitnehmer, welcher Container abholt, der tatbestandlich gemeinte Sammler des gefährlichen Abfalls ist.

49   Die dem Unternehmen vorbehaltene Sonderstellung wird jedoch durchbrochen, wenn gem. **§ 14 Abs. 2 S. 1 StGB** eine Verantwortungsübertragung erfolgt ist. Eine Sonderstellung nehmen insofern **umweltrechtliche Betriebsbeauftragte** ein. Diese sind Teil des umweltrechtlichen Kooperationsprinzips, durch welches bestimmte Überwachungsaufgaben übertragen werden.[70] Im Unterschied zum Compliance-Officer betrifft deren Pflichtenprogramm nur einen bestimmten Ausschnitt der strafrechtlich relevanten Pflichten des Unternehmens. In Betracht kommen in erster Linie unechte Unterlassungsdelikte. Problematisch ist neben der Begründung einer Garantenstellung auch, ob dem Betriebsbeauftragten gem. **§ 14 Abs. 2 S. 1 Nr. 2 StGB** die Betreibereigenschaft zugerechnet wird, soweit sein Verantwortungsbereich reicht. Nach zutreffender h. M. greift neben der Garantenpflicht auch § 14 Abs. 2 Nr. 2 StGB.[71] Eine andere Frage ist es jedoch, inwiefern er aufgrund seiner Befugnisse die Möglichkeit hatte, aktiv zu werden. Ebenfalls ist problematisch, ob im Einzelfall die (hypothetische) Kausalität mit der notwendigen Gewissheit gegeben ist.[72] Wer hingegen für den Betriebsbeauftragten die Zurechnung des Merkmals des Sonderdelikts ablehnt, kommt bei davon unberührt bleibender Garantenpflicht immerhin zur Teilnahme, also in aller Regel zur Beihilfe durch Unterlassen. Das hilft freilich nur, wenn eine Haupttat gegeben ist. Täterschaft greift aber auch nach

---

[70] S. oben § 1 Rn. 30.

[71] Dafür etwa *Kloepfer/Heger*, UmwStR, Rn. 136; *Krell*, UmwStR, Rn. 122; *Saliger*, UmwStR, Rn. 172; a.A. *Michalke*, UmStR, Rn. 82, 174, 287.

[72] S. auch *Krell*, UmwStR, Rn. 122.

diesem Standpunkt, wenn ein anderer Grund der Merkmalsüberwälzung für dieselbe Person greift, doch das hat dann mit der Funktion als Betriebsbeauftragter nichts mehr zu tun.[73]

Kontrollfragen

1. Ist im Wirtschaftsstrafrecht eine mittelbare Täterschaft in der Konstellation Täter hinter dem Täter anzuerkennen? (Rn. 42)
2. Wann greift im Übrigen mittelbare Täterschaft für die Führungsebene des Unternehmens? (Rn. 42 f.)
3. Was ist unter einem uneigentlichen Organisationsdelikt zu verstehen? Was spricht gegen diese Figur? (Rn. 44)
4. Bietet die Ressortverantwortung Schutz vor Strafe? Welche Maßstäbe gelten und wo ist die abstrakte Grenze? (Rn. 45)
5. Erläutern Sie den Problembereich der Gremienentscheidungen! (Rn. 46)
6. Schützt das Delegieren von Aufgaben vor Strafbarkeit? (Rn. 47)
7. Was ist ein umweltrechtlicher Betriebsbeauftragter? Erläutern Sie den Unterschied zwischen Garantenpflicht und Zurechnung eines besonderen persönlichen Merkmals! (Rn. 49)

Weiterführende Literatur

AnwaltKommentar StGB, 2. Aufl. 2015
Börner, Der Erlaubnistatbestandsirrtum bei Fahrlässigkeitsdelikten, GA 2002, 276/285 f.
Börner, § 243 Abs. 3 S. 1 StPO und der Große Senat für Strafsachen – die Folgen eines unvollkommenen Anklagesatzes –, NStZ 2011, 436 ff.
Fischer, Strafgesetzbuch, 66. Aufl. 2019
Frank, Anm. zu BGH, Beschl. v. 16.08.2018 – 5 StR 348/18 (LG Göttingen), NStZ 2019, 44 f.
Franzheim/Pfohl, Umweltstrafrecht, Eine Darstellung für die Praxis, 2. Aufl. 2001
Hellmann, Wirtschaftsstrafrecht, 5. Aufl. 2018
Hellmann, Fälle zum Wirtschaftsstrafrecht, 4. Aufl. 2018
Hillenkamp/Cornelius, 32 Probleme aus dem Strafrecht Allgemeiner Teil, 15. Auflage 2017
Horn, Strafbares Fehlverhalten von Genehmigung- und Aufsichtsbehörden?, NJW 1981, 1 ff.
Kische, Die Rechtsfigur des uneigentlichen Organisationsdelikts (BGHSt 49, 177), Hamburg 2014
Kloepfer, Umweltrecht, 4. Aufl. 2016
Kloepfer/Heger, Umweltstrafrecht, 3. Aufl. 2014
Krell, Umweltstrafrecht, 1. Aufl. 2017
Landmann/Rohmer, Umweltrecht, Kommentar, Stand Februar 2019 (89. Ergänzungslieferung)
Michalke, Umweltstrafsachen, 2. Aufl. 2000
Mosbacher, Festschrift für Manfred Seebode zum 70. Geburtstag am 15. September 2008, hrsg. v. Hendrik Schneider u.a., Berlin u.a. 2008, S. 227 ff.
Münchener Kommentar zum Strafgesetzbuch, 3. Aufl. 2019
Reinbach, Uneigentliche Organisationsdelikte, Jura 2016, 139 ff.

---

[73] *Michalke*, UmStR, Rn. 82.

Rengier, Zum Täterkreis und zum Sonder- und Allgemeindeliktscharakter der „Betreiberdelikte" im Umweltstrafrecht, in: Festschrift für Günter Kohlmann zum 70. Geburtstag, Köln 2003, S. 225 ff.

Saliger, Umweltstrafrecht, 1. Aufl. 2012

Satzger/Schluckebier/Widmaier, Strafgesetzbuch, Kommentar, 3. Aufl. 2016

Schmidt/Kahl/Gärditz, Umweltrecht, 10. Aufl. 2017

Schönke/Schröder, Strafgesetzbuch, Kommentar, hrsg. v. *Eser* u.a., 30. Aufl. 2019

Stratenwerth/Kuhlen, Strafrecht Allgemeiner Teil, Die Straftat, 6. Aufl. 2011

Systematischer Kommentar zum Strafgesetzbuch, Band VI, 9. Aufl. 2016

Wessels/*Beulke/Satzger*, Strafrecht Allgemeiner Teil, die Straftat und ihr Aufbau, 49. Aufl. 2019

Küpper, Besondere Erscheinungsformen der Anstiftung, JuS 1996, 23 ff.

§ 6 Unterlassen

Das unechte Unterlassungsdelikt hat wegen zeitlich gestreckter Geschehensabläufe **1** und der regelmäßigen Mehrzahl von mit dem Geschehen in Verbindung stehenden Personen im Umweltstrafrecht besondere Bedeutung.

I. Grundlagen

Das unechte Unterlassungsdelikt greift nur, soweit nicht bereits der betreffende Tat- **2** bestand aktiv verwirklicht worden ist. Daher stellt sich die übliche Frage der Abgrenzung zwischen aktivem Tun und Unterlassen, was sich nicht allein anhand einer Untätigkeit beschreiben lässt, sondern von dem rechtlichen Bedeutungsgehalt eines Geschehens abhängt.

Beispiel

1) A betreibt genehmigungskonform eine Anlage, aus welcher aufgrund eines technischen Fehlers 1000 l Altöl in einen Fluss auszulaufen drohen. Das erkennt A und sieht zugleich den am Ufer spazierenden Rentner R, der das Problem ebenfalls bemerkt hat und telefonisch Hilfe herbeirufen will, was mit an Sicherheit grenzender Wahrscheinlichkeit den Austritt des Öls verhindert haben würde. A streckt den R mit einem Fausthieb nieder, um Entsorgungskosten zu sparen. Der Fluss wird im Sinne von § 324 Abs. 1 StGB verunreinigt.

2) B, C und D sind Vorstände der X AG, die Außenanstriche für Wasserfahrzeuge vertreibt. Ihnen ist bekannt geworden, dass ihr Hauptprodukt Gifte freisetzt, was bisher pflichtwidrig unbemerkt blieb und wodurch bereits jetzt Gewässer verunreinigt worden sind. Im Rahmen der Abstimmung entschließen sie sich dennoch einstimmig gegen einen Rückruf der letzten großen Tranche, welche sie an Y geliefert haben, der regional für ein bestimmtes Gewässer diesen Anstrich benutzt. Daher kommt es in der Folge zu einer Verunreinigung dieses Gewässers im Sinne von § 324 Abs. 1 StGB.
   Strafbarkeit der Beteiligten gem. § 324 StGB?

© Springer-Verlag GmbH Deutschland, ein Teil von Springer Nature 2020
R. Börner, *Umweltstrafrecht*, Springer-Lehrbuch,
https://doi.org/10.1007/978-3-662-60629-2_6

A ist aufgrund des Fausthiebes wegen § 223 StGB zu bestrafen. Im Hinblick auf die Gewässerverunreinigung liegt der Sinn des Fausthiebes in dem aktiven Abbruch eines rettenden Kausalverlaufes, der im Rahmen der Kausalität hypothetisch hinzuzudenken ist. Das gilt als aktives Tun[1] und A ist tateinheitlich auch wegen § 324 Abs. 1 StGB zu bestrafen. B, C und D haben sich aufgrund des bisherigen Inverkehrbringens durch aktives Tun gem. § 324 Abs. 3 StGB strafbar gemacht, da sie insofern sorgfaltswidrig handelten. Die Abstimmung als solche ist zwar eine gewisse Tätigkeit, deren Sinn besteht aber in der Entscheidung zu einer Untätigkeit. Daher handelt es sich um ein Unterlassen und in Ansehung der Garantenstellung haben sie sich im Ergebnis mittäterschaftlich wegen §§ 324 Abs. 1, 13 StGB strafbar gemacht. Tatmehrheit besteht nur, soweit die Gewässerverunreinigung bereits aufgrund fahrlässigen Verhaltens eingetreten war. Für die vorsätzlich nicht verhinderte (weitere) Verunreinigung tritt § 324 Abs. 3 StGB hinter dem unechten Unterlassungsdelikt zurück.

3   Das unechte Unterlassungsdelikt kann vorsätzlich und auch fahrlässig verwirklicht werden. Es greift aber nicht, wenn dasselbe Delikt in derselben Schuldform durch eine vorherige Handlung aktiv begangen worden ist. Der Versuch ist aufgrund der Nachweisschwierigkeiten der hypothetischen Kausalität von besonderer Relevanz. Problematisch sind dann insbesondere die Bestimmung des Momentes des unmittelbaren Ansetzens sowie die Anforderungen an den Rücktritt.[2]

4   Der Prüfungsaufbau des unechten Unterlassungsdeliktes ergibt sich aus den Besonderheiten, die in der Abweichung von dem jeweiligen Grundschema des Prüfungsaufbaus liegen. Anknüpfungspunkt ist die Handlung. Während das aktiv begangene Delikt auf einen physisch-realen Handlungsakt als Handlung zugreifen kann, muss das unechte Unterlassungsdelikt zunächst diese Lücke füllen. Im ersten Schritt muss stets klar sein, was genau der Betreffende hätte tun können. Der zugrundegelegte physisch-reale Handlungsakt muss benannt und auf seine Möglichkeit hin geprüft werden. Die Folge ist eine Anpassung der Kausalitätsprüfung in Gestalt der hypothetischen Kausalität. Schließlich müssen die Garantenstellung und der im konkreten Fall geltende Umfang der Pflicht bestimmt und subsumiert werden. Auf Ebene der Schuld ist umstritten, ob und wann eine ungeschriebene Unzumutbarkeit normgemäßen Verhaltens einschränkend wirkt. Schließlich sagt die Garantenpflicht für sich genommen noch nichts darüber aus, ob der Garant im Einzelfall als Täter oder Teilnehmer zu bestrafen ist.

5   Bei derselben Handlung kann eine Überschneidung mit **Pflichtdelikten** auftreten. Alle Umweltdelikte, welche an die Verletzung einer verwaltungsrechtlichen Pflicht anknüpfen, machen keine Unterschiede danach, ob es sich um eine Handlungs- oder eine Unterlassungspflicht handelt. Dieselbe Untätigkeit, welche für § 324a Abs. 1 StGB eine verwaltungsrechtliche Pflicht – bspw. in Gestalt einer Auflage – verletzt, kann andererseits zu §§ 324 Abs. 1, 13 StGB führen.[3]

---

[1] Vgl. dazu insb. anhand des Behandlungsabbruchs BGHSt 55, 191 ff. sowie *Küpper/Börner*, BT I, § 1 Rn. 25.

[2] Zum ganzen unten § 7 Rn. 2 ff.

[3] Vgl. oben § 4 Rn. 19.

Unterschiede zum Pflichtdelikt ergeben sich im Rahmen des **Tatbestandsirr-** **6**
tums. Die Anforderungen des § 16 Abs. 1 S. 1 StGB beschränken sich für normative
Tatbestandsmerkmale auf die tatsächlichen Umstände, welche der objektiven Subsumtion zugrundegelegt werden, ergänzt um eine Parallelwertung in der Laiensphäre. Die Garantenpflicht wird als ein solches normatives Tatbestandsmerkmal
begriffen, so dass ein Irrtum über die Pflicht als solche erst als Gebotsirrtum für § 17
StGB von Bedeutung ist.[4] Für § 324a StGB hingegen muss sich der Vorsatz darauf
beziehen, dass die Tathandlung unter Verletzung verwaltungsrechtlicher Pflichten
erfolgt. Es muss also das konkrete Verbot, gegen das verstoßen wird, vom Vorsatz
umfasst sein.[5] Wer also zwar einen Sachverhalt kennt, die daraus resultierende verwaltungsrechtliche Pflicht, die zugleich eine Garantenstellung begründet, aber nicht
reflektiert, wird unterschiedlich behandelt. Für § 324a StGB kommt nur Fahrlässigkeit in Betracht, während §§ 324, 13 StGB wegen eines bloßen Gebotsirrtums als
Vorsatzdelikt greifen.[6]

Kontrollfragen
1. Wie sind aktives Tun und Unterlassen voneinander abzugrenzen? (Rn. 2)
2. Wie wird das unechte Unterlassungsdelikt aufgebaut? (Rn. 4)
3. Welcher Unterschied ergibt sich für den Tatbestandsirrtum im Vergleich
   zum Pflichtdelikt? (Rn. 6)

II. Garant

1. Allgemein

Das Grundproblem besteht darin, ob und wann eine Pflicht aus einem anderen   **7**
Rechtsgebiet zu einer strafrechtlichen Garantenpflicht wird. Klar ist immerhin, dass
nicht jede Pflicht genügen kann und der Schutzzweck der Pflicht eine gewisse Orientierung bietet.

Beispiel
A hat in Ergänzung seiner Genehmigung gem. §§ 4, 6 BImSchG die Auflage erhalten, im Interesse des Gewässerschutzes bauliche Maßnahmen im Umfang von
100.000 € vorzunehmen, was er auch sehr gern tun will. Die erforderlichen flüssigen Mittel hat er freilich wider Erwarten nicht. Es besteht gegen B ein fälliger
und einredefreier Anspruch in Höhe des entsprechenden Betrages wegen Leis-
tungen, die A mit der Anlage erbracht hat. B könnte zwar zahlen und weiß, dass

---

[4] BGHSt (GrS) 16, 155 ff.; *Kühl*, in: Lackner/Kühl, § 16 Rn. 5; *Sternberg-Lieben/Schuster*, in:
Schönke/Schröder, § 15 Rn. 96.
[5] *Sack*, UmwStR, § 324a Rn. 32; zum ganzen oben § 4 Rn. 110 ff.
[6] Zu Irrtumsfragen oben § 4 Rn. 119 ff.

A diesen Betrag zur Erfüllung der Auflage benötigt, hat dazu aber neuerdings keine Lust mehr. Aufgrund der nicht erfüllten Auflage kommt es infolge des Anlagenbetriebs zu einer Gewässerverunreinigung, mit welcher A und B nicht gerechnet haben, die allerdings bei pünktlicher Zahlung aufgrund der dann von A vorgenommenen Baumaßnahmen mit Sicherheit verhindert worden wäre. Andererseits hätte die Behörde die Gewässerverunreinigung durch vorläufige Untersagung des Betriebs mit Sicherheit verhindert, wenn A das unerwartete Fehlen der nötigen finanziellen Mittel mitgeteilt hätte.

Strafbarkeit von A und B gem. § 324 Abs. 3 StGB?

Die Auflage begründet eine Garantenpflicht des A zum Schutz des Gewässers durch Vornahme der baulichen Maßnahmen. Der Betrieb der Anlage als solcher indes ist von der wirksamen Genehmigung gedeckt, die von der **Auflage** an sich unberührt bleibt. Die Auflage wiederum bezweckt gerade den Gewässerschutz und statuiert daher eine strafrechtliche Garantenstellung.[7] Die Unmöglichkeit der Umsetzung der Auflage ändert nichts an der Verantwortung des A für die fortbestehende Gefahr durch den Anlagenbetrieb, der durch die Auflage begegnet werden sollte. Geht die erteilte Auflage ins Leere, trifft A die Pflicht, dies der Behörde mitzuteilen, um deren Entscheidung zum weiteren Fortgang einzuholen, was er nicht getan hat. Indem die Behörde aufgrund der geänderten Gefahrenprognose den Betrieb der Anlage vorläufig eingestellt hätte, stößt die Fernwirkung der Genehmigung an ihre Grenze und A kann sich für den Betrieb der Anlage nicht mehr auf diese zur Rechtfertigung berufen. A hat sich daher durch das weitere Betreiben der Anlage wegen aktiven Tuns gem. § 324 Abs. 3 StGB strafbar gemacht.[8] Der unterbliebene physisch-reale Handlungsakt des B hätte in der Zahlung des geschuldeten Betrages bestanden, was auch hinreichend hypothetisch kausal ist. Die aus anderem Zusammenhang entstandene zivilrechtliche Zahlungspflicht hat jedoch keinen auf ein Umweltrechtsgut gerichteten Schutzzweck, weshalb eine Garantenstellung hierdurch nicht begründet wird. B ist insofern straflos.

8   Alle Handlungspflichten, die eine verwaltungsrechtliche Pflicht im Sinne von § 330d Abs. 1 Nr. 4 StGB sind, statuieren zugleich im Rahmen des Schutzzweckes dieser Pflicht eine Garantenstellung.

9   Die Garantenstellungen werden im Übrigen gemeinhin anhand Ihres Entstehungsgrundes nach Fallgruppen geordnet. Parallel dazu kann zwischen Beschützergaranten und Überwachergaranten unterschieden werden. Umweltstrafrechtlich von besonderer Bedeutung ist die Verantwortung für einen bestimmten **Gegenstand als Gefahrenquelle**. In Betracht kommen Grundstücke, Maschinen, sonstige bewegliche Sachen oder Anlagen. Aufgrund des Eigentums oder der tatsächlichen Sachherrschaft kann die Verantwortung für die Abwendung von Umweltschäden aus dieser Gefahrenquelle heraus resultieren. Hauptanwendungsfälle sind einerseits die Pflichten des Anlagenbetreibers und andererseits der Problemkomplex der Altlasten. Die Garantenstellung des Anlagenbetreibers gilt auch für staatlich betriebene An-

---

[7] S. oben § 4 Rn. 19.
[8] S. auch unten § 6 Rn. 32.

lagen, wobei die Garantenpflicht die insofern zuständigen Organe trifft. Auf kommunaler Ebene etwa bestehen wechselseitige Garantenpflichten zwischen dem **Bürgermeister** einerseits und den kommunalen Volksvertretern andererseits dafür, dass die erforderlichen Entscheidungen und Maßnahmen getroffen werden, um Umweltschäden durch die von der Kommune betriebenen Anlagen zu verhindern.

Die **Ingerenz** ist im einzelnen umstritten, aber in ihrem Kernbereich ein pflicht-   **10**
widriges und schadensnahes Vorverhalten.

Beispiel

Der A hat für seinen Nachbarn N auf dessen Hof Gegenstände so gelagert, dass im weiteren Verlauf aufgrund von Witterungseinflüssen eine Gewässerverunreinigung i. S. v. § 324 Abs. 1 StGB zu erwarten ist, woran er bei der Lagerung aber sorgfaltswidrig nicht dachte. Sechs Wochen später sitzt A auf seinem Hof beim Bier, als ein Sommergewitter heranzieht und ihn trifft blitzartig die Einsicht, dass es für den nahen See übel ausgehen könnte. Er hat aber keine Lust, den nichts ahnenden N zu alarmieren, um die Gegenstände – wie es möglich ist – wetterfest abzudecken und macht es sich stattdessen weiter gemütlich. Die nun folgende Verunreinigung des Sees ist ihm egal.
Strafbarkeit gem. § 324 StGB?

Auf § 324 Abs. 3 StGB durch die Lagerung der Gegenstände als aktives Tun kommt es nicht mehr an, wenn das entsprechende vorsätzliche unechte Unterlassungsdelikt greift. A ist nicht aufgrund tatsächlicher Sachherrschaft über die Gefahrenquelle Garant. Er hat jedoch aufgrund eines Fehlers bei den ihm übertragen Arbeiten die Gefahr einer Gewässerverunreinigung geschaffen und daher die Garantenpflicht zur Verhinderung von daraus resultierenden Schäden. Das Abdecken war hypothetisch kausal und zudem hatte A einen entsprechenden Verletzungsvorsatz. Daher ist er wegen §§ 324 Abs. 1, 13 StGB zu bestrafen. Die Strafbarkeit des N hängt im Einzelfall von der für ihn geltenden Sorgfaltspflicht für die Lagerung bzw. das weitere Geschehen sowie davon ab, ob der Schwerpunkt der Vorwerfbarkeit in einem aktiven Tun, beispielsweise der Anweisung zur Lagerung, oder in einer Untätigkeit liegt.

Schließlich kommt eine (**tatsächliche**) **Gewährübernahme** in Betracht. Diese   **11**
wurzelt im Vertrauen darauf, dass sich jemand für ein Rechtsgut oder eine Gefahrenquelle verantwortlich zeigt und aus diesem Grunde andere Personen hierauf vertrauen und nicht selbst tätig werden.[9]

Beispiel

Zu dem genehmigungskonformen Betrieb des B gehört ein Tank, der 10.000 l Diesel fasst. B entdeckt ein Leck und beauftragt den Unternehmer U über das Wochenende mit der Reparatur. U nimmt den Auftrag an und verspricht die ordnungsgemäße Erledigung bei Entgegennahme der Schlüssel zum Gelände. Als B

---

[9] S. nur *Fischer*, § 13 Rn. 41 f. m. w. N.; krit. allerdings Baumann/Weber/*Mitsch/Eisele*, AT, § 21 Rn. 66 ff.

sich entfernt, hat U wegen des schönen Wetters aber Besseres vor und plant, den B am Montag mit Ausreden abzuspeisen, aber jedenfalls bis zum Mittwoch den Auftrag zu erledigen. Als nun niemand mehr vor Ort ist, platzt das Leck und der Tankinhalt verunreinigt einen See, womit U nicht gerechnet hat.
Strafbarkeit von B und U gem. § 324 StGB?

U hat von B die Pflicht übernommen, das Leck zu beseitigen. Hierauf hat B, der für die Gefahrenquelle einzustehen hatte, vertraut und daher nichts anderweitig veranlasst. Deshalb ist U Garant aus Gewährübernahme und wegen §§ 324 Abs. 3, 13 StGB zu bestrafen. Die Strafbarkeit des B aus §§ 324 Abs. 3, 13 StGB hängt davon ab, ob ihm hinsichtlich Auswahl und Überwachung des U ein Sorgfaltspflichtverstoß anzulasten ist.

12   Problematisch ist, was für Fälle der Produktverantwortung zu gelten hat.

Beispiel

A vertreibt Außenanstriche für Wasserfahrzeuge. Ihm ist bekannt geworden, dass sein Hauptprodukt Gifte freisetzt, die für Gewässer schädlich sein können. Bis dahin allerdings war die Schädlichkeit für ihn nicht erkennbar und der Vertrieb nicht pflichtwidrig. A stellt augenblicklich den Vertrieb ein. Er entscheidet sich aber gegen einen Rückruf der letzten großen Tranche, die an Y geliefert wurde, der regional für ein bestimmtes Gewässer diesen Anstrich benutzt. Daher kommt es in der Folge für dieses Gewässer zu einer Verunreinigung im Sinne von § 324 Abs. 1 StGB, was A billigend in Kauf nahm.
Strafbarkeit des A gem. § 324 StGB?
Variante: A hat das Unternehmen von B erworben und die Y betreffende Tranche wurde noch vor der Zeit des A geliefert. Die neuen Erkenntnisse gewinnt A erst nach dem Erwerb des Unternehmens.

Nach h.M. ist A in beiden Varianten wegen §§ 324 Abs. 1, 13 StGB strafbar.[10] Problematisch ist, auf welche Gründe sich diese **Produktverantwortung** stützen kann. Für die Ingerenz fehlt es eigentlich an einer Pflichtwidrigkeit des Inverkehrbringens. Dennoch ist die Ablehnung einer Pflichtwidrigkeit dem Gedanken des erlaubten Risikos geschuldet und dieses Risiko hat jener geschaffen, der das Produkt ohne Pflichtverstoß in Verkehr bringt. Zugleich enthält das erlaubte Risiko eine Abwägung zugunsten dieses Handelnden, die durch nachträgliche Umstände verändert wird. Es handelt sich damit *ex post* um ein nicht mehr erlaubtes Risiko, was zwar an der Bewertung des bisherigen aktiven Tuns nichts mehr ändert, aber stattdessen nunmehr eine Handlungspflicht auslösen kann. Die Reinform der Ingerenz ist das allerdings nicht, erst recht nicht für den Rechtsnachfolger. Als zweite Überlegung könnte an die tatsächliche Gewährübernahme angeknüpft werden, was freilich das Risiko eines Zirkelschlusses birgt: Weil die Allgemeinheit auf eine nachträgliche Produktbeobachtung vertraut, ist diese geschuldet und das Vertrauen beruht auf der geschuldeten Produktbeobachtung. Dennoch ist diese Erwartung vorhanden und es

[10] BGHSt 37, 106/114 ff. sowie statt vieler *Hellmann*, WiStR, Rn. 1048 ff. m. w. N.

kann im Hinblick auf das Produkt als Gefahrenquelle auch nicht unbeachtet bleiben, dass grdsl. niemand ein Produkt so gut kennt, wie sein Hersteller. Der Wissensvorsprung zum Produkt und das revidierte erlaubte Risiko begründen in der Gesamtschau eine Garantenpflicht für in Verkehr gebrachte Produkte. Der h.M. ist daher zu folgen.

2. Im Unternehmen

In Unternehmen entspricht die Verantwortung als Garant den im Zusammenhang   13
mit Täterschaft und Teilnahme dargestellten Strukturen. Die Leitungsebene ist grdsl. für die nachgeordneten Ebenen verantwortlich, wobei die Überwachungs- und Organisationspflichten Garantenpflichten auch für Rechtsgüter der Umwelt begründen. Grundmodell ist die **Geschäftsherrenhaftung**. Aus der Stellung als Betriebsinhaber oder Vorgesetzter kann sich je nach den Umständen des Einzelfalles eine Garantenpflicht zur Verhinderung von Straftaten von Mitarbeitern ergeben. Diese beschränkt sich auf die Verhinderung betriebsbezogener Straftaten und umfasst nicht solche Taten, die der Mitarbeiter lediglich bei Gelegenheit seiner Tätigkeit im Betrieb begeht. Betriebsbezogen ist eine Tat dann, wenn sie einen inneren Zusammenhang mit der betrieblichen Tätigkeit des Begehungstäters oder mit der Art des Betriebs aufweist.[11] Das ist für Umweltdelikte kaum problematisch, wenn die Umweltgefahren im Betrieb und nicht aufgrund eines rein privaten Verhaltens der Mitarbeiter entstehen.

Überwachungspflichten gelten im Unternehmen auch auf horizontaler Ebene, so-   14
fern die Begrenzung auf die **Ressortverantwortung** nicht entgegensteht. Hier begegnet eine weitere Facette der **Gremienentscheidungen**. Es ist für die Strafbarkeit nicht erforderlich, dass der Betreffende für das strafbare Verhalten gestimmt hat. Wer sich der Stimme enthält, der Sitzung fernbleibt oder in seiner ablehnenden Haltung überstimmt wird, hat gleichwohl grdsl. als Garant dafür einzustehen, dass die Entscheidung nicht getroffen bzw. nicht durchgesetzt wird. Problematisch ist, welchen Umfang diese Pflicht hat. Jedenfalls müssen die gesellschaftsrechtlich oder sonstig im Unternehmen eröffneten Handlungsmöglichkeiten ausgeschöpft werden. Ferner muss notfalls durch Einschaltung der zuständigen präventiven Ordnungsbehörden sowie auch der Strafverfolgungsbehörden Einhalt geboten werden, wenn anders der (weiteren) Verwirklichung von Umweltdelikten nicht begegnet werden kann.

Eine Besonderheit des Umweltstrafrechts besteht in der Existenz von Betriebs-   15
beauftragten für **Umweltschutz**.[12] Diese sind kraft Gesetzes unter bestimmten Umständen im Betrieb zu installieren. Sie haben die Verantwortung für einen bestimmten Teilbereich umweltrechtlicher Gefahren und haben im Umfang der ihnen kraft Gesetzes auferlegten Pflichten eine Garantenstellung.[13] Ferner wird ihnen durch diese Pflichtenstellung gegenüber dem gesamten Unternehmen – und durch diese

---

[11] S. nur BGH StV 2019, 16 und statt vieler *Hellmann*, WiStR, Rn. 1057 ff. m. w. N.
[12] S. oben § 1 Rn. 30.
[13] Statt aller *Böse*, NStZ2003, 636 ff.

begrenzt – gem. § 14 Abs. 2 S. 1 Nr. 2 StGB zugleich das für die Sonderdelikte notwendige besondere persönliche Merkmal der Täterschaft zugerechnet.[14]

3. Amtsträger

16   Amtsträger können sich neben der Verantwortung für staatlich kontrollierte Gefahrenquellen insbesondere in ihrer Eigenschaft als Angehörige der Genehmigungs- oder Überwachungsbehörde strafbar machen. Hierzu begegnen zwei Konstellationen. Einerseits kann eine **rechtswidrige Genehmigung** in der Welt sein, von welcher der Adressat Gebrauch macht. Vom Ausgangspunkt her scheint es sich um Ingerenz zu handeln. Das wird jedoch zweifelhaft, wenn eine subjektive Vorwerfbarkeit der objektiv rechtswidrig erteilten Genehmigung fehlt oder die konkrete Person des zuständigen Amtsträgers wechselt. Die Problemlage ähnelt der Produkthaftung für die einmal erteilte Genehmigung. Andererseits kann auch **ohne eine vorherige behördliche Genehmigung** Anlass zum Einschreiten gegen ein umweltrelevantes Verhalten bestehen.

17   Beide Konstellationen können nach denselben verwaltungsrechtlichen Maßstäben gelöst werden.

Beispiel

1) X betreibt eine genehmigungsbedürftige Anlage aufgrund einer rechtswidrigen, aber verwaltungsrechtlich und strafrechtlich wirksamen Genehmigung. Später wird A in der Genehmigungs- und Überwachungsbehörde zuständig. Er erkennt die Rechtswidrigkeit und seine Verpflichtung zur Stilllegung des Betriebes, wodurch das Grundwasser mit an Sicherheit grenzender Wahrscheinlichkeit geschützt worden wäre. A unternimmt aber nichts, weil er die Auseinandersetzung mit X scheut und darauf vertraut, dass schon nichts geschehen werde. Dennoch wird das Grundwasser wegen der technischen Mängel der Anlage erheblich verunreinigt.

2) Y betreibt eine gem. § 4 BImSchG genehmigungsbedürftige Anlage ohne Genehmigung und ohne materiellen Anspruch auf eine solche Genehmigung. Obwohl der zuständige A gem. § 20 Abs. 2 S. 1 BImSchG zur Stilllegung der Anlage verpflichtet ist, unternimmt er nichts und das Grundwasser wird deshalb verunreinigt, womit beide nicht gerechnet haben.

Strafbarkeit des A gem. § 324 StGB?

In beiden Fällen greift §§ 324 Abs. 1, 13 StGB. Die Pflichtwidrigkeit der Genehmigungserteilung im Beispiel 1) hatte A nicht zu verantworten. Ohne eine persönliche Pflichtwidrigtkeit kann schwerlich Ingerenz angenommen werden.[15] Im Beispiel 2) hat behördliches Verhalten keinen Anlass zu der von Y herbeigeführten Gefahrenlage gegeben. Ingerenz scheidet daher aus. Umstritten ist, ob sich die Garanten-

---

[14] S. oben § 5 Rn. 49.

[15] Krit. statt vieler auch *Saliger*, UmwStR, Rn. 206 f. m. w. N.

pflicht eines Amtsträgers nur aus Ingerenz ergeben kann oder auch aus einer **verwaltungsrechtlichen Pflicht**. Zutreffend erscheint es, mit der h.M. die präventive verwaltungsrechtliche Pflicht zum Einschreiten, soweit sie besteht, als Garantenpflicht zum Schutze der Umwelt einzuordnen.[16] Der Schutzzweck der Umweltdelikte besteht gerade darin, Gefahren für die Umweltmedien und die Allgemeinheit abzuwenden. Hieraus ergibt sich auch kein überzogener Bereich der Strafbarkeit des Amtsträgers. Voraussetzung ist immer eine Pflicht zum Einschreiten, die jedoch bei weitem nicht immer gegeben ist, da es sich in aller Regel um Ermessens- und Sollvorschriften handelt und die Ermessensreduzierung auf Null vor besonderen Hürden steht. Ferner wirken die Betreiberdelikte restriktiv. Solange eine Genehmigung strafrechtlich wirksam ist, fehlt der Strafbarkeit des Amtsträgers das Sonderdelikt als vorsätzlich rechtswidrige Haupttat. Für eine eigenständige Strafbarkeit kommt daher nur der begrenzte Bereich der Allgemeindelikte in Betracht. Ingerenz greift also nur bei einer persönlich pflichtwidrigen Erteilung der Genehmigung und im Übrigen begründet die verwaltungsrechtliche Pflicht zum Einschreiten die Garantenstellung.

Fraglich ist ferner, ob die allgemeinen Sicherheits- und Ordnungsbehörden ebenfalls eine Garantenpflicht trifft, oder ob diese Pflicht auf umweltrechtliche Sonderordnungsbehörden beschränkt ist.[17] Für deren Garantenpflicht spricht die Notwendigkeit einer gebundenen Entscheidung. Wo aber eine gesetzliche Pflicht das Einschreiten fordert oder das Ermessen auf Null reduziert ist, besteht hinreichender Anlass zum Schutz der entsprechenden Rechtsgüter auch unter Inanspruchnahme der allgemeinen präventiven Behörden.   **18**

Die persönliche Verantwortung innerhalb der staatlichen Behörden bemisst sich nach denselben Maßstäben, die auch für das aktive Tun gelten. Jeder, der in dem hierarchischen Behördenaufbau oder im Rahmen des Verfahrens aufgrund einer verwaltungsrechtlichen Pflicht tätig werden muss, ist auch Garant. Soweit die Amtsträger für kommunale Anlagen oder sonstige staatliche umweltrechtliche Gefahrenquellen verantwortlich sind, gelten die Maßstäbe zur Verantwortung im Unternehmen entsprechend.   **19**

Wenn eine Garantenpflicht besteht, gilt es, den **Umfang pflichtgemäßen Verhaltens** festzustellen. Hierzu hat der BGH einen strengen Maßstab festgelegt. Neben der Pflicht, die konkreten Störer als Adressaten des Verwaltungshandelns zu ermitteln, muss der Amtsträger die betreffenden Personen zur Befolgung ihrer Pflicht anhalten und die Pflicht notfalls im Wege des Verwaltungszwanges durchsetzen. Dazu gehören die Anordnung der sofortigen Vollziehung und die konsequente Durchsetzung im Rahmen der Verwaltungsvollstreckung.[18]   **20**

Fraglich ist, ob die Garantenstellung aufgrund der verwaltungsrechtlichen Pflicht zum Einschreiten als eine **Beschützergarantenstellung** gegenüber den Rechtsgütern   **21**

---

[16] S. nur *Rengier*, BT II § 47 Rn. 27 ff.; *Saliger*, UmwStR, Rn. 208 m. w. N.; *Schall*, in: SK-StGB, Vor §§ 324 ff. Rn. 118.

[17] Vgl. dazu *Saliger*, UmwStR, Rn. 214 sowie *Horn*, NJW 1981, 1/9.

[18] BGHSt 38, 325/335 f.; krit. *Saliger*, UmwStR, Rn. 215.

des Umweltstrafrechts anzusehen ist.[19] Denkbar erscheint es aber auch, die behördliche Pflichtenstellung als eine Überwachung zu verstehen, soweit sie durch Verwaltungsentscheidungen gegenüber bestimmten Adressaten auf deren Verhalten und damit auf Gefahrenquellen Einfluss zu nehmen hat. Die Unterscheidung zwischen beiden Arten von Garantenstellungen hat Bedeutung für die Abgrenzung von Täterschaft und Teilnahme durch Unterlassen.

22   Schließlich mag gefragt werden, ob die in Ergänzung von § 42 Abs. 2 VwGO **klagebefugten Verbände** eine Beschützergarantenstellung trifft. Das hängt von der Rechtsnatur dieser Klagebefugnis ab, der nicht notwendig auch eine verwaltungsrechtliche Pflicht korrespondieren muss. Dennoch besteht der Schutzzweck einer Klagebefugnis, die nicht auf einem eigenen subjektiven-öffentlichen Recht beruht darin, für die Rechtsgüter der Umwelt einzutreten und diese durch Aktivierung der Verwaltungsbehörden sowie der Verwaltungsgerichtsbarkeit zu schützen. Ferner liegt der gesetzlichen Regelung auch ein gewisses Vertrauen darauf zugrunde, dass die betreffenden Verbände auch tatsächlich die ihnen zugetraute Aufgabe erfüllen werden. Das bringt § 3 Abs. 1 S. 2 Nr. 3 Umwelt-Rechtsbehelfsgesetz zum Ausdruck, der für die Anerkennung einer klagebefugten Vereinigung verlangt, dass diese die Gewähr für eine sachgerechte Aufgabenerfüllung bietet, insbesondere – aber nicht nur – für eine sachgerechte Beteiligung an behördlichen Entscheidungsverfahren. Andererseits würde aber eine Garantenpflicht im Ergebnis jeden der anerkannten Verbände zur Prüfung und zum Einschreiten in Bezug auf alle Vorfälle zwingen, die von ihrer Zweckbestimmung umfasst sind. Hierdurch könnte eine Überforderung eintreten, die zusammen mit dem strafrechtlichen Haftungsrisiko abschreckend wirkt und daher im Ergebnis dem Zweck der Klagebefugnis zuwiderzulaufen droht. Eine Garantenstellung dürfte daher selbst dann abzulehnen sein, wenn der Klagebefugte für einen bestimmten Sachverhalt am Verfahren beteiligt gewesen ist und sich daher der Prüfung angenommen hat.

Kontrollfragen
1. Begründen verwaltungsrechtliche Pflichten im Sinne von § 330d Abs. 1 Nr. 4 StGB eine Garantenstellung? (Rn. 8)
2. Nennen Sie ein Beispiel für eine Pflicht, die aufgrund ihres Schutzzweckes keine umweltstrafrechtliche Garantenpflicht begründet! (Rn. 7)
3. Erläutern Sie die die Garantenstellung aus Verantwortung für einen Gegenstand, aus Ingerenz und Gewährübernahme anhand eines Beispiels zum Umweltstrafrecht! (Rn. 9 ff.)
4. Worin liegenden die Probleme der die Umwelt betreffenden Produktverantwortung und wie sind diese zu lösen? (Rn. 12)
5. Erläutern Sie zunächst allgemein die Garantenpflichten innerhalb eines Unternehmens! Worin liegt eine wesentliche Besonderheit des Umweltstrafrechts? (Rn. 13 ff.)
6. Welche Garantenpflichten bestehen für Amtsträger? (Rn. 16 ff.)
7. Ist der Amtsträger Beschützergarant oder Überwachergarant? (Rn. 21)
8. Sind klagebefugte Verbände Garanten des Umweltschutzes? (Rn. 22)

---

[19] S. nur *Saliger*, UmwStR, Rn. 208 m. w. N.

III. Beteiligung durch Unterlassen

Im Kontext der Umweltdelikte stellt sich im besonderen Maße das Problem der Abgrenzung zwischen Täterschaft und Teilnahme und die dabei eröffneten Konstellationen schlagen auf die unechten Unterlassungsdelikte durch. Die Verletzung der Garantenpflicht allein beinhaltet jedenfalls keine abschließende Entscheidung über die Art der Beteiligungsform. Die Grundkonstellation besteht in einem aktiv handelnden Täter, der durch den Garanten nicht gehindert wird. Wenn in der ersten Reihe ein aktiv Handelnder agiert und sich der Beitrag des Garanten in der ungenutzten Möglichkeit zum Abbruch des Geschehens erschöpft, ist fraglich, ob der Garant Täter sein kann. Die hierzu diskutierte Meinungsvielfalt kann jedoch grdsl. dann auf sich beruhen, wenn ausnahmsweise identische Ergebnisse erzielt werden. So liegt es, wenn bei dem Vordermann ein Strafbarkeitsmangel besteht oder bei dem Hintermann das zur Täterschaft notwendige besondere persönliche Merkmal nicht vorliegt.

23

Beispiel

1) X betreibt vorsätzlich ohne Genehmigung eine Anlage im Sinne von § 4 BImSchG, was der zuständige Amtsträger A wissentlich trotz Ermessensreduzierung auf Null nicht durch eine Stilllegung des Betriebes und deren Durchsetzung verhindert, obwohl ihm das möglich ist.
   Strafbarkeit von X und A gem. § 327 Abs. 2 S. 1 Nr. 1 StGB?
   Variante: X fehlt der für den Genehmigungsverstoß nötige Vorsatz.
2) Y betreibt eine kerntechnische Anlage mit der notwendigen Genehmigung. Sein Mitarbeiter B weicht im Rahmen seiner Tätigkeit von der Genehmigung ab, da ihm die vorgesehenen Maßnahmen übertrieben erscheinen, was wissentlich zu einer wesentlichen Änderung des Betriebs führt. Y hat dieses Verhalten des B sorgfaltswidrig nicht bemerkt, sehr wohl aber der C, welcher die Situation tatsächlich und rechtlich zutreffend erfasst, jedoch im Interesse der Kostenersparnis nicht einschreitet. C ist nach seiner Stellung im Betrieb gem. § 14 Abs. 2 S. 1 Nr. 2 StGB ausdrücklich beauftragt, in eigener Verantwortung die Einhaltung der Betriebsgenehmigung durch Überwachung sicherzustellen. Darüber hinaus ist er am Betrieb der Anlage nicht beteiligt. C hätte B aufhalten können, was ihm bekannt ist. B glaubte, sein Verhalten bleibe insgesamt unbemerkt.
   Strafbarkeit der Beteiligten gem. § 327 Abs. 1 Nr. 1 StGB?

Im Beispiel 1) hat sich X wegen § 327 Abs. 2 S. 1 Nr. 1 StGB strafbar gemacht und für A kommt mangels Betreibereigenschaft nur Teilnahme durch Unterlassen in Betracht. In der Variante greift für X allenfalls § 327 Abs. 3 Nr. 1 StGB und A bleibt mangels vorsätzlich rechtswidriger Haupttat straflos. Im Beispiel 2) fehlt B die Täterqualität. Y ist aufgrund des aktiven Betreibens unter fahrlässiger Rechtsverletzung wegen § 327 Abs. 3 Nr. 1 StGB zu bestrafen. Der C hingegen hat als Betriebsbeauftragter kraft Zurechnung das besondere persönliche Merkmal und ist zugleich

Garant für die Einhaltung der Genehmigung. Aufgrund der Strafbarkeitsmängel von Y und B kommt für C nur Täterschaft in Betracht und er ist daher gem. § 327 Abs. 2 S. 1 Nr. 1, 13 StGB zu bestrafen.[20] Eine Teilnahme des B hieran scheitert an dem Vorsatz auf eine vorsätzlich rechtswidrige Haupttat.

24 Der allgemeine Streit wird daher relevant, wenn der aktiv Handelnde und der Garant voll deliktisch agieren und es entweder um ein Allgemeindelikt geht oder aber beide die Betreibereigenschaft aufweisen.

> **Beispiel**
>
> *Bürgermeisterfall* (BGHSt 38, 325 ff.): Der zuständige Bürgermeister B geht trotz Ermessensreduzierung auf Null nicht dagegen vor, dass der ortsansässige Grundstückseigentümer Z unberechtigt Abwässer direkt in einen Fluss einleitet, weshalb das Gewässer verunreinigt wird, wie beiden bekannt ist.
> Strafbarkeit gem. § 324 StGB?

Z hat sich gem. § 324 Abs. 1 StGB strafbar gemacht. Für die Beteiligung des B kommen dogmatisch zwei Lösungswege in Betracht. Erstens könnten die allgemeinen Kriterien zur Abgrenzung zwischen Täterschaft und Teilnahme herangezogen werden, was Schwierigkeiten für die Subsumtion aufwirft, da die Tatherrschaft bzw. der Wille zur Tatherrschaft sich auf die Möglichkeit zum Abbruch beschränkt. Die Rspr. kann immerhin zusätzlich das Interesse an der Tat in Ansatz bringen. Im Beispielfall hat der BGH Täterschaft des Bürgermeisters angenommen.[21] Zweitens kann die Lösung in den Besonderheiten des unechten Unterlassungsdelikts gesucht werden. Teils wird angenommen, dass ein Unterlassen weniger schwer wiege als das aktive Tun und daher grdsl. Beihilfe sei. Teils wird die Pflichtverletzung als zentrales Deliktsmerkmal hervorgehoben, weshalb es sich grdsl. um Pflichtdelikte handle und somit bereits der Pflichtverstoß die Täterschaft begründe. Schließlich wird zwischen Beschützer- und Überwachergaranten unterschieden, was eine unterschiedliche Nähe zum betreffenden Rechtsgut zum Ausdruck bringt. Der Beschützer ist danach grdsl. Täter und der Überwacher lediglich Gehilfe.[22] Im Beispiel hinge danach die Lösung von der Einordnung der verwaltungsrechtlichen Pflicht als Überwachung einer Gefahrenquelle in Gestalt des Adressaten des Verwaltungshandelns oder (auch) als Beschützer der Umweltrechtsgüter ab. Vorzugswürdig ist die **Teilnahmetheorie**, da aus der Perspektive der Rechtsgutverletzung bzw. Tatbestandsverwirklichung der aktiv Handelnde das Geschehen dominiert. Dies macht den Vordermann zur Zentralgestalt des Geschehens, solange er im Unterschied zu

---

[20] Ebenso und mit ähnlichem Bsp. anhand von §§ 325 Abs. 1, 13 StGB etwa *Saliger*, UmwStR, Rn. 172; indes gegen die Überwälzung der Täterqualität auf den Nur-Betriebsbeauftragten; *Michalke*, UmwStR, Rn. 82, 174, 287.

[21] BGHSt 38,325/330.

[22] Zum ganzen instruktiv *Sowada*, Jura 1986, 399 ff. und ferner *Hillenkamp/Cornelius*, 32 Probleme StrafR AT, S. 172 ff.

dem Hintermann keinen Strafbarkeitsmangel aufweist. Im Beispiel ist B daher nur wegen §§ 324 Abs. 1, 27, 13 StGB strafbar.

Kontrollfragen
1. Welche Ansichten werden zur Beteiligung durch Unterlassen bei einem aktiv handelnden Vordermann vertreten? (Rn. 24)
2. Zu welchen Konstellationen besteht grdsl. Einigkeit? (Rn. 23)

IV. Beteiligung am Unterlassen

Auch ein echtes oder unechtes Unterlassungsdelikt genügt als vorsätzlich rechts-   **25** widrige Haupttat. Der alte Streit um die Beteiligung am Unterlassen kreist um diese Frage. Das eigentliche Problem besteht aber nach dem aktuellen Stand der Dogma- tik nicht darin, ob ein Entschluss zum Unterlassen hinreichender Anknüpfungs- punkt für §§ 26, 27 StGB ist, sondern ob die Teilnahmeregeln auch hier durch eine aktive Täterschaft überlagert werden können.

Wenn zwei Personen eine physisch-reale Handlungsmöglichkeit ungenutzt ver-   **26** streichen lassen, dann ist die Unterlassungstat für jeden einzelnen anhand seiner Pflichtenstellung zu beurteilen. Hier steht die Täterschaft im Vordergrund und eine Anstiftung des anderen zu dessen Unterlassungsdelikt tritt hinter der eigenen täter- schaftlichen Unterlassungsstrafbarkeit zurück. Insofern verhält es sich genauso wie bei einem aktiv in Mittäterschaft begangenen Delikt, zu dem der eine den anderen überredet hat. Ob der gemeinsame Entschluss zu einer Verletzung der Garanten- pflicht – wie es hier zu Gremienentscheidungen vertreten wird[23] – die Mittäterschaft begründet[24] oder aber als Nebentäterschaft zu betrachten ist, kann insofern auf sich beruhen, als jedenfalls ein Vorrang gegenüber der Teilnahme besteht.

Problematisch ist, wie ein Hintermann zu bestrafen ist, der auf einen Garanten   **27** Einfluss nimmt, selbst aber nicht Garant ist. Die h.M. betrachtet solche Fälle als Teilnahme.[25] Die **Begehungsdeliktstheorie** stellt bei der Einflussnahme auf die Unterbrechung eines rettenden Kausalverlaufes ab und erkennt darin Täterschaft durch aktives Tun, wogegen sie die Möglichkeit der Teilnahme aus dogmatischen Gründen ablehnt, was sich aus dem Vorsatzbegriff ergebe.[26] Der Abbruch des retten- den Kausalverlaufes kann in seiner Bewertung als aktives Tun entgegen der h. M. nicht von der Hand gewiesen werden. Das aber hat lediglich den Vorrang der aktiven Täterschaft gegenüber der Teilnahme an dem Unterlassungsdelikt zur Folge,

---

[23] Soeben § 6 Rn. 2.

[24] Abl. *Welzel*, § 28 V 1.

[25] S. nur *Frister*, AT, Kap. 28 Rn. 1; *Stratenwerth/Kuhlen*, AT § 14 Rn. 21 sowie zum ganzen *Hillenkamp/Cornelius*, 32 Probleme StrafR AT, S. 255 ff.

[26] *Welzel*, § 28 V 2, 3 i. V. m. § 28 V.

ohne die Möglichkeit der Teilnahme zu negieren. Das führt für die abstrakt denkbaren Fallvarianten zu differenzierten Ergebnissen. Diese Ansicht mag **modifizierte
Begehungsdeliktstheorie** genannt werden.

28   Im Ausgangsfall hält der Hintermann einen Garanten von der diesem möglichen
Rettung ab.

Beispiel

V hat auf seinem Hof ohne bösen Willen, aber sorgfaltswidrig Gegenstände gelagert, die bei starkem Regen einen Bach zu verunreinigen drohen. Er ist unentschlossen, ob er die notwendigen kostspieligen Maßnahmen durchführen soll. H
rät dem V, das Geld zu sparen, denn die Verunreinigung des Gewässers werde
ohnehin niemand bemerken und selbst wenn, könne das dem V jedenfalls nicht
nachgewiesen werden. Als V den Entschluss zur Untätigkeit fast, hätte die
Durchführung der Maßnahme den Erfolg noch verhindert. Eine Woche später
tritt aufgrund des ersten starken Sommerregens die vorausgesehene Gewässerverunreinigung ein. Ohne den Rat des H hätte V mit an Sicherheit grenzender
Wahrscheinlichkeit rechtzeitig das Notwendige unternommen und die Verunreinigung verhindert.
Strafbarkeit von V und H gem. § 324 Abs. 1 StGB?
Variante: V hatte sich bereits zur Durchführung der Maßnahmen entschlossen
und erst aufgrund des Einflusses von H diesen Entschluss fallen lassen, weshalb
die Verunreinigung nicht verhindert worden ist.

V hat sich gem. §§ 324 Abs. 1, 13 StGB strafbar gemacht. Bei der für ihn maßgeblichen hypothetischen Kausalität kommt es auf den Zusammenhang zwischen der
Durchführung der Maßnahmen und der mit an Sicherheit grenzenden Wahrscheinlichkeit eintretenden Abwendung des Erfolges bei einem Handlungsentschluss im
Augenblick des Unterlassungsentschlusses an. Das ist gegeben. Für H kommt aufgrund des erteilten Rates eine aktive Täterschaft in Betracht. Der Abbruch einer
rettenden Kausalkette wird gemeinhin als aktives Tun behandelt. Der rettende Verlauf muss zur Feststellung der Kausalität hinzugedacht werden. Mithin kommt es
darauf an, ob V sich ohne die Einflussnahme des H zur Durchführung der Maßnahmen entschlossen hätte und ob diese dann noch so rechtzeitig durchgeführt worden
wären, dass der Erfolg mit an Sicherheit grenzender Wahrscheinlichkeit ausgeblieben wäre. So liegt es im Ausgangsfall sowie der Variante,[27] weshalb dort der H wegen eines aktiv begangenen § 324 Abs. 1 StGB strafbar ist. Für die h.M. indes handelt es sich um Anstiftung. Es ist einzuräumen, dass die Anforderungen an den
Nachweis dieser Täterschaft hoch sind, mag auch die Feststellung in der Variante
leichter sein. Nachweisschwierigkeiten sind für sich genommen jedoch nicht geeignet, einen dogmatischen Standpunkt zu entkräften. Maßgeblich ist, dass der Abbruch einer rettenden Kausalkette nur einheitlich als aktives Tun betrachtet werden
kann. Dann aber macht es keinen Unterschied, ob die rettende Kausalkette aus der
Pflicht eines echten oder unechten Unterlassungsdelikts eines Vordermannes ent-

---

[27] Vgl. auch *Welzel*, § 27 V i. V. m. § 28 V.

steht, ob eine solche strafbewehrte Pflicht nicht bestand oder ob die sich abzeichnende Rettung auf Umständen beruht, die nicht von menschlichem Verhalten initi-
iert sind. Ferner kann der Täterschaft des Hintermannes nicht mit dem Argument
begegnet werden, dass der Vordermann schon täterschaftlich handle. Im umgekehrten Fall der Beteiligung durch Unterlassen, wird überwiegend die Möglichkeit einer
Unterlassungstäterschaft angenommen. Darin manifestiert sich das eigenständige
Nebeneinander von Unterlassen und aktivem Tun in Nebentäterschaft. Wenn andererseits, wie oben vertreten, dem Unterlassen gegenüber dem aktiven Tun des Vordermannes eine nachrangige Stellung zukommt, dann wirkt dieser Gedanke auch
hier fort. Insofern liegt bei dem aktiv handelnden Hintermann die stärkere Begehungsform vor, was Anlass gibt, der Unterlassungstäterschaft des Vordermannes
keine Sperrwirkung für eine Täterschaft des Hintermannes zuzumessen.

Der Abbruch der fremden Rettungshandlung kann in Konkurrenz zur eigenen   **29**
Unterlassungstäterschaft treten.

Beispiel

V lagert Gegenstände, welche bei starkem Regenfall ein Gewässer zu verunreinigen drohen. Auch im Übrigen entspricht das Geschehen dem Ausgangsfall des
vorherigen Beispiels. Der Unterschied besteht aber darin, dass V gemeinsam mit
dem H die Gegenstände ohne bösen Willen pflichtwidrig gelagert hat, weshalb
beide dieselbe Verantwortung zur Beseitigung der Gefahr trifft. H ist ohnehin
entschlossen, nicht tätig zu werden und überredet den V dazu, es ihm gleichzu-
tun. Nur deshalb nimmt V von der Durchführung der Maßnahme auf eigene Kosten Abstand, weshalb das Gewässer beim nächsten Regen verunreinigt wird.

Strafbarkeit von V und H gem. § 324 StGB?

Nach hier vertretener Ansicht ist H abermals wegen einer aktiv begangenen vorsätzlichen Gewässerverunreinigung zu bestrafen.[28] Das entsprechende unechte Unterlassungsdelikt tritt nach den allgemeinen Regeln daneben nicht eigenständig in Erscheinung,[29] mag dies nun dogmatisch auf dem Entfall der Garantenstellung, einer
Sperrwirkung oder auf Gesetzesvorrang beruhen. Die h.M. hingegen erkennt eine
aktive Täterschaft nicht an und würde den H gem. §§ 324 Abs. 1, 13 StGB bestrafen,
was die fakultative Strafmilderung aus § 13 Abs. 2 StGB eröffnet.

Im Übrigen gelten nach dem hier vertretenen Standpunkt die allgemeinen Regeln   **30**
für die Abgrenzung von Täterschaft und Teilnahme. Wenn der Vordermann bereits
zur Tat entschlossen war, der Hintermann dies erkennt und lediglich stärkend auf
den bereits vorhandenen Tatentschluss einwirkt, ist ausschließlich psychische Beihilfe zum unechten Unterlassungsdelikt gegeben. Ohne kausalen Einfluss auf das
Unterbeiben der Rettung fehlt der Bewertung als aktives Tun die Grundlage. Wenn
das betreffende Unterlassungsdelikt ein **Sonderdelikt** ist, dessen Merkmale dem
Hintermann fehlen, kommt ohnehin nur Teilnahme in Betracht.

---

[28] Der Unterschied zur *omissio libera in causa* besteht darin, dass dort der Garant sich selbst aufhält
und nicht einen Dritten, dazu sogleich Rn. 33.

[29] And. *Welzel*, § 27 V i. V. m. § 28 V.

Beispiel

V betreibt eine genehmigungsbedürftige Anlage im Sinne von §§ 4, 6 BImSchG mit der notwendigen Genehmigung. Allerdings ist diese mit einer Auflage zum Schutze des Bodens verbunden, zu deren Erfüllung der V ursprünglich entschlossen war. Erst der H redet dem V ein, dass er die Kosten sparen könne, da die Behörde nichts gegen ihn als wichtigsten Arbeitgeber in der Region unternehmen werde. Daher lässt V seinen Entschluss fallen, weshalb es – wie beide vorhergesehen haben – zu einer Bodenverunreinigung im Sinne von § 324a Abs. 1 Nr. 2 StGB kommt, die bei der Umsetzung des ursprünglichen Entschlusses des V ausgeblieben wäre.

Strafbarkeit von V und H gem. § 324a Abs. 1 Nr. 2 StGB?

V hat gegen eine verwaltungsrechtliche Pflicht in Gestalt einer Handlungspflicht verstoßen. Insofern liegt ein echtes Unterlassungsdelikt vor, denn die Auflage ist gem. § 330d Abs. 1 Nr. 4 StGB in den Tatbestand hineinzulesen, so dass sich bei einer Auflage, die gem. § 36 Abs. 2 Nr. 4 Var. 1 VwVfG ein Tun vorschreibt, bereits aus dem Tatbestand die Pönalisierung eines Unterlassens ergibt. Für H liegen nach hier vertretener Ansicht eigentlich die Voraussetzung einer aktiven Täterschaft durch Abbruch eines rettenden Kausalverlaufes vor. Allerdings fehlt ihm die für das verdeckte Betreiberdelikt nötige Betreibereigenschaft, weshalb er kein tauglicher Täter dieses Sonderdelikts ist und folglich nur wegen Anstiftung zu § 324a Abs. 1 Nr. 2 StGB bestraft werden kann.

31   Soweit Täterschaft ausscheidet und der Hintermann wegen Teilnahme am unechten Unterlassungsdelikt zu bestrafen ist, stellt sich das Problem, ob gem. **§ 28 Abs. 1 StGB** eine Strafmilderung stattfindet. Zu der Einordnung der Garantenpflicht als besonderes persönliches Merkmal im Sinne dieser Norm werden drei Ansichten vertreten. Neben der Anwendung einerseits und der Ablehnung andererseits wird teilweise zwischen Beschützergarant und Überwachergarant differenziert, wobei nur die Beschützerstellung ein bpM sei. Vorzugswürdig ist die einheitliche Annahme eines bpM für jede Garantenstellung.[30] Im vorherigen Beispiel indes handelt es sich um die Teilnahme an einem Sonderdelikt, weshalb § 28 Abs. 1 StGB insofern unproblematisch greift.

Kontrollfragen
1. Weshalb hat die ursprüngliche Begehungsdeliktstheorie die Möglichkeit der Teilnahme verneint? (Rn. 27)
2. Welchen Standpunkt vertritt die modifizierte Begehungsdeliktstheorie und welche Konsequenzen ergeben sich hieraus? (Rn. 28 ff.)
3. Ist die Garantenpflicht ein besonderes persönliches Merkmal im Sinne von § 28 Abs. 1 StGB? (Rn. 31)

---

[30] Näher dazu sowie zum ganzen *Heine/Weißer*, in: Schönke/Schröder, § 28 Rn. 19.

V. Handlungsmöglichkeit und hypothetische Kausalität

Die Kausalität ist für das unechte Unterlassungsdelikt ein maßgebliches Problem in **32** der forensischen Realität. Ausgangspunkt der Kausalitätsprüfung ist aber die Handlung, die es bei dem unechten Unterlassungsdelikt erst festzustellen gilt. Der Obersatz eines Gutachtens in der Fallbearbeitung muss ebenso wie die Anklage und das Urteil benennen, was genau der Betreffende hätte tun sollen. Greifbar und plastisch muss ein physisch-realer Handlungsakt benannt werden, auf den sich die Pflicht des Garanten bezieht. Eine jede Pflicht findet aber ihre Grenze in der Unmöglichkeit. Es gilt auch im Strafrecht der alte Grundsatz *impossibilum nulla est obligatio*. Die Anforderungen hieran sind streng und lassen für Wertungen wenig Raum.

Beispiel

A ist Überwachergarant einer Gefahrenquelle für den Boden und das Grundwasser. Aufgrund einer eingetretenen Gefahrensituation, die ihm soeben zur Kenntnis gelangt ist, muss er augenblicklich mit Baumaßnahmen einschreiten, um die Verletzung noch abzuwenden. In Kenntnis aller Umstände nimmt er diese gleichwohl nicht vor, weil

(1) … er entführt und in einem Kellerloch eingesperrt worden ist, ohne dass er imstande ist, sich zu entfernen oder die notwendigen Anweisungen zu erteilen.

(2) … er nicht die notwendigen finanziellen Mittel hat und diese trotz aller Bemühungen durch Veräußerungen oder weitere Darlehen nicht aufbringen kann.

(3) … er eine genehmigte Anlage gem. § 327 Abs. 2 S. 1 StGB betreibt, aber auch unter Ausschöpfung sämtlicher finanzieller Ressourcen und behördlicher Hilfe nicht imstande ist, eine Auflage zu erfüllen, die der aus dem Anlagenbetrieb resultierenden Gefahr entgegenwirkt.

Im ersten Fall ist es A physisch unmöglich, seiner Pflicht zu genügen. Im zweiten Fall hat er zwar selbst nicht die finanziellen Mittel, man wird aber für die Unmöglichkeit verlangen müssen, dass er auch die Überwachungsbehörden zur Hilfe ruft und nach Kräften zum Einschreiten veranlasst. Das ist ein anderer physisch-realer Akt, der aber auf dasselbe Ziel gerichtet und daher ebenfalls von seiner Garantenpflicht umfasst ist, Bsp: Wer seinem Kind in Lebensgefahr nicht selbst helfen kann, muss einen Arzt herbeirufen. Ob die Einschaltung der Behörden die Gefahr abgewendet hätte, ist keine Frage der Möglichkeit des Handlungsaktes, sondern der hypothetischen Kausalität. Auch die Frage, ob ein Konflikt zwischen der Garantenpflicht und dem Grundsatz *nemo tenetur* besteht, hat mit der Möglichkeit des Handlungsaktes nichts zu tun. Zudem wird das Interesse, der Strafverfolgung zu entgehen, lediglich bei Delikten gegenüber den Strafverfolgungsbehörden begünstigend berücksichtigt, nicht jedoch bei der Verletzung der Rechtsgüter Dritter, was entsprechend für die Umweltmedien gelten muss. Im dritten Fall ist die Abwendung durch Vornahme der beauflagten Baumaßnahme weder dem Garanten noch der

Behörde selbst in Eigenvornahme möglich. Das ändert im Ergebnis an der Strafbarkeit aber nichts. In einem solchen Fall richtet sich der Vorwurf auf ein aktives Tun durch das Betreiben der Anlage. Zwar rechtfertigt die Genehmigung an sich die Bodenverunreinigung infolge des – nach wie vor genehmigten – Betriebs der Anlage, das kann aber nur gelten, solange die Erfüllung der Auflage möglich und daher die Gefahrenprognose der Behörde nicht erschüttert ist.[31] Wegen § 327 Abs. 2 S. 1 StGB macht sich A hingegen nur strafbar, wenn der Fehler der Auflage (ggf. Nichtigkeit gem. § 44 Abs. 2 Nr. 4 VwVfG) auf die Wirksamkeit der Genehmigung durchschlagen sollte, wobei dann freilich der Tatumstandsirrtum des § 16 Abs. 1 S. 1 StGB vom Eventualvorsatz abzugrenzen wäre.

33   Wenn der Garant sich vorwerfbar in die Lage versetzt hat, dass er später nicht imstande ist, aktiv zu werden, befreit ihn das nicht von der Strafbarkeit. Fraglich ist nur auf welchem Wege dieses Ergebnis zu erreichen ist.

> **Beispiel**
>
> B ist in einer Anlage gem. §§ 4, 6 BImSchG im Kontrollraum beschäftigt. Während der Nachtschicht betrinkt er sich. Deshalb ist er beim plötzlichen Auftreten eines Störfalles nicht imstande, die Ursache richtig einzuschätzen und die notwendigen Steuerungsmaßnahmen durchzuführen. Die Hilfe Dritter ist zu diesem Zeitpunkt nicht rechtzeitig zu erreichen. Es gelangen in erheblichem Umfang ohne Genehmigung Schadstoffe in einen Fluss, was B nüchtern mit an Sicherheit grenzender Wahrscheinlichkeit verhindert haben würde. Mit Entsetzen nimmt B all dies wahr und ist sich vom Beginn des Störfalles an der drohenden Schädigung des Flusses bewusst. Als er sich betrank nahm er zwar in Kauf, dass er seine Arbeit nicht mehr erledigen kann, ging jedoch fest davon aus, dass auch in dieser Nacht wie in all den Jahren vorher nichts Aufregendes geschehen werde. Strafbarkeit des B gem. § 324 StGB?

§§ 324 Abs. 1, 13 StGB steht vor dem Problem, dass dem B die als Garant geschuldete Handlung in der konkreten Situation nicht möglich war. Zur Lösung eröffnen sich zwei Wege. Entweder die augenblickliche Unmöglichkeit wird als irrelevant erachtet oder die Strafbarkeit knüpft an ein vorheriges Verhalten an. An der Unmöglichkeit selbst ändert ein vorheriges Verschulden aber nichts, weshalb die Lösung einzig in der Vorverlagerung liegen kann. Mit der Vorverlagerung hingegen sind hier drei Schwierigkeiten verbunden. Erstens hatte B im Augenblick des Betrinkens keinen Verletzungsvorsatz, weshalb das Koinzidenzprinzip von Handlung und Vorsatz gem. § 16 Abs. 1 StGB lediglich Fahrlässigkeit eröffnet. Zweitens ist problematisch, dass der erste Handlungsakt physisch-realer Natur ist und dem Abbruch einer rettenden Kausalkette entspricht. Die Besonderheit besteht aber darin, dass der Garant hier ausschließlich sein eigenes späteres Verhalten verhindert und sich der Sinngehalt für ihn daher in einem Unterlassen erschöpft. Diese Einsicht ist ein

---

[31] S. auch oben § 4 Rn. 19 und § 6 Rn. 7.

Kernstück der Diskussion um die *omissio libera in causa*.[32] Drittens schließlich stellt sich bei der Vorverlagerung dasselbe Problem des Kausalitätsnachweises wie bei dem Abbruch rettender Kausalketten, die nicht in der Person des Garanten selbst liegen. Es muss also für den gestreckten Verlauf zwischen dem Betrinken und der Havarie nach den Maßstäben von § 261 StPO festgestellt werden, dass ohne Alkoholkonsum die Gewässerverunreinigung durch den Garanten mit an Sicherheit grenzender Wahrscheinlichkeit verhindert worden wäre. Gelingt dieser Nachweis nicht, handelt es sich bei fehlendem (Eventual-) Vorsatz im Augenblick des Betrinkens um einen straflosen fahrlässigen Sorgfaltsmangel, da dieser ohne nachweisbare Folgen blieb. Im Beispiel ist der notwendige Zusammenhang aber gegeben, weshalb B gem. §§ 324 Abs. 3, 13 StGB wegen fahrlässiger Gewässerverunreinigung durch Unterlassen strafbar ist. Die Grundstruktur des Problems entspricht damit der *actio libera in causa*, soweit diese über die Anknüpfung an eine vorgelagerte Handlung zur Strafbarkeit gelangt, jedoch mit dem Unterschied, dass nicht erst die Schuldebene, sondern bereits die Handlungsebene zur Vorverlagerung Anlass gibt. Ferner ist problematisch, welche Sorgfaltsmaßstäbe an die Vorsorge für die Handlungsmöglichkeit im Hinblick auf noch ungewisse spätere Gefahrenlagen zu stellen sind.[33] Dazu kommt es auf die unscharfe Abgrenzung zum erlaubten Risiko an. Für das Umweltstrafrecht können normierte Standards sowie die im jeweiligen Zusammenhang beachtlichen Regeln der Technik und der von diesen gebilligte Risikomaßstab als Bezugspunkt des im Einzelfall geltenden Schutzniveaus herangezogen werden.

Wenn festgestellt wurde, dass der Garant pflichtwidrig eine ihm mögliche **34** physisch-reale Handlungsmöglichkeit ungenutzt verstreichen ließ, stellt sich das Problem der **Kausalität**. Die übliche Definition wird modifiziert, indem der geschuldete physisch-reale Akt hinzugedacht wird. Anders als bei dem aktiven Delikt muss nun geklärt werden, wie sich das Geschehen unter dieser Bedingung verändert hätte. Das fällt jedoch schwer, da die Zukunft stets variantenreich und voller Unwägbarkeiten ist. Das zu erreichende Maß an Sicherheit über die Kausalität bleibt daher hinter dem aktiv begangenen Delikt zurück. Nach allgemeiner Ansicht kommt es aufgrund dieser hypothetischen Kausalität darauf an, ob mit an Sicherheit grenzender Wahrscheinlichkeit der Erfolg ausgeblieben wäre, wenn der geschuldete Handlungsakt hinzugedacht wird. Die konkrete Umsetzung dieses Maßstabes in der forensischen Realität ist ein allgemeines Problem, das durch die Komplexität der Geschehensabläufe im Umweltstrafrecht potenziert wird. Bei jedem unechten Unterlassungsdelikt muss daher die Kausalität kritisch hinterfragt werden, mit der Konsequenz, dass unter Anwendung des Zweifelssatzes als Minus die Versuchsstrafbarkeit zu prüfen ist. Für die Fahrlässigkeit aber ist Kausalität eine unverzichtbare Voraussetzung der Strafbarkeit, was aus der Ablehnung der Risikoerhöhungslehre folgt.

Auch das unechte Unterlassungsdelikt erfordert für die Beziehung zwischen der **35** Handlung und dem Erfolg neben der Kausalität die objektive Zurechnung. Die dort beim aktiven Delikt diskutierten Fallgruppen, verschieben sich freilich auf die vor-

---

[32] S. dazu Baumann/Weber/ *Mitsch/Eisele*, AT, § 21 Rn. 32 ff.; *Frister*, AT, Kap. 22 Rn. 19 i. V. m. Rn. 16; *Stratenwerth/Kuhlen*, AT § 13 Rn. 4.

[33] Auch dazu Baumann/Weber/ *Mitsch/Eisele*, AT, § 21 Rn. 32 ff.

gelagerte Prüfung der Möglichkeit eines anderen Verhaltens, der Garantenpflicht im konkreten Einzelfall sowie insbesondere der Kausalität.

Kontrollfragen
1. In welcher Beziehung stehen die Möglichkeit zur Handlung und die hypothetische Kausalität zueinander? (Rn. 4)
2. Nennen Sie Beispiele für die Unmöglichkeit pflichtgemäßen Verhaltens und erläutern Sie daran die Grenzen und Maßstäbe der Unmöglichkeit! (Rn. 32)
3. Welche Konstellation betrifft die *omissio libera in causa*, wie ist dieses Problem zu lösen und welche Ergebnisvarianten ergeben sich hieraus für den Einzelfall? (Rn. 33)
4. Welcher Maßstab gilt bei dem unechten Unterlassungsdelikt für die Kausalität und warum ist das so? (Rn. 34)

Weiterführende Literatur

Baumann/Weber/*Mitsch/Eisele*, AT, §
Böse, Die Garantenstellung des Betriebsbeauftragten, NStZ 2003, 636 ff.
Fischer, Strafgesetzbuch, 66. Aufl. 2019
Frister, Strafrecht Allgemeiner Teil, Ein Studienbuch, 8. Aufl. 2018
Hellmann, Wirtschaftsstrafrecht, 5. Aufl. 2018
Hillenkamp/Cornelius, 32 Probleme aus dem Strafrecht Allgemeiner Teil, 15. Auflage 2017
Horn, Strafbares Fehlverhalten von Genehmigung- und Aufsichtsbehörden?, NJW 1981, 1 ff.
Lackner/*Kühl*, Strafgesetzbuch, Kommentar, 29. Aufl. 2018
Küpper/Börner, Strafrecht Besonderer Teil 1, Delikte gegen Rechtsgüter der Person und Gemeinschaft, 4. Aufl. 2017
Michalke, Umweltstrafsachen, 2. Aufl. 2000
Rengier, Strafrecht Besonderer Teil II, Delikte gegen die Person und die Allgemeinheit, 20. Aufl. 2019
Sack, Umweltschutz-Strafrecht, 5. Auflage, 18. Lieferung
Saliger, Umweltstrafrecht, 1. Aufl. 2012
Schönke/Schröder, Strafgesetzbuch, Kommentar, hrsg. v. *Eser* u. a., 30. Aufl. 2019
Sowada, Täterschaft und Teilnahme beim Unterlassungsdelikt, Jura 1986, 399 ff.
Stratenwerth/Kuhlen, Strafrecht Allgemeiner Teil, Die Straftat, 6. Aufl. 2011
Welzel, Das Deutsche Strafrecht, 11. Aufl. 1969

§ 7 Weitere Fragen des AT StGB

Obgleich ein Schwerpunkt der Probleme des Allgemeinen Teils des StGB für das 1
Umweltstrafrecht im Bereich von Täterschaft und Teilnahme sowie dem Unterlassen liegt, erschöpfen sich die typischen Besonderheiten des Umweltstrafrechts hierin nicht.

I. Versuch

Das versuchte Delikt ist im Umweltstrafrecht aufgrund zeitlich gestreckter Ge- 2
schehnisse sowie der Schwierigkeiten der Feststellung eines ausreichenden Zusammenhanges zwischen Handlung und Erfolg bzw. Gefahrerfolg von erheblicher Bedeutung. Je weiter freilich aufgrund der Tatbestandsstruktur der Vollendungszeitpunkt nach vorn verlagert wird, desto kleiner ist der für den Versuch verbleibende Bereich. Bei Vollendung kommt es dann auf die Voraussetzungen der tätigen Reue an, die allerdings im Unterschied zur Straflosigkeit eines Vorbereitungsstadiums bzw. des Versuchs selbst und im Vergleich zu § 24 StGB nur in geringem Umfange zur Befreiung von Strafe führt. Die Diskussion des Umweltstrafrechts über die Täterschaft sowie das unechte Unterlassungsdelikt setzt sich im Rahmen des Versuchs variantenreich fort.

1. Vorprüfung

Der Versuch kommt nur in Betracht, wenn keine Bestrafung aus dem vollendeten 3
Delikt erfolgt. Diese Voraussetzung bringt die Feststellung „... *der Erfolg ist ausgeblieben* ...“ nur unvollständig zum Ausdruck. Auch abstrakte und konkrete Gefährdungsdelikte sowie Eignungsdelikte kommen in Betracht, solange sie noch nicht vollendet worden sind. Ferner mag ein Erfolg zwar eingetreten sein, jedoch

© Springer-Verlag GmbH Deutschland, ein Teil von Springer Nature 2020   243
R. Börner, *Umweltstrafrecht*, Springer-Lehrbuch,
https://doi.org/10.1007/978-3-662-60629-2_7

kann es an der Kausalität oder der objektiven Zurechnung fehlen. Schließlich ist mitunter aus Rechtsgründen trotz eines an sich verwirklichten objektiven Tatbestandes nur aus Versuch zu bestrafen, wie es nach zutreffender Ansicht für das fehlende subjektive Rechtfertigungselement[1] und die objektiv untaugliche überschießende Innentendenz der Fall ist.[2] Vorzugswürdig ist daher die Formulierung: „... *nicht aus vollendetem Delikt zu bestrafen ...*".

4   Der Versuch eines Vergehens ist gem. § 23 Abs. 1 StGB nur strafbar, wenn das Gesetz es ausdrücklich bestimmt. Hieran fehlt es im Umweltstrafrecht nicht selten, woraus sich ein typisches Problem der Erfolgsqualifikation ergibt.[3] Problematisch ist die Strafbarkeit des Versuchs in zwei Konstellationen des untauglichen Versuchs. Der **untaugliche Versuch** ist grdsl. ebenso strafbar wie jeder andere Versuch und zeichnet sich lediglich durch die Besonderheit aus, dass objektiv die Bestrafung wegen Vollendung von vornherein ausgeschlossen war. Der Grund dafür kann in einer Untauglichkeit des Mittels, des Objektes oder des Tatsubjekts, also der Täterqualität des Handelnden, liegen.

Beispiel[4]

X lagert auf seinem Hof Gegenstände so, dass im weiteren Verlauf aufgrund von Witterungseinflüssen eine Gewässerverunreinigung im Sinne von § 324 Abs. 1 StGB zu erwarten ist, woran X freilich zunächst nicht gedacht hat. X sitzt beim Bier als ein Sommergewitter heranzieht und ihn trifft blitzartig die Einsicht, dass es für das Gewässer übel ausgehen könnte. Er glaubt zwar, dass er den Schaden noch abwenden könnte, hat dazu aber keine Lust. Das Gewässer wird durch den Regenguss verunreinigt, es kann jedoch nicht geklärt werden, ob X den Schaden noch erfolgreich hätte abwenden können. Strafbarkeit gem. §§ 324 Abs. 1, 13, 22 StGB?

Der Erfolg kann aufgrund des Zweifelssatzes nicht zugerechnet werden und der Versuch ist an sich gem. § 324 Abs. 2 StGB strafbar. Fraglich ist, ob der **untaugliche Versuch eines unechten Unterlassungsdelikts** die Schwelle zur Strafwürdigkeit erreicht. Die Auslegung des § 23 StGB würde damit hinter dem verfassungsrechtlich verankerten materiellen Schuldprinzip zurücktreten. Die ganz h.M. erachtet indes zutreffend auch diese abstrakte Konstellation als hinreichend vom Strafgrund des Versuchs gedeckt.[5]

5   Davon zu unterscheiden ist die Frage, ob die irrige Annahme von Umständen, die eine **Täterqualität** begründen würden, wenn sie tatsächlich vorlägen, für die Strafbarkeit des Versuchs genügt. Dabei macht es keinen Unterschied, ob diese Um-

---

[1] Oben § 4 Rn. 125.
[2] Oben § 3 Rn. 63.
[3] Im einzelnen § 3 Rn. 110 f.
[4] Abwandlung von § 3 Rn. 59 und § 6 Rn. 10.
[5] Statt aller *Eser/Bosch*, in: Schönke/Schröder, Vor §§ 22 ff. Rn. 27; *Küpper*, JuS 2000, 225/228; s. aber auch Baumann/Weber/*Mitsch/Eisele*, AT, § 22 Rn. 42 a.E.

stände ein (aktiv begangenes) Sonderdelikt oder aber die Garantenpflicht des unechten Unterlassungsdelikts betreffen.

> **Beispiel**
> 1) A ist in einer Überwachungsbehörde für die Stilllegung von Anlagen nach § 20 Abs. 2 S. 1 BImSchG zuständig. Er erfährt davon, dass X eine gem. § 4 BImSchG genehmigungsbedürftige Anlage ohne Genehmigung und ohne materiellen Anspruch auf eine solche Genehmigung betreibt. A geht zutreffend davon aus, dass eine sofortige Stilllegung erforderlich ist, um eine Verunreinigung des Grundwassers noch mit an Sicherheit grenzender Wahrscheinlichkeit zu verhindern. A bleibt aber untätig, da er die Auseinandersetzung mit X scheut. Als zwei Wochen später das Unglück geschieht, bemerkt A, dass sich diese Anlage des X in einem anderen Bundesland und damit außerhalb seines örtlichen Zuständigkeitsbereiches befindet. Strafbarkeit des A gem. §§ 324, 13, 22 StGB?
> 2) B gerät an den Schwindler Y, der ihm vorgaukelt, dass B Betreiber einer gem. § 4 BImSchG genehmigungsbedürftigen Anlage werden können. Der bisherige finanzielle Erfolg der Anlage beruhe aber darauf, dass die notwendige Genehmigung nicht vorliege und die materiell erforderlichen Kriterien einer Genehmigungsfähigkeit nicht eingehalten würden. Tatsächlich existiert die behauptete Anlage zwar, Y hat jedoch nie vor, dem B tatsächlich jemals die weisungsfreie Verfügungsgewalt zu überlassen. B fällt auf Y herein und zahlt eine hohe Summe. Y hält den Schein aufrecht, indem er den B für einige Zeit in dem Glauben hält, real die weisungsfreie Verfügungsgewalt über die Anlage zu haben. In Wahrheit jedoch hat B keinerlei Einfluss. Strafbarkeit des B gem. §§ 327 Abs. 2 S. 1 Nr. 1, 22 StGB?

Im Beispiel 1) fehlt es objektiv an einer verwaltungsrechtlichen Pflicht des A, aus welcher die Garantenpflicht resultiert, wohingegen der Tatentschluss und das unmittelbare Ansetzen gegeben sind und ein Rücktritt wegen Fehlschlags aufgrund der Erkenntnis der Untauglichkeit des Versuchs ausscheidet. Im Beispiel 2) ist B objektiv nicht Betreiber der Anlage geworden,[6] stellte sich aber Umstände vor, die ihn zum Betreiber im Sinne von § 327 Abs. 2 S. 1 Nr. 1 StGB gemacht hätten. In beiden Fällen fehlt objektiv die Täterqualität und im Umkehrschluss aus § 23 Abs. 3 StGB, der nur die anderen Fälle der Untauglichkeit nennt, könnte sich die Straflosigkeit ergeben. Die zutreffende h.M. nimmt Strafbarkeit an, da die betreffende Sonderstellung Teil des Tatentschlusses und daher von der in § 23 Abs. 1 StGB geregelten Strafbarkeit des Versuchs zu unterscheiden ist.[7] Ergänzend sei bemerkt: Im Beispiel 2) scheidet für Y eine strafbare Anstiftung zum Versuch nach h.M. mangels der notwendigen Vorstellung von der Vollendung der Haupttat aus.

---

[6] Zur Betreibereigenschaft § 5 Rn. 5 ff.

[7] Baumann/Weber/*Mitsch/Eisele*, AT, § 22 Rn. 40 u. 42; *Eser/Bosch*, in: Schönke/Schröder, § 22 Rn. 75 f.; a.A. *Frister*, AT, Kap. 23 Rn. 23; *Stratenwerth/Kuhlen*, AT § 11 Rn. 65 f.

2. Tatentschluss

6   Tatentschluss ist gegeben, wenn der Handelnde sich Umstände vorstellt, die für den Fall, dass sie tatsächlich vorlägen, den objektiven Tatbestand verwirklichen würden und zudem alle etwaig neben dem Vorsatz erforderlichen subjektiven Merkmale gegeben sind. Der Prüfungsaufwand zum Vorsatz entspricht für das kognitive Element dem Umfang bei Subsumtion des objektiven Tatbestandes, allerdings mit dem Unterschied, dass das Subsumtionsmaterial hier nicht das objektive, sondern das vom Handelnden (zumindest) für möglich gehaltene Geschehen ist. Die Vorsatzprüfung des vollendeten Delikts kann sich nur deshalb auf Kenntnis und Willensmoment der tatsächlichen Umstände beschränken, weil die Subsumtionsleistung dieser Umstände unter die Merkmale des objektiven Tatbestandes bereits dort geprüft worden ist. Für das versuchte Delikt fällt die Prüfung des Tatentschlusses daher umfangreicher aus als bei Vollendung.

7   Besondere Bedeutung hat im Umweltstrafrecht die Unterscheidung zwischen **straflosem Wahndelikt** und Tatentschluss. Es gilt, normative Tatbestandsmerkmale einerseits und verwaltungsakzessorische tatbestandliche Rechtspflichten andererseits mit ihren unterschiedlichen Anforderungen auseinanderzuhalten. Der Tatbestandsirrtum des § 16 Abs. 1 S. 1 StGB findet seine Umkehrung im Tatentschluss.[8]

8   Ferner setzen sich die Wertungsfragen der objektiven Zurechnung bei der Abgrenzung zwischen Tatentschluss und Wahndelikt fort. Was aus keinem rechtlich missbilligten Risiko resultiert, vermag weder die Zurechnung des Erfolges zu begründen, noch kann der Wunsch nach dem Erfolg den Tatentschluss begründen, wenn nach dem vorgestellten Geschehen keine hinreichende strafrechtliche Verantwortlichkeit besteht. Die fehlerhafte Bewertung eines Geschehens als objektiv zurechenbar führt zum Wahndelikt.[9]

3. Unmittelbares Ansetzen

9   Anhand der für den Tatentschluss subsummierten Tätervorstellung ist zu beurteilen, ob mit der betreffenden Handlung gem. § 22 StGB zur Verwirklichung des Tatbestandes unmittelbar angesetzt wurde. Dazu müssen zwei Fallgruppen auseinandergehalten werden. Einerseits geht es um die eigentliche Ausführungshandlung und andererseits um Verhaltensweisen, die der eigentlichen Ausführung unmittelbar vorgelagert sind. Das Hauptdiskussionsfeld betrifft den aktiv handelnden Einzeltäter, der solche vorgelagerten Handlungen in der Vorstellung vornimmt, im weiteren Verlauf den Tatbestand zu verwirklichen. Das Versuchsstadium ist erreicht, wenn der Täter subjektiv die Schwelle zum jetzt-geht-es-los überschreitet und objektiv dergestalt zur tatbestandlichen Angriffshandlung ansetzt, dass sein Tun ohne **wesentliche Zwischenakte** in die Tatbestandsverwirklichung einmünden soll. Die Lösung erfolgt durch Wertung des Einzelfalles.

---

[8] Zum ganzen oben § 4 Rn. 119 ff.
[9] S. auch oben § 4 Rn. 28.

> **Beispiel**
>
> A fährt seinen Fäkalienwagen an ein Gewässerufer heran, um das Abwasser in das Gewässer einzuleiten. Jedoch wird er überrascht, bevor er das Ventil öffnen kann, und am Einleiten gehindert.[10]
>
> *Variante:* A befindet sich 50 km entfernt auf der Autobahn auf dem Weg zu dem Gewässer und wird durch eine zufällige Kontrolle des BAG an der Weiterfahrt gehindert und zur ordnungsgemäßen Entsorgung gezwungen.

Im Grundfall fehlten allenfalls noch wenige Schritte und Handgriffe, die in engem räumlichen und zeitlichen Zusammenhang erfolgen sollten. Daher ist § 22 StGB gegeben. In der Variante geschieht die Kontrolle räumlich und zeitlich entfernt von der geplanten Einleitung, so dass die noch zu bewältigende Anfahrt als wesentlicher Zwischenakt im Wege steht. Nicht anders als bei einem Banküberfall (§§ 250 Abs. 2, 249/255 StGB) oder Mord ist auch hier die Anfahrt zum Tatort für sich genommen eine straflose Vorbereitung.

Die eigentliche Ausführungshandlung, von welcher sich der Täter die Verwirklichung des Tatbestandes verspricht, ist grdsl. das unmittelbare Ansetzen. Probleme treten dann auf, wenn es sich um einen **zeitlich gestreckten oder ungewissen weiteren Verlauf** handelt. **10**

> **Beispiel**
>
> 1) A versenkt mehrere Fässer mit Altöl gut verschlossen im Uferbereich eines Flusses. Er erwartet, dass die Fässer über kurz oder lang aufgrund von Korrosion das Altöl freisetzen und den Fluss erheblich verunreinigen, doch dann würde kein Verdacht mehr auf ihn fallen. Nachdem das letzte Fass an Ort und Stelle ist, wird A festgenommen und eine erfolgreiche Bergung durchgeführt.
>   Strafbarkeit gem. §§ 324, 22 StGB?
> 2) B versenkt ebenfalls mehrere Behälter mit derselben Menge Altöl in der Mitte eines Flusses, der für den Schiffsverkehr gesperrt ist. B geht mit Sicherheit davon aus, dass diese Behälter derart beständig sind, dass sie über einen sehr langen Zeitraum nur in so geringen Mengen das Altöl freisetzen, dass das Gewässer hierdurch weder im Sinne von § 324 Abs. 1 StGB verunreinigt wird noch sonst dessen Eigenschaften nachteilig verändert werden. B nimmt allerdings billigend in Kauf, dass in Zukunft irgendwann auch dieser Fluss für die Schifffahrt freigegeben werden könnte und hierdurch die Behälter derart beschädigt werden, dass das Gewässer verunreinigt wird. Anhaltspunkte dafür, ob oder wann dies geschieht, hat B jedoch nicht. Er wird nach dem Versenken festgenommen und die Behälter können vor Eintritt eines Schadens geborgen werden.
>   Strafbarkeit gem. §§ 324, 22 StGB?

---

[10] *Sack*, UmwStR, § 324 Rn. 228a.

3) C benutzt dieselben Behälter wie B und hat dieselbe Vorstellung von deren
Eigenschaften. Allerdings ist die einzige Eventualität, die er sich zum Nachteil des Gewässers vorstellen kann, ein massiver Absturz von Felsgestein
oberhalb des Ortes des Versenkens, der die Behälter zerschlägt. C hat aber
keine Anhaltspunkte dafür, ob ein solches Ereignis in nächster Zeit zu geschehen droht und ob dann die Behälter nicht bereits fortgespült worden sein
werden. Auch C wird sogleich festgenommen und die Behälter werden ge-
borgen.

Strafbarkeit gem. §§ 324, 22 StGB?

In allen Fällen ist das Gewässer nicht bereits durch die Fässer bzw. Behälter verunreinigt oder sonstig in dessen Eigenschaften nachteilig verändert worden.[11] Maßgeblich ist daher der Wasserkontakt des Altöls. Fraglich ist, ob § 22 StGB bereits
dann verwirklicht ist, wenn der Täter aus seiner Sicht die zum Erfolg führende
Kausalkette in Gang gesetzt und das Geschehen aus den Händen gegeben hat. Die
Frage ist hoch umstritten. Im Beispiel 1) hat A die eigentliche Ausführungshandlung vorgenommen und unklar ist nur, wann genau eine maßgebliche Verunreinigung eintreten wird, das Ob steht hingegen außer Frage. Der **bloße Zeitablauf** ändert nichts an der Gefahr durch das mit dem Versenken aus Tätersicht in Gang
gebrachte und naturgesetzlich auf die Vollendung zustrebenden Geschehen, mag es
sich auch um Jahre handeln.[12] Daher ist § 22 StGB gegeben. Entsprechend läge es,
wenn der Täter ölverseuchtes Erdreich in einer Kiesgrube ablagert und daher aus
seiner Sicht die Gefahr des Eindringens in das Grundwasser besteht.[13]

11   Im Beispiel 2) hingegen ist **das ungewisse Verhalten Dritter** erforderlich, um
den Erfolg herbeizuführen. Ob ein solches Verhalten, das einerseits in der Öffnung
für den Schiffsverkehr und andererseits in dem Steuern des ersten Schiffes verord-
net werden könnte, für das unmittelbare Ansetzen erforderlich ist, ist entsprechend
der zu Tötungsdelikten diskutierten Kasuistik umstritten. Die Besonderheit besteht
darin, dass in der von dem Täter vorgestellten Wirklichkeit nicht der Rechtsgutinha-
ber sich selbst unwissentlich gefährdet, sondern dass für das Allgemeinrechtsgut die
Gefahr durch einen gutgläubigen Dritten geschaffen wird. Nach der – jedenfalls im
Ergebnis zutreffenden – Lösung des BGH werden beide Konstellationen einheitlich
nach dem Modell der mittelbaren Täterschaft gelöst, indem bei einem zwingend
erforderlichen, aber noch ungewissen Mitwirkungsakt der Versuch beginnt, wenn
sich das Opfer so in den Wirkungsbereich des Tatmittels begibt, dass sein Verhalten
nach dem Tatplan bei ungestörtem Vorgang unmittelbar in die Tatbestandsverwirklichung einmünden kann.[14] Übertragen auf das Beispiel 2) dürfte dieser Zeitpunkt

---

[11] Zum Problem eingeschränkter Benutzbarkeit eines Gewässers, die nach zutr. Ansicht für § 324
StGB nicht genügt, unten § 8 Rn. 25.
[12] Richtig *Schall*, in: SK-StGB, § 324 ff. Rn. 58; a.A. *Sack*, UmwStR, § 324 Rn. 228.
[13] *Sack*, UmwStR, § 324 Rn. 228a.
[14] S. insofern BGHSt 43, 177 ff. (Passauer-Bärwurz-Fall) und krit. statt vieler *Roxin*, AT II, § 29
Rn. 192 ff.

erst erreicht sein, wenn sich das erste Schiff mit ausreichendem Tiefgang der Gefahrenstelle nähert. Nach anderer Ansicht würde auch hier schon das Aus-den-Händen-lassen des Geschehens für den Versuchsbeginn genügen.

Das Beispiel 3) legt eine entsprechende Differenzierung nahe, wobei es dort auf   **12**
einen beginnenden oder sich zumindest deutlich abzeichnenden Felsschlag ankäme, der geeignet ist, die noch nicht fortgespülten Behälter hinreichend zu zerschlagen. Problematisch ist aber, dass dieser spätere Zeitpunkt **nicht an ein menschliches Verhalten Dritter geknüpft** ist, sondern von zufälligen Naturereignissen abhängt. Das Zurechnungsmodell der mittelbaren Täterschaft versagt daher. Das ist aber noch kein zwingender Grund, nicht auch hier eine entsprechende Differenzierung innerhalb des § 22 StGB zuzulassen. Auch wenn der Handelnde keine genaue Kenntnis von dem Ob und Wann der konkret drohenden Verletzung hat, stellt er sich doch ein bestimmtes objektives Ereignis vor, von welchem die Verletzung abhängt. Sobald dieses objektive Ereignis dann im Zusammenhang mit der letzten Ausführungshandlung eintritt, erhält das Geschehen einen objektiven Anknüpfungspunkt, der nach Maßgabe des Tatplanes bewertet werden kann und für § 22 StGB herangezogen werden könnte. Hierfür sprechen die Maßstäbe des BGH bei einer gutgläubigen Selbstschädigung. Dort trete eine unmittelbare Rechtsgutgefährdung nach dem Tatplan erst dann ein, wenn das Opfer tatsächlich erscheint, dabei Anstalten trifft, die erwartete selbstschädigende Handlung vorzunehmen und sich deshalb die Gefahr für das Opfer verdichtet.[15] Nicht die Handlung der eigentlichen Selbstschädigung steht daher im Zentrum von § 22 StGB, sondern die an ein objektives Geschehen geknüpfte Gefährdungsbeurteilung aus Perspektive des Tatplans. Auf diese Weise wird die mit § 22 StGB getroffene Entscheidung des Gesetzgebers durchgesetzt, dass die Strafbarkeit des Versuchs nicht völlig losgelöst von einer – aus Perspektive des Tatplanes eintretenden – Gefährdung des geschützten Rechtsguts einsetzt.[16] Dieser Gefährdungsaspekt erscheint auf die von menschlichem Verhalten unbeeinflusst eintretenden Bedingungen der Verletzung von Umweltrechtsgütern übertragbar. In den Beispielen 2) und 3) haben sich daher B und C mangels unmittelbaren Ansetzens noch nicht gem. §§ 324, 22 StGB strafbar gemacht.

Die Anzahl der an größeren umweltstrafrechtlichen Sachverhalten beteiligten   **13**
Personen und die dabei auftretenden Varianten füllen Sonderprobleme des unmittelbaren Ansetzens mit Leben. Für die **Mittäterschaft** besteht die Ausgangsfrage darin, ob jeder Mittäter für sich selbst unmittelbar zur Tat ansetzen muss oder ob einer von ihnen die anderen mit in die Versuchsphase zieht.

Beispiel

Die X-GmbH ist Betreiberin einer gem. § 22 BImSchG nicht genehmigungsbedürftigen Anlage. Um die Leistung der Anlage zu erhöhen, beschließen die drei Geschäftsführer A, B und C, eine Modifizierung der Einstellungen der Anlage, was – wie Sie wissen – zu einer Genehmigungsbedürftigkeit gem. § 4 BImSchG

---

[15] BGHSt 43, 177/181.
[16] BGHSt 43, 177/181 f.

führt, ohne dass eine entsprechende Genehmigung vorliegt. Die Änderung hat zugleich zur Folge, dass Veränderungen der Luft verursacht werden, die geeignet sind, außerhalb des zur Anlage gehörenden Bereichs die Gesundheit eines anderen Menschen zu schädigen, was A, B und C sicher voraussehen. Nach der hierzu getroffenen Absprache soll der für die praktische Steuerung der Anlage zuständige A die im einzelnen gemeinsam festgelegten Änderungen vornehmen und sodann den geänderten Betrieb aufnehmen. B und C gehen währenddessen plangemäß den ihnen obliegenden Tätigkeiten für die X-GmbH im Zusammenhang mit der Anlage nach. Als A die Arbeiten abgeschlossen hat und am nächsten Morgen den Knopf drücken will, um den genehmigungsbedürftigen Betrieb aufzunehmen, hält ihn die überraschend erschienene Aufsichtsbehörde davon ab.
Strafbarkeit von A, B und C gem. §§ 327 Abs. 2 S. 1 Nr. 1, 325 Abs. 1, 22 StGB?

Der Versuch des § 327 StGB ist gem. § 23 Abs. 1 StGB mangels Regelung straflos. § 325 Abs. 1 S. 1 StGB wurde nicht vollendet und der Versuch ist gem. § 325 Abs. 1 S. 2 StGB strafbar. Tatentschluss, insbesondere hinsichtlich der zugerechneten Betreibereigenschaft und des Verstoßes gegen § 4 BImSchG sowie der daraus resultierenden Gefährdungseignung, ist gegeben. A hat für seine Person gem. § 22 StGB unmittelbar angesetzt, indem er sich anschickte, auf den Knopf zu drücken, wobei die Änderung des Betriebs und der Eintritt der zur Gefährdung hinreichend geeigneten Lage nach Tätervorstellung örtlich und zeitlich eng verknüpft sind. Die vorherigen Umbauarbeiten hingegen dienten nur der Vorbereitung des später erfolgenden geänderten Betriebs. Dieses unmittelbare Ansetzen wird nach ganz h.M. den übrigen Mittätern zugerechnet, da eine einheitliche Tat nur einmal in das Versuchsstadium gelangen kann.[17]

14   Problematisch ist die **vermeintliche Mittäterschaft**, wenn die Mittäter in der zweiten Reihe über den Willen zur Mittäterschaft desjenigen irren, der auch für sie das Delikt in das Stadium des Versuchs bringen soll.

Beispiel
Wie soeben, allerdings in folgenden Varianten:
1) A hatte sich zwischenzeitlich eines Besseren besonnen, die Aufsichtsbehörde informiert und sein Verhalten mit diesen so abgestimmt, dass Sie exakt in dem Augenblick erscheint, wo B und C das Drücken des Knopfes erwarten und erst dann stellt A seine Tätigkeit ein.
2) A hatte mit B und C das Drücken des Knopfes für den kommenden Morgen pünktlich um 9:00 Uhr verabredet, er besinnt sich jedoch eines Besseren und erscheint nicht zum Dienst. Das erfahren B und C erst am Abend.
Strafbarkeit von A, B und C gem. §§ 325 Abs. 1, 22 StGB?

---

[17] Statt vieler BGHSt 36, 249/250; *Heine/Bosch*, in: Schönke/Schröder, § 22 Rn. 55; *Rönnau*, JuS 2014, 109 f.

A hatte in der ersten Variante keinen Tatentschluss mehr, als er so tat, als würde er den Knopf drücken. In der zweiten Variante kam A nicht dazu, die Handlung vorzunehmen, mit der er nach dem Tatplan unmittelbar zur Tat angesetzt hätte. A ist daher straflos. Für Mittäter in der zweiten Reihe ist das unmittelbare Ansetzen umstritten. Die h.L. lehnt § 22 StGB ab, da nur bei einer tatsächlich bestehenden Mittäterschaft eine Zurechnung über § 25 Abs. 2 StGB erfolgen könne.[18] Nach zutreffender Ansicht kann das unmittelbare Ansetzen gleichwohl gegeben sein. Wenn der Vordermann den ihm nach dem Tatplan als Mittäter für das unmittelbare Ansetzen obliegenden Handlungsakt ausführt, genügt dieser objektive Akt, um die Tat für die übrigen Mittäter nach deren Vorstellung in das Versuchsstadium zu bringen. Das Vorliegen eines gemeinsamen Tatplans ist Teil des Tatentschlusses der Mittäter in der zweiten Reihe und die fehlende objektiv gegebene Mittäterschaft nur eine **Spielart des untauglichen Versuchs**.[19] Wenn hingegen ein solcher objektiver Akt, der für die Hintermänner aus der Perspektive des gemeinsamen Tatentschlusses zu bewerten wäre, gar nicht geschieht, bleibt das Delikt auch für sie in der Vorbereitungsphase stecken. In der Variante 1) sind B und C also gem. §§ 325 Abs. 1, 22 StGB zu bestrafen, wogegen sie in der Variante 2) straflos bleiben.

Komplexer ist der Meinungsstand für die **mittelbare Täterschaft**, der im Um-   15
weltstrafrecht gerade für den Amtsträger von Relevanz ist.

Beispiel[20]

X beantragt eine wasserrechtliche Erlaubnis für die Direkteinleitung von Abwasser in ein Gewässer gem. § 57 WHG. Unter Verstoß gegen § 57 Abs. 1 Nr. 1 WHG erteilt A diese Erlaubnis wissentlich rechtswidrig, aber wirksam. Ohne mit X darüber geredet zu haben, bezweckt A die finanzielle Entlastung des X in der Hoffnung des Erhaltes von Arbeitsplätzen. A glaubt, X werde in genau diesem Interesse von der Genehmigung Gebrauch machen. X hat keine Handlung vorgenommen, die § 330d Abs. 1 Nr. 5 StGB genügt. X macht von der erhaltenen und zur Kenntnis genommenen Genehmigung keinen Gebrauch, obwohl er gutgläubig hinsichtlich der Rechtmäßigkeit der Genehmigung ist.

Strafbarkeit von A gem. §§ 324 Abs. 1, 22 StGB?

Variante: X hat von Beginn an Kenntnis von der Rechtswidrigkeit der Genehmigung.

X hätte sich aufgrund der strafrechtlichen Wirksamkeit der Genehmigung nicht strafbar gemacht, da diese für ihn als Rechtfertigungsgrund unabhängig von seiner Kenntnis wirksam ist. Es greift mittelbare Täterschaft in Ansehung der vorsätzlichen Schaffung eines Rechtfertigungsgrundes unabhängig von der Bösgläu-

---

[18] S. nur *Erb*, NStZ 1995, 424 ff.; *Küpper/Mosbacher*, JuS 1995, 488 ff.; Baumann/Weber/*Mitsch/Eisele*, AT, § 22 Rn. 80; *Rönnau*, JuS 2014, 109/110 f.

[19] BGHSt 40, 299/302 (Münzhändler-Fall); *Fischer*, § 22 Rn. 23a; a.A. aber BGHSt 39, 236/237 f. (Türklingel-Fall).

[20] Abwandlung vom Bsp. in § 5 Rn. 19.

bigkeit des Genehmigungsadressaten.[21] Fraglich ist, ob A mit der Erteilung der Genehmigung zu §§ 324 Abs. 1, 25 Abs. 1 Alt. 2, 22 StGB unmittelbar angesetzt hat. Für den Beginn des Versuchs in mittelbarer Täterschaft wird die gesamte denkbare Bandbreite von Zeitpunkten vertreten.[22] Die strengste Ansicht verlangt, dass das Werkzeug selbst unmittelbar zur Verwirklichung des Tatbestandes ansetzt, was vorliegend erst beim Beginn des Einleitens der Fall gewesen wäre. Nach der weitesten Ansicht ist Versuch bereits dann anzunehmen, wenn der mittelbare Täter auf den Tatmittler einzuwirken beginnt. Hierfür würde die Erteilung der Genehmigung allemal genügen, wobei freilich weiter danach unterschieden werden könnte, ob die Genehmigung zwecks Bekanntgabe auf den Weg gebracht, im Sinne von § 43 Abs. 1 S. 1 VwVfG bekannt gegeben oder auch zur Kenntnis genommen worden sein muss. Ein differenzierender Ansatz unterscheidet danach, ob der Tatmittler gutgläubig oder bösgläubig ist. Ist er gutgläubig, setzt der mittelbare Täter an, sobald er auf das Werkzeug einwirkt. Bei Bösgläubigkeit sei hingegen erforderlich, dass der Tatmittler selbst unmittelbar zur Tatbestandsverwirklichung ansetzt.[23] In der Variante des Beispiels wäre das Versuchsstadium damit noch nicht erreicht. Wohl überwiegend insbesondere auch von der Rspr. wird danach gefragt, in welchem Grade dem Opfer aus der Perspektive des Tatentschlusses in dem Augenblick eine Gefahr droht, wo der mittelbare Täter das Geschehen aus der Hand gibt. Entscheidend ist dann **ebenso wie bei dem unmittelbar und aktiv handelnden Einzeltäter**, ob die Vornahme der für den Taterfolg erforderlichen weiteren Handlung noch ungewiss ist.[24] Dem ist zu folgen, da der Tatmittler lediglich ein Werkzeug ist, das mit dem Täter im Unterschied zu § 25 Abs. 2 StGB nicht auf einer Stufe steht. Im Zentrum der Betrachtung muss daher die eigene Handlung des mittelbaren Täters stehen, auf deren Unmittelbarkeit es aus der Perspektive des Tatentschlusses ankommt. Im Beispiel hätte damit der A im Grundfall und der Variante durch das Absenden der Genehmigung das Geschehen in der Vorstellung aus den Händen gegeben, dass die Einleitung der Abwässer geschehen wird.

16   Die zeitliche Komponente spielt dabei ebenso wie bei dem unmittelbar handelnden Täter der Gewässerverunreinigung nur eine untergeordnete Rolle. Entscheidend ist das hinreichend zu erwartende Ob des Schadensereignisses und nicht das Wann.[25] Teils wird freilich angenommen, dass auch eine **Unsicherheit über das Ob** dem unmittelbaren Ansetzen durch Entlassung des Tatmittlers nicht im Wege stehe.[26]

---

[21] S. § 5 Rn. 19.

[22] Eingehend zu dem nachfolgend aufgezeigten Meinungsbild *Hillenkamp/Cornelius*, 32 Probleme StrafR AT, S. 125 ff. m. w. N.

[23] Mit gewichtigen Argumenten etwa Baumann/Weber/*Mitsch/Eisele*, AT, § 22 Rn. 78.

[24] S. abermals den Bärwurz-Fall von BGHSt 43, 177/179 ff. sowie statt vieler *Eser/Bosch*, in: Schönke/Schröder, § 22 Rn. 54a; *Fischer*, § 22 Rn. 27; Wessels/*Beulke/Satzger*, AT, Rn. 857e u. Rn. 857f.

[25] S. auch *Fischer*, § 22 Rn. 27.

[26] *Frister*, AT, Kap. 29 Rn. 6.

Nach hier vertretener Ansicht tritt im Falle der Ungewissheit bei Entlassung des Tatmittlers das unmittelbare Ansetzen erst dann ein, wenn ein objektives Ereignis eintritt, welches aus der Perspektive des Tatentschlusses bei ungestörtem Vorgang die Deliktsvollendung erwarten lässt.[27] Nur bei Erteilung einer Genehmigung, die in Erwartung des Gebrauches der Genehmigung erfolgt, ist daher mit Abschluss der zur Bekanntmachung nach dem Tatentschluss erforderlichen Handlung das unmittelbare Ansetzen des Amtsträgers als mittelbarer Täter gegeben. Diese Erwartung wird allerdings grdsl. gegeben sein.

Beispiel

Wie im Beispiel zuvor – allerdings mit dem Unterschied, dass X sehr wohl vor hat, von der Genehmigung Gebrauch zu machen. Ihm fehlen jedoch, wie A bekannt ist, derzeit die notwendigen finanziellen Mittel. Die Genehmigung benötigt er, um einen entsprechenden Finanzierungsantrag an seine Hausbank zu stellen, dessen Erfolg nach der Vorstellung des A noch völlig ungewiss ist. Noch bevor X den Antrag stellt, entschließt dieser sich, von der erhaltenen Genehmigung keinen Gebrauch zu machen.

Strafbarkeit des A gem. §§ 324 Abs. 1, 25 Abs. 1 Alt. 2, 22 StGB?

Variante: X lässt von seinem Vorhaben erst nach Erhalt der Finanzierungszusage ab.

A hat dem Geschehen zwar seinen Lauf gelassen, jedoch hing die Gewässerverunreinigung von einem ungewissen Ereignis ab. Solange die Bank die Finanzierungszusage nicht erteilt hat, befindet sich die Tat aus der Perspektive des Tatplanes des A noch im Vorbereitungsstadium. Im Grundfall bleibt A daher straflos. Für die Variante indes tritt mit der Finanzierungszusage das objektive Ereignis ein, welches nach dem Tatentschluss des A in ungestörtem Fortgang die Tatbestandsvollendung erwarten lässt. Daher hat sich A in der Variante wegen versuchter Gewässerverunreinigung in mittelbarer Täterschaft strafbar gemacht.

Problematisch ist auch das unmittelbare Ansetzen zum **unechten Unterlas-** 17 **sungsdelikt**. Das Meinungsfeld wird durch die Theorien des erstmöglichen und des letztmöglichen Eingriffs mit dem dazwischen liegenden Bereich der allgemeinen Theorien, insbesondere der Zwischenaktstheorie, abgesteckt.[28]

Beispiel[29]

X lagert auf seinem Hof Gegenstände so, dass im weiteren Verlauf aufgrund von Witterungseinflüssen eine Gewässerverunreinigung im Sinne von § 324 Abs. 1 StGB zu erwarten ist, woran X freilich zunächst nicht gedacht hat. X sitzt beim Bier als ein Sommergewitter heranzieht und ihn trifft blitzartig die Einsicht, dass es für das Gewässer übel ausgehen könnte. Als er die Wolken betrachtet, geht er

---

[27] S. entsprechend oben § 7 Rn. 10 ff.

[28] Eingehend zum ganzen *Hillenkamp/Cornelius*, 32 Probleme StrafR AT, S. 117 ff. m. w. N.

[29] Abwandlung des Bsp. von § 7 Rn. 4.

aus Erfahrung sicher davon aus, dass er noch 5 Minuten abwarten kann, um damit zu beginnen, die notwendigen Maßnahmen vorzunehmen, um den Schaden noch mit Sicherheit abzuwenden. Er ist jedoch aus Faulheit bereits entschlossen, dies nicht zu tun. Einen Augenblick später erscheint die von einem Nachbarn alarmierte Feuerwehr und nimmt anstelle des X das Notwendige vor. Strafbarkeit gem. §§ 324 Abs. 1, 13, 22 StGB?

Den erstmöglichen Eingriff ließ X ungenutzt verstreichen, während der letzte mögliche Augenblick der aus Täterperspektive erfolgreichen Schadensabwehr noch nicht erreicht war, weshalb nach diesen Ansichten einerseits bereits § 22 StGB verwirklicht ist und andererseits Straflosigkeit greift. Die h.M. muss letztlich nach dem auf Grundlage des Tatentschlusses bestehenden Gefahrenpotenzial und etwaigen als wesentliche Zwischenschritte in Betracht kommenden Unwägbarkeiten fragen. Im Ergebnis ist das aber aufgrund der Nähe des Schadensereignisses im Beispiel das unmittelbare Ansetzen gegeben. Für einen gestreckten Verlauf bietet sich ein Vergleich zu dem aktiv handelnden Einzeltäter an. Wenn der Garant – aus seiner Perspektive – in einer Situation untätig bleibt, bei deren aktiver Herbeiführung § 22 StGB gegeben wäre, dann kann der Garant nicht besser gestellt sein, als der aktiv Handelnde.

18   Mit dieser Überlegung können die im Umweltstrafrecht typischen **gestreckten Geschehnisse** bewältigt werden.

Beispiel[30]

Das Binnenschiff des Y verliert wegen seines Fahrfehlers mehrere Fässer mit Altöl in einen Fluss. Y geht sicher davon aus, dass diese Fässer in einem Jahr wegen Korrosion das Altöl freisetzen und den Fluss verunreinigen werden. Einen anderen Grund für das vorzeitige Freisetzen des Altöls hält er für ausgeschlossen, insbesondere weil sich die Fässer außerhalb der Fahrtrinne befinden. Er ist jedoch entschlossen, nichts zu unternehmen. Ein Angler hat das Geschehene bemerkt, die Behörden verständigt und während der vorläufigen Festnahme des Y beginnt die erfolgreich verlaufende Bergung der Fässer.

Strafbarkeit des Y gem. § 324 Abs. 1, 22, 13 StGB?

Variante: Das Altöl befindet sich in Behältern, die allein aufgrund des Wasserkontaktes keine Verunreinigung des Gewässers im strafrechtlichen Sinne erwarten lassen. Y hält jedoch für möglich, dass ein anderes Binnenschiff aufgrund eines theoretisch denkbaren Fahrfehlers in den Bereich der Behälter geraten und diese zum Nachteil des Gewässers beschädigen könnte.

Der Zeitfaktor spielt aufgrund des aus Perspektive des Tatplanes sicher in Gang gesetzten schädigenden Kausalverlaufs keine Rolle, weshalb ebenso wie für das aktive Delikt bereits jetzt das Versuchsstadium erreicht ist. In der Variante hingegen tritt § 22 StGB frühestens dann ein, wenn sich tatsächlich ein Schiff auf den Ge-

---

[30] Abwandlung des Bsp. von § 7 Rn. 10.

fahrenbereich zubewegt. Y wäre also noch straflos. Das gleiche gilt, wenn die nach
Tätervorstellung ungewisse Schadensbedingung ein Naturereignis ist.[31]

Anders liegen die Dinge, wenn der **Garant neben einem aktiv handelnder Tä-**   19
ter für das Schadensereignis verantwortlich ist. Nach hier vertretener Ansicht ist der
Garant grdsl. nur Teilnehmer.[32] Die Rspr. nimmt jedoch für einen untätigen Amtsträger Täterschaft an und muss daher die Frage nach dem Beginn des Versuchs beantworten. Die Besonderheit liegt dabei jedoch darin, dass der aktiv handelnde Täter mit seinem Beginn des Versuchs einen Bezugspunkt für den Garanten bietet. Hat
dieser das Versuchsstadium erreicht, steht auch für den Garanten die Unmittelbarkeit außer Frage, obwohl die Theorie des letztmöglichen Eingriffs zu anderen Ergebnissen kommen mag. Hat der aktive Täter hingegen noch nicht unmittelbar angesetzt, so kommt es aus der Perspektive des Garanten darauf an, wie nahe das
unmittelbare Ansetzen des aktiven Täters bevorsteht und welcher Aufwand für ein
erfolgreiches Einschreiten hiergegen erforderlich ist. Der Garant darf insbesondere
dann nicht zuwarten, wenn er ab dem Augenblick des unmittelbaren Ansetzens des
aktiven Vordermannes nicht mehr in der Lage wäre, den Erfolg zu verhindern. Zudem ist § 22 StGB grdsl. gegeben, wenn der Garant das weitere Geschehen aus den
Händen gibt oder sich die Möglichkeit eines Einschreitens nimmt.[33] Daher greift es
zu kurz, den Versuch des Garanten erst beginnen zu lassen, wenn der aktive Täter
unmittelbar ansetzt.[34] Diese Grundsätze gelten für den Amtsträger ebenso wie für
den Verantwortlichen der Führungsebene eines Unternehmens oder den umweltrechtlichen Betriebsbeauftragten.

4. Rücktritt

Auch § 24 StGB wird für das Umweltstrafrecht von einem zeitlich gestreckten Ge-   20
schehen sowie von der Beteiligung mehrerer Personen beeinflusst. Die Darstellung
orientiert sich an der üblichen Prüfungsreihenfolge: (1) Ausschluss des Fehlschlags,
(2) Bestimmung der notwendigen Rücktrittshandlung, (3) Subsumtion unter die
Rücktrittshandlung und (4) Freiwilligkeit. Zu den Grundlagen wird auf die Literatur
zum Allgemeinen Teil verwiesen, während es hier um einige Anwendungsfragen für
das Umweltstrafrecht geht.

Der Versuch ist fehlgeschlagen, wenn der Täter davon ausgeht, dass er die Voll-   21
endung durch seine bisherigen Bemühungen nicht erreichen wird und dass ihm
keine weiteren Mittel zur Verfügung stehen, um ohne zeitlich relevante Zäsur die
Vollendung noch herbeiführen zu können. Darin steckt die Entscheidung für die
Gesamtbetrachtungslehre, welche die Grundsätze der auf Tatbestandsebene statt-
findenden Zusammenfassung von Einzelakten zu einer natürlichen bzw. normativen

---

[31] Dazu oben § 7 Rn. 10 ff.
[32] Vgl. § 6 Rn. 24.
[33] S. nur *Fischer*, § 22 Rn. 33.
[34] So aber *Blei*, StrafR I § 86 III 2.

Handlungseinheit konsequent auf die Ebene des Rücktritts überträgt.[35] Entscheidend ist hiernach allein, ob der Täter sich eine andere Möglichkeit der Tatbestandsverwirklichung ohne relevante Zäsur als möglich vorstellt. Die Entscheidung, ob er diese Möglichkeit nutzt, ist dann die Rücktrittsleistung.

> **Beispiel**
>
> Fabrikant F hat eine Anlage im Sinne von § 4 BImSchG errichtet, für deren Betrieb er nicht über die notwendige Genehmigung verfügt. Ein Anspruch auf die Genehmigung besteht deshalb nicht, weil durch den Betrieb Abwässer austreten, welche direkt in den Rhein fließen und diesen verunreinigen würden. Diese Konsequenz ist dem F zwar nicht erwünscht, er findet sich aber damit als notwendiges Übel ab. Als F die Anlage anschaltet, gibt es einen Knall und alle Räder stehen still. F hält eine Reparatur zwar für möglich, lässt davon aber aus Kostengründen ab und zieht seiner Wege.
>
> Strafbarkeit des F gem. §§ 327 Abs. 2 S. 1 Nr. 1, 324, 22 StGB?

Das Betreiben der Anlage an sich ist mangels Versuchsstrafbarkeit straflos. Der Einzelakt, von welchem sich F die Verwirklichung des § 324 Abs. 1 StGB versprach, führte nicht zum Erfolg. Er stellte sich jedoch vor, dass er aus einem anderen Grunde die Möglichkeit hat, den Erfolg ohne zeitlich relevante Zäsur herbeizuführen. Hiervon sah F freiwillig ab, weshalb er wirksam zurückgetreten ist.

22   Bezogen auf Delikte des Umweltstrafrechts mit lang gestreckten zeitlichen Kausalverläufen ist auch der Rahmen einer relevanten zeitlichen Zäsur größer gesteckt. Was im Falle der Deliktsvollendung als einheitliches tatbestandliches Geschehen gewertet werden würde, muss auch im Rahmen der Abgrenzung der Fortsetzung einer begonnenen Tatausführung von Fehlschlag und neuem unmittelbaren Ansetzen entsprechend gelten. Praktische Fälle stehen vor dem Problem, dass die Schädigung von Umweltmedien selten absichtlich geschieht, weshalb der Standardstreit hier in der Variante des **Eventualvorsatzes** begegnet.

> **Beispiel**
>
> (1)   A betreibt ein Unternehmen und zur Ersparnis von Entsorgungskosten, leitet er ohne Genehmigung oder Genehmigungsanspruch Abwässer in einen Fluss ein. Dabei ist er nicht sicher, ob hierdurch eine Beeinträchtigung des Gewässers im Sinne von § 324 Abs. 1 StGB stattfindet, nimmt dies jedoch billigend in Kauf. Aufgrund von Veränderungen bei der Methode der Einleitung erhöht A wöchentlich die Menge, nachdem er jeweils aufgrund von Messungen festgestellt hat, dass die bisherigen Einleitungen zu keiner gem. § 324 Abs. 1 StGB relevanten Veränderung des Gewässers geführt haben. Nachdem auch nach der sechsten erhöhenden Veränderung der Schadstoffzufuhr die Grenzwerte nicht erreicht worden sind, schickt A sich

---

[35] S. nur BGHSt 41, 368 ff. (Dagobert-Fall) sowie *Fischer*, § 24 Rn. 11 ff. m. w. N.

an, eine weitere Veränderung vorzunehmen. Nun besinnt er sich aber eines Besseren und lässt davon ab.

    Strafbarkeit des A gem. § 324 Abs. 1, 22 StGB?

(2) B vergräbt in einer von ihm betriebenen Kiesgrube im Zuge der behördlich angeordneten Wiederverfüllung hoch schadstoffbelasteten Boden. Eine von der zuständigen Behörde durchgeführte Messung, die unter Vergleich der Schadstoffwerte im An- und Abstrom des Grundwassers über den Einfluss der Geschehnisse in der Kiesgrube auf die Qualität des Grundwassers repräsentativ Auskunft gibt, führt für B zu dem Schluss, dass selbst ein Jahr nach dem ersten Vergraben das Grundwasser unbelastet geblieben ist. Daraufhin bringt B nochmals dieselbe Menge des gleichen Bodens in die Kiesgrube ein. Eine Genehmigung oder ein Genehmigungsanspruch bestand zu keinem Zeitpunkt und B nahm die Verunreinigung des Grundwassers durch Auswaschung der Schadstoffe infolge von Regen fortwährend billigend in Kauf. Wenig später besinnt er sich eines Besseren und baut den kontaminierten Boden wieder aus. Das Grundwasser blieb daher unbeeinträchtigt.

    Strafbarkeit des B gem. § 324 Abs. 1, 22?

Nach der zutreffenden Gesamtbetrachtungslehre werden die einzelnen Handlungsakte zu einer einzigen natürlichen Handlung zusammengezogen, weshalb es sich in beiden Beispielen jeweils um einen einzigen Versuch der Gewässerverunreinigung handelt. Im Beispiel 1) blieb es auch nach dem zweiten Handlungsakt bei einem unbeendeten Versuch, den der A freiwillig aufgegeben hat. Im Beispiel 2) glaubte B nach wie vor an die Möglichkeit des Erfolgseintrittes und löste sich von diesem beendeten Versuch, indem er die Vollendung freiwillig verhinderte. In beiden Fällen werden die Täter gem. § 24 Abs. 1 S. 1 StGB wegen ihres Rücktritts nicht bestraft.

    Das gestreckte Geschehen hat auch Einfluss auf die Bestimmung der **erforderlichen Rücktrittshandlung**. Innerhalb des § 24 Abs. 1 S. 1 StGB kommt es für die Unterscheidung von beendetem Versuch und unbeendetem Versuch auf den Rücktrittshorizont an. Maßgeblich ist, wie der Täter nach der letzten Ausführungshandlung die eingetretene Situation beurteilt. Glaubt er, noch nicht alles Erforderliche zur Vollendung des Tatbestandes getan zu haben, genügt ein Aufgeben der Tat durch Abstandnahme vom Tatentschluss aufgrund eines konkreten Gegenentschlusses. Diese Beurteilung kann sich aber aufgrund der wahrgenommenen Wirklichkeit ändern.[36] Problematisch ist die Bestimmung der zeitlichen Grenzen einer noch als relevant zu erachtenden Änderung. Jedenfalls aber solange ein weiterer auf Verletzung gerichteter Handlungsakt noch in natürlicher Handlungseinheit zum vorherigen Geschehen stünde, muss auch die **Korrektur des Rücktrittshorizonts** möglich sein. Diese Überlegung liegt auch dem Standpunkt des BGH zugrunde,[37] was für eine zeitlich gestreckte natürliche Handlungseinheit Konsequenzen hat. 23

---

[36] S. nur *Fischer*, § 24 Rn. 15 ff.; Wessels/*Beulke/Satzger*, AT, Rn. 885 f.

[37] Sehr deutlich BGHSt 36, 224/226 sowie daran anknüpfend etwa BGH NStZ 2010, 146 sowie BGH StV 2020, 80/81.

Wie soeben hatte B kontaminierten Boden mit dem Eventualvorsatz zur Verunreinigung des Grundwassers in die Kiesgrube eingebracht und eine daraus folgende Verunreinigung gebilligt. Aufgrund von ersten Messungen der Behörde,
die ein Jahr nach der Handlung stattgefunden haben, liegt keinerlei Veränderung
der Schadstoffwerte des Grundwassers vor. B geht nunmehr deshalb sowie in
Anbetracht starker und lang anhaltender Regenfälle im Anschluss an das Vergraben sicher davon aus, dass die Schadstoffe im Boden gehalten werden und
eine Verunreinigung des Grundwassers hierdurch nicht eintreten kann. Augenblicklich plant er daher, nochmals im Zuge der weiteren Verfüllung die gleiche
Menge kontaminierten Bodens einzubringen, wobei er abermals die Gewässerverunreinigung billigend in Kauf nimmt. Zwei Wochen später lässt er diesen
Plan jedoch aus persönlichen Gründen fallen. Objektiv hat nie eine Gefahr für
das Grundwasser bestanden.

Strafbarkeit des B gem. §§ 324, 22 StGB

B könnte von dem Versuch gem. § 24 Abs. 1 S. 1 Alt. 1 StGB zurückgetreten sein.
Nach der letzten Ausführungshandlung ging B allerdings zunächst davon aus, dass
der Erfolg eintreten könne. Das änderte sich erst mit den Messergebnissen der Be-
hörde. Der Zeitrahmen von einem Jahr ändert aus Perspektive der natürlichen Handlungseinheit nichts an der Möglichkeit zur Korrektur der für die Bestimmung der
notwendigen Rücktrittshandlung maßgeblichen Tätervorstellung. Wenn B seinen
Plan zur Einbringung weiterer Böden umgesetzt hätte, läge in diesem Einzelakt eine
Fortsetzung des begonnenen Versuchs der Gewässerverunreinigung. Daher konnte
B durch Abstandnahme von der weiteren Ausführungshandlung den unbeendeten
Versuch mit strafbefreiender Wirkung aufgeben. Daran mag als unbefriedigend
empfunden werden, dass ein Plus an krimineller Energie zur Straflosigkeit führt,
wobei gerade bei gestreckten Geschehnissen viel Gelegenheit besteht, entspre-
chende weitere Ausführungsakte zu erwägen und zu planen. Auch das Risiko von
Schutzbehauptungen nimmt bei einem Zeitraum, der etwa im Unterschied zum
Mord nicht Minuten, sondern Jahre dauern kann, erheblich zu. Gleichwohl gehört
dieses Unbehagen zum Wesensgehalt der Gesamtbetrachtungslehre, die für das
Umweltstrafrecht keine Ausnahme machen kann.

24   Andererseits ist zu bedenken, dass die Korrektur anhand eines weiten Rücktrittshorizonts in beide Richtungen und zudem mehrfach möglich ist. Die zeitliche Streckung kann deshalb auch den Rücktritt ausschließen.

B bringt wie zuvor im Zuge der behördlich angeordneten Verfüllung kontami-
nierte Böden in seine Kiesgrube ein und billigt die Verunreinigung des Grundwassers. Ursprünglich hatte er vor, 50 m³ zu vergraben. Nach 20 m³ hört er jedoch auf,
da sich eine bessere Variante zur Entsorgung des Restes gefunden hat. Zu diesem
Zeitpunkt glaubt B, dass eine Schädigung des Grundwassers aufgrund der geringeren Menge ausgeschlossen sei. Erste Messwerte belehren ihn nach einem Jahr

aber eines Besseren, dennoch bleibt er untätig. Schließlich schreitet die Behörde ein und tauscht den Boden in Ersatzvornahme aus. Die Grenzwerte zur Erheblichkeit des Schadstoffeintrags in das Grundwasser werden nicht überschritten. Strafbarkeit des B gem. §§ 324 Abs. 1, 22 StGB?

Ursprünglich handelte es sich um einen unbeendeten Versuch, für den B an sich die erforderliche Rücktrittsleistung des freiwilligen Aufgebens erbracht hat. Sein Vorstellungsbild änderte sich aber zu einem Zeitpunkt, als weitere Einzelakte mit der bereits versuchten Gewässerverunreinigung noch in natürlicher Handlungseinheit gestanden hätten, wenn die weitere Verfüllung als hinreichende Verknüpfung angesehen wird, was aber zwingend erscheint. Daher ist die von der Rspr. grdsl. anerkannte umgekehrte Konstellation der Korrektur der Tätervorstellung[38] auch in dem hier gesetzten weiten zeitlichen Rahmen noch relevant. B hätte also die Vollendung verhindern müssen, sei es auch durch Einschaltung Dritter. Er hat weder das getan noch die Rücktrittsleistung nach § 24 Abs. 1 S. 2 StGB erbracht und ist daher aus dem versuchten Delikt zu bestrafen.

Ebenfalls zu einer Beschränkung des Rücktritts führt das Problem der **Endgül-** **25** **tigkeit der Aufgabe** der weiteren Tatausführung. Nach zutreffender h.M. ist es unschädlich, wenn der Täter von einem unbeendeten Versuch in der Vorstellung Abstand nimmt, dass er es ein andermal erneut versuchen werde. Hier greift der Rücktritt und ob der Täter erneut ansetzt, bleibt abzuwarten. Anders liegt es, wenn der vorbehaltene weitere Akt an das bisherige Geschehen anknüpft, wobei nicht immer völlig klar wird, ob der Maßstab der natürlichen Handlungseinheit entspricht oder geringere Bezüge zwischen bisherigem Geschehen und weiterem Angriffsakt genügen.[39] Gestreckte Geschehnisse des Umweltstrafrechts drängen daher die Frage auf, ob ein innerer Vorbehalt existiert, welcher der Aufgabe des Tatentschlusses entgegensteht.

Die zweite Besonderheit des Umweltstrafrechts, die **Beteiligung mehrerer Per-** **26** **sonen**, ist relevant für die Bestimmung der notwendigen Rücktrittshandlung. Während es bei dem Alleintäter im Falle des unbeendeten Versuchs zur Verhinderung des Erfolges aus seiner Sicht genügt, dass *er* den Tatentschluss fallen lässt, ist das bei mehreren Beteiligten differenziert zu betrachten. Im Grundsatz gilt, dass ein Aufgeben des unbeendeten Versuchs dann nicht genügt, wenn die Vollendung von anderen (weiter) vorangetrieben wird. Das bringt § 24 Abs. 2 S. 1 StGB zum Ausdruck. Hierauf sowie auf die Differenzierungen im einzelnen ist in allen Varianten der Teilnahme und der Mittäterschaft besondere Rücksicht zu nehmen.[40] Besonders bedeutsam für den Mittäter ist, dass er sich im Anschluss an eine fortwirkende Beteiligung im Vorbereitungsstadium nach der Rspr. nur nach Maßgabe von § 24 Abs. 2 StGB von der Tat soll lösen können, falls diese gegen seinen Willen vollendet bzw. versucht wird.[41] Auch das **unechte Unterlassungsdelikt** erfordert ausweislich der Garanten-

---

[38] BGH NStZ 2010, 146; Wessels/*Beulke/Satzger*, AT, Rn. 885a.
[39] Vgl. im einzelnen zum Meinungsstand *Hillenkamp/Cornelius*, 32 Probleme StrafR AT, S. 142 ff.
[40] Näher dazu Wessels/*Beulke/Satzger*, AT, Rn. 903 ff.
[41] S. BGHSt 28, 346/348 f. (Kindersonnenbrille-Fall); *Fischer*, § 24 Rn. 38.

pflicht letztlich eine aktive Einwirkung auf den Kausalverlauf, mag auch umstritten sein, ob dogmatisch zwischen beendetem und unbeendetem Versuch zu unterscheiden ist.[42]

27   Ein weiteres typisches Problem des Umweltstrafrechts existiert auf Ebene des Nachweises konkreter **Kausalzusammenhänge**. Das tatbestandliche Problem setzt sich unter umgekehrten Vorzeichen im Rahmen des Rücktritts gem. § 24 Abs. 1 S. 1 Alt. 2 und Abs. 2 S. 1 StGB fort. Verhinderung erfordert einen Kausalzusammenhang, der tatsächlich bestehen muss. Liegt dieser nicht vor, greift gem. § 24 Abs. 1 S. 2 und Abs. 2 S. 2 StGB hilfsweise das freiwillige und ernsthafte Bemühen um die Verhinderung.

> **Beispiel**
>
> B bringt abermals kontaminierte Böden in eine Kiesgrube ein und billigt die Verunreinigung des Grundwassers. Als erste Messwerte auf eine absehbare Gewässerverunreinigung deuten, bekommt B ein schlechtes Gewissen. Allerdings entschließt er sich nur zögerlich zu einer ihm tatsächlich und rechtlich möglichen, aber kostspieligen Sanierung, die er schließlich mit einem vermeidbaren Aufschub von sechs Monaten doch noch freiwillig durchführt. Schäden für das Grundwasser bleiben zwar endgültig aus, es kann aber nicht geklärt werden, ob das an der Sanierung oder an anderen Gründen, wie dem nicht ausreichenden Schadstoffgehalt der Böden oder einer Änderung von Pegel oder Verlauf des Grundwassers liegt.
> Strafbarkeit des B gem. §§ 324 Abs. 1, 22 StGB?

Nach zutreffender h. M. besteht ein erheblicher Unterschied in der zu erbringenden Rücktrittsleistung. Das ernsthafte Bemühen verlangt ein bestmögliches Streben nach Verhinderung des Erfolges. Die Verhinderung hingegen ist formuliert wie ein Tatbestand, ohne dass eine vergleichbare Einschränkung mit dem Wortlaut vereinbar wäre. Für die Verhinderung genügt daher die vom Willen getragene objektive Zurechenbarkeit, was freilich Unschärfen im Detail aufweist.[43] Der Täter trägt daher das Risiko, dass eine nicht mit maximalen Bemühungen betriebene Verhinderung auf das Ausbleiben des Erfolges ohne Einfluss ist. Dieses Risiko wird empfindlich gesteigert, wenn die konkreten Kausalzusammenhänge nur schwer nachweisbar sind. Das Problem wird zwar dadurch relativiert, dass der **Zweifelssatz** auch auf der Ebene des Rücktrittes zugunsten des Angeklagten greift.[44] Das heißt aber noch lange nicht, dass ein Tatgericht im konkreten Einzelfall in einem Maße Zweifel hegt, dass seine Überzeugungsbildung nach § 261 StPO erschüttert wird.[45] Im Beispiel rettet die Anwendung des Zweifelssatzes die für den Rücktritt notwendige Annahme der Verhinderung der Gewässerverunreinigung, weshalb B gem. § 24 Abs. 1 S. 1 Var. 2 StGB strafbefreiend zurückgetreten ist.

---

[42] Zum ganzen *Eser/Bosch*, in: Schönke/Schröder, § 24 Rn. 27 ff.

[43] Zum ganzen *Fischer*, § 24 Rn. 32 ff. m. w. N.

[44] BGH StraFo 2013, 342 f.; *Brockhaus*, in: AnwK-StGB, § 24 Rn. 77.

[45] S. nur *Fischer*, § 24 Rn. 15c sowie zum Maßstab oben § 3 Rn. 15.

Schließlich ist die **Erreichung außertatbestandlicher Ziele** eine typische Kon-   **28**
stellation des versuchten Umweltdelikts. Für das Aufgeben im Sinne von § 24
Abs. 1 S. 1 Alt. 1 StGB ist umstritten, wie es sich auswirkt, dass der Täter deshalb
vom unbeendeten Versuch ablässt, weil er aufgrund des Erreichens seines eigentlich
handlungsleitenden Motivs kein Interesse mehr an der Vollendung hat. Die Schädigung der Umweltmedien Wasser, Luft und Boden ist selten der eigentliche Zweck
oder auch nur das Zwischenziel menschlichen Handelns, sondern ein typischer
Nebeneffekt. Das spiegelt sich in dem Verzicht des Gesetzgebers auf entsprechende
überschießende Innentendenzen im Grunddelikt und der stattdessen gewählten Gefährdungsdelikte wider.[46]

Beispiel

Binnenschiffer B ist in Eile. Er verletzt daher die geltenden Sicherheitsstandards
bei einem Transport von wassergefährdenden Stoffen und nimmt einen Unfall
mit der Konsequenz der Verunreinigung des Rheins billigend in Kauf. Glücklich
erreicht er den Zielort, ohne dass es zu einem Unfall gekommen ist.
   Strafbarkeit des B gem. § 324 Abs. 1, 22 StGB?

Als B die Fahrt antrat, setzte er mit dem notwendigen Tatentschluss zu diesem
Versuch unmittelbar an. Am Bestimmungsort angekommen, brach er die Fahrt
ab. Fehlgeschlagen war sein Versuch zu diesem Zeitpunkt nicht, denn er hätte die
gefährliche Handlung mit dem möglichen Ergebnis der Gewässerverunreinigung
fortsetzen können. Selbst das dem B als möglich bewusste Überbordwerfen der
Fracht würde nach der Gesamtbetrachtungstheorie den Versuch im unbeendeten
Stadium halten. Fraglich ist, ob er den unbeendeten Versuch im Sinne von § 24
Abs. 1 S. 1 Alt. 1 StGB aufgegeben hat. Mit dem Erreichen des Zielortes war das
Motiv seines Handelns erreicht. Für ihn wäre eine Fortsetzung der Handlung
sinnlos gewesen, weshalb begrifflich eingewandt werden könnte, es handele sich
nicht um ein Aufgeben, sondern um ein **bloßes Aufhören**, oder es fehle an der
Freiwilligkeit. Mit der zutreffenden h.M. liegt ein freiwilliges Aufgeben vor.[47]
Nach dem Wortlaut muss der Täter die *Tat* aufgeben und diese besteht allein in
den vom Tatentschluss umfassten Tatbestandsmerkmalen. Das ist zugleich der
Gegenstand der Freiwilligkeit. Die Versagung des Rücktritts aufgrund des Erreichens außertatbestandlicher Ziele wäre daher eine Verletzung von Art. 103
Abs. 2 GG.
   Entsprechend verhält es sich, wenn der Motivationszusammenhang entfällt,   **29**
weil das angestrebte weitergehende **Ziel sinnlos geworden** ist.[48] Das Scheitern
des verfolgten Ziels erweitert jedoch die denkbaren Konstellationen. Eine Vergleichbarkeit besteht aber nur, wenn das Motiv außerhalb des Tatbestandes liegt

---

[46] Auch oben § 3 Rn. 64.

[47] BGHSt (GrS) 39, 221 ff. sowie statt vieler *Fischer*, § 24 Rn. 9 ff.; Wessels/*Beulke/Satzger*, AT,
Rn. 886 ff.

[48] BGH NStZ 2008, 275/276 (Doppelselbstmord); *Fischer*, § 24 Rn. 9c.

und insbesondere nicht gerade auf das Objekt der Tat bezogen ist, wie etwa bei Verwechslungen oder enttäuschten Erwartungen an die Qualität des Objekts, was unter den Gesichtspunkten Fehlschlag und Unfreiwilligkeit diskutiert wird.[49]

Beispiel

1) Binnenschiffer B übernimmt den Transport wie im Beispiel zuvor. Nach dem Ablegen kündigt ihm wirksam der Auftraggeber, verbunden mit der Kostenübernahme für entstandene Aufwendungen. B macht daher wieder fest und löscht die Ladung. Strafbarkeit des B gem. § 324 Abs. 1, 22 StGB?

2) Fabrikant F hat eine Anlage im Sinne von § 4 BImSchG errichtet, für deren Betrieb er nicht über die notwendige Genehmigung verfügt. Ein Anspruch auf die Genehmigung besteht deshalb nicht, weil durch den Betrieb Abwässer austreten würden, welche direkt in den Rhein fließen und diesen verunreinigen. Diese Konsequenz ist dem F zwar nicht erwünscht, er findet sich aber damit als notwendiges Übel ab. Als F den Betrieb der Anlage gerade aufgenommen hat, kündigt ihm wirksam der einzige Abnehmer der Produkte der Anlage, weshalb F die Anlage wieder abschaltet, bevor – wie ihm bekannt ist – Abwässer entstanden sind. Strafbarkeit des F gem. §§ 327 Abs. 2 S. 1 Nr. 1, 324 StGB?

In dem Beispiel 1) ist ein außerhalb des Tatbestandes liegendes Motiv entfallen, wovon die aufgegebene Tat unberührt bleibt. B tritt daher wirksam zurück. F hat sich gem. § 327 Abs. 2 S. 1 Nr. 1 StGB strafbar gemacht. Die parallel versuchte Gewässerverunreinigung hat er als unerwünschten Nebeneffekt mit sicherem Wissen erstrebt. Den nicht fehlgeschlagenen, unbeendeten Versuch gab F aufgrund eines sinnlos gewordenen außertatbestandlichen Ziels freiwillig auf und ist insofern straflos.

30 Die **Freiwilligkeit des Rücktritts** erfordert keine ehrbaren Motive.[50] Es kommt nur darauf an, ob der Rücktrittshandlung ein hinreichend freier Willensentschluss des Täters zugrundeliegt. Die exakte Bestimmung des notwendigen Maßstabs ist bekanntlich umstritten. Während die Rechtsprechung empirisch-psychologisch nach der Freiheit von innerem Zwang fragt,[51] differenziert die h.L. nach der Wirkung von autonomen und heteronomen Motiven,[52] während schließlich *Roxin* den Gedanken der Verbrechervernunft als normatives Prinzip ins Feld führt und für die Freiwilligkeit einen Verstoß gegen die spiegelbildliche Verkehrung der Rechtsmoral verlangt.[53] Hinter dem autonom gefassten Willen steht trotz normativer Prägung

[49] Dazu BGHSt 4, 56 ff.; *Fischer*, § 24 Rn. 8; Baumann/Weber/*Mitsch/Eisele*, AT, § 23 Rn. 27.
[50] *Fischer*, § 24 Rn. 19c m. w. N.
[51] Im Überblick *Fischer*, § 24 Rn. 19 ff. u. Rn. 22 ff.
[52] Zum ganzen statt vieler Wessels/*Beulke/Satzger*, AT, Rn. 900 ff.

auch die Idee, dass der Täter in diesem Fall das Gefühl hat, frei zwischen den Alternativen der vollendungsgerichteten Tatfortsetzung und der vollendungsabwendenden Umkehr wählen zu können.[54]

Problematisch für das Umweltstrafrecht ist, ab wann die Entdeckung bzw. **31** **Entdeckungsrisiken** die Freiwilligkeit des Rücktritts ausschließt. Der BGH zieht die Grenze erst dort, wo der Täter das Tatrisiko aufgrund neuer Umstände für nicht mehr vertretbar hält, aufgrund innerer Hemmungen zur Vollendung nicht mehr in der Lage oder aufgrund seelischer Erschütterung nicht mehr Herr seiner Entschlüsse ist.[55] Diese Maßstäbe werden bei gestreckten Geschehnissen nur schwer erfüllbar sein. Anonyme Anzeigen, Kontrollen der Aufsichtsbehörden, Anhörungen der Aufsichtsbehörden und selbst Untersagungsverfügungen **schließen die Freiwilligkeit des Rücktritts kaum jemals aus.** Die in der Natur der Sache liegende Dauer des Versuchs eröffnet die Möglichkeit zur kühlen Kalkulation und alternativen Planung. Der Täter eines in seiner Begehung nicht auf wenige Minuten oder Stunden beschränkten Umweltdeliktes befindet sich nicht in einer vergleichbaren Situation, wie ein Dieb in der Nacht bei gezielt heraneilender Polizei. Mit der subjektiv als möglich erachteten Fortsetzung wird aufgrund der in der natürlichen Handlungseinheit angelegten Überlegungsfrist grdsl. keine vergleichbare Ausweglosigkeit verbunden sein. Selbst wenn eine Stilllegungs- oder Untersagungsverfügung ergeht oder Maßnahmen der Verwaltungsvollstreckung ergriffen worden sind, muss das weder die Möglichkeit der Vollendung noch die Freiwilligkeit ausschließen. Hinzu kommt der zu beachtende psychologische Effekt eines deliktischen Geschehens von erheblicher Dauer. Je länger das Verhalten währt, desto eher wird sich der Täter nach den Grundsätzen der kognitiven Dissonanz zur Vermeidung eines negativen Selbstbildes Erklärungsstrategien zurechtlegen. So mag er sich im Recht sehen, die Schuld für sein Verhalten bei anderen suchen, die ihn aus seiner Sicht gedrängt bzw. grob fehlerhaft nicht abgehalten haben, oder die Erreichung von seines Erachtens billigenswerten Fernzielen vorschieben, obwohl diese zur strafrechtlichen Rechtfertigung seines Handelns nicht taugen. All das steht dem vom BGH für die Unfreiwilligkeit geforderten inneren Zwang entgegen und spricht zugleich für die nach der h.L. notwendige autonome Entscheidung. Selbst bei laufendem Strafverfahren ist der Rücktritt noch freiwillig möglich, da es grdsl. eine kühl abzuwägende Entscheidung ist, die der Beschuldigte – oder gar bereits Angeklagte – über das Für und Wider der zumeist aufwändigen Rücktrittshandlungen zu treffen hat.

---

[53] *Roxin*, AT II, § 30 Rn. 383 ff.
[54] So treffend Baumann/Weber/*Mitsch/Eisele*, AT, § 23 Rn. 26.
[55] S. auch dazu nur *Fischer*, § 24 Rn. 23 sowie BGH StV 2020, 77/78 f.

5. Strafbarkeit im Vorfeld des Versuchs

32 Die strafbare Verabredung setzt gem. § 30 StGB ein Verbrechen voraus. Das ist bei Umweltdelikten selten der Fall, aber nicht ausgeschlossen, bspw. §§ 330 Abs. 2 Nr. 1, 330a Abs. 1 StGB. Sobald das Versuchsstadium erreicht ist, wird die Strafbarkeit wegen Verabredung gesperrt, auch wenn der Täter von dem versuchten Delikt wirksam zurückgetreten ist. Handelt es sich bei dem versuchten Delikt hingegen um ein *aliud* im Vergleich zu der verabredeten Tat, bleibt § 30 StGB unberührt. Jedoch ist die Möglichkeit des Rücktritts vom Versuch der Beteiligung gem. § 31 StGB zu beachten.

33 In Betracht kommen auch echte Organisationsdelikte. Umweltdelikte können wie die allermeisten anderen Straftaten auch Gegenstand einer kriminellen Vereinigung gem. § 129 Abs. 1 StGB sein. Die Anforderungen an eine Vereinigung in diesem Sinne sind jedoch gem. § 129 Abs. 2 StGB streng. Die Bildung terroristischer Vereinigungen ist gem. § 129a StGB auf bestimmte Delikte beschränkt, wobei aber immerhin Straftaten gegen die Umwelt in den Fällen des § 330a Abs. 1 bis 3 StGB von § 129 Abs. 2 Nr. 3 StGB erfasst werden. Die im Vorfeld der eigentlichen Sabotage stattfindende Agententätigkeit zu Sabotagezwecken gem. § 87 Abs. 1 StGB ist nach dem Straftatenkatalog des § 87 Abs. 2 Nr. 1 StGB nur mittelbar auf Umweltrechtsgüter bezogen. Jedoch findet über § 87 Abs. 2 Nr. 2 StGB eine gewisse Erweiterung auch für den Bereich der Umwelt statt.

Kontrollfragen
1. In welchen Fällen ist die Strafbarkeit des Versuchs umstritten? (Rn. 3 ff. u. § 3 Rn. 110 f.)
2. Wonach beurteilt sich das unmittelbare Ansetzen bei einem zeitlich lang gestreckten oder ungewissen weiteren Verlauf? (Rn. 10 ff.)
3. Wie setzen Mittäter und vermeintliche Mittäter zum Versuch unmittelbar an? (Rn. 13 f.)
4. Erläutern Sie § 22 StGB bei mittelbarer Täterschaft eines Amtsträgers durch Genehmigungserteilung! (Rn. 15 f.)
5. Wann ist bei einem unechten Unterlassungsdelikt das Versuchsstadium erreicht? Was gilt für den gestreckten Verlauf und in Bezug auf einen nicht gehinderten aktiv handelnden Einzeltäter? (Rn. 17 ff.)
6. Erläutern Sie die Gesamtbetrachtungslehre an Sachverhalten des medialen Umweltstrafrechts! (Rn. 21 f.)
7. Wann und in welchen Fallgruppen tritt eine Korrektur der Tätervorstellung anhand des Rücktrittshorizonts auf? (Rn. 23 f.)
8. Erläutern Sie den Rücktritt bei mehreren Beteiligten, bei dem unechten Unterlassungsdelikt, sowie bei fehlender Kausalität einer auf Verhinderung der Vollendung gerichteten Rücktrittshandlung! (Rn. 26 f.)

9. Welchen Einfluss auf den Rücktritt hat die nachträgliche Veränderung von außerhalb des Tatbestandes liegenden Motiven? (Rn. 28 f.)
10. Erläutern Sie die Freiwilligkeit insbesondere in Bezug auf ein behördliches Einschreiten gegen zeitlich gestreckte umweltstrafrechtliche Sachverhalte! (Rn. 30 f.)
11. Wann ist eine Strafbarkeit im Vorfeld des Versuchs von Umweltdelikten denkbar? (Rn. 32 f.)

II. Rechtfertigung

Umweltdelikte indizieren die Rechtswidrigkeit, weshalb das präventive Verbot mit Erlaubnisvorbehalt Tatbestandsmerkmal ist.[56] Besondere Rechtfertigungsgründe des Umweltstrafrechts sind der Verwaltungsakt, aufgrund der hier vertretenen Anspruchstheorie die Ansprüche auf Erteilung einer Genehmigung[57] oder auf Aufhebung eines wirksamen rechtswidrigen VA[58] sowie ferner die rechtmäßige aktive behördliche Duldung.[59] Der Amtsträger wird durch eine Rechtslage gerechtfertigt, welche ihm das betreffende aktive Tun oder Unterlassen gestattet, wenn nicht schon der Tatbestand ausscheidet. **34**

Die allgemeinen Rechtfertigungsgründe sind grdsl. anwendbar, wobei für die Einzelheiten der jeweiligen Rechtfertigungsgründe auf die Darstellungen zum Allgemeinen Teil des StGB verwiesen wird. Für das Umweltstrafrecht ist zunächst danach zu unterscheiden, ob Umweltrechtsgüter beeinträchtigt oder verteidigt werden. Zum **Schutz von Umweltrechtsgütern** kommen §§ 32, 34 StGB in Betracht. Die Notwehr steht vor dem Problem, dass aufgrund der Schärfe des Notwehrrechtes nur Individualrechtsgüter geschützt werden. Selbst der anthropozentrische Ansatz zur Beschreibung des Rechtsgutes der Umweltdelikte kommt über ein Rechtsgut der Allgemeinheit nicht hinaus. Die Umweltmedien – also Wasser, Luft und Boden – sowie der vitale Umweltschutz – Tiere und Pflanzen – sind, soweit sie rechtlich Schutz genießen, **Rechtsgüter der Allgemeinheit**. Als solche erlauben auch Umweltrechtsgüter auf Grundlage von § 34 StGB den Eingriff in andere Rechtsgüter,[60] wenn nicht vorrangige Regelungen ausnahmsweise entgegenstehen sollten.[61] **35**

Problematisch ist, ob der **Schutz von Tieren nach § 32 StGB** gerechtfertigt sein kann. **36**

---

[56] S. oben § 4 Rn. 105.
[57] Zur formellen Illegalität oben § 4 Rn. 83 ff.
[58] S. oben § 4 Rn. 35.
[59] S. oben § 4 Rn. 69 ff.
[60] OLG Naumburg NJW 2018, 2064 ff.; *Hecker*, Jus 2019, 83/84; *Perron/Eisele*, in: Schönke/Schröder, § 32 Rn. 8.
[61] Zu Diskussion um die behördliche Entscheidungsprärogative sogleich § 7 Rn. 42.

> **Beispiel**
>
> (1) A zerschlägt grundlos einem Hund die Knochen, weshalb dessen Eigentümer E zu dem einzigen Mittel greift, das den A sicher aufhält, und sticht diesem mit einem Messer in das Bein.
> Strafbarkeit des E gem. § 224 Abs. 1 Nr. 2 StGB?
>
> (2) OLG Naumburg NJW 2018, 2064 ff.: Der Tierschützer T dringt nachts in die Schweinestallungen des G ein, um die dortigen Verletzungen gegen die Tierschutz-Nutztierhaltungsverordnung bildlich zu dokumentieren. Dies geschah, weil ohne eine solche Bilddokumentation die Behörden nicht zum Einschreiten zu bewegen sind.
> Strafbarkeit von T gem. § 123 StGB?
>
> (3) [62] An einem Sonntag in dem Dörfchen Kummerow gerät der jähzornige Müller D derart in Rage über sein Pferd, dass er beginnt, mit der Peitsche auf es einzuprügeln, wobei sich immer weiter hochschaukelt und ihm der drohende Tod des Tieres egal ist. Dagegen schreitet der Hirte K ein, doch mit Worten und dem Versuch, ihm die Peitsche zu entwinden, lässt sich D nicht aufhalten und versucht nun, K und andere Dorfbewohner zu schlagen, die ebenfalls helfen wollen. Beherzt setzt der Pastor B mit einem Faustschlag gegen D der Szene ein Ende, was K mit den Worten kommentiert: *„Der Gerechte erbarmt sich seines Viehs."*
> Strafbarkeit der Beteiligten?

Im Beispiel 1) kommt es nicht darauf an, ob die Notwehr um des Tieres willen statthaft ist, da bereits das Eigentum als verteidigtes Individualrechtsgut den verwirklichten § 224 Abs. 1 Nr. 2 StGB aus Notwehr rechtfertigt. Im Beispiel 2) kommt § 32 StGB als Nothilfe in Betracht, wenn das **Tier ein Rechtssubjekt** ist und daher als anderer im Sinne des § 32 StGB anzuerkennen ist, wie teilweise angenommen wird.[63] Andererseits könnte **das menschliche Mitgefühl** angegriffenes Rechtsgut sein und deshalb der Täter letztlich für sich selbst in Notwehr handeln, wie ebenfalls vertreten wird.[64] Beides ist abzulehnen.[65] Selbst wenn ein Tier Träger von Rechten wäre, soweit Normen es schützen, würde das aber noch lange nicht bedeuten, dass Tiere aus diesem Grunde als andere im Sinne von § 32 StGB anzuerkennen sind. Die mit § 32 StGB geschützten Individualrechtsgüter nehmen eine Sonderstellung gegenüber allen anderen Rechtsgütern ein, die nur auf der Ebene von § 34 StGB rangieren. Auch die Gleichstellung „sich oder einem anderen" spricht dafür, dass

---

[62] Orientiert am Roman von *Ehm Welk* (Die Heiden von Kummerow) in der Version des Spielfilms von 1967.

[63] LG Magdeburg StV 2018, 335/336 m. zust. Anm. *Keller/Zetschke*; die Ansicht des LG Magdeburg teilt im Revisionsverfahren – nicht tragend – letztlich auch das OLG Naumburg (NJW 2018, 2064/2066), welches zwar die Gegenwärtigkeit des Angriffs verneint, aber die Notwehrfähigkeit des Tierschutzes grdsl. angenommen hat.

[64] LG Magdeburg StV 2018, 335/336 m. zust. Anm. *Keller/Zetschke*; *Hotz*, NJW 2018, 2066.

[65] *Hecker*, JuS 2019, 83/84; *Perron/Eisele*, in: Schönke/Schröder, § 32 Rn. 8.

anderer nur ein Mensch sein kann. Es ist nicht ersichtlich, warum Rechtsgüter von Tieren, wenn man sie denn anerkennt, auf dem Boden des Grundgesetzes mit Individualrechtsgütern des Menschen auf eine Stufe gehoben werden sollten. Dagegen spricht auch die Schärfe des Notwehrrechts, das mit Angemessenheit grdsl. nichts gemein hat. Der Bezug auf das Mitgefühl mit einem Tier wiederum ist zunächst nur eine menschliche Regung wie viele andere auch, denen wir alltäglich ausgesetzt sind. Die Regelungen zum Tierschutz dienen gem. § 1 TierSchG dem Schutz des Lebens und Wohlbefindens von Tieren, die menschliche Empfindung wird dort nicht genannt. Ein bestimmtes Individualrechtsgut, insbesondere die Schwelle des Verletzungserfolges aufgrund einer körperlichen Misshandlung im Sinne von § 223 Abs. 1 StGB, ist damit ebenfalls nicht betroffen. Zwar kann seelische Qual die Notwehr begründen, Mitgefühl rangiert jedoch darunter. Ferner könnte kaum gegenüber dem Mitgefühl bei Abholzung von Bäumen oder überhaupt gegenüber der Betroffenheit bei dem Verlust der Schönheit der Natur in all ihren Erscheinungsformen differenziert werden. Die tatbestandlichen Voraussetzungen des § 32 StGB würden jene Klarheit verlieren, die aufgrund der Schärfe der Rechtsfolge zwingend notwendig ist. Die verbleibende Rechtfertigung nach § 34 StGB hängt freilich von dem Vorliegen von dessen Voraussetzungen ab. Im Beispiel 3) schließlich ist B aus Notwehr gerechtfertigt, weil K sowie die anderen mit ihren Hilfsbemühungen durch § 34 StGB gerechtfertigt wurden und deshalb D mit seiner Gegenwehr rechtswidrig deren körperliche Unversehrtheit angegriffen hat. Die Nothilfe erfolgt hier nur aus Anlass und nicht zum Schutz von Umweltrechtsgütern.

Für die Anwendung von § 34 StGB ist jedoch zu beachten, dass die Gefahr nicht **37** anders abwendbar sein darf. Bei zeitlich gestreckten Sachverhalten ist das mit § 34 StGB verteidigte öffentliche Interesse aber in der Regel durch vorrangige Anrufung staatlicher Hilfe anders abwendbar.[66] Hierzu bildet das Beispiel 2) eine Ausnahme, da obrigkeitliche Hilfe nicht gewährt worden ist. Wenn andererseits unverzügliches Handeln erforderlich ist und behördliche Hilfe zu spät käme, ist § 34 StGB eröffnet. Das führt freilich für den Fall, dass die Tierhaltung augenblicklich keine physische Verletzung, aber doch anderweitige Beeinträchtigungen zeigt, zu Abgrenzungsproblemen. Hier ist eine Betrachtung im Einzelfall erforderlich, wobei die Maßstäbe von §§ 17, 18 TierSchG zur Beurteilung der Notwendigkeit des Bemühens um obrigkeitliche Hilfe heranzuziehen sind. Ferner ist problematisch, wann im Einzelfall das Wohl der Tiere das von § 123 StGB geschützte Interesse *wesentlich* überwiegt.[67]

Für Umweltdelikte scheidet die **rechtfertigende Einwilligung** mit Blick auf den **38** öffentlich-rechtlich geregelten Bereich des Umweltrechts mangels einer Dispositionsbefugnis des Einzelnen aus. Problematisch ist, ob bei konkreten Gefährdungsdelikten eine Einwilligung der konkret gefährdeten Person rechtfertigende Wirkung

---

[66] S. auch *Hecker*, JuS 2019, 83/84.
[67] Dies ablehnend sowie grundlegend krit. *Scheuerl/Glock*, NStZ 2018, 448/451.

hat. Das lehnt die h.M. zutreffend ab.[68] Die konkret gefährdete Person ist nur Repräsentant der Allgemeinheit. Dahinter steht die Vorstellung, dass ein konkretes Gefährdungsdelikt eine bestimmte Intensität der Gefährlichkeit der Lage unter Strafe stellt. Der Eintritt einer konkreten Gefahr ist der Indikator dieser Gefahrenlage und somit gleichsam nur das Messinstrument. Für die hinter der tatbestandlichen Formulierung steckende und unter Strafe gestellte Gefahrenlage selbst fehlt der gefährdeten Person die Dispositionsbefugnis.

39   Umweltdelikte können durch § 32 StGB gerechtfertigt sein. Das setzt jedoch voraus, dass ein verletztes Umweltmedium als Angriffsmittel gegen ein Individualrechtsgut instrumentalisiert wird. Weder Tiere oder Pflanzen noch das Wasser, die Luft oder der Boden können von sich aus einen Angriff im Sinne von § 32 StGB führen, mögen die drohenden Schäden auch noch so dramatisch sein.[69] Wenn die Ereignisse hingegen auf menschlichem Verhalten beruhen, richtet sich die Verletzung des vom Angreifer genutzten Angriffsmittels nach den Regeln von § 32 StGB. Anderenfalls könnte der Angreifer durch die Wahl seines Mittels den Angegriffenen zur Duldung verpflichten, soweit § 34 StGB bzw. §§ 228, 904 BGB nicht greifen. Das Erschießen eines vom Angreifer gehetzten Tieres, das im Eigentum eines Dritten steht, ist daher nach zutreffender Ansicht gem. § 32 StGB gerechtfertigt, mag das Tier auch noch so selten und kostbar sein.[70] Das ist auf die übrigen Güter des vitalen und medialen Umweltstrafrechts übertragbar, wenngleich passende Fälle einer gewissen Phantasie bedürfen.

40   Eine Rechtfertigung nach den allgemein Rechtfertigungsgründen kommt vor allem wegen einer rechtfertigenden Pflichtenkollision sowie wegen § 34 StGB in Betracht. Die Pflichtenkollision kann sich daraus ergeben, dass öffentlich-rechtliche Regelungen des Umweltrechts keine rechtmäßige Verhaltensalternative offen lassen.[71] Denkbar ist auch die Kollision mit anderweitigen Rechtsgütern der Allgemeinheit und mit Individualrechtsgütern. Problematisch ist dann jedoch, wann eine Gleichwertigkeit besteht, die dem Verpflichteten eine freie Entscheidung gestattet.

41   Der rechtfertigende Notstand steht im Spannungsfeld mit der Verwaltungsakzessorietät. Wenn eine behördliche Entscheidung nicht herbeigeführt werden kann, insbesondere weil sich der Handelnde mit unvorhersehbaren Ereignissen konfrontiert sieht, stellt sich die Frage nicht. § 34 StGB deckt daher den gesamten Bereich von Not-, Stör- und Katastrophenfällen ab.[72] Wenn hingegen schonendere Mittel zur Abwendung der Gefahr deshalb nicht zur Verfügung standen, weil der Handelnde vorab **pflichtwidrig Maßnahmen nicht getroffen** hat, um für anderweitige Hilfe vorzusorgen, oder gar selbst den Störfall herbeigeführt hat, kann das nicht unbeach-

---

[68] Dazu oben § 3 Rn. 44.

[69] Dazu Baumann/Weber/*Mitsch/Eisele*, AT, § 15 Rn. 6.

[70] *Stratenwerth/Kuhlen*, AT § 9 Rn. 77; *Welzel*, § 14 II 3; a.A. Baumann/Weber/*Mitsch/Eisele*, AT, § 15 Rn. 34; *Fischer*, § 32 Rn. 24.

[71] BGHSt 38, 325/331 (Bürgermeister-Fall).

[72] *Heger*, in: Lackner/Kühl, § 324 Rn. 14; *Möhrenschlager*, NStZ 1982,165/166; *Saliger*, UmwStR, Rn. 258.

tet bleiben. Die Lösung könnte über die gem. § 34 S. 2 StGB notwendige Angemessenheit unter dem Gesichtspunkt des Rechtsmissbrauchs erfolgen. Vorzugswürdig erscheint die direkte Anknüpfung an das vorgelagerte Verhalten. Das verspricht eine Orientierung an greifbaren strafrechtlichen Maßstäben und erlaubt zudem die Differenzierung zwischen Fahrlässigkeit und Vorsatz.

> **Beispiel**
>
> A betreibt ein Unternehmen unter Nichtbeachtung vorgeschriebener Sicherheitsmaßnahmen. Deren Verletzung führt, ohne dass A das vorhergesehen hat, zu einem Störfall. Diesen kann A nur dadurch beheben, dass er unter Verwirklichung der Voraussetzungen von § 34 S. 1 StGB ein Gewässer verunreinigt. Strafbarkeit des A gem. § 324 StGB?

Durch pflichtwidriges Unterlassen haftet A als Garant für das Ausbleiben eines Störfalles und dessen Folgen. Wenn die aktive Gewässerverunreinigung an sich gem. § 34 StGB gerechtfertigt ist, kann an die vorherige Pflichtverletzung angeknüpft werden. Indem A zu diesem Zeitpunkt aber keinen Vorsatz in Bezug auf die Gewässerverunreinigung hatte, ist er wegen § 324 Abs. 3 StGB zu bestrafen, der an das Betreiben als aktives Tun anknüpft.

Der rechtfertigende Notstand enthält eine gesetzliche Abwägungsregel. In dem **42** verwaltungsakzessorischen Umweltrecht hingegen ist es nicht Sache des Täters abzuwägen. Hier besteht eine **verwaltungsbehördliche Entscheidungsprärogative** für genehmigungsbedürftiges Verhalten, für das nach den fachgesetzlichen Normen behördlich in einem bestimmten Verfahren eine Regelung im Einzelfall getroffen werden muss. Es ist weder Sache des Bürgers noch Sache des Strafrechts, sich an die Stelle der Behörde zu setzen. Die Anwendung des § 34 StGB wird insofern für zeitlich gestreckte Geschehnisse von dem öffentlichen Recht überlagert.[73] Anderenfalls würde die Verwaltungsakzessorietät des Umweltstrafrechts durch die allgemeinere Regelung unterlaufen werden. Problematisch ist insbesondere der Fall, dass die Behörde eine andere Entscheidung getroffen hat oder getroffen hätte und daher auf Ebene des § 34 StGB die Gefahr nicht anders abwendbar ist. Der Schutz des wirtschaftlichen Erfolges eines Unternehmens und auch das Interesse an der **Erhaltung von Arbeitsplätzen** ist zumindest im Bereich des genehmigungsbedürftigen Verhaltens nicht geeignet, über § 34 StGB eine Rechtfertigung herbeizuführen. Wirtschaftliche Interessen und die Notwendigkeiten der Daseinsvorsorge stehen in einem typischen Spannungsverhältnis zu den Belangen des Umweltschutzes, was im Einzelfall durch eine behördliche Entscheidung auf Grundlage der Fachgesetze zu lösen ist. Die Bindung hieran endet aber dort, wo ein noch bestehender Anspruch das tatbestandliche Verhalten deckt. Die darauf beruhende **Anspruchstheorie** ist

---

[73] *Heger*, in: Lackner/Kühl, § 324 Rn. 14; *Möhrenschlager*, NStZ 1982,165 f.; *Saliger*, UmwStR, Rn. 259 ff.; wohl auch BGH NStZ 1997, 189/190; a.A. *Michalke*, UmwStR, Rn. 106.

die notwendige Grenze der behördlichen Entscheidungsprärogative und führt aus sich heraus eigenständig zur Rechtfertigung des Verhaltens. Des rechtfertigenden Notstandes bedarf es hierfür nicht.

43   Diese Grundsätze gelten auch für die Risikoverringerung und die Risikoersetzung.[74] Vorbehaltlich des Problems der exakten Abgrenzung beider Fallgruppen stellt sich auch hier das Problem eines an sich nicht öffentlich-rechtlich gestatteten Verhaltens. Soweit das Verhalten eine Gefahr nicht schafft, sondern lediglich verringert, scheidet bereits der Tatbestand aus. Wenn hingegen durch das Verhalten ein anderer Erfolg eintritt, ist diese Risikoersetzung grdsl. nach § 34 StGB zu bewerten. Wenn es sich dabei aber um ein genehmigungsbedürftiges Verhalten handelt, greift § 34 StGB nur, wenn die behördliche Entscheidungsprärogative aufgrund eines unvorhergesehenen Ereignisses zeitlich nicht gewahrt werden kann. Soweit ein Anspruch auf eine Genehmigung besteht, ergibt sich nach der Anspruchstheorie ein gesonderter Rechtfertigungsgrund.

> **Beispiel**
>
> *Entölerbootfall* (LG Bremen NStZ 1982, 164 f.):[75] Der für die Reinheit der Weser verantwortliche Leiter eines Wasserwirtschaftsamtes B möchte verhindern, dass Binnenschiffer ihr Bilgenwasser – ein beim Schiffsbetrieb anfallendes Gemisch aus Wasser, sonstigen Abfällen, Reinigungsmitteln und Emulsionen – nicht weiter unberechtigt einleiten. Er setzt daher ein Entölerboot ein, das kostenlos die Abwässer entgegennimmt, behandelt und erst dann einleitet. Der Verschmutzungsgrad ist geringer, aber immer noch über den zulässigen Grenzwerten. Eine Genehmigung oder ein Genehmigungsanspruch für diese Einleitung bestand nicht.
>
> Strafbarkeit des B gem. § 324 Abs. 1 StGB?

Der Tatbestand ist verwirklicht, indem B ein neues Risiko schuf. Eine Risikoverringerung wäre es gewesen, wenn B etwa veranlasst hätte, dass die Binnenschiffer Geräte nutzen, welche den Schadstoffgehalt bei der – nach wie vor durch diese selbst vorgenommenen – Einleitung senken. Das LG Bremen meint, § 34 StGB sei gegeben, und zieht dazu den Gedanken einer Pflichtenkollision aus der Verpflichtung des Angeklagten zum Schutze des Umweltrechtsgutes heran. Das ist abzulehnen.[76] Die von B vorgenommene Einleitung erfordert eine wasserrechtliche Genehmigung mit dem dazu gehörigen Verfahren, und es ist im Ausgangsfall nicht ersichtlich, dass dieses aus zeitlichen Gründen nicht möglich gewesen wäre. § 34 StGB ist kein zulässiges Überbrückungsmittel zur Abdeckung von sonst unbefugten Gewässerverunreinigungen, die durch organisatorische oder technische Maßnahmen allmählich beseitigt werden können.[77]

---

[74] Dazu oben § 3 Rn. 24 f.

[75] M. Anm. *Möhrenschlager*, ebenda.

[76] *Möhrenschlager*, NStZ 1982,165 f.; *Saliger*, UmwStR, Rn. 260.

[77] *Möhrenschlager*, NStZ 1982,165/166.

Kontrollfragen

1. Können Tiere gem. § 32 StGB verteidigt werden? (Rn. 35 f.)
2. Vor welchen Problemen steht in diesem Zusammenhang § 34 StGB? (Rn. 37)
3. Kann bei einem konkreten Gefährdungsdelikt der Gefährdete mit rechtfertigender Wirkung einwilligen? (Rn. 38)
4. Welche Konsequenzen hat die Herbeiführung der Voraussetzungen des § 34 StGB durch den Täter selbst? (Rn. 41)
5. Erläutern Sie das Problem der verwaltungsbehördlichen Entscheidungsprärogative im Zusammenhang mit § 34 StGB und entscheiden Sie sich! (Rn. 42 f.).

III. Schuld

Für die Schuld gelten die allgemeinen Regeln, ohne dass sich Einschränkungen aus der Verwaltungsakzessorietät ergeben, womit aber noch nichts über § 17 StGB gesagt ist. Neben §§ 19, 20, 21 StGB verlangt § 35 StGB Aufmerksamkeit. Soweit die dort genannten Rechtsgüter unter der notwendigen persönlichen Verknüpfung zum Täter betroffen sind, kommt es auf die einschränkenden Gründe an. Insbesondere wenn der Täter die **Gefahr selbst verursacht** hat, kann ihm gem. § 35 Abs. 1 S. 2 HS 1 StGB zugemutet werden, die Gefahr hinzunehmen, wobei hierfür gem. § 35 Abs. 1 S. 2 HS 2 StGB eine fakultative Strafmilderung in Betracht kommt. Indem aber das Eigentum gerade keines der von § 35 Abs. 1 S. 1 StGB geschützten Rechtsgüter ist, dürfte die praktische Relevanz eher gering sein. **44**

Anders verhält es sich mit der **Unvermeidbarkeit eines Verbotsirrtums** gem. § 17 S. 1 StGB. Die üblichen Fälle der sachkundigen, aber fehlerhaften Beratung des Täters werden ergänzt um den für das Umweltrecht typischen Kontakt zu den Genehmigungs- und Aufsichtsbehörden. Diese Behörden kommunizieren nicht nur in Gestalt von Verwaltungsakten mit dem Bürger, auf welche sich dieser aufgrund von deren Bindungswirkung verlassen könnte, sondern vielgestaltig auf andere Weise. Eine Behörde mag eine unzutreffende Auskunft erteilen oder nicht gegen einen rechtswidrigen Sachverhalt Einschreiten, was geeignet ist, in einem Täter die Überzeugung zu stärken, dass er sich nicht falsch verhalte. Soweit nicht bereits der Vorsatz betroffen ist, sondern erst die Rechtswidrigkeitsebene, stellt sich die Frage nach der Unvermeidbarkeit des Verbotsirrtums. Indem die zuständige Behörde der maßgebliche Ansprechpartner des Bürgers ist, darf er – wenn er denn tatsächlich irrt und keinen maßgeblichen Wissensvorsprung hat – in der Regel **der rechtlichen Bewertung der Behörde vertrauen**,[78] und zwar auch darauf, wenn diese nicht offen- **45**

---

[78] *Momsen*, in: SSW-StGB, § 17 Rn. 15; *Sternberg-Lieben/Schuster*, in: Schönke/Schröder, § 17 Rn. 18.

sichtlich unzuständig ist, dass sie auf die Grenzen ihrer Zuständigkeit hinweist.[79] Das kann sich auch auf eine Untätigkeit der Behörde stützen, weshalb die auf Ebene der Rechtswidrigkeit unbeachtliche rechtswidrige aktive und passive Duldung die Unvermeidbarkeit eines Verbotsirrtums begründen kann.[80]

Kontrollfragen
1. Bilden sie einen Fall für die Entschuldigung eines Umweltdelikts gem. § 35 Abs. 1 StGB! (Rn. 44)
2. Welche Relevanz haben eine unzutreffende behördliche Auskunft bzw. eine rechtswidrige behördliche Duldung für § 17 StGB? (Rn. 45)

IV. Verjährung

46 Die Verjährung der Straftat begründet ein Verfahrenshindernis und ist im Umweltstrafrecht problematisch. Einerseits erstreckt sich die Tatbestandsverwirklichung mitunter über sehr lange Zeiträume und andererseits bedürfen die Strafverfahren aufgrund ihrer typischen tatsächlichen und rechtlichen Schwierigkeiten nicht selten mehr als ein Jahrzehnt bis zu ihrem Abschluss. Hinzu kommt die Vielfalt der dogmatischen Strukturen der Umweltdelikte, weshalb der Beginn der Verjährungsfrist sehr unterschiedlich eintritt.

47 Die Dauer der Verjährungsfrist regelt § 78 StGB und § 78a StGB bestimmt das fristauslösende Ereignis. Für ein abstraktes Gefährdungsdelikt kommt es auf den Abschluss der Handlung an. Daher beginnt bei **§ 326 Abs. 1 Nr. 1 StGB** die Verjährung mit der Beendigung der Ausführungshandlung. Das hängt freilich davon ab, inwiefern die jeweilige Ausführungshandlung die Qualität eines Dauerdelikts hat. **Dauerdelikte** sind mit dem Ende des schuldhaft geschaffenen und aufrechterhaltenen Zustandes beendet.[81] Das vorsätzliche Ablagern von Abfällen ist mit Beendigung der Ausführungshandlung abgeschlossen, ohne dass dieser Zeitpunkt durch die Erwägung einer Beseitigungspflicht in Frage gestellt würde.[82] Anders verhält es sich bei der Beförderung, der Behandlung oder der **Lagerung**, unter der eine vorübergehende Zwischenlagerung zu verstehen ist. Auch hier beginnt die Verjährung zwar mit Beendigung der Ausführungshandlung, diese Handlung ist jedoch typischerweise zeitlich gestreckt.[83]

---

[79] BGH NStZ 2000, 364; *Krell*, UmwStR, Rn. 93.
[80] *Krell*, UmwStR, Rn. 92; StA Mannheim NJW 1976, 585 ff.
[81] *Schmid*, in: LK, § 78a Rn. 11.
[82] BGHSt 36, 255/257 f.
[83] A.A. für die Lagerung des Abfalls OLG Celle StV 2012,156/157; offen gelassen von BGHSt 36, 255/258.

Für das konkrete Gefährdungsdelikt beginnt die Verjährung mit dem Eintritt der   **48**
konkreten Gefahr, welche nach h.M. ein Erfolg im Sinne von § 78a StGB ist. Bei
dem Eignungsdelikt kommt es auf den Eintritt der diesem Deliktstyp entsprechenden Gefahrenlage an. Schließlich beginnt die Verjährung, wenn ein zum Tatbestand
gehörender Erfolg eintritt, erst mit diesem Zeitpunkt – was sich eigentlich bereits
aus dem Begriff der Beendigung ergibt, so dass der Sinn von § 78a S. 2 StGB zweifelhaft ist.[84] Indem eine Handlung geeignet sein kann, unterschiedliche Umweltdelikte zu verwirklichen, kann es zu unterschiedlichen Verjährungszeitpunkten kommen. Der Tatbegriff von § 78 StGB ist materiell-rechtlicher Art und daher auf die
einzelne Gesetzesverletzung bezogen.[85]

> **Beispiel**
>
> A vergräbt wissentlich giftige Abfälle im Sinne von § 326 Abs. 1 Nr. 1 StGB, um
> sich dieser zu entledigen. Nach Ablauf der Verjährungsfrist für dieses Delikt gerät
> ein spielendes Kind in Kontakt mit den Abfällen und verstirbt deshalb, womit A
> zu keinem Zeitpunkt gerechnet hat.
>
> Strafbarkeit gem. § 330 Abs. 2 Nr. 2 StGB?
>
> *Variante:* Das Kind gerät nur in eine konkrete Todesgefahr, mit der A eben-
> falls nicht gerechnet hat.

Für § 326 StGB besteht ein Verfahrenshindernis. Fraglich ist, wie sich das auf die
Erfolgsqualifikation in § 330 Abs. 2 Nr. 2 StGB auswirkt. Das Problem ist ähnlich
gelagert wie die Straflosigkeit des Versuchs des Grunddelikts bei einer aufgrund
dieses Versuchs eingetretenen schweren Folge.[86] Die Bestimmung der Strafbarkeit
ist aber eine anders geartete Frage als die Verfolgungsverjährung. Der Wortlaut von
§ 78a StGB bezieht sich auf den jeweils betrachteten Tatbestand und ist damit unabhängig von etwaigen Grunddelikten. Dies entspricht auch den Regelungen in
§ 78 Abs. 3 und Abs. 4 StGB, wonach zwar Schärfungen nach dem Allgemeinen
Teil oder für besonders schwere Fälle unbeachtlich sind, die erhöhten Strafrahmen
eigenständiger Tatbestände aber unberührt bleiben. Deshalb steht die Verjährung
des Grunddelikts einer Strafverfolgung wegen der Erfolgsqualifikation nicht im
Weg.[87] Im Beispiel beginnt die Verjährungsfrist nach § 78a StGB in Bezug auf § 330
Abs. 2 Nr. 2 StGB erst mit dem Tod des Kindes zu laufen. In der Variante indes besteht zwar für § 330 Abs. 2 Nr. 1 StGB kein Verfolgungshindernis, aber es mangelt
an dem notwendigen Gefährdungsvorsatz – was freilich durch die Strafverfolgungsbehörden zu klären wäre.

Ferner ist die natürliche oder tatbestandliche Handlungseinheit von besonderer   **49**
Bedeutung. Die Ablagerung von Abfällen kann aus einem einzigen Akt bestehen, aber
sich genauso gut durch tausende weitere, vom selben Willen getragene Einzelakte,

---

[84] *Schmid*, in: LK, § 78a Rn. 1.

[85] *Schmid*, in: LK, § 78a Rn. 3.

[86] Dazu oben § 3 Rn. 108 ff.

[87] S. auch *Bosch*, in: Schönke/Schröder, § 78a Rn. 3; *Schmid*, in: LK, § 78a Rn. 16.

über Jahre und Jahrzehnte erstrecken. Die Tat wird erst mit dem Abschluss des letzten Einzelaktes beendet.[88] Darüber hinaus kann ein einziger Handlungsakt dazu führen, dass über weite Zeiträume hinweg ein schädigender Erfolg eintritt und vertieft wird.

Beispiel

B vergräbt an einem Tag unter Billigung der Verunreinigung des Grundwassers in erheblichem Umfang hoch schadstoffhaltige Abfälle. Nach einem Jahr beginnen sich die Werte des Grundwassers zu verschlechtern, nach fünf Jahren ist die Erheblichkeitsschwelle des § 324 Abs. 1 StGB erreicht und über die nächsten zehn Jahre setzt sich ein entsprechender Schadstoffeintrag fort. Strafbarkeit gem. § 324 Abs. 1 StGB und Verjährungsbeginn?

Das mit dem Vergraben versuchte Delikt hat nach fünf Jahren die Vollendungsphase erreicht, die bis zum Ende des für § 324 Abs. 1 StGB relevanten Schadstoffeintrags währt. Erst dann ist die Tat beendet, so dass gem. § 78a S. 2 StGB die Verjährungsfrist beginnt. Der Lauf der Verjährungsfrist für das vollendete Delikt setzt auch dann mit dem Erfolgseintritt ein, wenn sich der Erfolg erst so spät einstellt, dass der Versuch für sich genommen bereits verjährt wäre.[89] All das gilt grdsl. entsprechend für das unechte Unterlassungsdelikt.

50   Die begonnene Verjährungsfrist bemisst sich nach § 78 Abs. 2 bis 4 StGB. Für die Grunddelikte der §§ 324 ff. StGB gilt daher gem. § 78 Abs. 3 Nr. 4 eine Verjährungsfrist von fünf Jahren. Nach Maßgabe der Regelungen zur Unterbrechung beginnt die Verjährung von neuem, wobei die Verfolgung gem. § 78c Abs. 2 S. 2 StGB jedoch spätestens verjährt, wenn seit dem in § 78a StGB bezeichneten Zeitpunkt das Doppelte der gesetzlichen Verjährungsfrist verstrichen ist. Für §§ 324–329 StGB gilt daher eine **maximale Verjährungsfrist** von zehn Jahren. Maßgeblicher Zeitpunkt für das Ende der Verjährungsfrist ist § 78b Abs. 3 StGB. Es kommt hiernach darauf an, ob vor Ablauf der Verjährungsfrist ein **Urteil des ersten Rechtszuges** ergangen ist, denn für diesen Fall läuft die Verjährungsfrist nicht vor dem Zeitpunkt ab, zu welchem das Verfahren rechtskräftig abgeschlossen ist.

51   Dieser Zeitrahmen kann aufgrund der praktischen Schwierigkeiten der Durchführung eines Umweltstrafverfahrens knapp werden. Auch vor dem Hintergrund von §§ 24 Abs. 1 S. 1 Nr. 3 Var. 2, 74 Abs. 1 GVG ist bei erstinstanzlicher Verhandlung vor der Strafkammer in Umweltstrafsachen regelmäßig mit einer längeren Dauer des Zwischen- und Hauptverfahrens zu rechnen, als es bei amtsgerichtlichen Verfahren der Fall ist. Daher ruht gem. **§ 78b Abs. 4 StGB** die Verjährung in den Fällen des § 78 Abs. 3 Nr. 4 StGB ab Eröffnung des Hauptverfahrens für höchstens fünf Jahre, wenn das Hauptverfahren vor dem **Landgericht** eröffnet worden ist und das Gesetz strafschärfend für **besonders schwere Fälle** Freiheitsstrafe von mehr als fünf Jahren androht. Im Kernbereich des Umweltstrafrechts droht § 330 Abs. 1

---

[88] Vgl. dazu *Schmid*, in: LK, § 78a Rn. 13.

[89] *Schmid*, in: LK, § 78a Rn. 4.

StGB für vorsätzliche Taten nach §§ 324 bis 329 StGB Freiheitsstrafe bis zu zehn Jahren an. Fraglich ist, ob im konkreten Fall ein solcher besonders schwerer Fall gegeben sein muss und wie die betreffende Frist unter Beachtung des Ruhens exakt zu berechnen ist.

Beispiel

A wird wegen § 326 Abs. 1 StGB vor dem Landgericht angeklagt, woraufhin die Kammer das Hauptverfahren eröffnet. Ein besonders schwerer Fall gem. § 330 Abs. 1 StGB ist weder angeklagt worden, noch hat der Eröffnungsbeschluss oder die Verurteilung einen solchen erkannt. Zwischen der Beendung der Tat und der Urteilsverkündung durch die Strafkammer liegen 13 Jahre. Zwischen Eröffnungsbeschluss und Urteil liegen sieben Jahre.

War § 326 Abs. 1 StGB bei Urteilsverkündung verjährt?

Die absolute Verjährung tritt nach zehn Jahren ein, wenn – was für das Beispiel unterstellt wird – die notwendigen Unterbrechungen durch Verfahrenshandlungen stattgefunden haben. Allerdings könnte die Verjährung zwischenzeitlich fünf Jahre geruht haben. Problematisch ist, dass ein besonders schwerer Fall im Sinne von § 330 Abs. 1 StGB weder vorliegt noch vorgeworfen worden ist. Wenn aber ein solcher besonders schwerer Fall fehlt, spricht viel dafür, dass die Komplexität des Verfahrens ein Ruhen der Verjährung nicht trägt. Dennoch ist nach ganz h.M. allein von Belang, dass überhaupt abstrakt ein solcher besonders schwerer Fall im Gesetz vorgesehen worden ist.[90] Danach ruht im Beispielsfall die Verjährung ab Eröffnung des Hauptverfahrens für fünf Jahre. Fraglich ist, ob die Dauer des Hauptverfahrens auf fünf Jahre beschränkt ist. Nach allgemeiner Ansicht ist das nicht der Fall, sondern es geht allein darum, dass mit dem Eröffnungsbeschluss für fünf Jahre die Uhr angehalten und sodann mit der verbleibenden Restlaufzeit der Verjährungsfrist wieder in Gang gesetzt wird. Im Beispiel hätte damit bis zum Urteil erster Instanz noch ein zeitlicher Korridor von weiteren zwei Jahren bestanden – unbedenklich erscheint das nicht. Eröffnungsbeschluss und der Korridor von fünf Jahren sind mit Blick auf das Hauptverfahren miteinander verknüpft. Das Beschleunigungsgebot und die ratio der Verjährung streiten deshalb dafür, dass für das Hauptverfahren kein längerer Zeitraum als fünf Jahre zugestanden wird. Wenn hingegen die Verurteilung nur wegen eines Deliktes erfolgt, das eine entsprechende Strafschärfung nicht vorsieht, greift § 78b Abs. 4 StGB nicht, und zwar ohne Rücksicht darauf, ob Anklage oder Eröffnungsbeschluss auf einen für das Ruhen der Verjährung notwendigen besonders schweren Fall bezogen waren.[91]

Insgesamt findet damit für Umweltdelikte eine weitgehende Entgrenzung der Verjährungsvorschriften statt, weshalb die Verjährung in der forensischen Realität tendenziell eine geringere Rolle spielt, als es bei anderen Delikten der Fall ist. **52**

---

[90] BGHSt 56, 146/149 f.; *Bosch*, in: Schönke/Schröder, § 78b Rn. 14; *Fischer*, § 78a Rn. 12a.
[91] BGHSt 56, 146/148 ff.; *Bosch*, in: Schönke/Schröder, § 78b Rn. 14.

Kontrollfragen
1. Erläutern Sie die je nach Deliktstyp unterschiedlichen Zeitpunkte des Beginns der Verjährungsfrist! (Rn. 47 ff.)
2. Welche Besonderheit besteht für die erstinstanzliche Verhandlung vor dem Landgericht und welche Voraussetzungen müssen dafür gegeben sein? (Rn. 51)

V. Anwendbarkeit deutschen Strafrechts

53   Gefahren für die Umwelt halten sich nicht an die Grenzen von Staaten oder Staatengemeinschaften. Das damit betroffene Umweltvölkerrecht steht in Verbindung zu der Anwendung des deutschen Umweltstrafrechts. Die Geltung deutschen Rechts richtet sich nach §§ 3 ff. StGB.[92] Für Auslandstaten gilt im Grundsatz § 7 Abs. 2 StGB, während § 7 Abs. 1 StGB das Problem aufwirft, ob eine Umweltstraftat angesichts ihres Rechtsgutes gegen einen Deutschen begangen wird. Das ist anzunehmen bei einer Erfolgsqualifikation und nicht für eine tatbestandlich beachtliche konkrete Gefährdung von Leib oder Leben eines Deutschen.

54   Ferner ordnet § 5 StGB für Auslandstaten mit besonderem Inlandsbezug gem. Nr. 11 und Nr. 11a unter bestimmten Bedingungen die Geltung deutschen Strafrechts an. Boden und Luft sind davon nicht erfasst. Ferner unterstellt § 6 Nr. 2 StGB Kernenergie-, Sprengstoff- und Strahlungsverbrechen als international geschützte Rechtsgüter dem Schutz deutschen Strafrechts.

55   Für die Bestimmung einer Inlandstat ist problematisch, ob unterhalb des Verletzungserfolges das inländische Resultat einer im Ausland vorgenommenen Handlung für §§ 3, 9 StGB genügt. Nach zutreffender Ansicht handelt es sich um eine Inlandstat, wenn die tatbestandlich erforderliche konkrete Gefahr im Inland eintritt.[93] Das gleiche wird sich auch noch für **Eignungsdelikte** annehmen lassen.[94] Doch ein abstraktes Gefährdungsdelikt lässt zwar eine abstrakte Gefahrenlage eintreten, da anderenfalls eine teleologische Reduktion zu diskutieren wäre. Diese mit der tatbestandlichen Handlung verbundene Konsequenz kann aber gerade wegen ihrer Abstraktheit nicht bestimmten Orten außerhalb des Bereichs der eigentlichen Handlung zugeordnet werden.[95] Das Folgeproblemen betrifft die Frage, nach welcher Rechtsordnung sich der Pflichtenmaßstab richtet, denn § 330d Abs. 2 StGB enthält insofern nur eine unvollständige Regelung.[96]

---

[92] S. zum Gewässerschutz auch unten § 8 Rn. 14.

[93] S. nur *Eser/Weißer*, in: Schönke/Schröder, § 9 Rn. 6a; *Satzger*, NStZ 1998, 112/114.

[94] *Hecker*, ZStW 115 (2003), 880/885 ff.

[95] Statt aller *Eser/Weißer*, in: Schönke/Schröder, § 9 Rn. 6a; *Satzger*, NStZ 1998, 112/114 f.; a.A. *Hecker*, ZStW 115 (2003), 880/887 f.

[96] Einführend dazu *Hecker*, ZStW 115 (2003), 880/889 ff.; *Heger*, in: Lackner/Kühl, Vor § 324 Rn. 14.

Weiterführerende Literatur

AnwaltKommentar StGB, 2. Aufl. 2015

Baumann/Weber/Mitsch/Eisele, AT

Blei, Strafrecht I, Allgemeiner Teil, 18. Aufl. 1983

Erb, Zur Konstruktion eines untauglichen Versuchs der Mittäterschaft bei scheinbarem unmittelbarem Ansetzen eines vermeintlichen Mittäters zur Verwirklichung des Tatbestandes – zugleich eine Besprechung des BGH-Urteils vom 25.10.1994 –, NStZ 1995, 424 ff.

Fischer, Strafgesetzbuch, 66. Aufl. 2019

Frister, Strafrecht Allgemeiner Teil, Ein Studienbuch, 8. Aufl. 2018

Hecker, Die Strafbarkeit grenzüberschreitender Luftverunreinigungen im deutschen und europäischen Umweltstrafrecht, ZStW 115 (2003), 880 ff.

Hecker, Bespr. von LG Magdeburg, Urt. v. 11.10.2017 – 28 Ns 182 Js 32201/14 – Strafrecht AT: Nothilfe und Notstand, Eindringen in eine Tierzuchtanlage zu dem Zweck, Missstände zu dokumentieren, JuS 2019, 83 ff.

Hillenkamp/Cornelius, 32 Probleme aus dem Strafrecht Allgemeiner Teil, 15. Auflage 2017

Hotz, Anm. zu OLG Naumburg, Urt. v. 22.02.2018 – 2 Rv 157/17 – Tierwohl als Notstandsrecht, NJW 2018, 2066

Keller/Zetschke, Anm. zu LG Magdeburg, Urt. v. 11.10.2017 – 28 Ns 182 Js 32201/14 (74/17) – Hausfriedensbruch: Rechtfertigung des Eindringens in eine Tierzuchtanlage zur Aufdeckung von Verstößen gegen Tierschutzrecht, StV 2018, 337 ff.

Lackner/*Kühl*, Strafgesetzbuch, Kommentar, 29. Aufl. 2018

Leipziger Kommentar StGB, hrsg. v. Laufhütte u.a.,Band 3, 12. Aufl. 2008

Küpper, Rücktritt vom Versuch eines Unterlassungsdelikts – BGH, NStZ 1997, 485, JuS 2000, 225 ff.

Küpper/Mosbacher, Untauglicher Versuch bei Mittäterschaft – BGH, NJW 1995,142, JuS 1995, 488 ff.

Michalke, Umweltstrafsachen, 2. Aufl. 2000

Möhrenschlager, Anm. zu LG Bremen, Urt. v. 03.06.1981 – 18 Ns 71 Js 19/80 – Gerechtfertigte Gewässerverschmutzung, NStZ 1982,165 f.

Rönnau, Grundwissen-Strafrecht: Versuchsbeginn, JuS 2014, 109 ff.

Roxin, Strafrecht Allgemeiner Teil, Band II, Besondere Erscheinungsformen der Straftat, 1. Aufl. 2003

Sack, Umweltschutz-Strafrecht, 5. Auflage, 18. Lieferung

Satzger, Die Anwendung des deutschen Strafrechts auf grenzüberschreitende Gefährdungsdelikte, NStZ 1998, 112 ff.

*Satzger/Schluckebier/*Widmaier, Strafgesetzbuch, 3. Aufl. 2016

Scheuerl/Glock, Hausfriedensbruch in Ställen wird nicht durch Tierschutzziele gerechtfertigt, Anmerkung zu OLG Naumburg, Urt. v. 22.02.2018 – 2 Rv 157/17 und LG Magdeburg, Urt. v. 11.10.2017 – 28 Ns 182 Js 32201/14 (74/17), NStZ 2018, 448 ff.

Schönke/Schröder, Strafgesetzbuch, Kommentar, hrsg. v. Eser u.a., 30. Aufl. 2019

Stratenwerth/Kuhlen, Strafrecht Allgemeiner Teil, Die Straftat, 6. Aufl. 2011

Systematischer Kommentar zum Strafgesetzbuch, Band VI, 9. Aufl. 2016

Welzel, Das Deutsche Strafrecht, 11. Aufl. 1969

Wessels/*Beulke/Satzger*, Strafrecht Allgemeiner Teil, die Straftat und ihr Aufbau, 49. Aufl. 2019

Teil II

Mediales Umweltstrafrecht

§ 8 Gewässer

Ohne Wasser ist Leben auf der Erde nicht möglich und doch wird gerade das Wasser   1
durch die Konsum- und Industriegesellschaft qualitativ und quantitativ in Mitlei-
denschaft gezogen.[1] Die öffentlich-rechtliche Regulierung und der strafrechtliche
Schutz sind daher erforderlich. Beides erfolgt durch umfangreiche und differenzierte Regelungen. Unterschieden wird danach, wo sich das Medium Wasser befindet. Im natürlichen Kreislauf ist es Gegenstand des Umweltstrafrechts. Als Wirt-
schaftsgut und zum Zwecke der Wasserversorgung befindet es sich in Behältnissen,
Rohrleitungen oder gefassten Quellen. Insofern greift ein eigenständiger Schutz,
der mit dem Wasser als Umweltmedium nur mittelbar in Beziehung steht.

I. Einführung

Für grenzüberschreitende Binnengewässer und zum Schutz vor Meeresverschmut-   2
zung bestehen zahlreiche völkerrechtliche Verträge.[2] Das nationale Wasserwirt-
schaftsrecht wird engmaschig durch Unionsrecht gelenkt.[3] Mit dem WHG hat der
Bund von seiner konkurrierenden Gesetzgebungskompetenz Gebrauch gemacht,
wobei aber die Länder gem. Art. 72 Abs. 3 S. 1 Nr. 5 GG von stoff- oder anlagenbezogenen Regelungen nicht abweichen dürfen. Dies sind alle Regelungen, deren
Gegenstand stoffliche oder von Anlagen ausgehende Einwirkungen auf den Was-
serhaushalt betreffen, insbesondere das Einbringen und Einleiten von Stoffen.[4] Nur
insofern kommt es zur strafrechtlichen Beurteilung eines Sachverhaltes auf landesrechtliche Regelungen gem. Art. 31 GG nicht an. Im Übrigen verlangen die Landeswassergesetze Berücksichtigung, wobei zwischen ergänzenden und ausfüllen-

---

[1] Näher *Kloepfer*, Umweltrecht, § 14 Rn. 5 ff.; *Schmidt/Kahl/Gärditz*, Umweltrecht, § 8 Rn. 1.

[2] Vgl. *Kloepfer*, Umweltrecht, § 14 Rn. 8 ff.; *Schmidt/Kahl/Gärditz*, Umweltrecht, § 8 Rn. 4.

[3] Im einzelnen *Kloepfer*, Umweltrecht, § 14 Rn. 16 ff.; *Schmidt/Kahl/Gärditz*, Umweltrecht, § 8
Rn. 5 ff.

[4] *Kloepfer*, Umweltrecht, § 14 Rn. 32 ff.; *Schmidt/Kahl/Gärditz*, Umweltrecht, § 8 Rn. 10.

© Springer-Verlag GmbH Deutschland, ein Teil von Springer Nature 2020   281
R. Börner, *Umweltstrafrecht*, Springer-Lehrbuch,
https://doi.org/10.1007/978-3-662-60629-2_8

den Normen einerseits und auf Art. 72 Abs. 3 GG beruhenden Abweichungen andererseits zu unterscheiden ist. Hinzu kommen Rechtsverordnungen, vgl. § 23 WHG.[5]

3   Die Regelung der Behördenzuständigkeit und des Verwaltungsverfahrens ist Ländersache.[6] Im Land Brandenburg nehmen gem. § 124 Abs. 2 BgbWG die Landkreise und kreisfreien Städte die Aufgaben der unteren Wasserbehörde als Pflichtaufgaben zur Erfüllung nach Weisung wahr und sind damit grdsl. zuständig, soweit nichts anderes bestimmt ist. Die **Sonderaufsicht** führt das für Wasserwirtschaft zuständige Ministerium als oberste Wasserbehörde, was sich nicht auf den Bereich der Gefahrenabwehr beschränkt, § 124 Abs. 1 Nr. 1, Abs. 3 und 4 BbgWG. Hinzu kommen gem. § 124 Abs. 1 Nr. 2 BbgWG das Landesamt für Umwelt als obere Wasserbehörde sowie gem. § 126 Abs. 3 BbgWG das Wasserwirtschaftsamt als unterstützende Fachbehörde mit weit gestecktem Aufgabenkreis, welches durch § 125 BbgWG dem Landesamt für Umwelt zugeordnet wird. Strafrechtlich sind die enge aufsichtsrechtliche Verknüpfung der Wasserbehörden sowie der Einfluss des Wasserwirtschaftsamtes auf der Ebene von Täterschaft und Teilnahme sowie als Problematik der **Garantenpflicht** von Bedeutung. Dies umso mehr, als § 324 StGB ein Allgemeindelikt ist und daher eine **täterschaftliche Verantwortung** der betreffenden Amtsträger in Betracht kommt.

4   Die Aufgaben der **Gewässeraufsicht** regelt § 100 Abs. 1 S. 1 und Abs. 2 WHG. Ermächtigungsgrundlagen, die auch unter Einschränkung von Art. 13 GG auf die **Gewässerüberwachung**, also die Kenntniserlangung der Aufsichtsbehörde gerichtet sind, enthält § 101 WHG. Die gewässeraufsichtsrechtliche Generalklausel enthält § 100 Abs. 1 S. 2 WHG. Schließlich sehen §§ 91 ff. WHG Duldungs- und Gestattungsverpflichtungen vor. Die Verknüpfung zum Landesrecht erfolgt bspw. durch § 103 BbgWG, wonach die Gewässeraufsicht nach § 100 WHG den Wasserbehörden als Sonderordnungsbehörden obliegt, die im Rahmen ihrer Aufgaben zugleich die Befugnisse von Ordnungsbehörden nach dem Ordnungsbehördengesetz haben.

5   Die staatliche Überwachung wird als Ausprägung des Kooperationsprinzips[7] durch die Eigenüberwachung ergänzt. Den Betreiber von Abwasseranlagen treffen auf Grundlage von § 61 WHG vielfältige Kontrollaufgaben.[8] Hinzu kommt der Gewässerschutzbeauftragte gem. § 64 Abs. 1 WHG und § 13 Abs. 2 Nr. 3 WHG.[9] Die Regelungen zur Eigenüberwachung haben für die Festlegung des Sorgfaltsmaßstabes bei Fahrlässigkeitsdelikten sowie für die Bestimmung von Garantenpflichten Relevanz.

6   Für die Strafverfolgung ist die Sonderzuständigkeit der Schiffahrtsgerichte gem. § 2 Abs. 2 i. V. m. § 5 BinSchGerG bei entsprechendem sachlichen Bezug auch für

---

[5] Im Überblick *Kloepfer*, Umweltrecht, § 14 Rn. 30 f.

[6] Zum ganzen oben § 1 Rn. 41 ff.

[7] Dazu oben § 1 Rn. 28 ff.

[8] *Kloepfer*, Umweltrecht, § 14 Rn. 373 f.

[9] Auch dazu näher *Kloepfer*, Umweltrecht, § 14 Rn. 375 ff.

Umweltdelikte zu beachten.[10] Es handelt sich um besondere Abteilungen bestimmter Amtsgerichte. Die Geschäfte der Staatsanwaltschaft werden in Binnenschiffahrtsachen von der Staatsanwaltschaft bei dem Schiffahrtsgericht oder bei dem ihm übergeordneten Landgericht wahrgenommen, § 7 BinSchGerG. Der Instanzenzug geht eigene Wege. Die Revision findet nicht statt und Berufungen sowie Beschwerden gegen Entscheidungen der Schiffahrtsgerichte werden vor dem OLG als Schiffahrtsobergericht verhandelt, s. §§ 10, 11 BinSchGerG.

II. Flankierende Tatbestände

Das Gewässerschutzstrafrecht bezieht sich auf Wasser als Umweltmedium und **7** Schutzgut. Nicht zum Umweltstrafrecht gehört daher Wasser, das nicht in den natürlichen Wasserkreislauf eingebunden ist. Geschützt wird Wasser in gefassten Quellen, in Brunnen, Leitungen oder Trinkwasserspeichern durch § 314 Abs. 1 Nr. 1 StGB gegen Vergiftung oder die Beimischung gesundheitsschädlicher Stoffe. Nach zutreffender Ansicht ist in allen Varianten **Trinkwasserqualität** erforderlich, da die Gesundheitsschädlichkeit am Menschen und nicht etwa an Tieren oder der Verwendbarkeit für feuerpolizeiliche Zwecke oder gewerbliche Zwecke ausgerichtet ist. Brauchwasser wird also von § 314 Abs. 1 Nr. 1 StGB nicht geschützt.[11] Ein weiterer Fall ist gem. § 330 Abs. 1 S. 2 Nr. 2 StGB die Gefährdung der öffentlichen Wasserversorgung als Regelbeispiel des besonders schweren Falles der §§ 324 bis 329 StGB. Zu nennen ist auch die Störung des Betriebs einer der öffentlichen Versorgung mit Wasser dienenden Anlage gem. § 316b Abs. 1 Nr. 2 StGB.

Ferner ist der Schutz des Wassers von solchen Konstellationen zu unterscheiden, **8** wo Wasser nicht das Tatobjekt, sondern das Tatmittel ist – Tateinheit ist aber möglich. Neben Delikten, die ein jedes Tatmittel genügen lassen, wie etwa §§ 223, 212, 303 StGB, bestehen auch Normen, die Wasser auf der Handlungsebene besonders hervorheben. Die Herbeiführung einer Überschwemmung ist bei konkreter Gefahr für Leib oder Leben eines anderen Menschen oder fremder Sachen von bedeutendem Wert gem. § 313 Abs. 1 StGB strafbar, wobei im Hinblick auf die Fahrlässigkeitskombinationen sowie die Strafschärfung bis hin zur lebenslangen Freiheitsstrafe bei Todeserfolgsqualifikation der Verweis aus § 313 Abs. 2 auf § 308 Abs. 2 bis 6 StGB zu beachten ist. Anknüpfungspunkt des spezifischen Gefahrzusammenhangs ist der Taterfolg. Problematisch sind im Krisenfall §§ 34, 35 StGB.[12] Hinzu kommen die Sachbeschädigung an Dämmen gem. § 305 StGB und als weiteres konkretes Gefährdungsdelikt zum Schutz von Menschen die Beschädigung von Wasserleitungen, Schleusen, Wehren, Deichen, Dämmen oder anderen Wasserbauten gem. § 318 StGB.

---

[10] BGH NStZ 1998, 414; HansOLG VersR 1983, 1132; OLG Nürnberg, Urt. v. 06.02.1997 – Ws 1538/96 BSch, juris.

[11] Vgl. *Börner*, in: AnwK-StGB, § 314 Rn. 3 ff. m. w. N.

[12] Näher zum ganzen *Börner*, in: AnwK-StGB, § 313 Rn. 2 ff.

9   Ferner tritt das Wasser im Naturschutzstrafrecht als Gefahrenquelle in Erscheinung. § 329 Abs. 3 stellt die Schaffung, Veränderung oder Beseitigung eines Gewässers unter Verletzung von Rechtsvorschriften zum Schutz eines Naturschutzgebietes unter Strafe, wenn dadurch der jeweilige Schutzzweck nicht unerheblich
beeinträchtigt wird. Das isoliert betrachtete Gewässer als solches wird hier nicht
geschützt.[13]

III. Gewässerschädigung

10   Die Schädigung bringt in Abgrenzung zur Gewässergefährdung den Erfolg zum
Ausdruck. Im Vordergrund steht § 324 StGB. In Bezug auf diesen Grundtatbestand
werden hier die Strafschärfungen des § 330 StGB dargestellt, soweit es sich um allgemeingültige Fragen handelt oder das Wasser selbst Anknüpfungspunkt der Strafschärfung ist.

1. § 324 StGB

11   Das Merkmal **unbefugt** ist nach zutreffender h. M. ein deklaratorischer Hinweis auf
die Rechtfertigungsebene.[14] Hierfür sprechen die ausreichende Indizwirkung der
übrigen Tatbestandsmerkmale für die Rechtswidrigkeit sowie der Umstand, dass § 8
Abs. 1 WHG nach allgemeiner Ansicht ein repressives Verbot mit Befreiungsvorbehalt enthält.[15] Zudem handelt es sich um ein Allgemeindelikt, so dass insbesondere für Amtsträger der Genehmigungs- und Überwachungsbehörden Täterschaft in
Betracht kommt.

a) Tatobjekt
12   Das Tatobjekt des § 324 StGB ist ein Gewässer. § 330d Abs. 1 Nr. 1 StGB bestimmt
als Legaldefinition den Inhalt des Begriffs Gewässer als oberirdische Gewässer, das
Grundwasser und das Meer. Ein **oberirdisches Gewässer** ist gem. § 3 Nr. 1 WHG
das ständig oder zeitweilig in Betten fließende oder stehende oder aus Quellen wild
fließende Wasser. Das Gewässerbett grenzt sowohl das in Leitungen gefasste als
auch das ganz ohne Bett abfließende Niederschlagswasser und Überschwemmungswasser aus, das sich nur gelegentlich ansammelt.[16] **Grundwasser** ist gem. § 3 Nr. 3
WHG das unterirdische Wasser in der Sättigungszone, das in unmittelbarer Berührung mit dem Boden oder dem Untergrund steht. Das **Meer** im Sinne von § 330d
Abs. 1 Nr. 1 StGB geht indessen über den mit § 3 Nr. 2a WHG begrenzen Anwendungsbereich nationaler Gewässerbewirtschaftung hinaus.

---

[13] S. zur Konsequenz § 8 Rn. 25.
[14] S. nur *Fischer*, § 324 Rn. 7.
[15] Statt aller *Schmidt/Kahl/Gärditz*, Umweltrecht, § 8 Rn. 19 sowie zum ganzen oben § 4 Rn. 93 ff.
[16] *Heger*, in: Lackner/Kühl, § 324 Rn. 2.

Tatbestandlich kommt es bei den Umweltmedien nach allgemeiner Ansicht nicht   **13**
darauf an, ob diese im Inland beeinträchtigt werden.[17] Das Problem verlagert sich
damit auf die Anwendbarkeit deutschen Strafrechts gem. §§ 3 ff. StGB.

Beispiel

1) Von einem Schiff, das berechtigt ist, die Bundesflagge zu führen, lässt Ka-
   pitän K auf hoher See 10.000 Liter Altöl in die offene See ab.

2) B ist Deutscher und betreibt in Südamerika eine Goldmine, in welcher er
   unter Verstoß gegen dortige Strafnormen in großen Mengen Quecksilber
   verwendet und dadurch einen Fluss erheblich toxisch kontaminiert.

3) C betreibt ein Chemiewerk in Deutschland an der Grenze zu Polen, dessen
   toxische Abgase zu Niederschlägen auf dem Staatsgebiet Polens führen,
   was einen dortigen See verunreinigt.

4) D ist polnischer Staatsbürger und betreibt auf dortigem Gebiet eine Che-
   miefabrik mit entsprechenden Folgen für ein deutsches Gewässer.

Eine Tat ist gem. § 9 Abs. 1 Var. 1 StGB an jedem Ort begangen, an dem der Täter   **14**
gehandelt hat. Das ist im Beispiel 1) ein Schiff i. S. v. § 4 StGB und im Beispiel 3)
gem. § 3 das Inland. Das gilt entsprechend für den Erfolgsort, weshalb auch im Beispiel 4) bereits gem. §§ 3, 9 Abs. 1 Var. 3 StGB das deutsche Strafrecht greift. Im
Beispiel 2) liegen weder Handlungs- noch Erfolgsort im Inland und auch § 4 greift
nicht ein. Es handelt sich also um eine reine Auslandstat. Zwar sind Straftaten gegen
die Umwelt gem. § 5 Nr. 11 StGB als Auslandstaten gegen inländische Rechtsgüter
relevant, jedoch geht es hier nicht um ein Meer, das zudem im Bereich der deutschen ausschließlichen Wirtschaftszone liegen müsste, vgl. entsprechend § 3 Nr. 2a
WHG. Der B war jedoch zur Zeit der Tat Deutscher und die Tat im Ausland mit
Strafe bedroht, weshalb der persönliche Anwendungsbereich des § 7 Abs. 2 Nr. 1
StGB greift. Die Unterscheidung dieser verschiedenen Anwendungsgründe deutschen Strafrechts spielt eine praktisch bedeutsame Rolle. Auf einem anderen Blatt
steht hingegen insbesondere die Bestimmung der örtlich zuständigen Strafverfolgungsbehörden gem. §§ 7 ff. StPO, wobei § 10a StPO einen subsidiären Gerichtsstand des Amtsgerichts Hamburg für Straftaten im Bereich des Meeres begründet.[18]
    Eine **künstlich angelegte Wasseransammlung** kann ein Gewässer im Sinne   **15**
von § 324 StGB sein. Um ein Gewässer handelt es sich jedoch nicht, wenn Wasser
oder andere Flüssigkeiten, die mit ihm vermischt sind, in eigens dazu bestimmten
Behältnissen gesammelt werden und mit dieser Ansammlung ein bestimmter Zweck
verbunden ist.[19] Das ist bei Schwimmbädern, Feuerlöschteichen oder Kläranlagen
der Fall und gilt auch für landwirtschaftliche Betriebe. Ein nach außen hin undurch-
lässiges Erdbecken auf der Hoffläche eines landwirtschaftlichen Betriebes ist daher

---

[17] *Alt*, in: MüKo-StGB, § 324 Rn. 12 i. V. m. 21; *Heine/Schittenhelm*, in: Schönke/Schröder, § 324
Rn. 2 f.; *Michalke*, UmwStR, Rn. 16; *Saliger*, in: SSW-StGB, § 324 Rn. 5; anders aber noch zur
alten Rechtslage BGHSt 40, 79/81 ff. (Falisan).

[18] Dazu *Börner*, in: SSW-StPO, § 7 Rn. 1 f. und § 10a Rn. 1.

[19] OLG Oldenburg ZfW 1992, 320.

kein Gewässer im Sinne des Strafrechts, wenn darin Sickersäfte aus dem Düngerhaufen und verunreinigtes Oberflächenwasser von der Hoffläche zusammenfließen und der Landwirt das Gemisch zu dem Zweck sammelt, es als Flüssigdünger auf die Felder zu bringen.[20] In Betracht kommt aber eine Verunreinigung anderer Gewässer, wenn das gesammelte Flüssigkeitsgemisch dennoch austritt.[21]

b) Taterfolg

16 Die **Verunreinigung** ist ein besonders hervorgehobener Unterfall der nachteiligen Veränderung der Eigenschaften des Gewässers.[22] Ein Gewässer ist nach h. M. verunreinigt, wenn das Wasser durch den **Eintrag von Stoffen** eine nicht unerhebliche schlechtere physikalische, chemische oder biologische Eigenschaft aufweist als vorher,[23] die **äußerlich wahrnehmbar** ist.[24] Ein bereits belastetes Gewässer kann weiter verunreinigt werden. Es genügt, dass die negative Beeinträchtigung nur vorübergehender Natur ist und nur einen Teil des Gewässers im Einleitungsbereich erfasst.[25]

17 Ob eine nicht unerhebliche objektive Verschlechterung der Beschaffenheit des Wassers vorliegt, hängt von Größe und Tiefe des Gewässers, der Wasserführung, der Fließgeschwindigkeit, der Menge und Gefährlichkeit der Schadstoffe sowie von der Vorbelastung des Gewässers ab.[26] Insbesondere die Größe des Gewässers hat daher Einfluss auf den schädigenden Erfolg eines Schadstoffeintrages. Dieselbe Handlung kann daher bei einem kleineren Gewässer zu einer Verunreinigung führen, während bei einem großen Gewässer die Erheblichkeitsschwelle nicht überschritten wird.

18 Die **sonstige nachteilige Veränderung** der Gewässereigenschaften erfasst als allgemeinerer Fall alles, was zu keiner äußerlich wahrnehmbaren Veränderung führt und nicht durch den Eintrag von Stoffen geschieht. In Betracht kommen auch Veränderungen der thermischen Eigenschaften[27] sowie des Wasserspiegels. Da beide Tatvarianten ineinander übergehen, soll es seitens des Tatgerichts nicht notwendigerweise einer **Abgrenzung** bedürfen.[28] Das ist jedenfalls dann problematisch, wenn mit der offen gelassenen Entscheidung zwischen den Tatvarianten eine mangelhafte Subsumtion einhergeht. Wer sich nicht sicher ist, welche der Varianten gegeben ist, muss besonders gründlich darlegen, weshalb er der Ansicht ist, dass überhaupt § 324 Abs. 1 StGB objektiv vorliegt. Vorzugswürdig erscheint daher eine klare Positionierung des Rechtsanwenders, zumal der Gesetzgeber sich anderenfalls

---

[20] OLG Oldenburg ZfW 1992, 320 f.

[21] Auch dazu OLG Oldenburg ZfW 1992, 320/321.

[22] OLG Köln NJW 1988, 2119/2120.

[23] BGH NStZ 1987, 323/324; OLG Frankfurt a. M. NStZ-RR 1996, 103; OLG Stuttgart NStZ 1989, 122 f.

[24] OLG Frankfurt a. M. NStZ 1987, 508; OLG Köln NJW 1988, 2119/2120.

[25] BGH NStZ 1991, 281 f.; OLG Frankfurt a. M. NStZ 1987, 508; OLG Stuttgart NStZ 1989, 122 f.; LG Kleve NStZ 1981, 266.

[26] OLG Köln NJW 1988, 2119/2120.

[27] OLG Frankfurt a. M. NStZ 1987, 508.

[28] OLG Frankfurt a. M. NStZ 1987, 508; OLG Köln NJW 1988, 2119/2120.

die Unterscheidung einzelner Varianten hätte sparen können. Keinesfalls darf in einer Klausur die angewendete Tatvariante offen bleiben. Im subjektiven Tatbestand indes ist der Irrtum über die tatsächlichen Umstände der objektiv gegebenen Tatvariante des § 324 Abs. 1 StGB in aller Regel eine unwesentliche Abweichung vom vorgestellten Kausalverlauf und daher auf Ebene von § 16 Abs. 1 S. 1 StGB unbeachtlich, solange die Vorstellung des Täters ebenfalls dem Tatbestand genügt.

Problematisch ist, anhand welcher konkreten **Maßstäbe** die Gegenüberstellung   **19**
der Gewässerqualität vorher und nachher im Einzelfall zu erfolgen hat und zweitens, in welchem Umfang das Tatgericht die Sachaufklärung zur Bildung einer ausreichenden Überzeugung zu betreiben hat. Ausgangspunkt sind **Grenzwerte**, die einerseits die Qualität des Wassers an sich und andererseits die Qualität von eingeleiteten Stoffen betreffen. Grenzwerte sind aber allenfalls Ausgangspunkt, da sie antizipierte Sachverständigengutachten sind und folglich nach den Umständen des Einzelfalles sowie anhand anderweitiger Sachkunde entkräftet werden können. Die Lösung von Grenzwerten kann zugunsten und auch zulasten des Täters gehen, wobei die subjektive Seite bzgl. §§ 22/16 Abs. 1 S. 1 StGB besondere Aufmerksamkeit verlangt. Hinzu kommt der zu berücksichtigende **Zweck der aufgestellten Grenzwerte**, wobei Strafrecht und Prävention aufeinander treffen. Prävention greift weitaus früher, weshalb ihre Maßstäbe in erster Linie Indikatoren für weitere Maßnahmen der Verwaltung sind, ohne dass sich daraus für sich genommen ein Beleg für ein strafbares Verhalten ergibt.[29] Auch daher geht es fehl, wenn die Überschreitung von Werten mit einer Verunreinigung i. S. v. § 324 StGB gleichgesetzt wird.[30] Zugleich wird bei einer Unterschreitung jedweder Werte die Annahme einer Verunreinigung regelmäßig schwer fallen.

Fraglich ist zudem, wie die Verunreinigung bzw. sonstige nachteilige Veränderung   **20**
rung für ein bereits beeinträchtigtes Gewässer zu bestimmen ist. Neben dem konkret betrachteten Handlungsakt kommt es auch hier vor allem auf das Maß der daraus folgenden Beeinträchtigung des Gewässers an. Wenn für dieses die maßgeblichen Grenzwerte aber bereits überschritten waren, müssen anderweitige Kriterien herangezogen werden, um den notwendigen Grad der Gewässerverschlechterung zu bestimmen.

Beispiel

Anlieger A leitet ohne Genehmigung oder Anspruch auf eine solche seine Hausabwässer in einen Fluss, der bereits verunreinigt ist, ein.

Welche Umstände und Kriterien kommen zur Beurteilung einer Verunreinigung im Sinne von § 324 Abs. 1 StGB in Betracht?

Wenn die Schadstoffkonzentration eingeleiteter Flüssigkeiten den bereits vorhandenen Verunreinigungsgrad des Gewässers nicht überschreitet, kann das Gewässer grdsl. nicht durch diese Schadstoffe weiter verunreinigt worden sein. Es fehlt dann

---

[29] S. exemplarisch dazu die Länderarbeitsgemeinschaft Wasser (LAWA) und deren Empfehlungen für die Erkundung, Bewertung und Behandlung von Grundwasserschäden, unter: www.lawa.de.
[30] Richtig *Alt*, in: MüKo-StGB, § 324 Rn. 32; *Schall*, in: SK-StGB, § 324 Rn. 35.

an der **Kausalität**. Anders läge es, wenn die damit angestiegene Gesamtschadstoff-menge Konsequenzen hätte, etwa für die Fähigkeit zur Regenerierung des Gewäs-sers.[31] Für fließende, größere Gewässer dürfte das aber in aller Regel fern liegen. Zudem verlangt das materielle Schuldprinzip den Ausschluss von für sich genom-men minimalen Beeinträchtigungen. Die **Minimaklausel** ist daher Teil der tatbe-standlichen Begriffsbestimmung. Anders liegt es, wenn im Problembereich der **Gesamterfolgszurechnung** einzelne und für sich genommen unbeachtliche Beein-trächtigungen zusammengefasst werden können.

21   Argumentationsgrundlage für die **Erheblichkeit** einer (festgestellten) Gewässer-beeinträchtigung sind einerseits die Kriterien des § 3 Abs. 1 Nr. 7, 8, 9 und 10 WHG sowie des § 6 WHG. Es griffe aber zu kurz, die Gewässerbewirtschaftung sowie das unmittelbare Interesse des Menschen in den Vordergrund zu setzen, da hierdurch der Anwendungsbereich von § 324 StGB erheblich eingeschränkt würde. Die strafrechtliche Begriffsbildung erlaubt es, das Gewässer als allgemeine Lebens-grundlage in den Blick zu nehmen, was der ökologischen sowie der ökologisch-an-thropozentrischen **Rechtsgutlehre** und damit dem ganz überwiegenden Stand-punkt entspricht.[32]

22   Die in all dem liegenden Unwägbarkeiten setzen sich prozessual in der Frage fort, in welchem Umfang das **Tatgericht** den Sachverhalt aufzuklären und im Urteil darzulegen hat, um – nach den Maßstäben der erweiterten Sachrüge in der Re-vision – zu fehlerfreien **Feststellungen** zu gelangen. Die Feststellung, dass nach-teilige Stoffe in das Gewässer eingeleitet worden sind, genügt nach der Rspr. je-denfalls dann nicht als Begründung für die Ursachen einer konkreten Gewässerverschlechterung, wenn das betreffende Gewässer bereits vor dem zu prü-fenden Eingriff durch Fremdstoffe belastet worden ist. Es bedarf dann in der Regel einer Gegenüberstellung des Zustandes des Gewässers vor und nach der Tathand-lung, um die Veränderung des *status quo* zu bestimmen und zu bewerten.[33] Die Feststellung der Einleitung von Toilettenabwässern, reicht daher für sich genom-men nicht aus.[34] Die Einleitung desselben Stoffes in ein bereits totes Gewässer ist für die Bewertung des Erfolgseintrittes anders zu beurteilen als bei Einleitung in ein sauberes Gewässer.[35] Davon abgesehen ist auch in Fällen unbelasteter Gewässer eine exakte Differenzierung zwischen Tathandlung und der notwendigen Bestim-mung des Erfolges nebst der dazugehörigen Anknüpfungstatsachen unverzichtbar und im Einzelfall darzulegen.

23   Der tatgerichtlichen Feststellung einer Verunreinigung durch fortwährende Ein-leitung von Abwässern steht nicht entgegen, dass Werte, welche diese belegen, na-turgemäß nur für die jeweiligen Untersuchungszeitpunkte vorliegen.[36] Auch die wiederholte Beobachtung ohne sachverständige Analyse kann genügen, wenn die

---

[31] S. auch sogleich § 8 Rn. 22.

[32] Vgl. nur *Saliger*, UmwStR, Rn. 340.

[33] OLG Frankfurt a. M. NStZ-RR 1996, 103; OLG Köln NJW 1988, 2119/2120.

[34] OLG Frankfurt a. M. NStZ-RR 1996, 103.

[35] OLG Frankfurt a. M. NStZ 1987, 508.

[36] BGHSt 38, 325/337 f.

Wahrnehmung des Zeugen zu häuslichen Abwässern im Gesamtzusammenhang eines Fehlanschlusses auf Dauerhaftigkeit und Intensität der fortwährenden Einleitung schließen lässt.[37]

Ein erhebliches Problem im Grenzbereich zwischen tatgerichtlicher Tatsachen-   24
feststellung und materieller Genehmigungslage stellen die Überwachungswerte für die **Direkteinleitung von Abwässern** dar. Überwachungswerte sind von Höchstwerten zu unterscheiden, indem sie eine bestimmte Messmethode in den Vordergrund setzen, von welcher die Genehmigungswirkung i. S. d. § 57 Abs. 1 WHG abhängig gemacht wird. Für Höchstwerte der Genehmigung ist bereits die einmalige Überschreitung ein unbefugtes Einleiten,[38] wobei aber die Strafbarkeit von der tatbestandlichen Erheblichkeitsschwelle abhängt, was separat voneinander zu betrachten ist. Wenn die Genehmigungsbescheide **Überwachungswerte** festlegen, liegt dem die Erkenntnis zugrunde, dass Abwässer einer gewissen – vom naturwissenschaftlichen Zufall abhängigen – Schwankungsbreite der Schadstoffe unterliegen[39] und Ausrutscher daher in einem gewissen Rahmen zu tolerieren sind. Im Grundsatz geht es immer darum, anhand von mehreren Messungen eine hinreichend zuverlässige Aussage über die Bedeutung der gesamten Einleitung zutreffen. Die dem zugrundeliegenden rechnerischen Modelle hängen im Einzelfall von der konkreten Genehmigung ab,[40] wobei die Vier-von-fünf-Relation der Messwerte im Vordergrund steht. Für die gem. § 261 StPO zu treffenden Feststellungen im Hinblick auf die Verwirklichung des Tatbestandes von § 324 Abs. 1 StGB hat das Reglement der Überwachungswerte nur indiziellen Charakter, da es mit der Einleitungsgenehmigung der Rechtfertigungsebene angehört.[41] Der Einwand, dass die Abhängigkeit der Bewertung der ersten Messung von der letzten Messung gegen Art. 103 Abs. 2 GG verstoße,[42] greift daher zu kurz.[43] Die Herausforderung besteht dennoch in der forensischen Praxis darin, die festzustellende Tatbestandsverwirklichung mit den Grenzen der Genehmigung abzugleichen. So ungeeignet diese Problemstellung für Klausuren ist, so prägend ist sie für die gesamte Abwasserwirtschaft, was durch Schwierigkeiten der Messgenauigkeit potenziert wird.[44] Ferner stellt sich das Problem, ob Aufzeichnungen der behördlich aufgegebenen Eigenüberwachung eines Unternehmens im Strafverfahren verwertbar sind.[45]

Für die Klausurpraxis bieten sich die folgenden Fragen zum Taterfolg besonders   25
an:

---

[37] OLG Frankfurt a. M. NStZ-RR 1996, 103.

[38] *Franzheim/Pfohl*, UmwStR, Rn. 78.

[39] *Michalke*, UmwStR, Rn. 98 m. w. N.

[40] Eingehend zur Bandbreite *Franzheim/Pfohl*, UmwStR, Rn. 79 ff.

[41] Zutreffend *Schall*, in: SK-StGB, § 324 Rn. 35.

[42] So aber LG Bonn NStZ 1987, 461; *Michalke*, UmwStR, Rn. 100.

[43] S. auch *Franzheim/Pfohl*, UmwStR, Rn. 82 f.; *Heine/Schittenhelm*, in: Schönke/Schröder, § 324 Rn. 12b.

[44] Dazu je m. w. N. *Heine/Schittenhelm*, in: Schönke/Schröder, § 324 Rn. 12b; *Michalke*, UmwStR, Rn. 103.

[45] Für Abhängigkeit von einer Zustimmung immerhin *Michalke*, UmwStR, Rn. 103 u. 498.

1) A versenkt in einem Flussbett scharfkantige Gegenstände, die Badende und die Schiffahrt gefährden. Die Wasserqualität als solche wird hierdurch nicht beeinträchtigt.
2) B nimmt an Gewässern Unterhaltungsmaßnahmen vor. Im See X mäht er Wasserpflanzen ab, die dann im Wasser treiben. Im See Y wirbeln seine Arbeiten eisenhydroxidhaltigen Schlamm auf.
3) C senkt den Wasserspiegel des Teiches in X so ab, dass die natürliche Lebensgemeinschaft von Pflanzen und Tieren in ihm beeinträchtigt wird. Den Dorfteich in Y legt er vollständig trocken.
   Strafbarkeit gem. § 324 StGB?

Es ist umstritten, ob § 324 StGB auch die Benutzbarkeit des Gewässers schützt. Aus der Perspektive des Wassers als Umweltrechtsgut kommt es aber allein auf die Wasserqualität an,[46] weshalb allenfalls im Hinblick auf eine spätere Zersetzung der eingebrachten störenden Gegenstände §§ 324, 22 StGB in Betracht kommt. Die **Benutzbarkeit** des Gewässers wird von §§ 315 Abs. 1 Nr. 3, 22; 303, 22 StGB sowie von §§ 223/224, 22; 229 StGB geschützt. Zum Beispiel 2) wird vertreten, dass kein **normativ relevanter Nachteil** gegeben sei, wenn derselbe Effekt auch durch natürliche Ursachen hervorgerufen werden kann.[47] Für die Wasserpflanzen und auch die Aufwirbelung fehlt es aber bereits an der notwendigen Beeinträchtigung der Wasserqualität, soweit sich der Effekt in einer bloßen Lästigkeit oder der Verletzung des ästhetischen Empfindens erschöpft. Wenn sich aber etwa hierdurch der Sauerstoffgehalt nachteilig verändert, liegt eine Beeinträchtigung der Wasserqualität vor.[48] Die Bestimmung der Erheblichkeitsschwelle hat mit der Ursache der Veränderung nichts zu tun, denn auch natürliche Einflüsse können zu schwerwiegenden Verschlechterungen der Wasserqualität führen. Die normative Einschränkung anhand einer Reserveursache ist daher abzulehnen.[49] Zum Beispiel 3) wird das **Absenken des Wasserspiegels** mit Folgen für das Gewässer als Lebensraum gemeinhin als beachtlich angesehen.[50] Umstritten ist die **Beseitigung des Gewässers**. Überwiegend wird ein Erst-recht-Schluss aus der Strafbarkeit des Absenkens des Wasserspiegels gezogen und auf eine Schädigung des Gewässerbettes verwiesen.[51] Nach anderer Ansicht wird die Existenz von § 329 Abs. 3 Nr. 3 StGB eingewendet[52] und darauf verwiesen, dass eine Veränderung begriffslogisch im Ergebnis noch ein Gewässer voraussetze.[53] Das ist abzulehnen. § 329 Abs. 3 Nr. 3 StGB richtet sich auf den Schutzzweck bestimmter Gebiete, wobei das Gewässer mit der Handlung

---

[46] *Alt*, in: MüKo-StGB, § 324 Rn. 30; *Heine/Schittenhelm*, in: Schönke/Schröder, § 324 Rn. 8; a.A. *Rengier*, BT II, § 48 Rn. 7; *Saliger*, UmwStR, Rn. 350; *Schall*, in: SK-StGB, § 324 Rn. 32.

[47] *Saliger*, UmwStR, Rn. 350.

[48] Freilich auch bzgl. der Benutzbarkeit OLG Karlsruhe JR 1983, 339 ff. (aufgewirbelter Sand).

[49] S. auch *Schall*, in: SK-StGB, § 324 Rn. 29.

[50] OLG Oldenburg NuR 1990, 480; OLG Stuttgart NStZ 1994, 590 f.

[51] Statt aller *Saliger*, in: SSW-StGB, § 324 Rn. 12 m. w. N.

[52] *Heger*, in: Lackner/Kühl, § 324 Rn. 5.

[53] *Krell*, UmwStR, Rn. 202.

in Beziehung steht und nicht selbst Schutzgut ist.[54] Anderenfalls könnte dort schwerlich die Schaffung eines Gewässers mit Strafe bedroht sein. Der Schutzzweck des § 324 StGB hingegen erfordert den Erhalt des Gewässers an sich. Die Aufhebung der Gewässereigenschaft ist im Randbereich des Wortsinns der schärfste nachteilige Eingriff in die Eigenschaften eines Gewässers und verletzt daher nicht Art. 103 Abs. 2 GG. Zudem ist die Absenkung des Wasserspiegels bzw. eine sonstige schädliche Einwirkung zwecks Beseitigung der notwendige Zwischenschritt einer Gewässerbeseitigung

Die Einbringung von festen Stoffen in ein Gewässer kann neben der Benutzbar- **26** keit auch die Wasserqualität beeinträchtigen. So liegt es, wenn **Plastikabfälle** oder andere feste Stoffe aufgrund ihres Vorhandenseins im Gewässer mit schädlichen Folgen in die Nahrungskette geraten. Dann ist unter Beachtung des Wassers als Umweltrechtsgut die Wasserqualität betroffen. Problematisch ist aber, wo genau die Grenzen zur unerheblichen Beeinträchtigung verlaufen, was sowohl für die notwendige Anzahl von Plastikflaschen als auch für den Problembereich der Belastung durch **Mikroplastik**[55] gilt. Probleme von hoher tatsächlicher und rechtlicher Komplexität begegnen in dem Themenkomplex **Fracking**[56] sowie bei der **Überdüngung**,[57] worauf in dem hier gesetzten Rahmen nur hingewiesen werden kann.

Schließlich sind alle Fragen von Kausalität und objektiver Zurechnung nicht selten in ihrer ganzen Bandbreite eröffnet und werden von naturwissenschaftlichen Nachweisproblemen dominiert. So genügt etwa für die Zuordnung einer Ölverschmutzung in einem Fluss zum Nachweis der Einleitung von Bilgenöl die sog. fingerprint-Methode über Gaschromatogramm und Infrarotspektren zur sicheren Zuordnung nicht.[58] Ferner könnte ein Schiff eine Ölverschmutzung nur durchfahren haben.[59]

c) Unterlassen

Die Amtsträger der Überwachungsbehörden trifft eine Garantenpflicht bis tief in die **27** Verwaltungsorganisation hinein.[60] Ferner bestehen Garantenpflichten neben Betriebsinhabern und sonstigen Verantwortlichen insb. auch für den Gewässerschutzbeauftragten.[61]

Die Verletzung der Garantenpflicht versteht sich jedoch nicht von selbst. Proble- **28** matisch kann für Amtsträger insbesondere sein, ob das Bemühen, auf freiwilliger Basis eine Verhaltensänderung zu erreichen, im Interesse der Akzeptanz der Verwaltung durch den Bürger und des Rechtsfriedens eine grdsl. begrüßenswerte

---

[54] S. auch oben § 8 Rn. 9.
[55] Vgl. hierzu *Heger/Hower*, NuR 2014, 470 ff. (Kosmetikprodukte) sowie mit beachtlicher Kritik *Szesny*, wistra 2015, 265 f.
[56] Dazu *Alt*, in: MüKo-StGB, § 324 Rn. 29; *Kloepfer*, Umweltrecht, § 14 Rn. 223 ff.
[57] Näher BayObLG NuR 1984, 318 f.; *Kloepfer*, Umweltrecht, § 14 Rn. 146 m. w. N.
[58] Rheinschiffahrtsobergericht Köln, Urt. v. 22.11.1991 – 3-3/91 S, juris.
[59] AG Münster, Urt. v. 27.11.1996 – 13 Ds 48 Js 196/94, juris.
[60] OLG Frankfurt a. M. NStZ-RR 1996, 103/104; OLG Frankfurt a. M. NStZ 1987, 508 sowie zum ganzen oben § 6 Rn. 16 ff.
[61] OLG Frankfurt a. M. NStZ 1987, 508/509 f.

Alternative zum Verwaltungszwang ist.[62] Soweit das Verwaltungsrecht diesen Weg erlaubt, kann hierin keine Verletzung der Garantenpflicht liegen – die Kehrseite der Medaille ist die rechtmäßige aktive Duldung als Rechtfertigungsgrund. Wo ein solches Vorgehen allerdings fehlgeschlagen ist oder gar nicht erst in die Wege geleitet wurde, muss ein konkreter Zeitpunkt benannt werden, der zum Ausgangspunkt einer Betrachtung der hypothetischen Kausalität wird. Hierzu sind belastbare Feststellungen zu treffen und im Wege nachvollziehbarer Prognosen Zeiträume und Mechanismen zu benennen, welche die Gewässerverunreinigung in einem konkreten Maße und zu einem konkreten Zeitpunkt verhindert hätten.[63] Hilfsweise greift Versuch, wenn die unterbliebene zurechenbare Verhinderung zumindest billigend in Kauf genommen worden ist. Je schwerer aber der objektive Nachweis der hypothetischen Kausalität fällt, desto schwieriger kann sich auch die Feststellung eines entsprechenden Tatentschlusses gestalten.

d) Fahrlässigkeit

29   Der Pflichtenmaßstab ist nicht auf verwaltungsrechtliche Pflichten des Wasserrechts beschränkt. Auch darüber hinaus ist die ökologische Bedeutung des in § 324 StGB geschützten Rechtsgutes zu berücksichtigen und als Maß der Dinge gilt der umweltbewusste Rechtsgenosse.[64] Die zu stellenden Anforderungen sind umso höher, je risikoreicher vorgenommene Handlungen oder zu überwachende Zustände sind. Das gilt insbesondere bei besonderer Nähe zu einem Gewässer oder im Bereich von geschützten Landschaftsteilen.[65] Zudem kommt es nicht darauf an, ob das vorwerfbare Verhalten unmittelbar oder zwangsläufig mit einer Gewässerschädigung in Zusammenhang steht. Hier ist die gesamte Bandbreite des Pflichtwidrigkeitszusammenhanges. Problematisch ist auch, ob der Schutzzweck von Pflichten im **Schiffs- und Straßenverkehr** § 324 StGB mitumfasst.[66]

30   Die Sorgfaltspflichtverletzung kann in dem unterbliebenen Bemühen um die Herbeiführung einer notwendigen Genehmigung für bestimmte Tätigkeiten, etwa in einem Landschaftsschutzgebiet, liegen, wenn hierdurch die im Interesse der Gefahrenvermeidung notwendige fachliche Prüfung unterlaufen wird.[67] Umgekehrt ist die **strafrechtliche Konzentrationswirkung** zu beachten, wonach insb. Anlagegenehmigungen schon den Sorgfaltsmaßstab des § 324 Abs. 3 StGB bestimmen.[68] Die eigene Ausführung von Arbeiten ist ein Übernahmeverschulden, wenn es einer qualifizierten Fachfirma bedurft hätte. In Betracht kommt auch ein Auswahlverschulden.[69] Erdarbeiten erfordern eine wirksame Kontrolle auf Leitungen, wobei

---

[62] OLG Frankfurt a. M. NStZ-RR 1996, 103/105.
[63] S. dazu OLG Frankfurt a. M. NStZ-RR 1996, 103/106.
[64] OLG Celle NuR 1991, 399 f. sowie dazu oben § 6 Rn. 68 ff.
[65] OLG Düsseldorf NJW 1991, 1123/1124.
[66] Dazu oben § 6 Rn. 69 ff.
[67] OLG Düsseldorf NJW 1991, 1123/1125.
[68] S. oben § 4 Rn. 25.
[69] OLG Düsseldorf NJW 1991, 1123/1124.

nicht einwandfreie Pläne zu behutsamen Probeschachtungen von Hand Anlass geben können, bevor Großgerät zum Einsatz kommt.[70]

e) Rechtfertigung

Der Tatbestand indiziert die Rechtswidrigkeit. Erlaubnisätze ergeben sich auf der   31
Grundlage von Verwaltungsakten nach § 8, 10, 14 ff. WHG, wobei die Erlaubnis
für die Direkteinleitung von Abwässern i. S. v. § 57 WHG besonders zu nennen
ist.[71] Nach dem Gesetz zulässig sind der Gemeingebrauch sowie der Eigentümer-
und Anliegergebrauch gem. §§ 25, 26 WHG, was durch landesrechtliche Vorschriften ausgeweitet wird. Ferner bedürfen gem. § 8 Abs. 2 WHG keine Erlaubnis
oder Bewilligung solche Gewässerbenutzungen, die der Abwehr einer gegenwärti-
gen Gefahr für die öffentliche Sicherheit dienen, sofern der drohende Schaden
schwerer wiegt als die mit der Benutzung verbundenen nachteiligen Veränderungen von Gewässereigenschaften. Dies wird für Krisenfälle um §§ 34, 35 StGB
ergänzt.[72]

Problematisch sind für die **Binnenschiffahrt** die gewohnheitsrechtliche Erlaub-   32
nis zur Einleitung von nicht ölhaltigen Schiffsabwässern[73] sowie eine Risikoverringerung durch Einsatz eines Entölerbootes für Bilgenwasser.[74]

Zur Rechtfertigung aus der Akzessorietät zum Verwaltungsrecht wird in den AT   33
verwiesen. Die nicht auf eine Gewässerbenutzung gerichtete, anderweitige umweltrechtliche Genehmigung lässt für das Vorsatzdelikt die Rechtswidrigkeit und für
§ 324 Abs. 3 StGB die Sorgfaltspflichtverletzung entfallen, wobei es für Sonderwissen anders liegt, wenn dieses die Behörde zum rechtmäßigen Einschreiten veranlassen musste.[75] Die ausdrückliche Duldung wurde teils von der Rechtsprechung
als Rechtfertigungsgrund anerkannt.[76] Als Minus kommt ein unvermeidbarer Verbotsirrtum in Betracht, wenn die zuständige Überwachungsbehörde trotz (ange-
nommener) Kenntnis des Sachverhalts nicht einschreitet.[77]

f) Konkurrenzen

§ 324 StGB verdrängt § 326 Abs. 1 Nr. 4a StGB, wenn eine nachhaltige Gewässer-   34
verunreinigung durch die Beseitigung von Abwasser herbeigeführt worden ist. Da
Abwasser im strafrechtlichen Sinne Abfall ist, ist das Schutzgut der beiden Strafta-
bestände dasselbe und mit der nach § 324 StGB strafbaren Gewässerverunreinigung
verwirklicht sich genau jene Gefährdung, die in § 326 Abs. 1 Nr. 4a StGB unter

---

[70] OLG Düsseldorf NJW 1991, 1123/1124 f.
[71] Zu den daraus resultierenden Fragen der Überwachungswerte s. oben § 8 Rn. 24.
[72] Zum ganzen oben § 7 Rn. 34 ff.
[73] Für Rechtfertigung BayObLG NStZ 1983, 169 f.; OLG Köln NStZ 1986, 225 f.; ablehnend LG Hamburg NuR 2003, 776.
[74] Dazu oben § 7 Rn. 43.
[75] Vgl. insb. § 3 Rn. 77, § 4 Rn. 8 f., 18 ff., 23 ff. u. Rn. 48.
[76] OLG Celle, Urt. v. 04.06.1986 – 3 Ss 67/86, juris; LG Bonn NStZ 1988, 224 f.
[77] AG Lübeck StV 1989, 348 f.

Strafe gestellt wird. Das bloße Gefährdungsdelikt geht im Verletzungsdelikt damit vollständig auf und tritt daher hinter diesem zurück.[78]

2. Besonders schwerwiegende Gewässerbeeinträchtigung gem. § 330 Abs. 1 S. 2 Nr. 1 StGB

35   § 330 Abs. 1 S. 1 StGB enthält einen ungeregelten besonders schweren Fall und in S. 2 finden sich nach der üblichen Regelungstechnik besonders benannte Regelbeispiele, die im Rahmen der Strafzumessung zu subsumieren und auf Ausnahmen („in der Regel") anhand des Einzelfalles zu überprüfen sind.

36   § 330 Abs. 1 S. 1 Nr. 1 StGB nimmt einen solchen Regelfall an, wenn der Täter ein Gewässer derart beeinträchtigt, dass die Beeinträchtigung nur mit außerordentlichem Aufwand und erst nach längerer Zeit beseitigt werden kann. Der Unwert liegt in einer Vertiefung des gewöhnlichen Tatbildes von § 324 Abs. 1 StGB. Das hat zwei Konsequenzen. Erstens kommen nur solche Beeinträchtigungen in Betracht, die den Tatbestand von § 324 Abs. 1 StGB verwirklichen. Der Streit um die Beeinträchtigung der Benutzbarkeit eines Gewässers, ohne dass die Wasserqualität betroffen wird, setzt sich daher fort.[79] Zweitens ist nach der allgemeinen Dogmatik des besonders schweren Falles erforderlich, dass sich der betrachtete Sachverhalt nach dem Gewicht von Unrecht und Schuld von durchschnittlich vorkommenden Fällen so abhebt, dass die Anwendung des Ausnahmestrafrahmens geboten ist.[80] Vor diesem Hintergrund ist ein außerordentlicher Aufwand für die Beseitigung gegeben, wenn ein weit über dem Durchschnitt liegender finanzieller oder arbeitsmäßiger Aufwand erforderlich ist.[81] Entsprechend verhält es sich mit der Formulierung *„erst nach längerer Zeit"*. Beide Kriterien sind eng auszulegen, um die notwendige Unwertsteigerung nicht zu verwässern.[82] Zu denken ist in erster Linie an katastrophenartige Sachverhalte.

3. Weitere Strafschärfungen gem. § 330 StGB

37   Die öffentliche Wasserversorgung i. S. v. § 330 Abs. 1 S. 2 Nr. 2 StGB soll die ständige Versorgung mit Trink- und Brauchwasser in einem bestimmten Gebiet sicherstellen, wobei die Wasserversorgung der Allgemeinheit dienen muss.[83] Nicht erfasst wird die private Trinkwasserversorgung durch Brunnen, da insofern § 314 StGB greift. Problematisch ist die Eigenversorgung von größeren Komplexen menschli-

---

[78] BGHSt 38, 325/338 f.; *Heine/Schittenhelm*, in: Schönke/Schröder, § 324 Rn. 18; a.A. *Heger*, in: Lackner/Kühl, § 324 Rn. 8.

[79] S. dazu oben § 8 Rn. 25 f.

[80] Vgl. dazu *Fischer*, § 46 Rn. 88 ff.

[81] *Alt*, in: MüKo-StGB, § 330 Rn. 8.

[82] Dazu ergänzend § 8 Rn. 43.

[83] *Fischer*, § 330 Rn. 4; *Heine/Schittenhelm*, in: Schönke/Schröder, § 330 Rn. 6.

chen Lebens (Krankenhäuser, Kasernen) sowie von Industrieanlagen.[84] Notwendig ist eine konkrete Gefahr.[85] Diese kann sich aus allen Tatbeständen der §§ 324–329 StGB auf unterschiedliche und jeweils tatbestandstypische Weise entwickeln. § 330 Abs. 1 S. 2 Nr. 3 StGB setzt die nachhaltige Schädigung eines Bestandes **38** von Tieren oder Pflanzen einer streng geschützten Art voraus.[86] **Gewinnsucht** i. S. v. § 330 Abs. 1 S. 2 Nr. 4 StGB ist ein auf ein sittlich anstößiges Maß gesteigertes Gewinnstreben[87] und daher nicht schon bei Gewerbsmäßigkeit gegeben.[88] Der Schwerpunkt liegt in einem besonderen subjektiven Unwert, welchen die Formulierung *Sucht* zum Ausdruck bringt und die im Einzelfall gem. § 261 StPO festzustellen ist.

§ 330 Abs. 2 StGB enthält zwei verschiedene Deliktstypen. Bei Nr. 1 handelt es **39** sich um ein konkretes Gefährdungsdelikt[89] mit drei Gefährdungsobjekten. Neben dem menschlichen Leben wird ebenso wie bei § 306b Abs. 1 StGB alternativ eine schwere Gesundheitsschädigung oder die Gesundheitsschädigung einer großen Zahl von Menschen genannt, mit dem Unterschied, dass es hier nur um eine konkrete Gefahr geht. Die schwere Gesundheitsschädigung eines Menschen bemisst sich am Unwert von § 226 StGB und verhält sich ebenso wie dessen Taterfolg exklusiv zu einem zeitnah eintretenden Tod.[90] Die große Zahl von Menschen ist im Hinblick auf die notwendige Bestimmtheit problematisch und wird gemeinhin im unteren zweistelligen Bereich verortet,[91] wobei für § 330 Abs. 2 Nr. 1 StGB als Untergrenze 20 Personen genannt werden.[92]

§ 330 Abs. 2 Nr. 2 StGB enthält die Erfolgsqualifikation des Todes.[93] Beide Tat- **40** bestände der Norm sind gem. § 330 Abs. 2 HS 2 StGB subsidiär gegenüber § 330a Abs. 1 bis 3 StGB. § 330 Abs. 3 StGB enthält für den Abs. 2 einen unbenannten minder schweren Fall.

IV. Gewässergefährdung

Gewässer treten als Gefährdungsobjekt mehrfach tatbestandlich in Erscheinung. Zu **41** differenzieren ist einerseits nach dem Grad der drohenden Gefahr und andererseits nach dem konkreten Gefährdungsobjekt. Ausgehend von dem Regelbeispiel der schwerwiegenden Gewässerbeeinträchtigung in § 330 Abs. 1 S. 2 Nr. 1 StGB,

---

[84] Vgl. dazu diff. *Heine/Schittenhelm*, in: Schönke/Schröder, § 330 Rn. 6 sowie *Szesny*, in: AnwK-StGB, § 330 Rn. 5.

[85] Vgl. dazu den AT, insb. § 3 Rn. 39 ff., 54 ff., 89.

[86] Näher unten § 11 Rn. 5.

[87] *Alt*, in: MüKo-StGB, § 330 Rn. 12; *Heine/Schittenhelm*, in: Schönke/Schröder, § 330 Rn. 8.

[88] *Fischer*, § 330 Rn. 6.

[89] S. dazu den AT, insb. § 3 Rn. 39 ff., 54 ff., 89.

[90] *Börner*, in: AnwK-StGB, § 306b Rn. 3.

[91] *Börner*, in: AnwK-StGB, § 306b Rn. 4.

[92] *Fischer*, § 330 Rn. 8; *Saliger*, in: SSW-StGB, § 330 Rn. 9.

[93] S. zum ganzen § 3 Rn. 89 ff.

welches für die gesamten vorherigen Delikte des 29. Abschnitts gilt, handelt es sich bei den §§ 324a bis 329 StGB stets um **abstrakte Gefährdungsdelikte**, soweit nicht in der einzelnen Norm eine weiter verdichtete Gefahr vorausgesetzt wird. Eine Sonderstellung nimmt § 329 Abs. 2 S. 1 StGB ein, indem dort nicht alle Gewässer im Sinne von §§ 324, 330d Abs. 1 Nr. 1 StGB taugliches abstraktes Gefährdungsobjekt sind, sondern nur solche, welche dem Wasser- oder Heilquellenschutzgebiet angehören. Der nötige Gefahrzusammenhang zu § 329 Abs. 2 StGB wäre daher unterbrochen, wenn die Handlung zwar in einem solchen geschützten Gebiet erfolgt, der Schaden des § 330 Abs. 1 S. 2 Nr. 1 StGB aber an einem außerhalb dieses Gebietes gelegenen Gewässer eintritt. In Betracht käme dann freilich ein unbenannter besonders schwerer Fall gem. § 330 Abs. 1 S. 1 StGB.

42　　Die **konkrete Gefahr** für ein Gewässer setzt § 328 Abs. 3 StGB tatbestandlich voraus. Auf welchen Erfolg die Gefahr hinzielt, wird dort zwar nicht genannt, nach dem Regelungszusammenhang zur Gewässerdefinition in § 330d Abs. 1 Nr. 1 StGB und zum Erfolgsdelikt in § 324 Abs. 1 StGB, kann es nur um die konkrete Gefahr des Eintritts einer Verunreinigung oder nachteiligen Veränderung der Gewässereigenschaften im Sinne von § 324 Abs. 1 StGB gehen.

43　　Zwischen den abstrakten und den konkreten Gefährdungsdelikten stehen die Eignungsdelikte, die an eine gesteigerte abstrakte Gefahr anknüpfen, welche sich dadurch auszeichnet, dass sie naheliegend zu einer konkreten Gefahr werden kann.[94] Hierzu bedarf es besonderer Umstände, die es im Einzelfall konkret zu benennen gilt und die regelmäßig sachverständiger Expertise bedürfen. Bemerkenswert differenziert das Gesetz nach unterschiedlich bezeichneten Schadensintensitäten, zu deren Herbeiführung das Geschehen geeignet sein muss. § 324a StGB fragt nach der **Eignung zur Schädigung** eines Gewässers. Das ist aufgrund der Nähe zu § 324 StGB nach dem systematischen Gefüge des 29. Abschnitts der Erfolg des § 324 Abs. 1 StGB. In Steigerung dessen setzen §§ 325 Abs. 6, 326 Abs. 1 Nr. 4a StGB im Hinblick auf die dort benannten Tatgegenstände die **Eignung zu einer nachhaltigen Verunreinigung** oder sonst nachteiligen Veränderung eines Gewässers voraus. Problematisch ist, welches die Maßstäbe dieser in negativem Sinne zu verstehenden Nachhaltigkeit sind. Nach einem Vorschlag ist Nachhaltigkeit gegeben, wenn nach Intensität *und* nach Dauer ein beträchtlicher bzw. größerer Schaden für das Umweltgut zu befürchten ist.[95] Zudem wird als Gradmesser der nicht ohne weiteres kompensierbare Schaden für das Umweltrechtsgut genannt.[96] Ähnlich verhält es sich mit der von §§ 327 Abs. 2 S. 2, 328 Abs. 1 Nr. 2 StGB vorausgesetzten **Eignung, erhebliche Schäden** an einem Gewässer herbeizuführen. Diese Norm ermöglicht den systematischen Vergleich der notwendigen Gewichtung des Unwertes. So wie sich die schwere Gesundheitsschädigung eines Menschen zu § 223 Abs. 1 S. 1 StGB verhält, steht § 324 Abs. 1 StGB in Relation zum erheblichen Schaden an einem Gewässer. Es geht also um eine maßgebliche Unwertsteigerung, die über das Regeltatbild des

---

[94] Vgl. näher dazu den AT, insb. § 3 Rn. 41.

[95] *Alt*, in: MüKo-StGB, § 325 Rn. 47; *Heine/Schittenhelm*, in: Schönke/Schröder, § 325 Rn. 22; *Rengier*, BT II § 48 Rn. 24; *Saliger*, UmwStR, Rn. 308.

[96] *Schall*, in: SK-StGB, § 325 Rn. 69.

§ 324 Abs. 1 StGB hinausgeht. Die Eignung zur nachhaltigen Verunreinigung und die Eignung zur erheblichen Schädigung haben diese Unwertsteigerung mit dem Regelbeispiel des § 330 Abs. 1 S. 2 Nr. 1 StGB gemeinsam.[97] Deshalb erscheint es dogmatisch richtig und im Interesse einer einheitlichen und greifbaren Begriffsbildung sinnvoll, alle **drei Formulierungen als denselben Begriff zu betrachten**. Hierdurch erhöhen sich zugleich die Anknüpfungspunkte, um greifbarer Maßstäbe zu entwickeln. Aus der Relation der §§ 223, 226 StGB ergibt sich das abstrakte Maß der Umweltsteigerung und § 330 Abs. 1 S. 2 Nr. 1 bietet mit dem außerordentlichen Aufwand und der notwendigen längeren Zeitdauer zur Beseitigung Indizien zur Ausfüllung dieses abstrakten Maßstabes.

Kontrollfragen
1. Erläutern Sie Rechtsgrundlagen und Behördenaufbau der Gewässeraufsicht! (Rn. 2 ff.)
2. In welchen Fällen ist Wasser nicht als Umweltmedium von Straftatbeständen erfasst? (Rn. 7 ff.)
3. Was sind Gewässer i. S. v. § 324 StGB? (Rn. 12 ff.)
4. Wie ist die Verunreinigung von einer sonstigen nachteiligen Veränderung der Gewässereigenschaften abzugrenzen? (Rn. 16, 18)
5. Was sind Überwachungswerte und in welcher Beziehung stehen diese zum Tatbestand? (Rn. 24)
6. Kann § 324 StGB durch das Einbringen scharfkantiger Gegenstände, durch das Aufwühlen von Sand sowie durch die Trockenlegung eines Gewässers verwirklicht werden? (Rn. 25)
7. Wann setzt der Schutzzweck von Sorgfaltspflichten der Verwirklichung von § 324 Abs. 3 StGB eine Grenze? (Rn. 29)
8. Welche Rechtfertigungsgründe ergeben sich aus dem WHG? (Rn. 31)
9. Erläutern Sie die Stellung im Gesetz sowie die Inhalte der Formulierungen der Eignung zur nachhaltigen Verunreinigung und der Eignung zu erheblichen Schäden und die Beeinträchtigung im Sinne von § 330 Abs. 1 S. 2 Nr. 1 StGB! (Rn. 36, 43)
10. Worin unterscheidet sich die Gewinnsucht von der Gewerbsmäßigkeit? (Rn. 38)

Weiterführende Literatur

AnwaltKommentar StGB, 2. Aufl. 2015
Fischer, Strafgesetzbuch, 66. Aufl. 2019
Franzheim/Pfohl, Umweltschutzstrafrecht, Eine Darstellung für die Praxis, 2. Aufl. 2001
Heger/Hower, Gewässerverunreinigung durch Kunststoffpartikel in Kosmetikprodukten, NuR 2014, 470 ff.

---

[97] S. oben § 8 Rn. 36.

Kloepfer, Umweltrecht, 4. Aufl. 2016

Krell, Umweltstrafrecht, 1. Aufl. 2017

Lackner/*Kühl*, Strafgesetzbuch, Kommentar, 29. Aufl. 2018

Michalke, Umweltstrafsachen, 2. Aufl. 2000

Münchener Kommentar zum Strafgesetzbuch, 3. Aufl. 2019

Rengier, Strafrecht Besonderer Teil II, Delikte gegen die Person und die Allgemeinheit, 20. Aufl. 2019

Saliger, Umweltstrafrecht, 1. Aufl. 2012

Schmidt/Kahl/Gärditz, Umweltrecht, 10. Aufl. 2017

Schönke/Schröder, Strafgesetzbuch, Kommentar, hrsg. v. *Eser* u. a., 30. Aufl. 2019

Szesny, Umweltstrafrecht, wistra 2015, 265 f.

SK-StGB

Satzger/Schluckebier/Widmaier, Strafgesetzbuch, 3. Aufl. 2016

Satzger/Schluckebier/Widmaier, Strafprozessordnung, 3. Aufl. 2018

Systematischer Kommentar zum Strafgesetzbuch, Band VI, 9. Aufl. 2016

§ 9 Boden

Der Schutz des Bodens als drittes Umweltmedium neben Luft und Wasser wurde   1
vergleichsweise spät durch das öffentliche Recht gezielt reguliert.[1] Das von Richtlinien der Europäischen Union zunehmend beeinflusste[2] nationale Recht wird von
dem BBodSchG als Gegenstand der konkurrierenden Gesetzgebung dominiert,[3] das
den Ländern nur geringe Regelungskompetenzen überlässt.[4] Das BBodSchG bezweckt es, nachhaltig die Funktionen des Bodens zu sichern oder wiederherzustellen. Deshalb sind schädliche Bodenveränderungen abzuwehren, der Boden und Altlasten sowie hierdurch verursachte Gewässerverunreinigungen zu sanieren und
Vorsorge gegen nachteilige Einwirkungen auf den Boden zutreffen, vgl. § 1 BBodSchG.
Da eine Vielzahl anderer Regelungen Bezüge zum Bodenschutz aufweisen, trifft § 3
BBodSchG eingehende Regelungen dazu, für welche Fälle dieses Gesetz nicht anzuwenden ist. Aus der Perspektive des Strafrechts können aber alle dort genannten
anderweitigen Regelungen sowie die darauf beruhenden Entscheidungen im Einzelfall **verwaltungsrechtliche Pflichten** im Sinne von § 330d Abs. 1 Nr. 4 i. V. m.
§ 324a StGB begründen.

I. Bodenschädigung

1. Bodenverunreinigung (§ 324a)

a) Tatobjekt
§ 330d StGB enthält keine Definition des Bodens. Die tatbestandliche Anknüpfung   2
an verwaltungsrechtliche Pflichten erlaubt aber den Bezug auf den Begriff des
Bodens in § 2 Abs. 1 BBodSchG. **Boden** in diesem Sinne ist die obere Schicht der

---

[1] Zur Entwicklung *Kloepfer*, Umweltrecht, § 13 Rn. 17 ff.
[2] Näher *Kloepfer*, Umweltrecht, § 13 Rn. 50 ff.
[3] Vgl. zum Gesamtsystem *Kloepfer*, Umweltrecht, § 13 Rn. 62.
[4] *Kloepfer*, Umweltrecht, § 13 Rn. 112 ff.

© Springer-Verlag GmbH Deutschland, ein Teil von Springer Nature 2020   299
R. Börner, *Umweltstrafrecht*, Springer-Lehrbuch,
https://doi.org/10.1007/978-3-662-60629-2_9

Erdkruste, soweit sie Träger der in § 2 Abs. 2 BBodSchG genannten Bodenfunktionen ist, einschließlich der flüssigen Bestandteile (Bodenlösung) und der gasförmigen Bestandteile (Bodenluft), ohne Grundwasser und Gewässerbetten. Grundwasser und Gewässerbetten werden über § 324 StGB geschützt. Deponien werden erst dann zum Boden, wenn diese endgültig stillgelegt sind und damit aus dem abfallrechtlichen Reglement herausfallen.[5] Vorrang hat auch das BBergG, soweit es für seine verwaltungsrechtlichen Regelungsbereich Ordnungswidrigkeiten und Straftaten vorsieht.

b) Taterfolg

3   Taterfolg ist die Verunreinigung oder die sonst nachteilige Veränderung des Bodens. Beide Begriffe entstammen der Formulierung von § 324 Abs. 1 StGB, weshalb auch zum Begriffsinhalt grdsl. darauf zu verweisen ist.[6] Normlogisch ist das Vorliegen einer Verunreinigung oder sonstig nachteiligen Veränderung zu klären, bevor im zweiten Schritt die Erheblichkeit dieser Schädigung gem. § 324 Abs. 1 Nr. 1 und Nr. 2 StGB betrachtet wird. Wie auch bei der Gewässerverunreinigung kommt es auf die Bestimmung der für das Delikt maßgeblichen Funktionen des Umweltmediums an. § 2 Abs. 2 BBodSchG unterscheidet die natürlichen Funktionen des Bodens von den Funktionen als Archiv der Natur und Kulturgeschichte sowie von den Nutzungsfunktionen. Der Boden wird als Umweltmedium im 29. Abschnitt des StGB genauso wie das Wasser nur in seinen **ökologischen Funktionen** angesprochen. Dies sind gem. § 2 Abs. 2 Nr. 1 BBodSchG die natürlichen Funktionen

(a) als Lebensgrundlage und Lebensraum für Menschen, Tiere, Pflanzen und Bodenorganismen,
(b) als Bestandteil des Naturhaushalts, insbesondere mit seinen Wasser- und Nährstoffkreisläufen sowie
(c) als Abbau-, Ausgleichs- und Aufbaumedium für stoffliche Einwirkungen aufgrund der Filter-, Puffer- und Stoffumwandlungseigenschaften, insbesondere auch zum Schutz des Grundwassers.
     Hinzu kommt die Nutzungsfunktion gem. § 2 Abs. 2 Nr. 3c) BBodSchG als Standort für land- und forstwirtschaftliche Nutzung. Fragen mag man, ob auch die Funktion als Fläche zur Erholung gem. § 2 Abs. 2 Nr. 3b) Var. 2 BBodSchG erfasst ist. Darauf kommt es jedoch nicht an, wenn die Erholung auf Grünflächen und Parks bezogen ist, die ihrerseits als Lebensraum für Pflanzen und Tiere durch die ökologischen Funktionen des Bodens geschützt sind.

Beispiel

A bringt Stoffe in den Boden ein, welche die ökologischen Funktionen des Bodens nicht verschlechtern, aber die Erfolgsaussichten archäologischer Untersuchungen oder einer Nutzung für den Verkehr oder die Entsorgung vereiteln.

---

[5] *Saliger*, UmwStR, Rn. 370.
[6] § 8 Rn. 16 ff.

Ebenso wie die Benutzbarkeit eines Gewässers (str.)[7] ist auch die Archivfunktion des Bodens sowie seine Eignung als Siedlungsfläche oder Standort für wirtschaftliche oder öffentliche Nutzungen, Verkehr, Ver- und Entsorgung für § 324a StGB unbeachtlich, solange nicht zugleich seine ökologischen Funktionen betroffen sind.

Eine Schädigung ist gem. **§ 324a Abs. 1 Nr. 1** StGB beachtlich, wenn sie geeignet ist, die Gesundheit eines anderen, Tiere, Pflanzen[8] oder andere Sachen von bedeutendem Wert oder ein Gewässer[9] zu schädigen. Die Eignung geht über eine abstrakte Gefahr hinaus und setzt greifbare, naturwissenschaftlich fundierte Feststellungen voraus. Sachen sind nach dem Vorbild des BGB bewegliche und unbewegliche Sachen, weshalb auch bspw. angrenzende Böden als taugliches Gefährdungsobjekt in Betracht kommen. Problematisch ist, wonach der **bedeutende Wert** dieser Sachen zu bestimmen ist. Nach allgemeiner Ansicht kommt es nicht nur auf den Wert im wirtschaftlichen Sinne an, sondern auch auf den ökologischen Wert, an den freilich keine überzogenen Anforderungen zu stellen sind.[10] Soweit darüber hinaus auch kulturelle Gesichtspunkte genannt werden,[11] geht dies bei Überschreitung der ökologischen Funktionen des Bodens zu weit und entbehrt der notwendigen Bestimmtheit. Der bedeutende wirtschaftliche Wert (750 €)[12] ist ein dogmatisch gefestigtes Kriterium der strafwürdigen Gefährdungslage und der ökologische Wert entspricht dem Strafzweck des § 324a StGB unter Anknüpfung an den verwaltungsrechtlichen Bodenschutz. Kulturelle Aspekte haben hier dogmatisch keine Wurzel. Die Erweiterung der Wertmaßstäbe um die ökologische Dimension hat zur Konsequenz, dass insofern auch tätereigene Sachen in Betracht kommen.[13]

§ 324a Abs. 1 Nr. 2 StGB bestimmt in allgemeinerer Form einen Schaden dann als erheblich, wenn er **bedeutenden Umfang** hat. Diese Klausel dient der Bestimmung der unteren Erheblichkeitsgrenze und stellt deshalb geringere Anforderungen als § 330 Abs. 1 S. 2 Nr. 1 StGB.[14] Kritisch wird eingewandt, dass § 324a Abs. 1 Nr. 2 StGB keinen eigenen Anwendungsbereich habe, da in aller Regel auch Nr. 1 gegeben sei.[15] Das mag praktisch richtig sein, dogmatisch bestehen aber Unterschiede. Die Schädigung in bedeutendem Umfang umschreibt eine abstrakte Gefahr, die sich in erster Linie an Umfang und Dauerhaftigkeit der Schädigung orientiert. Der Nachweis, welche konkreten weiteren Schädigungen hieraus resultieren könnten, ist nicht erforderlich, wogegen § 324a Abs. 1 Nr. 1 StGB zur Feststellung der Eignung eben diesen Nachweis verlangt. Wer Nr. 1 und Nr. 2 gleichsetzt, ebnet den Unterschied zwischen abstraktem Gefährdungsdelikt und Eignungsdelikt ein.

4

5

---

[7] Dazu oben § 8 Rn. 25.
[8] Vgl. zu Tieren und Pflanzen unten §§ 11, 12.
[9] S. oben § 8 Rn. 43.
[10] *Alt*, in: MüKo-StGB, § 324a Rn. 25; *Fischer*, § 324a Rn. 8; *Heine/Schittenhelm*, in: Schönke/Schröder, § 324a Rn. 11; *Saliger*, UmwStR, Rn. 376.
[11] *Alt*, in: MüKo-StGB, § 324a Rn. 25.
[12] S. nur *Alt*, in: MüKo-StGB, § 324a Rn. 24.
[13] *Alt*, in: MüKo-StGB, § 324a Rn. 25.
[14] *Heine/Schittenhelm*, in: Schönke/Schröder, § 324a Rn. 11.
[15] *Alt*, in: MüKo-StGB, § 324a Rn. 27; *Krell*, UmwStR, Rn. 214.

Ferner sind die natürlichen Funktionen des Bodens i. S. v. § 2 Abs. 2 Nr. 1 BBodSchG
nicht auf die Güter des § 324a Abs. 1 Nr. 1 StGB beschränkt, sondern richten sich
auf deren ökologisches Umfeld. Der bedeutende Umfang im Sinne von § 324a
Abs. 1 Nr. 2 StGB ist daher an den Kriterien von § 2 Abs. 2 Nr. 1 BBodSchG auszurichten, um so der unter Strafe gestellten abstrakten Gefahr am Schutzzweck
orientierte und für das Strafverfahren – unter Hinzuziehung besonderer Sachkunde – greifbare Konturen zu verleihen. Davon abgesehen liegt der Struktur von
§ 324a Abs. 1 StGB der Gedanke zugrunde, dass dessen Nr. 1 und dessen Nr. 2 ein
vergleichbares Maß an Unwert aufweisen. Beide Merkmale stehen insofern bei der
Auslegung wertend in Wechselwirkung zueinander.

6   Dieser dogmatische Ansatzpunkt führt zu einer Verknüpfung mit dem Anwendungsbereich des BBodSchG. Die Verwaltungsakzessorietät des § 324a StGB fragt
danach, ob die Tathandlung als solche gegen verwaltungsrechtliche Pflichten verstößt. Die Bestimmung des Taterfolgs hingegen verläuft parallel zu den Maßstäben
der Sanierung nach dem BBodSchG. Wenn eine Sanierungsbedürftigkeit danach
verneint wird, kann in aller Regel auch keine Verunreinigung in bedeutendem Umfang begründet werden.[16] Entsprechend verhält es sich mit § 324a Abs. 1 Nr. 1
StGB, wobei Sickerprognosen i. S. v. § 4 Abs. 3 BBodSchV sowie Prüfwerte und
Maßnahmewerte gem. § 8 BBodSchG unter dem Vorbehalt weitergehender Einzel-
fallprüfungen in die Betrachtung mit einzubeziehen sind.[17] **Prüfwerte** sind gem. § 8
Abs. 1 S. 2 Nr. 1 BBodSchG Werte, bei deren Überschreiten unter Berücksichtigung
der Bodennutzung eine einzelfallbezogene Prüfung durchzuführen und festzustellen ist, ob eine schädliche Bodenveränderung oder Altlast vorliegt.[18] **Maßnahmewerte** sind gem. § 8 Abs. 1 S. 2 Nr. 2 BBodSchG Werte für Einwirkungen oder
Belastungen, bei deren Überschreiten unter Berücksichtigung der jeweiligen Bodennutzung in der Regel von einer schädlichen Bodenverunreinigung oder Altlast
auszugehen ist und Maßnahmen erforderlich sind.[19]

c) Tathandlung

7   Stoffe sind weit zu verstehen und umfassen alle festen, flüssigen oder gasförmigen
Substanzen. Die Stoffgebundenheit führt zur Ausgrenzung sonstiger Handlungen mit
negativen Auswirkungen. Nicht erfasst wird die Einwirkung durch ionisierende Strahlen,[20] solange nicht strahlenbelastete Stoffe eingebracht werden.[21] Ohne Stoffeintrag in
den Boden und damit nicht von § 324a StGB erfasst, kann eine nachteilige Veränderung
eintreten durch Abgrabungen, Aufschüttungen, Grundwasserabsenkungen, Entwässerung, Bodenversiegelungen durch unerlaubte Gebäude oder Betonflächen und schließlich durch Rodungen sowie sonstige Eingriffe mit der Folge von Bodenerosionen.[22]

---

[16] *Franzheim/Pfohl*, UmwStR, Rn. 181.
[17] *Franzheim/Pfohl*, UmwStR, Rn. 180.
[18] Näher *Dombert*, in: Landmann/Rohmer, 37. EL März 2002, § 8 BBodSchG Rn. 10 ff.
[19] Näher *Dombert*, in: Landmann/Rohmer, 37. EL März 2002, § 8 BBodSchG Rn. 13 f.
[20] *Heine/Schittenhelm*, in: Schönke/Schröder, § 324a Rn. 5.
[21] *Alt*, in: MüKo-StGB, § 324a Rn. 14.
[22] *Saliger*, UmwStR, Rn. 367.

Das **Einbringen** setzt ein zielgerichtetes menschliches Handeln durch Ortsver- **8** änderung des betreffenden Stoffes voraus.[23] Dieser finale Stoffeintrag muss nicht eigenhändig geschehen,[24] solange der Betreffende die notwendige Täterqualität als Adressat der verwaltungsrechtlichen Pflicht aufweist. Freisetzen ist das Schaffen einer Lage, in der sich der Stoff ganz oder teilweise unkontrolliert in der Umwelt ausbreiten kann, wobei auch die mittelbare Beeinträchtigung des Bodens über ein anderes Medium erfasst wird.

Beispiel

A setzt bei dem illegalen Betrieb einer industriellen Anlage Schadstoffe in die Luft frei, welche – für A unerwartet – später durch Luftfeuchtigkeit und Regen einen Acker verunreinigen. Strafbarkeit gem. § 324a StGB?

Im Beispiel ist A wegen Fahrlässigkeit gem. § 324a Abs. 1 i. V. m. Abs. 3 StGB zu bestrafen. Problematisch ist bei komplexeren Sachverhalten der Nachweis des Zusammenhanges zwischen Handlung und Bodenverunreinigung, bei dessen Scheitern und entsprechendem Vorsatz immerhin §§ 324a Abs. 1, 22 StGB in Betracht kommt.

Umstritten ist, wie das Eindringenlassen dogmatisch einzuordnen ist. Nach einer **9** Ansicht handelt es sich um ein echtes Unterlassungsdelikt, nach h.M. hingegen um ein unechtes Unterlassungsdelikt.[25] Auch das echte Unterlassungsdelikt verlangt aber eine Pflichtenstellung, die nicht jedermann trifft. Die Ergebnisse weichen daher hinsichtlich der Garantenpflicht grdsl. nicht von einander ab.[26] Allerdings eröffnet das echte Unterlassungsdelikt keine fakultative Strafmilderung durch direkte Anwendung des § 13 Abs. 2 StGB.

Hervorzuheben sind **Altlasten**.[27] Wer nicht für die Einbringung umweltgefähr- **10** dender Stoffe in den Boden verantwortlich ist, kann gleichwohl dafür verantwortlich sein, dass der Boden saniert wird, um weitere Schäden zu vermeiden. Als Schutzgut kommt das Grundwasser und insofern §§ 324, 13 StGB in Betracht. Fraglich ist, ob auch Boden als sog. **weiterfressender Schaden** beeinträchtigt werden kann. Das erscheint abstrakt möglich, setzt jedoch begrifflich voraus, dass der Boden als Tatobjekt von den bereits bestehenden Altlasten unterscheidbar ist. Die Garantenpflicht ergibt sich nach dem Vorbild verwaltungsrechtlicher Pflichten als Zustandsstörer,[28] welche durch die Zumutbarkeit – insbesondere für einen Zustandsstörer in der Opferrolle – begrenzt werden und irrtumsanfällig sind.[29]

---

[23] *Dombert*, in: Landmann/Rohmer, 37. EL März 2002, § 6 BBodSchG Rn. 5.

[24] *Alt*, in: MüKo-StGB, § 324a Rn. 15.

[25] Statt aller *Alt*, in: MüKo-StGB, § 324a Rn. 16 m. w. N.

[26] Dazu *Kloepfer/Heger*, UmwStR, Rn. 215.

[27] Zum ganzen *Franzheim/Pfohl*, UmwStR, Rn. 172 ff.; *Saliger*, UmwStR, Rn. 380 ff. sowie in der Fallbearbeitung *Hellmann*, Fälle zum WiStR, Rn. 408 ff.

[28] Krit. zur dortigen dogmatischen Verankerung *Saliger*, UmwStR, Rn. 382.

[29] Im Einzelnen dazu *Franzheim/Pfohl*, UmwStR, Rn. 185 ff.

d) Verwaltungsakzessorietät

11 Die Schädigung des Bodens muss unter **Verletzung verwaltungsrechtlicher Pflichten** erfolgen. Diese Pflichten beschränken sich bei weitem nicht auf das subsidiäre BBodSchG.[30] In Betracht kommen aber nur Normen die unmittelbar eine Rechtsfolge für den Bürger zeitigen und deutlich erkennbar zumindest mittelbar dem Bodenschutz dienen, da anderenfalls der tatbestandsspezifische Schutzzweckzusammenhang verletzt würde.[31] § 330d Abs. 2 StGB erweitert den Pflichtenkreis über das nationale Recht hinaus auf die anderen Mitgliedstaaten der Europäischen Union, wenn die Tat dort begangen worden ist. Voraussetzung dafür ist jedoch gem. § 330d Abs. 2 S. 2 StGB, dass mit diesen Regelungen ein Rechtsakt der Europäischen Union oder ein Rechtsakt der europäischen Atomgemeinschaft umgesetzt oder angewendet wird, der dem Schutz vor Gefahren oder schädlichen Einwirkungen auf die Umwelt dient. Für denselben Sachverhalt können verschiedene verwaltungsrechtliche Pflichten in Betracht kommen. Gegenläufige Pflichten und Rechte löst das Verwaltungsrecht grdsl. durch den Vorrang der jeweils maßgeblichen Regelung auf. Ein wichtiger Fall ist der materiell **rechtswidrig begünstigende Verwaltungsakt**. Die tatbestandliche Akzessorietät des § 324a StGB besteht allein hinsichtlich dieser vorrangigen Regelung, so dass der Tatbestand entfällt.[32] Im umgekehrten Fall wird der Verstoß gegen einen materiell **rechtswidrig belastenden Verwaltungsakt** nach der hier vertretenen Anspruchstheorie durch den materiellen Aufhebungsanspruch gerechtfertigt, solange ein solcher Anspruch besteht und durchsetzbar ist.[33]

12 Die Verletzung verwaltungsrechtlicher Pflichten ist ein **Tatbestandsmerkmal** und muss daher vom Vorsatz umfasst sein. Daher können reine **Rechtsirrtümer** den Vorsatz ausschließen, wogegen bei anderen Delikten, welche die Verwaltungsakzessorietät auf der Rechtfertigungsebene verorten, nur § 17 StGB in Betracht käme.[34] Umstritten ist, ob § 324a StGB aufgrund der Verknüpfung mit einer verwaltungsrechtlichen Pflicht ein **Sonderdelikt** ist. Nach hier vertretener Ansicht ist zu differenzieren, wonach ein Sonderdelikt insofern vorliegt, als es sich bei § 324a StGB aufgrund des verwaltungsrechtlichen Regelungszusammenhanges um ein verdecktes Betreiberdelikt handelt.[35] Soweit § 324a StGB im jeweiligen Einzelfall kein Sonderdelikt ist, kommt über den unmittelbar Verantwortlichen hinaus für Dritte sowie für Amtsträger die täterschaftliche Strafbarkeit durch aktives Tun und Unterlassen in Betracht.

2. Besonders schwerwiegende Bodenbeeinträchtigung gem. § 330 Abs. 1 S. 2 Nr. 1 StGB

13 Der tatbestandliche Erfolg erfordert regelmäßig eine Sanierung, so dass deren Notwendigkeit nicht zum besonders schweren Fall i. S. v. § 330 Abs. 1 S. 2 Nr. 1 StGB

---

[30] Vgl. soeben § 9 Rn. 1 sowie die Aufstellung bei *Sack*, UmwStR, § 324a Rn. 22.

[31] Richtig *Saliger*, UmwStR, Rn. 379.

[32] S. oben § 4 Rn. 8.

[33] Vgl. zur Anspruchstheorie oben § 4 Rn. 35.

[34] Zum ganzen oben § 4 Rn. 101 ff.

[35] S. § 5 Rn. 10.

führen kann. Der außerordentliche Aufwand und die alternativ dazu genannte längere Zeit müssen sich in dem für einen besonders schweren Fall notwendigen erheblichen Maße von den nach dem Regeltatbild des § 324a Abs. 1 StGB vorkommenden durchschnittlich verursachten Sanierungsmaßnahmen abheben. Indem aber Bodensanierung immer mit einer gewissen Zeitdauer und einem gewissen Aufwand verbunden sind, ist die Schwelle für § 330 Abs. 1 S. 2 Nr. 1 StGB in Bezug auf das Schutzgut Boden nicht zu niedrig anzusetzen.

Der Regelfall kann entkräftet werden. Die Besonderheit besteht darin, dass § 330   **14**
Abs. 1 S. 2 Nr. 1 StGB voraussetzt, dass die Sanierung wegen der Schwere der Beeinträchtigung auf Schwierigkeiten stößt. Hat der strafrechtlich Verantwortliche hingegen die Beeinträchtigung zwischenzeitlich beseitigt, ist § 330 Abs. 1 S. 2 Nr. 1 StGB grdsl. nicht anzuwenden. Hinsichtlich der weiteren Strafschärfungen gem. § 330 StGB gelten die Ausführungen zu § 324 StGB entsprechend.[36]

II. Bodengefährdung

Der Boden ist in seiner ökologischen Bedeutung Schutzgut der Umweltdelikte. Wie   **15**
das Wasser wird der Boden von den neben § 324a StGB im 29. Abschnitt geregelten Umweltdelikten zumindest in Gestalt der abstrakten Gefahr geschützt. Hinzu kommt die Eignung zur nachhaltigen Verunreinigung des Bodens gem. §§ 325 Abs. 6, 326 Abs. 1 Nr. 4 StGB sowie die Eignung zur erheblichen Schädigung des Bodens gem. §§ 327 Abs. 2 S. 2, 328 Abs. 1 Nr. 2 StGB. Der Erfolg, zu dessen Herbeiführung das dort genannte Geschehen geeignet sein muss, wird von § 330 Abs. 1 S. 2 Nr. 1 StGB genannt. Dieser systematische Zusammenhang bietet für die Auslegung wesentliche Ansatzpunkte.[37] § 328 Abs. 3 HS 2 StGB nimmt auf die konkrete Gefahr der Verwirklichung von § 324a Abs. 1 StGB Bezug, weshalb es auch auf dieser Ebene nur auf die ökologischen Funktionen des Bodens ankommt.

III. Bergrecht

Das BBergG trifft Regelungen für den gesamten Bereich des Aufsuchens, Gewin-   **16**
nens und Aufbereitens von bergfreien und grundeigenen Bodenschätzen einschließlich der damit verbundenen weiteren Tätigkeiten. Auf bergfreie Bodenschätze erstreckt sich gem. § 3 Abs. 1 S. 2 BBergG das Grundstückseigentum nicht, wobei die bergfreien Bodenschätze von § 3 Abs. 3 BBergG näher bestimmt werden. Ferner wird die Wiedernutzbarmachung geregelt, worunter gem. § 4 Abs. 4 BBergG die ordnungsgemäße Gestaltung der vom Bergbau in Anspruch genommenen Oberfläche unter Beachtung des öffentlichen Interesses zu verstehen ist.

Das Bergrecht wird von Genehmigungserfordernissen und behördlicher Kon-   **17**
trolle geprägt. In diesem Zusammenhang sind für die Errichtung und Führung eines Betriebs Hauptbetriebspläne aufzustellen, § 52 BBergG. Für die Einstellung des

---

[36] Vgl. oben § 8 Rn. 37 ff.
[37] Dazu § 8 Rn. 43.

Betriebs bedarf es eines Abschlussbetriebsplans, § 53 BBergG. Diese Pläne bedürfen gem. §§ 54 ff. BBergG der behördlichen Zulassung und sind Grundlage rechtmäßiger Tätigkeit. Strafrechtlich geht § 146 BBergG eigene Wege. Eine bergrechtliche Anlage ist keine Anlage im Sinne von § 327 Abs. 2 S. 1 StGB. Praktische Schwierigkeiten treten im Bereich der Abgrenzung zwischen Bergrecht und Abfallrecht auf, denn zur Verfüllung werden häufig Abfälle verwendet.[38] Solange diese Abfälle aber den Zweck bergrechtlicher Wiedernutzbarmachung erfüllen (sollen), handelt es sich um Abfälle zur Verwertung, auch wenn in Bezug auf den jeweiligen Abfall keine Genehmigung vorliegen sollte.[39] Abfälle zur Verwertung können auch bei fehlender Genehmigung nicht zur Einstufung des Geschehens als illegaler Betrieb einer Abfallentsorgungsanlage im Sinne von § 327 Abs. 2 S. 1 Nr. 3 StGB führen. Zudem ist eine bergrechtliche Anlage keine immissionsschutzrechtliche Anlage im Sinne von § 327 Abs. 2 S. 1 Nr. 1 StGB.[40]

18   Für bergrechtliche Anlagen enthält § 146 BBergG also eine Sonderregelung. Diese Norm knüpft an die ausführlichen Regelungen des Ordnungswidrigkeitentatbestandes in § 145 BBergG an, indem bestimmte Verhaltensweisen unter Strafe gestellt werden, wenn dadurch das Leben oder die Gesundheit eines anderen oder fremde Sachen von bedeutendem Wert gefährdet werden. Erforderlich ist eine **konkrete Gefahr**, die den notwendigen spezifischen Gefahrzusammenhang sowie Vorsatz erfordert, wobei § 145 Abs. 3 BBergG die Fahrlässigkeitskombination regelt. Dieser Gefährdungserfolg unterscheidet die bergrechtliche Straftat von § 327 StGB als abstraktes Gefährdungsdelikt.

19   Dogmatisch befremdlich ist allerdings § 146 Abs. 2 BBergG. Die konkrete Gefährdung für das Leben oder die Gesundheit einer großen Zahl von Menschen wird als Regelfall des besonders schweren Falles behandelt. Diese konkrete Gefährdung hat Ähnlichkeiten mit § 330 Abs. 2 Nr. 1 StGB, bei dem es sich freilich um einen echten Tatbestand handelt. In der Gewichtung unpassend erscheint es, dass § 146 Abs. 2 S. 2 StGB anders als § 330 Abs. 2 Nr. 1 die konkrete Gefährdung eines einzelnen Menschenlebens nicht ausreichen lässt, sondern auch insofern ebenso wie für die bloße Gesundheitsgefährdung eine große Zahl von Menschen verlangt. Dieser besonders schwere Fall erscheint nicht sehr harmonisch zu den Regelungen des StGB.

20   Problematisch ist aber vor allem, dass § 146 Abs. 2 S. 2 HS 2 BBergG die **Erfolgsqualifikation** des leichtfertig verursachten Todes oder der leichtfertig verursachten schweren Körperverletzung i. S. v. § 226 StGB ebenfalls **als besonders schweren Fall** behandelt. Hierzu hätte es der tatbestandlichen Regelung wie in § 330 Abs. 2 Nr. 2 StGB bedurft. Die Todeserfolgsqualifikation nimmt in der Dogmatik des StGB nach ihrem Unwertgehalt eine derart gesteigerte Position ein, dass sie mit einem besonders schweren Fall nicht vereinbar ist. Auch die Strafrahmenunterschiede zu § 330 Abs. 2 StGB leuchten nicht ein. Wer eine genehmigungsbedürftige Anlage nach dem BImschG vorsätzlich ohne die erforderliche Genehmigung betreibt und hierdurch (leicht) fahrlässig den Tod eines Menschen verursacht,

---

[38] S. zum verwaltungsrechtlichen Hintergrund *Kloepfer*, Umweltrecht, § 11 Rn. 572 ff.

[39] Zur Abgrenzung unten § 14 Rn. 13 f.

[40] BGHSt St 59, 45 ff. sowie bereits oben § 4 Rn. 88 f.

sieht sich gem. § 330 Abs. 2 Nr. 2 StGB einem Strafrahmen von 3–15 Jahren gegenüber, dessen minder schwerer Fall gem. § 330 Abs. 3 StGB immer noch ein bis zehn Jahre beträgt. § 146 Abs. 2 BBergG sieht hingegen für alle dort genannten Regelfälle Freiheitsstrafe von sechs Monaten bis zu zehn Jahren vor, wobei der Tod und die schwere Körperverletzung nur bei Leichtfertigkeit relevant sind und die Entkräftung der Regelwirkung zum Strafrahmen des Grundtatbestandes führt. Hier ist dringend der Gesetzgeber gefordert und sollte dogmatisch tragfähige und mit den Wertungen des StGB zu harmonisierende differenzierte Regelungen schaffen.

Prozessual erkennt § 147 BBergG den zuständigen Landesbehörden bei der Er-   **21** forschung von Straftaten nach § 146 BBergG die Rechte und Pflichten der Behörden des Polizeidienstes zu, was durch § 148 Abs. 2 BBergG in Sonderfällen für weitere Behörden ergänzt wird. § 148 Abs. 1 BBergG erweitert die Anwendbarkeit deutschen Strafrechts unabhängig vom Recht des Tatortes über das Inland hinaus aus und trifft in Abs. 3 Regelungen zum Gerichtsstand.

Kontrollfragen

1. Welche Funktionen des Bodens schützt § 324a Abs. 1 StGB? (Rn. 3)
2. Wie unterscheiden sich § 324a Abs. 1 Nr. 1 und Nr. 2 StGB und wann sind Sie jeweils gegeben? (Rn. 4 ff.)
3. Welche Lösungsmöglichkeiten bestehen für Altlasten-Fälle? (Rn. 10)
4. Was ist eine verwaltungsrechtliche Pflicht und was ergibt sich daraus für den Vorsatz? (Rn. 11 f.)
5. Erläutern Sie § 146 Abs. 1 und Abs. 2 BBergG und zeigen Sie die Abgrenzung sowie die Unterschiede zum StGB auf! (Rn. 16 ff.)

Weiterführende Literatur

Fischer, Strafgesetzbuch, 66. Aufl. 2019
Franzheim/Pfohl, Umweltschutzstrafrecht, Eine Darstellung für die Praxis, 2. Aufl. 2001
Hellmann, Fälle zum Wirtschaftsstrafrecht, 4. Aufl. 2018
Kloepfer, Umweltrecht, 4. Aufl. 2016
Kloepfer/Heger, Umweltstrafrecht, 3. Aufl. 2014
Krell, Umweltstrafrecht, 1. Aufl. 2017
Landmann/Rohmer, Umweltrecht, Kommentar, Stand Februar 2019 (89. Ergänzungslieferung)
Münchener Kommentar zum Strafgesetzbuch, 3. Aufl. 2019
Sack, Umweltschutz-Strafrecht, 5. Auflage, 18. Lieferung
Saliger, Umweltstrafrecht, 1. Aufl. 2012
Schönke/Schröder, Strafgesetzbuch, Kommentar, hrsg. v. *Eser* u. a., 30. Aufl. 2019

§ 10 Luft

Der Schutz der Luft erfolgt in erster Linie über technische Anforderungen, welche 1
an Anlagen gestellt werden. Das Immissionsschutzstrafrecht wird geprägt von Genehmigungserfordernissen und behördlichen Untersagungsermächtigungen für Anlagen. § 327 Abs. 2 S. 1 Nr. 1 StGB ist als abstraktes Gefährdungsdelikt die Grund-
norm des Immissionsschutzes, was für die Luft um § 325 StGB ergänzt wird. Im
Unterschied zu §§ 324, 324a StGB enthält § 325 Abs. 1 bis Abs. 3 StGB drei voneinander zu unterscheidende Tatbestände der Verunreinigung des Umweltmediums.
Der Schwerpunkt des Schutzes der Luft liegt im kausalen Umweltstrafrecht,[1] was
aber im Interesse der Übersichtlichkeit an dieser Stelle mitbehandelt wird. Der un-
benannte Fall des § 330 Abs. 1 S. 1 StGB bedarf in Abgrenzung zum Regeltatbild
der typischen Steigerung des besonders schweren Falles.

Anders als die Medien Wasser und Boden konzentriert sich für die Luft die Be- 2
trachtung auf den Augenblick der Einwirkung auf das Medium. Lokale Verunrei-
gungen verflüchtigen sich und sind in Bezug auf den Ort beendete Handlungen, die
weder sanierungsfähig noch sanierungsbedürftig sind. Die Reinheit der Luft ist eine
globale Frage, welche die Grenzen denkbarer Gesamtzurechnung sprengt. Das
Strafrecht muss sich daher auf den Handlungsakt und seine unmittelbaren Folgen
konzentrieren, was § 325 StGB auf verschiedene Weise unternimmt. Ein § 330 Abs.
1 S. 2 Nr. 1 StGB entsprechender Regelfall ginge aufgrund der Eigenart der Luftverunreinigung ins Leere.

I. Luftverunreinigung gem. § 325 Abs. 3 StGB

Strafbar ist das Freisetzen gewisser Schadstoffe in bedeutendem Umfang, ganz gleich 3
in welchem Zusammenhang dies erfolgt. **Schadstoffe** sind gem. § 325 Abs. 6 StGB
Stoffe, die geeignet sind, bestimmte Rechtsgüter zu schädigen. Das Maß des Schadens, den herbeizuführen der Schadstoff geeignet sein muss, hängt von dem betroffe-

---

[1] S. unten Teil IV.

© Springer-Verlag GmbH Deutschland, ein Teil von Springer Nature 2020
R. Börner, *Umweltstrafrecht*, Springer-Lehrbuch,
https://doi.org/10.1007/978-3-662-60629-2_10

nen Rechtsgut ab. Die Gesundheit eines anderen Menschen genügt ohne Abstufungen. Für Tiere, Pflanzen und andere Sachen kommt es auf den bedeutenden Wert an, der alternativ monetär oder ökologisch bestimmt werden kann.[2] Für die Umweltmedien ist gem. § 325 Abs. 6 Nr. 2 StGB die Eignung zur nachhaltigen Schädigung entscheidend. Die in diesem negativen Sinne verstandene Nachhaltigkeit bemisst sich für Wasser und Boden an den Maßstäben von § 330 Abs. 1 S. 2 Nr. 1 StGB.[3] Obwohl § 330 Abs. 1 S. 2 Nr. 1 StGB nicht die Luft erfasst, bietet diese Norm den wertenden Anhaltspunkt zur Bestimmung des für einen Schadstoff i. S. v. § 325 Abs. 6 Nr. 2 StGB nötigen Unwertgehaltes. Vor diesem Hintergrund sind die gemeinhin genannten Definitionen restriktiv zu handhaben. Nachhaltig ist die drohende Verunreinigung danach dann, wenn nach Intensität und nach Dauer ein beträchtlicher Schaden für das Umweltgut zu befürchten ist,[4] welcher § 330 Abs. 1 S. 2 Nr. 1 StGB entspricht.

4   Diese Hürde des Schadstoffes steigert sich weiter durch die gem. § 325 Abs. 3 StGB notwendige Freisetzung **in bedeutendem Umfang**. Die für den Schadstoff nötige Nachhaltigkeit in Verbindung mit dem bedeutenden Umfang setzt die untere Schwelle der Strafwürdigkeit daher oberhalb der Stufe des § 324a Abs. 1 Nr. 2 StGB an. Praktisch kommt es für die Beurteilung als Schadstoff und den bedeutenden Umfang seiner Freisetzung immer auf besondere Sachkunde an, deren Anwendung vor dem Problem der Feststellung hinreichender Anknüpfungstatsachen steht. Aber grdsl. gilt: Je gefährlicher ein Stoff für die potenziellen Gefährdungsobjekte ist, desto eher lässt sich der freigesetzten Menge bedeutender Umfang zumessen.[5]

5   **Freisetzen** ist das Schaffen einer Lage, in der sich der Stoff ganz oder teilweise unkontrollierbar in der Umwelt ausbreiten kann, was geschehen kann, indem der Stoff als Gas verströmt, in flüssiger Form versprüht oder in kleinsten Partikeln staubförmig in der Luft verbreitet wird.[6] Der Tatbestand setzt ferner die Verletzung verwaltungsrechtlicher Pflichten, welche dem Schutz der Luft dienen,[7] voraus und ist daher streng verwaltungsakzessorisch, worauf sich jeweils auch der Vorsatz beziehen muss. Die TA-Luft ist eine Verwaltungsvorschrift, die naturgemäß keine unmittelbare Bindung für den Bürger hat[8] und somit aus sich heraus keine verwaltungsrechtlichen Pflichten im Sinne von § 330d Abs. 1 Nr. 4 StGB begründet. Fahrlässigkeit ist gem. § 325 Abs. 5 StGB nur bei Leichtfertigkeit strafbar.

6   Problematisch ist der Umfang der einschränkenden Formulierung in § 325 Abs. 3 HS 2 StGB.

Beispiel

X betreibt eine Anlage, wobei unter Verletzung verwaltungsrechtlicher Pflichten Schadstoffe im Sinne von § 325 Abs. 6 StGB in bedeutendem Umfang in die Luft

---

[2] Vgl. dazu § 9 Rn. 4.

[3] S. § 9 Rn. 15.

[4] *Alt*, in: MüKo-StGB, § 325 Rn. 48; indes mit etwas weicherer Formulierung *Heine/Schittenhelm*, in: Schönke/Schröder, § 325 Rn. 22 (erheblich).

[5] *Alt*, in: MüKo-StGB, § 325 Rn. 50; *Heine/Schittenhelm*, in: Schönke/Schröder, § 325 Rn. 23.

[6] Statt vieler *Alt*, in: MüKo-StGB, § 325 Rn. 48.

[7] *Alt*, in: MüKo-StGB, § 325 Rn. 51.

[8] *Hansmann*, in: Landmann/Rohmer, 38. EL August 2002, Vorb. TA Luft Rn. 11.

freigesetzt werden. All das nahm X billigend in Kauf. Die konkrete Gefährdung oder gar Verletzung von Menschen innerhalb oder außerhalb der Anlage hielt X nicht für möglich. Tatsächlich indes gerät der Mitarbeiter O auf dem Betriebsgelände bei seinen regelmäßigen Verrichtungen und ohne Kenntnis der Gefahr in die verunreinigte Luft und verstirbt aufgrund der eingeatmeten Schadstoffe. Strafbarkeit des X?

§ 222 StGB steht außer Frage. §§ 212, 227, 223 StGB scheiden mangels Vorsatz aus. In Betracht kommt die Todeserfolgsqualifikation des § 330 Abs. 2 Nr. 2 i. V. m. § 325 Abs. 3 StGB mit einer Freiheitsstrafe von nicht unter drei Jahren. Das setzt jedoch die Anwendbarkeit des an sich verwirklichten Grundtatbestandes voraus. § 325 Abs. 1 und Abs. 2 StGB mögen zwar tatbestandlich vorliegen, es mangelt für § 330 Abs. 2 Nr. 2 StGB jedoch am spezifischen Gefahrzusammenhang, indem dort nur Gefahren außerhalb des Betriebsgeländes tatbestandlich relevant sind, hier jedoch eine Gefahr innerhalb des Betriebsgeländes zum Tod geführt hat. Problematisch ist daher, ob § 325 Abs. 3 StGB aufgrund seiner Einschränkung im 2. HS für Schadstofffreisetzungen beim Betrieb einer Anlage greift, soweit diese Schadstoffe (nur) **innerhalb des Betriebsgeländes** freigesetzt werden. Nach einer Ansicht, die sich auf die Vorstellung des Gesetzgebers beruft, ist § 325 Abs. 3 StGB in diesem Fall ausgeschlossen,[9] weshalb diese Norm konsequent insofern nicht als Grundtatbestand des § 330 Abs. 2 Nr. 2 StGB zur Verfügung steht. Nach anderer Ansicht ist ein Geschehnis innerhalb des Betriebsgeländes von § 325 Abs. 2 StGB nicht erfasst und daher nicht nach Abs. 2 mit Strafe bedroht, weshalb § 325 Abs. 3 StGB insofern greife.[10] Der erstgenannten Ansicht ist zu folgen. Zwar klingt die einschränkende Formulierung wie eine Subsidiaritätsklausel, die Besonderheit besteht aber darin, dass § 325 Abs. 2 StGB als gesetzgeberische Entscheidung den Bereich innerhalb des Betriebsgeländes ausklammert. Diese Beschränkung der Strafbarkeit würde leerlaufen, wenn § 325 Abs. 3 StGB in diesen Bereich hineinragte. Zudem fängt das Gefahrstoffstrafrecht den Schutz der Arbeitnehmer auf.[11] Im Beispiel bleibt es daher bei § 222 StGB, welcher mit § 325 Abs. 1 bzw. Abs. 2 StGB in Tateinheit steht, soweit diese verwirklicht sein sollten. Hinzu käme allerdings ggf. der strafbare Verstoß hinsichtlich einer Genehmigung, bspw. § 327 Abs. 2 S. 1 Nr. 1 StGB, was eigenständig § 330 Abs. 2 Nr. 2 StGB zu begründen geeignet ist und insofern § 222 StGB verdrängen würde.

Umstritten ist auch, ob § 325 Abs. 3 StGB für Kraftfahrzeuge gilt. Gem. § 325 **7** Abs. 7 StGB sind **Kraftfahrzeuge**, Schienen-, Luft- oder Wasserfahrzeuge nur im Sinne von § 325 Abs. 1 auch i. V. m. Abs. 4 StGB keine Anlagen. Von § 325 Abs. 2 StGB werden sie hingegen erfasst, weshalb insofern § 325 Abs. 3 StGB tatbestandlich

---

[9] *Heine/Schittenhelm*, in: Schönke/Schröder, § 325 Rn. 24b; *Saliger*, in: SSW-StGB, § 325 Rn. 22; wohl unentschlossen *Alt*, in: MüKo-StGB, § 325 Rn. 54.

[10] *Fischer*, § 325 Rn. 18a; *Kloepfer/Heger*, UmwStR, Rn. 148; *Szesny*, in: AnwK-StGB, § 325 Rn. 33.

[11] *Alt*, in: MüKo-StGB, § 325 Rn. 49; *Saliger*, UmwStR, Rn. 411.

gesperrt ist.[12] Nach zutreffender Ansicht greift § 325 Abs. 3 StGB tatbestandlich nur für Geschehnisse ohne Bezug zu dem Betrieb einer Anlage. In Betracht kommen das Abbrennen von Kupferkabeln, das Freisetzen giftiger Dämpfe durch auf freiem Feld verrottende Fässer oder das Entweichenlassen von Giftstoffen aus einem Vorratsbehälter.[13]

II. Anlagenbezogene Luftverunreinigungen

1. § 325 Abs. 2 StGB

8 § 325 Abs. 2 StGB sieht über § 325 Abs. 3 StGB hinaus vor, dass die Schadstoffe erstens im Zusammenhang mit dem Betrieb einer Anlage stehen und zweitens außerhalb des Betriebsgeländes freigesetzt werden. Die Anlage ist ein verwaltungsrechtlicher Begriff, der auf Ebene des Tatbestandes gilt, soweit er in Zusammenhang mit der tatbestandlich verletzten verwaltungsrechtlichen Pflicht steht. Allgemein ist der Begriff der **Anlage** weit auszulegen und wird gemeinhin definiert als eine auf gewisse Dauer vorgesehene, als Funktionseinheit organisierte Einrichtung von nicht ganz unerheblichen Ausmaßen, die der Verwirklichung beliebiger Zwecke dient, deren Betrieb sich auf die Umgebung auswirken kann.[14] Es besteht keine Einschränkung für Kraftfahrzeuge nach § 325 Abs. 7 StGB.

9 Der **Betrieb** der Anlage ist von deren Herstellung zu unterscheiden, für Betrieb und Herstellung können unterschiedliche verwaltungsrechtliche Pflichten, insbesondere nach Gesetz und Verwaltungsakt, gelten. Das Betriebsgelände kann deutlich weiter gesteckt sein als der Bereich der isoliert betrachteten Anlage,[15] indem das Betriebsgelände erst an der Grenze derjenigen Grundstücke endet, die dem Betrieb zuzuordnen sind.[16] Fahrlässigkeit ist gem. § 325 Abs. 4 StGB strafbar.

2. § 325 Abs. 1 StGB

10 Im Unterschied zum freigesetzten Schadstoff bezieht sich der ebenso tatbestandlich verwaltungsakzessorische § 325 Abs. 1 StGB auf eine Veränderung der Luft, die begrifflich nicht stoffgebunden zu sein braucht. Erfasst sind daher auch eine radioaktive Kontaminierung oder eine Temperaturveränderung.[17] Zur näheren Umschreibung dieser Veränderung greift § 325 Abs. 1 StGB auf dieselbe Eignung zurück, wie es in § 325 Abs. 6 Nr. 1 StGB für Schadstoffe der Fall ist. § 325 Abs. 1 StGB ist

---

[12] So *Heine/Schittenhelm*, in: Schönke/Schröder, § 325 Rn. 24b; *Saliger*, in: SSW-StGB, § 325 Rn. 22; a.A. *Szesny*, in: AnwK-StGB, § 325 Rn. 33.

[13] Statt aller *Heine/Schittenhelm*, in: Schönke/Schröder, § 325 Rn. 24b.

[14] Vgl. nur *Alt*, in: MüKo-StGB, § 325 Rn. 14; *Saliger*, UmwStR, Rn. 400.

[15] *Sack*, UmwStR, § 325 Rn. 145.

[16] *Alt*, in: MüKo-StGB, § 325 Rn. 49.

[17] *Alt*, in: MüKo-StGB, § 325 Rn. 26.

aufgrund der Einschränkung in dessen Abs. 7 nicht für die dort genannten Fahrzeuge einschlägig. Die (einfache) Fahrlässigkeit stellt § 325 Abs. 4 StGB unter Strafe.

III. Gefährdungen der Luftreinheit

Die Luft ist ebenso wie die Umweltmedien Wasser und Boden durch die Delikte des   **11**
29. Abschnittes zumindest auf der Ebene der abstrakten Gefahr geschützt. Eine konkrete Gefährdung der Luft setzt § 328 Abs. 3 HS 2 StGB voraus. Die Eignung zur nachhaltigen Verunreinigung der Luft gem. § 326 Abs. 1 Nr. 4a StGB sowie die Eignung zu erheblichen Schäden gem. §§ 327 Abs. 2 S. 2, 328 Abs. 1 Nr. 2 StGB entsprechen einander im Unwertgehalt und orientieren sich ebenso wie § 325 Abs. 6 Nr. 2 StGB wertend an der Schwelle des § 330 Abs. 1 Nr. 2 S. 1 StGB.[18]
    Eine Sonderregelung trifft § 329 Abs. 1 StGB für den Betrieb von **Anlagen in**   **12**
Gebieten, die des besonderen Schutzes vor schädlichen Umwelteinwirkungen durch Luftverunreinigungen bedürfen.[19] Entsprechend § 325 Abs. 7 StGB nimmt auch § 329 Abs. 1 S. 3 StGB Kraftfahrzeuge, Schienen-, Luft- und Wasserfahrzeuge von dem tatbestandlichen Anlagenbegriff aus.

Kontrollfragen
1. Weshalb nimmt das Medium Luft als Schutzgut nach der Natur der Sache eine Sonderstellung ein? (Rn. 1 f.)
2. Wonach ist die Eigenschaft eines Stoffes als Schadstoff im Sinne von § 325 Abs. 2 und Abs. 3 StGB zu bestimmen? (Rn. 3)
3. Gilt § 325 Abs. 3 StGB für Geschehnisse im Zusammenhang mit dem Betrieb einer Anlage innerhalb des Betriebsgeländes? (Rn. 6)
4. In welchen Fällen steht die Gefährdung des Umweltmediums Luft unter Strafe? (Rn. 11 f.).

Weiterfüherende Literatur

AnwaltKommentar StGB, 2. Aufl. 2015
Fischer, Strafgesetzbuch, 66. Aufl. 2019
Kloepfer/Heger, Umweltstrafrecht, 3. Aufl. 2014
Landmann/Rohmer, Umweltrecht, Kommentar, Stand Februar 2019 (89. Ergänzungslieferung)
Münchener Kommentar zum Strafgesetzbuch, 3. Aufl. 2019
Sack, Umweltschutz-Strafrecht, 5. Auflage, 18. Lieferung
Saliger, Umweltstrafrecht, 1. Aufl. 2012
Schönke/Schröder, Strafgesetzbuch, Kommentar, hrsg. v. *Eser* u. a., 30. Aufl. 2019
Satzger/Schluckebier/Widmaier, Strafgesetzbuch, 3. Aufl. 2016

---

[18] Vgl. auch § 9 Rn. 15.
[19] Näher unten § 15 Rn. 10.

Teil III

Vitales Umweltstrafrecht

Das vitale Umweltstrafrecht nimmt Strafnormen in den Blick, welche Pflanzen und Tiere sowie Naturschutzgebiete schützen.

§ 11 Pflanzenschutz

Pflanzen werden auf Ebene des Verwaltungsrechts in erster Linie durch das Pflan- 1
zenschutzgesetz sowie durch das Bundesnaturschutzgesetz geschützt, woran Blan-
ketttatbestände dieser Gesetze anknüpfen. Das StGB enthält Schädigungs- und Ge-
fährdungstatbestände in Bezug auf Pflanzen. Fraglich ist, welcher Begriff der
Pflanze den Delikten zugrundeliegt. § 2 Nr. 3 PflSchG definiert Pflanzen als lebende
Pflanzen und lebende Teile von Pflanzen einschließlich der Früchte und Samen.
Hingegen erfasst § 7 Abs. 2 Nr. 2 BNatSchG etwa auch tote Pflanzen wild lebender
Arten sowie bestimmte Erzeugnisse aus Pflanzen wild lebender Arten. Für das
Strafrecht kommt es auf die Pflanze als lebenden Organismus als solchen an.[1] Der
tatbestandliche Schwerpunkt liegt darauf, den notwendigen Grad des Einflusses auf
Pflanzen zu bestimmen, wobei es nicht darauf ankommt, ob diese Schwelle in Be-
zug auf ein einzelnes Exemplar oder in Bezug auf die Summe vieler Pflanzen er-
reicht wird.

I. Pflanzenschädigung

Für auf **das einzelne Exemplar** einer Pflanze als Schädigungsobjekt ist zwischen 2
besonders geschützten Pflanzenarten im Sinne von § 7 Abs. 2 Nr. 13 BNatSchG und
streng geschützten Pflanzenarten im Sinne von § 7 Abs. 2 Nr. 14 BNatSchG zu unterscheiden. § 71 Abs. 1 BNatSchG bezieht sich auf *streng* **geschützte Arten** mit
einem Strafrahmen von bis zu fünf Jahren Freiheitsstrafe und § 71a Abs. 1 BNatSchG
bezieht sich auf *besonders* **geschützte Arten** mit einem Strafrahmen von bis zu drei
Jahren Freiheitsstrafe. Die strafbaren Handlungen ergeben sich aus der Zusammen-
schau mit den jeweils in Bezug genommenen weiteren Regelungen dieses Gesetzes.
Ergänzt wird das Schutzkonzept durch § 71 Abs. 2 sowie § 71a Abs. 2 BNatSchG
als Blankettvorschriften im Hinblick auf Art. 8 der Verordnung (EG) Nr. 338/97
nebst der dortigen Anhänge A und B. Ferner sieht § 71 Abs. 3 BNatSchG eine Qua-

---

[1] S. unten § 11 Rn. 6.

© Springer-Verlag GmbH Deutschland, ein Teil von Springer Nature 2020   317
R. Börner, *Umweltstrafrecht*, Springer-Lehrbuch,
https://doi.org/10.1007/978-3-662-60629-2_11

lifikation für die gewerbs- und gewohnheitsmäßige Begehung vor und im Übrigen finden sich Regelungen zur Fahrlässigkeit sowie jeweils am Ende der Strafnorm Minimaklauseln.[2]

3   § 304 Abs. 1 StGB schützt **Naturdenkmäler** im Sinne von § 28 BNatSchG gegen Zerstörung und Beschädigung, was durch die erhebliche und nicht nur vorübergehende Veränderung des Erscheinungsbildes gem. § 304 Abs. 2 StGB ergänzt wird. Dieser Schutz ist streng verwaltungsakzessorisch.[3] § 306 Abs. 1 Nr. 5 StGB erfasst **Wälder, Heiden und Moore** nicht um ihrer selbst Willen, sondern als Bestandteil fremden Eigentums sowie unter dem Gesichtspunkt der von einem Brand dieser Objekte ausgehenden Gemeingefahr.[4]

4   § 329 Abs. 3 StGB schützt **Pflanzen** einer im Sinne des Bundesnaturschutzgesetzes besonders geschützten Art im Hinblick auf den jeweiligen Schutzzweck **des betroffenen Naturschutzgebietes** bzw. Nationalparks[5] vor deren Beschädigung oder Entfernung. Streng geschützte Arten werden erfasst, soweit es sich um eine Teilmenge der besonders geschützten Arten handelt, wofür grdsl. der Wortlaut von § 7 Abs. 2 Nr. 14 BNatSchG spricht.[6] Entsprechend schützt § 329 Abs. 3 StGB in Nr. 4 Moore, Sümpfe, Brüche oder sonstige Feuchtgebiete gegen Entwässerung sowie in Nr. 5 den Wald gegen Rodung, was zugleich auch die dort jeweils angesiedelten Pflanzengemeinschaften schädigt.

5   Die §§ 324 bis 329 StGB sind, soweit nicht eine weitere Gefahrverdichtung vorgesehen ist, zumindest abstrakte Gefährdungsdelikte auch im Hinblick auf Pflanzen. Daran anknüpfend sieht **§ 330 Abs. 1 S. 2 Nr. 3** StGB einen Regelfall vor, wenn durch das vorsätzliche Delikt ein Bestand von Pflanzen einer **streng geschützten Art** nachhaltig geschädigt wird. Pflanzen streng geschützter Art bestimmen sich streng akzessorisch nach § 7 Abs. 2 Nr. 14 BNatSchG. Ein **Bestand** ist eine räumlich zusammenhängende Tier- oder Pflanzenpopulation, also eine biologisch oder geographisch abgegrenzte Zahl von Tieren oder Pflanzen der Art oder Unterart einschließlich ihrer Entwicklungsformen, die innerhalb ihres Ausbreitungsgebiets in generativen oder vegetativen Vermehrungsbeziehungen stehen.[7] Den damit verbundenen Abgrenzungsschwierigkeiten ist im Interesse der Fehlervermeidung durch eine möglichst breite Aufklärung der Tatsachengrundlagen zu begegnen. Eine **nachhaltige Schädigung** erfordert einen mehr als nur kurzfristigen, vorübergehenden oder unbeträchtlichen Schaden, wofür die Vernichtung einzelner Individuen aus der Gesamtpopulation allein noch nicht ausreicht.[8] Die nachhaltige Schädigung steht wertend auf einer Ebene mit den Maßstäben von § 330 Abs. 1 S. 2 Nr. 1 StGB.[9]

---

[2] Vertieft zum ganzen *Sack*, UmwStR, § 71 BNatSchG Rn. 1 ff. u. § 71a BNatSchG Rn. 1 ff.

[3] *Wieck-Noodt*, in: MüKo-StGB, § 304 Rn. 15.

[4] S. dazu *Börner*, in: AnwK-StGB, § 306 Rn. 1 i. V. m. Rn. 15.

[5] Näher unten § 13.

[6] Vertiefter *Gellermann*, in: Landmann/Rohmer, 70. EL August 2013, § 7 BNatSchG Rn. 28.

[7] *Alt*, in: MüKo-StGB, § 326 Rn. 46 sowie ähnlich *Heine/Schittenhelm*, in: Schönke/Schröder, § 330 Rn. 7; *Saliger*, UmwStR, Rn. 8.

[8] *Heine/Schittenhelm*, in: Schönke/Schröder, § 330 Rn. 7 sowie *Fischer*, § 330 Rn. 5.

[9] Vgl. dazu § 8 Rn. 43.

II. Pflanzengefährdung

Die Eignung zur Schädigung von Pflanzen setzen §§ 324a Abs. 1 Nr. 1, 325 Abs. 6   **6**
Nr. 1 StGB voraus. Pflanzen sind dabei im weitesten Sinne als mehrzellige Lebewesen zu verstehen, die nicht Tiere sind.[10] Unter Beachtung von Wortlaut und Schutzzweck der Strafnormen kommen im Unterschied zu §§ 7 Abs. 2 Nr. 2 BNatSchG, § 2 Nr. 3 PflSchG nur **lebende Pflanzen als solche** in Betracht. Samen, Früchte, Pflanzenteile oder Erzeugnisse aus Pflanzen erfasst das StGB unter den genannten anderen Sachen. Die weitere Begrenzung erfolgt über den bedeutenden Wert, der monetär oder nach der ökologischen Bedeutung bestimmt werden kann.[11]

Die **Eignung zu erheblichen Schäden** an Pflanzen setzen § 327 Abs. 2 S. 2, 328   **7**
Abs. 1 Nr. 2 StGB voraus. Diese Erheblichkeitsschwelle liegt weit oberhalb von jener des § 324a Abs. 1 Nr. 1 StGB und orientiert sich an dem Unwertmaßstab von § 330 Abs. 1 S. 2 Nr. 1 StGB.[12]

Schließlich bestimmt § 326 Abs. 1 Nr. 4b StGB die Gefährlichkeit von Abfall   **8**
danach, ob dieser nach Art, Beschaffenheit oder Menge geeignet ist, einen **Bestand von Pflanzen** zu gefährden. Dieser Begriff entspricht § 330 Abs. 1 S. 2 Nr. 3 StGB,[13] was auch für die Erheblichkeitsschwelle gilt, da hier wie dort der Bestand als ganzer im Mittelpunkt steht. Im Unterschied dazu setzt das Abfalldelikt aber keine streng geschützte Art voraus. Problematisch ist im Hinblick auf die in Betracht kommenden Pflanzen allerdings § 326 Abs. 6 StGB, der den Anwendungsbereich des § 326 Abs. 1 Nr. 4b StGB systematisch zwingend auf **Nutzpflanzen** begrenzt. Das jedoch relativiert sich, da der Nutzen wirtschaftlich und ökologisch definiert wird und damit letztlich nur „reine Schädlinge" ausgeschlossen werden.[14]

Problematisch ist, welche Anforderungen an Pflanzen als Objekte der **konkreten**   **9**
Gefährdung des § 328 Abs. 3 HS 2 StGB zu stellen sind. Bei isolierter Betrachtung ergibt sich keine untere Begrenzung, so dass nach dem Wortlaut die konkrete Gefahr für jedes noch so **unbedeutende Pflänzchen** ausreichen würde.[15] Unter Beachtung des Strafrahmens sowie der tatbestandlichen Schwelle für die Gefährdung von Gewässern und Böden sowie von fremden Sachen erscheint es geboten, unter systematischer Anknüpfung an §§ 324a Abs. 1 Nr. 1, 325 Abs. 6 Nr. 1 StGB für Pflanzen und Tiere auch hier als unteren Schwellenwert zur Strafbarkeit eine konkrete Gefährdung im Umfang des bedeutenden Wertes zu verlangen,[16] der auch hier monetär oder ökologisch begründet werden kann. Das gilt entsprechend für Tiere.

§ 69 PflSchG enthält vor dem Hintergrund europäischen Rechts eine spezialge-   **10**
setzliche Strafnorm zum Pflanzenschutz. Diese Norm verfolgt nach den Zwecken

---

[10] *Alt*, in: MüKo-StGB, § 324a Rn. 24.
[11] S. oben § 9 Rn. 4.
[12] S. dazu § 8 Rn. 43.
[13] Soeben § 11 Rn. 5.
[14] *Alt*, in: MüKo-StGB, § 326 Rn. 46.
[15] Krit. auch *Sack*, UmwStR, § 328 Rn. 79.
[16] A.A. *Alt*, in: MüKo-StGB, § 328 Rn. 41; *Saliger*, in: SSW-StGB, § 328 Rn. 10.

von § 1 PflSchG den Schutz von Pflanzen und Pflanzenerzeugnissen vor Schadorganismen und nichtparasitären Beeinträchtigungen sowie die Abwehr von Gefahren durch die Anwendung von Pflanzenschutzmitteln oder anderen Maßnahmen des Pflanzenschutzes, insbesondere für die Gesundheit von Mensch und Tier und für den Naturhaushalt.[17]

Kontrollfragen
1. Was wird durch §§ 70, 71a BNatSchG geschützt? (Rn. 2)
2. Was ist ein Bestand und welche Strafnormen beziehen sich hierauf? (Rn. 5, 8)
3. Sind Tiere und Pflanzen als Gefährdungsobjekte des § 328 Abs. 3 HS 2 StGB über den Wortlaut hinaus zu begrenzen? (Rn. 9)

Weiterführende Literatur

AnwaltKommentar StGB, 2. Aufl. 2015
Fischer, Strafgesetzbuch, 66. Aufl. 2019
Landmann/Rohmer, Umweltrecht, Kommentar, Stand Februar 2019 (89. Ergänzungslieferung)
Münchener Kommentar zum Strafgesetzbuch, 3. Aufl. 2019
Sack, Umweltschutz-Strafrecht, 5. Auflage, 18. Lieferung
Saliger, Umweltstrafrecht, 1. Aufl. 2012
Schönke/Schröder, Strafgesetzbuch, Kommentar, hrsg. v. *Eser* u. a., 30. Aufl. 2019
Satzger/Schluckebier/Widmaier, Strafgesetzbuch, 3. Aufl. 2016

---

[17] Im einzelnen dazu *Sack*, UmwStR, § 69 PflSchG Rn. 1 ff.

§ 12 Tierschutz

I. Tierschädigung

Der strafrechtliche Schutz einzelner Exemplare streng geschützter und besonders 1
geschützter Arten erfolgt ebenso wie bei Pflanzen über §§ 71, 71a BNatSchG.[1] Ergänzend sieht § 69 Abs. 2 Nr. 1 PflSchG für die Tötung wild lebender Tiere der dort
genannten Arten sowie für die Entnahme oder Zerstörung von deren Entwicklungs-
form im Zusammenhang mit der Anwendung von Pflanzenschutzmitteln gem. § 13
Abs. 2 Nr. 1 PflSchG Freiheitsstrafe bis zu drei Jahren vor.

Unabhängig von dem Schutzstatus der Art stellt **§ 17 TierSchG** die Tötung ei- 2
nes Wirbeltieres ohne vernünftigen Grund sowie dessen Misshandlung unter
Strafe. **Wirbeltiere** sind höher organisierte Tiere, die eine Wirbelsäule, eine zwei-
seitig symmetrische Entwicklung und ein Zentralnervensystem besitzen. Dazu ge-
hören Fische, Lurche, Kriechtiere (Reptilien), Vögel und Säugetiere, nicht jedoch
Amphibienlarven (Kaulquappen)[2] sowie Insekten oder Schnecken.[3] Der **vernünf-
tige Grund** erfordert eine Abwägung mit dem Ausgangspunkt in gesetzlichen
Wertungen und den vom Handelnden verfolgten Zwecken. Problematisch ist die
Abgrenzung zwischen § 16 Abs. 1 S. 1 StGB und § 17 StGB sowie das inhaltliche
Verhältnis dieser Tatbestandsvariante zu Rechtfertigungsgründen des StGB und
BGB. Die Bandbreite der Fallgruppen des vernünftigen Grundes reicht von der
Sportfischerei und Jagd über die Tierzucht bis hin zu religiösen Zwecken.[4]

§ 17 Nr. 2 TierSchG enthält zwei zu trennende Varianten. In beiden Varianten 3
kommt es auf **erhebliche Schmerzen oder Leiden** des Wirbeltieres an. Der Blick
richtet sich dabei auf das Tier und nicht auf die Motive des Handelnden. Methodisch
ist hierzu im ersten Schritt festzustellen, ob Schmerz oder Leiden gegeben sind,
worauf im zweiten Schritt die Erheblichkeit zu beurteilen ist. Die erste Variante be-

---

[1] Dazu oben § 11 Rn. 2.
[2] OLG Stuttgart NStZ 1994, 590.
[3] *Sack*, UmwStR, § 17 TierSchG Rn. 6.
[4] Im einzelnen *Sack*, UmwStR, § 17 TierSchG Rn. 8.

© Springer-Verlag GmbH Deutschland, ein Teil von Springer Nature 2020   321
R. Börner, *Umweltstrafrecht*, Springer-Lehrbuch,
https://doi.org/10.1007/978-3-662-60629-2_12

trachtet ein singuläres Ereignis, das aus Rohheit erfolgt. **Aus Rohheit handelt**, wer sich von einer gefühllosen, fremde Leiden missachtenden Gesinnung leiten lässt, was auch bei vernünftigen Beweggründen der Fall ist, wenn nicht erforderliche Mittel aus Gefühllosigkeit eingesetzt werden.[5] In der zweiten Variante geht es um länger anhaltende oder sich wiederholende erhebliche Schmerzen oder Leiden. Zu dieser Variante werden insbesondere die Grenzbereiche der gewerblichen Tierzucht diskutiert.[6]

4   § 38 BJagdG knüpft die Strafbarkeit an den Verstoß gegen vollziehbare Abschussverbote sowie die Verletzung von Schonzeiten und dass Bejagen von Elterntieren. § 38a BJagdG richtet sich zur Bekämpfung von Wilderei und Wildhehlerei gegen Handlungen in Bezug auf streng oder besonders geschützte Arten, die Ankauf, Verkauf oder Tausch betreffen und insofern die Motivationslage hinter der Strafbarkeit gem. § 71, 71a BNatSchG aufgreifen. §§ 292, 293 StGB schützen in erster Linie den Berechtigten. § 292 Abs. 2 S. 2 Nr. 2 StGB pönalisiert als besonders schweren Fall für die dem Jagdrecht unterliegenden Tiere die Jagd in nicht weidmännischer Weise,

5   Eine Rechtfertigung kann sich aus Sondergesetzen zur Jagd und Fischerei sowie aufgrund des Tierschutzgesetzes selbst ergeben. Ferner ist die variantenreiche Beziehung zwischen dem Schutz des einzelnen Tieres und §§ 32, 34 StGB problematisch.[7]

II. Tiergefährdung

6   Für die **Eignung** zur Schädigung (§§ 324a Abs. 1 Nr. 1, 325 Abs. 6 Nr. 1 StGB), zur erheblichen Schädigung (§§ 327 Abs. 2 S. 2, 328 Abs. 1 Nr. 2 StGB) sowie zur Gefährdung eines Bestandes von Tieren (§ 326 Abs. 1 Nr. 4b StGB) und für die **konkrete Gefährdung** von Tieren (§ 328 Abs. 3 HS 2 StGB) gelten die Ausführungen zur Pflanzengefährdung entsprechend.[8] Hinzu kommt § 69 Abs. 1 Nr. 4 PflSchG.

7   § 325a Abs. 2 StGB stellt auf eine konkrete Gesundheitsgefahr für „ihm nicht gehörende Tiere" ab. Das Wort „ihm" folgt dabei denselben Auslegungskriterien wie der genannte „andere". Das Nicht-gehören schließt nach zutreffender Ansicht herrenlose Tiere und daher Wildtiere mit ein.[9] In Systematik zur fremden Sache bedürfen auch das einzelne Exemplar oder die mehreren betroffenen Tiere in der Summe eines bedeutenden Wertes,[10] der ökologisch oder wirtschaftlich bestimmt werden kann.[11] Schließlich erachtet § 326 Abs. 1 Nr. 1 StGB Abfälle dann als gefährlich, wenn sie Erreger von auf Tiere übertragbaren gemeingefährlichen Krankheiten enthalten oder hervorbringen können. Auf den wirtschaftlichen oder ökologi-

---

[5] *Sack*, UmwStR, § 17 TierSchG Rn. 17.

[6] Zum ganzen *Sack*, UmwStR, § 17 TierSchG Rn. 12 ff.

[7] Näher oben § 7 Rn. 35 ff.

[8] § 11 Rn. 6 ff.

[9] *Heger*, in: Lackner/Kühl, § 325a Rn. 6; *Heine/Schittenhelm*, in: Schönke/Schröder, § 325a Rn. 10.

[10] *Heine/Schittenhelm*, in: Schönke/Schröder, § 325a Rn. 10.

[11] Dazu auch unten § 15 Rn. 4.

schen Wert des einzelnen Tieres kommt es nicht an, da die typische Wirkungsweise einer Gemeingefahr hinreichend schwerwiegend ist.

Die Vorbeugung gegen Tierseuchen und deren Bekämpfung regelt das Tierge-   **8** sundheitsgesetz. § 31 TierGesG enthält in Blankettform die darauf abgestimmten Straftatbestände.

Kontrollfragen
1. Erläutern Sie § 17 TierSchG! (Rn. 2 f.)
2. Welche Wechselwirkungen bestehen zu §§ 32, 34 StGB? (Rn. 5)
3. Erläutern Sie die Regelungen zur Gefährdung von Tieren! (Rn. 6 ff.)

Weiterführende Literatur

Lackner/*Kühl*, Strafgesetzbuch, Kommentar, 29. Aufl. 2018
Sack, Umweltschutz-Strafrecht, 5. Auflage, 18. Lieferung
Schönke/Schröder, Strafgesetzbuch, Kommentar, hrsg. v. *Eser* u. a., 30. Aufl. 2019

§ 13 Schutzgebiete

Naturschutz erfordert auch Schutzgebiete, die von §§ 23 ff. BNatSchG im Hinblick   **1**
auf Schutzzweck und Größe benannt werden. **§ 329 Abs. 3 StGB** stellt nicht all
diese Gebiete unter Schutz, sondern nur **Naturschutzgebiete** im Sinne von § 23
BNatSchG und hierzu einstweilig sichergestellte Flächen (§ 22 Abs. 3 BNatSchG)
sowie **Nationalparke** im Sinne von § 24 Abs. 1 bis 3 BNatSchG. Nicht erfasst sind
daher nationale Naturmonumente, Biosphärenreservate, Landschaftsschutzgebiete,
Naturparke, Naturdenkmäler und Biotope, vgl. §§ 24 Abs. 4, 25 ff. BNatSchG.[1]

    Die Tathandlung ist unter zwei Gesichtspunkten zu prüfen. Es bedarf einer   **2**
Handlung der in § 329 Abs. 3 Nr. 1 bis Nr. 8 StGB genannten Art.[2] Hierfür kommt
es nicht darauf an, ob die betreffende Verhaltensweise im geschützten Gebiet stattfindet, solange die Rechtsverletzung gegeben ist.[3] Diese Handlung muss eine zum
Schutze der genannten Gebiete erlassene **Rechtsvorschrift oder vollziehbare Untersagung** verletzen. Der Gesetzgeber hat damit für die tatbestandliche Akzessorietät zum Verwaltungsrecht eine andere Formulierung gewählt als § 330d Abs. 1 Nr. 4
StGB anbietet. Zumindest für den Vorsatz ergeben sich daraus keine Unterschiede.
Die Beschränkung auf objektiver Seite hat ihren Grund in der notwendigen Verbots-
widrigkeit. Ein Verbot in Bezug auf die jeweilige Handlung muss sich entweder aus
einer hinreichend konkreten Rechtsvorschrift oder aus einer vollziehbaren Einzel-
entscheidung ergeben. Anknüpfungspunkt ist die Erklärung zur Unterschutzstel-
lung gem. § 22 Abs. 1 BNatSchG, wobei die Einzelheiten gem. § 22 Abs. 2
BNatSchG Sache des Landesrechts sind.

    Der zweite Halbsatz von § 329 Abs. 3 StGB erfordert mit der Formulierung   **3**
„und dadurch" einen konkreten Gefahrzusammenhang zwischen der Handlung und
einer nicht **unerheblichen Beeinträchtigung** des Schutzzweckes des jeweiligen

---

[1] *Kloepfer*, Umweltrecht, § 7 Rn. 153 f.
[2] Dazu im Einzelnen *Alt*, in: MüKo-StGB, § 329 Rn. 28 ff.; vgl. auch oben Teil III.
[3] *Fischer*, § 329 Rn. 11; *Heine/Schittenhelm*, in: Schönke/Schröder, § 329 Rn. 45.

© Springer-Verlag GmbH Deutschland, ein Teil von Springer Nature 2020   325
R. Börner, *Umweltstrafrecht*, Springer-Lehrbuch,
https://doi.org/10.1007/978-3-662-60629-2_13

Gebietes. Zielsetzung und Schutzintensität sind im jeweiligen Einzelfall anhand der Gründe des verletzten Verbotes zu ermitteln.[4] Der Erfolg ist gegeben, wenn eine nicht nur vorübergehende Störung von einer gewissen Intensität gegeben ist, die das Eintreten konkreter Gefahren für die in der Schutzanordnung beschriebenen Güter des jeweiligen Gebiets wahrscheinlich macht.[5] Zur Beschränkung auf schwerwiegende Fälle geht es insbesondere um solche Handlungen, die als Eingriffe in die Landschaft zu qualifizieren sind und die gerade die Teile betreffen, deretwegen das betroffene Gebiet unter Schutz gestellt wurde und die (überwiegend) die materiellen Voraussetzungen für die Erklärung zum Naturschutzgebiet erfüllen.[6] Fahrlässigkeit ist gem. § 329 Abs. 5 Nr. 2 StGB ohne Einschränkung strafbar.

4   § 329 Abs. 4 StGB ist eine auf **Natura 2000-Gebiete** ausgerichtete Blankettnorm, welche tatbestandlich akzessorisch die Verletzung einer verwaltungsrechtlichen Pflicht gem. § 330d Abs. 1 Nr. 4 StGB verlangt. Das nationale Recht setzt das europäische Recht in §§ 31 ff. BNatSchG um[7] und pönalisiert dementsprechend mit § 329 Abs. 4 StGB die Schädigung von Lebensräumen bzw. Lebensraumtypen.[8] Erforderlich ist eine **erhebliche Schädigung** des Schutzzwecks des betroffenen Gebiets. Der Regelungsmechanismus ist damit derselbe wie in § 329 Abs. 3 StGB,[9] jedoch benennt die hier notwendige erhebliche Schädigung des Schutzzwecks abstrakt eine höhere Schwelle als die für § 329 Abs. 3 StGB ausreichende nicht unerhebliche Beeinträchtigung des Schutzzwecks.[10] Erheblichkeit ist gegeben, wenn der Schutzzweck des Gebiets aufgehoben oder nachhaltig beeinträchtigt ist, was sowohl in qualitativer als auch in zeitlicher Hinsicht der Fall sein kann.[11] Fahrlässigkeit ist gem. § 329 Abs. 6 StGB nur bei Leichtfertigkeit strafbar.

Kontrollfragen
1. Wie greifen der verwaltungsrechtliche und der strafrechtliche Schutz von Naturschutzgebieten ineinander? (Rn. 1 ff.)
2. Was ist ein Natura 2000-Gebiet und wie wird es verwaltungsrechtlich sowie strafrechtlich geschützt? (Rn. 4)

---

[4] Näher hierzu auf Ebene des öffentlichen Rechts *Kloepfer*, Umweltrecht, § 12 Rn. 279 ff.

[5] *Alt*, in: MüKo-StGB, § 329 Rn. 38; *Fischer*, § 329 Rn. 11; *Heine/Schittenhelm*, in: Schönke/Schröder, § 329 Rn. 46.

[6] *Fischer*, § 329 Rn. 11.

[7] S. dazu *Kloepfer*, Umweltrecht, § 12 Rn. 357 ff.

[8] *Kloepfer*, Umweltrecht, § 7 Rn. 157; *Saliger*, in: SSW-StGB, § 329 Rn. 13.

[9] Daher gilt § 13 Rn. 2 entsprechend.

[10] A.A. *Heine/Schittenhelm*, in: Schönke/Schröder, § 329 Rn. 46c.

[11] *Fischer*, § 329 Rn. 15; *Sack*, UmwStR, § 329 Rn. 117h; *Saliger*, in: SSW-StGB, § 329 Rn. 14.

Weiterfüherende Literatur

Fischer, Strafgesetzbuch, 66. Aufl. 2019

Kloepfer, Umweltrecht, 4. Aufl. 2016

Münchener Kommentar zum Strafgesetzbuch, 3. Aufl. 2019

Sack, Umweltschutz-Strafrecht, 5. Auflage, 18. Lieferung

Schönke/Schröder, Strafgesetzbuch, Kommentar, hrsg. v. *Eser* u. a., 30. Aufl. 2019

Satzger/Schluckebier/Widmaier, Strafgesetzbuch, 3. Aufl. 2016

Teil IV

Kausales Umweltstrafrecht

Das kausale Umweltstrafrecht richtet seinen Blick auf potentielle Schadensquellen, die typischerweise vom öffentlichen Recht reguliert werden.

§ 14 Abfallstrafrecht

Überfluss und Abfall sind Geschwister, weshalb Abfall eines der Hauptprobleme des   1
Umweltschutzes unserer Gesellschaft ist. Auf europäischer Grundlage richten sich
die nationalen Regelungen gem. § 1 KrWG auf die Förderung der Schonung natürlicher Ressourcen und den Schutz von Mensch und Umwelt bei der Erzeugung und
Bewirtschaftung von Abfällen. Die auf diesem Gedanken fußenden Regelungen
sind vielfältig und können in dem hier gesetzten Rahmen nicht dargestellt werden.
Die Probleme des forensisch-realen Abfallstrafrechts bestehen oft darin, die mit der
Verordnung über das Europäische Abfallverzeichnis (AVV) festgelegten, weit ge-
fächerten Abfallschlüsselnummern der zu unterscheidenden Abfälle mit der jeweiligen Genehmigungslage bzw. unmittelbar geltenden abstrakten Regelungen abzugleichen. Wenn es im folgenden um die Frage des Ob von Abfall geht, wartet auf der
zweiten Ebene das meist größere Problem der exakten Bestimmung und Zuordnung
der jeweiligen Abfallart. Gänzlich unangebracht ist es, von „Müll" zu sprechen,[1]
wie es in manchem Gerichtssaal und auch im Schrifttum nicht selten der Fall ist, da
die Umgangssprache den von der Komplexität des Gegenstandes vorgegebenen
Notwendigkeiten zur Differenzierung nicht gerecht zu werden vermag. Die folgende Darstellung muss sich aufgrund des hier gesetzten Rahmens auf einen ersten
Zugang zum Abfallstrafrecht beschränken.

Die unter Strafe gestellten Angriffsrichtungen variieren nach der Art des Abfalls   2
sowie dem organisatorischen Grad der Einwirkung auf den Abfall. Für **gefährlichen Abfall** i. S. d. § 326 Abs. 1 StGB ist an sich jeder denkbare Umgang unter dem
Oberbegriff der Bewirtschaftung erfasst. Der bloße Besitz jedoch ist problematisch,
wobei § 326 Abs. 3 StGB die Strafbarkeit der Nichtablieferung von radioaktiven
Abfällen regelt. Besondere Bedeutung hat die *Beseitigung* (vgl. § 3 Abs. 26 KrWG)
von gefährlichen Abfällen gem. § 326 Abs. 1 StGB, die von der *Entsorgung* (§ 3
Abs. 2 KrWG) in Anlagen flankiert wird. Insofern ist die Genehmigungsbedürftig-

---

[1] Statt des häufig gebrauchten Wortes „Hausmüll" muss es heißen: Siedlungsabfälle. Diese werden
von dem AVV unter der Ordnungsnummer 20 in rund 50 einzelne Abfallarten aufgespalten, wobei
gemischte Siedlungsabfälle mit der AVV 20 03 01 bezeichnet werden.

© Springer-Verlag GmbH Deutschland, ein Teil von Springer Nature 2020   331
R. Börner, *Umweltstrafrecht*, Springer-Lehrbuch,
https://doi.org/10.1007/978-3-662-60629-2_14

keit der Anlage der strafrechtliche Gradmesser und nicht (primär) die Gefährlichkeit des Abfalls. Der begrifflich akzessorische § 327 Abs. 2 S. 1 Nr. 3 StGB erfasst
aufgrund des Reglements des § 35 KrWG Deponien, also Anlagen zur Ablagerung
von Abfällen zur Beseitigung (§ 3 Abs. 27 KrWG). Anlagen zur Entsorgung durch
Verwertung (§ 3 Abs. 23 KrWG) richten sich gem. § 35 Abs. 1 KrWG nach dem
BImSchG und werden als solche von § 327 Abs. 2 S. 1 Nr. 1 StGB erfasst. Problematisch ist jedoch, was gilt, wenn die Verwertung in einer Anlage sich nicht nach
dem BImSchG, sondern nach vorrangigem Recht richtet, wie bspw. dem Bergrecht.[2]
Abwasserbehandlungsanlagen i. S. d. § 60 Abs. 3 WHG werden von § 327 Abs. 2
S. 1 Nr. 4 StGB erfasst. Eine Sonderrolle nehmen Geschehnisse in einem anderen
Mitgliedsstaat der Europäischen Union ein, wofür § 327 Abs. 2 S. 2 StGB und
§ 330d Abs. 2 StGB greiften. Schließlich regeln § 326 Abs. 2 StGB sowie §§ 18a,
18b AbfVerbrG die Strafbarkeit der grenzüberschreitenden Abfallverbringung.

I. Umgang mit gefährlichen Abfällen gem. § 326 Abs. 1 StGB

3   Die Strafnorm enthält im 1. HS unter Nr. 1 bis Nr. 4 Beschreibungen gefährlicher
Abfälle. Der 2. HS benennt unter dem Oberbegriff des Bewirtschaftens einzelne
Verhaltensformen für den Umgang mit solchen Abfällen. Nach § 326 Abs. 1 StGB
a.f. ging es nach dem zwingenden Wortlaut (str.) nur um die *Beseitigung* von Abfällen, weshalb nach diesem Standpunkt in der forensischen Realität **§ 2 Abs. 3
StGB** für Geschehnisse vor dem 14.11.2011 zu beachten ist.[3] Tatbestandlich besteht
über die Merkmale außerhalb einer dafür zugelassenen Anlage oder unter wesentlicher Abweichung von einem vorgeschriebenen oder zugelassenen Verfahren
Verwaltungsakzessorietät. Das Merkmal unbefugt hingegen ist kein Tatbestandsmerkmal, sondern ein deklaratorischer Hinweis auf die allgemeine Prüfung der
Rechtswidrigkeit.

1. Der strafrechtliche Abfallbegriff

4   Obwohl § 326 Abs. 1 StGB anders als § 327 Abs. 2 S. 1 Nr. 3 StGB keine zwingende
Anknüpfung an einen konkreten Begriff des Abfallverwaltungsrechts enthält, steht
die Norm doch nicht beziehungslos neben dem öffentlich-rechtlichen Reglement.
§ 326 Abs. 1 HS 2 StGB benennt als Unwertkern des Tatbestandes eine Bewirtschaftung des Abfalls, die außerhalb einer dafür zugelassenen Anlage oder unter
wesentlicher Abweichung von einem vorgeschriebenen oder zugelassenen Verfahren erfolgt. Die Bewirtschaftung ist also nur dann relevant, wenn sie dem Verwaltungsrecht widerspricht. Folglich muss der verwendete Abfallbegriff zu verwaltungsrechtlichen Regelungen passen, da diese anderenfalls keine für § 326 Abs. 1

---

[2] S. dazu oben § 9 Rn. 16 ff. sowie unten § 14 Rn. 13 f.
[3] Vgl. zur Änderung durch das 45. StrÄG sowie mit dem früheren Gesetzestext *Alt*, in: MüKo-StGB,
§ 326 Rn. 10 u. Rn. 13.

StGB brauchbaren Aussagen treffen können. Diese normlogische Einbindung des § 326 Abs. 1 HS 1 StGB statuiert die Begriffsidentität als Regelfall und macht die Ausnahme jedenfalls begründungsbedürftig. Vor diesem Hintergrund ist die Frage zu behandeln, inwiefern der Abfallbegriff des § 326 Abs. 1 StGB über jenes des KrWG hinaus geht oder hinter diesem zurückbleibt.

Rechtsdogmatisch bestehen zwischen einer Unterschreitung und einer Über-   5
schreitung des Abfallbegriffs in § 3 Abs. 1 KrWG wesentliche Unterschiede. Bleibt der strafrechtliche Begriff hinter dem Abfallverwaltungsrecht zurück, so entspricht dies abstrakt der *Ultima-ratio*-Funktion des Strafrechts, wonach bei weitem nicht jedes rechtswidrige Geschehen so schwer wiegt, dass es mit Strafe zu sanktionieren ist.[4] Eine darauf gerichtete tatbestandliche Abschichtung ist rechtstechnisch ohne weiteres durch einen engeren strafrechtlichen Abfallbegriff möglich, was indes nicht von der Notwendigkeit einer ausreichenden Begründung der Unterschreitung in der jeweilig betrachteten Konstellation entbindet. Die Überschreitung hingegen erscheint problematisch, denn wie sollte § 326 Abs. 1 StGB die Bewirtschaftung von Abfall in einem Fall bestrafen, in dem das Verwaltungsrecht gar keinen Abfall erkennt. Es gilt zu differenzieren. Wenn es schon auf dem Terrain des Verwaltungsrechts an einem Verstoß fehlt, kann erst recht keine darauf beruhende Strafbarkeit eintreten, solange das Strafrecht keine ausdrückliche Sonderregelung trifft. Davon geht auch § 326 Abs. 1 HS 2 StGB aus. Das bedeutet aber nicht, dass sich die von § 326 Abs. 1 HS 2 StGB erfassten Verstöße ausschließlich auf solche Konstellationen beschränken, die dem Abfallverwaltungsrecht i. e. S. und insb. dem § 3 KrWG zuzuordnen sind. Wegen § 326 Abs. 1 HS 2 StGB ist sicher, *dass* eine Anknüpfung an ein verwaltungsrechtswidriges Geschehen notwendig ist. Aufgrund der offenen Formulierung von § 326 Abs. 1 StGB ist es aber Sache der strafrechtlichen Dogmatik zu bestimmen, an *welche* Bereiche des Verwaltungsrechts der hier geltende strafrechtliche Abfallbegriff anknüpft. Mithin sind sowohl Über- als auch Unterschreitungen des § 3 KrWG rechtsmethodisch möglich. Im Einzelfall bedarf es dazu aber stets einer tragfähigen Begründung, die sich innerhalb eines der beiden abstrakt eröffneten Argumentationsräume bewegt.

Im **Grundsatz** sind auch im Strafrecht entsprechend § 3 Abs. 1 S. 1 KrWG Ab-   6
fälle alle Stoffe oder Gegenstände, derer sich ihr Besitzer entledigt, entledigen will oder entledigen muss.[5] Der gewillkürte Abfall hängt damit von dem konkreten Entledigungswillen des Einzelnen ab. Auf diesen **subjektiven Abfallbegriff** kommt es nicht an, wenn sich der Abfallbesitzer des Abfalles entledigen muss. Solcher auf einem objektiven Abfallbegriff beruhende **Zwangsabfall** steht im Spannungsverhältnis zu Art. 14 GG und begründet in der Realität mitunter erhebliche Konflikte, weshalb ein strenger Auslegungsmaßstab geboten ist. Gem. § 3 Abs. 4 KrWG muss sich der Besitzer Stoffen oder Gegenständen entledigen, wenn diese nicht mehr entsprechend ihrer ursprünglichen Zweckbestimmung verwendet werden, aufgrund ihres konkreten Zustandes geeignet sind, gegenwärtig oder künftig das Wohl der Allgemeinheit, insbesondere die Umwelt, zu gefährden und deren Gefährdungspotenzial nur durch eine ordnungsgemäße und schadlose Verwertung oder gemein-

---

[4] Dazu statt vieler *Baumann/Weber/Mitsch/Eisele*, § 2 Rn. 18; *Wessels/Beulke/Satzger*, Rn. 15.
[5] S. nur BGHSt 59, 45/47.

wohlverträgliche Beseitigung nach den Vorschriften dieses Gesetzes oder der aufgrund dieses Gesetzes erlassenen Rechtsverordnungen ausgeschlossen werden kann. Die Schwelle zum Zwangsabfall ist daher grdsl. mit den Voraussetzungen des gefährlichen Abfalls gem. § 326 Abs. 1 HS 1 Nr. 1–4 StGB identisch.[6] Prüfungstechnisch können daher die Einordnung als Abfall und die sich eigentlich im zweiten Schritt anschließende Einordnung als gem. § 326 Abs. 1 HS 1 StGB gefährlich insofern nicht auseinandergehalten werden.

7   Ausgehend von diesem Grundsatz überschreitet das Strafrecht den Anwendungsbereich der Begriffsbestimmung in § 3 Abs. 1 S. 1 KrWG in der Regel, soweit bestimmte Lebensbereiche gem. § 2 Abs. 2 KrWG von der Anwendung dieses Gesetzes ausgenommen werden, strafrechtlich aber keine Sondervorschriften für darauf bezogenes strafwürdiges Verhalten bestehen und daher der Begriff des § 326 Abs. 1 StGB zu erweitern ist. Als Abfall im strafrechtlichen Sinne besonders hervorzuheben sind **Abwässer**[7] sowie radioaktive Stoffe, worauf auch § 326 Abs. 1 Nr. 3 und Abs. 3 StGB Bezug nimmt.

8   Umstritten ist, ob nur **bewegliche Sachen** erfasst sind oder auch Böden und Gebäude als Abfall im strafrechtlichen Sinne gelten, was praktisch erhebliche Konsequenzen hätte.

Beispiel

Unbekannte Dritte haben auf dem Grundstück des X durch Einbringung in den Boden gefährliche Stoffe im Sinne von § 326 Abs. 1 StGB außerhalb einer dafür vorgesehenen Anlage entsorgt. Der X weigert sich gegen den Ausbau der eingebrachten Stoffe.

Strafbarkeit des X?

Wie bei Altlasten kommt in Bezug auf das Grundwasser §§ 324 Abs. 1, 13 StGB in Betracht, wobei die Zumutbarkeit im Zusammenhang mit der Opferrolle des Zustandsstörers begrenzt wird. Der Boden hingegen kommt in solchen Fällen nur bei begründungsbedürftigen weiterfressenden Schäden gem. §§ 324a, 13 StGB als Schutzobjekt in Betracht.[8] §§ 326 Abs. 1, 13 StGB scheiden von vornherein aus, wenn die in den Boden eingebrachten Stoffe deshalb kein Abfall mehr sind, weil sie nunmehr Teil der unbeweglichen Sache geworden sind. Nach zutreffender h.M. scheidet eine solche Strafbarkeit bereits mangels Abfalleigenschaft aus.[9] Wegen § 2 Abs. 2 Nr. 10 KrWG nimmt der Gesetzgeber Böden am Ursprungsort, einschließlich nicht ausgehobener, kontaminierter Böden und Bauwerke, die dauerhaft mit dem Grund und Boden verbunden sind vom Abfallbegriff aus und unterwirft diese

---

[6] *Krell*, UmwStR, Rn. 156.

[7] BGHSt 38, 325/338 f.

[8] Zu beidem oben § 9 Rn. 10.

[9] *Alt*, StraFo 2006, 441 ff.; *Rengier*, BT II, § 48 Rn. 23; *Sack*, UmwStR, § 326 Rn. 56; *Saliger*, UmwStR, Rn. 278; *Schall*, NStZ-RR 2006, 292/295 f. sowie im Hinblick auf die wenig passenden Handlungsmodalitäten *Alt*, in: MüKo-StGB, § 326 Rn. 23; a.A. *Kloepfer/Heger*, UmwStR, Rn. 282; *Heine/Schittenhelm*, in: Schönke/Schröder, § 326 Rn. 2g.

den insofern vorrangigen Regelungen des Bundesbodenschutzgesetzes. Dieser Vorrang verlagert auch strafrechtlich die Betrachtung weg von § 326 Abs. 1 StGB und hin zu §§ 324, 324a StGB, die somit bereits tatbestandlich Vorrang genießen und ausreichenden Schutz gewähren.

Die damit grob gezeichneten Grundsätze des strafrechtlichen Abfallbegriffs des   9
§ 326 Abs. 1 StGB werden ergänzt um vielfältige vertiefte Probleme, von welchen nachfolgend die für den ersten Zugang wichtigsten aufzuzeigen sind. Für den gewillkürten Abfall ist umstritten, ob und inwiefern **Abfallbesitz** (§ 3 Abs. 9 KrWG) ein begriffs- und pflichtbegründendes Merkmal ist. Die Verantwortlichkeit für „wild" abgelagerte Abfälle auf einem Grundstück gem. § 13 StGB soll von einem Mindestmaß an tatsächlicher Sachherrschaft über das Grundstück abhängen, was im nicht eingezäunten Außenbereich für frei zugängliche Grundstücke fern liegt und für eingezäunte Grundstücke im Stadtbereich nahe liegen soll.[10] Auch für den im Beisein des Hundebesitzers beim Ausführen desselben entstandenen Hundekot wird Abfallbesitz teils als erforderlich und mangels Besitzwillen nicht vorhanden angesehen.[11]

Problematisch ist, wie der **Entledigungswillen** des subjektiven Abfallbegriffs im   10
Übrigen zu bestimmen ist. Fraglich sind sowohl die inhaltlichen Anforderungen als auch der Nachweis. Das Grundproblem der inhaltlichen Anforderungen besteht darin, die subjektive Wertlosigkeit bei Aufgabe der Sachherrschaft genauer zu bestimmen. Das tritt typischerweise bei Kraftfahrzeugen auf, welche die Grenze ihrer Lebensdauer erreicht haben und an Dritte zum Zwecke des Ausschlachtens oder zur gewinnbringenden Veräußerung in das Ausland überlassen werden.[12] Problematisch ist auch die dogmatische Einordnung von Gründen und Grenzen des von der Rspr. entwickelten Oldtimerprivilegs.[13]

Den individuellen Entledigungswillen gilt es nachzuweisen. **Verwaltungsrecht-**   11
liche Vermutungen oder kodifizierte Indizien (s. § 3 Abs. 2 u. Abs. 3 KrWG) sind auf dem Boden von § 261 StPO für das Strafrecht nicht anwendbar.[14] Das schließt jedoch nicht aus, dass sich die tatgerichtliche Überzeugungsbildung auch auf solche Umstände als Indizien stützt. Auf der Grenzlinie zwischen Nachweis und materiellen Anforderungen des Entledigungswillens wird oftmals dessen **Manifestation** in äußerlich erkennbarer Weise verlangt.[15] Dem ist nicht zu folgen. Maßgeblich ist allein, dass der Wille vorgelegen hat und dieser mit den Mitteln der Wahrheitsfindung im Strafprozess zur Überzeugung des Gerichts gem. § 261 StPO feststeht. Das kann

---

[10] S. statt vieler *Saliger*, UmwStR, Rn. 313 i. V. m. Rn. 287.

[11] So etwa *Saliger*, UmwStR, Rn. 286; *Heine/Schittenhelm*, in: Schönke/Schröder, § 326 Rn. 2d; a.A. OLG Düsseldorf NStZ 1991, 335/336, vgl. zum Hundekot-Fall auch oben § 3 Rn. 38 m. w. N.

[12] Instruktiv *Krell*, UmwStR, Rn. 148 ff., s. ferner statt aller *Heine/Schittenhelm*, in: Schönke/Schröder, § 326 Rn. 2c.

[13] Krit. dazu *Krell*, UmwStR, Rn. 155; *Sack*, NStZ 1998,198 f.

[14] Vgl. auch *Beckemper/Wegner*, wistra 2003, 281/282 ff. sowie mit breiterem Ansatz *Bülte*, JZ 2014, 603 ff.

[15] *Alt*, in: MüKo-StGB, § 326 Rn. 29; *Heine/Schittenhelm*, in: Schönke/Schröder, § 326 Rn. 2d; *Saliger*, UmwStR, Rn. 290.

durch eine Erklärung zur Sache in der Hauptverhandlung oder durch Zeugenaussagen dazu, was der Angeklagte im Hinblick auf die Entledigung vor oder nach deren Durchführung geäußert hat, bewiesen werden. Ob und welchen konkludenten Erklärungsgehalt das Verhalten des Angeklagten zum damaligen Zeitpunkt gehabt hat, ist insofern ohne Belang. Die Manifestation eines Willens steht ebenso wie bei § 246 Abs. 1 StGB für die Zueignung in der Gefahr, dass die Benennung des materiellen Begriffsinhaltes durch den Verweis auf einen fiktiven objektiven Beobachter und dessen nicht näher begründetes Dafürhalten ersetzt wird.[16]

12   Abfälle sind von Wirtschaftsgütern abzugrenzen. Abgesehen von Produkten, die – in Umkehr von § 3 Abs. 3 S. 1 Nr. 1 KrWG – als Hauptzweck einer Handlung anfallen, sind zwei Problembereiche eröffnet, einerseits die Abgrenzung zu Nebenprodukten und andererseits die Unterscheidung zwischen Abfällen zur Verwertung und Abfällen zur Beseitigung. **Nebenprodukt** ist gem. § 4 KrWG ein Stoff oder Gegenstand, der bei einem Herstellungsverfahren anfällt, dessen hauptsächlicher Zweck nicht auf die Herstellung dieses Stoffes oder Gegenstandes gerichtet ist. Nicht als Abfall gilt eine solche Substanz aber nur unter den folgenden vier einschränkenden gesetzlichen Voraussetzungen, dass

(1) sichergestellt ist, dass der Stoff oder Gegenstand weiterverwendet wird,
(2) eine weitere, über ein normales industrielles Verfahren hinausgehende Vorbehandlung hierfür nicht erforderlich ist,
(3) der Stoff oder Gegenstand als integraler Bestandteil eines Herstellungsprozesses erzeugt wird und
(4) die weitere Verwendung rechtmäßig ist; dies ist der Fall, wenn der Stoff oder Gegenstand alle für seine jeweilige Verwendung anzuwendenden Produkt-, Umwelt- und Gesundheitsschutzanforderungen erfüllt und insgesamt nicht zu schädlichen Auswirkungen auf Mensch und Umwelt führt.

Die vierte einschränkende Voraussetzung überschneidet sich mit den Voraussetzungen des § 326 Abs. 1 StGB sowohl hinsichtlich der Gefährlichkeit als auch hinsichtlich des notwendigen verwaltungsakzessorischen Verstoßes. Liegen also die Gefährlichkeitskriterien und die verwaltungsakzessorischen Anforderungen von § 326 Abs. 1 StGB vor, scheidet die Annahme eines Nebenproduktes wegen § 4 Abs. 1 Nr. 4 KrWG naheliegend aus. Dieser Befund entspricht der Überschneidung der Voraussetzungen von § 326 Abs. 1 StGB mit der Feststellung von Zwangsabfall.[17]

13   Die Unterscheidung zwischen Abfällen **zur Beseitigung** und solchen **zur Verwertung** ist wegweisend für die Anwendung des Strafrechts. § 327 Abs. 2 S. 1 Nr. 3 StGB gilt nur für Abfälle zur Beseitigung,[18] wogegen die Verwertung zumeist einer anderweitigen Genehmigung bedarf, woran verwaltungsakzessorisch unterschiedliche Strafnormen außerhalb des Abfallstrafrechts anknüpfen können. Die Verfüllung einer bergrechtlichen Anlage nach Maßgabe des Abschlussbetriebsplans mit

---

[16] Zum ganzen anhand des Zueignungsbegriffs *Börner*, Zueignungsdogmatik, S. 137 *passim*.
[17] *Krell*, UmwStR, Rn. 160.
[18] BGHSt 59, 45/50.

hierfür nicht genehmigten Abfällen kann dennoch die Verwertung von Abfällen sein. Das führt zu dem Ergebnis, dass § 327 Abs. 2 S. 1 Nr. 3 und Nr. 1 StGB ausscheiden und die Bestrafung wegen der Überschreitung der Genehmigung von dem eine konkrete Gefährdung voraussetzenden und damit strengeren § 146 BBergG abhängt.[19] Sind die eingebrachten Abfälle i. S. v. § 326 Abs. 1 StGB ungefährlich, scheidet auch insofern Strafbarkeit aus. Hinzu kommt, dass § 326 Abs. 1 StGB in seiner früheren Formulierung auf die Beseitigung beschränkt war, wobei der sich darum rankende Streit um die Unanwendbarkeit auf Abfälle zur Verwertung gem. § 2 Abs. 3 StGB in der forensischen Realität noch fortlebt.[20]

Für die Differenzierung zwischen Abfallentsorgungsmaßnahmen als Beseitigungsvorgang einerseits und als Maßnahme der Abfallverwertung andererseits unterscheidet der BGH nach dem vom Handelnden verfolgten Hauptzweck.[21] Die stoffliche Verwertung setzt voraus, dass aus den Eigenschaften des Stoffs ein konkreter wirtschaftlicher oder sonstiger Nutzen gezogen wird. Das unterscheidet sich von der Beseitigung, die darauf gerichtet ist, den wegen seiner Schadstoffhaltigkeit oder aus anderen Gründen nicht weiter nutzbaren Stoff dauerhaft von der Kreislaufwirtschaft auszuschließen.[22] Das kann nur entschieden werden, wenn die Motive aufgeklärt werden. Wer einen Kiessandtagebau nach dem Abschlussbetriebsplan zur Wiedernutzbarmachung der Oberfläche des Tagebaus zu verfüllen hat und dazu nicht genehmigte Abfälle, welche aber aufgrund ihrer stofflichen Qualität dem Verfüllungszweck entsprechen, benutzt, könnte diese Abfälle verwertet haben. Der BGH lässt dies allein aber nicht für die Einordnung als Abfall zur Verwertung genügen, sondern entscheidet danach, ob der Hauptzweck der Maßnahme in der Nutzung der stofflichen Eigenschaften des Abfalls oder aber gleichwohl in deren Beseitigung zu sehen ist. Die tatgerichtliche Beurteilung dieser subjektiven Frage habe unter Berücksichtigung aller insoweit relevanten Umstände zu erfolgen,[23] wie es auf dem Boden von § 261 StPO immer der Fall ist und vom Revisionsgericht nur nach Maßgabe der erweiterten Sachrüge überprüft werden kann. Als solche Umstände sind etwa heranzuziehen Art und Umfang der Verfüllungspflicht, die Einhaltung oder große Überschreitung der zur Verfüllung notwendigen Mengen von Abfällen sowie ein mit einem Schadstoffgehalt korrespondierendes erhöhtes Entsorgungsinteresse des Abfallbesitzers. Der **Schadstoffgehalt der Abfälle** als solcher steht für sich genommen der Einstufung der Entsorgungsmaßnahme als Verwertungsvorgang aber nicht entgegen.[24]

Nicht zu verwechseln damit ist die Frage, ob eine zwischenzeitlich erfolgte Verwertung des ursprünglichen Abfalls der Beurteilung als Abfall ein **Ende** gesetzt hat,

14

15

---

[19] S. dazu oben § 9 Rn. 17 f., § 4 Rn. 88 f. und § 1 Rn. 58.

[20] Zur alten Rechtslage *Franzheim/Pfohl*, UmwStR, Rn. 282 m. w. N. sowie oben § 14 Rn. 3.

[21] Aufgrund jüngerer Rspr. des EuGH strafrechtlich – vorbehaltlich der Altfälle – für eine objektivierte Abgrenzung *Krell*, NZWiSt 2014, 14/20.

[22] BGHSt 59, 45/50 f.

[23] BGHSt 59, 45/52.

[24] BGHSt 59, 45/52 f. sowie nachdrücklich *Krell*, NZWiSt 2014, 14/20.

vgl. § 5 KrWG.[25] Ferner kann durch Verarbeitung oder sonstige Einflussnahme die Gefährlichkeit im Sinne von § 326 Abs. 1 StGB sowie die Einordnung als Zwangsabfall aufgehoben werden.

16   Für die **Minimaklausel** in § 326 Abs. 6 StGB ist problematisch, ob und inwiefern sie mit der tatbestandlichen Erheblichkeitsschwelle des gefährlichen Abfalls korrespondiert und welche Schlussfolgerungen daraus zu ziehen sind. Soweit die Norm als Strafausschließungsgrund eingeordnet wird und greift, wäre eine teleologische Reduktion des (unterstellt) verwirklichten Tatbestandes des abstrakten Gefährdungsdeliktes des § 326 Abs. 1 Nr. 1–3 StGB nicht veranlasst.[26] Für das Eignungsdelikt in § 326 Abs. 1 Nr. 4 StGB geht die Minimaklausel mangels Tatbestandsverwirklichung dogmatisch zwingend ins Leere. Die Breite der Fälle liegt aber außerhalb dieses Problemkreises. Dem strafprozessualen Pragmatismus drängt sich zudem § 153 StPO auf.

17   Abfall ist als strafrechtlicher Begriff ein normatives Tatbestandsmerkmal, weshalb sich der Vorsatz aus der Kenntnis der der Subsumtion zugrunde liegenden tatsächlichen Umstände sowie der Parallelwertung in der Laiensphäre zusammensetzt. Rechtsirrtümer sind daher in aller Regel erst eine Frage des § 17 StGB. Die Unübersichtlichkeit des Streitstandes über den Abfallbegriff legt den **Verbotsirrtum** nahe, wobei für die Abfalleigenschaft von **Autowracks** teils Unvermeidbarkeit angenommen worden ist.[27] Darauf kommt es aber nicht an, wenn im Hinblick auf die tatbestandliche Verwaltungsakzessorietät kein Vorsatz gegeben ist, was bei Verkennung der Abfalleigenschaft naheliegt.[28]

2. Die Gefährlichkeit des Abfalls

18   **Gift** im Sinne von § 326 Abs. 1 Nr. 1 StGB ist entsprechend § 314 StGB jeder organische oder anorganische Stoff, der unter bestimmten Bedingungen geeignet ist, die Gesundheit von Menschen durch chemische oder chemisch-physikalische Wirkungen zu zerstören.[29] Konkret sind dies alle Stoffe oder Zubereitungen, die nach ihrer chemischen Beschaffenheit den Stoffklassen „sehr giftig" und „giftig" im Sinne des § 3a Nr. 6 und Nr. 7 Chemikaliengesetz zugeordnet werden können.[30] Maßgeblich ist die Wirkung auf den Menschen, wogegen für Tiere die Schwelle des § 326 Abs. 1 Nr. 4b StGB gilt.[31] Die Gemeingefährlichkeit der Krankheiten, auf welche sich die

---

[25] Dazu anhand von Klärschlamm BGHSt 59, 45/47 ff.

[26] Zum ganzen etwa *Alt*, in: MüKo-StGB, § 326 Rn. 112; *Fischer*, § 326 Rn. 58; *Heine/Schittenhelm*, in: Schönke/Schröder, § 326 Rn. 17 ff.

[27] OLG Schleswig NStZ 1997, 546 f. m. abl. Anm. *Iburg*.

[28] Dazu sogleich § 14 Rn. 23.

[29] *Fischer*, § 326 Rn. 15 i. V. m. § 314 Rn. 3; vgl. aber zu Unterschieden anhand einer grundlegenden Betrachtung *Satzger*, Jura 2015, 580 ff.

[30] *Alt*, in: MüKo-StGB, § 326 Rn. 36.

[31] *Alt*, in: MüKo-StGB, § 326 Rn. 36.

Erreger beziehen, bemisst sich grdsl. nach den einschlägigen verwaltungsrechtlichen Vorschriften meldepflichtiger Krankheiten.[32]

Die Eigenschaften des § 326 Abs. 1 Nr. 2 und Nr. 3 StGB, also für den Menschen 19 krebserzeugend, fortpflanzungsgefährdend oder erbgutverändernd sowie explosionsgefährlich, selbstentzündlich oder nicht nur geringfügig radioaktiv, sind im Ausgangspunkt selbsterklärend. Auf dem Boden von § 261 StPO bedarf es aber zur Klärung im Einzelfall grdsl. der Heranziehung besonderer Sachkunde.

§ 326 Abs. 1 Nr. 4 StGB wurde hier jeweils im Zusammenhang mit dem medialen 20 und vitalen Umweltstrafrecht im Rahmen der Gefährdung des betreffenden Rechtsgutes dargestellt. § 326 Abs. 1 Nr. 4 StGB tritt freilich zurück, wenn genau jene Gefahr vollständig in § 324 Abs. 1 StGB als Verletzungsdelikt aufgeht.[33] Umstritten ist, welche konkreten Anforderungen an die **Feststellung der Eignung zur Gefährdung** gem. § 326 Abs. 1 Nr. 4 StGB gestellt werden. Für Kraftfahrzeuge und den in diesen enthaltenen Flüssigkeiten verlangt die Rspr., dass der konkrete Zustand der Flüssigkeitsbehälter und Leitungen im Hinblick auf Undichtigkeiten und die naheliegende Gefahr des Auslaufens mit der Folge von Schäden der genannten Art vom Tatrichter festgestellt und dargelegt wird. Dabei kommt es auch auf den Untergrund (bspw. Beton) der abgestellten Fahrzeuge und dessen nach den Umständen des Einzelfalls bestehende Eignung zur Hemmung des Eindringens der Flüssigkeiten in den Boden an.[34] Dem wird entgegengehalten, dass diese Anforderungen mit der Ausgestaltung von § 326 Abs. 1 StGB als abstraktes Gefährdungsdelikt im Widerspruch stünden.[35] Allein, dies ist ein Zirkelschluss. § 326 Abs. 1 Nr. 4 StGB lässt im Unterschied zu den dortigen Nr. 1–3 gerade nicht die rein abstrakte Gefahr genügen, sondern verlangt eine Eignung und ist insofern ein Eignungsdelikt. Diese gesteigerte Gefahr gilt es festzustellen, was allein durch eine abstrakte Gefahr nicht gelingt. Die Gefahreneignung aufgrund Art und Menge der Stoffe muss daher im Zusammenhang mit deren Vorkommen im konkreten Lebenssachverhalt gewürdigt werden.[36] Nur so kann auch die Nachhaltigkeit der Gefahr für Wasser,[37] Luft und Boden sowie für den Bestand von Tieren oder Pflanzen beurteilt werden.[38] Entsprechend erfordert die für Zwangsabfall notwendige Annahme, dass eine geordnete Entsorgung geboten ist, die Berücksichtigung der jeweiligen Umstände.[39]

---

[32] *Heine/Schittenhelm*, in: Schönke/Schröder, § 326 Rn. 3; *Saliger*, UmwStR, Rn. 303.

[33] BGHSt 38, 325/338 f.; *Heine/Schittenhelm*, in: Schönke/Schröder, § 326 Rn. 22.

[34] OLG Braunschweig NStZ-RR 1998,175; NStZ-RR 2001, 42; OLG Koblenz NStZ-RR 1996, 9; OLG Schleswig NStZ 1997, 546 f. m. abl. Anm. *Iburg*; *Fischer*, § 326 Rn. 19a; wohl auch BGHSt 59, 45/56.

[35] *Franzheim/Pfohl*, UmwStR, Rn. 275 ff. (im Wspr. zu Rn. 247: Abs. 1 Nr. 4 Eignungsdelikt); *Heine/Schittenhelm*, in: Schönke/Schröder, § 326 Rn. 8; *Krell*, UmwStR, Rn. 173 f.; *Sack*, NStZ 1998,198 f.

[36] Vgl. dazu oben § 3 Rn. 41.

[37] Zu den Anforderungen an die Feststellung einer nachhaltigen Schädigung BGHSt 59, 45/56.

[38] Vgl. näher zu diesen Kriterien oben §§ 9 ff.

[39] OLG Schleswig NStZ 1997, 546.

21   Die Beachtlichkeit eines Irrtums über die einschlägige Gefährdungsvariante soll von der qualitativen Vergleichbarkeit der Tatbestandsvarianten abhängen. So sei es unerheblich, wenn der Täter einen für den Boden gefährlichen Abfall fälschlich für wassergefährdend hält. Hingegen liege ein Tatbestandsirrtum vor, wenn der für einen Menschen gem. Nr. 1 gefährliche Abfall fälschlich lediglich als umweltgefährdend im Sinne von Nr. 4 erachtet wird.[40] Überlagert wird diese Frage freilich von dem zu klärenden Eventualvorsatz im Hinblick auf alternative Tatbestandsvarianten. Greift aber ein Tatbestandsirrtum, kommen gem. § 326 Abs. 4 u. Abs. 5 StGB Versuch und Fahrlässigkeit in Betracht.

3. Die tatbestandlichen Verhaltensweisen

22   Zur Anpassung an europäisches Recht umfasst § 326 Abs. 1 StGB auf Ebene der Handlung als Oberbegriff die Bewirtschaftung des Abfalls und greift insofern auch auf Begrifflichkeiten des § 3 KrWG zurück, wobei es für den Straftatbestand nicht auf ein gewerbsmäßiges oder im Rahmen wirtschaftlicher Unternehmen erfolgendes Handeln ankommt. Insofern erschließen sich die Handlungsvarianten deskriptiv und im Zusammenhang mit § 3 KrWG.[41]

23   Die auf Abfälle nach § 326 Abs. 1 HS 1 StGB bezogene Handlung muss außerhalb einer dafür zugelassenen **Anlage** oder unter wesentlicher Abweichung von einem vorgeschriebenen oder zugelassenen **Verfahren** stattfinden. Das entspricht der verwaltungsrechtlichen Pflicht gem. § 330d Abs. 1 Nr. 4 StGB und wird um § 330d Abs. 2 StGB für Taten in einem anderen Mitgliedstaat der Europäischen Union erweitert;[42] besondere Aufmerksamkeit verlangt die **Genehmigungsfiktion** gem. § 54 Abs. 6 S. 2 KrWG für Sammler, Beförderer, Händler und Makler von gefährlichen Abfällen.[43] Der Tatbestand ist insofern verwaltungsakzessorisch, weshalb der betreffende Rechtsverstoß vom (bedingten) **Vorsatz** umfasst sein muss.[44] Die Kenntnis des Handelnden von der Abfalleigenschaft lässt – im Rahmen von § 261 StPO aus der Perspektive der erweiterten Sachrüge – für sich genommen nicht den Schluss auf Vorsatz in Bezug auf die Genehmigungsbedürftigkeit zu.[45] Obgleich der Irrtum über das normative Tatbestandsmerkmal **Abfall** für sich genommen nur einen Verbotsirrtum begründet, schließt derselbe Irrtum im Zusammenhang mit der Verwaltungsakzessorietät bereits den subjektiven Tatbestand aus: Wer nicht weiß oder für möglich hält, dass er – unter zutreffend erkannter Tatsachengrundlage – mit gefährlichen Abfällen im Sinne von § 326 Abs. 1 HS 1 StGB umgeht, kann den für die Verwaltungsakzessorietät notwendigen Rechtsverstoß nicht reflektiert haben.

---

[40] *Heine/Schittenhelm*, in: Schönke/Schröder, § 326 Rn. 14.

[41] Im Einzelnen statt vieler *Alt*, in: MüKo-StGB, § 326 Rn. 47 ff.

[42] S. nur *Alt*, in: MüKo-StGB, § 326 Rn. 60 ff.

[43] Im einzelnen oben § 4 Rn. 65 ff.

[44] BGHSt 59, 49/53 f.; *Alt*, in: MüKo-StGB, § 326 Rn. 100; *Heine/Schittenhelm*, in: Schönke/Schröder, § 326 Rn. 14.

[45] BGHSt 59, 49/53 f.; *Alt*, in: MüKo-StGB, § 326 Rn. 100.

§ 326 Abs. 1 StGB ist – vorbehaltlich des verwaltungsakzessorischen Bereichs 24 des verdeckten Betreiberdelikts[46] – ein Allgemeindelikt, weshalb insofern die Problematik von Täterschaft und Teilnahme sowie der Täterschaft durch Unterlassen in voller Bandbreite eröffnet ist. Besonders problematisch ist die Fortwirkung der Sonderpflichten des ursprünglichen Abfallbesitzers im Zusammenwirken mit den auf dem Gedanken des umweltbewussten Rechtsgenossen basierenden, weitreichenden **Erkundigungspflichten**, welche – soweit kein Vorsatz gegeben ist – zur fahrlässigen Nebentäterschaft gem. § 326 Abs. 5 Nr. 1 StGB führen können sollen.[47]

§ 326 Abs. 1 StGB ist als unechtes Unterlassungsdelikt möglich. Der Betriebs- 25 beauftragte für Abfall (§§ 59, 60 KrWG) ist Garant, wobei sich die Verletzung dieser Pflicht im Einzelfall nach dem Umfang des ihm auferlegten Pflichtenprogramms beurteilt.[48] Problematisch ist die Verantwortlichkeit des Grundstückseigentümers – einerseits ohne ein Mindestmaß an Sachherrschaft über das Grundstück für vereinzelte Ablagerungen und andererseits für Vorgänge mit einer gewissen Stetigkeit über einen nicht unerheblichen Zeitraum, was die Merkmale einer Deponie im Sinne von § 3 Abs. 27 KrWG erfüllen kann.[49]

§ 330b StGB eröffnet für § 326 Abs. 1 bis Abs. 3 StGB die **tätige Reue** bis hin 26 zum Absehen von Strafe. § 330c StGB trifft Regelungen zur **Einziehung**.

II. Betreiben einer Abfallentsorgungsanlage gem. § 327 Abs. 2 S. 1 Nr. 3 StGB

Nötig ist eine Anlage zur Beseitigung des Abfalls, weshalb gegenüber Abfällen zur 27 Verwertung anhand des verfolgten Hauptzwecks abzugrenzen ist. Im Unterschied zu § 326 Abs. 1 StGB muss die rechtliche Würdigung als Abfallbeseitigungsanlage vom Vorsatz umfasst sein, weshalb auch insofern der vom Handelnden verfolgte Hauptzweck Teil des Tatbestandes ist.[50]

Nach dem Wortlaut des § 327 Abs. 2 S. 1 Nr. 3 StGB werden nur Abfallentsor- 28 gungsanlagen nach dem KrWG erfasst. Das sind nur noch Anlagen, deren Errichtung, Betrieb und wesentliche Änderung gem. § 35 Abs. 2 KrWG der Planfeststellung bzw. Plangenehmigung bedürfen, mithin ausschließlich Deponien.[51] Deponien in diesem Sinne sind gem. § 3 Abs. 27 KrWG Beseitigungsanlagen zur Ablagerung von Abfällen oberhalb der Erdoberfläche (oberirdische Deponien) oder unterhalb der Erdoberfläche (Untertagedeponien). Für die Einziehung gilt § 330c StGB.

---

[46] Vgl. auch § 5 Rn. 10.
[47] Zum ganzen oben § 3 Rn. 68 ff., insb. krit. dort Rn. 73.
[48] S. nur *Alt*, in: MüKo-StGB, § 326 Rn. 119; *Heine/Schittenhelm*, in: Schönke/Schröder, § 326 Rn. 21; *Michalke*, UmwStR, Rn. 287 sowie zur Frage der Täterschaft oben § 6 Rn. 23 f.
[49] Diff. dazu *Alt*, in: MüKo-StGB, § 326 Rn. 122.
[50] Vgl. BGHSt 59, 45/53 f. und soeben § 14 Rn. 13 f.
[51] *Kloepfer*, Umweltrecht, § 7 Rn. 144; *Rengier*, BT II § 48 Rn. 31.

III. Betreiben einer Abwasserbehandlungsanlage gem. § 327 Abs. 2 S. 1 Nr. 4 StGB

29   Abwasserbehandlungsanlagen gem. § 60 Abs. 3 WHG sind Anlagen, (1) für die eine Verpflichtung zur Durchführung einer Umweltverträglichkeitsprüfung besteht, (2) in denen Abwasser behandelt wird, das aus bestimmten Anlagen oder (3) bestimmten Deponien stammt. Zugleich wird Abwasser bei entsprechendem Gefährdungsgrad von § 326 Abs. 1 StGB erfasst.[52]

IV. Grenzüberschreitende Abfallverbringung

30   Die grenzüberschreitende Abfallverbringung erschwert die Durchsetzung der verwaltungsrechtlichen Regulierung der Abfallströme. Rechtsverstöße begründen daher eine abstrakte Gefahr für Rechtsgüter der Umwelt. Der Gesetzgeber hat für die Absicherung der Aktualität des vom **Blankett** erfassten europäischen Rechts einen bemerkenswerten Ausweg gefunden: eine statische Verweisung mit exekutiver Verlängerungsoption.[53] Problematisch ist die **Abgrenzung** zwischen § 326 Abs. 2 StGB und § 18a Abs. 1 AbfVerbrG. Beide Normen beziehen sich auf gefährliche Abfälle, wenngleich die normativen Bezugspunkte unterschiedlich sind, hier § 326 Abs. 1 StGB und dort Art. 3 Nr. 2 der Richtlinie 2008/98/EG. Die Unterscheidung beider Straftatbestände erfolgt anhand der Art des Verbringungsverbotes, gegen welches verstoßen wird. § 18a Abs. 1 AbfVerbrG bezieht sich danach als *lex specialis* auf die dort genannten europäischen Regelungen, während § 326 Abs. 2 StGB Verstöße gegen Verbringungsverbote aus anderen Vorschriften im Hinblick auf gefährliche Abfälle nach Maßgabe des § 326 Abs. 1 StGB erfasst.[54] Dieser Vorrang des § 18a AbfVerbrG belässt § 326 Abs. 2 StGB nur einen begrenzten Anwendungsbereich.[55] Problematisch ist der **Verbringungsbegriff**, der unter Ausrichtung an europäischem Recht in Vorbereitungshandlungen hinein ragt und daher unter dem Gesichtspunkt des materiellen Schuldprinzips problematisch ist.[56]

31   § 18a Abs. 1 AbfVerbrG wird flankiert von einem konkreten Gefährdungsdelikt in § 18a Abs. 2 AbfVerbrG, das die vitalen und medialen Umweltrechtsgüter mit einbezieht, was in Abs. 4 im Hinblick auf die Todesgefahr sowie die Gefahr der schweren Gesundheitsschädigung bzw. der Gesundheitsschädigung einer großen Zahl von Menschen gesteigert wird. Der Abs. 3 enthält eine Qualifikation für die beharrliche Wiederholung sowie für die Gewinnsucht.[57] Die Todeserfolgsqualifika-

---

[52] S. o. § 14 Rn. 7.

[53] S. o. § 3 Rn. 122.

[54] BGH NStZ-RR 2018, 359; *Alt*, in: MüKo-StGB, § 326 Rn. 76.

[55] Näher *Heine/Schittenhelm*, in: Schönke/Schröder, § 326 Rn. 12a a.E. u. Rn. 12b.

[56] Vgl. dazu *Heine/Schittenhelm*, in: Schönke/Schröder, § 326 Rn. 12a und zum Grundproblem oben § 3 Rn. 32 f.

[57] Vertieft zum ganzen *Alt*, in: MüKo-StGB, § 326 Rn. 77 ff.

tion findet sich in § 18a Abs. 6 AbfVerbrG, mit der Besonderheit eines straflosen Versuchs des Grunddelikts.[58]

§ 18b AbfVerbrG wiederholt die Regelungssystematik des § 18a Abs. 1 AbfVerbrG **32** mit dem Unterschied, dass es hier um keine gefährlichen Abfälle im Sinne des Art. 3 Nr. 2 der Richtlinie 2008/98/EG geht.

Kontrollfragen
1. Erläutern Sie Gründe und Grundsätze des eigenständigen strafrechtlichen Abfallbegriffs! (Rn. 4 ff.)
2. Werden Abwässer und unbewegliche Sachen erfasst? (Rn. 7 f.)
3. Erläutern Sie Bedeutung, Voraussetzungen und Nachweis des Entledigungswillens! (Rn. 6, 10 f.)
4. Wie sind Abfälle zur Beseitigung und zur Verwertung zu unterscheiden und wofür hat das Bedeutung? (Rn. 13 f.)
5. Worauf kommt es für die Feststellung der Eignung zur Gefährdung gem. § 326 Abs. 1 Nr. 4 StGB an? (Rn. 20)
6. Welche Erkundigungspflichten bestehen nach der Rspr. für den ursprünglichen Abfallbesitzer im Hinblick auf den Abnehmer des Abfalls, welche Strafbarkeit kann sich daraus ergeben und welche Einwände bestehen gegen die Maßstäbe der Rspr.? (Rn. 24 und § 3 Rn. 73)
7. Worauf muss sich hinsichtlich der Verwaltungsakzessorietät des § 326 Abs. 1 StGB der Vorsatz beziehen und welcher sachliche Zusammenhang besteht zu dem Vorsatz hinsichtlich des Abfalls? (Rn. 23)
8. Was ist ein Betriebsbeauftragter für Abfall und welche strafrechtlichen Risiken treffen ihn? (Rn. 25)
9. Was ist eine Abfallentsorgungsanlage im Sinne von § 327 Abs. 1 S. 1 Nr. 3 StGB? (Rn. 27 f.)
10. Welche Strafnormen bestehen für die grenzüberschreitende Abfallverbringung und wie sind diese voneinander abzugrenzen? (Rn. 30 ff.)

Weiterführende Literatur

Alt, Unbewegliche Sachen als Abfall? – Folgerungen aus der Entscheidung des EuGH vom 07.09.2004 für das Strafrecht, StraFo 2006, 441 ff.
Baumann/Weber/Mitsch/Eisele, AT
Beckemper/Wegner, Der Abfallbegriff – Geltung des § 3 Abs. 3 S. 1 Nr. 2 KrW/AbfG im Abfallstrafrecht, wistra 2003, 281 ff.
Börner, Die Zueignungsdogmatik der §§ 242, 246 StGB, 1. Aufl. 2004
Bülte, Möglichkeiten und Grenzen beweiserleichternder Tatbestandsfassungen im Strafrecht, JZ 2014, 603 ff.
Franzheim/Pfohl, Umweltschutzstrafrecht, Eine Darstellung für die Praxis, 2. Aufl. 2001
Iburg, Anm. zu OLG Schleswig, Beschl. v. 20.05.1997 – 2 Ss 334/96, NStZ 1997, 547 f.

---

[58] S. dazu *Mitsch*, NZWiSt 2019, 121 ff. sowie oben § 3 Rn. 110.

Kloepfer/Heger, Umweltstrafrecht, 3. Aufl. 2014

Krell, Die Systematik des Abfallstrafrechts – Zugleich Besprechung von BGH, Urt. v. 23.10.2013 – 5 StR 505/12 –, NZWiSt 2014, 14 ff.

Michalke, Umweltstrafsachen, 2. Aufl. 2000

Mitsch, Versuch bei erfolgsqualifizierter strafbarer Abfallverbringung, NZWiSt 2019, 121 ff.

Münchener Kommentar zum Strafgesetzbuch, 3. Aufl. 2019

Rengier, Strafrecht Besonderer Teil II, Delikte gegen die Person und die Allgemeinheit, 20. Aufl. 2019

Sack, Umweltschutz-Strafrecht, 5. Auflage, 18. Lieferung

Sack, Anm. zu OLG Celle, Beschl. v. 24.01.1997 – 3 Ss 8/97, NStZ 1998,198 f.

Satzger, „Giftiges" im Strafrecht – Überlegungen zur kontextabhängigen Auslegung eines Tatbestandsmerkmals, Jura 2015, 580 ff.

Schall, Systematische Übersicht der Rechtsprechung zum Umweltstrafrecht – 3. Teil, NStZ-RR 2006, 292 ff.

Schönke/Schröder, Strafgesetzbuch, Kommentar, hrsg. v. *Eser* u. a., 30. Aufl. 2019

Wessels/*Beulke/Satzger*, Strafrecht Allgemeiner Teil, die Straftat und ihr Aufbau, 49. Aufl. 2019

§ 15 Immissionsschutzstrafrecht

Das Immissionsschutzstrafrecht beschreibt die Strafbarkeit aufgrund der Einwirkung von Luftverunreinigungen, Lärm, Erschütterungen, Wärme, Licht oder sonstiger Strahlung.[1] Die Zuordnung der einzelnen Delikte zu diesem Teilrechtsgebiet folgt keinem strengen Muster, sondern dient in erster Linie der Strukturierung des Stoffes und seiner vollständigen Erfassung. Die Luftverunreinigung wurde hier bereits im Zuge des medialen Umweltstrafrechts dargestellt[2] und die ionisierende Strahlung gehört zum Atomstrafrecht.[3] Nachfolgend geht es daher um Lärm, Erschütterungen und nichtionisierende Strahlung sowie um § 327 Abs. 2 S. 1 Nr. 1 StGB als das Kernstück des Immissionsschutzstrafrechts. Hinzu kommt § 329 Abs. 1 StGB.

I. § 325a Abs. 1 StGB

Das Betreiberdelikt setzt eine Anlage im weitesten Sinne voraus, bei deren Betrieb   1
unter Verletzung verwaltungsrechtlicher Pflichten (§ 330d Abs. 1 Nr. 4 StGB) Lärm
entsteht. Lärm ist eine hörbare, durch Schallwellen verbreitete Einwirkung, die objektiv geeignet ist, einen normal empfindenden Menschen zu belästigen.[4] Die über
eine bloße abstrakte Gefahr hinausgehende Eignung bedarf im Einzelfall besonderer
Feststellungen und einer entsprechenden Würdigung. Eine nähere Eingrenzung der
Eingriffsschwellen ergibt sich aus dem verwaltungsrechtlichen Pflichtenreglement.
Wer sich innerhalb der Werte der **TA Lärm** und der **AVA Baulärm** als Konkretisierung des unbestimmten Rechtsbegriffs der schädlichen Umwelteinwirkungen sowie
sonstiger Vorgaben hält, handelt grdsl. nicht verwaltungsrechtswidrig.[5] Umgekehrt

---

[1] *Saliger*, UmwStR, Rn. 385.

[2] S. oben § 10 Rn. 9.

[3] S. unten § 17.

[4] *Alt*, in: MüKo-StGB, § 325a Rn. 9.

[5] *Alt*, in: MüKo-StGB, § 325a Rn. 15.

© Springer-Verlag GmbH Deutschland, ein Teil von Springer Nature 2020   345
R. Börner, *Umweltstrafrecht*, Springer-Lehrbuch,
https://doi.org/10.1007/978-3-662-60629-2_15

begründet aber der Verstoß gegen solche Werte nicht automatisch die strafrechtlich erforderliche Schädigungseignung. Anderenfalls würden die Tatbestandsmerkmale miteinander verschliffen und ihrer eigenständigen Bedeutung beraubt.

2   Objekt der Eignung ist ausschließlich der Mensch als anderer. Zudem muss die Eignung zur Schädigung der menschlichen Gesundheit außerhalb des zur Anlage gehörenden Bereichs eintreten, was enger zu verstehen ist als das Betriebsgelände im Sinne von § 325 Abs. 2 StGB.[6] Die Verletzung der verwaltungsrechtlichen Pflicht muss vom Vorsatz umfasst sein.

II. § 325a Abs. 2 StGB

3   Das Betreiberdelikt setzt akzessorisch die Verletzung verwaltungsrechtlicher Pflichten (§ 330d Abs. 1 Nr. 4 StGB) voraus. Diese Pflichten sind hier an einen speziellen Schutzzweck gebunden. Sie müssen dem Schutz vor Lärm, Erschütterungen oder nichtionisierenden Strahlen dienen, worunter auch Licht fällt.[7] Entsprechend der Beschränkung des Schutzzweckes der verletzten Pflicht muss eine konkrete Gefahr durch Lärm, Erschütterungen oder nichtionisierende Strahlen eintreten. Auch wenn der Tatbestand dies nicht eigens erwähnt, knüpft der notwendige spezifische Gefahrzusammenhang zwischen Handlung und konkreter Gefahr damit zwingend an die Entstehung der jeweiligen Emission.

4   Gegenstand der **konkreten Gefahr** ist die Gesundheit eines anderen Menschen sowie dem Täter nicht gehörender Tiere oder fremder Sachen von bedeutendem Wert. Die Beschränkung auf fremde Sachen schließt für diese Sachen jede andere als die rein wirtschaftliche Betrachtung des Wertes des drohenden Schadens (750 €) aus. Anderenfalls wäre nicht erklärbar, weshalb **der ökologische Wert der Sache**, die im Eigentum des Täters steht, irrelevant ist.[8] Daraus erfolgt eine erklärbare Ungleichbehandlung der fremden Sache gegenüber einem dem Täter nicht gehörenden Tier von bedeutendem Wert,[9] denn Tiere sind normativ um ihrer selbst willen schutzwürdig, was nur unter ökologischen Aspekten berücksichtigt werden kann. Die Unbeachtlichkeit der dem Täter gehörenden Tiere ist eine Entscheidung des Strafgesetzgebers. Kulturelle Belange hingegen sind von vornherein unbeachtlich, da sie außerhalb des Schutzzwecks der Umweltdelikte des 29. Abschnitts des StGB liegen.[10]

---

[6] Dazu bereits oben § 10.

[7] Im Einzelnen dazu *Alt*, in: MüKo-StGB, § 325a Rn. 18.

[8] *Heine/Schittenhelm*, in: Schönke/Schröder, § 325a Rn. 10; *Szesny*, in: AnwK-StGB, § 325a Rn. 14; a.A. *Fischer*, § 325a Rn. 8; *Saliger*, in: SSW-StGB, § 325a Rn. 10 und nun auch *Alt*, in: MüKo-StGB, § 325a Rn. 21.

[9] Zum Begriff oben § 10 Rn. 7.

[10] S. oben § 9 Rn. 4; a.A. etwa *Saliger*, in: SSW-StGB, § 325a Rn. 10.

III. § 327 Abs. 2 S. 1 Nr. 1 StGB

Die gem. § 4 BImSchG genehmigungsbedürftige Anlage wird durch die Vierte Ver-   5
ordnung zur Durchführung des Bundesimmissionsschutzgesetzes (4. BImSchV)
ausgestaltet. Nahezu die gesamte Bandbreite gewerblicher und industrieller orts-
gebundener Tätigkeiten, die geeignet sind, schädliche Umwelteinwirkungen hervorzurufen oder in anderer Weise die Allgemeinheit oder die Nachbarschaft zu
gefährden, erheblich zu benachteiligen oder erheblich zu belästigen, werden verwaltungsakzessorisch von § 327 Abs. 2 S. 1 Nr. 1 StGB erfasst. Der bedeutende
Umfang der unter den Straftatbestand fallenden Anlagen ergibt sich aus dem detail-
lierten Anhang 1 der genannten Verordnung.

Tatobjekte des Abfallrechts sind im Unterschied zu § 327 Abs. 2 S. 1 Nr. 3 StGB   6
Abfallentsorgungsanlagen, die nicht unter das Kreislaufwirtschaftsgesetz fallen.
Das hebt § 4 Abs. 1 S. 1 BImSchG hervor, wobei § 1 Abs. 1 S. 2 der 4. BImSchV
die Ortsgebundenheit nicht an eine Mindestdauer von zwölf Monaten knüpft. Die
nähere Ausgestaltung der Anlagen zur Verwertung und Beseitigung von Abfällen
und sonstigen Stoffen erfolgt unter Nr. 8 des Anhanges dieser Verordnung.

Die Tathandlung erschöpft sich im Betreiben der Anlage, das von der Errich-   7
tung der Anlage zu unterscheiden ist. Der streng verwaltungsakzessorische Unwert
der Tat erschöpft sich in dem Verstoß gegen das präventive Verbot mit Erlaubnisvorbehalt sowie der Verletzung von auf dieser Grundlage ergangenen Einzelentscheidungen. Zum Ausschluss der Bestrafung bloßen Verwaltungsungehorsams ist
auf dem Boden der hier vertretenen Anspruchstheorie[11] die Tat gerechtfertigt, wenn
und solange ein durchsetzbarer Anspruch auf Erteilung einer Genehmigung bzw.
auf Aufhebung einer rechtswidrigen Untersagung besteht. Die aktive Duldung
kann Ausdruck rechtmäßigen und zweckmäßigen aufsichtsbehördlichen Verhaltens sein und eröffnet bei Unwirksamkeit der aktiven Duldung die Irrtumsproblematik.

Fraglich ist, in welchem Maße gegen das Erfordernis einer Genehmigung ver-   8
stoßen werden muss. Wer **ohne Genehmigung** handelt, verletzt das präventive Verbot mit Erlaubnisvorbehalt. Wer eine Genehmigung hat und von dieser durch den
Betrieb der Anlage unwesentlich abweicht, bewegt sich ebenfalls auf Grundlage
dieser Genehmigung. Problematisch ist, was gilt, wenn der Betrieb eine wesentliche
Abweichung von der erteilten Genehmigung darstellt. Für diesen Fall sieht § 16
BImSchG eine vorherige Genehmigung für die **wesentliche Änderung** vor. Fraglich ist also, ob die fehlende Änderungsgenehmigung der vollständigen Genehmi-
gungslosigkeit gleichzustellen ist, was der ganz h.M. entspricht. Dem ist entgegenzutreten. Der Betrieb unter einer wesentlichen Änderung ist immer noch insofern
als er nicht die Änderung betrifft, von der Genehmigung gedeckt.[12] So liegt es bspw.
bei der genehmigungsbedürftigen Steigerung der Produktion oder der Menge des
verwendeten und an sich genehmigten Stoffs. Der Unwert der Tat ist daher ein anderer, als wenn gar keine vorherige behördliche Prüfung und Genehmigung

---

[11] S. oben § 4 Rn. 34.
[12] Zum ganzen oben § 4 Rn. 87 ff.

vorgenommen worden wäre. Diesen Unwertunterschied bringt der Wortlaut des § 327 Abs. 2 S. 1 StGB im Vergleich zu § 327 Abs. 1 StGB zum Ausdruck. § 327 Abs. 1 Nr. 1 StGB nennt neben dem Betrieb einer kerntechnischen Anlage ohne die erforderliche Genehmigung die wesentliche Änderung dieses Betriebs, was auch die Aufnahme des Betriebs nach Durchführung der wesentlichen Änderung umfasst. § 327 Abs. 2 S. 1 StGB hingegen nennt nur den Betrieb ohne Genehmigung, ohne den Betrieb aufgrund wesentlicher Änderung anzusprechen. Das wird durch § 62 Abs. 1 Nr. 4 BImSchG flankiert. Der Unterschied zu § 327 Abs. 1 StGB erklärt sich durch das ungleich höhere Gefahrenpotenzial einer kerntechnischen Anlage. Daher ist es ausreichend, den Betrieb unter Verstoß gegen § 16 BImSchG als Ordnungswidrigkeit zu ahnden.[13] Klarzustellen ist aber, dass die Herbeiführung der wesentlichen Änderung der Anlage ohne die Aufnahme des Betriebs dieser geänderten Anlage einhellig nur als Ordnungswidrigkeit geahndet wird. Dieses Problem verliert freilich auf dem Boden der Anspruchstheorie und der daraus jedenfalls resultierenden Rechtfertigung im Ergebnis an Gewicht, soweit ein materieller Rechtsverstoß nicht gegeben ist. Von all dem abgesehen ist problematisch, welche Auswirkungen die Verletzung von § 16 BImSchG auf den Umfang der Einziehung hat.[14]

9   Strafbar ist auch der Verstoß gegen eine **vollziehbare Untersagung**. Eine solche kann sich sowohl auf eine nicht genehmigungsbedürftige Anlage als auch auf eine genehmigungsbedürftige Anlage beziehen, unabhängig davon, ob für letztere eine Genehmigung vorgelegen hat oder nicht.[15] Nach der Systematik des § 327 Abs. 2 S. 1 Nr. 1 StGB genügt für die Untersagung einer genehmigungsbedürftigen Anlage der Verstoß gegen jede vollziehbare Untersagung. Für sonstige Anlagen – wobei es sich um die aufgrund einer geringeren abstrakten Gefährlichkeit nicht genehmigungsbedürftigen Anlagen i. S. v. §§ 22 ff. BImSchG handelt – ist nach der einschränkenden Formulierung der Nr. 1 erforderlich, dass deren Betrieb **zum Schutz vor Gefahren** untersagt worden ist. Diese Einschränkung anhand des Schutzzwecks soll nach einer Ansicht dazu führen, dass allein die auf § 25 Abs. 2 BImSchG gestützten Untersagungsverfügungen für nicht genehmigungsbedürftige Anlagen relevant sind.[16] Nach anderer und in Ansehung des Schutzzweckes und Wortlautes von § 327 Abs. 1 Nr. 1 StGB vorzugswürdiger Ansicht kommt auch eine Untersagung gem. § 25 Abs. 1 BImSchG in Betracht, soweit die vorausgegangene Anordnung nach § 24 BImSchG zumindest auch dem Schutz vor Umweltgefahren dient.[17] Die Bedeutung auch dieser Frage relativiert sich nach der Anspruchstheorie, wenn und solange ein durchsetzbarer Anspruch auf Aufhebung einer materiell-rechtswidrigen Untersagungsverfügung besteht. Der **Vorsatz** muss die Genehmigungsbedürftigkeit bzw. die Untersagung als Rechtstatsache gem. § 16 Abs. 1 S. 1 StGB umfassen (s. o. § 4 Rn. 101 ff.).

---

[13]Zum ganzen bereits *Börner*, wistra 2006, 7 ff.

[14]Dazu oben § 4 Rn. 99 f.

[15]Näher oben § 4 Rn. 7.

[16]*Heine/Schittenhelm*, in: Schönke/Schröder, § 327 Rn. 15.

[17]*Alt*, in: MüKo-StGB, § 327 Rn. 25; *Franzheim/Pfohl*, UmwStR, Rn. 389; *Heger*, in: Lackner/ Kühl, § 327 Rn. 2.

IV. § 329 Abs. 1 StGB

Die Strafbarkeit knüpft sich akzessorisch an den Verstoß gegen eine Rechtsverord- 10
nung auf Grundlage von § 49 BImSchG. Gegenstand sind einerseits Luftverunreinigungen und Geräusche, wofür § 49 Abs. 1 BImSchG die Ermächtigung für die Landesregierungen enthält. Hiervon sind gem. § 49 Abs. 3 BImSchG landesrechtliche
Ermächtigungen für Gemeinden und Gemeindeverbände zu unterscheiden, die gerade nicht auf § 49 Abs. 1 BImSchG zurückgehenden, sondern parallel neben diesem stehen.[18] Ferner ist problematisch, ob und inwiefern die Landesgesetzgeber
bislang hiervon Gebrauch gemacht haben.[19] Austauscharme Wetterlagen entsprechen dem Alltagsbegriff **Smog** und hierfür gilt § 49 Abs. 2 BImSchG unter Ermächtigung der Landesregierungen.

Strafbar ist der Verstoß gegen eine dieser Rechtsverordnungen sowie gem. § 329 11
Abs. 1 S. 2 StGB der Verstoß gegen eine vollziehbare Anordnung aufgrund der bezeichneten Rechtsverordnung. Hervorzuheben ist die unterschiedliche Folge materieller Fehler. Die vollziehbare Anordnung entfaltet Bindungswirkung, solange sie
nicht nichtig ist oder Rechtsmittel aufschiebende Wirkung haben.[20] Eine formell
oder materiell rechtswidrige **Rechtsverordnung** ist hingegen **nichtig**[21] und folglich
geht die akzessorische Strafnorm dann insofern ins Leere. Ferner muss die Rechtsverordnung hinreichend konkret pflichtbegründend gegenüber dem Einzelnen, also
self-executing sein.

Kraftfahrzeuge, Schienen-, Luft- oder Wasserfahrzeuge sind gem. § 329 Abs. 1 12
S. 3 StGB nicht betroffen. Für die Einziehung gilt § 330c StGB. Zu allen Delikten
des 29. Abschnitts, die einen unerlaubten Anlagenbetrieb voraussetzen und damit
insb. zu § 327 Abs. 2 S. Nr. 1 StGB besteht Tateinheit.[22]

Kontrollfragen
1. Welche Bedeutung hat die TA Lärm für § 325a Abs. 1 StGB? (Rn. 1)
2. Wonach bemisst sich der bedeutende Wert des einer fremden Sache drohenden Schadens? (Rn. 4)
3. Welche Anlagen des Abfallrechts werden von § 327 Abs. 2 S. 1 Nr. 1 StGB
   erfasst und woraus ergibt sich dies konkret? Nennen Sie fünf Beispiele!
   (Rn. 6)
4. Ist der Betrieb einer Anlage unter wesentlicher Änderung gem. § 16
   BImSchG ein Betreiben ohne Genehmigung im Sinne von § 327 Abs. 2
   S. 1 Nr. 1 StGB? (Rn. 8)

---

[18] Vertieft dazu *Thiel*, in: Landmann/Rohmer, 86. EL April 2018, § 49 BImSchG Rn. 42 ff.
[19] Krit. etwa *Alt*, in: MüKo-StGB, § 329 Rn. 9.
[20] Vgl. dazu *Sack*, UmwStR, § 329 StGB Rn. 49.
[21] S. nur *Maurer/Waldhoff*, Allg. VerwR, § 13 Rn. 16 f.
[22] *Alt*, in: MüKo-StGB, § 329 Rn. 51; *Fischer*, § 329 Rn. 19.

5. Für welche Fälle verlangt § 327 Abs. 2 S. 1 Nr. 1 StGB eine vollziehbare Untersagung gerade zum Schutz vor Gefahren? (Rn. 9)
6. Erläutern Sie die Struktur des § 329 Abs. 1 S. 1 StGB sowie die Bedeutung der materiellen Rechtswidrigkeit der akzessorisch in den Tatbestand einbezogenen Elemente des Verwaltungsrechts! (Rn. 10 f.).

Weiterführende Literatur

Börner, § 327 Abs. 2 Nr. 1 StGB und die wesentliche Änderung des Betriebs, wistra 2006, 7 ff.
Fischer, Strafgesetzbuch, 66. Aufl. 2019
Franzheim/Pfohl, Umweltschutzstrafrecht, Eine Darstellung für die Praxis, 2. Aufl. 2001
Münchener Kommentar zum Strafgesetzbuch, 3. Aufl. 2019
Lackner/*Kühl*, Strafgesetzbuch, Kommentar, 29. Aufl. 2018
Landmann/Rohmer, Umweltrecht, Kommentar, Stand Februar 2019 (89. Ergänzungslieferung)
Maurer/Waldhoff, Allgemeines Verwaltungsrecht, 19. Aufl. 2017
Sack, Umweltschutz-Strafrecht, 5. Auflage, 18. Lieferung
Saliger, Umweltstrafrecht, 1. Aufl. 2012
Schönke/Schröder, Strafgesetzbuch, Kommentar, hrsg. v. *Eser* u. a., 30. Aufl. 2019
Satzger/Schluckebier/Widmaier, Strafgesetzbuch, 3. Aufl. 2016

§ 16 Gentechnikstrafrecht

Es ist Aufgabe des Gesetzgebers, einen rechtlichen Rahmen für die Erforschung, 1
Entwicklung und Nutzung der Gentechnik zu schaffen, einschließlich der Produktion von Lebens- und Futt.ermitteln unter Einsatz gentechnisch veränderter Organismen. Dies bezweckt gem. § 1 Nr. 2 und 3 das Gentechnikgesetz. Die hohe Sensibilität und das Gefährdungspotenzial dieses Bereichs hebt § 1 Nr. 1 GenTG hervor, indem der Schutz des Lebens und der Gesundheit von Menschen, der Umwelt in ihrem Wirkungsgefüge, der Tiere, Pflanzen und Sachgüter vor schädlichen Auswirkungen gentechnischer Verfahren und Produkte sowie die Vorsorge gegen das Entstehen solcher Gefahren unter Berücksichtigung ethischer Werte an die erste Stelle des Gesetzeszwecks gesetzt wird.

Das Gentechnikgesetz gilt gem. § 2 GenTG für gentechnische Anlagen, gentech- 2
nische Arbeiten, Freisetzungen von gentechnisch veränderten Organismen und für das Inverkehrbringen von Produkten, die gentechnisch veränderte Organismen enthalten oder aus solchen bestehen, wobei Tiere in diesem Sinne als Produkte gelten. Diese Bereiche gestaltet das Gesetz durch differenzierte Regelungen aus.[1]

Jene Regelungen werden von Bußgeldvorschriften in § 38 GenTG und Strafvor- 3
schriften in § 39 GenTG flankiert. **§ 39 Abs. 1 GenTG** ist eine Blankettnorm, welche die Strafbarkeit dem Wortlaut nach einem Verordnungsgeber überlässt. Unabhängig von der Frage, ob eine solche Verordnung bereits erlassen worden ist,[2] scheint das Delikt bei isolierter Betrachtung und auf den ersten Blick gegen das von dem BVerfG anhand des Rindfleischetikettierungsgesetzes unterstrichene Verbot der Blankoermächtigung des Verordnungsgebers zu verstoßen.[3] Bezieht man aber § 36 GenTG mit ein, wird klar, was nach der Vorstellung des Bundesgesetzgebers unter Strafe gestellt werden soll. Der Parlamentsvorbehalt dürfte daher nicht verletzt sein. Es handelt sich ähnlich wie bei § 6 PflVersG um die **Absicherung ausreichender**

---

[1] Vgl. dazu im einzelnen *Erbguth/Schlacke*, UmwR, § 14 Rn. 21 ff.
[2] Dazu, dass eine solche fehlt(e) *Alt*, in: MüKo-StGB, GenTG § 39 Rn. 5.
[3] Vgl. BVerfG NJW 2016, 3648 ff. sowie zum ganzen oben § 3 Rn. 119 ff.

© Springer-Verlag GmbH Deutschland, ein Teil von Springer Nature 2020
R. Börner, *Umweltstrafrecht*, Springer-Lehrbuch,
https://doi.org/10.1007/978-3-662-60629-2_16

Deckungsvorsorge als Gegenleistung zu dem vom Gentechnikgesetz regulierten Bereich abstrakter Gefahren. In Ansehung der Gemeingefahr und der damit ungleich höheren Bedeutung der Deckungsvorsorge erscheint der Strafrahmen des § 39 Abs. 1 GenTG als recht gering.

4   Wer ohne die erforderliche Genehmigung gentechnisch veränderte **Organismen freisetzt** oder eine gentechnische **Anlage betreibt**, macht sich gem. **§ 39 Abs. 2 GenTG** strafbar. Die strenge Verwaltungsakzessorietät und die Pönalisierung der abstrakten Gefahr entspricht § 327 Abs. 2 S. 1 Nr. 1 StGB. Bemerkenswert ist, dass trotz der drohenden Gefahren die entsprechenden Genehmigungen gem. §§ 11, 16 GenTG bei Vorliegen der Voraussetzungen zwingend zu erteilen sind. Es handelt sich also um präventive Verbote mit Erlaubnisvorbehalt, weshalb zugleich ein durchsetzbarer Anspruch auf Genehmigungserteilung existieren kann, der für die Dauer seines Bestehens nach der hier vertretenen Anspruchstheorie jedenfalls zur Rechtfertigung des genehmigungslosen Verhaltens führt. Andererseits sind die Anforderungen an die Genehmigungsfähigkeit sehr hoch. Schon der in Bezug genommene Stand von Wissenschaft und Technik verdeutlicht, dass der Gesetzgeber nach der größtmöglichen Sicherheit strebt.

5   In Steigerung von konkret benannten einzelnen Handlungen, die für sich genommen eine Ordnungswidrigkeit darstellen, knüpft **§ 39 Abs. 3 GenTG** an bestimmte konkrete Gefahren eine Freiheitsstrafe von immerhin drei Monaten bis zu fünf Jahren. Gefährdungsobjekt sind Leib und Leben eines *anderen*. Ferner geht es um fremde Sachen von bedeutendem Wert, weshalb sich abermals die Frage erhebt, ob ökologische oder gar kulturelle Gesichtspunkte für den bedeutenden Wert herangezogen werden können. Aufgrund der Beschränkung auf *fremde* Sachen kommt es aber ebenso wie bei § 325a Abs. 2 StGB nur auf den wirtschaftlichen Wert an.[4] Sachen, die zum Bereich des gentechnischen Vorhabens gehören, scheiden von vornherein als taugliches Gefährdungsobjekt aus.[5] Gefahrenquelle und gefährdetes Objekt sind normlogisch voneinander zu trennen, so wie es vergleichbar bei § 315c StGB für das geführte Kraftfahrzeug der Fall ist (s.o. § 3 Rn. 45).

6   Ein weiteres Gefährdungsobjekt des § 39 Abs. 3 GenTG sind **Bestandteile des Naturhaushalts von erheblicher ökologischer Bedeutung**. Anders als im vitalen Umweltstrafrecht verbietet sich bei dieser Formulierung eine wirtschaftliche Betrachtungsweise. Jedoch kann eine Parallele zu der Erheblichkeitsschwelle der Gefährdung von Pflanzen und Tieren von erheblichem ökologischem Wert gezogen werden. Hierfür spricht auch die gleichrangige Nennung mit fremden Sachen von bedeutendem Wert. Was sich allerdings aus diesem wertenden Bezugsrahmen für den Einzelfall ergibt, ist zweifelhaft. Unter Bestandteilen des Naturhaushalts sind in Ansehung des Gegenstandes des Gentechnikgesetzes der natürliche Artenreichtum und das Ziel seiner Erhaltung zu verstehen.[6] Viel mehr ist dadurch für die Begriffsbestimmung allerdings nicht gewonnen, weil der Naturhaushalt eine unbestimmte Größe ist, und daher keinen greifbaren Bezugspunkt für die erhebliche ökologische

---

[4] S. dazu § 15 Rn. 4.
[5] *Alt*, in: MüKo-StGB, GenTG § 39 Rn. 15.
[6] S. auch *Alt*, in: MüKo-StGB, GenTG § 39 Rn. 15.

Bedeutung bietet. Ein solcher Bestandteil könnte etwa eine Art insgesamt oder ein abgrenzbarer Bestand sein. Ferner könnte die Auslöschung einer Art oder aber eine Veränderung ihrer natürlich entstandenen genetischen Merkmale maßgeblich sein. Daher wird zu Recht die Bestimmtheit dieses Gefährdungsobjekts in Zweifel gezogen.[7]

Die konkrete Gefährdung erfordert Vorsatz. Versuch und Fahrlässigkeit von § 39   **7** Abs. 2 und Abs. 3 GenTG sind strafbar, wobei § 39 Abs. 6 und Abs. 7 GenTG den Strafrahmen für die konkrete Gefahr bei reiner Fahrlässigkeit geringer ansetzt als für die Vorsatz-Fahrlässigkeit-Kombination. Diese Differenzierung weicht von der üblichen Gleichbehandlung hinsichtlich des Strafrahmens ab, vgl. bspw. § 315c Abs. 3 StGB. Die Erklärung hierfür dürfte in dem vergleichsweise hohen Mindeststrafmaß des § 39 Abs. 3 Gentechnikgesetz zu finden sein, der eine Abstufung der Unwerte unterhalb des Vorsatzes nahe legt.

Fraglich ist, ob der gem. §§ 16 ff. GenTSV zu bestellende **Beauftragte für Bio-**   **8** **logische Sicherheit** Garant i. S. d. § 13 StGB ist. Die Besonderheit besteht darin, dass die Zuordnung des Pflichtenkreises im Wege einer Verordnung und nicht wie sonst durch Gesetz erfolgt. Dieser Unterschied erscheint jedoch unbeachtlich, da die strafrechtliche Garantenpflicht eigenständig zu beurteilen ist. Maßgeblich ist, dass die Bestellung, Verpflichtung und korrespondierende Berechtigung der Fallgruppe der tatsächlichen Gewährübernahme entspricht. Das aber ist nach §§ 18, 19 GenTSV in ausreichender Weise gegeben, weshalb auch hier konsequent eine Überwachergarantenstellung anzunehmen ist.

Kontrollfragen
1. Was bezweckt das Gentechnikgesetz und wofür gilt es? (Rn. 1 f.)
2. Ist § 39 Abs. 1 GenTG verfassungskonform? (Rn. 3)
3. Erläutern Sie § 39 Abs. 2 GenTG! (Rn. 4)
4. Was ist unter Bestandteilen des Naturhaushaltes von erheblicher ökologischer Bedeutung zu verstehen und wie ist die Einhaltung des Bestimmtheitsgebots zu beurteilen? (Rn. 6)
5. Trifft den Betriebsbeauftragten eine Garantenpflicht? (Rn. 8)

Weiterführende Literatur

Erbguth/Schlacke, Umweltrecht, 6. Aufl. 2016
Münchener Kommentar zum Strafgesetzbuch, 3. Aufl. 2018

---

[7] *Alt*, in: MüKo-StGB, GenTG § 39 Rn. 15.

§ 17 Atomstrafrecht

Das Atomstrafrecht lässt sich in drei Bereiche gliedern. Außerhalb des verwaltungs-   **1**
rechtlich regulierten Bereichs erfasst das Strafrecht den Einsatz von radioaktiver
Strahlung und Kernenergie als Werkzeug zur Schädigung von Menschen. Im Zusammenhang mit den Bereichen verwaltungsrechtlicher Regulierung können das
auf Radioaktivität bezogene Gefahrstoffstrafrecht einerseits und die Errichtung sowie der Betrieb von Anlagen andererseits unterschieden werden.

I. Schädigungsmittel

§ 307 Abs. 1 StGB ist ein **konkretes Gefährdungsdelikt** im Hinblick auf Men-   **2**
schen und fremde Sachen von bedeutendem Wert und sieht Freiheitsstrafe nicht
unter fünf Jahren vor, wenn es der Täter im Hinblick auf diesen Gefahrerfolg unternimmt, durch Freisetzen von Kernenergie eine **Explosion** herbeizuführen. Als echtes Unternehmensdelikt sind gem. § 11 Abs. 1 Nr. 6 StGB Versuch und Vollendung
gleichgestellt. § 307 Abs. 2 StGB sieht die Vorsatz-Fahrlässigkeitskombination der
tatsächlich eingetretenen konkreten Gefährdung immerhin noch als Verbrechen an,
während § 307 Abs. 4 StGB für vollständige Fahrlässigkeit gilt. § 307 Abs. 3 StGB
enthält differenziert nach den Grundtatbeständen Abs. 1 und Abs. 2 die jeweils an
Leichtfertigkeit geknüpfte Todeserfolgsqualifikation.

Das entsprechende abstrakte Gefährdungsdelikt ist § 328 Abs. 2 Nr. 3 StGB, der   **3**
die vorsätzliche **Herbeiführung einer nuklearen Explosion** unter Strafe stellt.
Angesichts eines solchen Ereignisses ist der Strafrahmen mit Geldstrafe oder Freiheitsstrafe bis zu fünf Jahren vergleichsweise gering bemessen. Praktisch dürfte es
darauf jedoch kaum jemals ankommen, denn das Gefährdungspotenzial einer vorsätzlich herbeigeführten nuklearen Explosion lässt regelmäßig zumindest einen
konkreten Gefährdungsvorsatz erwarten. § 328 Abs. 2 Nr. 4 StGB hebt im Hinblick
auf Nr. 3 die Unterscheidung zwischen Anstiftung und Beihilfe sowie mittelbarer
Täterschaft auf. Bei Mittäterschaft hingegen bleibt es bei § 328 Abs. 2 Nr. 3

© Springer-Verlag GmbH Deutschland, ein Teil von Springer Nature 2020   355
R. Börner, *Umweltstrafrecht*, Springer-Lehrbuch,
https://doi.org/10.1007/978-3-662-60629-2_17

StGB. Fahrlässigkeit ist gem. § 328 Abs. 5 strafbar und der Versuch gem. Abs. 4, was freilich gem. Abs. 6 für § 328 Abs. 2 Nr. 4 StGB ausgeschlossen wird.

4   § 309 StGB richtet sich auf den Einsatz ionisierender **Strahlung als Schädigungsmittel.** Der objektive Kern des § 309 Abs. 1 StGB besteht darin, dass der Täter einen anderen Menschen einer ionisierenden Strahlung aussetzt, die dessen Gesundheit zu schädigen geeignet ist. Wie für jedes Eignungsdelikt bedarf es dazu der Feststellung und Würdigung von Umständen, die über eine bloße abstrakte Gefahr hinausgehen. Dieser objektive Teil des Deliktes ist ein echtes Unternehmensdelikt, so dass Versuch und Vollendung gleichstehen. Für den Fall der Vollendung erschöpft sich der subjektive Tatbestand nicht in dem auf den objektiven Tatbestand gerichteten Vorsatz, sondern verlangt darüber hinaus eine **überschießende Innentendenz.** Erforderlich ist ein Handeln in der Absicht, die Gesundheit dieses der Strahlung ausgesetzten anderen Menschen zu schädigen. Das Maß der Gesundheitsschädigung entspricht § 223 Abs. 1 StGB. § 309 Abs. 1 StGB ist also ein als Unternehmensdelikt ausgestaltetes Eignungsdelikt mit überschießender Schädigungsabsicht.

5   Vor dem Hintergrund dieser Tatbestandsstruktur ist § 309 Abs. 2 StGB zu lesen. Der Wortlaut beschränkt sich darauf, eine unübersehbare Zahl[1] von Menschen einer ionisierenden Strahlung auszusetzen, wobei das Unternehmen wiederum genügt. Mindeststrafe hierfür ist Freiheitsstrafe nicht unter fünf Jahren. Das ist gegenüber dem Freiheitsstrafe von einem Jahr bis zu zehn Jahre vorsehenden § 309 Abs. 1 StGB nur erklärbar, wenn § 309 Abs. 2 StGB eine Qualifikation ist und somit ebenfalls die überschießende Innentendenz zur Gesundheitsschädigung eines anderen Menschen voraussetzt. Dies entspricht der allgemeinen Ansicht,[2] erfordert aber im Detail einen erheblichen Begründungsaufwand.[3] Die praktische Relevanz dieser Einschränkung liegt angesichts unsicherer Endlager und dem frühen Versuchsbeginn bei klar vorhersehbaren naturwissenschaftlich-kausalen Abläufen auf der Hand. § 309 Abs. 3 und Abs. 4 StGB enthalten Erfolgsqualifikationen für Gesundheitsschädigungen und den Tod eines anderen Menschen.

6   Die Schutzrichtung erweitert § 309 Abs. 6 StGB auf **Rechtsgüter der Umwelt.** Objektiv fordert die Norm, dass der Täter eine fremde Sache von bedeutendem Wert sowie alternativ ein Gewässer, die Luft oder den Boden sowie Pflanzen oder Tiere von bedeutendem Wert einer ionisierenden Strahlung aussetzt. Dies ist kein Unternehmensdelikt, aber der Versuch ist gem. § 309 Abs. 6 S. 2 StGB strafbar. Subjektiv ist eine auf Schädigung gerichtete überschießende Innentendenz erforderlich. Maßstab ist für Gewässer, die Luft und den Boden eine nachhaltige nachteilige Veränderung.[4] Für Tiere und Pflanzen geht es um eine Schädigung von bedeutendem

---

[1] Krit. wegen mangelnder Bestimmtheit *Börner*, in: AnwK-StGB, § 309 Rn. 7 unter Verweis auf *Küpper*, FS Kohlmann, S. 133/140 ff.
[2] *Fischer*, § 309 Rn. 7; *Heger*, in: Lackner/Kühl, § 309 Rn. 5; *Krack*, in: MüKo-StGB, § 309 Rn. 9 f.
[3] Dazu *Börner*, NZWiSt 2012, 451 ff.
[4] Vgl. dazu § 8 Rn. 43.

Wert, der wirtschaftlich oder ökologisch bestimmt werden kann. Beides entspricht den Maßstäben der Delikte des medialen und vitalen Umweltstrafrechts.

Flankiert werden §§ 307, 309 StGB von § 310 StGB, welcher die Vorbereitung unter Strafe stellt. Davon zu unterscheiden ist die Strafbarkeit wegen Verabredung zu diesen Verbrechen gem. § 30 StGB. Hinzu kommt § 87 Abs. 1 i. V. m. Abs. 2 Nr. 1 StGB, wohingegen §§ 89c Abs. 1 S. 1 Nr. 3, 129a Abs. 2 Nr. 2 StGB zwar grdsl. §§ 307, 309 StGB nennen, aber § 309 Abs. 6 StGB aus dem Katalog ausschließen.

II. Gefahrstoff

Das atomare Gefahrstoffstrafrecht erfasst mit § 326 Abs. 3 StGB ausdrücklich **ra-**   7
dioaktive Abfälle. Es handelt sich um ein echtes Unterlassungsdelikt, das die Strafbarkeit an die Verletzung der verwaltungsrechtlichen Ablieferungspflicht aus § 9a Abs. 2 AtG knüpft.[5] Zugleich gelten nach der ausdrücklichen Regelung in § 326 Abs. 1 Nr. 3 letzte Var. StGB die allgemeinen Bestimmungen zur Bewirtschaftung gefährlichen Abfalls auch für radioaktive Abfälle. Möglich ist die tätige Reue gem. § 330b StGB auch für § 326 Abs. 3 StGB. § 330c StGB greift für die Einziehung.

Den unerlaubten Umgang mit radioaktiven Stoffen, die nicht Abfall sind, sank-   8
tioniert § 328 Abs. 1, Abs. 2 Nr. 1 und 2 StGB. Die Normen sind durchweg streng verwaltungsakzessorisch, worauf sich der Vorsatz erstrecken muss. Zu § 328 Abs. 1 Nr. 2 StGB wird auf die Ausführungen zum medialen und vitalen Umweltstrafrecht verwiesen. Hinzu kommt § 328 Abs. 3 StGB, der in Nr. 1 radioaktive Stoffe ausdrücklich nennt. Die Eignungsklausel des § 328 Abs. 1 Nr. 2 StGB gilt hierfür nach Wortlaut und Systematik des § 328 StGB nicht.[6] § 330d Abs. 2 StGB gilt auch für §§ 328, 326 StGB.

§ 13 Strahlenschutzvorsorgegesetz (StrVG) betraf insbesondere das In-den-   9
Verkehr-bringen und die Ausfuhr radioaktiv kontaminierter Nahrungsmittel und Futtermittel sowie landwirtschaftlicher Erzeugnisse, auch unter besonderer Berücksichtigung des Unfalls im Kernkraftwerk Tschernobyl. Dieses Gesetz wurde 2017 im Zuge einer grundlegenden Neuordnung des gesamten Bereiches aufgehoben und durch das neue Strahlenschutzgesetz (StrlSchG) ersetzt, das nunmehr nur noch Bußgeldtatbestände enthält. In diesem Zuge hat aber das Lebensmittel- und Futtermittelgesetzbuch (LFGB) in § 59[7] die Regelungsbereiche des § 13 StrVG aufgegriffen.

---

[5] S. nur *Alt*, in: MüKo-StGB, § 326 Rn. 95.
[6] *Saliger*, UmwStR, Rn. 479.
[7] Zum Lebensmittelstrafrecht *Hellmann*, WiStR, Rn. 767 ff.

III. Anlagen

10   § 327 Abs. 1 StGB richtet sich als **abstraktes Gefährdungsdelikt** auf den Genehmigungsverstoß bzw. die Verletzung einer vollziehbaren Untersagung im Hinblick
auf den Betrieb und die wesentliche Änderung einer kerntechnischen Anlage sowie
einer Betriebsstätte, in der Kernbrennstoffe verwendet werden. Eine kerntechnische
Anlage ist gem. § 330d Abs. 1 Nr. 2 StGB eine Anlage zur Erzeugung oder zur Be-
arbeitung oder Verarbeitung oder zur Spaltung von Kernbrennstoffen oder zur Auf-
arbeitung bestrahlter Kernbrennstoffe. Ferner erweitert § 330d Abs. 2 den Anwendungsbereich auch von § 327 Abs. 1 StGB unter den dort genannten Voraussetzungen
auf andere Mitgliedstaaten der Europäischen Union.

11   § 312 StGB stellt als konkretes Gefährdungsdelikt die **fehlerhafte Herstellung
einer kerntechnischen Anlage** sowie die Lieferung oder Herstellung fehlerhafter
Gegenstände, die zur Errichtung oder zum Betrieb einer solchen Anlage bestimmt
sind, unter Strafe. Nach dem ausdrücklichen Schutzzweckzusammenhang der Norm
kommt es für die konkrete Gefährdung von Leib oder Leben eines anderen Menschen sowie für Sachen von bedeutendem Wert darauf an, dass diese Gefahr mit der
Wirkung eines Kernspaltungsvorganges oder der Strahlung eines radioaktiven Stoffes zusammenhängt. Versuch und Fahrlässigkeit sind gem. § 312 Abs. 2 und Abs. 6
StGB strafbar. § 312 Abs. 3 und Abs. 4 sieht Erfolgsqualifikationen für Gesundheitsschädigungen sowie den Tod eines anderen Menschen vor.

12   Schließlich enthält § 311 Abs. 1 StGB für das **Freisetzen ionisierender Strahlen** ein Eignungsdelikt, das sowohl Menschen und fremde Sachen als auch Tiere,
Pflanzen, Gewässer, die Luft und den Boden schützt. Die Verletzung von verwaltungsrechtlichen Pflichten im Sinne von § 330d Abs. 1 Nr. 4 und 5 sowie Abs. 2
StGB muss in Bezug auf die **Umweltrechtsgüter** geeignet sein, erhebliche Schäden[8] herbeizuführen. Bemerkenswert beschränkt § 311 Abs. 3 StGB die Fahrlässigkeit auf eine grobe Verletzung verwaltungsrechtlicher Pflichten, was der Leichtfertigkeit entspricht. Für alle Pflichtverletzungen unterhalb dieser Schwelle findet eine
sachliche Beschränkung auf den Betrieb von Anlagen und sonstiger Betriebsstätten
sowie eine räumliche Beschränkung auf die Eignung zur Schädigung außerhalb des
zur Anlage gehörenden Bereichs statt.

Kontrollfragen
1. In welche Bereiche lässt sich das Atomstrafrecht gliedern? (Rn. 1)
2. Welche Unterschiede bestehen zwischen § 307 Abs. 1 StGB und § 328
   Abs. 2 Nr. 3 StGB? (Rn. 2 f.)
3. Erläutern sie die Normstruktur von § 309 StGB! (Rn. 4 ff.)

---

[8] Zum Begriffsinhalt § 8 Rn. 43.

4. Welche Delikte umfasst das atomare Gefahrstoffstrafrecht und worauf sind diese jeweils gerichtet? (Rn. 7 ff.)
5. Erläutern Sie Anwendungsbereich und Unterschiede der §§ 327 Abs. 1, 312 StGB! (Rn. 10 f.)
6. Worin besteht die Besonderheit des § 311 Abs. 3 StGB? (Rn. 12)

Weiterführende Literatur

AnwaltKommentar StGB, 2. Aufl. 2015
Börner, Die Strafbarkeit des Missbrauchs ionisierender Strahlen gem. § 309 Abs. 2 StGB, NZWiSt 2012, 451 ff.
Fischer, Strafgesetzbuch, 66. Aufl. 2019
Hellmann, Wirtschaftsstrafrecht, 5. Aufl. 2018
Küpper, Mengenbegriffe im Strafrecht, in: Festschrift für Günter Kohlmann zum 70. Geburtstag, Köln 2003, S. 133/140 ff.
Lackner/*Kühl*, Strafgesetzbuch, Kommentar, 29. Aufl. 2018
Münchener Kommentar zum Strafgesetzbuch, 3. Aufl. 2019
Saliger, Umweltstrafrecht, 1. Aufl. 2012

§ 18 Gefahrstoffstrafrecht

Der Umgang mit gefährlichen Stoffen wird hier als Teil des Umweltstrafrechts be- 1
trachtet, dessen zentrale Normen § 328 Abs. 3 StGB und §§ 27 bis 27c ChemG sind.
Die Besonderheit besteht darin, dass es sich um den Umgang mit Stoffen handelt,
die eine besondere Gefährlichkeit aufweisen, der verwaltungsakzessorisch und zumindest auch zum Schutze der Rechtsgüter der Umwelt unter Strafe gestellt wird.
An eine Gefährlichkeit im weiteren Sinne knüpfen auch andere Tatbestände des
Umweltstrafrechts an. Der zum Schutze der Reinheit der Luft dienende § 325 Abs. 2
und 3 StGB richtet sich auf Schadstoffe im Sinne von § 325 Abs. 6 StGB. Das Abfallstrafrecht hebt mit § 326 Abs. 1 und Abs. 2 StGB auf gefährliche Abfälle im
dortigen Sinne ab. Das Atomstrafrecht trifft über die allgemeinen Regelungen hinaus spezielle Regelungen in §§ 326 Abs. 3, 328 Abs. 1 und Abs. 2 StGB. Schließlich stellt § 329 Abs. 2 Nr. 1 und Nr. 2 StGB verwaltungsakzessorisch den Umgang
mit wassergefährdenden Stoffen zum Schutze von Wasser- oder Heilquellenschutz-
gebieten unter Strafe. Außerhalb des Umweltstrafrechts im engeren Sinne steht
§ 330a StGB, der sich durch seinen systematischen Standort und die Subsidiarität
von § 330 Abs. 2 HS 2 StGB auf den Schutz des Menschen fokussiert. Zu beachten
sind auch sonstige Regelungen, die Gegenstände erfassen, von denen spezifische
Gefahren ausgehen, bspw. das Arzneimittelstrafrecht, das Waffenstrafrecht oder der
unerlaubte Umgang mit Betäubungsmitteln oder Sprengstoffen.

I. § 327 Abs. 2 S. 2 StGB

§ 327 Abs. 2 S. 2 StGB betrifft den Betrieb einer Anlage in einem anderen Mitglied- 2
staat der Europäischen Union. Dieser Betrieb muss ohne die erforderliche Genehmigung oder entgegen einer vollziehbaren Untersagung erfolgen, erschöpft sich
jedoch nicht wie § 327 Abs. 1 und Abs. 2 S. 1 StGB in einem abstrakten Gefährdungsdelikt. Hinzukommen muss, dass die in der Anlage gelagerten oder verwendeten gefährlichen Stoffe oder Gemische – ebenso wie die Ausübung gefährlicher

© Springer-Verlag GmbH Deutschland, ein Teil von Springer Nature 2020   361
R. Börner, *Umweltstrafrecht*, Springer-Lehrbuch,
https://doi.org/10.1007/978-3-662-60629-2_18

Tätigkeiten – geeignet sind, außerhalb der Anlage Leib oder Leben eines anderen Menschen zu schädigen oder erhebliche Schäden an Tieren oder Pflanzen, Gewässern, der Luft oder dem Boden herbeizuführen.

3 Die Erheblichkeitsschwelle für den vitalen und medialen Umweltschutz richtet sich damit an § 330 Abs. 1 S. 2 Nr. 1 StGB aus.[1] Der außerhalb der Anlage liegende Bereich ist eher erreicht als der Bereich außerhalb des Betriebsgeländes im Sinne von § 325 Abs. 2 StGB. In Abgrenzung zur bloßen abstrakten Gefahr sind anhand des Einzelfalles Feststellungen und Wertungen zur darüber hinaus nötigen besonderen Eignung erforderlich.

II. § 328 Abs. 3 StGB

4 Die Norm ist aufgrund der verwaltungsrechtlichen Pflicht (§ 330d Abs. 1 Nr. 4 StGB) tatbestandlich verwaltungsakzessorisch, worauf sich auch der Vorsatz bezieht. § 328 Abs. 3 Nr. 1 StGB betrifft den Umgang mit radioaktiven Stoffen oder den dort unter Verweis auf europäisches Recht genannten gefährlichen Stoffen und Gemischen. Dieser Verweis führt in ein umfangreiches und für den Laien nur schwer zu handhabendes Regelwerk, wobei jedoch Einwänden aus Art. 103 Abs. 2 GG der Hinweis auf Expertenstrafrecht entgegengehalten wird.[2] Obwohl nicht auf § 19 Abs. 2 ChemG[3] verwiesen wird, ist für die erste Einschätzung eine grobe Orientierung an dessen Maßstäben nach wie vor möglich.[4] Als Beispiele werden genannt Heizöl, Asbest und Ammoniak in einer Kühlanlage.[5] Ferner ist § 328 Abs. 3 Nr. 1 StGB insofern ein Sonderdelikt, als sich die verwaltungsrechtliche Pflicht an den Betreiber der Anlage richtet.[6]

5 Der **Gefahrstofftransport** und die damit gemäß § 328 Abs. 3 Nr. 2 StGB verbundenen Tätigkeiten beziehen sich auf gefährliche Güter, wofür § 330d Abs. 1 Nr. 3 StGB eine Legaldefinition enthält. Zu beachten ist der Gefahrgutbeauftragte, welcher unter bestimmten Bedingungen für Transporte gefährlicher Güter zu bestellen ist[7] und den als Betriebsbeauftragten im Umfang seiner Pflichten eine Garantenstellung trifft.

6 Die verwaltungsrechtliche Pflicht setzt einen Schutzzweckzusammenhang zwischen dem tatbestandlich genannten Stoff und einer von der verletzten Pflicht bezweckten Verhinderung der in § 328 Abs. 3 HS 2 StGB genannten drohenden Schäden voraus. In Betracht kommen neben Vorschriften zur Arbeitssicherheit und zur Vermeidung von Störfällen auch gefahrstoffspezifische Anforderungen des

---

[1] Vgl. dazu § 8 Rn. 43.

[2] *Kloepfer/Heger*, UmwStR, Rn. 329.

[3] Vgl. im Überblick *Franzheim/Pfohl*, UmwStR, Rn. 435 ff.

[4] *Kloepfer/Heger*, UmwStR, Rn. 329; *Saliger*, UmwStR, Rn. 479.

[5] *Kloepfer/Heger*, UmwStR, Rn. 329; *Saliger*, UmwStR, Rn. 479.

[6] *Heine/Schittenhelm*, in: Schönke/Schröder, § 328 Rn. 16a.

[7] Näher dazu *Erbguth/Schlacke*, UmwR, § 3 Rn. 18; *Kloepfer*, Umweltrecht, § 19 Rn. 422 f.

Straßenverkehrsrechts, nicht hingegen bloße Geschwindigkeitsüberschreitungen.[8] Objekte der **konkreten Gefahr** sind die Gesundheit eines anderen Menschen und fremde Sachen von bedeutendem Wert. Die Schädigung von Gewässern, der Luft oder des Bodens bezieht ihre Erheblichkeitsschwelle aus den §§ 324, 324a, 325 StGB. Problematisch ist, ob Tiere und Pflanzen geschützt werden, für welche das Gesetz keine untere Erheblichkeitsschwelle definiert, weshalb auch einzelne **kleinste Organismen** nach dem isoliert betrachteten Wortlaut taugliches Gefährdungsobjekt sein könnten. Dies bedarf indes einer einschränkenden Auslegung. Im systematischen Zusammenhang zu dem bedeutenden Wert der gefährdeten Sache und der auch sonst üblicherweise folgenden Gleichstellung des zumindest drohenden Schadens von bedeutendem Wert (§§ 324a Abs. 1 Nr. 1, 325 Abs. 6 Nr. 1, 325a Abs. 2 StGB) erscheint es geboten, auch hier diesen als Untergrenze anzusetzen. Der Wortlaut steht dem nicht entgegen.[9] Dieser Wert von Pflanzen und Tieren bemisst sich dann allerdings nicht rein nach wirtschaftlichen Gesichtspunkten, es genügt auch ein bedeutender Wert unter ökologischen Aspekten.

Die tätige Reue eröffnet § 330b StGB und § 330c StGB enthält Regelungen zur   7
Einziehung. Die im Umweltstrafrecht regelmäßig gestreckten Geschehnisse eröffnen für die tätige Reue ein bedeutendes Zeitfenster. Soweit diese Streckung nicht bereits der konkreten Gefahr entgegensteht, ist die zurechenbare Verhinderung eines erheblichen Schadens möglich und als tätige Reue beachtlich. Nach dem Vorbild des Rücktritts vom Versuch genügt auch hier die Inanspruchnahme Dritter und ist nach Maßgabe von § 330b Abs. 2 StGB das freiwillige und ernsthafte Bemühen um die Verhinderung des anderweitig ausgebliebenen Schadens von Bedeutung.

III. § 330a StGB

Die konkrete Gefahr des Todes oder der schweren Gesundheitsschädigung eines an-   8
deren Menschen sowie die Gefahr einer Gesundheitsschädigung einer großen Zahl von Menschen stellt § 330a StGB als Verbrechen unter Strafe, wenn diese Gefahren im spezifischen Gefahrzusammenhang zur Verbreitung oder Freisetzung von Stoffen, die Gifte enthalten oder hervorbringen können, eintreten. Gift entspricht dem Begriff des § 224 Abs. 1 Nr. 1 StGB. Die konkrete Gefahr erfordert Vorsatz, wobei § 330a Abs. 4 StGB die Vorsatz-Fahrlässigkeitskombination von der gemäß § 330a Abs. 5 StGB bei vollständiger Fahrlässigkeit erforderlichen Leichtfertigkeit auch im Hinblick auf den Strafrahmen abhebt. Problematisch ist, ob § 11 Abs. 2 StGB dazu führt, dass auch die Vorsatz-Fahrlässigkeits-Kombination des Grunddelikts, also § 330a Abs. 1 i. V. m. Abs. 4 StGB, als Grundlage der Erfolgsqualifikation in § 330a Abs. 2 StGB genügt. Hiergegen sprechen die Systematik der Absätze des § 330a StGB sowie die dogmatischen Grundlagen des erfolgsqualifizierten Delikts.[10]

---

[8] *Heine/Schittenhelm*, in: Schönke/Schröder, § 328 Rn. 23 m. w. N.; *Sack*, UmwStR, § 328 Rn. 96; sowie zum Schutzbereich der StVO auch oben § 3 Rn. 68 ff.
[9] A.A. etwa *Saliger*, in: SSW-StGB, § 328 Rn. 10; s. dazu oben § 11 Rn. 9.
[10] S. auch oben § 3 Rn. 89.

9   § 330 Abs. 2 StGB ist gegenüber § 330a Abs. 1 bis Abs. 3 StGB formell subsi-
     diär. Die tätige Reue eröffnet § 330b StGB und § 330c StGB enthält Regelungen zur
     Einziehung. Im Vorfeld beachtlich sind §§ 89c Abs. 1 S. 1 Nr. 4, 129a Abs. 2 Nr. 3
     StGB, die § 330a StGB freilich als Umweltdelikt bezeichnen, was nur im weiteren
     Sinne und im Hinblick auf die Zuordnung zum 29. Abschnitt des StGB zutrifft.

IV. §§ 27 bis 27c ChemG

10   Das Chemikaliengesetz richtet seine Strafnormen an den in diesem Gesetz verwen-
     deten Begriffen aus. § 27 ChemG enthält weiterreichende Blankettvorschriften, die
     gemäß § 27 Abs. 6 ChemG gegenüber §§ 328, 330 und 330a StGB formell subsidiär
     sind. Ferner trifft § 27 Abs. 3 bis 5 ChemG Regelungen zum Versuch, zur Fahrläs-
     sigkeit sowie zur tätigen Reue.[11] Diesen strafbaren Bereich ergänzt die Blankettvor-
     schrift § 27b ChemG im Hinblick auf die Verordnung (EG) Nr. 1907/2006.[12]
11   **§ 27a ChemG** knüpft an das **Kooperationsprinzip** an. § 19a Abs. 2 Nr. 2 ChemG
     hebt unter bestimmten Umständen auf die Vorlage einer schriftlichen Erklärung des
     Prüfleiters, inwiefern die Prüfung von Stoffen oder Gemische nach den **Grundsät-
     zen der guten Laborpraxis** durchgeführt worden sind, ab. Diese Erklärung hat
     Bedeutung dafür, ob ausreichende Prüfergebnisse als vorgelegt gelten. Ergänzend
     dazu hat die zuständige Behörde demjenigen, der Prüfungen dieser Art durchge-
     führt hat, auf Antrag und unter bestimmten Voraussetzungen gemäß § 19b ChemG
     eine Bescheinigung über die Einhaltung der Grundsätze der guten Laborpraxis zu
     erteilen. Die daran anknüpfende strafrechtliche Bewertung erfordert eine **Abgren-
     zung zu §§ 267, 271, 348 StGB**. § 27a Abs. 1 ChemG setzt voraus, dass der Täter
     zur Täuschung im Rechtsverkehr die Erklärung nach § 19a Abs. 2 S. 2 Nr. 2 ChemG
     der Wahrheit zuwider abgibt oder eine unwahre Erklärung gebraucht. Abgeben
     kann diese Erklärung nur der Prüfleiter selbst, während sie durch den Vorlegenden
     gebraucht wird. Aufgrund dieser Trennung zwischen Personen und aufgrund der
     Beschränkung der Formulierung des Gesetzes auf die Inhalte der Erklärung, ist nur
     eine im Sinne von § 267 Abs. 1 StGB echte Erklärung tauglicher Tatgegenstand des
     § 27a Abs. 1 ChemG. Die Erklärung muss also tatsächlich von dem aus der Erklä-
     rung erkennbaren Aussteller stammen. Die von § 267 Abs. 1 StGB nicht erfasste
     schriftliche Lüge[13] sowie deren Gebrauch stellt somit § 27 Abs. 1 ChemG für den
     dort genannten Bereich unter Strafe.[14] Hinzukommen muss wie bei § 267 StGB die
     überschießende Innentendenz zur Täuschung im Rechtsverkehr, wobei sich der
     Gegenstand der Täuschung auf den rechtlichen Zweck der Erklärung beschränkt.
     Das Gebrauchmachen entspricht der Tathandlung von § 267 StGB und erfordert
     somit die Zugänglichkeit für die sinnliche Wahrnehmung.[15]

---

[11] Zum ganzen *Sack*, UmwStR, § 27 ChemG Rn. 1 ff.

[12] Vgl. dazu *Sack*, UmwStR, § 27b ChemG Rn. 1 ff.

[13] Im einzelnen *Küpper/Börner*, BT I, § 6 Rn. 27 ff.

[14] *Sack*, UmwStR, § 27a ChemG Rn. 3.

[15] Näher *Küpper/Börner*, BT I, § 6 Rn. 44 f.

§ **27a Abs. 2 ChemG** richtet sich hingegen auf einen Amtsträger, der eine un- **12** wahre Bescheinigung erteilt. Diese Bescheinigung über die Einhaltung der Grundsätze der guten Laborpraxis hat im Rechtsverkehr zu Beweiszwecken Bedeutung und könnte deshalb eine **Falschbeurkundung im Amt** gemäß § 348 StGB darstellen. Problematisch erscheint insofern aber, dass die Einhaltung der Grundsätze guter Laborpraxis im Schwerpunkt eine Wertung und nicht die gemäß § 348 Abs. 1 StGB notwendige Beurkundung von Tatsachen enthält. Diese Frage kann aber auf sich beruhen, da § 27a Abs. 2 ChemG eine Sonderregelung darstellt, welche insofern § 348 StGB verdrängt. Entsprechend dieser Sonderregelung stellt § 27a Abs. 3 ChemG vergleichbar zu § 271 Abs. 1 StGB[16] die Konstellation der mittelbaren Falschbeurkundung unter Strafe, was konsequent durch den Gebrauch (vgl. § 271 Abs. 2 StGB) einer solchen Bescheinigung ergänzt wird.

§ **27c ChemG** ahndet schließlich die Zuwiderhandlung gegen bestimmte **Ab-** **13** **gabevorschriften** mit der überschießenden Kenntnis, dass der gefährliche Stoff, das gefährliche Gemisch oder das Erzeugnis für eine rechtswidrige Tat, die den Tatbestand eines Strafgesetzes verwirklicht, verwendet werden soll. § 27c Abs. 2 ChemG sieht Strafe für die leichtfertige Unkenntnis des Verwendungszwecks der Gegenstände vor. Problematisch ist, was für **eine dem Eventualvorsatz entsprechende Vorstellung** hinsichtlich des Verwendungszweckes des Gegenstandes gilt. § 27c Abs. 1 ChemG erfordert sicheres Wissen. Fraglich ist deshalb, ob der Eventualvorsatz mit der Leichtfertigkeit in Übereinstimmung gebracht werden kann. Das jedoch erscheint zwar bei einer wertenden Betrachtung denkbar, der Wortlaut spricht jedoch dagegen. Die tatbestandliche Formulierung des § 27c ChemG enthält insofern eine Lücke.

Kontrollfragen
1. Welche Normen gehören zum Kernbereich und welche zum Randbereich des umweltstrafrechtlichen Gefahrstoffstrafrechts? (Rn. 1)
2. Erläutern Sie § 327 Abs. 2 S. 2 StGB! (Rn. 2 f.)
3. Auf welche Gegenstände bezieht sich § 328 Abs. 2 Nr. 1 StGB einerseits und dessen Nr. 2 andererseits? (Rn. 4 f.)
4. Welche Tiere und Pflanzen sind taugliches Gefährdungsobjekt von § 328 Abs. 3 StGB? (Rn. 6)
5. Erläutern Sie § 330a StGB und dessen Beziehung zu § 330 Abs. 2! (Rn. 8 f.)
6. Inwiefern ist der Wortlaut von § 27c Abs. 2 ChemG unvollkommen? (Rn. 13)

---

[16] Auch dazu im einzelnen *Küpper/Börner*, BT I, § 6 Rn. 69 ff.

Weiterführende Literatur

Erbguth/Schlacke, Umweltrecht, 6. Aufl. 2016

Franzheim/Pfohl, Umweltschutzstrafrecht, Eine Darstellung für die Praxis, 2. Aufl. 2001

Kloepfer, Umweltrecht, 4. Aufl. 2016

Kloepfer/Heger, Umweltstrafrecht, 3. Aufl. 2014

Küpper/Börner, Strafrecht Besonderer Teil 1, Delikte gegen Rechtsgüter der Person und Gemeinschaft, 4. Aufl. 2017

Sack, Umweltschutz-Strafrecht, 5. Auflage, 18. Lieferung

Saliger, Umweltstrafrecht, 1. Aufl. 2012

Schönke/Schröder, Strafgesetzbuch, Kommentar, hrsg. v. *Eser* u. a., 30. Aufl. 2019

Satzger/Schluckebier/Widmaier, Strafgesetzbuch, 3. Aufl. 2016

Abkürzungsverzeichnis

a.A.	anderer Ansicht
AbfVerbrG	AbfVerbrG
Abs.	Absatz
AEUV	Vertrag über die Arbeitsweise der Europäischen Union
AG	Amtsgericht
AMG	Arzneimittelgesetz
Anm.	Anmerkung
AnwK	AnwaltKommentar
AtG	Atomgesetz
AT	Allgemeiner Teil
Aufl.	Auflage
BAG	Bundesamt für Güterverkehr
BAK	Blutalkoholkonzentration
BayObLG	Bayerisches Oberstes Landesgericht
BBergG	Bundesberggesetz
BBodSchG	Bundes-Bodenschutzgesetz
BBodSchV	Bundes- Bodenschutz- und Altlastenverordnung
BGB	Bürgerliches Gesetzbuch
BgbWG	Brandenburgisches Wassergesetz
Bespr.	Besprechung
BGH	Bundesgerichtshof
BGHSt	Entscheidungen des Bundesgerichtshofs in Strafsachen
BImSchG	Bundes-Immissionsschutzgesetz
BinSchGerG	Gesetz über das gerichtliche Verfahren in Binnenschiffahrtssachen
bpM	besonderes persönliches Merkmal
bspw.	beispielsweise
BT	Besonderer Teil
BtMG	Betäubungsmittelgesetz
BVerfG	Bundesverfassungsgericht
ChemG	Chemikaliengesetz
diff.	differenzierend
EuGH	Europäischer Gerichtshof
GenTG	Gentechnikgesetz

© Springer-Verlag GmbH Deutschland, ein Teil von Springer Nature 2020
R. Börner, *Umweltstrafrecht*, Springer-Lehrbuch,
https://doi.org/10.1007/978-3-662-60629-2

GenTSV	Gentechnik-Sicherheitsverordnung
grdsl.	grundsätzlich
GrS	Großer Senat
HS	Halbsatz
h.L.	herrschende Lehre
h.M.	herrschende Meinung
HS	Halbsatz
insb.	insbesondere
i. e. S.	im engeren Sinne
i. S. d.	im Sinne des
JZ	Juristenzeitung
KrWG	Kreislaufwirtschaftsgesetz
LG	Landgericht
l	Liter
m. Anm.	mit Anmerkung
m. w. N.	mit weiteren Nachweisen
MüKo	Münchener Kommentar
NJW	Neue Juristische Wochenschrift
NuR	Natur und Recht
NStZ	Neue Zeitschrift für Strafrecht
NStZ-RR	Neue Zeitschrift für Strafrecht - Rechtsprechungsreport
NZWiSt	Neue Zeitschrift für Wirtschaftsstrafrecht
OLG	Oberlandesgericht
PflSchG	Pflanzenschutzgesetz
PflVG	Pflichtversicherungsgesetz
Rn.	Randnummer
Rspr.	Rechtsprechung
S.	Satz; Seite; siehe
s.	siehe
SK	Systematischer Kommentar
StPO	Strafprozessordnung
StraFo	Strafverteidigerforum
StV	Strafverteidiger
t	Tonnen
TierGesG	Tiergesundheitsgesetz
TierSchG	Tierschutzgesetz
THW	Technisches Hilfswerk
UIG	Umweltinformationsgesetz
UmweltHG	Umwelthaftungsgesetz
UmwR	Umweltrecht
UmwRG	Umwelt-Rechtsbehelfsgesetz
UmwStR	Umweltstrafrecht
UVPG	Gesetz über die Umweltverträglichkeitsprüfung
VA	Verwaltungsakt
Var.	Variante

VerfBbg	Verfassung des Landes Brandenburg
VersammlG	Versammlungsgesetz
vgl.	vergleiche
VwVfG	Verwaltungsverfahrensgesetz des Bundes
VwGO	Verwaltungsgerichtsordnung
WHG	Wasserhaushaltsgesetz
WiStR	Wirtschaftsstrafrecht
ZfW	Zeitschrift für Wasserrecht
zust.	zustimmend

Stichwortverzeichnis

© Springer-Verlag GmbH Deutschland, ein Teil von Springer Nature 2020   371
R. Börner, *Umweltstrafrecht*, Springer-Lehrbuch,
https://doi.org/10.1007/978-3-662-60629-2

The manufacturer's authorised representative in the EU is Springer
Nature Customer Service Centre GmbH, Europaplatz 3, 69115 Heidelberg,
Germany. If you have any concerns regarding our products, please
contact ProductSafety@springernature.com

Printed and bound by CPI Group (UK) Ltd, Croydon, CR0 4YY
28/04/2026
02098489-0005